南京佛寺叙录

封野 著

凤凰出版社

前言

吴赤乌十年(247),天竺高僧康僧会在吴都建邺(今南京)营立茅茨,设像行道,孙权召试灵验,为之立建初寺,此为南京佛寺之始。南朝佛教兴盛,南齐造寺二千一十五所,僧尼三万二千五百人,萧梁造寺二千八百四十六所,僧尼八万二千七百人,南京寺院林立,蔚为壮观。值侯景之乱,江左文华尽毁,陈武帝治故寺三十二所,虽有恢复,终归萧条,故而晚唐诗人杜牧有"南朝四百八十寺,多少楼台烟雨中"之慨叹。唐宋元时期,南京先后出现牛首山祖堂寺、清凉山法眼宗大道场、蒋山太平兴国寺、元文宗藩邸大天界寺等名刹。明太祖朱元璋定都南京,广建佛寺;永乐迁都以后,南京作为留都一直延续太祖遗风。有明一代,南京建造了灵谷寺、天界寺、报恩寺三座大刹,栖霞寺、鸡鸣寺、静海寺、能仁寺、弘觉寺五座次大刹,并称金陵八大刹。此外还有三十九座中刹,一百二十八座小刹。万历年间葛寅亮作《金陵梵刹志》,以当代人记当代事,详实载录了南京佛寺盛况,为后世留下了弥足珍贵的历史文献。《金陵梵刹志》距今四百余载,此间南京经历了诸多岁月流转与世事变迁。进入新时期以来,党的宗教政策得到全面贯彻落实,佛教迎来新的春天。值此之际补续南京佛寺历史,再记南京佛寺风貌,可谓躬逢其时。

本书分为上卷和下卷。上卷叙录南京旧刹,依据内典、正史、方志、寺志、碑记、笔记、诗文等文献以及当代考古成果,考查旧刹遗踪、缘起存废、高僧事迹、文物古迹等,详于对近现代以来相关内容的收罗征集,梳理归纳。下卷叙录南京现存佛寺六十九所,依据笔者2015年至2017年期间两次全部实地考查所得第一手资料,参考相关文献记载,详述其地理方位、兴废流变、建筑布局、殿宇形制、塑像造型、钟鼓炉鼎以及题匾、对联、碑记等内容,并从现场拍摄的八千多张照片中精选一百六十七幅作为图片资料。

为了方便阅读,本书体例作以下安排。

一、佛教传入中土以来,梵刹或以寺名,或以院名,或以庵名,或以精舍名,或以禅林名。本书以"佛寺"统称之,非仅指以寺名刹者。

二、本书上卷叙录南京旧刹,有些旧刹在文献中没有标明寺址所在,有些旧刹地址虽有记载，但地名演变的历史线索模糊，难以全部用今地名准确对应，故而上卷按照汉语拼音排序，便于读者检索。下卷叙录南京现有佛寺，按照南京现在行政区划排序，从北向南依次为六合区、浦口区、栖霞区、鼓楼区、玄武区、秦淮区、雨花台区、江宁区、溧水区、高淳区。位于南京河西地区的建邺区辖境内现无佛寺，故不列入。

三、南京城古称金陵，有十朝都会之誉，东吴、东晋、刘宋、南齐、萧梁、陈、杨吴、南唐、太平天国等九朝，以及民国时期南京国民政府皆定都于此，其余朝代南京城大都作为府治所在地。历史文献称南京城或为都城，或为府城，就其地理而言实则为一不二。本书均称都城。南京国民政府时期的南京城，本书称为旧南京。

四、惟佛门清净，圣像庄严，寺院内禁止使用测量工具，大多数殿宇内严禁拍照。尊重寺院规定为应有之义，故而本书对于现存佛寺的殿宇规格、塑像体量等，依据现场目测以及相关参照物加以衡量，并非完全精准。因寺院为中式建筑，故书中均用汉字数字，惟公元纪年统一，用阿拉伯数字。

五、南京寺院在风调雨顺、国泰民安的盛世里迎来了发展的春天，修葺翻新，增扩复建，日新月异。本书截稿于2017年仲秋，对于未来欣欣景象，祈盼早有水平更高的力作。

封野

2018年9月30日于南京

目录

上卷（旧刹）

C

D

H

J

K

L

M

R

S

W

X

Y

Z

下卷（现存）

六合区

浦口区

栖霞区

鼓楼区

玄武区

秦淮区

雨花台区

江宁区

溧水区

高淳区

上 卷

（旧刹）

A

安德庵

在今江宁区江宁街道安德村，清光绪年间(1875—1908)存。

安国寺

南朝古刹。在旧秣陵县同下里，南齐永明九年(491)创建。《法苑珠林》卷六三云："梁安国寺，在秣陵县都乡同下里，以永明九年起造。寺有金铜像一躯，高六寸五分以去。天监六年二月八日，于寺东房北头第三间内，忽闻音乐声。尔后房主药王尼所住房床前，时时有光照屋。到二十三日，于光处忽有泉涌，仍见此瑞像随水而出，远近骇观，咸生随喜。泉既不竭，乃累砖为井，井犹存焉。"

安乐寺

六朝古刹。在旧都城南，今秦淮区乌衣巷、大油坊巷一带。晋咸安元年(371)王坦之建造，南门临秦淮水。《高僧传》卷一三《晋京师安乐寺释慧受传》云："(慧受)晋兴宁中，来游京师，蔬食苦行，常修福业。尝行过王坦之园，夜辄梦于园中立寺，如此数过。受欲就王乞立一间屋处，未敢发言，且向守园客松期说之。期云：'王家之园，恐非所图也。'受曰：'若令诚感，何忧不得？'即诣王陈之。王大喜，即以许焉。初立一小屋，每夕复梦见一青龙从南方来，化为刹柱。受将沙弥试至新亭江寻觅，乃见一长木随流来下，受曰：'必是吾所见者也。'于是雇人牵上，竖立为刹，架以一层。道俗竞集，咸叹神异。坦之即舍园为寺，以受本乡为名号，曰安乐寺。东有丹阳尹王雅宅，西有东燕太守刘斗宅，南有豫章太守范宁宅，并施以成寺。后有沙门道靖、道敬等，更加修饰，于今崇丽焉。"时有寺僧道慧偏好转读，条章折句，绮丽分明，名盛京邑。僧辩读经哀婉折衷，独步齐初。智称讲《大本》三十余遍，撰《十诵义记》八卷。僧绍撰《华林佛殿众经目录》四卷。又有慧令、法仙、法最者，并善数论，振名上国。旧传梁张僧繇于安乐寺画四龙，不点睛，每云点之则飞去，人以为妄诞，因请点之。须臾破壁，二龙乘云上天，未点睛者见在。

安民寺

在今江宁区横溪街道安民村，兴废未详。

安明寺

六朝古刹。在旧秣陵县斗场里，《酉阳杂俎》卷一〇云："齐永明九年(491)，秣陵安明寺有古树，伐以为薪，木自然有'法大德'三字。"

安平寺

在旧都城聚宝门南一〇五里，三禅寺南十五里，今江宁区淳化街道下桥村。宋代创建，明代为三禅寺所领小刹，佛殿三楹，僧院二房。基址三亩，东至韩村，南至游方桥，西至刘家山，北至马溪桥。田、地、塘共十八亩六分。

安全寺

在旧都城太平门北三十里，草堂寺东五里，今栖霞区尧化街道安泉村。详见"慈仁寺"条。

安隐寺

在旧都城聚宝门南一里半雨花台梅岗高辇柏村，今雨花台区雨花路二一五号南京雨花台风景区内。本在钟山，名安隐院，宋绍兴年间(1131—1162)徙于梅岗。明永乐元年(1403)重建，正统年间(1436—1449)再建，赐安隐寺额。正德四年(1509)重修，乔宇撰《重修安隐寺碑记》。高座寺所领小刹，北接高座寺，南连宝光寺，东对永宁寺。山门三楹，天王殿三楹，钟鼓楼一座，佛殿五楹，华严楼五楹，方丈三楹，僧院八房。基址一百亩，东至官街，西至雨花台，南至宝光寺，北至高座寺。田、地、山、塘共八亩六分二厘。嘉靖元年(1522)，法舟禅师驻锡寺中，僧问："如何是安隐境？"法舟答："三山半落青天外，二水中分白鹭洲。"又问："何如是安隐家风？"答："石虎山前斗，泥牛水底眠。"安隐寺旧有斜塔，一夕风吹自正，数年后倾圮。20世纪50年代初，有僧四人，地一亩。1989年，以寺址建南京雨花石博物馆，占地面积约二千六百平方米。

安隐院

1. 南朝古刹。在旧都城朝阳门外钟山，今玄武区石象路七号钟山风景区内。刘宋时期创建，名安隐院，后废。宋绍兴年间（1131—1162），徙建于雨花台梅岗。明永乐元年（1403）重建，姚广孝荐僧开俊住院，正统年间（1436—1449）赐安隐寺额。参见“安隐寺”条。

2. 在旧都城聚宝门东南三里，聚宝山之阳任家山顶，今雨花台区雨花路二一五号南京雨花台风景区内。明正德年间（1506—1521）创建，永兴寺所领小刹，山门一座，佛殿三楹，弥勒殿三楹，僧院二房。基址五亩，东至岳家坟，西至蒋太监埂边，南至官街，北至宝光寺墙。1949年以后，改建为雨花台革命烈士纪念馆，1983年重建，邓小平题写馆名。

凹凸寺

南朝古刹。在旧丹阳县东南六里，梁大同三年（537）邵陵王纶造，名一乘寺。梁末火毁，陈尚书令江总舍书堂重建。寺门遍画凹凸花，相传张僧繇手迹，其花乃天竺遗法，朱及青绿所成，远望眼晕如凹凸，近视即平，故名凹凸寺。时有寺僧法才，受业于张讥，习《周易》《老子》《庄子》，尽传其业。

B

八佛庵

在旧六合县西门内。缘起未详，清同治七年（1868）改忠孝节义祠。

八圣庵

在今六合区马鞍镇大营村，余不详。

巴山庵

在旧六合县西北四十五里巴山，一名巴山寺。缘起未详，僧参定重修，寺门向南，二层五楹。明天启元年（1621）秋，庵僧梦堂和尚所奉地藏菩萨，右胁下生莲花一茎，凡四十余瓣，如栗玉色，逾月又生一茎。何正位绘图，孙国敉为记，以志其事。孙《记》云：“巴山庵距棠邑西北三四舍而近，其山彤彤也。有梦堂大师者，吴门兰风大师高足弟子，以万历庚寅间自吴门来，卓锡此山，体地藏菩萨悲悯罪过之旨，特镂地藏像于庵之左。天启辛酉九月肃霜之候，适地藏右胁下生莲花一茎，迸裂髹布金漆而出，凡四十余瓣，短长环抱，攒簇一蒂，高八寸许，色黄白，如栗玉，光彩照人。自秋徂冬犹不萎，稍萎矣，十一月复茁如前，又稍萎矣，明年正月复茁如前。于是江南北之佞佛者争奔走随喜，皈依赞叹，得未曾有，而归重于梦堂道力所玄感云。梦堂足不下巴山者三十年，手种柏于庵之周遭。每种一柏，礼三十拜，其他苦行称是。"清雍正八年(1730)，增建牛王殿。

巴山寺

在旧六合县西北四十五里巴山，详见"巴山庵"条。

白都院

在旧都城西南六十里白都山侧，详见"资圣院"条。

白佛禅院

在旧南京小王府园六十号。清光绪十六年(1890)戒道建，20世纪50年代初，有僧四人，房十六间。

白果庵

在旧江浦县西五十五里。《金陵待征录》卷四云："山门桃李相间，寺内竹林纡折，粉香露莹。"

白莲庵

在旧都城朝阳门外钟山，今玄武区石象路七号钟山风景区内。昔策禅师退居于此，结庵而居，榜曰白莲。庵在宋熙寺西百余步，前有白莲池、弹琴石。

白鹿泉庵

在旧都城东北四十五里摄山中峰，今栖霞区栖霞街道之东栖霞山。其地为栖霞寺故址，久废。明嘉靖年间(1522—1566)，苏州竹堂寺住持福懋杖锡而来，筑庵以居，名白鹿泉庵。嘉靖三十四年(1555)，吴门画派文伯仁自苏州至摄山，与福懋在庵中文燕诗会，作《摄山白鹿泉庵图》长卷，现藏于中国台北"故宫博物院"。庵内外多梅花、茶树，可摘可烹。

白龙寺

六朝古刹。在旧溧水县西七十里，东晋创建，相传僧伽大圣行化之地。寺有三塔，又称三塔寺。南唐末年(975)，吴越钱氏作铁梁堰，以为厌胜，寺遂废，独存一塔。宋治平年间(1064—1067)，僧奉琳建寒光亭。南宋词人张孝祥《西江月·题溧水三塔寺》云："问讯湖边春色，重来又是三年。东风吹我过湖船，杨柳丝丝拂面。世路如今已惯，此心到处悠然。寒光亭下水如天，飞起沙鸥一片。"

白马寺

1. 六朝古刹。在旧建康县中黄里，晋大兴二年(319)，元帝司马睿创建。《法苑珠林》卷三九云："晋白马寺，在建康中黄里，太兴二年，晋中宗元皇帝起造。昔外国王欲灭佛法，宣令四远，毁坏塔寺。次招提寺，忽有一白马从西方来，绕塔悲鸣，腾跃空中，或复下地，一日一夜，鸣声不绝。以事白王，王潸下泪，深自愧责，即敕普停。已毁之塔，并更修复。由此白马大法更兴，因改招提为白马。此寺之号，亦取是名焉。"相传晋谢敷隐于东山，手写《首楞严经》置寺中，一日寺为邻火所延，什物余经并成煨烬，惟此经纸文悉存，无所毁失。晋高僧支遁尝居寺中，与刘系之等谈庄子《逍遥篇》，退而注之，群儒旧学，莫不叹服。刘宋大明四年(460)，寺僧昙标奉路昭太后命，造普贤菩萨像一躯，驾乘白象，六牙佣纤，七枝平满，制度巨壮，镕式精严，铸比炼铜，泥兹铣鋈，耀丽煌烁，状若飞腾。齐僧昙凭少游京师，止白马寺，学转读，音调甚工。后还蜀，止龙渊寺，每梵音一吐，辄鸟马悲鸣，行途驻足。因制造铜钟，愿于未来常有八音四辨，蜀地有铜钟肇始于此。陈僧警韶止白马寺，太建元年(569)从智者学《法华经》，深入定慧。释慧晅幼学六经，年十八，喟然叹曰："服膺周孔，以仁义为先，归心黄老，以虚无为贵，而往来生死，出入尘劳，乃域中之累，非出世之要道也。"遂出家受戒，永定三年(559)于白马寺讲《涅槃经》及《成实论》，法筵之盛，莫盛于斯。

2. 在旧江浦县东一里白马山，今浦口区江浦街道白马村。明永乐三年(1405)，僧圆恩开建。正统年间(1436—1449)，僧净敬重建。隆庆六年(1572)，僧性演修。万历年间(1573—1620)，太仆少卿吴可达重修。寺左为白马书院，有明代理学家陈献章草书碑。陈碑高一百五十二厘米，宽七十二厘米，厚八厘米。正面碑文为五言排律，阳刻狂草，乃成化十九年(1483)陈献章、晏谦、庄昶、石淮联句成篇。诗云："人生须此会，何更问阴晴。动荡乾坤气，调和鼎鼐羹。公来山阁雨，天共主人情。未了鹅湖兴，江城又杀更。寒风吹角短，细雨打更长。天意留行李，灯花喜对床。衣冠真率会，樽俎太和汤。何限春消息，梅花不断香。”后附跋文云：“成化癸卯正月十八日，南海陈白沙同怀玉晏先生、定山庄先生、石淮石先生白马寺联句，录之以送庵主净敬，石斋书。”此碑现存于浦口区林散之纪念馆。

白塔庵

在旧六合县南三图。元至正年间(1341—1368)，僧元杰开建。明洪武六年(1373)，僧惠祥重建，嘉靖七年(1528)，僧恒坚重修。有白石塔一座。

白塔寺

1. 在旧都城南门外一里聚宝山，与圣感舍利宝塔寺毗连，今秦淮区雨花路一号明代大报恩寺遗址公园内。宋端拱元年(988)，僧可政游长安，于终南山紫阁寺得玄奘顶骨，归金陵，起塔葬之，名三藏塔院，俗呼白塔寺。元至顺年间(1330—1333)，天禧寺主僧复建。明永乐十年(1412)，成祖敕以圣感舍利宝塔寺基址建大报恩寺，白塔寺并入其中。顾起元《客座赘语》云：“余尝至大报恩寺，登三藏殿，后阶有小塔，云是唐玄奘葬处。”

2. 在旧都城北门桥之西蛾眉岭，今鼓楼区上海路二十九号。详见“永庆寺”条。

3. 在旧都城南青溪南岸，今秦淮区大石坝街。明永乐年间(1403—1424)建，本名回光寺。因有白塔，亦名白塔寺。参见“回光寺”条。

4. 在旧都城聚宝门西隅凤台山，今秦淮区花露南岗附近。详见“祇园寺”条。

5. 六朝古刹。在今秦淮区集庆路新桥之西。原名祇洹寺，始建于东晋。南齐时西域僧那跋摩昙摩密多圆寂后立白塔，改名白塔寺。参见“祇洹寺”条。

白下寺

在旧都城南大中桥旁，今秦淮区大光路二五〇号街边公园内。南唐时期创建，宋高宗时期谏议大夫寇准题匾，后废。明代僧人妙峰在遗址建普济禅院，清代江宁人张滦在禅院菜圃中访得寇准所题旧匾，乃复旧名。太平天国期间改作南王府，同治年间(1862—1874)复为白下寺。抗日战争初期，日军飞机炸毁天王殿及房屋二十余间，其后汪精卫政权在此创办简易小学。国民政府还都南京，改为白下寺小学。20世纪50年代初，有僧四人，房三十余间，后改作大中桥小学。现小学拆除，建为街边公园。

白衣庵

1. 在今秦淮区朝天宫街道白衣庵(街巷)。相传明洪武年间(1368—1398),马皇后赐白衣观音像一尊,立庵供奉,故名白衣庵。20世纪50年代初,有僧一人,房二十间。

2. 在今玄武区杨将军巷。民国二十三年(1934)重建,20世纪50年代初,有房五间。

2. 在今六合区玉带镇白玉村,余不详。

3. 在旧江浦县浦口朝宗门外,滨临大江。清同治年间(1862—1874)改为柴王庙。

白云庵

1. 在旧都城西清凉山麓,今鼓楼区清凉山八十三号清凉山公园内。《盋山志》卷二记载,宋代王安石尝游至此,作《清凉寺白云庵》诗云:“庵云作顶峭无邻,衣月为衿静称身。木落冈峦因自献,水归洲渚得横陈。”清末庵毁。

2. 在旧都城东北四十五里摄山天开岩,今栖霞区栖霞街道之东栖霞山。其地高敞,接近山巅,为南齐隐士明僧绍宅遗址。明代释觉浪开法于此,明末庵僧建庐岩上,老屋三楹。清乾隆年间(1736—1795)庵犹存,后毁。白云庵之上有白乳泉,石壁刻大篆书“试茶亭白乳泉”六字。庵外路傍有印空安禅师塔。

3. 在旧高淳县北二十里鹏池山,今高淳区蛇山。明万历年间(1573—1620),邢继鲲创建。民国时期废。

4. 在旧高淳县东六十里,缘起未详,民国五年(1916)重建。

5. 在今高淳区东坝镇东南八里下庄村。明弘治八年(1495)创建,清宣统三年(1911)修。为乡民自发宗教活动场所,有佛殿一座,坐北朝南,面阔三间。殿中供奉三宝佛,西庑供奉送子观音像,东庑供奉圣母像。

白云寺

1. 在旧都城东四十里钟山头陀岭弹琴石下方,今玄武区石象路七号钟山风景区内。寺东悬崖有苏来阁,奉宋代苏轼像,以苏轼曾游钟山。

2. 在旧都城东二十里,钟山之右。详见“胜善寺”条。

3. 在旧都城凤台门外牛首山附近。详见“永宁寺”条。

4. 在旧六合县北四五都。《六合县志》卷三记载,明天顺年间(1457—1464),僧妙林开建。嘉靖十六年(1537),僧了真重建。

百城庵

在旧江浦县北一里。《光绪江浦埤乘》卷三七载，清代庵僧释衡岳，精戒律，通儒书，驻锡主讲，寿八十余，趺坐而逝。

百福寺

在旧都城东北二十五里幕府山，今鼓楼区永济大道幕府山风景区内。详见“圣游寺”条。

百福院

在旧都城南五里太清里。详见“解脱寺”条。

百箩庵

在今江宁区江宁街道后村南。明代建造。

百子庵

在旧江浦县南四十二里柏子山，今浦口区星甸镇石窑村百子庵自然村。详见下卷“弘德寺”条。

柏子庵

在旧江浦县南四十二里柏子山，今浦口区星甸镇石窑村百子庵自然村。详见下卷“弘德寺”条。

拜梅庵

1. 在旧都城西清凉山峨眉岭，今鼓楼区汉中路西段北侧峨嵋岭附近，与吉祥寺毗邻。吉祥寺本为元代天妃庙，明永乐元年(1403)改为佛寺。寺后有古梅一株，虬枝铁干，扶疏半亩。新安人鲍山，性至孝，其母罗氏，小字梅花，梦梅而生。迨母卒，古梅擢五新干，樛曲覆地，犹盘龙偃盖。鲍山谓母之魂归于梅，因望梅迎拜，建拜梅庵，以立春为梅诞日，八月初一为梅浴日，焦竑为之记。今鼓楼区古林公园内有拜梅亭，2001年建造，亭东南一里即拜梅庵旧址。参见“吉祥寺”条。

2. 在旧六合县东南三里桃花坞铁牛墩，今六合区雄州街道马营村果老滩自然村。世传张果老炼丹遗迹，有百年古梅，明代知县米万钟建拜梅庵，亦名老梅庵。清代知县常在修于庵内筑讲堂，后圮。乾隆二十年（1755），住僧募化重修，增建文昌阁并亭台花石，遂为游览之胜。

半峰庵

半峰庵有大半峰庵和小半峰庵，皆隶于天界寺。《留都见闻录》卷下记载，半峰庵有古定窑观音，高三尺，寺僧以三千金出售，竟不知属之何处。庭前旧有玉兰两株，大合抱，花时甚盛，僧为贵官游赏所苦，遂伐之。《二续金陵琐事》上卷记载，大宗伯赵大周过半峰庵谈禅，偶尔倒念《金刚经》文。僧官兴善曰："老爷倒念经文了。"庵僧果斌斥兴善曰："《金刚经》道理圆融通透，顺说也是，倒说也是。老爷不错，兴善错了。"明崇祯年间（1628—1644），僧佛闲于半峰庵阅《大藏》三年，撰《南藏目录略记》六卷。

半壑庵

在旧都城西盋山之北，见于《盋山志》卷二。

半山寺

1. 在旧都城东门外惟政乡，地名白塘。本为王安石居宅，宋元丰七年（1084）舍为寺。《金陵世纪》卷二云："王安石罢政，以使相判江宁，筑第于白下门外，去城七里，去蒋山亦七里，所居仅庇风雨，墙垣不设，望若旅舍。元丰七年，王安石以病闻，神宗遣国医诊视。既愈，请以宅为寺，赐额报宁禅寺。"元代改名半山寺，至正元年（1341）僧元龙重建。寺有谢太傅像碑，本顾长康画，朱氏刻石维扬，后摹刻于此。又有王安石读书处，米芾题匾曰昭文斋。寺前为半山园，王安石诗云"今年钟山南，随分作园囿"即此。寺西有培塿，王安石凿渠积土之地。寺侧旧有三亭，一曰东冶亭，宋乾道五年（1169）留守史正志重建；一曰知稼亭，刘珙创建；一曰瑞麦亭，景定二年（1261）马光祖增建，与知稼亭对峙。明代建孝陵，寺地入于禁中，遂失所在。寺东一里许有石阜隆起，相传为谢公墩。清道光年间（1821—1850），两江总督陶澍重建半山寺于谢公墩旧址，今玄武区后宰门南京海军指挥学院内。咸丰年间（1851—1861）毁于兵火，同治九年（1870）复建，宣统年间（1909—1911）修。20世纪50年代初，有房屋十八间，地五十七亩，现为南京市文物保护单位。

2. 在旧六合县东十五里灵岩山之阴，今六合区雄州街道半山寺村玛瑙涧路。详见下卷"灵岩禅寺"条。

半隐庵

在旧都城南大交巷。《凤麓小志》卷一云，陈维垣次子陈丰之尝读书于此。

伴云庵

在旧高淳县游子山，今高淳区东坝镇游子山风景区内。民国时期重建，庵堂三间。

宝城寺

南朝古刹。陈代创建，在旧上元县清风乡衡阳山，今栖霞区栖霞街道衡阳村衡阳寺自然村。详见“衡阳寺”条。

宝乘院

在旧上元县钟山乡钟山西麓，今玄武区石象路七号钟山风景区内。详见“草堂寺”条。

宝峰寺

缘起未详，明代见存。《五灯会元续略》卷四云：“南京宝峰寺明瑄禅师，在俗为木匠，因造塔院，斧伤自足，痛甚，索酒吃。或谓曰：‘伤足犹可假，若斫去头，有千石酒，能吃否？’明瑄省悟，即止酒，遂求为僧。”

宝公庵

在旧六合县下三都。宋代释本觉开建，明洪武元年（1368）僧如清重建，洪武二十四年（1391）并入长芦寺。

宝公寺

南朝古刹。在旧六合县北四五都，梁天监年间（502—519）宝志禅师开建。明正统年间（1436—1449）僧宗真修，嘉靖十六年（1537）僧清澄再修。寺在广泽中，春夏水涨，寺基亦长，传为灵迹。

宝公院

在旧都城朝阳门外钟山南侧玩珠峰前独龙阜，今玄武区石象路七号钟山风景区内。详见“开善寺”条。

宝贡寺

在旧六合县西五十五里，今六合区竹镇镇宝贡村，余不详。

宝光寺

在旧都城聚宝门南二里，高座寺南半里，雨花台梅冈东南，今雨花台区雨花路二一五号南京雨花台风景区内。刘宋大明年间(457—464)创建，名天王寺。梁代废为昭明太子果园，杨吴时期为徐景通林园。南唐保大四年(946)，以其址建奉先禅院，后葬昙师起塔，名宝光塔院。元代改为普光寺。明洪武元年(1368)赐额宝光寺，正统二年(1437)修，成化元年(1465)住持通辨重修。嘉靖二十年(1541)，住持妙玺拆毁钟楼，盗卖寺产，祠部以法遣之，寺渐废，仅存后殿。万历十一年(1583)住持宗洪修，复而新之。高座寺所领小刹，山门三楹，观音殿三楹，地藏殿三楹，铁佛殿三楹，伽蓝殿三楹，祖师殿三楹，斋堂三楹，僧院三房。基址十五亩，东至永兴寺，南至武俊伯山角，西至安隐寺，北至官街。田、地、山共六十七亩一分。清同治年间(1862—1874)寺废。寺有贝多婆力叉经叶，长约六七寸，广半之，形状似笋壳，柔腻如芭蕉，相传来自西域。叶面经字大如小赤豆，皆旁行，蠕蠕如虫豸，不识其为何经，外以二木片夹之，其木如杉，纹理细致。大殿后有达摩尊者坐像壁画，高及二丈，阔如之，凡七笔而成，魄力浑劲，俗呼为七笔头祖师，为清康熙年间(1662—1722)手笔。

宝光塔院

在旧都城聚宝门南两里，高座寺南半里，雨花台梅冈东南，今雨花台区雨花路二一五号南京雨花台风景区内。详见“宝光寺”条。

宝积庵

在旧都城聚宝门东南四十里方山西侧，今江宁区秣陵街道方山风景区内。余不详。

宝戒寺

在旧都城北门桥柴街。详见“迦毗罗寺”条。

宝莲庵

在旧高淳县东二十五里。孔莲庵捐基建造，清咸丰四年(1854)毁，民国重建。

寺西五里有窑冈墩，旧传有人以陶为业，一日火光之中金龙现爪，见者异之，孔莲庵遂购是地，捐于宝莲庵。

宝梁庵

在旧六合县皇厂河，后坍没入江。见于《光绪六合县志》卷三。

宝林庵

在旧都城聚宝门南三里，永宁寺南一里。明代徐魏国公创建，永宁寺所领小刹。山门三楹，佛殿三楹，观音殿三楹，祠堂三楹，左右回廊十八楹，僧院一房。基址六亩一分，东至汪纪坟，南至官街，西至本庵地，北至庵后山。田、地、山、塘共四十三亩七分九厘。

宝林禅院

民国时期存，见于朱偰《南京梵刹志略》。

宝林寺

1. 在旧都城聚宝门东南五里，今雨花台区雨花东路东侧，雨花台风景区东门外一百五十米。明初建造，清乾隆年间(1736—1795)修。1958年改为敬老院，再改为雨花台烈士陵园职工子弟园艺学校，现为雨花台区教师进修学校。三进院落，砖木结构，原山门有所改建，第二进正殿及厢房保持原貌，大殿保存完好，第三进殿宇被改造为平房。

2. 在旧都城东北二十五里幕府山，今鼓楼区永济大道幕府山风景区内。详见“圣游寺”条。

宝善庵

在旧南京四条巷一〇九号。清光绪年间(1875—1908)建，20世纪50年代初，有房三间。

宝善寺

在旧都城朝阳门东二十二里，广惠院南八里，今江宁区东山街道建南村东解自然村之西。金大定年间(1161—1189)创建，名解脱庵，枕山临涧，古柏阴深。明正统元年(1436),为灵谷寺僧左讲经正映塔院,赐宝善寺额。广惠院所领小刹,天王殿三楹,正佛殿三楹,僧院三房。基址四亩,东至本寺,西至官沟,南至忻府坟,北至庙基。田、地、山、塘共五十五亩三分四厘。

宝圣寺

在旧六合县北四十里,屏山之北,今六合区马集镇宝圣村宝圣寺自然村。详见“宝胜寺”条。

宝胜寺

在旧六合县北四十里,屏山之北,今六合区马集镇宝圣村宝圣寺自然村,一名宝圣寺。缘起未详,元致和元年(1328)僧守俊重建,后毁于兵。明洪武年间(1368—1398)僧守邦再建,宣德三年(1428)僧弘升修,正统十年(1445)僧正理、成化年间(1465—1487)僧德昆、正德年间(1506—1521)僧惠源各有修建。清咸丰年间(1851—1861)重建。寺有唐代铜佛像,昔有盗之者,以石击佛使碎,佛大呼如雷。寺旁有泉,冬夏不涸,甘洌可茗。

宝田寺

六朝古刹。梁陈时期存,《新修科分六学僧传》卷一二云:“智文,年十五,师宝田寺沙门智成。梁大同七年,诏于光业寺首开《律藏》,成规肃然。属梁季祸难荐作,乃避地闽中。”《陈书·后主本纪》所谓“祯明三年正月,韩擒虎陷南豫州,后主遣忠武将军孔范屯宝田寺”即此。

宝云寺

六朝古刹。梁代存,《广弘明集》卷二七梁简文帝《答湘东王书》云:“十七日旦早入宝云,璧门照日,铜龙吐雾。红泉含影,青莲吐芳。法侣成群,金山满座。身心快乐,得未曾有。”

保安禅寺

在旧上元县东北,东距钟山七里,地名白塘。宋元丰年间(1078—1085)王安石居此,后舍为寺,赐额保安禅寺。寺后有东冶亭。参见“半山寺”条。

保福院

《至正金陵新志》卷一一下引《乾道志》云："保福院，在尽节乡龙涧村，去城百里。"

保国禅林

在旧南京下关宝塔桥西街六十二号。20世纪50年代初，有尼四人，房七十二间。

保国寺

在今秦淮区五福街。唐代创建，20世纪50年代初，有僧一人，房十七间。

保宁庵

《民国高淳县志》卷一四云："保宁庵，在通济、庆丰二桥之中。"

保宁寺

在旧都城西南隅凤台山，今秦淮区花露南岗附近。详见"祇园寺"条。

保庆寺

《景定建康志》卷一四云："绍兴七年十月十五日，诏日轮侍从官一员，诣保庆寺祈晴，仍令建康府差官如法祈祷。"

保贞庵

在今栖霞区栖霞街道新合村保贞庵自然村附近。缘起未详，清代存。

保子庵

在今浦口区顶山街道保安自然村附近，余不详。

报本禅寺

即报宁禅寺。宋元丰七年(1084)，王安石舍宅建造，元代改名半山寺。《古今图书集成·释教部汇考》卷四云："王安石请以江宁府园庐为僧寺，乞额报本禅院。札奏曰：'幸遇圣运，超拔等夷。知奖眷怜，逮兼父子。戴天负地，感涕难胜。臣今所居江宁府上元县园屋，为僧寺一所，永远祝延圣寿。如蒙矜许，特赐名额。'圣旨依所乞，以报本禅寺为名。”详见“半山寺”条。

报慈庵

在旧都城东北四十五里摄山幽居庵后，今栖霞区栖霞街道之东栖霞山。庵前有八功德水，下注禅堂，以供庖湢。庵上为千佛龛，龛内有小石刻，宋淳熙年间（1174—1189）建殿，以覆佛像。

报慈道场

南唐后主李煜创建，一名报慈院。《景德传灯录》卷二五云：“金陵报慈道场玄觉导师行言，泉州晋江人也，得法于净慧禅师。江南国主新建报慈大道场，命师大阐宗猷，别署导师之号。又有文邃禅师，杭州人，礼池州僧正，落发登戒。乾德年间，李后主延至金陵，居报慈道场，署雷音觉海大导师。”

报慈廨院

在旧都城斗门桥北，仓巷东侧，地名七家湾。今秦淮区安品街以北，七家湾以南，仓巷以东，评事街以西区域内。参见“封崇寺”条。

报慈院

南唐后主李煜创建。详见“报慈道场”条。

报恩禅寺

在旧高淳县西北二里。详见“淳西庵”条。

报恩禅院

在旧都城斗门桥街北，华光庵之西。详见“报先寺”条。

报恩光孝禅寺

在旧都城西门内。详见“净相院”条。

报恩寺

1. 南朝古刹。在旧都城西门双庙之东，刘宋元嘉二年（425）文帝为高祖创建，名报恩寺。唐会昌年间(841—846)废,杨吴大和六年(934)毗陵郡公徐景运为其亲复建,改名报先院。南唐升元年间(937—943)改名兴慈院,宋开宝年间(968—976)又废,里人舍宅复建。太平兴国二年(977)迁建府治东南,改额承天寺。至道年间(995—997),宋太宗召见寺僧圆觉律师德明,赐御容及罗汉像以归。咸平年间(998—1003),真宗赐院基田产,更律为禅,宠以圣制诗章。政和七年(1117)改能仁禅寺,建炎年间(1127—1130)兵毁,庆元年间(1195—1200)重建。明初寺灾,洪武二十一年(1388),徙于聚宝门南二里天竺山。参见"能仁禅寺"条。

2. 南朝古刹。梁简文帝萧纲创建,《历朝释氏资鉴》卷四云:"梁简文帝委心妙法,遍览玄章,撰《法集》二百卷,《法宝联璧》四百余篇,刺血写《般若》十部,造资敬、报恩二寺。"

3. 在旧高淳县北二十五里凤凰山,今高淳区古柏镇凤山韩村,二〇四县道西侧。详见下卷"彰教寺"条。

报国庵

在旧都城三山门西七里,典牧所小圩之东。明洪武三十一年(1398)敕建,嘉靖年间(1522—1566)修。接待寺所领小刹,山门三楹,十王殿三楹,地藏殿三楹,韦驮殿三楹,大佛殿三楹,僧院一房,禅堂三楹。基址四亩,东至官河,南至芦洲,西至小圩,北至王家坟。民国二十六年(1937)底日本侵略军攻陷南京,庵尼识参师太设立下关宝塔桥红十字会难民收容所,百余日间收容老弱妇孺一万余人。

报宁禅寺

在旧都城东门外惟政乡,王安石舍宅为寺。详见"半山寺"条。

报先寺

在旧都城斗门桥街北,华光庵之西。杨吴武义元年(919)创建,名报先寺。南唐改为报恩禅院,宋初改华藏院。文益禅师、匡逸禅师、慧济禅师应南唐国主邀请,先后驻锡寺中。《释氏稽古略》卷三云:"南唐有国,国主迎文益禅师住金陵报恩禅院,署号净慧禅师,迁住清凉寺。国主邀师观牡丹花,请师赋诗,师应声曰:'拥毳对芳丛,由来趣不同。发从今日白,花是去年红。艳冶随朝露,馨香逐晚风。何须待零落,然后始知空。'唐主顿悟玄旨。"周显德五年(958)闰七月,文益禅师跏趺而逝,塔于江宁县之丹阳,敕谥大法眼禅师,塔曰无相,再谥曰大智藏大导师。后主为文勒石,韩熙载铭，宗门尊仰其道，曰法眼宗。寺旧有此君亭，宋王安石建并作《与舍弟华藏院此君亭咏竹》诗云："一径森然四座惊，残阴余韵去何长。人怜直节生来瘦，自许高材老更刚。曾与蒿藜同雨露，终随松柏到冰霜。烦君惜取根株在，欲乞伶伦学凤凰。"

报先院

在古城西门双庙之东。详见"报恩寺"条。

北　庵

在今六合区金牛湖街道樊集。清道光年间(1821—1850)，有庵田在今铁石岗村和尚田自然村。

北城庵

在旧江浦县北门外。清顺治十年(1653)，邑人成应华、朱元卿倡建。松竹森森，掩映山郭，有超然远俗之致。

北多宝寺

六朝古刹。宋齐时期存，《高僧传》卷七《宋京师北多宝寺释道亮传》云："(道亮)元嘉末被徙南越，大明中还止京师，住北多宝寺，法席复盛。"《高僧传》卷一三《齐北多宝寺释慧忍传》云："慧忍少出家，住北多宝寺，爱好音声。齐文宣集诸经师，共酌旧声，诠品新异，制瑞应四十二契，慧忍所得最妙。"

北观音寺

在旧六合县南上三都。元至正年间(1341—1368)僧圆景开建，明弘治年间(1488—1505)僧圆文修，嘉靖二十六年(1547)僧舟澄再修。

北广佛寺

在旧六合县北四五都，详见下卷"广福寺"条。

北广福寺

在旧六合县北四五都，详见下卷"广福寺"条。

北极庵

在旧江浦县治北十五里，黄悦岭之北。明万历四十年(1612)，邑人曾致昱募建，名北极庵。清光绪五年(1879)改茶庵，夏钺《黄阅岭》诗云："茅舍凌空出，参差倚翠微。危桥丛木阻，幽涧落花飞。野衲和云宿，山樵带月归。此中堪小隐，入望半烟扉。"

北　寺

梁代创建，在旧宫城北。《南朝寺考》云："北寺，同泰寺之前院也。以其在宫城北，故曰北寺。"王筠有《北寺寅上人房望远岫玩前池诗》。

北汤寺

在旧都城南门外七十里，江宁县北汤村。缘起未详，宋治平二年(1065)赐额广觉院，俗呼北汤寺。

北永安寺

六朝古刹。在旧建康县定阴里西州桥旁，晋永和十年(354)何皇后为昙备尼创建，本名永安寺，亦名何后寺。刘宋时期另置永安寺，遂称晋寺为北永安寺，宋寺为南外永安寺。《比丘尼传》卷一《北永安寺昙备尼传》云："昙备，本姓陶，丹阳建康人也。少有清信，愿修正法。而无有昆弟，独与母居，事母恭孝，宗党称之。年及笄嫁，征币弗许，母不能违，听其离俗。精勤戒行，日夜无怠。晋穆皇帝礼接敬厚，常称曰：'久看更佳。'谓章皇后何氏曰：'京邑比丘尼，鲜有昙备之俦也。'到永和十年，后为立寺于定阴里，名永安，今之何后寺是。"其时又有道仪尼，雁门娄烦人，太元末年(396)止京师，住永安寺，端心律藏，妙究精微，清散无矫，道俗高之。刘宋时期有令玉尼，住永安寺禅房。始受十戒，威仪可观，及受具足，博寻五部，妙究幽宗，雅能传述。邵陵王大相钦敬，请为南晋陵寺主。

本起寺

六朝古刹。晋孝武帝司马曜创建，《法苑珠林》卷一〇〇云："晋烈宗武帝，造皇泰、初立、本起寺。"

本业寺

在旧都城朝阳门东二十五里，广惠院东七里，今江宁区麒麟街道晨光村白家场自然村南山坡上。梁天监九年(510)释净玉舍宅建,累代废兴,石像仅存。南唐保大五年(947)僧令安修。明代为广惠院所领小刹,天王殿三楹,正佛殿三楹,法堂殿五楹,僧院二房。基址十亩,东至本寺山,南至本寺山,西至官路,北至本寺山。田、地、山、塘共四十六亩四分五厘。胡广撰《游阳山本业寺记》云:“树林阴翳中,一径沿涧上,两傍皆松柏,五代时碑刻尚存。有古桂二株,其本枯朽,旁枝拱抱,疑与寺同植者。旁入一小轩,轩外多竹。其南有古井,汲以烹茶,味甘洌。”抗日战争时期毁于兵燹,1958年在遗址上创建小学。

本愿尼寺

南朝古刹。梁大同元年(535),湘州刺史萧环创建。

碧峰寺

在旧都城聚宝门西南三里,报恩寺西二里,今雨花台区雨花西路一三〇号南京市雨花台区实验小学内。吴嘉禾四年(235)有僧创室,名瑞相院。明洪武五年(1372)敕工部督工重建,以居金碧峰禅师,赐碧峰寺额,黄谦书额,宋濂撰碑。报恩寺所统中刹,金刚殿三楹,天王殿三楹,正佛殿五楹,僧院五房,石塔一座。基址一百亩,东至安德街,南至天界寺菜地,西至朱家园,北至李府园。禅院有毗卢阁三楹,华严楼五楹,伽蓝殿三楹,祖师殿三楹,斋堂三楹,禅堂五楹,厨库茶寮七楹。地四亩七分,房九间。清顺治十三年(1656)翰林邓旭重修,建华严宝阁,有碑记。民国三十五年(1946)改为碧峰寺小学。1965年犹存山门、金刚殿、两侧厢房,1983年翻建新校,皆拆毁,仅假山石刻“碧峰”二字清晰可辨。

明代以来,多有高僧驻锡寺中。《补续高僧传》卷一五《非幻禅师传》记载,明永乐五年(1407),成祖有事于长陵,以非幻禅师精于地理之学,授钦天监五官灵台郎,俾莅其事。事毕,师恳求复为僧,遂擢僧录司右阐教,住南京碧峰寺。《嘉庆新修江宁府志》卷五一记载,明代石头和尚,赋性警敏,横发直指,罔非精奥。始居碧峰寺,后居高淳淳西庵及止庵精舍。万历年间(1573—1620)注《法华经》,以佛心求佛言,妙旨环生,名曰《知音集》。《金陵琐事》卷四云:“梦居禅师居碧峰寺,海盐资圣寺法聚至金陵,参问如何不落人圈套。梦居与一掌,法聚大悟,因咏云:‘大地何人不梦居,梦中休问梦何如。煮茶消得闲风月,不向蒲团读梵书。’初,明大内有三巨鼎,不知何代所造,明末因筹军饷,欲以铸钱,僧文璞赎三鼎以归,置报恩、碧峰两寺及圆觉庵。又有沉香罗汉像一组,梦幻禅师取自西洋,像甚奇古,香更异常。”

别峰寺

缘起未详，明代存。《大明高僧传》卷三《杭州上天竺寺沙门释慧日传》云：“释慧日，幼出家，明洪武二年诏赴蒋山佛会，召见奉天殿。尝与别峰寺同法师、碧峰寺金禅师辈赐食禁中，因奏瓦官寺乃隋智者大师释《法华》之所，不可从废。太祖命就天界寺别建室庐，以存其迹。”

兵教寺

在旧六合县南五里龙池。有放生池，唐颜真卿所书七十二碑之所。

禀丘山寺

在旧溧水县西三十里禀丘山。缘起未详，唐大和年间(827—835)废，有石龛、方丈存。

波提寺

六朝古刹。在旧秣陵县新林青陵，晋咸安二年(372)建造，唐代废。《法苑珠林》卷三一云：“《晋南京寺记》云，波提寺在秣陵县新林青陵，昔晋咸安二年，简文皇帝起造，本名新林寺。”《建康实录》卷八云：“简文即位，自立僧寺一，波提寺，今废。”详见“新林寺”条。

般若庵

在旧都城东北四十五里摄山，今栖霞区栖霞街道之东栖霞山。旧有小庵，名般若台，久废。明僧慧光游摄山，爱白鹿泉之胜，遂在古般若台遗址构堂以居。堂后有石台，歙州处士王寅求《四十二章经》善本，谒诸名士各书一章，与《金刚》《遗教》二经勒石其上，汪道昆作记，亦谓之般若台。庵因台名，曰般若庵。庵前有泉，其吐如珍珠，号珍珠泉。

般若禅院

在旧都城聚宝门南九十里，建昌寺北十五里，天王山南麓。其山形若莲光，二水环绕。元大德年间(1297—1307)有法秀禅师止于山中，至正十四年(1354)明太祖渡江，闻师名，单骑入山，与语相契。洪武年间(1368—1398)诏工部右侍郎黄立恭即地建刹，赐名般若禅院，一名般若寺。建昌寺所领小刹，山门三楹，弥勒殿三楹，佛殿五楹，观音殿七楹，僧院一房。基址五亩，东至本寺来龙山，南至本寺菜园，西至本寺山，北至本寺来龙山。田、地、山、塘共五十九亩二分。

般若寺

1. 在旧溧水县南四十五里仪凤乡，宋嘉熙三年（1239）建造。
2. 在旧都城聚宝门南九十里，天王山南麓。详见“般若禅院”条。

般若台

在旧都城东北四十五里摄山，今栖霞区栖霞街道之东栖霞山。旧为小庵，名般若台。明代慧光构堂以居，改名般若庵。详见“般若庵”条。

般若堂

在旧都城东北四十五里摄山，今栖霞区栖霞街道之东栖霞山大佛龛左。详见“翠微庵”条。

亳州庵

在今秦淮区五福里。清光绪十六年（1890）建，20世纪50年代初，有尼一人，房六间。

不二庵

在旧都城北门桥西二里小仓山干河沿，清初画家龚贤故居。庵外有池，产白莲。

C

蔡家茶庵

在旧六合县东门外瓜步路旁。缘起未详，清光绪年间（1875—1908）重建。

苍翠庵

明代天界寺三十六庵之一，在旧都城聚宝门外天界寺内。《江宁新志》卷二四云："僧根定，字云辨，一字竹堂，以诗画自娱，兼工书，卓锡天界寺之苍翠庵。"

曹涧桥庵

在旧溧水县东三十五里白鹿乡，余不详。

曹庄庵

在旧溧水县仙坛乡。详见"广南寺"条。

草　庵

1. 在旧都城聚宝门西南二十五里牛首山巢松阁下，今江宁区牛首山森林公园内。元代创建，《牛首山志》上卷引《蒲庵集》云："延祐甲寅十二月，登牛首山，雪后见草庵如壶。有渊道人居之，从一窦俯入，中设柴床，客至不语。渊以半座分我，并言：'始至，从樵者乞畚茅席地为室，淫雨沮洳，翘乏终日。居人有周子文卿者怜我，始为构瓦屋。'"

2. 在旧溧水县小东门外在城乡。本名插竹亭，清乾隆年间（1736—1795）陈永康舍基，僧自成改建为庵，光绪年间（1875—1908）废。

3. 在旧溧水县崇贤乡柘塘。参见"汇水庵"条。

草堂庵

在旧溧水县横峰，明崇祯十七年（1644）存。《光绪溧水县志》卷二〇："苏门和尚，楚人也。究心内典，尤工诗，著有《青桐集》。崇祯末，游金陵，居横峰草堂庵，以杖笠自随。"

草堂寺

南朝古刹。在旧上元县钟山乡钟山，今玄武区石象路七号钟山风景区内，南齐周颙为僧慧约建造。《景定建康志》卷一七云："齐周颙亦于钟山西立隐舍，遇休沐则归。仍造草堂寺，以处僧慧约。"《续高僧传》卷六《梁国师草堂寺智者释慧约传》云："齐中书郎汝南周颙为剡令，钦服道素，侧席加礼，于钟山雷次宗旧馆造草堂寺，亦号山茨，屈知寺任。此寺结宇山椒，疏壤幽岫，虽邑居非远，而萧条物外。既冥赏素诚，便有终焉之托。”寺左有慧约讲经台，寺后即周颙旧居。唐会昌年间（841—846）寺废，宋代复建，治平年间（1064—1067）赐额宝乘院，绍兴三十二年（1162）六月改赐隆报宝乘禅寺额。元泰定年间（1324—1328）殿宇大备，至正十七年（1357）毁于兵燹。明洪武七年（1374）以其地为开平忠武王墓，徙于灵谷寺北三十里，太平门北二十七里，上元县慈仁乡唐家渡。灵谷寺所统中刹，山门一楹，正佛殿五楹，僧院二房。基址四亩，东至江滩，南至本寺山，西至晏公庙，北至大江。正统年间（1436—1449）有田、地、山、塘共一千三百亩，寺滨大江，渐为江水所啮，明末仅存一百五十八亩八分七厘。寺有慧约塔，塔上石制圆楹，中斫为方，下刻二鬼擎之，方上书曰“梁古草堂法师之墓”，明宋濂定为梁人所书。

插花寺

在旧江宁县上峰镇天宝山，今江宁区汤山街道孟墓社区插花村。详见下卷“藏龙寺”条。

茶　庵

1. 在旧六合县北门外。明隆庆年间（1567—1572）创建，清光绪年间（1875—1908）重建。

2. 在旧六合县城内四颗柳。缘起未详，清光绪年间（1875—1908）重建。

3. 在旧六合县瓜步毕家桥。缘起未详，清光绪年间（1875—1908）重建。

4. 在旧高淳县东五里保圣寺东。明万历二十五年（1597）胡仙建造，清康熙五十一年（1712）胡世俊、胡世望重修。

5. 在旧高淳县东六十里。明崇祯年间（1628—1644）杨一科、杨一棣建造。

6. 在旧高淳县西南二十六里。明崇祯年间（1628—1644）陶和吴氏倡建。

7. 在旧高淳县西南官路。清康熙十九年（1680）陈复显建造，亦名七里亭。

8. 在旧高淳县胥河南。清康熙年间（1662—1722）建，乾隆十六年（1751）重建，亦名嘉会亭。

9. 在旧高淳县马家湾。清雍正十三年（1735）陈复鼎倡建，亦名长乐亭。

10. 在旧高淳县甘村。甘仁寿建造，清咸丰年间（1851—1861）毁，同治三年（1864）甘衍华重建。

11. 在旧溧水县毛公铺。缘起未详，清光绪六年（1880）重建，一名祇园庵。

12. 在旧江浦县治北十五里，黄悦岭之北。详见“北极庵”条。

茶亭庵

1. 在旧都城太平门北十里，佛国寺北二里。明代为佛国寺所领小刹，山门三楹，观音殿三楹，佛殿三楹，华藏楼三楹，僧院一房。基址四亩，东至官街，南至官街，西至官街，北至周家田。田、地、山、塘共二十九亩九分九厘。

2. 在旧溧水县白鹿乡东庐山麓，今溧水区永阳街道东山村，余不详。

禅冈寺

南朝古刹。在旧都城南七里，秣陵县同夏里。刘宋孝建二年(455)萧惠开创建。萧惠开，南兰陵人，少有风义，涉猎文史，家虽贵戚，而居服简素。初为秘书郎，累迁黄门侍郎。父殁，居丧有孝性，凡为父起四寺：南冈下名曰禅冈寺，曲阿旧乡宅名曰禅乡寺，京口墓亭名曰禅亭寺，所封县邑名曰禅封寺。梁代高僧法开尝住禅冈寺，从柔、次二公学《成实论》，吏部尚书王峻揖敬推赏，由是显名。

禅河庵

在旧高淳县东坝镇庙山。宋代建造，有水田二十八点五亩，旱地二十亩。明代邢昉作《题禅河庵印度书斋二首》，其一云："置屋在水上，难于经始勤。窗移低就竹，池静远含云。砂灶风前煮，香椽雨后分。严冰中一宿，此约竟何云？"其二云："寂寞亦难容，何方可寄饔。泉声将榻绕，筠影上阶垂。屋角盘饥鼠，松根出老龙。萧条君去后，一听草堂钟。"清乾隆年间(1736—1795)重建于庙山之南松儿铺西半里，四面皆水，中有陆地数亩，周围竹木，尘埃不入。有石质"禅河庵"门额，为宋庵旧物。孔衍升《禅河庵》诗云："招提依水曲，野艇泊芦中。山鼠窥厨灶，春禽聒晓风。六禅谁问谛，一亩自成宫。静坐消尘虑，何须梵呗功。"民国时期废。

禅慧寺

南朝古刹。陈后主为慧成禅师建造，《佛祖统纪》卷九云："禅师慧成，段氏，澧阳人。初受业于十住寺，续于荆州枝江创造蓝寺。陈后主召之，毅然不往。尝令江总往迎，且戒之曰：'师若不允，不劳返也。'使人雨泪，强邀上船。师奋身入水，立江中。使更请，曰：'若不蒙往，总等粉身无地矣。'师悯其意，从至阙下。帝躬身请戒法，赐所居曰禅慧寺。"

禅基寺

六朝古刹。南朝齐永明年间(483—493)存,《比丘尼传》卷三《齐禅基寺僧盖尼传》:“僧盖,本姓田,赵国均仁人也。父宏,梁天水太守。盖幼出家,为僧志尼弟子,住彭城华林寺。忘利养,恢毁誉。永徽元年,索虏侵州,与同学法进南游京室,住妙相尼寺。……齐永明中,移止禅基寺。”

禅寂禅寺

在旧溧水县南十五里无想山东南侧山腰,今溧水区洪蓝镇无想寺景区内。详见下卷“无想寺”条。

禅寂寺

在旧溧水县南十五里无想山东南侧山腰,今溧水区洪蓝镇无想寺景区内。详见下卷“无想寺”条。

禅居院

1. 在旧都城西南六十五里,今江宁区江宁街道陆郎社区。唐大历二年(767)建,会昌五年(845)废。宋太平兴国五年(980)修,明代重建。

2. 在旧都城聚宝门南十里石马山之阴,今雨花台区西善桥街道西善桥村。详见“崇因寺”条。

禅林寺

1. 南朝古刹。在旧秣陵县东三里,刘宋大明七年(463)王修仪为净秀尼立精舍,南昌公主造佛殿。泰始三年(467)宋明帝助修,赐号禅林寺。《比丘尼传》卷四《禅林寺净秀尼传》云:“净秀尼,年二十九,落发青园寺。宋元嘉七年,外国沙门求那跋摩至都,律范清高,秀更从受戒。而青园徒众悟解不同,思立别住。宋南昌公主及黄修仪,以大明七年八月,共施宜知地,以立精舍。秀麻衣藿食,躬执泥瓦,夙夜尽勤,制龛造像,无所不备。同住十余人,皆以禅定为业。泰始三年,明帝敕以寺从其所集,宜名禅林。”其时又有慧胜尼,宋元嘉二十一年(444)出家。为净秀尼弟子,住禅林寺,讲《法华经》,学五行禅。僧述尼,元嘉二十四年(447)出家。住禅林寺,专功《十诵》,为禅学所宗。隋末寺毁,唐武德四年(621)杜伏威、辅公祏共修殿内丈六金像,武德六年(623)正月十五毕功。武德七年(624)李孝恭讨辅公祏,寺为军火所及。贞观七年(633),移惠日寺额于此。参见"惠日寺"条。

2. 在旧高淳县东二十里禅林山麓,今高淳区固城镇境内。唐开元二十七年(739)创建,名禅林寺。杨吴大和三年(931)寺僧可仁增修,宋开宝三年(970)完竣,吴瑛撰《禅林寺记》云:"有禅林寺僧释可仁者,云其师以武义元年祝发,后至禅林山,以再造山寺为已任。是役始于杨吴大和三年,宋开宝三年之五月竣工。凡大殿、法堂、僧寮、行室、廊庑、山门、钟楼、鼓架,次第补葺之。"太平兴国五年(980)改名慧照寺,淳祐十二年(1252)复旧名。明洪武二十五年(1392)并入净行寺,永乐元年(1403)恢复旧制。民国六年(1917)重建,二十年(1931)年增建白莲庙,祀明代寺僧三保和尚。1966年拆毁。

禅灵寺

南朝古刹。在旧都城斗门桥西北古禅灵渡,今秦淮区升州路中段南侧仙鹤桥附近,《梁书》所谓"王僧辩讨侯景,乘潮入淮,进至禅灵寺"即此。寺之缘起,一说宋文帝创建,《法苑珠林》卷一〇〇云:"宋太祖文帝奉斋不杀,造禅灵寺,常供千僧。"一说齐武帝创建,《南史·齐本纪》云:"齐武帝立禅灵寺于都下,当世以为壮观。"旧有寺碑,谢抃奉敕撰文,徐希秀书。齐永明七年(489),越州献白珠,自然作思惟佛像,长三寸,置寺刹下。齐末寺废。

禅心寺

在旧溧水县小东门外,详见"新兴寺"条。

禅岩寺

南朝古刹。在旧秣陵县东南三十五里,梁大通元年(527)严祛之造,唐贞观六年(632)废,上元二年(675)敕重建。

禅证寺

南朝古刹。在旧六合县东北三十里横山之阳,今六合区金牛湖街道境内。梁天监年间(502—519)创建,有读书堂,世传昭明太子读书处。唐僧神坚建为太子院,相传唐末黄巢兵过山寺,以刃扣神坚,不能动,膜拜而去。清乾隆年间(1736—1795)废。

禅众寺

六朝古刹。在旧建康县南五里察战巷，晋代创建。陈代高僧慧勇，住持禅众寺十八载，精研《十诵》，构大法堂，榜曰般若，规制宏敞壮丽。

长峰寺

1. 在旧溧水县南六十里仙坛乡。唐代敕建，中和二年（882）修。明嘉靖年间（1522—1566）重修，崇祯四年（1631）僧弘澄重建。清顺治十年（1653）再修，同治五年（1866）僧栖霞新建，光绪年间（1875—1908）毁。

2. 在旧溧水县东十七里，本名长山庵。详见“长山庵”条。

长干寺

在旧都城聚宝门南一里聚宝山，今秦淮区雨花路一号明代大报恩寺遗址公园内，晋太康年间（280—289）创建。其地旧为长干里，故名长干寺。寺有阿育王塔，又名阿育王寺。详见“阿育王寺”条。

长乐庵

1. 在旧高淳县西二里，清雍正十三年（1735）陈复鼎倡建。

2. 在旧都城御街左，今秦淮区长乐街，余不详。

长乐寺

1. 在旧都城聚宝门外三十五里牛首山，今江宁区牛首山文化旅游区内。详见下卷“宏觉寺”条。

2. 南朝古刹。在旧上元县台城南，今玄武区鸡鸣寺路附近。《梁书》所谓“绍泰三年，齐兵趋倪塘，游骑至台城门外。陈霸先总禁兵，出顿长乐寺”即此。

长乐院

在旧都城东北六十里，上元县神泉乡。详见“方乐寺”条。

长芦寺

旧在六合县长芦镇水家湾之东，今徙于六合区长芦街道园东路二八〇号太子山公园内。详见下卷“长芦崇福禅寺”条。

长庆庵

在旧溧水县西南五里赞贤乡竹山。详见“竹山庵”条。

长庆寺

在旧都城西南隅凤台山，今秦淮区花露南岗附近。详见“祇园寺”条。

长沙庵

在旧高淳县北二十里。清康熙五十六年（1717）竹墩黄族建造，黄品林捐基。咸丰年间（1851—1861）毁，同治六年（1867）重建。

长山庵

在旧溧水县东十七里。本名长山庵，清代改名长峰寺。

长生庵

1. 在旧都城聚宝门内下江考棚，今秦淮区中华路南段东侧。《同治上江两县志》卷五云：“本为三学生员设历代宗师长生禄位之所，后奉令废毁，遂为僧庵。”

2. 在旧江浦县南门外上河，余不详。

长生禅林

民国时期存，见于朱偰《南京梵刹志略》。

长生禅寺

在今秦淮区大思古巷。始建于六朝，原名五显庙，后改长生禅寺。20世纪50年代初，有僧二人，房二十一间。

长寿庵

1. 在旧溧水县崇贤乡，余不详。

2. 在旧溧水县仙坛乡，余不详。

3. 在今六合区瓜埠镇贾裴村长寿庵自然村。清末蔡姓无后，建此庵修行，祈求长寿，取名长寿庵。

长寿寺

1. 六朝古刹。在旧都城东北一里，晋代创建，唐代释玄素居之。《宋高僧传》卷九《唐润州幽栖寺玄素传》云："玄素禅师，字道清，俗姓马，润州延陵。唐如意年间以制恩得度，隶名江宁长寿寺。既进具，操行愈益奋厉，尝言道惟心证，不在言通。晚参智威禅师，遂悟真宗。"

2. 在旧江浦县西四十五里，罗汉寺西南十里，今浦口区星甸镇民主村常泗邹自然村，寺前石塔一座。1958年寺塔俱拆毁，今塔基、石墩遗迹尚可辨认。

常乐庵

在今秦淮区大全福巷。清同治十三年(1874)建，20世纪50年代初，有僧四人，房十余间。

常乐社

在今秦淮区长乐街。清同治十三年(1874)建，20世纪50年代初，有僧一人，房四间。

常乐寺

在旧都城聚宝门外三十五里牛首山，今江宁区牛首山文化旅游区内。详见下卷"宏觉寺"条。

常乐院

在旧都城东北六十里，上元县神泉乡。详见"方乐寺"条。

常平茶庵

在旧都城南上浮桥，详见"一苇庵"条。

常照庵

在旧都城北隅。元大德二年(1298)，平章吕文焕创建。

唱经楼

1. 在旧都城北门桥之北，今玄武区唱经楼西街与丹凤街交汇处。本为南唐后主李煜拜佛唱经之所，名忏经楼。明洪武年间（1368—1398）毁，永乐年间（1403—1424）仁孝太后重建，以唱念佛曲，化导愚氓，故名唱经楼。嘉靖九年（1530）僧惠晓重葺。普缘寺所领小刹，唱经楼一楹，小佛殿三楹，僧院一房。基址二亩，东至官街，南至官街，西至官街，北至刘家房。1949年以后，唱经楼留存二层楼房一座，面积二百余平方米。一楼用于戏曲表演，二楼供奉菩萨像。20世纪80年代改为书馆，1994年拆毁，遗址现为公用停车场。

2. 在旧都城三山门西半里，莫愁湖觅渡桥东。详见“普惠寺”条。

朝阳庵

1. 在旧江宁县南六十里百亩山下，今江宁区江宁街道花塘社区，清代建造。

2. 在旧溧水县船桥前堡，余不详。

巢云庵

在旧溧水县南十二里杜城山，今溧水区洪蓝镇北。隋大业年间（605—618），杜伏威屯兵此山，筑石城，故名。明崇祯元年（1628），僧传恩结庐山巅，邑人任超等倡建，名巢云庵。

潮音庵

在旧高淳县东南十五里。明永乐年间（1403—1424）创建，清道光年间（1821—1850）水圮，光绪年间（1875—1908）吴、陈两姓重建。

坼塘庵

在旧六合县西十里，僧慈航、见一建造。

陈墙庵

在旧溧水县西二十里思鹤乡，一名永善庵。缘起未详，清咸丰年间（1851—1861）毁。

陈笪庵

在旧溧水县东四十里白鹿乡，今溧水区白马镇陈笪村。缘起未详，清光绪三年（1877）里人蒋鸣皋、陈其盛、蒋克勤等重建。

成仁庵

在旧都城聚宝门外聚宝山梅冈，今雨花台区雨花路二一五号南京雨花台风景区内。本为魏姓内侍生祠，后改梵刹。庵僧善种菊花，多异品，小盆短干，谓之宿钵。佛堂之左小室壁间嵌石刻《太上感应篇》隶书六方，落款“康熙戊辰夏六月，谷口郑簠书，汪檀度勒石”。碑阴有萧冈汪梗跋，楷书数行。

成贤庵

在旧都城中鸡鸣寺之南，今玄武区成贤街。明代创建，《肇域志》云：“成贤街在国学前，东西街皆有石坊，集贤庵侧遗址尚存。又有浴贤庵、成贤庵，皆明太学诸生会文之所。”

承恩寺

1. 在旧都城内三山街之东，天界寺东北四里，今秦淮区三山街承恩里。本为明代御用监王瑾故宅，景泰二年(1451)舍为寺，赐承恩寺额。《承恩寺记略》云：“承恩禅寺在南京旧内之旁，前御用监王公瑾之故第。公既殁，改宅为寺，敕赐今额，而复裒其余资，加缮治焉。寺袤五百有四尺，广半其袤，二百尺有奇。其东北皆附禁垣，南辟山门，门侧列肆余七十楹，连欐以达于西，皆俯临通衢。岁入僦费，以滋焚修，而复其廛租。由山门入，施重门，以次为殿者六，位置中严，而翼以钟楼，缭以廊庑，他凡禅堂、丈室、僧庐，以至斋庖、库庾之所，又百二十有四楹，大抵皆因其旧而增新之，而易其榱桷，加以榜署，崇彼象设，邃密靓雅，足观矣。”成化三年(1467)修。万历二十年(1592)意大利传教士利玛窦来南京参访，住寺一年有余。明代后期迁禅院于大殿之后。天界寺所统中刹，大山门一楹，金刚殿三楹，天王殿三楹，正佛殿五楹，观音殿三楹，伽蓝殿一楹，轮藏殿三楹，祖师殿一楹，回廊共二十楹，方丈十二楹，僧院四十八房。基址一百七十二丈，东至旧内门，南至三山街，西至官街，北至旧内园墙。向南廊房十一间，房地四间半，向西廊房二十间，房地十一间。又有禅堂大门一楹，禅堂五楹，十方堂三楹，斋堂一楹，静室四楹，厨库五楹，向南廊房十二间，向西廊房十二间。清光绪二十六年(1900)毁于火灾。

2006年三山街承恩里拆迁改造过程中，发现承恩寺遗址。经局部探掘，地表下三米处有青砖铺砌高台一座，长逾二十米，巨型石柱础，石质莲花须弥座，以及云龙纹碑刻一块。碑额正面最上方刻“圣旨”二个楷体大字，其下刻篆文“敕赐房屋山门”等字，背面刻有“承恩禅寺”等字。

2. 在旧都城聚宝门南三十里，弘觉寺西北五里，南城太北乡。明正德年间(1506—1521)创建。详见“外承恩寺”条。

承天寺

1. 在旧都城南隅炳灵公庙街。详见“上国安寺”条。

2. 在旧古城西门双庙之东，本名报恩寺。宋太平兴国二年(977)迁建府治东南，改额承天寺。详见“报恩寺”条。

城头庵

在旧都城朝阳门东二十二里，相传梁高僧宝志行化之地。详见“崇善寺”条。

诚应庵

在旧高淳县东六十里。明嘉靖四十二年(1563)邑副使张蕴重建，民国时期废。

澄心院

缘起未详，宋代存。《至正金陵新志》卷一一下引《乾道志》云：“澄心院在钟山西，去城十里。”

崇祠庵

在旧高淳县西十五里张家垛，为县塞水口。余不详。

崇恩百福院

在旧江宁县，今江宁区境内。宋绍兴三十年(1160)依建康知府王纶所乞，充本家坟寺，赐额崇恩百福院。

崇福庵

在旧都城南隅胭脂巷，今秦淮区胭脂巷。元至大二年(1309)创建。

崇福寺

南朝古刹。在旧都城南门外，刘宋元嘉十年(433)创建，僧楚云居之，赐名崇福寺。宋太平兴国八年(983)修。明成化年间(1465—1487)，大慧觉华禅师驻锡寺中。清康熙年间(1662—1722)废。

崇果院

在旧都城聚宝门南十里,石马山之阴,今雨花台区西善桥街道西善桥村。详见“崇因寺”条。

崇化寺

在旧都城神策门北五里,嘉善寺北半里,幕府山李子冈。古高峰院,明正统年间(1436—1449)重建,赐崇化寺额,礼部尚书魏骥有碑记。成化年间(1465—1487),瑄禅师尝居此。明末修葺。嘉善寺所领小刹,佛殿三楹,僧院三房。基址十亩,东至铁石冈,南至官路,西至官路,北至官山。田、山共三十八亩八分七厘。寺依石崖而筑,与嘉善寺相连。冈下有泉,自石窦中出,隐隐注于池,沸出水面,宛若散花,复暗流细涧,缓出山下,名梅花水。

崇皇寺

南朝古刹。陈宣帝陈顼建造,《释迦方志》卷下云:“陈高宗宣帝,杨州禁中造太皇寺七级木塔,又造崇皇寺刹,高十五丈,安佛爪。”

崇教寺

在旧都城聚宝门外三十五里牛首山,今江宁区牛首山文化旅游区内。详见下卷“宏觉寺”条。

崇明寺

六朝古刹。晋义熙年间(405—418)创建,《高僧传》卷一三《宋京师崇明寺释僧慧传》云:“释僧慧,未知何人。少来好修福业。晋义熙中,共长安人行长生,立寺于京师破坞村中。始迁域其处,起草屋数间,便集僧设斋。至中夜,堂内两灯忽自然行,进前数十步,油纂如故,无所倾覆。大众惊嗟,访诸耆老,咸言灯所移处,是昔时外国道人起塔之基,于是就共修立。以灯移表瑞,因号崇明寺焉。”

崇宁寺

宋崇宁二年(1103)建。《宋史·徽宗本纪》云:“崇宁二年九月,令天下郡皆建崇宁寺。”

崇庆庵

在旧高淳县城望阳门外儒学左。唐明典捐赀倡建，县丞孙旭芳饰之。清乾隆十四年（1749）唐士瑗、唐士珩重修，民国时期废。寺前有亭，清顺治十三年（1656）知县纪圣训捐赀建造。

崇善寺

在旧都城朝阳门东二十二里，广惠院南五里。旧名城头庵，相传梁僧宝志行化之地。明宣德年间（1426—1435）僧文瑞重建，景泰三年（1452）赐崇善寺额。广惠院所领小刹，正佛殿三楹，钟楼一座，僧院一房。基址三亩，东至寺塔院，南至官路，西至窑塘，北至官路。明末渐颓，佛殿仅存，钟梵销歇。夏瑄有《崇善禅寺碑铭》。

崇圣寺

六朝古刹。宋齐时期存，《比丘尼传》卷三《齐崇圣寺僧敬尼传》云：“（僧敬）留滞岭南三十余载，风流所渐，犷俗移心。宋明帝闻之，远遣征迎。还都，敕住崇圣寺。”《南齐书》卷三六《刘祥传》所谓“刘彪之母杨氏死不殡葬，崇圣寺尼慧首以五百钱为买棺材，以泥洹轝送葬刘墓”即此。

崇胜戒坛院

在旧都城聚宝门西南隅花盝岗。详见下卷“瓦官寺”条。

崇胜寺

在旧都城南隅炳灵公庙街。详见“上国安寺”条。

崇胜院

在旧上元县道德乡埂头村，去城百里。余不详。

崇寿寺

缘起未详。南唐时期存，《五灯会元》卷八云：“升州清凉院休复悟空禅师，北海王氏子，幼出家，十九纳戒，后继法眼，住崇寿。江南国主创清凉道场，延请居之。天福八年十月入灭。”

崇禧寺

在旧都城朝阳门外钟山，今玄武区石象路七号钟山风景区内。详见“崇禧万寿寺”条。

崇禧万寿寺

在旧都城朝阳门外钟山，今玄武区石象路七号钟山风景区内。元文宗图帖睦尔为金陵藩府时，有旧邸在钟山太平兴国寺北，宝公塔后，泰定四年（1327）舍为寺，天历元年（1328）赐崇禧万寿寺额，俗呼崇禧寺，亦称万寿寺。赵世延《崇禧万寿寺碑记》云：“天历元年九月甲申，臣世延、臣集入见。亲诏之曰：宜加宝公号曰道林真觉慧感慈应普济圣师，寺曰大崇禧万寿寺，汝世延等其勒文以记之。”天历三年（1330），以官田一百五十顷赐龙翔寺及崇禧寺。元末朴隐禅师住持万寿寺，精儒释二家之学。明初碧峰禅师住持燕京海印禅寺，诏至南京大天界寺，问佛法及鬼神情状，奏对称旨，洪武四年（1371）冬十月赐馔于崇禧寺。万历年间（1573—1620）有麓亭法师诣都下，尽得清凉宗旨，往崇禧寺，演《华严经》大钞，至入法界品，天雨宝花。寺西有惟秀亭，天历年间（1328—1330）建。

崇孝寺

在旧都城内嘉瑞坊东偏。杨吴时期（892—937）创建，名崇孝寺。宋景德年间（1004—1007）赐景德寺额，建炎元年（1127）以其地建太庙，徙寺于城隍庙侧小巷中，仅僧舍数间。《禅林僧宝传》卷一三记载：“警延禅师，住金陵崇孝寺，年十九，为大僧。宋天圣五年七月十六日，升座辞众，偈曰：‘吾年八十五，修因至于此。问我归何处，顶相终难睹。’掷笔而化。”

崇兴庵

在旧高淳县东四十里同心塘村西。庵前置茶亭，后造佛殿。

崇义庵

在旧高淳县东七十里，清同治年间（1862—1874）重建。

崇因寺

在旧都城聚宝门南十里，石马山之阴，今雨花台区西善桥街道西善桥村。本为晋代新亭旧址，《世说新语》云："晋室南迁，过江诸人，暇日相邀出新亭，藉卉饮宴。仆射周顗叹曰：'风景不殊，举目有江河之异。'皆相视流涕。王导曰：'诸公当共戮力王室，克复神州，何至作楚囚对泣耶？'"本事即发生于此。南朝刘宋时期以新亭旧址建旷野寺，齐代寺废，梁大同年间(535—546)复建。唐开元年间(713—741)，懒融禅居此，改名禅居院。杨吴大和二年(930)改崇果院，宋代更名崇因寺，刘谊诗云"十里崇因寺，临江水气中"所谓即此，有范成大所撰碑。元延祐年间(1314—1320)，僧昙芳修建钟楼、僧堂、众寮、庖湢。天历年间(1328—1330)，住持正奎继修，建大殿，设金像，门庑垣廪，悉新之。元文宗尝幸寺，赐白金，正奎以铸巨钟，帝重其贤，授以佛日普照之号。明嘉靖年间(1522—1566)重修，报恩寺所统中刹。天王殿三楹，佛殿三楹，伽蓝殿三楹，祖师殿三楹，方丈六楹，回廊六楹，僧院三房。基址十四亩，东至赵科民田，南至王彦民田，西至赵指挥坟，北至新永宁寺山。田、地、山、塘共二百一十九亩五分二厘。有邱阉葬于此，亦名邱厂寺。

寺有观音像，宋政和年间(1111—1118)长老宗袭所造，苏东坡作颂，李端叔跋之。苏东坡《观音颂并序》云："金陵崇因寺长老宗袭，自以衣钵造观世音像，极相好之妙。予南迁，过而祷焉，曰：'吾北归，当复过此，而为之颂。'建中靖国元年五月日，自海南归至金陵，乃作颂曰：慈近乎仁，悲近乎义，忍近乎勇，忧近乎智，四者似之，而卒非是，有大圆觉，平等无二。无冤故仁，无亲故义，无人故勇，无我故智，彼四虽近，有作有止，此四本无，有取无匮。有二长者，皆乐檀施，其一大富，千金日费，其一甚贫，百钱而已，我说二人，等无有异。吁！观世音净圣大士，遍满空界，挈携天地，非我敢议，若其四无，我亦如是。"李端叔跋云："吾卜葬亡妻，崇因长老钦公谓余曰：'子胡不祷观音？东坡南迁，尝祷而应，遂作颂。前人已为刻石，后有诏，所在东坡文皆毁，前人不敢违。'余问石所在，曰：'几碎矣。'索之力，乃得于库中米廪后，尘土深数寸，稍曳出，加湔洗，而粲然如未尝毁者。像已断裂，而颂独全。"

重云寺

六朝古刹。梁代存，梁简文帝萧纲《请幸重云寺开讲启》云："窃惟妙胜之堂，本师于兹佛吼，摩尼之殿，如来亦阐发音。伏希躬降睟容，施洒甘露，油然慧云，霈然慈雨，光斯盛业，导彼苍生。履天居而说无相，同真也；建佛事而被率土，化俗也。同真化俗，至矣哉。一举而三美显，岂不大乎！与彼陉山之上，仙岩之下，西都凤皇，负阳鹫鹭，安足同日而语哉。”

春池庵

在今高淳区砖墙镇四园村春池里自然村。清代存。

淳东庵

在旧高淳县，一名茶庵。邑人陈景朝建造，民国时期存。

淳化庵

所在未详。明代建造，民国时期存。

淳南庵

在旧高淳县南十里。沈铭、沈锵建造，以为双桥之镇。知县项维聪嘉其行，题曰功高驱石。

淳西庵

在旧高淳县西北二里。明洪武元年（1368），居民王茂一、夏裔始建，王霖珑、夏良心再建。清乾隆十四年（1749），王夏捐资，僧渊澄重修。咸丰年间（1851—1861）毁于兵，王夏裔孙倡捐重建。光绪年间（1875—1908）再修，改额报恩禅寺。庵僧石头和尚，名如愚，字蕴璞，万历年间（1573—1620）注《法华经》，以佛心求佛言，支分节解，妙义环生，名曰《知音集》。尝奉诏入内，赐经一藏，贮于藏经阁，计六橱。

慈悲庵

在旧高淳县东三十五里县。史氏建，民国时期存。

慈悲社庵

在今鼓楼区华侨路。清乾隆三十六年（1771）建，20世纪50年代初，有尼二人，房四十六间，地十一亩八分。

慈恩旌忠寺

在旧都城聚宝门南一里聚宝山，今秦淮区雨花路一号明代大报恩寺遗址公园内。详见“阿育王寺”条。

慈恩寺

南朝古刹。在旧秣陵县西北二十五里，梁大同二年（536）邵陵王纶造。

慈光寺

1. 在旧江宁县新亭乡，今江宁区江宁街道牛首山森林风景区内。原名光宅寺，本在秣陵县东十里同夏里，乃梁武帝故宅，天监六年（507）舍为寺，陈隋时期废。宋治平二年（1065），新建光宅寺于牛首山侧新亭乡，后改名慈光寺。

2. 在旧都城聚宝门南一百一十里，三禅寺北二十里，地名张桥村。宋代名慈光院，明代改为慈光寺。三禅寺所领小刹，山门三楹，正佛殿三楹，法堂殿五楹，僧院一房。基址五亩，东至龙母山，南至新庄山，西至章桥村，北至雁滩山。田二亩二厘。

慈光院

在旧都城聚宝门南一百一十里张桥村。详见“慈光寺”条。

慈济庵

在旧溧水县思鹤乡，清光绪年间（1875—1908）毁。

慈觉寺

六朝古刹。缘起未详，梁简文帝萧纲为太子时，在寺基遗址掘得旧钟，因重建寺并作《东宫上掘得慈觉寺钟启》，其略云：“窃以白亭旧室，绝显祯祥之气，阙里故堂，暂闻钟石之响，犹复存诸良史，污彼篆素，岂如杏梁遗施，回成绀殿，椒墀昔处，仍构宝阶。启彝钟于殊里，记灵文于福地，虽魏庙出玺，鲁祠现璧，固以推兹孝感，恶此祯契，将郭令鄙其开金，羊田陋其产玉，岂宜季武庭树，愧韩起之誉，蜀相宅基，惭孝安之碣，伏惟览启增思，抚端深悲，恸切视仓，哀喻封箧。”

慈悯庵

在旧都城通济门南二里，铜井院西南七里，明锦衣卫曾湾地。明代建造，铜井院所领小刹，伽蓝殿三楹，佛殿三楹，僧院一房。基址四亩，东至官街，南至官街，西至清水沟，北至李家地。

慈仁寺

在旧都城太平门北三十里，草堂寺东五里，今栖霞区尧化街道乌龙村安泉自然村。本名戒坛庵，明宣德二年(1427)僧智亨重建，赐慈仁寺额。草堂寺所领小刹，佛堂一楹，僧院二房。基址十二亩，东至花林，西至瓜冲，南至阳明塘，北至曹家边。地、山、塘共六十六亩四分四厘。又名安全寺，清同治年间(1862—1874)废。

慈善寺

在旧都城聚宝门南十五里，崇因寺西五里。明代建造，崇因寺所领小刹，山门一楹，佛殿三楹，僧院三房，禅院十四楹。基址八亩，东至寺前官路，南至胡中正民田，西至大河，北至王世龙民田。田、地共三十七亩三分。

慈寿寺

在旧都城聚宝门南三十五里牛首山，今江宁区江宁街道牛首山森林公园内。《牛首山志》上卷云："汉安僧澄，少为隶，后舍宿参禅，说法都下，丛林仰之。久居牛头慈寿寺，后迁太冈慈善寺，著有《云巢集》。"

慈祥庵

在今鼓楼区姜家园。缘起未详，20世纪50年代初，有僧俗五人，房十六间，田四十一亩。

慈相院

在旧都城西南六十里上公山。详见"佛坛寺"条。

慈孝庵

在旧高淳县东七十五里，明崇祯三年(1630)僧澄起开建。澄起为淳溪陈氏孙，久无嗣，遂出世焚修，以报罔极，庵因名慈孝。

慈荫寺

在旧都城太平门外七十里长林乡。《道光上元县志》卷一二记载，清乾隆十六年(1751)高宗南巡，赐御书对联及匾额。

慈映庵

在旧六合县南四十里卸甲甸，明万历年间(1573—1620)僧真监开建。

慈应寺

在旧上元县东三十二里，麒麟门外龙潭大道，今江宁区麒麟街道东流村。本名排头庵，清康熙六年(1667)居士薛必科改建，更名慈应寺，为宝华山隆昌寺下院。乾隆十六年(1751)御书"慈云普照"匾额及对联。

慈佑阁

在今秦淮区豆腐坊。清同治十二年(1873)建，20世纪50年代初，有尼四人，房八间。

慈愿庵

在旧都城芦政大街前，清乾隆十三年(1748)直隶总督方观承、待诏方观永共建。旁有方氏祠堂。

慈云庵

1. 在旧都城聚宝门东北二里，今秦淮区江宁路中段西侧老虎头附近。《东城志略》云："石观音院，西莲庵实与之邻，修竹深藏，屋瓦皆绿。循侧径而行，至接引庵，藏二米佛，刻镂工绝，相传为赫制军寿所留，旁有慈云庵。"《金陵待征录》卷三云："慈云庵在委巷中，谭圣道先生教授于此，生徒极盛。"

2. 在今鼓楼区凤凰西街。缘起未详，抗日战争时期烧毁，民国三十五年(1946)再遭火劫。20世纪50年代初，有尼三人，房四间，地三亩。

3. 在旧高淳县城襟湖门外，清顺治十四年(1657)创建，咸丰年间(1851—1861)兵毁，光绪年间(1875—1908)重建。

赐福庵

在旧六合县东营，清光绪年间(1875—1908)存。

丛桂庵

在旧都城西南隅花盝岗，今秦淮区花露北岗二十一号，南京市文枢初级中学凤凰台校区。详见下卷“瓦官寺”条。

从容庵

在旧南京六角井三十四号，今秦淮区钓鱼台与饮马巷交汇处。清同治年间（1862—1874）建，20世纪50年代初，有僧三人，房十间。

从容禅林

民国时期存，见于朱偰《南京梵刹志略》。

翠灵寺

在旧都城聚宝门东南三里，永宁寺东南二里，羽林二郎冈。详见“瑞相院”条。

翠微庵

在旧都城东北四十五里摄山，今栖霞区栖霞街道之东栖霞山。《摄山志》卷二云：“庵在摄山大佛龛左，即古般若堂。傍为默坐轩，就岩为之，岩有达摩石像，甚古。”

翠微寺

南朝古刹。在旧都城朝阳门外钟山宝珠峰顶，今玄武区石象路七号钟山风景区内。梁代创建。《建康实录》卷一七云：“峰顶有翠微寺，天晴日暖，望见广陵城在目前，水陆之远，盖二百里。”

翠云庵

在旧江浦县西五十里翠云山之阴，今浦口区老山林场西山分场境内。万山包裹，层峦迭嶂，黛色横空，庵因山名，曰翠云庵。寺后一峰高耸，丛篁畅茂，故又名竹峰寺，一名中定寺。明崇祯年间（1628—1644），知县利瓦伊樾请僧道严开堂说法。道严字独峰，遂易名独峰寺。清咸丰年间（1851—1861）寇乱，寺屋仅存十之二三。寺前有龙槐，九干屈曲，自成龙形。山麓路旁有福字石。今存摩崖石刻一方。

存心佛堂

在今秦淮区钓鱼台七号。民国十七年（1928）黄永泰、方德桃等倡建，20世纪50年代初，有房十间。

D

大爱敬寺

南朝古刹。在旧都城朝阳门外钟山竹涧，今玄武区石象路七号钟山风景区内。《南史》所谓“侯景之乱，邵陵王纶赴援台城，屯军爱敬寺”即此。梁普通元年(520)，武帝萧衍为其父太祖文皇帝创建，《孝思赋》云:“父母之恩，云何可报，慈如河海，孝若涓尘。今日为天下主而不及供养，譬犹荒年而有七宝，饥不可食，寒不可衣。永慕长号，何解悲思，乃于钟山下建大爱敬寺，于青溪侧造大智度寺，以表罔极之情，达追远之心。”寺自山门至中院正殿，延袤七里，廊庑相架，檐溜临属，旁置三十六院，池台环绕。有僧千余，四事供给。建寺之初，中书令王骞旧墅在寺侧，有良田八十余顷，乃晋丞相王导之赐田。武帝遣主书宣旨，拟购其田，欲以施寺。王骞答云:“此田不卖，若敕取，所不敢言。”武帝怒，遂付市评田价，以市值逼取之，贬王骞为吴兴太守。普通三年(522)二月八日增建七层灵塔，佛龛千数，历时三年完竣。大通四年(530)造栴檀像，大同四年(538)成，置于中院正殿。造像之始，像高一丈六尺，工匠晨作夕停，每夜常闻像自作声，天明视之辄觉增大，及像终成，高二丈二尺。寺内龙渊殿有金铜像，高一丈八尺，梁武帝躬亲供养，每入顶礼，歔欷哽噎，不能自胜。寺有戒坛，梁代僧佑所立。唐乾符年间(874—879)重修，广明元年(880)改名广明爱敬禅院，南唐时期再改为广孝禅院。宋开宝七年(974)徙城中钦化桥街西，参政张洎舍南唐赐地重建。淳化五年(994)更名寿宁禅院。至道年间(995—997)兼并广孝寺，遂以广孝寺旧基新建，徙旧城北隅。

大悲庵

1. 在旧高淳县东十五里，赵一熹捐基建造。清乾隆十一年(1746)赵族重建，更名大慈庵。庵前有茶亭。

2. 在旧高淳县东五十里龙华寺后，朱仁七建。

3. 在旧高淳县牛儿港东，李姓建。

4. 在旧六合县八百桥镇，今六合区金牛湖街道长山社区董山村。详见下卷“大悲禅寺”条。

5. 在旧都城中五台山，清代建造。

6. 在旧都城西南隅花盏冈九层坡下，余不详。

7. 在旧南京城佐营九号。清光绪年间（1875—1908）建，20世纪50年代初，有僧七人，房十二间。

8. 在今玄武区太平桥南小区。清光绪年间（1875—1908）建，20世纪50年代初，有僧三人，房八间。

9. 在今秦淮区仓顶。清乾隆十四年（1749）建，20世纪50年代初，有僧一人，房十八间。

大悲禅林

在今玄武区大悲巷，清代建造。

大悲殿

在今秦淮区大百花巷。缘起未详，20世纪50年代初，有僧二人，房六间。

大悲寺

在旧都城聚宝门东南半里驯象街。详见“上国安寺”条。

大悲院

1. 在旧都城聚宝门东南半里驯象街。详见“上国安寺”条。

2. 在旧南京通贤桥观音阁十六号。民国三十四年（1945）建，20世纪50年代初，有僧三人，房六间，地基一亩四分。

3. 在今玄武区鸡鹅巷。明末创建，20世纪50年代初，有僧二人，房十五间。

大乘庵

在今秦淮区边营。民国十四年（1925）建，20世纪50年代初，有尼三人，房十五间。

大慈庵

在旧高淳县东十五里。详见“大悲庵”条。

大慈寺

在旧都城聚宝门东南半里驯象街。明洪武年间(1368—1398)存,《补续高僧传》卷二五云:"萧元亮,字晓山,河南信阳人。出家棠之宝林,大弘道化。明洪武中,诏住报恩,迁大慈。宸章屡降,有'幽兰久隐棠林下,不觉微香泄九天'之句。"

大地庵

在旧溧水县东南五十里上原乡,余不详。

大佛庵

在旧都城中鼓楼西北,陶谷之东。庵有大佛,长丈六,故名大佛庵。院中木笔海棠二株,红白交错,诸天中香色世界。

大佛寺

在今鼓楼区大方巷,明代创建。20世纪50年代初,有僧二人,房屋八间,田六十余亩;一说有僧一人,房十一间,地七亩余。

大福庵

在今秦淮区长乐路。清同治年间(1862—1874)可慧建,20世纪50年代,有僧六人,房六间。

大皇寺

南朝古刹。陈祯明元年(587),后主陈叔宝创建。《景定建康志》卷一一云:"时江南妖异特众,临平湖草久塞,忽然自开,帝恶之,乃自卖于佛寺为奴以厌之。又于建康造大皇寺,起七级浮图未毕,火从中起而焚之。"

大慧庵

在旧都城聚宝门东南半里驯象街,西天寺之东。缘起未详,明代为西天寺所领小刹,佛堂三楹,佛殿三楹,僧院一房。基址二亩,东至王昶田,南至官街,西至卫全墙,北至城河。下临赤石矶,清代为放生善地。

大觉庵

1. 在旧都城东北四十五里摄山天开岩上，今栖霞区栖霞街道之东栖霞山。《栖霞小志》卷二一云："僧慧能先在栖霞禅堂供众，后退入西峰，即幽居庵故址，葺茅而处。久之，又移于天开岩之上，始有瓦屋，左为庖厨，右为禅室，最后乃有都人刘应麟者，出赀以构客堂、寝室，地势爽垲，规制雅洁，号大觉庵。庵之外为石桥，桥左右上下多种桃，春时花满崖谷，载酒而游者，如入武陵也。"

2. 在旧高淳县南二十里，余不详。

大觉寺

1. 在旧溧水县东北十五里崇贤乡，今溧水区永阳镇十里牌村大通寺自然村。详见"大通寺"条。

2. 在旧溧水县东南八里上原乡，今溧水区永阳镇中山村崇庆寺自然村。详见下卷"崇庆寺"条。

大龙翔集庆寺

在旧都城朝天宫东侧，东跨西虹桥，西抵冶城，今秦淮区张府园以南，建邺路以北，木料市以东，护龙河以西区域内。本为元文宗金陵旧邸，天历二年(1329)诏以建寺，名大龙翔集庆寺。大翰林侍讲学士虞集撰《寺碑》云："上自金陵入正大统，改元天历，以金陵为集庆路，遣使传旨行御史大夫阿尔斯兰哈雅，以潜宫之旧，作大龙翔集庆寺云。明年，召中天竺住持禅师大欣主寺事，设官隶之，画宫为图，授工部尚书王士弘董其役，斥广其地，为民居者，悉出金购之，财自内出，不涉经营，工以佣给，役弗违农。又明年正月六日壬午之吉，乃建立大殿，曰大觉之殿。后殿曰五方调御之殿，居僧以致其道者曰禅宗海会之堂，居其师以尊其道者曰传法正宗之堂，师弟子之所警发辩证者曰雷音之堂，法宝之储曰龙藏，治食之处曰香积。缭以垣庑，关之三门，而佛菩萨天人之像设缨，床座严饰之具，华灯音乐之奉，与凡所宜有者，皆致精备，以称上意。赐姑苏腴田，以饭其众。上在奎章阁亲诏臣集，制文刻石以志之。"《元史·文宗本纪》记载，天历二年(1329)三月己巳，文宗命改集庆潜邸，建大龙翔集庆寺。夏四月丁酉，给钞万锭，为集庆大龙翔寺置永业。秋八月庚子，命阿荣赵世安督造建康龙翔集庆寺。十一月，以平江官田百五十顷，赐大龙翔集庆寺。至顺元年(1330)十二月，诏龙翔集庆寺工役佛事，江南行台悉给之。明洪武元年(1368)诏改天界寺，洪武二十一年(1388)寺灾，敕徙聚宝门外二里凤台山，大安德门内善世桥南。参见下卷“天界寺”条。

元末明初，高僧云集。天历二年(1329)，诏笑隐大欣禅师为金陵大龙翔集庆寺开山。至正十四年(1354)，迎怀信禅师住大龙翔寺，明太祖兵下金陵，寺众风散，怀信独趺坐不去。及太祖入寺，怀信合掌相迎，太祖问曰：“众僧因甚不见？”信曰：“明眼难瞒。”太祖甚喜，乃命招僧还寺。太祖尝听怀信说法归，谓近侍曰：“龙翔信僧，言行纯悫，真太平有道沙门也。”遂改龙翔寺为天界寺，命褒章赐之。又有朴隐禅师游大龙翔寺，精贯儒释二家之学，召入内庭问道。

大梦庵

在旧都城东南隅法海庵旁，元至元年间(1264—1294)存。

大梦观音庵

在旧都城西北隅料院街，元朔思吉建造。

大梦圆通庵

在旧都城东南隅，元至元年间(1264—1294)左丞廉希愿创建。

大明寺

六朝古刹。梁代高僧宝志尝驻锡寺中，《续高僧传》卷七《陈杨都兴皇寺释法朗传》云：“年二十一，以梁大通二年二月二日于青州入道。游学杨都，就大明寺宝志禅师受诸禅法，兼听此寺象律师讲律本文。又受业南涧寺仙师《成论》、竹涧寺靖公《毘昙》。”

大桥庵

在旧溧水县东六里上原乡，清光绪年间(1875—1908)毁。

大仁寺

六朝古刹。在旧都城南孔子巷东北，今秦淮区长乐街附近。

大仁院

在旧都城南七十里，近慈湖界。详见“仁王院”条。

大山寺

在旧江宁县牛首山西，西善桥东，地名东善桥，今江宁区谷里街道东善桥社区境内。田陇间有方墩，大可数十亩，名曰大山，凡牛首山以西诸水，悉由此出。墩上有古刹，名大山寺，俗呼太冈寺。香楠树一株，大数围。《五灯会元续略》卷三云："月溪禅师，止大山寺，传法偈曰：'心即能知心，法即可知法。今所付法心，非心亦非法。'"明末凋落。

大盛庵

在旧高淳县西二十里吴家坝。清乾隆二十年（1755）创建，咸丰年间（1851—1861）毁，光绪年间（1875—1908）重建。

大胜庵

在旧江浦县治西浮山前，僧履中开建。

大圣寺

在旧六合县冶山之阴。唐咸通年间（860—873）僧惠崇开建，明嘉靖元年（1522）僧宗信重建。山门踞悬崖，前有古井，镌"汉昭烈章武三年"字。寺前古银杏二株，三人合抱，槎枒间有乳下垂如石笋。又有古槐二株，菩提树六株，无患子树四株，皆称山之耆旧。寺后有白龙池，旧闻白龙居池中，龙现则岁稔。

大石寺

六朝古刹。在旧都城南门外一里聚宝山，今秦淮区雨花路北段东侧。晋安帝司马德宗创建，《法苑珠林》卷一〇〇云："晋安帝于育王塔立大石寺。"相传阿育王灭度后，一日夜役鬼神造八万四千塔，此即其一。东吴时期塔毁，晋太元年间（376—396），胡人刘萨何因感梦游行礼塔，至于京师，见长干里有异气，掘地得阿育王塔地宫遗址及舍利、爪发，遂就近地另造新塔一层奉安。太元十六年（391），沙门僧尚加为三层塔。晋安帝依塔建寺，曰大石寺。

大士庵

1. 在旧溧水县南六十里仙坛乡郜村，明万历四十年（1612）乡民郜惟忠捐基建。
2. 在旧溧水县西南二十八里山阳乡，余不详。

3. 在旧高淳县东南六十里，清康熙二十九年(1690)傅正豪倡建。

4. 在旧高淳县西北十五里薛城，邢仕际、邢振虔建造。清道光年间(1821—1850)毁于水，同治十一年(1872)僧悦广重建。

5. 在旧高淳县椏溪石碑村，今高淳区东坝镇傅家坛村。原名观音庵，缘起未详，宋高宗建炎三年(1129)傅氏重建，供奉泥塑观音像一尊，改名大士庵。清康熙二十九年(1690)周瑞长、周瑞喜捐资重建，扩大规模，增添佛像。抗日战争时期损坏，"文化大革命"期间毁，1994年11月民间集资修复。

6. 在旧高淳县长寿圩，孙姓建造。

7. 在旧六合县南营虎贲右，僧闻一开建，清光绪年间(1875—1908)复建。

8. 在旧六合县瓜步山下，清末毁于兵燹。

9. 在旧六合县雄州镇滁河西岸渡口村，今六合区雄州街道滁河路滁河大桥南侧百余米。详见下卷"大士禅林"条。

10. 在旧江浦县南门外上河，余不详。

大市寺

六朝古刹。吴赤乌十年(247)，孙权为胡僧康僧会造建初寺，寺在大市后，亦名大市寺。《裴子语林》所谓"谢镇西着紫罗襦，乃居胡床，在大市佛图门楼上，弹琵琶，作《大道曲》"即此。详见下卷"建初寺"条。

大通庵

本在旧都城御街南隅，后徙城西南隅杏花村。详见"大通尼寺"条。

大通尼寺

在旧都城御街南隅，宋咸淳元年(1265)创建，郡守马光祖立石。后移额于城西南隅杏花村，元至正年间(1341—1368)存。一名大通庵。

大通寺

南朝古刹。在旧溧水县东北十五里崇贤乡，今溧水区永阳镇十里牌村大通寺自然村。梁大通元年(527)创建，名大通寺。宋治平年间(1064—1067)改大觉寺，清同治二年(1863)里人吴耀章、赵锦华重建。

大新庵

本在旧江浦县龙虎巷北，后徙典铺巷街北。丛篁密筱，极擅清幽，中有大新书院。

大心寺

六朝古刹。《建康实录》卷二〇云："傅縡笃信佛教，从兴皇寺惠朗法师受《三论》，尽通其学。初，有大心寺暠法师著《无诤论》以诋之，縡乃为《明道论》，用释其难。"《南史》卷七一《伏挺传》云："伏挺少有盛名，善处当世。除南台书侍御史，因事纳贿被劾，乃变服出家，名僧挺。后遇赦，乃出大心寺。"

大兴庵

在旧高淳县姜村，余不详。

大隐庵

在旧都城神策门内，耆阇寺西，清顺治十七年(1660)建。

大智度寺

南朝古刹。在旧都城青溪西岸，建阳门路东。梁天监年间(502—519)，武帝萧衍为献太后创建。《梁书》卷三《武帝纪下》云："高祖生知淳孝，年六岁，献皇太后崩，水浆不入口三日，哭泣哀苦，有过成人，内外亲党，咸加敬异。及丁文皇帝忧，时为齐随王咨议，随府在荆镇，仿佛奉闻，便投劾星驰，不复寝食，倍道就路，愤风惊浪，不暂停止。高祖形容本壮，及还至京都，销毁骨立，亲表士友，不复识焉。……及居帝位，即于钟山造大爱敬寺，青溪边造智度寺。"《续高僧传》卷一《梁杨都庄严寺金陵沙门释宝唱传》云："帝为献太后于青溪西岸建阳城门路东起大智度寺，殿堂宏壮，宝塔七层，房廊周接，华果间发。正殿亦造丈八金像，以申追福，五百诸尼，四时讲诵。"

大钟寺

在旧都城北鼓楼岗上，今玄武区大钟亭一号。明洪武二十一年(1388)建，20世纪50年代初，有僧一人，尼一人，房屋十二间。

大中正觉庵

在旧都城内大中桥南，鹫峰寺北二里。明代为鹫峰寺所领小刹，山门三楹，佛殿三楹，僧院一房。基址二亩，东至官街，南至李家房，西至官街，北至丘家房。

大紫竹林寺

在旧都城北耆阇山西麓，今鼓楼区紫竹林三号。详见“紫竹林禅院”条。

待凤庵

在旧溧水县思鹤乡，一名地藏庵。

戴国寺

在旧溧水县东南八里上原乡，今溧水区永阳镇中山村崇庆寺自然村。详见下卷“崇庆寺”条。

到彼庵

在旧都城聚宝门东南二里通济街，西天寺东一里。明代建造，西天寺所领小刹，地藏殿三楹，佛殿五楹，僧院一房。基址二亩，东至官街，南至张凤园，西至城河，北至孙千户宅。

到公寺

南朝古刹。梁散骑常侍到溉舍宅建造，《南朝佛寺志》云：“到氏为南朝世族，居近淮水。梁时到溉为散骑常侍，侍中恒与弟洽共居一斋，友爱甚笃。洽卒后，便舍为寺，所得俸禄悉供寺用，因断腥膻，朝夕礼诵。及没，颜色如恒，手屈二指，佛道所谓得果云。”

道场寺

六朝古刹。在旧都城聚宝门外秦淮河南岸斗场里，晋明帝司马绍创建，《法苑珠林》卷一〇〇云：“晋肃宗明帝，造兴皇、道场二寺，集义学百僧。”晋宋时期为译经重要场所，晋义熙九年至十四年(413—418)高僧法显居道场寺，著《佛国记》，译《大般泥洹经》等佛经六部，二十四卷，一百余万字。义熙十四年(418)佛驮跋陀罗与慧严等百余人，出《华严经》六十卷，《观佛三昧经》六卷，《泥洹及修行方便等论》一百一十七卷。元熙二年(420)道场寺出《达磨多罗禅经》二卷，《大方等如来藏经》一卷，《文殊师利发愿偈经》一卷。刘宋永初二年(421)出《新无量寿经》二卷。元嘉年间

(424—453)求那跋陀于道场寺出《央掘》四卷,《楞伽经》四卷。元嘉二十年(443)道场寺出《楞伽阿跋多罗宝经》四卷,又出《僧祇大比丘戒本》一卷及《胜鬘经》。时有高僧释慧观,既妙善佛理,探究老庄,又精通《十诵》,博采诸部,宋武帝召止道场寺,求法问道者日不空筵。南唐文遂导师落发登戒,习禅教,常究《首楞严经》,南唐国主延至金陵,初居永庆寺,后迁道场寺。

道林庵

在旧江宁县治南,元至大年间(1308—1311)创建,为蒋山寺下院。

道林精舍

在旧都城朝阳门外钟山玩珠峰独龙阜,今玄武区石象路七号钟山风景区内。详见"道林寺"条。

道林寺

1. 南朝古刹。在旧都城朝阳门外钟山玩珠峰独龙阜,今玄武区石象路七号钟山风景区内。刘宋元嘉元年(424)创建,一名道林精舍。《高僧传》卷三《宋京师道林寺畺良耶舍传》云:"畺良耶舍,此云时称,西域人。性刚直,寡嗜欲,善诵《阿毘昙》,博涉律部,其余诸经多所该综,虽三藏兼明,而以禅门专业。每一游观,或七日不起,常以三昧正受,传化诸国。以元嘉之初,远冒沙河,萃于京邑,太祖文皇深加叹异。初止钟山道林精舍,沙门宝志崇其禅法。"

2. 南朝古刹。所在未详,陈代建造。《嘉庆新修江宁府志》卷一〇云:"道林寺,陈时建。"

德恩寺

在旧都城聚宝门东南一里驯象街,西天寺之东。原为晋代普光寺遗址,有雷山义井,石栏上刻有至正篆书。明正统年间(1436—1449)重建,赐德恩寺额。嘉靖年间(1522—1566)毁,仅存前殿,后重修。西天寺所领小刹,山门一楹,金刚殿三楹,僧院十二房。基址三十亩,东至养虎仓,南至沈家屯山,西至俞府坟,北至郭府坟。山十亩。

德庆庵

在旧都城聚宝门内东北隅大油坊巷,今秦淮区大油坊巷。《东城志略》云:"大油坊巷,一名德庆巷,有德庆庵。”

德胜寺

在旧都城聚宝门东南十里安德乡,外永宁寺东十里。明代敕建,外永宁寺所领小刹,山门一楹,佛殿三楹,伽蓝殿三楹,观音殿三楹,祖师殿三楹,僧院三房。基址三十亩,东至严家民山,南至本寺地,西至王家山,北至本寺沟。田、山、塘共九十五亩六分七厘。

德寿寺

在旧都城聚宝门东南十里安德乡,外永宁寺东十里。缘起未详,明代为外永宁寺所领小刹,僧院二房,佛殿止存基址。寺址十四亩,东至尚西民塘,南至马场沟,西至朱景阳民坟,北至杜应祥坟。田、山、塘共十六亩七厘。

德水禅庵

在旧高淳县东南六十里。明崇祯七年(1634)傅梦鲤建,僧月印卓锡于此,清规肃然,圆寂有塔在寺。清乾隆元年(1736)僧觉性重修。

德云庵

在旧都城东北四十五里摄山西峰之麓,今栖霞区栖霞街道之东栖霞山。缘起未详,僧恒修葺。庵临桃花涧,幽篁绕屋,间以乔松,奇石玲珑,万窍穿溜,雨后涧水悬瀑而下,屈曲环流于庵外,清响泠泠,自成丝竹。左为般若台,由台而右,有珍珠泉。清乾隆皇帝《德云庵》诗云:“谁欤竺庵号德云,聊欣一炷净香闻。尔时布景悄然意,驰驿观山岂漫云。”女诗人骆绮兰《栖霞看红叶过德云庵用壁间韵》诗云:“穿云破藓过僧家,禅饭初开静不哗。尘梦尽销黄叶雨,仙楼都拥赤诚霞。涧边曲水沉清梵,林外疏钟起暮鸦。好煞秋光惟薄暮,石栏倚过夕阳斜。”

等觉道场

南朝古刹。梁天监十八年(519)武帝萧衍创建,《续高僧传》卷五《梁杨都光宅寺沙门释法云传》云:“天监将末,扶南国献经三部,敕云译之,详决梁梵,皆理明意显,状若亲承。帝抄诸方等经,撰受菩萨法,构等觉道场,请草堂寺慧约法师以为智者,躬受大戒,以自庄严。”

邓府庵

在旧南京中华门外西街小市口钱家村三十二号。清光绪十年(1884)隆修创建，20世纪50年代初，有尼三人，房三间。

邓林庵

在旧高淳县东三十五里前村渡，民国时期废。

登台寺

在旧都城聚宝门南一百里，三禅寺北十里，东城尽节乡，今江宁区禄口街道陈巷村灯台寺自然村附近。明代为三禅寺所领小刹，佛殿三楹，法堂五楹，僧院一房。基址八亩，东至社塘冲，南至门塘冲，西至积田冲，北至茅塘冲。田、地、山、塘共二十二亩五分。

登台院

缘起未详。宋代存，《至正金陵新志》卷一一引《乾道志》云："登台院，旧在上元县黎塘村，去城九十里。"

地　楼

在旧都城内北门桥西，永庆寺旁。清代庵僧朝宗艺圃为业，积资建之。前供佛像，后奉文昌星，东侧因地为楼。楼前花卉错置，尤多牡丹。

地藏庵

1. 在旧都城太平门北二里，佛国寺东南一里。明代为佛国寺所领小刹，伽蓝殿三楹，地藏殿三楹，僧院一房。基址二亩，东至皇墙，南至大桥，西至官路，北至胡鸾房。

2. 在旧都城西清凉山东麓，今鼓楼区清凉山路八十三号清凉山公园内，详见"小九华寺"条。

3. 在旧南京下关三汊河桥东街一七二号。清末创建，20世纪50年代初，有房五间，地五亩三分。1999年9月徙于鼓楼区建宁路二〇二号狮子山风景区内，更名地藏寺。参见下卷"地藏寺"条。

4. 在旧南京石桥东村二十一号。清同治年间(1862—1874)建,20世纪50年代初,有尼一人,房四间。

5. 在旧南京中华门外北珍珠巷一四七号。20世纪50年代初,有尼一人,房八间。

6. 在今秦淮区新民坊路。清同治十三年(1874)圆保尼建,20世纪50年代初,有尼二人,房六间。

7. 在今秦淮区牵牛巷。20世纪50年代初,有尼一人,房七间。

8. 在今秦淮区柳叶街。20世纪50年代初,有僧一人。

9. 在今秦淮区洪武路。20世纪50年代初,有寺僧三人,房二间。

10. 在今秦淮区大石坝街。清同治年间(1862—1874)建,20世纪50年代初,有尼一人,房五间,地六分六厘。

11. 在今秦淮区三茅宫。清光绪十八年(1892)建,20世纪50年代初,有尼一人,房二间。

12. 在今秦淮区军师巷。20世纪50年代初,有僧三人,房六间。

13. 在今玄武区将军巷。清道光年间(1821—1850)建,20世纪50年代初,有尼四人,房八间。

14. 在今鼓楼区沈举人巷。清光绪年间(1875—1908)建,20世纪50年代初,有房七间。

15. 在今鼓楼区清凉山路。20世纪50年代初,有尼一人,地母殿一座。

16. 在旧溧水县长寿乡,余不详。

17. 在旧溧水县大西门外三里在城乡,余不详。

18. 在旧溧水县崇贤乡,余不详。

19. 在旧溧水县思鹤乡,详见“待凤庵”条。

20. 在旧高淳县北二十五里马城山后,许承辅倡建。

21. 在旧六合县瓜步犁头嘴,余不详。

22. 在旧六合县石陡门卸甲店东,僧崇谷、姚守溪共建。

23. 在旧六合县八百桥镇,今六合区金牛湖街道长山社区董山村。详见下卷“大悲禅寺”条。

24. 在旧江浦县石碛镇东五里,今浦口区桥林街道兰花塘村地藏庵自然村,明崇祯年间(1628—1644)创建。

25. 在旧江浦县城北,余不详。

26. 在旧江浦县高望东十里,余不详。

27. 在旧江浦县定山珠泉，详见“孤舟庵”条。

地藏禅林

在旧六合县八百桥镇，今六合区金牛湖街道长山社区董山村。详见下卷“大悲禅寺”条。

地藏殿

在旧都城西清凉山东麓，古清凉寺之右，今鼓楼区清凉山路八十三号清凉山公园内。本明代耿定山所建崇正书院，后改名云巢庵。清同治四年（1865）更名地藏庵，又名小九华寺，民国时期改地藏殿，1966年以后消失。

帝师寺

在旧都城东南隅，保宁寺北，元延祐七年（1320）创建。

帝释寺

六朝古刹。梁陈时期存，《续高僧传》卷一六《周京师天宝寺释僧玮传》云：“受具后下杨都，于帝释寺听昙瑗律师讲《十诵》，淹于五载，斋镜持犯，仍入摄山栖霞寺，从凤禅师所学观息想，味此情空，究检因缘，乘持念慧，频蒙印指，传芳畅业。”

丁塘庵

在旧溧水县崇贤乡，余不详。

顶山寺

南朝古刹。齐竟陵文宣王萧子良建造，《比丘尼传》卷四《梁顶山寺释道贵尼传》云：“十七出家，博览经律，究委文理，不羡名闻，唯以习道为业。观境入定，行坐不休。悔过发愿，言辞哀恳，听者震肃。齐竟陵文宣王萧子良善相推敬，为造顶山寺，以聚禅众。请贵为知事，固执不从，请为禅范，然后许之。于是结挂林下，栖寄毕世。纵复屯云晦景，委雪埋山，端然寂坐，曾无间焉。得人信施，广兴福业，不以纤毫自润己身。年八十六，梁天监十五年而卒，葬于钟山之阳也。”

定果寺

南朝古刹。梁代创建,阮修容助造。

定慧庵

1. 在旧都城东北四十五里摄山,今栖霞区栖霞街道之东栖霞山。古宴坐台遗址,有佛殿三楹。

2. 在旧江浦县纱帽峰山腰,余不详。

定林庵

1. 在旧都城斗门桥西,永庆寺东北一里。明代定林僧创建,因名定林庵。永庆寺所领小刹,佛殿三楹,僧院一房。《江宁新志》卷二四云:"定林僧,俗名周安,幼随其主周生赴讲,复身事杨道南、李翰峰、焦弱侯。弱侯送之云峰禅师处披剃,名定林。"

2. 在旧都城东钟山之下蒋陵里,今玄武区钟山风景区明孝陵景区内。详见"下定林寺"条。

定水庵

在今栖霞区龙潭街道西南。其地有旧巷名定水庵,巷以庵名。

定岩寺

六朝古刹。在旧都城朝阳门外钟山,今玄武区石象路七号钟山风景区内。钟山旧有寺七十所,定岩寺为其一。

东安寺

六朝古刹。东晋时期创建,陈武帝重建。晋代高僧支遁,哀帝征止于东安寺,讲《道行》《波若》。《世说新语》卷上《文学》云:"支道林初从东出,住东安寺中。王长史宿构精理,并撰其才藻,往与支语,不大当对。王叙致作数百语,自谓是名理奇藻。支徐徐谓曰:'身与君别多年,君义言了不长进。'王大惭而退。"刘宋时期寺僧释慧严,理思谐畅,学识清博,宋高祖礼遇特异,尝嫌《大涅槃经》文字繁多,与慧观、谢灵运加刊削,就成数卷。释慧议,与慧严并住东安寺,学行精整,为道俗所推。求那跋陀罗,元嘉年间(424—453)至京师,于东安寺出《法鼓经》二卷、《相续解脱经》二卷、《五相略》一卷。释道猛,学三藏九部,大小数论皆精思洞彻,尤善《成实》,元嘉二十六年(449)止东安寺,宋明帝特加敬礼,建皇兴寺于建阳门外,以猛为纲领。释法恭,住东安寺,每夜诵经,辄有殊香异气。释道渊,众经数论靡不通达,于东安寺开讲,剖析玄微,洞尽幽赜,学者积滞,涣然冰解。其时斗场寺多禅僧,都下为之语曰:“斗场禅师窟,东安谈义林。”梁代释智欣,从道猛听《成实论》,文义精悉,四众推服,及至讲说,听者八百余人。陈代释慧晅,尝谓:“服膺周孔,以仁义为先。归心黄老,以虚无为贵。然而往来生死,出入尘劳,乃域内之累,非世外之道也。”既而梦塔五层,升陟其巅,俄坐相轮上,不胜其乐,遂离俗出家,陈太建四年(572)宣帝诏住东安寺,后主陈叔宝在东宫,屡命义集,素仰材辨,至德元年(583)诏为京邑大僧都,升大僧正。《南齐书》卷一九《五行》记载:“建武初,始安王遥光治庙,截东安寺屋以直庙垣,截梁,水出如泪。”

东渡庵

在旧高淳县门陡圩,徐待聘建。

东丰庵

在旧高淳县东南五十里,明万历年间(1573—1620)汪氏建。

东广福寺

在旧六合县东二都。宋政和年间(1111—1118)僧崇宁开建,明正统年间(1436—1449)僧自通、嘉靖九年(1530)僧圆朗各修建。

东济寺

在旧江浦县北三十里汤泉镇,今浦口区汤泉街道惠济北路惠济公园内。详见下卷“惠济寺”条。

东郊寺

六朝古刹。晋义熙十三年(417)始兴公王恢为僧智严创建,《新修科分六学僧传》卷二云:“智严,西凉州人,尝从佛驮跋陀研习禅法于长安,后居山东。晋义熙十三年,刘裕西征,还至山东,过智严庐舍,甚敬之,延请赴京。始兴公王恢,造东郊寺以居之,即枳园寺。”参见“枳园寺”条。

东茅庵

在旧高淳县东六十里。缘起未详，清咸丰年间(1851—1861)兵毁。

东明寺

缘起未详，明成化年间(1465—1487)存。《五灯会元续略》卷四云:“南京宝峰明瑄禅师，苏之吴江范氏子。在俗为木匠，因海舟造塔院，斧伤自足痛甚，索酒吃。海舟闻之，往谓曰:‘伤足犹可假。若斫去头，有千石酒，能吃否?’师有省，即止酒，遂求为僧。成化八年腊月九日示寂，塔全身于东明寺左。”

东林庵

在今高淳区凤山袁村，余不详。

东林寺

南朝古刹。在今江宁区汤山街道宁西村之东，梁代创建。

东陵庵

1. 在旧高淳县东南七十里，今高淳区桠溪镇桠溪村中村自然村附近。明洪武年间(1368—1398)创建，清咸丰间(1851—1861)毁，同治六年(1867)重建。

2. 在旧溧水县南四十里，余不详。

东庐山观音庵

在旧溧水县东二十里白鹿乡东庐山西麓，今溧水区永阳镇东庐山村。详见下卷“东庐山观音寺”条。

东青园寺

1. 六朝古刹。晋义熙七年(411)创建，《弘赞法华传》卷一云:“晋义熙七年，王荆州殷夫人创造东青园寺，寺中造法花台一所。”

2. 南朝古刹。在旧都城北覆舟山，青园尼寺之东，今玄武区九华山二〇号九华山公园内。宋泰始三年(467)宝婴尼开建，《比丘尼传》卷三《齐青园东寺法全尼传》云:“法全，本姓戴，丹阳人也。端庄好静，雅勤定慧。初随宗瑗，博综众经，后师审隐，遍游禅观。昼则披文远思，夕则历观妙境。大乘奥典，皆能宣讲，三昧秘门，并为师匠。食但蔬菜，衣止蔽形。训诱未闻，奖成后学，听者修行，功益甚众。寺既广大，阅理为难，泰始三年，众议欲分为二寺。时宝婴尼求于东面起立禅房，更构灵塔，于是始分为东青园寺。”

东山寺

南朝古刹。在旧都城东南十五里，上元县崇礼乡土山侧。《晋书》所谓“谢安于土山营立楼馆，苻氏入寇，时与侄玄围棋赌墅”，沈约《郊居赋》云“虽东山之培嵝，乃文靖之所宴”即此。宋永初元年（420）武帝刘裕创建，《历朝释氏资鉴》卷三云：“高祖武帝受晋禅即位，改元永初，造灵根、法王、东山等寺。”梁天监年间（502—519）改资福院，旋改净名院，宝志尝说法于此。时有释慧初，好习禅念，常闲居空宇，不觉霆击大震，武帝为立禅房处之。宋元时期改净名寺。明正统十年（1445）重建，赐翼善寺额。参见“翼善寺”。

东胜庵

在旧六合县东乡王子庙集，邑人李子儒募建，置香火田五十亩。

东台庵

在今鼓楼区热河路。明代始建，20世纪50年代初，有僧一人，房三间。

东亭寺

六朝古刹。晋隆安元年（397），慧持译《中阿含经》于此。《历代三宝纪》卷七云：“《中阿含经》六十卷，隆安元年十一月于东亭寺出，集京都名德释慧持等四十沙门详共翻译，至二年六月讫。”

东溪庵

在旧高淳县西南十五里，卞姓建。

东霞寺

在旧都城正阳门南三十二里方山东侧，方山定林寺东二里，今江宁区秣陵街道方山风景区内。方山周回二十七里，高一百一十六丈，形如方印，故曰方山，亦名天印山。寺在东麓，石林青翠，杳然深沉。明代为方山定林寺所领小刹，山门一楹，观音殿三楹,僧院一房。基址十亩,东至官街,南至荒圩,西至秦淮河,北至鸡笼山。

东廨禅寺

在旧六合县下三都晋王山坳中,宋天圣三年(1025)僧裕禅师开建,明洪武元年(1368)僧道茂重建,洪武二十四年(1391)并入观音寺,嘉靖十八年(1539)僧广钺重修,后毁于贼。清光绪年间(1875—1908)建殿三间。

东隐庵

在旧都城南三十五里牛首山,今江宁区江宁街道牛首山森林公园内。《牛首山志》上卷云:"出卧佛阁,左稍前有房一,号东隐庵。"

董青院

在旧都城南八十里石塘村西里山。详见"明性院"条。

洞玄寺

南朝古刹。齐永明元年(483)创建,有僧法可立石。

兜率庵

在旧都城东北四十五里摄山,今栖霞区栖霞街道之东栖霞山。清康熙二十九年(1690)僧楚云建,太平天国战争中毁。今栖霞寺弥勒石窟前,有《栖霞寺兜率院重修记》石刻,2010年立,碑文云:"昔本寺开山法度大师共明仲璋依山造像,永明六年龛顶放光,文惠太子偕诸王来山一睹瑞相,广施资材,续琢法身,独于此奥区建窟以奉弥勒尊仪,盖文惠以储胤之尊,拟镌当来之像也。明万历中于窟前增建弥勒殿,与地藏殿相望,以示释尊灭度,地藏摄行度生之任,以俟慈氏下生也。清康熙间楚云禅师继三世之余烈,驻锡栖霞廿余载,播曹洞宗风,接祖庭遗绪,暮年欲归老衡山,直隶于振甲中丞闻之,殷勤劝留,复赠清俸,建兜率精舍于洞侧,为师退居之所,至今尚有楚公诗偈镌窟上石壁间。洪杨之乱,千年古刹尽为兵燹,此地焉能独免欤?树木尽焚,泥沙俱下,湮没百余年。民初宗仰上人复兴山寺,工程艰巨,故未能及此。予曩岁居山中,虽有意恢复,然时局动荡,力有不逮。今法嗣隆相法师诸彦被盛世之泽,留意恢复山中名胜,廓佛学院,复般若台,建云水堂,修地藏殿,又于此地清除壅塞,复原古迹,台州裘会飞居士捐资重构屋宇,并镌法界图于其旁,南京张松刚、魏玉兰伉俪敬造思维弥勒圣像奉安窟中，令胜迹重光，祖宗再显。予今岁因事还山，见此兴盛气象，老怀甚慰，聊赘数语以记始末，庶几传之久远哉。岁在庚寅仲秋之月栖霞法宗识于香江　壬辰仲秋时节后学佛弟子释普通敬书于金陵。”

斗场寺

六朝古刹。东晋时期存，《大唐内典录》卷三云：“晋恭帝元熙二年，出《文殊师利发愿偈经》于斗场寺。”《南史》卷七八《夷貊传上》云：“慧严、慧议道人，并住东安寺，学行精整，为道俗所推。时斗场寺多禅僧，都下为之语曰：斗场禅师窟，东安谈义林。”一说即道场寺。

阇婆寺

南朝古刹。在旧上元县钟山乡，寺前有亲蚕宫，刘宋孝武帝时期建造，《南史》所谓“宋大明三年，立皇后蚕宫于西郊。四年三月，皇后亲蚕于郊”即此。

独峰寺

在旧江浦县西五十里翠云山之阴，今浦口区老山林场西山分场境内。详见“翠云庵”条。

独山寺

在旧江浦县竹镇，乡民建。

杜桂院

南朝古刹。在旧都城正阳门东八十里，江宁县丹阳乡湖熟镇杜桂村，今江宁区湖熟街道丹桂村杜桂自然村。梁天监年间（502—519），有杜、桂二卿平章朝政，舍居为寺，因名杜桂院。杨吴时期徐温铸大钟，铭记其事。南唐保大六年（948）重建。宋代迁赤山西，改名香林院，又名香林寺。明代为法清院所领小刹，佛殿三楹，伽蓝殿一楹，僧院四房。基址三十亩，东至长塘，南至陶家田，西至本寺桥，北至中桥。今遗址存单孔石拱桥，梁代建造，1983年6月江宁县人民政府公布为重点文物保护单位。

多宝寺

南朝古刹。宋元嘉五年（428）刘佛爱建造，《弘赞法华传》卷一云：“宋元嘉五年，彭城人刘佛爱于建康造多宝寺，又造多宝塔一所。”元嘉三十年(453)高僧法颖居多宝寺习定，时开律席，又造经像。大明八年(464)释弘充止多宝寺，讲《法华经》《十地论》，注《文殊问菩提首楞严经》。梁代任孝恭撰《多宝寺碑铭》云：“宝传兹日，法像斯时。瞻风候景，石陛开基。准绳秋子，取则伽夷。业隆千载，道盛一期。上当星纪，下接莲峰。还瞻朱阁，却背青松。朝云暧暧，夕雾溶溶。阶通兽迹，径有禽踪。衣移峻岳，锡叩飞泉。土木绨锦，玉石雕镌。宝阶云构，绮壁霞鲜。莲舒藻井，芰绕兰椽。法堂每谊，禅室恒静。藏韬仙说，台含佛影。叶下秋林，烟生春岭。”

多佛寺

在今江宁区汤山街道李岗头村寺后自然村，明代建造。

多福寺

在旧都城朝阳门东七十里，法清寺西北十五里，神泉乡界内。唐天宝元年(742)玉镜圆师开建，元末罹于兵燹。明洪武元年(1368)，有牧童于寺基傍得赵孟頫书“多福寺”三字碑匾，僧永定乃于废址重建，揭赵额于寺门，倪谦撰《多福寺重兴记》。永乐年间(1403—1424)僧惠果修，明末颓落。法清寺所领小刹，天王殿三楹，佛殿五楹，僧院二房。田、地、塘，共四十八亩五分八厘。

垛溪庵

在旧高淳县南二十七里，清光绪六年(1880)刘姓建。

E

阿弥陀佛庵

在旧都城东南隅，今秦淮区三条营，一名普照庵。缘起未详，清道光年间(1821—1850)有僧百余名。民国三年(1914)，庵僧度厄和尚偕明观和尚往九华山，依开忍和尚出家。明观，湖北武昌人，辛亥革命志愿从戎，后游汉阳归元寺如梦醒觉。出家翌年，至句容宝华山受具足戒，1949年赴香港，1956年开建东觉禅林，1970

年圆寂，著有《梦花集》。

阿育王寺

南朝古刹。在旧都城聚宝门南一里聚宝山，今秦淮区雨花路一号明代大报恩寺遗址公园内。其地旧名长干里，晋太康年间(280—289)建寺，曰长干寺。寺有阿育王塔，梁代改名阿育王寺。相传阿育王灭度后，一日夜役鬼神造八万四千塔，此即其一。《梁书·诸夷传》载，东吴时期有尼筑小精舍居其地，不久遭孙綝毁除，塔亦同泯。吴亡，众僧人于旧处重建。东晋咸安年间(371—372)，简文帝使沙门造小塔，孝武帝太元九年(384)，上金相轮及承露盘。后有胡人刘萨何感梦，游行礼塔，登越城四望，见长干里有异气色，因就礼拜，果是阿育王塔所在。于是集众掘地，深入一丈，得三石碑，各长六尺。中一碑有铁函，函中有银函，其中又有金函，盛三舍利及爪发各一枚，发长数尺，遂于简文帝所造塔之西另造一层塔，奉安舍利。太元十六年(391)，沙门僧尚加为三层。梁大同三年(537)八月，武帝萧衍开阿育王塔，穿土四尺，得龙窟及金银、环钏、钗镊等物。深至九尺许，有石头磉，磉下有石函，函内有铁壶，以盛银坩，坩内有金镂罂，盛三舍利，如粟粒大，圆正光洁。函内又有琉璃碗，碗内得四舍利及爪发。爪有四枚，并为沉香色，发青绀色，众僧以手伸之，随手长短，放之则旋屈为蠡形。八月二十七日，武帝设无碍大会于阿育王寺，以金钵盛水泛舍利，其最小者隐不出，帝数十礼拜，舍利乃于钵内放光，旋回久之，当中而止。九月五日又于寺设无碍大会，施钱一千万为寺基业，敕购寺侧数百家宅地，以广寺域。大同四年(538)九月十五日，帝又至寺设无碍大会，竖二刹，各以金罂、玉罂盛舍利及爪发，置于七宝塔中，又以石函盛宝塔，分入两刹下，以王侯妃主、百姓富室所舍金银、环钏等珍宝充积。

南唐时期，阿育王寺废为营庐。宋大中祥符年间(1008—1016)，金陵僧可政表请复建，诏即舍利感应表见之地建塔，赐号圣感舍利宝塔，寺曰圣感舍利宝塔寺。天禧二年(1018)改名天禧寺。元代改为慈恩旌忠寺，文宗在金陵藩邸时，数次游寺，及登大统，以所奉观音像付寺供养，岁给香灯之费。至顺三年(1332)赐白金三锭及官钱伍仟缗，以助缮修舍利塔，完竣之日天花如雨，祥光如练，连续数日。元末毁于战乱，明初修而复毁。永乐十年(1412)，成祖朱棣敕重建，梵宇准大内式，造九级琉璃塔。宣德六年(1431)，赐额大报恩寺。参见卷下“大报恩寺”条。

二圣殿

在旧南京清凉山八号。清光绪元年(1875)建,20世纪50年代初,有尼二人,房八间,地三亩。

F

发祥庵

在旧溧水县东南十五里上原乡。明天启二年(1622)邑庠朱守中建造,清光绪年间(1875—1908)毁。一名韩胡井庵。

法宝寺

在旧都城北鸡笼山南坡,今玄武区鸡鸣寺路一号。详见下卷“鸡鸣寺”条。

法光寺

在旧都城聚宝门内东北二里许,今秦淮区江宁路西侧老虎头四十四号附近。详见“萧帝寺”条。

法海庵

在旧都城东南隅大梦庵侧,元至元九年(1272)创建。

法花寺

南朝古刹。在旧秣陵县,宋元嘉十五年(438)谢婕妤造。

法华庵

1. 在旧都城东北四十五里摄山天开岩小石桥附近,今栖霞区栖霞街道之东栖霞山。释遍空开建,《栖霞小志》云:“遍空始筑茅而居,后弃之而去。其后有僧一人居之,每日跪诵《法华经》,编芦为门,树柳为柱,自言欲礼天下四大名山,已经五台山、普陀山,尚未至峨嵋山、鸡足山,随缘至此,将重整旧庵。既成,遂以法华为名。”

2. 在今秦淮区户部街。20世纪50年代初，有尼一人，房六间。

3. 在旧高淳县西二十五里北埂，陈氏建。

法华寺

1. 在旧南京中华门外西街城南村一〇九号。清咸丰元年（1851）前建，20世纪50年代初，有僧三人，房九间。

2. 在旧溧水县治西一里，唐天祐年间（904—907）创建。

法济寺

在旧上元县治东北，宋绍兴二十七年（1157）创建。

法灵寺

六朝古刹。南齐时期存，《新修科分六学僧传》卷二一云："法护，姓张，东平人。宋孝建中至都，住建元寺，常讲《毗昙》，言去浮华，趣通文理。齐竟陵于法灵寺建竖义斋，以护为标领。"

法隆庵

在旧高淳县西北七里。缘起未详，清道光年间（1821—1850）水圮。同治年间（1862—1874）重建，更名东宁古墅。

法轮寺

南朝古刹。在旧都城东北覆舟山下，今玄武区九华山二〇号九华山公园内。刘宋时期司徒何尚之建造，《高僧传》卷一一《齐钟山灵曜寺释志道传》云："志道，十七出家，止灵曜寺。蔬素少欲，六物之外，略无兼畜。学通三藏，尤长律品，何尚之钦德致礼，请居所造法轮寺。"《南史·何点传》云："何点居法轮寺，竟陵王子良往见之，何点角巾登席，子良欣悦无已，赠何点嵇叔夜酒杯、徐景山酒铊。"

法清寺

南朝古刹。在旧江宁县湖熟镇，今江宁区湖熟街道境内。详见"法清院"条。

法清院

在旧江宁县湖熟镇，今江宁区湖熟街道境内。梁天监年间(502—519)创建，名法清寺。昭明太子尝读书寺中，有东湖读书台。宋淳熙年间(1174—1189)方拱辰题匾“昭文精舍”，元至元年间(1264—1294)改昭文书院，后废。明正德年间(1506—1521)程栴重葺，更名法清院，祀昭明太子并奉佛像，为祝厘之所。灵谷寺所统中刹，山门三楹，正佛殿三楹，昭明祠五楹，韦驮殿三楹，官房五楹，禅堂三楹，僧院一房。基址四亩，东至本院塘，南至詹元诚园，西至官路，北至兰田。田、地、山、塘共八十五亩九分九厘。

法泉寺

在旧都城朝阳门外钟山，今玄武区石象路七号钟山风景区内。宋代存，《五灯会元》卷一六云：“金陵蒋山法泉佛慧禅师，晚奉诏住大相国智海禅寺。问众曰：‘赴智海，留蒋山，去就孰是?’众皆无对，师索笔书偈曰：‘非佛非心徒拟议，得皮得髓谩商量。临行珍重诸禅侣，门外千山正夕阳。’书毕坐逝。”

法王寺

1. 六朝古刹。在旧都城东北隅乌衣巷，今秦淮区大油坊巷、乌衣巷一带。晋隆安三年(399)，安帝司马德宗为龟兹国沙门鸠摩罗什创建。鸠摩罗什以道闻于时，安帝遣使延致，历试神验，遂施地建寺，赐额法王寺，请什居之。鸠摩罗什尊号三藏国师，故名三藏塔院。元至顺年间(1330—1333)天禧寺主僧重建，为天禧寺下院，寺中恒产不满百石，岁时所用悉由天禧寺供给。明代并入大报恩寺。

2. 南朝古刹。宋高祖刘裕创建，《历朝释氏资鉴》卷三云：“高祖武帝受晋禅即位，改元永初，岁庚申六月也，造灵根、法王、东山等寺。”

3. 南朝古刹。在旧都城南二十里新林界。齐永明五年(487)武帝萧赜立新林苑，一名灵邱苑，梁天监二年(503)以其地造法王寺，沈约有《法王寺碑铭》。

法义禅院

在旧六合县东十五里灵岩山之阳偃月岩下。缘起未详，唐咸通年间(860—873)神见禅师重建，造无梁殿、观音殿。寺前有凤凰台、鹿跑泉、白龙池、万山亭。岩下有岚光轩，碑刻“灵岩”二大书，郑傍云“武宗会昌五年除佛教，尝造道观，咸通中，僧神见重建佛寺”。

法音寺

南朝古刹。在旧都城朝阳门外钟山，今玄武区石象路七号钟山风景区内。齐建元元年(479)豫州刺史胡谐之创建，舍人徐俨助造石多宝塔一座。时有昙简尼，居法音寺，禅思静默，通达三昧，道俗敬仰，盛修供施。又有净珪尼，与昙简尼同憩法音寺，后移白山，栖托树下。

法雨庵

在今玄武区长江路。清同治元年(1862)五月僧性慈建，20世纪50年代，有僧二人，房六间，基地五十五亩。

法云庵

在旧高淳县东四十五里，民国时期废。

法苑寺

南朝古刹。在旧秣陵县南五十里，一名广化寺。梁中大通五年(533)张文远创建，唐贞观六年(632)废，上元二年(675)奉敕重建。

法云寺

1. 南朝古刹。在旧都城北鸡笼山旁，今玄武区鸡鸣寺路一号。本为齐竟陵文宣王萧子良邸，后舍为寺。《历朝释氏资鉴》卷三云："永明元年二月八日，萧子良置讲席于上邸之法云精舍，广集僧众，演法六宵。"《续高僧传》卷五《梁杨都建元寺沙门释法护传》云："释法护，以《毘昙》命家，从其学者百有余人。齐竟陵王总校玄释，定其虚实，乃于法云寺建竖义斋，以护为标领，解释胶结，每无遗滞。"

2. 南朝古刹。在旧秣陵县同夏里禅岗西山，梁天监十八年(519)僧法云开建。《续高僧传》卷五《梁杨都光宅寺沙门释法云传》云："以天监末年，欲报施主之恩，于秣陵县同下里中造寺一所。敕以法师建造，可仍以法师为名，即禅岗之西山也。郊郭内地，实为爽垲，结宇孤岩，北面城市，怀涧隐岭，穷人野之致。"

3. 在旧南京下关三汊河方家大圩，今下关区郑和南路十号。民国十二年(1923)印光大师创建，一名南京佛教慈幼院，有放生池九面，殿宇、莲社等房屋十余间。20世纪50年代初，有僧四人，房四十四间，地十五亩。后改为南京玻璃钢厂，现存旧大殿一座，石狮一对。

4. 在旧都城东北十里，钟山之西。宋建炎年间（1127—1130）迁于上元县北。详见“集善寺”条。

樊山寺

在旧江浦县竹镇，今六合区竹镇镇。余不详。

梵惠寺

在旧都城朝阳门外钟山白水洼，今玄武区玄武湖街道板仓街中段北侧。缘起未详，明洪武元年（1368）卜葬中山王墓，徙置太平门北三十里，弘济寺东十里，今栖霞区尧化街道尧石二村西侧山麓。弘济寺所领小刹，山门三楹，佛殿三楹，观音殿三楹，僧院四房。基址三亩，东至本寺坟，南至本寺田，西至本寺地，北至本寺山。田、山共二十六亩九分三厘。

梵惠院

在旧都城太平门北十三里，佛国寺北十一里。宋代创建，明代为佛国寺所领小刹，山门三楹，钟楼一座，佛殿三楹，僧院一房。基址二亩，东至本院塘，南至本院田，西至本院地，北至本院山。田、地、山、塘共十七亩二分一厘。

梵山寺

在今六合区马集街道夏李村，余不详。

梵天禅寺

在旧六合县东三十里方山南麓，今六合区横梁街道方山村，方山林场东侧。详见“兴云寺”条。

方乐寺

南朝古刹。在旧都城东北六十里，上元县神泉乡。梁代创建，名方乐寺，后毁。南唐升元元年（937）以旧基重建，改名方乐院。元代更名长乐院，亦名常乐院。

方乐院

在旧都城东北六十里，上元县神泉乡。详见“方乐寺”条。

放生庵

1. 在旧都城西清凉山南侧龙蟠里，今鼓楼区广州路二一七号乌龙潭公园内。庵前有乌龙潭，唐乾元二年(759)，颜真卿奉敕建放生池于此。后人在池边建放生庵，一名护生庵，有屋三楹，祀颜真卿以下之有功德于放生者。清同治四年(1865)重建，总督马鸣佩、王新命、于成龙皆有《永远放生碑记》，巡抚陈大受有《重修鲁公放生池庵碑记》，方苞有《乌龙潭放生举本记》，里人汪涛有《金陵乌龙潭放生池始末》。20世纪50年代初，有僧三人，房三十二间，地二亩余。

2. 在旧六合县南五里龙池，清代建造。相传有神龙居池中，水清可鉴，渊邃莫测，灵岩塔影卧其中。佟国器佃为放生池，邓旭募建大悲阁、放生庵，知县顾高嘉刻碑立庵，永禁盗窃。

飞来寺

在旧高淳县西南三里太平圩，明天启二年(1622)八月创建。是年中秋夜，忽有弥勒铜像一尊，端坐太平圩之东角。及旦，黄沙蔽天，里人惊传为异，知县谭经济即日往谒，见而异曰："殆飞来佛耶?"遂命建寺，名曰飞来。清陈相绶《飞来寺》诗云："飞来名寺矗河边，入径徐徐别有天。佛以化身三现相，僧应无识一通禅。杨华落座随青霭，竹影当门拂紫烟。总是幻空难住着，鲸钟猊篆自年年。"

飞流寺

六朝古刹。在旧都城朝阳门外钟山，今玄武区石象路七号钟山风景区内。梁元帝萧绎《钟山飞流寺碑》云："清梵夜闻，风传百常之观，宝铃朝响，声扬千秋之宫。同符上陇，望长安之城阙，有类偃师，瞻洛阳之台殿。"

坟头庵

在旧溧水县西二十里思鹤乡，清咸丰年间(1851—1861)毁。

丰安寺

在旧溧水县东北三十里丰庆乡。详见下卷"延安寺"条。

封崇寺

在旧南京斗门桥北七家湾，地址月牙巷十五号。今秦淮区安品街以北，七家湾以南，仓巷以东，评事街以西区域内。梁天监年间(502—519)创建，曰报慈廨院。宋代改名封崇寺，有木塔，八角九层。寺内供奉印度僧人所赠檀木卧佛一尊，故俗称卧佛寺。《岁华忆语》云，每年四月八日浴佛节，寺庙皆作斋醮，浴佛之典惟卧佛寺曾一举之，后亦遂缀。明代为瓦官寺所领小刹，山门三楹，大佛殿三楹，卧佛阁三楹，伽蓝殿三楹，三教堂三楹，禅堂三楹，僧院一房。基址十亩，东至衙塘，西至纪家墙，南至银仓，北至酱蓬营。寺内供佛千尊，神情各异，栩栩如生，又有佛经全藏。墙壁多用建康府仓砖，乃宋时旧物，旧联云"古寺犹存明季石，照壁尚有建康砖"。清咸丰年间(1851—1861)损于太平天国战火，同治年间(1862—1874)重修。民国三十五年(1946)火灾，仅存屋数间。20世纪50年代初，有僧四人，房屋改作学校校舍。2006年城建改造，原迹无存。

凤冈庵

在旧高淳县东北二十五里。明万历年间(1573—1620)史稀义捐赀倡建，捐田三亩，以奉香火。

凤岭寺

在旧都城聚宝门东南十三里，崇因寺东十里，南城凤西乡凤岭。明宣德元年(1426)，右善世溥洽示寂，龛于凤岭之阳，明宣宗敕建塔院，赐凤岭寺额。崇因寺所领小刹，佛殿三楹，僧院一房。基址十亩，东至官沟，西至建平伯坟，南至高蓝冲田，北至夏佩民田。田、地、山、塘共五十八亩八分八厘。明末寺圮。

凤栖山庵

在旧溧水县仪凤乡凤栖山，今溧水区和凤镇张家村。详见下卷"象教禅寺"条。

凤台寺

缘起未详，宋代存。《建中靖国续灯录》卷一七云："江宁府保宁寺子英禅师，钱唐人也。诣圆通禅师法席，师资缘契。移庐山罗汉、太平隐静、金陵凤台，都尉张侯敦奏赐章服。"

凤翔寺

在今雨花台区铁心桥街道尹西村凤翔自然村。明初存。

凤游寺

在旧都城西南隅花盏冈，今秦淮区花露北岗二十一号，南京市文枢初级中学凤凰台校区。详见下卷“瓦官寺”条。

奉诚寺

南朝古刹。宋景平元年(423)，平陆令许桑舍宅创建，名平陆寺。元嘉十年(433)僧伽跋摩驻锡，更名奉诚寺。《高僧传》卷三《宋京师奉诚寺僧伽跋摩传》云：“僧伽跋摩，此云众铠，天竺人也。少而弃俗，清峻有戒德，善解三藏，尤精《杂心》。以宋元嘉十年，出自流沙，至于京邑。器宇宏肃，道俗敬异，咸宗事之，号曰三藏法师。初，景平元年，平陆令许桑舍宅建刹，因名平陆寺。后道场慧观以跋摩道行纯备，请住此寺，崇其供养，以表厥德。跋摩共观加塔三层，今之奉诚是也。”齐梁时期，奉诚寺释僧辩，威德冠众，解行高物，传业之盛，独步江表。释僧询，十二岁于奉诚寺出家，为僧辩弟子，戒品冰严，精进自持，常讲《十诵》。释智文，年十五出家，受具之后即依奉诚僧辩，学《十诵》。释道成，梁大同元年(535)至京师，受业奉诚寺大律都沙门智文，授以《十诵》《毗昙》《数论》，猎涉文史，宿硕咸服。

奉先寺

在旧都城西南隅凤台山，今秦淮区花露南岗附近。详见“祇园寺”条。

奉先禅院

在旧都城聚宝门南两里，高座寺南半里，雨花台梅冈东南，今雨花台区雨花路二一五号南京雨花台风景区内。详见“宝光寺”条。

佛　宫

在旧都城聚宝门外四十里献花岩之东，今江宁区牛首山南五里。明成化年间(1465—1487)创建。从献花岩东入山麓，微径有石，额曰“出尘胜境”。缘崖而上，约三四里至佛宫。仅辟一山门，朱垣北向。山门之内，左右建楼二，置钟鼓。中石甃数级，上有天王殿四楹。之后有大悲殿，殿右有堂，曰选佛场，僧禅定之所，殿左曰香积厨。之后石级数仞，上有堂，领寺者居所。东有堂一区，曰东退居，为方丈别院。方丈之左右各十数楹，以栖众僧，屋皆负山。殿后有亭，置修建之碑，刻明成化二十二年(1476)李公本所撰文。

佛光庵

在旧都城正北隅,元至治元年(1321)创建。

佛光寺

在今秦淮区致和街。缘起未详,相传佛光寺旧有舍利塔,寺僧移于白塔寺内。

佛国寺

在旧都城太平门北二里,灵谷寺西北十八里,钟山之西。本为华严庵,明景泰五年(1454)僧妙庆重建,赐佛国寺额。胡濙《佛国寺记略》云:"寺在京都太平门外二里许,相传古华严庵也。无碑可考,不知创始何时,荒废已久,基址犹存,形势雄伟,最为胜处。僧妙庆化募众缘,鸠工集材,诛茅剪棘,凡殿堂廊庑,以次建立,钟鱼振阳,香积芬苾,缭以穹垣,种植松栢,于景泰五年六月十有八日奏,请赐额为佛国寺。"灵谷寺所统中刹,山门三楹,钟楼一座,天王殿三楹,伽蓝殿三楹,祖师殿三楹,正佛殿三楹,僧院四房。基址三十五亩,东至本寺官坟,南至刑部墙,西至官路,北至官路。田、山共二十二亩三分。清康熙年间(1662—1722)重修。

佛龛院

在旧都城西南六十里上公山。详见"佛坛寺"条。

佛窟寺

在旧都城聚宝门外三十五里牛首山,今江宁区牛首山文化旅游区内。详见下卷"宏觉寺"条。

佛来庵

在今江宁区江宁街道建中村伏来自然村,清代建造。

佛胜庵

在今秦淮区五福里。清嘉庆十二年(1807)始建,20世纪50年代初,有尼二人,房十间。

佛寿庵

在今秦淮区剪子巷。清光绪年间(1875—1908)建，20世纪50年代初，有僧一人，房三间半。

佛坛寺

南朝古刹。在旧都城西南六十里上公山，梁代创建，名佛坛寺。南唐保大十二年(954)重建，宋治平二年(1065)改慈相院，亦名佛龛院。明代废。

伏魔庵

在今秦淮区伏魔庵(街巷)八号。清代巷内阴暗，疑有怪异，居民遂捐资建庵，名伏魔庵。20世纪50年代初，有僧三人，房八间。

芙蓉禅林

民国时期存，见于朱偰《南京梵刹志略》。

浮山寺

在旧江浦县西南五十里浮山。《光绪江浦埤乘》卷三七云："山有块石细孔，投水浮而不沉，故名浮山。寺在山椒，因山得名，曰浮山寺。寺后有古塔。"

福安院

在旧江宁县新林市东。详见"祝英台寺"条。

福昌院

在旧都城聚宝门外三十五里牛首山，今江宁区牛首山文化旅游区内。详见下卷"宏觉寺"条。

福成寺

南朝古刹。梁代创建，阮修容助造。

福城寺

在宋锦署之西。见于《至正金陵新志》卷一二上。

福德祠

在旧南京中华门北珍珠巷一四六号。20世纪50年代初,有僧二人,房三间,地五亩。

福福庵

在旧高淳县东六十里,清咸丰年间(1851—1861)毁。

福静寺

南朝古刹。在旧都城朝阳门外钟山,今玄武区石象路七号钟山风景区内。梁普通三年(522)丁修仪创建,南唐保大九年(951)改名了缘塔院。

福寿庵

1. 在今鼓楼区管家桥。清光绪四年(1878)建,20世纪50年代初,有尼二人,房七间。

2. 在今鼓楼区司背后。20世纪50年代初,有僧一人,房八间,地七亩。

福胜庵

在旧都城南五府园,清末香火颇盛。庵右有谢公祠。

福寿庵

在旧高淳县东十五里。吴可南捐赀倡建,民国时期重建。

福田寺

南朝古刹。宋升明三年(479)萧嶷为慧绪尼建造,《比丘尼传》卷三《齐集善寺慧绪尼传》云:"慧绪尼,俗姓周,闾丘高平人。十八出家,住荆州三层寺。齐太尉大司马豫章王萧嶷,以宋升明末出镇荆陕,知其有道行,迎请入内,备尽四事。王妃及内眷属,敬信甚深,从受禅法。邀共还都,为起精舍,在第东田之东,名曰福田寺。"

福兴寺

南朝古刹。本在秣陵县西南百里塘埔之东,今江宁区铜井镇西。梁大同二年(536)袁平创建,名福兴寺。徙于银湖之北,唐上元二年(675)释道融复迁于东南七里天竺山，今江宁区江宁街道石山村。大历五年（770）六月一日，许登撰《润州福兴寺碑》，张从申行书并题额，炅光道镌刻，拓片今收藏在中国国家图书馆。南唐葬静照禅师于此，更名福兴塔院。宋代改名殊胜寺，元代更名福兴院。明代重修，为大报恩寺所统中刹，金刚殿三楹，天王殿三楹，佛殿三楹，伽蓝殿三楹，龙王殿三楹，僧院五房。基址三十一亩，东至本寺龙山顶，南至本寺大照山脚，西至本寺大天竺山顶，北至本寺小天竺山顶。田、地、山、塘共五十八亩一分七厘。今存赑屃三只，其中两只东西对立，一只头部残缺，一只背上石碑残损，倒卧其旁。另一只赑屃形状略异，俗称王八，居于东首，残缺不全。

福兴塔院

在旧江宁县天竺山，今江宁区江宁街道石山村。详见“福兴寺”条。

福兴院

在旧江宁县天竺山，今江宁区江宁街道石山村。详见“福兴寺”条。

福应庵

在旧高淳县东三十里，孔贞司建造。

福缘庵

1. 在今秦淮区中山东路四条巷。清光绪二年（1876）建，20世纪50年代初，有尼八人，房二十间。

2. 在旧江浦县高望薛所桥前，余不详。

福缘寺

六朝古刹，在今秦淮区鸣羊街三十六号。《续高僧传》卷九《隋荆州龙泉寺释罗云传》：“释罗云，姓邢氏，南郡松滋人。初从上明东寺出家，志操所怀，附参成德。承金陵道王索隐者若林，遂轻千里，远追胜侣。会杨都道朗盛业兴皇，乃倾首法筵，钻仰徽烈，一乘四论，大剖津途。自朗迁后，广讯所闻，又从福缘寺亘法师采酌遗逸，亘纵解无遗，任其钻仰。”寺内有明代银杏一株，胸径四十厘米，高十米。20世纪50年代初，有房七间半。

复兴庵

1. 在旧南京新街口南街十四号。缘起未详,20世纪50年代初,有僧二人。

2. 在今秦淮区施府桥。20世纪50年代初,有尼六人,房五间半。

3. 在今秦淮区中山南路。清同治九年(1870)精觉和尚建,20世纪50年代初,有僧五人,房二十间。

G

甘霖庵

在旧高淳县东南五十五里,清同治十年(1871)重建。

甘露庵

1. 在旧溧水县北贩车桥。明万历四十二年(1614),邑民马自骏施山,僧如果募建。

2. 在旧都城东大街,今秦淮区中华路。清咸丰年间(1851—1861)毁,同治五年(1866)重建。相传李鸿章乡试寓此,题诗于壁。20世纪50年代初,有僧三人,殿宇五间,房屋十一间。

甘露禅林

在今鼓楼区萨家湾。20世纪50年代初,有僧一人,房三间,地二亩。

甘露鼓寺

六朝古刹。梁代存,《续高僧传》卷九《隋江表徐方中寺释慧㬋传》:"慧㬋,年十八,喟然叹曰:'服膺周孔,以仁义为先,归心黄老,以虚无为贵。而往来生死,出入尘劳,乃域中之累业,非出世之要道也。'乃出家为十戒和上。寻出都,住甘露鼓寺,从静众峰师受《十诵律》,又听龙光绰师《成实》。值梁室版荡,京寺荒残,乃裂裳杖锡,来止南徐。"

甘露寺

1. 在旧都城聚宝门南一里半雨花台梅冈，今雨花台区雨花路二一五号雨花台风景名胜区内。详见下卷“高座寺”条。

2. 在旧都城北覆舟山，今玄武区九华山二〇号九华山公园内。陈太建七年(575)创建，《景定建康志》卷一一云：“太建七年闰八月丁未，幸乐游苑，采甘露，宴群臣，于苑内覆舟山上立甘露寺。”

高峰院

在旧都城神策门北五里，幕府山李子冈。详见“崇化寺”条。

高家庵

在旧溧水县丰庆乡，余不详。

高公台院

南朝古刹。在旧都城聚宝门南八十里，建昌寺北十五里，今江宁区横溪街道许高村。宋景平元年(423)创建，名高公台院。明代改高台寺，建昌寺所领小刹，佛殿三楹，观音殿三楹，僧院三房。基址三亩，东至本寺来龙山，南至本寺来龙山，西至本寺地，北至本寺虎山沟。田、地、山共四十二亩九分六厘。

高台寺

在旧都城聚宝门南八十里，建昌寺北十五里，今江宁区横溪街道许高村。详见“高公台院”条。

高王庵

在今秦淮区丁官营。清咸丰年间(1851—1861)建，民国二十六年(1937)毁。20世纪50年代初，有尼一人，房七间。

葛山庵

在旧溧水县东北二十四里长寿乡，余不详。

葛塘寺

在旧都城聚宝门南四十里，清福寺西七里，今江宁区秣陵街道高塘社区葛塘寺自然村北。传说三国时期道家葛玄居此，村边有葛唐湖，乃葛仙翁家乡之湖。明代湖边建寺，名葛塘寺。清福寺所领小刹，山门三楹，佛殿三楹，僧院二房。基址五亩，东至尚二民地，南至尚二民田，西至本寺墙，北至姚二民山。田、地、山共四十二亩八分六厘。清咸丰年间（1851—1861）毁于太平天国战火，光绪十三年（1887）重建，二进院落，殿宇、房舍二十余间。前殿居于正中，名大沙门，后为僧房，东厢弥勒殿，西厢娘娘殿。后进正殿久毁，东厢殿宇内塑三清大佛、观音菩萨、地藏菩萨等像，西厢为炎帝殿、文太师殿、四大金刚殿。院内古银杏一株，三人合抱。1958年大部分殿宇被拆毁。

公山寺

在今江宁区谷里街道亲见村公山寺自然村。缘起未详，明嘉靖年间（1522—1566）存。

功德寺

在旧都城东北四十五里摄山中峰西麓，今栖霞区栖霞街道之东栖霞山。详见下卷“栖霞寺”条。

孤舟庵

在旧江浦县定山珠泉。明万历二十五年（1597），行僧孤舟栖止于此，结茅济众，故名孤舟庵，后改名地藏庵。清康熙六十年（1721），古林寺律僧滋远居此，募修浦口至滁之山路一百二十里，又建利洪桥。

古柏庵

在旧都城东南隅，石观音院后坡，今秦淮区江宁路老虎头附近。庵内供奉观音像。

古佛庵

1. 在旧溧水县东南三十五里白鹿乡黄山岭。唐贞观七年（633）僧优昙开建，明崇祯十三年（1640）乡民陈继亨重建，清光绪年间（1875—1908）废。

2. 在旧都城东南贡院街放生池畔。缘起未详，元至正元年（1341）重建，后废。

3. 在旧都城东北四十五里栖霞寺方丈之后高坡上，今栖霞区栖霞街道之东栖霞山。明嘉靖年间(1522—1566)，有云谷寺会上人来摄山，掘地得古佛，高二尺许，形制甚古，因构团瓢以居，号古佛庵。左为观堂，曰且止，内奉十六观佛，一时以为雅尚。门内双树扶疏，覆屋三楹，长夏颇有清阴，飞鸟多集其上。

古桧庵

在旧江浦县石碛镇西，今浦口区桥林街道石碛社区。庵中古桧一株，高约三丈，枝叶茂盛，浓荫如盖，相传吴赤乌年间(238—251)种植。清咸丰年间(1851—1861)庵与树皆毁于兵燹，乱后重建。抗日战争期间复毁于日军炮火。庵后有古胭脂井，相传项羽和虞姬尝用之，至今水犹可饮。

古津庵

在旧六合县瓜步上摆渡。缘起未详，废于贼，清光绪年间(1875—1908)重建。

古林庵

在旧都城北马鞍山之凤山古平岗，今鼓楼区北京西路七十号大院内山顶。梁代宝志始创，名观音庵。南宋淳熙年间(1174—1189)更名古林庵，相传庵为优波梨尊者道场，戒律严密，梵宇高深。明初敕建戒坛，天下僧非受古林戒，不可名龙边戒，以是成名蓝，冠于诸刹。万历十二年(1584)古心律师驻锡，屋仅三楹，圆方百尺，遂加振兴。明神宗朱翊钧赐名“振古香林寺”，神宗母陈太皇后赐千佛袈裟、毗卢帽，衣上、佛顶皆缀大珠一粒，千佛千粒，帽上八佛亦然。殿后凿山为壁，高数丈，遍植秋海棠，花时红雨缤纷，名曰海棠屏。庵内旧有归云草堂，明末孙鼎隐居之所，书“盘谷”二字，梅曾亮有记。清康熙四十二年(1703)赐额“古林律院”，乾隆二十四年(1759)赐名“古林律寺”。光绪二十六年(1900)被于雷火，僧辅仁重修。民国前期古林寺保存完好，大殿内悬挂“天下第一戒坛”匾额，抗日战争时期损于兵燹。20世纪50年代初，有僧十二人，房屋一百二十间，田产四百余亩。1958年以寺址建大院，殿宇拆除，旧迹无存。

古林寺

在旧都城北马鞍山之凤山古平岗，今鼓楼区北京西路七十号大院内山顶。详见“古林庵”条。

古泉院

在旧都城东北六十里。详见“玉泉院”条。

古松庵

在旧高淳县东十二里。僧古松募建,清光绪十一年(1885)重修。

古岩庵

在旧都城东北四十五里栖霞寺后坡,今栖霞区栖霞街道之东栖霞山。《栖霞小志》云:“自古佛庵右侧缘山而上,经般若庵,至古岩庵。”

鼓楼庵

在旧溧水县西二十里思鹤乡,今溧水区洪蓝镇塘西村。明代建造,清咸丰年间(1851—1861)毁。近年乡人自发复建,有天王殿、大雄宝殿等,民居式瓦屋数间。

瓜山庵

在旧溧水县南三十里,余不详。

关帝庵

在旧溧水县仙坛乡小周村,明万历年间(1573—1620)周仰山建。

观草庵

在今溧水区永阳镇戴家村草庵自然村,清代存。

观桥庵

在旧江浦县高望东三里,今浦口区江浦街道张村村观桥自然村,清末民初存。

观山庵

在旧溧水县东南五十里仙坛乡。清同治五年(1866)重建,光绪年间(1875—1908)毁。

观阳寺

在今江宁区汤山街道阜庄村寺边自然村北。

观音庵

1. 在旧都城东南隅，宋咸淳八年(1272)创建。

2. 在旧都城太平门内八府桥，兴善寺西二里。明代建造，兴善寺所领小刹，正佛殿三楹，僧院一房。基址五亩，东至宋府园，南至宋府园，西至官街，北至火巷。

3. 在旧都城内板巷，今秦淮区升州路东段北侧观音庵(街巷)内，清代建造。

4. 在旧南京中山南路马巷观音庵十一号，今秦淮区中山南路马巷段西侧。清工部侍郎周天成建造，传说清末有公主在此出家。20世纪50年代初，有僧一人，房二十七间。

5. 在旧都城北马鞍山之凤山，今鼓楼区北京西路七十号大院内山顶。详见“古林庵”条。

6. 在旧都城石城门西二里。详见“中和庵”条。

7. 在旧南京白下路东井巷。清同治八年(1869)建，20世纪50年代初，有尼二人，房二十六间。

8. 在旧南京三条巷五十五号。清光绪二十年(1894)建，20世纪50年代初，有尼二人，房六间。

9. 在旧南京养兔巷七十六号。20世纪50年代初，有尼一人，房屋被人民服务队借用。

10. 在旧南京状元境二三巷三号。20世纪50年代初，有尼二人。

11. 在旧南京长乐路小石桥四十四号。20世纪50年代初，有僧二人，房十间。

12. 在旧南京正觉寺十一号。20世纪50年代初，有僧三人，房十间。

13. 在今秦淮区西止马营。清同治八年(1869)建，20世纪50年代初，有尼一人，房九间，地六十九方。

14. 在今秦淮区糖坊桥。清咸丰二年(1852)建，20世纪50年代初，有尼一人，房三间。

15. 在今秦淮区胭脂巷。20世纪50年代初，有尼一人，房六间。

16. 在今秦淮区羊皮巷。清同治四年(1865)建，20世纪50年代初，有僧二人，房十八间。

17. 在今秦淮区建邺路。清同治五年(1866)建，20世纪50年代初，有尼四人，房九间。

18. 在今秦淮区泥马巷。清同治年间(1862—1874)馨山和尚重建,20世纪50年代初,有僧二人,房六间。

19. 在今秦淮区江宁路南段大树城。20世纪50年代初,有尼一人,房二间。

20. 在今玄武区鸡鹅巷。20世纪50年代初,有尼一人,房六间。

21. 在今玄武区丹凤街石婆婆巷。清同治年间(1862—1874)建,20世纪50年代初,有尼三人,楼房三间。

22. 在今鼓楼区二板桥。清代重建,民国十九年(1930)再建。20世纪50年代初,有僧五人,房二十四间。

23. 在旧都城东北四十五里摄山虎穴岩,今栖霞区栖霞街道之东栖霞山。《摄山志》卷二云:"僧素庵开建,置山田五百亩,以供云水,旁有济生台。"

24. 在今栖霞区龙潭街道宜闸村张湾自然村,清嘉庆年间(1796—1820)存。

25. 在旧溧水县西七里天生桥蒲村,今溧水区洪蓝镇山南村西。明万历《溧水县志》卷五云,武氏建造。清光绪年间(1873—1908)犹存,后毁。2000年以后民间重建,占地面积一百余平方米,东西向院落,门联云"敬神如神在,求佛有佛怜"。正殿三间,正中供奉杨柳观音像,北侧供奉送子观音像和花娘娘像、痧娘娘像,南侧为东王菩萨黄飞虎像。楹联云:"南海慈航救苦救难普渡众生,紫竹观音大慈大悲有求必应。"

26. 在旧溧水县白鹿乡殿山湾。缘起未详,清光绪元年(1875)里人薛瀛、张玉茂、蒋大玉等重建。

27. 在旧溧水县大西门外在城乡。缘起未详,清光绪七年(1881)重建,有屋三楹。

28. 在旧溧水县仙坛乡芝山村西。缘起未详,清光绪年间(1875—1908)重建。

29. 在旧溧水县北四十五里柘塘市。缘起未详,清同治七年(1868)里人方澥澄倡修。

30. 在旧溧水县思鹤乡武安桥,余不详。

31. 在旧溧水县赞贤乡蒲塘桥,余不详。

32. 在旧溧水县长寿乡,余不详。

33. 在旧溧水县山阳乡,余不详。

34. 在旧溧水县丰庆乡,详见"桃花凹庵"条。

35. 在旧高淳县东五十里。清咸丰十一年(1861)兵毁,光绪元年(1875)重建。

36. 在旧高淳县东四十里上安福村,余不详。

37. 在旧高淳县沛桥镇北,民国时期废。

38. 在旧高淳县西二十里萧家口,钱、王两姓建。

39. 在旧高淳县双桥渡,余不详。

40. 在旧高淳县庙湾吴村,余不详。

41. 在旧高淳县王夏村,余不详。

42. 在旧高淳县西十五里沧溪东陡门,余不详。

43. 在旧高淳县东六十里芮村,民国时期废。

44. 在旧高淳县西三十里小花,清咸丰元年(1851)刘姓建。

45. 在今高淳区东坝镇傅家坛村,详见“大士庵”条。

46. 在旧六合县西门滁河铺。缘起未详,清光绪年间(1875—1908)存。

47. 在旧六合县城小北门内,今六合区雄州街道观音巷。

48. 在旧六合县四颗柳,僧福祚募建。

49. 在旧六合县南二十里葛家桥。僧真一建,清光绪年间(1875—1908)废。

50. 在旧江浦县孟泽嵛后。庵有观音洞,中立观音石像。

51. 在旧江浦县高望东十里,余未详。

52. 在旧江浦县城内万峰门北红土冈,余不详。

53. 在旧江浦县城大槐树街北,俗称送子观音庵。

54. 在旧江浦县竹镇。僧隐斋建,贮藏经一部,清光绪年间(1875—1908)废。

55. 在旧江浦县竹镇。明万历十六年(1588)知印陆坊、僧证来创建,名观音庵,工部郎中周诗有记。居人李云鹄、僧常宾重建,礼部尚书叶灿、詹事王锡衮有记。魏国公徐宏基改题七佛禅院,俚俗仍称观音庵。树色青葱,藤阴延螺,如屏如几。晨烟散树,阡陌交错,河流如带。南望则万户晨炊,千家秋杵,发人吟思。清末经历兵荒,墙垣颓废,半没荅芜。

56. 在旧江浦县治前。详见下卷“观音寺”条。

观音禅林

1. 在今鼓楼区狮子桥。20世纪50年代初,有僧二人,房八间,地二亩三分。

2. 在旧南京新民门外四平二路二道街三十号。20世纪50年代初,有尼三人,房五间,地一亩六分。

3. 在旧南京中华门外西街小市口三十五号。清光绪十年(1884)建,20世纪50年代初,有尼二人,房四间。

观音禅院

在旧六合县八百桥镇金牛山顶，今六合区金牛湖街道南京金牛湖风景区内。详见下卷“金光禅寺”条。

观音殿

1. 在今江宁区谷里街道三合村观音殿自然村，清代建。

2. 在旧江浦县乌江镇北，有观音铜像。

观音洞

民国时期存，见于朱偰《南京梵刹志略》。

观音阁

1. 在旧都城朝阳门东三里，灵谷寺西五里，今玄武区孝陵卫街道小卫街。相传明成祖朱棣尝顾瞻山麓有气不散，遂命工匠琢石造阁，以记其处。正德五年(1510)毁，正德十年(1515)重建，乔宇《重修观音阁记》云：“太祖陵庙之东南，有阁曰观音阁，正德庚午春罹爵攸之变，太监萧公通圆嗣兴之，越五年，甲戌始克就绪，又明年而阁成。”为灵谷寺下院，金刚殿三楹，观音殿三楹，碑亭二座，正佛殿三楹，毗卢殿三楹，后卷蓬一楹，官房二十楹，僧院十房。基址一百二十九丈，东至潘家火巷，南至官街，西至王家火巷，北至民房。清同治年间(1862—1874)重建，更名观音寺。殿后有青石壁，高四百五十厘米，宽五百五十厘米，上厚四十九厘米，下部最厚处六十厘米。石壁正面凿大士像，上方有一排六字梵文，其下有浮雕高二百一十二厘米，火焰纹。大士像背光上有八吉祥图案，填红绿彩及少许金箔。石壁背面中上部书“水晶屏”三大字，右上角有长方形“愚斋”“清凉履题”篆体文字，以及“熊赐履印”“敬修”二枚篆体章，其下部有“江宁刘瑞生摹镌”款。石壁下部为须弥座，束腰上雕刻纹饰。2007年该石壁从小卫街观音阁旧址迁至下马坊遗址公园。先是，2005年5月在石壁旁发现石碑一方，碑长一百六十一厘米，宽七十一厘米，厚十六点五厘米。碑体正面部分被磨光，四边浅雕卷草纹，首行刻《重建观音寺碑记》，碑文记述寺毁于战火，同治年间(1862—1874)重建，落款为“大清同治三年□旦立”，该碑现嵌于观音阁内东壁。

2. 在旧南京水西门牌坊街三十八号。清同治年间(1862—1874)建，20世纪50年代初，有尼三人，房三间。

3. 在今秦淮区升州路。清同治年间(1862—1874)建，民国二十三年(1934)因马路拓宽拆除，住持能忍重建。20世纪50年代初，有僧三人，楼房三间，平房三间。

4. 在旧高淳县治西南，永济桥之左，今高淳区淳溪镇襟湖桥旁。明隆庆二年(1568)邑人陈显四建造，又名水月阁。清顺治十四年(1657)僧静修募修，康熙二十七年(1688)陈易倡修，乾隆十四年(1749)陈光闾再修。道光二十六年(1846)，知县王检心重修，更名聚星阁。咸丰年间(1851—1861)毁，光绪十六年(1890)知县陶在铭重建，有碑记。旧阁飞檐翘角，底层四方形，南面砖砌神龛，供奉土地神，后毁。2002年10月乡人集资重建，2003年7月竣工。新观音阁八面三层，砖木结构，底层四面辟门，通高二十二米，建筑面积五百二十平方米。

观音讲寺

在旧六合县西南五十里。宋咸淳年间(1265—1274)僧惠住开建，明洪武二年(1369)僧名净重建。

观音寺

1. 本在旧都城鹰扬卫地，因江流喷荡，明嘉靖四十五年(1566)徙于观音门外寒桥，弘济寺北三里，许谷有《重修观音寺碑略》。弘济寺所领小刹，山门一楹，天王殿三楹，佛殿三楹，僧院一房。基址二亩，东至鲥鱼厂，南至马房仓，西至顾家冲，北至大江。

2. 在旧都城朝阳门东三里，今玄武区孝陵卫街道小卫街。详见“观音阁”条。

3. 在旧六合县南六十里下三都。宋天圣年间(1023—1032)僧怀远开建，明洪武十七年(1384)僧普通重建，嘉靖十六年(1537)僧果住修。

4. 在旧江浦县竹镇。本为旧刹，清初地涌观音，顶具七佛，因改名观音寺。有藏经一部，水陆佛像一百轴，僧常宾募造。

观音堂

1. 在旧六合县瓜步山麓。《古今图书集成·方舆汇编·职方典一》卷六五七云：“瓜步巡检司，在县东南二十五里瓜步山下，吴时设。旧址去河半里许，观音堂后。”

2. 在旧六合县八百桥镇金牛山顶，今六合区金牛湖街道南京金牛湖风景区内。详见下卷“金光禅寺”条。

观音院

1. 南朝古刹。在旧都城东六十里，上元县黄乾村。梁天监年间(502—519)创建，宋开宝八年(975)废，后重建。

2. 在旧江浦县治西三十八里白马乡，余不详。

观音真武禅林

在旧南京通济门七里街红花村十三号。20世纪50年代初，有僧一人，房十六间，地四亩。

光华寺

在旧都城陡门桥南，明成化年间(1465—1487)创建。

光明庵

1. 在旧南京沙塘湾二十七号，今秦淮区钓鱼台与饮马巷交汇处。民国十年(1921)建，20世纪50年代初，有尼三人，房二十一间。

2. 在今秦淮区汉中路。清光绪五年(1879)建，20世纪50年代初，有尼二人，房四间。

光睦院

缘起未详，唐末诗人徐铉《又和游光睦院》诗云："寺门山水际，清浅照孱颜。客棹晚维岸，僧房犹掩关。日华穿竹静，云影过阶闲。箕踞一长啸，忘怀物我间。"南唐国主尝迎僧冲煦、清禀居之，《补续高僧传》卷六云："释清禀，福州太平寺受戒，之金陵，国主李氏请居光睦。未几，复命入澄心堂，集诸方要语。释冲煦，剃度于鼓山，江南国主延住光睦。久之，移庐山开先，后居净德，开宝八年圆寂。"

光相寺

在旧都城通济门南五十八里，灵谷寺南五十里。宋代创建，名光相院。明永乐年间(1403—1424)僧行镃重建，改名光相寺。灵谷寺所统中刹，天王殿五楹，大佛殿五楹，伽蓝殿一楹，观音殿五楹，僧院一房。基址七亩，东至本寺地，南至官河，西至徐贵民地，北至民山。地八亩。

光相院

在旧都城通济门南五十八里。详见“光相寺”条。

光业寺

六朝古刹。梁代存，《续高僧传》卷二一《陈杨都奉诚寺大律都释智文传》云：“以梁大同七年灵味、瓦官诸寺启，敕请文于光业寺首开律藏，陈郡殷均为之檀越，常听二百许人。”

光宅寺

南朝古刹。在旧秣陵县东十里同夏里，聚宝门东南七里。本梁武帝故宅，天监三年（504），一说天监六年（507），舍为寺，赐名光宅寺。《佛祖统纪》卷三七：“天监三年，敕于旧宅建光宅寺。因宅七日放光，故以为名。敕法云法师为光宅寺主，创立僧制，为后世法。”《广弘明集》卷一六《光宅寺刹下铭并序》：“光宅寺，盖上帝之故居，行宫之旧地，扬州丹阳郡秣陵县某乡某里之地。……以大梁之天监六年岁次星纪月旅黄钟闰十月二十三日戊寅仲冬之节也，乃树刹玄壤，表峻苍云，下洞渊泉，仰迫星汉。”《梁书》卷四九《周兴嗣传》：“高祖以三桥旧宅为光宅寺，敕兴嗣与陆倕各制寺碑，及成俱奏，高祖用兴嗣所制者。”陈隋时期寺废，以故基建明觉寺，明宣德五年（1430）赐慧光寺额。

寺内旧有梁武帝及名臣沈约、范云、周兴嗣以下王公数十人铜像，唐长庆年间（821—824）李千里载至洛阳，置于秘书省。又有无量寿佛铜像，天监八年（509）五月法悦、知静造于小庄严寺，用铜四万斤，梁武帝又益铜三千斤，总重四万三千斤。像既出模，高一丈九尺，有大钱二在衣缘处，敕移光宅寺供奉，周兴嗣撰碑。梁代释法云，为光宅寺主，创立僧制，后世遵行，又奉武帝诏撰合《成实》义疏经论四十二卷；天监末年（519）敕译扶南国所献经三部，详决梁梵，理明意显，状若亲承。释僧佑，居光宅寺，深究《毗尼》，越迈先哲，所获信施，修治塔寺，完整经像，光宅寺像、摄山大像、郯县石佛皆其经始；又撰《三藏记》《法苑记》《世界记》《释迦谱》《弘明集》行于世。陈代释智顗，至德四年（586）诏居光宅寺讲《仁王经》，后主幸寺聆听，躬礼三拜；祯明元年（587）又于光宅寺讲《法华经》。

广慈庵

在旧高淳县北二十五里柳村，今高淳区淳溪镇七家村。缘起未详，1953年改为淳溪小学。

广化寺

在旧秣陵县南五十里。详见“法苑寺”条。

广惠庵

1. 在旧溧水县南十五里,余不详。
2. 在旧高淳县北二十五里郭村,明万历年间(1573—1620)夏姓建。
3. 在旧高淳县东三十里游山乡,长史黄秉石倡建。

广惠寺

在旧都城通济门东南二十五里,翼善寺东南一里,今江宁区竹山村。明代为翼善寺所领小刹,佛殿三楹,僧院一房。基址三亩,东至官路,西至沟港,南至竹山村,北至官路。今存明正统十三年(1448)寺碑。

广惠院

在旧都城朝阳门东三十里,灵谷寺东二十五里,地名蒲塘。元延祐年间(1314—1320)创建,名护烈庵,至正三年(1343)改名广惠院。明弘治四年(1491)重建,灵谷寺所统中刹,山门一楹,伽蓝殿五楹,正佛殿三楹,观音殿三楹,僧院一房。基址三亩,东至灵山,南至官山,西至南村,北至后南村。

广慧庵

在旧高淳县徐村凸,余不详。

广济庵

在旧溧水县东四十里白鹿乡。明崇祯十四年(1641)僧本瑞修,清光绪三年(1877)朱曹宗、陈代元、周家训等重建。

广教院

在旧都城西南六十里,宋治平年间(1064—1067)赐额。

广觉院

在旧都城南门外七十里，江宁县横山之北，地名北汤村。宋治平二年(1065)赐额广觉院，俗呼北汤寺。

广明爱敬禅院

在旧都城朝阳门外钟山竹涧，今玄武区石象路七号钟山风景区内。详见“大爱敬寺”条。

广明庵

在旧溧水县长寿乡，余不详。

广南寺

在旧溧水县仙坛乡，一名曹庄庵，久毁。

广孝禅院

在旧都城朝阳门外钟山竹涧，今玄武区石象路七号钟山风景区内。宋开宝七年(974)，徙入城中钦化桥街西。详见“大爱敬寺”条。

广圣寺

在旧江浦县乌江寺后。《光绪江浦埤乘》卷三七云：“有虚乐亭，宋乌江令阎求仁建。”

广兴寺

在旧都城聚宝门东南十里，外永宁寺南半里，安德乡石子冈祝禧寺旁。明景泰二年(1451)僧会兴创建，赐广兴寺额。外永宁寺所领小刹，佛殿三楹，僧院三房。基址四亩，东至韦家山，南至本寺照山顶，西至甄指挥山，北至高聚民山。

广严寺

在旧溧水县北四十里崇贤乡，今江宁区湖熟街道周岗村。寺有水井，清代开凿。详见“仪城寺”条。

广缘寺

在旧都城聚宝门南三十五里，弘觉寺西二里，今江宁区谷里街道周庄。明代敕建，弘觉寺所领小刹，山门三楹，佛殿五楹，僧院一房。基址一亩六分，东至弘觉寺山，南至□□□，西至樊家民山，北至大石凹。田、地、山、塘共五十五亩六分。郑和卒，敕葬于此。

归德院

在南唐宫城内，后主李煜创建，宋开宝年间(968—976)废。《至正金陵新志》卷一一下引《乾道志》云："乾明尼寺，在城内东南祥鸾坊，南唐太庙基。后主宫中置归德、永募二尼院，开宝中废，移二院尼置寺，徙妙果院尼同居，太平兴国五年赐额。"

归寂塔院

在旧都城南门外七里。刘宋时期创建，曰永安寺，南唐保大二年(944)改名归寂塔院。参见"永安寺"条 。

归来寺

南朝古刹。梁代创建，见于《首都志·南京佛寺表》。

归善寺

六朝古刹。在旧都城北鸡笼山东，今玄武区鸡笼山至覆舟山一带。晋代创建，梁僧佑立坛寺中。隋大业年间(605—618)犹存，《续高僧传》卷二五《隋蒋州大归善寺释慧侃传》："慧侃尝往扬都，谒偲法师。隋大业元年，终于蒋州大归善寺。"

归依寺

南朝古刹。齐明帝萧鸾创建，《弘赞法华传》卷九："齐高宗明皇帝，讳鸾，字景栖。凝神觉海，思积耆山，洒一雨于群蠓，润三枝于庶物。造千金像，写一切经，持六净齐，口诵《波若》。造归依寺，召集禅僧，常读《法华》，亟淹寒暑。"

归云堂

在今鼓楼区挹江门街道归云堂(街巷)。《白下琐言》云："城之西北归云堂，相传明代所建，有石额'盘谷'二字。"庵住老小二僧，老僧死后，小僧改所居为归云堂，以示纪念。20世纪50年代初，有僧二人，房十七间，田八亩，山地十六亩。

归宗寺

南唐时期创建，《金陵待征录》卷一〇《吴冠五与周雪客书》有“比之南唐归宗寺”之语。

皈隐庵

在旧江浦县石碛镇北五里曹城山上，余不详。

桂阳寺

在旧都城正阳门东九十里，法清院北十四里，今高淳区桠溪镇韩桥村。明代为法清院所领小刹，山门三楹，佛殿三楹，僧院二房。东至官山，南至王家村，西至坟山，北至水间。

桂杨寺

在旧高淳县东七十里，本名韩城寺。明正德十六年(1521)移建县东五十里，改名韩城庵。后毁于兵，周、韦、叶三姓重建，更名桂杨寺。

桂枝庵

在旧江宁县西圩村，今江宁区秣陵街道西旺村。明代存，《金陵待征录》卷四云：“桂枝庵在西圩村，孙守勋云明总兵谢登云闻福王立，率兵入卫，道经龙潭。鞭卒，卒逸去，谓村人曰：‘明日有总兵过，将肆掠。’村人结众设伏，谢至，不及辨，支解于此。”

国安寺

南朝古刹。在旧都城东南六十里，齐永明元年(483)赐额，僧法珍立石。

国胜寺

南朝古刹。在旧江宁县横山北，陈天嘉元年(560)章皇后舍宅创建。元代迁址府城南门外二里落马涧，今秦淮区扫帚巷古东市口。

果莲庵

在今鼓楼区清凉山路。清光绪二十六年(1900)建,20世纪50年代初,有尼一人,房三间,地一亩余。

果实寺

南朝古刹。宋永初元年(420)天竺沙门僧律开建,《全宋文》卷六四《果实寺中碑铭》云:“宋永初元年,天竺沙门僧律尝行此处,闻钟磬声,天花满山,因建伽蓝。其后有梵僧求那拔摩来居此寺,曰此山将来必逢菩萨,圣主大宏宝塔,遂同铭之。”

果愿尼寺

南朝古刹。在旧秣陵县东北五十里,梁普通元年(520)东阳太守王均创建。

H

海潮禅林

在旧六合县。缘起未详,毁于兵燹,清光绪年间(1875—1908)陈汉捐建大殿三间。

海福庵

在今秦淮区光华路街道海福巷。缘起未详,清末存。

海会庵

1. 在今秦淮区五福街。清同治元年(1862)建,20世纪50年代初,有僧三人,房十五间。

2. 在旧高淳县东六十里,清同治六年(1867)住持僧静觉募建。

海会禅林

民国时期存,见于朱偰《南京梵刹志略》。

海慧寺

在旧都城聚宝门东南四十里方山顶，今江宁区秣陵街道方山风景区内。宋代创建。

韩城庵

在旧高淳县东七十里。详见“桂杨寺”条。

韩城寺

在旧高淳县东七十里。详见“桂杨寺”条。

韩胡井庵

在旧溧水县东南十五里上原乡。详见“发祥庵”条。

寒林寺

南朝古刹。在旧秣陵县东南三十五里，梁大同二年(536)常侍陈景创建。

皓圆庵

在今鼓楼区沈举人巷。清光绪十四年(1888)建，20世纪50年代初，有尼一人，房三间。

何后寺

六朝古刹。在旧建康县定阴里西州桥旁，晋永和十年(354)建。详见“北永安寺”条。

何湖寺

在旧都城西南八十里，江宁县何湖侧。缘起未详，宋代存。

何园寺

六朝古刹。刘宋时期存，《高僧传》卷七《宋京师何园寺释慧亮传》：“释慧亮，姓姜，先名显亮，为东阿靖公弟子。少有清誉，时人呼靖为大师，亮为小师，虽年望未逮，而风轨继之。……后过江，止何园寺，颜延之、张绪眷德留连，每叹曰：安汰吐珠玉于前,斌亮振金声于后,清言妙绪,将绝复兴。”又有释慧隆,凝心教乘,贯穿百氏,泰始年间(465—471)止何园寺,宋明帝请移住湘宫寺,讲《成实论》。

贺家庵

在今六合区竹镇镇双龙村贺家庵自然村,清咸丰年间(1851—1861)建。

恒泰庵

在旧溧水县骆山村东,清嘉庆年间(1796—1820)杨忠管创建,同治六年(1867)复建。

衡阳寺

在旧都城东北三十里,上元县清风乡衡阳山,今栖霞区栖霞街道衡阳村衡阳寺自然村。昔朗法师居山说法,有衡阳女神来听讲,后为此山之神,因名衡阳山。山高二十九丈,周回九里,中有宝城寺,南朝陈代创建,以龙女听讲故,更名衡阳资福禅院。唐天祐三年(906)徐温以旧寺基址重建,易名衡阳寺。南唐保大七年(949),立齐己、牟儒《重开衡阳寺古迹诗》石刻,诗云:“古迹重闻一朗兴,斸烟寻得宝阶层。只应云鹤知前事,为问齐梁旧住僧。废井荒池犹浸月,短松低柏欲遮灯。淳于道士真高达,抛却林泉便上升。”又有二石幢,亦南唐所立。

明代为栖霞寺下院,山门一座,天王殿三楹,正佛殿三楹,僧院一房。清康熙八年夏(1669),僧楚云建毗卢阁五楹,高广各七丈三尺,张瑶星记之。十三年春(1674)建金汤阁三楹,二十年(1681)冬建库楼五楹。二十三年(1684)冬,有五色云起自山中,因建五云阁于中峰之下,取“五云多处是三台”之义。二十四年(1685)重建大雄宝殿,高七丈五尺,纵横各九丈,左伽蓝殿三楹,右祖师殿三楹,西客楼五楹。二十七年(1688)夏建方丈九楹,大方丈七楹,香积堂五楹,法聚堂五楹,云厨三楹,禅堂五楹,广七丈五尺。六十一年(1722),僧竺庵建东客楼五楹。大殿有长联一幅,栖霞寺慈中印道人撰写,上联云:“六朝钟秀运启齐梁朗禅师披草莱占南朝四百八十寺之首感龙女献泉涓涓脉流不息。”下联云:“五叶流芳光吞吴越宝志公剃须发开西域三千七百年之灯遇梁皇问道赫赫声价弥高。”

衡阳资福禅院

在旧都城东北三十里,上元县清风乡衡阳山,今栖霞区栖霞街道衡阳村衡阳寺自然村。详见“衡阳寺”条。

弘光寺

六朝古刹。梁代存,《全梁文》卷七一释僧佑《小乘迷学竺法度造异仪记》云:“弘光寺普明尼,乃交州刺史张牧之女,从僧法度,信受其教。”

弘济寺

1. 六朝古刹。齐代存,《佛祖统纪》卷三六:“永明七年,竟陵王于弘济寺讲《成实》三论,梦中作《维摩》一契,命僧辩传咏之,群鹤飞舞于阶,咏毕而去。”

2. 在旧都城神策门北十里,天界寺北四十里,幕府山东麓石灰岭,今栖霞区永济大道南侧长江观音景区内。详见下卷“永济寺”条。

弘觉寺

在旧都城聚宝门外三十五里牛首山,今江宁区牛首山文化旅游区内。详见下卷“宏觉寺”条。

弘普寺

南朝古刹。宋明帝刘彧创建,《释氏稽古略》卷二:“宋明帝尝造佛丈六金像,旦食常斋,日诵《般若》,爰感舍利,造弘普寺。”《历代三宝纪》卷一一:“《萨婆若陀眷属庄严经》一卷。天监九年,郢州头陀道人妙光,诣扬州治下弘普寺。方逢此经,聚徒诳惑,梁朝擯治,故指斥明,以诫于后,教戒比丘。”

弘圣寺

在今六合区马集镇后刘村弘圣寺自然村,明代建造。

红土庵

在旧江浦县治西二十里,余不详。

后法性寺

在旧秣陵县南二百步。详见“建宁寺”条。

后黎寺

在旧都城聚宝门西南六十里,江宁县铜山乡。详见“净相院”条。

后篱寺

在旧都城聚宝门西南六十里,江宁县铜山乡。详见“净相院”条。

后阳寺

在旧都城聚宝门南七十里,福兴寺东二十里,祁门乡后阳村,今江宁区江宁街道朱门社区。本为万回道场,宋开宝八年(975)赐后阳寺额。明代为福兴寺所领小刹,天王殿三楹,佛殿三楹,伽蓝殿一楹,轮藏殿一楹,法堂五楹,后佛殿五楹,僧院一房。基址二亩,东至民家藕塘,南至官路,西至井巷,北至施家民山。田、地、山共三十亩四分六厘。

胡家庵

在旧江浦县治西罗汉寺前,余不详。

湖心寺

在旧都城玄武湖,今玄武区玄武湖公园内。明代存,《玄武湖志》卷五引明吴应箕《湖心寺立秋》诗云:“天高漠漠水平流,堤影山光背郭浮。蓼叶欲齐烟欲澹,年年秋色早湖头。”明崇祯十七年(1644),王铎拥立福王于南京,有《重游湖心寺》诗云:“众树仍青色,微风到水沱。阶前容地少,楼内受天多。律版硃砂落,经文篆籀托。茫茫烟海接,休再访龙窝。”

虎贲正觉寺

在旧都城内西城虎贲左卫地。明代为永庆寺所领小刹,山门三楹,佛殿三楹,僧院一房,基址二亩。东至木樨园,西至永庆寺,南至官街,北至干河沿。

虎洞庵

在旧都城东南四十里,今江宁区淳化街道西北之东山。庵旁有虎洞,山下有宫氏泉。《金陵琐事》卷一云:“祈泽寺龙泉,天宁寺流水,玉皇观松林,龙泉庵石壁,云居寺古松,朝真观桧径,宫氏泉大竹,虎洞庵奇石,天印山龙池,东山寺蔷薇。此十景,皆众人之所忽，仲交所独取者。”

虎窟山寺

即摄山栖霞寺，在今栖霞区栖霞街道之东栖霞山。《同治上江两县志》卷三引《建康志》云：“摄山，在上元东北长宁乡。周回四十里，高一百三十二丈。其麓有栖霞寺，本名虎窟山寺，梁陆罩、王台卿并有《奉和往虎窟山寺》诗，陈江总有碑，记明隐君舍宅建寺事。寺右有唐高宗碑，碑阴有擘窠字，曰栖霞寺，名所由肇焉。”寺有大石佛，明僧绍子仲璋所琢，高四丈。江总《栖霞寺记》云：“明僧绍之子仲璋，感佛顶放光之异，就壁凿龛，琢石为无量寿佛。齐文惠太子、豫章文献王、竟陵文宣王，又宋江夏王霍姬、雍州刺史田奂等，依岩高下深广，就石为像，共成千尊，梁临川王复加莹饰，金碧焕然。”石佛顶有珠，光彩射人，后坠落，因置阁藏之，宋大观年间（1107—1110）为权要取去，米芾有诗记事。殿后有石塔，隋文帝建，凡五级，人物眉发枝茎若生，相传隋文帝遇异尼，得舍利数百颗，分八十三州各树塔，此为其一。参见下卷“栖霞禅寺”条。

虎窟寺

南朝古刹。在旧都城南三十里牛首山，今雨花台区牛首山森林公园内，梁代创建。《南朝佛寺志》云：“虎窟寺，亦在牛头山，伏虎洞实当其侧。或曰栖霞之虎穴寺，非也。孔焘和梁简文帝诗云‘脂驾出西南’，则其地也，可定矣。盖简文为太子时，与焘及鲍至、陆罩、王台卿王冏时往游览，迭相唱和，其曰‘细松斜绕径，峻岭半藏天’，非天阙之景不足以当之，殆与佛窟、仙窟鼎立而三者与。”

虎穴寺

六朝古刹。在今栖霞区栖霞街道之东栖霞山中峰，南齐王融有《游虎穴寺》诗。

护国庵

1. 在旧都城聚宝门西北隅，凤游寺之北骁骑仓。缘起未详，僧法俊重修。清道光二年（1822），掘得朱熹《游仙诗》碑于此。

2. 在旧南京门西朱家苑二十七号。清光绪十二年（1886）建，20世纪50年代初，僧六人，房十七间。

3. 在旧高淳县广通镇，踞东坝之中。有宛陵汤宾尹“精行六度”及义兴周延儒“中流砥柱”匾额。

4. 在今浦口区永宁镇护国村护国庵自然村。相传朱元璋曾在此庵避难，后称此庵为护国庵。

5. 在旧江浦县城隍庙西，清同治年间(1862—1874)重建。

6. 在旧江浦县安定桥东南，余不详。

7. 在旧六合县头桥集，余不详。

护国甘露禅林

在旧南京铁管巷二十五号。20世纪50年代初，有僧二人，房九间。

护国寺

民国时期存，见于朱偰《南京梵刹志略》。

护烈庵

在旧都城朝阳门东三十里，灵谷寺东二十五里。详见“广惠院”条。

护身寺

六朝古刹。《南朝佛寺志》云：“护身寺，在御街东，以晋太子宫为之。”

护生庵

在旧都城西清凉山南侧龙蟠里，今鼓楼区广州路二一七号乌龙潭公园内。详见“放生庵”条。

花　庵

在旧高淳县东四十五里，今高淳区固城镇东南十二里。本名花庵，毁于贼。民国时期重建，改名永镇庵。

花洞庵

在今栖霞区栖霞街道东阳村花洞圩，唐代建造。

花姑庵

在今秦淮区中华门外珍珠巷，1957年拆建为工厂。

花林寺

六朝古刹。梁代存，《弘赞法华传》卷五云：“释道度以天监元年始至梁国，憩钟山定林寺。天监十七年自造《法花经》一百部，晓夜诵持《药王》一品。后于花林寺，启梁武帝曰：‘身为毒树，实宜焚灭。厌此形骸，为日已久，愿同喜见供养诸佛。’普通七年八月三日乃入东州，至若耶山何令寺绝岩之间。至二十九日夜五更中，闻山顶火声振烈，见禅师合掌火中。”

花盛庵

在旧溧水县东南四十里白鹿乡。明崇祯年间（1628—1644）曹世元建造，清光绪年间（1875—1908）废。

花岩寺

在旧都城聚宝门南三十里，牛首山南五里芙蓉峰之半，今江宁区秣陵街道祖堂社区。旧为庵居，明成化年间（1465—1487）僧古道、德达增建，赐花岩寺额。报恩寺所统中刹，金刚殿三楹，天王殿三楹，佛殿三楹，伽蓝殿一楹，祖师殿三楹，观音阁一座，钟鼓楼二座，归云亭一座，僧院七房。基址五十亩八分，东至斗山大盘岭，南至寺大山西峰岭，西至寺象鼻洞八盂塘，北至寺石牌楼。禅院禅堂三楹，斋堂三楹。田、地、山、塘共二百八十六亩七分九厘。

寺西为献花岩，有石窟如室，深丈余，上石穹窿，下平土。唐贞观十七年（643）法融居此禅定，有百鸟献花之异。有伏虎洞，相传法融讲经，二虎伺于门。又有太白泉，传说明代寺僧古道栖石室中，有翁皓髯至前且长揖曰“吾椒金李也，愿效瓶钵之供”，跃去百步，忽不见。古道杖锡卓之，泉涌出，意为太白西方之精所舍，故名太白泉。寺后数十步有长庚池，四时不涸，味与太白泉不殊。又有芙蓉阁，僧德达建，阁嵌岩石，高壁缅然，垂檐带空，俯眺平林，烟霭在下。芙蓉阁右有六观亭，亦僧德达建，名六观者，取释氏如梦、如幻、如泡、如影、如露、如电，如是观之说。献花岩西有神蛇洞，传为法融驯蛇之地。神蛇洞下有象鼻洞，石穴如象鼻相贯。寺东岭有待月台，东望旷回，月自下起。台下数步有补衲台，石围数丈，面甚平，四隅如劈，相传法融补衣处。又有归云亭，制极宏丽，树石掩映。归云亭东有大观堂，僧德达建屋七楹，前设石槛，直对牛首山，望之俨如画屏。又有滴翠轩，清康熙年间（1662—1722）巡抚林天擎建。

今存花岩寺铜钟一座，置于牛首山弘觉寺塔之左，覆以亭。钟钮与钟体通高一百二十六厘米，口径八十三厘米，壁厚二点八至六厘米，由钟顶至钟口逐渐加厚。钟钮以失腊法铸就，作圆雕双龙交错蟠附蒲牢形，背脊曲卷拱起为桥形，上托火焰宝珠一颗，四足撑立。钟体自上而下分为钟肩、钟腹、钟口三部分。钟肩饰覆莲一周，共十二瓣，瓣内饰祥云纹。钟腹饰双线勾勒的矩形方格，方格规制相同，上下各四，以两粗三细的弦纹带分隔，相邻方格间设长条形牌位。钟口为八瓣波形，口沿饰宽带纹，无钟月。钟腹铭文略云："南赡部州献花岩古刹禅寺，在牛首山之东南，系唐法融禅师处所。太子太傅黔国公家臣何礼进学、何闪仲辉发心重新建造，本寺缺少供钟一口，僧玄让、德明发心在上新河募缘铸造。"

华光庵

在旧都城陡门桥南。明成化年间(1465—1487)创建，万历三十三年(1605)余成重建。有亭阁，临秦淮，可以眺览。上瓦官寺所领小刹，山门一楹，华光殿三楹，玄帝殿三楹，观音阁三楹，佛殿三楹，地藏殿三楹，河亭三楹，僧院一房。基址三亩，东至张宅房，南至秦淮河，西至冯宅房，北至官街。

华光精舍

在旧南京中华门外小市街。20世纪50年代初，有尼一人，房七间。

华觉庵

在旧溧水县崇贤乡，余不详。

华山庵

在旧溧水县西二十里思鹤乡，清咸丰年间(1851—1861)毁。

华胜寺

本在旧溧水县思鹤乡佛子墩，缘起未详，久废。宋绍兴十七年(1147)，吴兴僧如日驻锡县南门外三里在城乡，得古井，浚之以饮行旅，县民倪实为卓庵其傍，名华盛庵。乾道五年(1169)请于郡，移华胜寺额于此，改华盛庵为华胜寺。嘉定四年(1211)十二月陈振孙撰寺记，以纪其事。

华盛庵

在旧溧水县南门外三里在城乡。详见“华胜寺”条。

华严庵

1. 在旧都城聚宝门南一百二十里，三禅寺南十里，东城道德乡。明代创建，三禅寺所领小刹，山门三楹，地藏殿三楹，观音殿三楹，僧院一房。基址二亩，东至溧水塘，南至本寺山，西至吴家山，北至武家山。

2. 在旧都城太平门北二里，灵谷寺西北十八里。详见“佛国寺”条。

3. 在旧都城西北隅，元泰定元年（1324）僧善果开建。

4. 在旧都城南隅花盝冈东南骑驼岭。详见“慧月居”条。

5. 在旧都城水西门外莫愁湖滨，今建邺区水西门大街一三二号莫愁湖公园内胜棋楼及荷花厅范围。本为明代徐达家庙，明洪武年间（1368—1398）建，明太祖赐匾。后改为庵，殿宇十余间。清初毁，乾隆四年（1739）住持道成募化重修，道光年间（1821—1850）邑人姚君增建，咸丰年间（1851—1861）毁。同治三年（1864），曾国藩收复金陵，即旧址重建，有三券廊拱门，砖木结构，殿宇四十八间。庵后为胜棋楼，供奉明中山王徐达画像，同治以后添供曾国藩像。胜棋楼后有郁金堂，内供卢莫愁画像，乾隆五十八年（1793）江宁县令李松云重建，撰楹帖云：“早因少妇金堂艳，新借名公彩笔传。”郁金堂左有湖心亭，李松云守江宁时重筑，添植垂柳、红白莲花。1959年，以华严庵山门为莫愁湖公园大门，遂移庵于旧址北百余米处，坐北朝南，建筑三间，明清轩廊风格，花格门窗挂落，小瓦大屋面，砖木结构，庵门左右石狮子一对，为旅游观光场所。

6. 在旧都城武学后。《古今图书集成·方舆汇编·职方典一》卷六六一云：“章如意创建，僧达如重建。”

7. 在今秦淮区程阁老巷。清光绪十三年（1887）建，20世纪50年代初，有尼二人，房六间。

8. 在旧溧水县北二十五里长寿乡，余不详。

9. 在旧六合县大东门内。缘起未详，清光绪年间（1875—1908）改为种德堂。

10. 在旧江浦县城内白虎山。《光绪江浦埤乘》卷二云：“白虎山在纱帽峰东，与隔江狮山相望，旁为玉虚观，后有华严庵。”卷五云：“过白虎山背，抵城隍庙，自庙后入山，东北行，则冈峦起伏，村落参差。山坳旧有东仓，即明三仓之一，又有华严庵。”

11. 在旧江浦县治西北。《光绪江浦埤乘》卷三九云：“旧有牡丹数十本，极繁盛。”

12. 在旧江浦县治西三十八里,僧如意募建。

华严寺

1. 南朝古刹。在今鼓楼区定淮门城墙边华严岗。齐代创建,《比丘尼传》卷三《华严寺妙智尼传》:“妙智,禀性柔明,陶心大化,精达法相,物共宗之。禅堂初建,齐武皇帝敕请妙智讲《胜鬘》《净名》,帝数亲临。”《南史》所谓“永定二年八月,陈武帝于华严寺设无碍大会”即此。

2. 在旧都城聚宝门南五里,能仁寺南三里,今雨花台区赛虹桥街道华严寺(街巷)十八号。本为古刹,有吴孙夫人铸丈六铜佛像,久废。明永乐年间(1403—1424)释佛妙重建塔院,正统三年(1438)赐华严寺额。胡濙《华严寺碑》云:“京城安德门外华严禅寺,乃碧峰禅寺住持佛妙建塔之所。佛妙,云南昆明人,出家于太华寺。洪武十六年赴京,朝太祖皇帝,赐钵盂、锡杖、僧衣、道具并赐敕谕。永乐十六年,奉太宗文皇帝旨,住持碧峰寺,十九年,访寻江宁县安德乡有古迹华严禅寺,年深废弛,遂倾己囊,并化众缘,盖造佛殿、廊庑、石塔。宣德四年十二月十五日,端坐而逝,其徒葬入前所自造石塔内。正统三年,僧果开奏乞额华严寺,十一年,住持祖祥等复恢廓其规制而一新之,又于殿左右创建菩萨殿阁二所,藻绘涂塈侈于前矣。”能仁寺所领小刹,山门一座,金刚殿三楹,观音殿三楹,天王殿三楹,佛殿五楹,伽蓝殿三楹,僧院七房。基址二十亩,东至外城墙,南至外鹫峰寺墙,西至关河,北至古钓鱼台。寺僧以栽花植果而为佛事。清末寺毁,遗址废为民居,今有柱础、龟趺十数件散落其间。

华严堂

1. 在旧都城北紫竹林之南。《古今图书集成·方舆汇编·职方典一》卷六六一云:“西江僧海玉建。”

2. 在今玄武区傅厚岗。清代创建,20世纪50年代初,有僧一人,房二间。

华岩寺

在旧江宁县翠屏山。《牛首山志》下卷云:“金静虚为南康守,有别业在华岩寺左右。其山曰翠屏,菊径清森,潇洒山居。道人年余九十,策杖游山,随处咏诗写画。”

华雨庵

在旧高淳县东六十里。清咸丰年间(1851—1861)兵毁,民国六年(1917)姜姓重建。

华藏庵

在旧都城水西门古城隍庙之北,今秦淮区石鼓路西段南侧,侯家桥西。本宋代箨龙书院,明宣德年间(1426—1435)改为梵刹,名华藏庵,为接众丛林。清道光年间(1821—1850)僧玉洁募修。内有明魏国公徐宏基题写“清净声闻”匾额,又有石碑在大殿后。

华藏寺

在旧都城朝阳门外钟山,今玄武区石象路七号钟山风景区内。寺有宋仁宗所赐金宝方牌,初在栖霞寺,熙宁年间(1068—1077)取之以归。嘉祐年间(1056—1063)仁宗尝书“尧舜”等大字赐守臣钱公辅、傅尧俞,各刻于石,经兵火埋没,乾道八年(1172)留守洪遵得之华藏寺前土中,置于经武堂。时有安民禅师,讲《楞严经》于成都,谒佛鉴于蒋山,开法于保宁寺,后迁华藏寺。又有密庵禅师,出世衢州乌巨寺,迁蒋山华藏寺,晚居天童寺。

华藏寺庵

在旧南京汉西门军械局路十八号。缘起未详,20世纪50年代初,有僧二人。

华藏院

在旧都城斗门桥街北,华光庵之西。详见“报先寺”条。

化成寺

南朝古刹。在旧秣陵县西南七十里湖熟镇附近,梁大同二年(536)江宁县令陶道宗建造。

化城庵

在今鼓楼区广州路三五四号。民国十九年(1930)建,房屋十五间。20世纪50年代初,有尼三人,房屋七间。前数年拆除,旧迹无存。

怀安寺

南朝古刹。在旧都城北台城之侧，今玄武区鸡鸣寺路附近。陈代创建，江总撰刹下铭。

淮荫庵

在旧高淳县前杨村，余不详。

欢喜亭庵

在旧溧水县北三十里崇贤乡，余不详。

还会庵

在旧都城西南隅猫鱼市，为静海寺下院。

皇姑庵

在今鼓楼区龙蟠里二十号、二十二号。详见“普渡庵”条。

皇化寺

在旧都城朝阳门外钟山西岭下，今玄武区石象路七号钟山风景区内。清代创建，寺门遥对明中山王徐达墓道。寺后瓦甓堆积，僧谓昭明台旧址。

皇基寺

南朝古刹。梁大同二年(536)武帝萧衍敕建，施工始竣，为天火焚毁。《法苑珠林》卷七八云：“梁武帝欲为文皇帝陵上起寺，未有佳材，宣意有司，使加求访。先有曲阿人姓弘，往湘州治生，经数年营得一筏，可长千步，材木壮丽，世所稀有。还至南津，南津校尉孟少卿希朝廷旨，乃加绳墨。弘氏所卖衣裳缯彩，犹有残余，诬以涉道劫掠所得，结正处死，没入其筏，以充寺用，奏遂施行。临刑之日，其妻以黄纸百张并具笔墨置棺中，死而有知，必当陈诉，又书少卿姓名数十吞之。可经一月，少卿端坐，便见弘来，初犹避捍，后稍款服，呕血而死。凡诸狱官及主书舍人、预此狱事及署奏者，未出一年，以次殂没。皇基寺营构始讫，天火烧之，略无纤芥，所埋柱木，入地成灰。”

皇泰寺

六朝古刹。晋孝武帝司马曜创建，《法苑珠林》卷一〇〇云："晋烈宗武帝，造皇泰、初立、本起寺。"

皇兴寺

南朝古刹。在旧都城建阳门外，宋明帝刘彧为僧道猛建造。道猛，西凉人，学三藏九部，大小数论，皆精思洞彻，尤善《成实》，名重讲席。宋明帝特加敬礼，建寺于建阳门外，以猛为纲领，以皇兴名寺。道猛每于皇兴讲授，明帝亲临，公卿毕集。

皇宅寺

南朝古刹。在旧都城蒋陵，梁天监八年（509），武帝于寺作佛会，凡上士一百八人，敕沈约为舍身愿疏。

黄塘庵

1. 在旧溧水县东三十里白鹿乡上聂村，余不详。

2. 在今江宁区汤山街道建设村黄塘庵自然村，余不详。

回光寺

在旧都城南金陵闸，鹫峰寺西南一里。明永乐年间（1403—1424），有回光大士自西域至京，宣德六年（1431）在金陵闸附近立塔，曰白塔，以大报恩寺羡余即塔造寺，名回光寺。鹫峰寺所领小刹，山门一座，金刚殿一楹，关圣殿三楹，大悲殿五楹，天妃殿一楹，正殿三楹，五显殿三楹，伽蓝殿一楹，玄帝殿三楹，祖师殿一楹，藏经阁三楹，观音殿三楹，地藏殿三楹，禅堂六楹，僧院四房。基址五十丈，东至徐府园，西至官街，南至纸匠营，北至官街。万历年间（1573—1620）徙于鹿苑寺废址，即南朝萧帝寺遗址。参见"萧帝寺"条。

回龙庵

1. 在旧都城朝阳门内柳树湾，铜井院南二里。明代创建，铜井院所领小刹，山门一座，关圣殿三楹，佛殿三楹，僧院一房。基址二亩，东至民房，西至户部官宅，南至官河，北至户部官地。

2. 在今鼓楼区头所村。20世纪50年代初，有尼一人，房五间，地一亩九分。

3. 在旧溧水县史家村西，清同治年间（1862—1874）重建。

4. 在旧溧水县仙坛乡杨家桥村。缘起未详，清光绪年间（1875—1908）毁。

5. 在旧溧水县山阳乡。《光绪溧水县志》卷二〇云："朗然，有道行，嗜酒。顺治间旱，邑人请祈雨，凡送酒者，率以雨应之。或雨不足，扛一大瓮至坛下，曰请益我甘霖，少顷降雨，深五寸。土人名其庵曰回龙庵。"

6. 在旧高淳县东北五里渭塘。清康熙年间（1662—1722）袁姓创建，道光三十年（1850）水圮，光绪年间（1875—1908）重建。

7. 在旧高淳县东七十里，清康熙年间（1662—1722）韦姓建。

回香阁

在今鼓楼区清凉山路八十三号清凉山公园内。民国八年（1919）建，20世纪50年代初，有尼一人，房三间。

汇水庵

在旧溧水县崇贤乡柘塘水中央，又名草庵，余不详。

会因寺

民国时期存，见于朱偰《南京梵刹志略》。

惠济庵

在旧江浦县治北八里铺，明万历年间（1573—1620）创建。清康熙四十年（1701），僧继山营葺精舍，莳花种树，施茶于此，为风尘驿路中清凉地。

惠济院

在旧江浦县北三十里汤泉镇，今浦口区汤泉街道惠济北路惠济公园内。详见下卷"惠济寺"条。

惠日寺

南朝古刹。在旧秣陵县东北二里定阴里，梁天监十八年（519）阮翻舍宅创建，《隋书》所谓"陈大建元年七月大雨，震惠日寺刹"即此。唐贞观七年（633），迁建于县东三里禅林寺遗址。

惠应寺

在旧都城聚宝门南三里，永兴寺南半里，雨花台梅冈。明正德年间（1506—1521）创建，永兴寺所领小刹，山门三楹，金刚殿三楹，天王殿三楹，佛殿五楹，伽蓝殿一楹，祖师殿一楹，法堂五楹，轮藏殿三楹，僧院二房。基址五十亩，东至普照寺，南至舒家山脚，西至曹家山，北至张百户墙。清代寺圮。

惠贞庵

在旧溧水县白鹿乡茭塘村西。明代创建，清光绪年间（1875—1908）存。

慧福尼寺

南朝古刹。《南朝佛寺志》云："慧福尼寺，比丘尼所居也。陈文帝天嘉元年，有尼慧仙卒于寺，陈景哲为书碑铭焉。"

慧光寺

在旧都城聚宝门南三十里，花岩寺北五里，南城新亭乡黄家塘。初，梁武帝以秣陵县同夏里三桥旧宅为光宅寺，宋治平二年（1065）迁于牛首山侧新亭乡黄家塘，赐古光宅寺额。自牛首山东北转入，经冈峦数重，始至山门，入禅院，有石数丈，方广夷坦，王安石诗云："今知光宅寺，牛首正当门。台殿金碧毁，院落桑竹繁。"岁久寺圮，明洪武初（1368）僧无隐重建，宣德五年（1430）赐慧光寺额，宣德八年（1433）重建佛殿诸所，焕然一新。花岩寺所领小刹，山门一楹，佛殿五楹，僧院一房。基址三亩，东至蒋仲云民山，南至寺前官路，西至王如楫民田，北至沐府后山。田、地共十一亩五分。参见"光宅寺"条。

慧炬寺

在旧都城朝阳门外钟山，今玄武区石象路七号钟山风景区内。宋代存，《续传灯录》卷一二云："江宁府蒋山慧炬良策禅师，福州人。试经得度，游方参叩，首见六合孜禅师，稍有发明。诣圆通禅师席下，顿释凝滞。出世华藏，次迁钟山。"

慧普寺

兴废未详。清乾隆年间（1736—1795）有寺产在旧六合县五福庄，今六合区新集镇长城村武庄自然村。

慧眼寺

南朝古刹。在旧同夏县牛屯里，南朝齐代江蒨创建。《梁书》卷四七《江纤传》云："江纤，字含洁，济阳考城人也。父蒨，光禄大夫。纤幼有孝性，年十三，父患眼，纤侍疾将期月，衣不解带，夜梦一僧云：'患眼者，饮慧眼水必差。'及觉说之，莫能解者。纤第三叔禄与草堂寺智者法师善，往访之。智者曰：'《无量寿经》云慧眼见真，能渡彼岸。'蒨乃因智者启，舍同夏县界牛屯里舍为寺，乞赐嘉名。敕答云：'纯臣孝子，往往感应。晋世颜含，遂见冥中送药。近见智者，知卿第二息感梦，云饮慧眼水。慧眼则是五眼之一号，若欲造寺，可以慧眼为名。'及就创造，泄故井，井水清冽，异于常泉。依梦取水洗眼及煮药，稍觉有瘳，因此遂差。"

慧园庵

在今秦淮区慧园街，民国初期建造。

慧月居

在旧南京南隅骑驼岭，今秦淮区花露南岗五十七号。《凤麓小志》卷一云："本名华严庵，清末改慧月居，尼刹。"20世纪50年代初，有尼五人，房二十间。

慧照庵

1. 在旧都城南小党家巷，余不详。

2. 在今秦淮区莲子营。清光绪二十八年(1902)建，20世纪50年代初，有尼四人，房十六间。

慧照寺

在旧高淳县东二十里禅林山麓，今高淳区固城镇境内。详见"禅林寺"条。

慧照院

在旧都城通济门内百川桥。明洪武年间(1368—1398)创建，尝地涌青莲，掘得铜佛。

活水庵

在旧江浦县珠泉上，邑人丁明登尝读书于此。

J

吉山寺

南朝古刹。在旧都城聚宝门南三十五里，祖堂寺南五里，泰北乡吉山。梁天监年间（502—519）创建，明代为祖堂寺所领中刹，山门一楹，佛殿三楹，佛堂三楹，僧院三房。基址三亩，东至王家山，南至走路，西至水沟，北至后山。明末废。

吉祥庵

1. 在旧都城朝阳门内柳树湾，铜井院南二里。明代创建，铜井院所领小刹，伽蓝殿一楹，佛殿三楹，僧院一房。基址一亩，东至单指挥菜园，南至水塘，西至官巷，北至官街。

2. 在旧都城神策门北二里，嘉善寺西南四里白土山。明代创建，嘉善寺所领小刹，华光殿三楹，佛殿三楹，僧院一房。基址三亩，东至大路，南至官坟，西至官坟，北至蒋家山。

3. 在今秦淮区洪武路，又名吉祥禅林。详见“吉祥禅林”条。

4. 在今栖霞区燕子矶街道吉祥村，明代存。

5. 在旧溧水县东南二十里上原乡。详见“水塘庵”条。

吉祥禅林

在今秦淮区洪武路，又名吉祥庵。清光绪年间（1875—1908）建，20世纪50年代初，有尼七人，房十七间，地二亩余。

吉祥观音庵

在旧都城聚宝门外小市口。清光绪年间（1875—1908）建，20世纪50年代初，有尼二人。

吉祥寺

1. 在旧都城城隍庙东,缘起未详,宋治平二年(1065)赐吉祥寺额。后徙城南二里,以旧寺为太庙。

2. 在旧都城西峨嵋岭,今鼓楼区汉中路西段北侧峨嵋岭附近。元代为天妃庙,明永乐元年(1403)郑和自西洋归,奏改吉祥寺。正统六年(1441)住持智能修葺,万历年间(1573—1620)僧真庆再修。焦竑尝读书于寺,建华严楼,撰《重修吉祥寺碑记》。天界寺所统中刹,金刚殿三楹,天王殿三楹,天妃殿三楹,钟楼一座,大佛殿五楹,方丈一所,僧院六房,禅堂三楹。基址三十五丈,东至□巷,南至官街,西至官街,北至古林庵。寺有井,相传雷击所成,泉味独胜,谓之雷泉。又有老梅一树,铁干撑空,香雪缨络之荫可十亩。新安人鲍山,母罗氏,梦梅而生,其梅即萎,迨母卒,则梅擢五新干,如虬龙攫拿。鲍山见梅下拜,谓母之魂归于梅,因建拜梅庵于寺中,以立春为梅诞日,八月初一为梅浴日,焦竑为之记。

3. 在今秦淮区洪武路。清光绪十六年(1890)建,20世纪50年代初,有僧二人,尼七人,房十七间。

吉兆寺

在今玄武区吉兆营,明代建造。

级皇寺

南朝古刹。陈武帝陈霸先创建,《法苑珠林》卷一〇〇云:“陈高祖武帝,造东安、级皇、天居四寺,写一切经一十二藏,造金铜像一百万区,度僧七千人,治故寺三十二所。”

极乐庵

1. 在旧都城聚宝门东南十里石子冈玉环山西麓,今雨花台区安德门大街西侧。详见“天隆极乐寺”条。

2. 在今秦淮区太平巷。清光绪年间(1875—1908)建,20世纪50年代初,有尼四人,房十间。

3. 在今秦淮区老虎头。清光绪二十三年(1897)建,20世纪50年代初,有房六间。

4. 在旧溧水县城西五里思鹤乡,余不详。

5. 在旧六合县西门外,今六合区马鞍镇极乐村极乐庵自然村。僧法界、皈宗开建,邑人林大悌置香火田,清光绪年间(1875—1908)重建。

6. 在旧江浦县小东门内，今浦口区珠江镇怡园巷南端。参见下卷“极乐寺”条。

极乐禅寺

南朝古刹。在旧都城聚宝门东南十里石子冈玉环山西麓，今雨花台区安德门大街西侧。详见“天隆极乐寺”条。

极信尼寺

南朝古刹。在旧秣陵县东南五十里钟山西北，梁普通三年(522)，后閤舍人高僧猛建造，绍泰二年(556)废。

积庆庵

1. 在旧都城聚宝门西北隅花盏冈东，杏花村北，一作集庆庵。详见下卷“瓦官寺”条。

2. 在旧溧水县崇贤乡，余不详。

积善庵

1. 在旧都城正阳门东四十里，光相寺北三十里，高桥门外清风乡淳化镇。明代创建，光相寺所领小刹，地藏堂一楹，正佛殿三楹，观音堂一楹，僧院一房。基址二亩五分六厘，东至社坛，南至马家民田，西至周见贵民田，北至葛焕民田。田、地、塘共十亩三分八厘。

2. 在旧都城金川门北三里，静海寺北三里，西城锦衣卫水军三所地。明代创建，为静海寺所领小刹，韦驮殿三楹，佛殿三楹，华严楼三楹，僧院一房，禅院六楹。基址二亩，东至本卫四所，南至城墙，西至栅栏街，北至外城。

3. 在旧都城三山门西南十里，江东门外典牧所新河岸。明洪武元年(1368)创建，接待寺所领小刹，山门三楹，佛殿三楹，文殊楼三楹，观音堂一楹，僧院一房。基址三亩，东至火星庙，南至屯地，西至屯房，北至官街。

4. 在旧六合县大东门外。缘起未详，贼废，尼重建。

积香堂

在今浦口区老山林场响堂自然村，清代存。

集庆庵

1. 在旧都城聚宝门西北隅杏花村。详见“积庆庵”条。

2. 在旧溧水县东十五里白鹿乡。详见“尹庄庵”条。

3. 在旧高淳县南二十七里垛上村。清顺治二年(1645)刘姓建,咸丰十年(1860)毁,同治八年(1869)重建。

4. 在旧江浦县石碛镇东,余不详。

集善寺

南朝古刹。在旧都城外东北十里,钟山之西,今玄武区石象路七号钟山风景区内。齐永明九年(491),武帝萧道成为豫章文献王萧嶷建造。《南齐书》卷二二《萧嶷传》云:“嶷临终,召子子廉、子恪曰:‘棺器及墓中,朝服之外,唯下铁镮刀一口。作冢依格,莫过度。后堂楼可安佛,供养外国二僧。船乘牛马,送二宫及司徒,服饰衣裘,悉为功德。’子廉等号泣奉行。武帝哀痛特至,敕货杂物服饰,得数百万,起集善寺。”唐武德年间(618—626)毁于辅公祏之乱,后复建,名章义院,《五灯会元》卷一〇所谓“江南国主请道钦禅师居章义院”即此。寺内有志公洗钵池,寺侧有一人泉,仅容一勺,挹之不竭。又更名法云寺,王安石《法云寺》诗云:“路过潮沟入九盘,招提雪脊隐云端。”又云:“法云但见脊,细路埋桑麻。”宋建炎年间(1127—1130)毁于兵火,徙建城内上元县北。

集贤庵

在旧都城北鸡鸣寺之南,今玄武区成贤街。明代创建,《肇域志》云:“成贤街在国学前,东西街皆有石坊,集贤庵侧遗址尚存。又有浴贤庵、成贤庵,皆明太学诸生会文之所。”

济美庵

在旧高淳县东二十里,江姓建。

济生庵

在旧都城西乌龙潭南侧,明代巡抚余大成创建。

寄老庵

在旧江浦县北四十里汤泉镇汤泉山下，惠济院西六十步，一名西庵。宋代集贤殿学士孙宽爰其地，薙草诛茆，平夷土涂，筑庵以寄老。秦观《游汤泉记》云："庵在院西六十步大丘之原，丘势坡陁，前有小涧，涓涓而流，藩以齐筱，闼以双松。孙公爰其地胜，欲寄以老焉，因请其名曰寄老庵。"贺铸《题乌江汤泉寄老庵》诗云："西庵松竹深，薄暮更微雨。山禽不畏人，嘲哳方对话。而余倦宦者，罢日今可数。京邑夙所怀，其如恶尘土。行复念斯游，回首怅何许。"

寂乐院

在旧都城南五里太清里。详见"解脱寺"条。

寂照寺

在旧江宁县牛首山慧光寺东。《嘉庆新修江宁府志》卷一〇云："慧光寺在牛首山东北，东有寂照寺，西有静明寺。"

罽宾寺

南朝古刹。宋景平元年(423)创建，梁代高僧宝志尝驻锡寺中。

迦毗罗寺

南朝古刹。在旧都城北门桥柴街，刘宋时期创建，名迦毗罗寺。南唐时期改真际寺，宋开宝二年(969)更名宝戒寺。元至正元年(1341)，诏立曹南王阿勒哈祠于寺侧，赐官田二千倾。

嘉山庵

在旧溧水县西南三十五里山阳乡，余不详。

嘉善寺

在旧都城神策门北五里，天界寺北三十五里，幕府山之阳铁石冈，今栖霞区迈皋桥附近。相传达摩渡江处，山椒有石佛阁，崖深树古，垂藤纬壁，不知何代建立，明正统年间(1436—1449)僧法通见而挂锡，因建寺，赐嘉善寺额。天界寺所统中刹，天王殿三楹，大佛殿三楹，佛堂二楹，苍云阁三楹，方丈五楹，僧院六房。基址十五亩，东至章汝洪山,南至王一江民田,西至官路,北至铁石冈。田、地、山共四十四亩。寺侧有苍云崖,谽岈欲坠,奇石绮错。崖左有一线天,石壁如屏,高峙霞表,中有坼裂,云穿霞漏,明焦竑爱其幽胜,为之记,刻于摩石。又有云窍石,竦立如人,众窍纷如,山雨欲来,云缕缕出,堪为奇景。20世纪50年代初,有僧二人,房七间,田九亩三分。

涧东庵

在旧溧水县南二十里赞贤乡,余不详。

涧湾庵

在旧高淳县东七十里,缘起未详,清同治年间(1862—1874)重建。

简靖寺

六朝古刹。晋太元十年(385)司马道子创建,梁天监年间(502—519)增建。详见"简静寺"条。

简静寺

六朝古刹,一作简靖寺。晋太元十年(385)司马道子创建,梁天监年间(502—519)增建。《比丘尼传》卷一《简静寺支妙音尼传》:"妙音,未详何许人也。幼而志道,居处京华,博学内外,善为文章。晋孝武皇帝、太傅会稽王道子、孟顗等,并相敬信。每与帝及太傅、中朝学士谈论属文,雅有才致,藉甚有声。太傅以太元十年为立简静寺,以音为寺主,徒众百余人。"《新修科分六学僧传》卷一二:"梁僧旻,天监末讲《十地经》于简静寺。先为筑堂五间,以增其旧,至日悉满。"

建安寺

六朝古刹。东吴时期孙皓创建,《法苑珠林》卷一三云:"吴时于建邺后园平地,获金像一躯,讨其本缘,谓是周初育王所造,镇于江府也。孙皓得之,素未有信,不甚尊重,置于厕处,令执屏筹。至四月八日,皓如戏曰:'今是八日浴佛时。'遂尿头上。寻即通肿,阴处尤剧,痛楚号噭,忍不可禁。太史占曰:'犯大神圣所致。'便遍祀神祇,并无效应。宫内伎女素有信佛者,曰:'佛为大神,陛下前秽之,今急可请耶?'皓信之,伏枕归依,忏谢尤恳,有顷便愈。遂以马车迎沙门僧会入宫,以香汤洗像,惭悔殷重,广修功德于建安寺,隐痛渐愈也。"南朝刘宋时期,寺有宝贤尼,操行精修,博通禅律，宋文帝深加礼遇，供以衣食。梁代僧佑驻建安寺，撰《出三藏集记》十六卷，《法苑集》一十五卷，《弘明集》一十四卷，《世界记》十卷，《萨婆多师资传》五卷，《释迦谱》四卷，以及《大集等三经记》《贤愚经记》《集三藏因缘记》《律分五部记》《经来汉地四部记》《律分十八部记》《十诵律五百罗汉记》《善见律毗婆沙记》。寺僧释慧明，注《大般涅槃经子注》七十卷。

建昌寺

在旧都城聚宝门南九十里，山南乡油坊桥，亦名甘府桥。宋绍定年间(1228—1233)创建，名建昌院。明代改名建昌寺，报恩寺所统中刹，山门三楹，佛殿三楹，观音阁三楹，僧院三房。基址九亩八分九厘，东至李家民山，西至官路，南至陶家民塘，北至接待桥。田、地、塘共五十三亩一分六厘。

建昌院

在旧聚宝门南九十里山南乡油坊桥。详见“建昌院”条。

建成寺

六朝古刹。陈代存，《新修科分六学僧传》卷一二云：“陈慧布，广陵郝氏子。年二十一鬌落，即依杨都建成寺琼法师，学《成实论》。”

建福寺

六朝古刹。在旧建康县东南二里，运渎西岸。晋永和四年(348)中书令何充舍宅创建，隋代废。《比丘尼传》卷一《建福寺康明感尼传》云：“明感，本姓朱，高平人也。常令三宝，兼愿出家，忽遇一比丘，就请五戒，仍以《观世音经》授之，因得习诵，昼夜不休。晋永和四年春，与慧湛等十人济江，诣司空公何充，充一见甚敬重。于时京师未有尼寺，充以别宅，为之立寺。问感曰：‘当何名之？’答曰：‘大晋四部，今日始备，檀越所建，皆造福业，可名曰建福寺。’公从之。”宋元嘉八年(431)，寺尼道琼造卧像并普贤行像两躯。元嘉十四年(437)，法盛尼出家建福寺，从道场寺遇法师受菩萨戒，昼披陈玄素，夕澄寂理味，渐积岁时，神情朗赡，虽曰暮齿，有逾壮年。又有智胜尼居寺三十年，文惠帝特加供俸，缔构房宇。尝舍衣钵，为宋齐七帝造摄山寺石像。

建陵寺

六朝古刹。梁代存，《梁书》卷五〇《任孝恭传》云：“为司文侍郎，俄兼中书通事舍人，敕遣制《建陵寺刹下铭》。”

建宁寺

六朝古刹。在古宫城南七里，秣陵县南二百步。晋代修建，或云本为吴大帝孙权所造建初寺。唐代改为尼寺，宋代析为三，曰前法性寺、后法性寺、石佛院，建炎年间(1127—1130)毁于火灾。

建兴寺

南朝古刹。在旧运渎高畔桥西，刘宋时期创建。《建康实录》云：“运渎六桥，南曰孝义桥，次南阳烈桥，次南西州桥，次南高畔桥，建康西尉在此，有宋建兴寺，次南禅灵寺桥。”寺有金像二躯，宋元嘉八年(431)建福寺道琼尼造。

建元寺

1. 六朝古刹。在旧建康县太清里，晋代创建，宋元徽二年(474)起塔。《法苑珠林》卷三九云：“晋建元寺，建康太清里，寺基本宋北第。元徽二年，宫人陈太妃造寺塔，舍利灵应相仍，每夕放光。寺大殿后画迦毗罗王及毗沙门天王二像。”时有释法护，孝建年间(454—456)住建元寺，常讲《毗昙》，言去浮华，趣通文理，齐竟陵王建竖义斋，以法护为标领。释僧韶，宋元徽初年(473)居建元寺，萧齐受禅，始事讲说《毗昙》之学，流化海内，齐文惠竟陵王雅相钦礼，清河崔惠北面咨承。

2. 南朝古刹。在旧青溪上，齐建元元年(479)创建。梁天监年间(502—519)，释法郎驻寺，奉敕注《大般涅槃子注经》七十二卷。陈代释法宠，驻建元寺，慧勇从之学《十诵》。

建业寺

六朝古刹。《全宋文》卷六二《释僧愍传》云：“僧愍，建业寺僧。尝从昭明太子咨解二谛义。”

江心护国寺

在旧江宁县西南七十里烈山，一名烈山寺。其山临江中流，四面峭绝，下瞰大江,风涛汹涌,晁无咎尝以比润州金山,题诗云:“山如浮玉一峰立,江似海门千顷开。我欲此中成小隐,莫教山脚有船来。”宋宝祐初年(1253)有僧披荆斩棘,建庵其上,曰江心护国寺。

将军禅林

在今鼓楼区将军庙(街巷)。清同治年间(1862—1874)建,20世纪50年代初,有僧一人,房三间,地一亩一分。

蒋山寺

在旧都城外东北十里钟山玩珠峰独龙阜,今玄武区石象路七号钟山风景区内。详见“开善寺”条。

蒋云庵

在今江宁区谷里街道梁塘村蒋云庵自然村,清代建造。

降福庵

1. 在旧溧水县思鹤乡,清咸丰年间(1851—1861)毁。

2. 在旧六合县梁塘铺,余不详。

3. 在旧江浦县治西一里白衣庵巷。明正德年间(1506—1521)创建,清康熙十五年(1676)知县洪承龙重修。僧寂省焚修处,庵外有古松一株,荫蔽数亩。

角塘庵

在旧溧水县南三十里,余不详。

接待寺

1. 在旧都城江东门外,三山门西六里,天界寺西北十二里。明洪武三十一年(1398)敕建,接待十方之所,贮藏经全部,后圮。嘉靖年间(1522—1566)重建,规制渐隘。天界寺所统中刹,山门三楹,佛殿三楹,观音阁一楹,地藏阁一楹,僧院一房。基址三亩,东至官巷,南至本寺塘,西至民家,北至官街。清康熙五十二年(1713)邑人顾奕崌等重修,为祝厘之所。咸丰年间(1851—1861)毁于兵,乱后复建数楹,同治年间(1862—1874)废。

2. 在旧六合县西南二十五里下三都，今六合区雄州街道新集镇接待村。宋天圣七年(1029)僧慧可开建，明洪武二年(1369)僧文金重建。永乐十五年(1417)并于观音寺，嘉靖十年(1531)僧承瓒重修。

3. 在旧江浦县治西二里。明洪武初年(1368)建，一说洪武三十一年(1398)敕僧录司右善世大佑、道录司官陈如法创建，后为祝厘之所。

接待院

在旧溧水县南四十五里孔镇。宋元丰年间(1078—1085)创建，名接待院。其时高淳隶属于溧水县，去县甚远，凡县长有事往返，在此憩息。后高淳设置为县，因改接待院为新华寺。清咸丰年间(1851—1861)毁，同治七年(1868)寺僧复建数椽，以蔽风雨。

接引庵

1. 在旧都城聚宝门内东南隅南冈下，今秦淮区江宁路老虎头附近。缘起未详，清同治年间(1862—1874)废。《同治上江两县志》卷三云："南冈，在聚宝门内东南隅，今蟒蛇仓石观音院地也。石观音院后有周处台，一名杏花台。台下有古柏庵，黛色霜皮，枝柯岑郁，门外嵌赵孟頫画观音石像。旁一庵曰西莲，修竹深藏，僧瓦皆绿。循坡陀而下，有接引庵，藏二米佛，镂刻工绝，相传为赫制军寿所留，今废。"

2. 在旧南京铁塘池新五号。清代建造，20世纪50年代初，有尼九人，房四十二间。

解空院

在旧都城西清凉山清凉寺侧，宋代存。

解脱庵

在旧都城朝阳门东二十二里，广惠院南八里，今江宁区东山街道建南村东解自然村之西。金大定年间(1161—1189)创建。详见"宝善寺"条。

解脱寺

南朝古刹。在旧都城南五里太清里，梁天监十年(511)武帝萧衍为宣德皇后建造，名解脱寺。南唐葬证寂禅师于此，改名寂乐院，亦名最乐院。宋代为枢密王纶功德寺，元代更名百福院。

戒坛庵

1. 在旧都城太平门北三十里，草堂寺东五里，今栖霞区尧化街道乌龙村安泉自然村。详见“慈仁寺”条。

2. 在旧都城东南翔鸾坊。详见“乾明尼寺”条。

芥塘寺

在旧江浦县乌江镇，余不详。

界山庵

在旧溧水县崇贤乡，余不详。

金家庵

在旧六合县壶瓶嘴，僧修能开建。

金口寺

南朝古刹。在旧秣陵县东南八十五里金口里，梁大同二年(536)创建，杨吴顺义二年(922)改名灵鹫院，宋治平元年(1064)改为隆教院。

金陵寺

南朝古刹。在旧都城定淮门内马鞍山大悲岭，今鼓楼区童家山一号。梁天监年间(502—519)创建，唐末沙门贯休重建。《盋山志》卷六云：“贯休善画工诗，建金陵寺居之，尝画十八阿罗汉，其中一帧为自画像。”明正统年间(1436—1449)内使金普英重修，御赐匾额。天界寺所统中刹，金刚殿三楹，钟楼一座，鼓楼一座，真武殿三楹，伽蓝殿三楹，祖师殿三楹，大佛殿五楹，回廊八楹，方丈一所，僧院十一房，禅堂二层六楹。基址十亩，东至官街，西至项家冈，南至官巷，北至温家冈。地、山共二十亩。崇祯年间(1628—1644)，庐山僧融城驻锡寺中，墓塔于寺后，有诗云：“马鞍山下金陵寺，寺隐层林望欲迷。访古人来鼓楼北，看云僧立石桥西。鸟衔花雨开天界，钟曳香风渡野溪。唐代贯师今不见，空留古刹想幽栖。”清康熙年间(1662—1722)，其徒隐明开禅于此，重新山门。山门塑真武像，殿上金刚骑白狻猊，俗呼金刚骑水牛。民国二十二年(1933)在寺内创办金陵佛学院,民国二十六年(1937)停办,三十二年(1943)恢复办学。20世纪50年代初,有僧十二人,房屋三十六间,田一百亩。"文化大革命"时期毁,旧迹无存。

金牛山寺

在旧六合县八百桥镇金牛山顶,今六合区金牛湖街道南京金牛湖风景区内。详见下卷"金光禅寺"条。

金沙庵

在旧都城南金沙井,今秦淮区金沙井巷内。缘起未详,清同治年间(1862—1874)废。有古桐一株,寿藤一本。

金山寺

在旧高淳县东三十五里荆山下,今高淳区桠溪镇永庆村永庆庵自然村。详见"永庆寺"条。

金坛庵

在旧都城东北四十五里摄山观音庵左,今栖霞区栖霞街道之东栖霞山。本名普济庵,《栖霞小志》云:"有僧喜峰者,善持呪,日夕躬自施食,募众建三坛石于庵门外,层基累石,工力精致,未毕而殁。虽未及完美,实利生盛事。喜峰,金坛人,因俗以金坛庵呼之。"

金塘庵

在旧高淳县东五十里,余不详。

晋化寺

在旧都城安德门外。《嘉庆新修江宁府志》卷一〇云:"夏国公顾成墓,在安德门外晋化寺。公,湘潭人,谥武毅。"

晋陵寺

南朝古刹。陈代存,《续高僧传》卷七《陈杨都白马寺释警韶传》:"释警韶,姓颜氏，会稽上虞人。学年入道，事叔僧广以为师范。广律行贞严，当时领袖。初，韶游都听讲，便能清论。年登冠肇，还乡受戒，护持奉信，如擎油钵。……后还建元、晋陵等寺敷演经论。”

晋兴寺

六朝古刹。刘宋时期存，《比丘尼传》卷二《普贤寺宝贤尼传》云：“元徽二年，法颖律师于晋兴寺开《十诵律》题。”

晋缘寺

在旧都城西北耆阇山西麓，今鼓楼区紫竹林三号。详见“耆阇寺”条。

茎草庵

在旧溧水县南二十五里赞贤乡蒲塘镇，余不详。

茎化庵

在旧高淳县东一里。清顺治四年（1647），郑宗泰、郑万中、魏应春、陈象宪、陈鼎铉同建，嘉庆年间（1796—1820）僧募化重修，唐允义在庵后造留云阁，兵燹俱毁。光绪四年（1878），重建屋宇二进。

经厂庵

在旧都城驯象门内驯象街，今秦淮区中华门外集合村粮食仓库所在地。明永乐仁孝皇后创建，赐碧玉石镇殿，有藏经刻板贮于寺内，明末寺废。清顺治六年（1649）僧默如重修，同治年间（1862—1874）再废。20世纪50年代初，有僧一人，房三间二厢。

锦绣庵

在旧高淳县西南三十里。明崇祯年间（1628—1644）李氏建，清咸丰年间（1851—1861）毁，同治十三年（1874）重建。

荆山庵

在旧溧水县东三十里荆山麓。明成化七年（1471）创建，光绪二年（1876）重建。

荆塘庵

在旧高淳县，民国时期重建。

旌善寺

在旧江浦县定山下，明初(1368)创建。有老蒲萄二本，挂临溪高树间，蜿蜒屈曲，不可名状。寺南二里有珍珠泉。

旌忠禅院

在旧都城西南五十八里，江宁县牧龙镇牧龙亭东五里，今江宁区江宁街道牧龙社区。详见“移忠报慈禅院”条。

井冈庵

在旧溧水县，元代创建。

井头庵

在旧高淳县檀溪，余不详。

景德栖霞寺

在旧都城东北四十五里摄山中峰凤翔峰西麓，今栖霞区栖霞街道之东栖霞山。详见下卷“栖霞寺”条。

景德寺

在旧都城内嘉瑞坊东偏，宋景德年间(1004—1007)赐额。详见“崇孝寺”条。

景福庵

在旧溧水县南三十五里卞家村，唐垂拱三年(687)建。

景福寺

六朝古刹。本晋代开福寺，在冶城东南。刘宋永初三年(422)青州刺史傅弘仁徙都城南门外二里天竺山前，改名景福寺。《比丘尼传》卷二《景福寺慧果尼传》云：“慧果，本姓潘，淮南人也。常行苦节，不衣绵纩，笃好《毗尼》，戒行清白。宋青州刺史傅弘仁雅相叹贵，厚加赈给，以永初三年，割宅东面为立精舍，名曰景福，果为纲纪。”慧果弟子法辩，亦住景福寺，从外国沙门畺良耶舍咨禀禅观，通极精解。南唐避讳，改永福寺，宋元时期名永福尼寺。明天顺年间（1457—1464），诂庵禅师重建，南与碧峰寺相邻。碧峰寺所领小刹，山门三楹，观音殿三楹，佛殿三楹，孔雀楼五楹，石塔一座，僧院二房。基址五亩，东至安德街，南至能仁寺墙，西至琉璃窑水塘，北至官路。旧有孔雀坛，明成化年间（1465—1487）毁，弘治十四年（1501）重修，明末张应文募修。

景公寺

在旧秣陵县。缘起未详，有梁代江僧宝画壁。

净德道场

宋乾德三年（965）南唐后主李煜创建，《景德传灯录》卷二五云：“金陵净德道场达观禅师智筠，弱龄迈俗，依普救寺杲大师披削。年满受具，诣金陵报恩道场，参净慧，顿悟玄旨。乾德三年，江南国主仰师道化，于北苑建大道场，曰净德，延请居之，署大禅师之号。”其时又有释清护，开宝三年（970）南唐后主请入净德道场说法，赐号妙行禅师。

净果院

1. 在旧都城聚宝门南六十里江宁镇东北，祖堂寺西南三十五里。详见“净居寺”条。

2. 在旧都城聚宝门外二十里东善桥吉山南。详见“永泰寺”条。

净界寺

在今鼓楼区祁家桥。20世纪50年代初，有僧一人，房十二间，地二百三十亩。

净居寺

1. 南朝古刹。在旧都城聚宝门南六十里江宁镇东北，祖堂寺西南三十五里。梁天监五年（506）颍州刺史刘威创建，名净居寺。唐代改天福寺，会昌年间（841—846）废。南唐时期复建，更名净住院，宋治平二年（1065）改净果院。明代易名静居寺，祖堂寺所领小刹，山门三楹，佛殿三楹，地藏殿三楹，僧院四房。基址五亩六分九厘，四至俱本寺山。

2. 在旧都城北鸡笼山南坡，今玄武区鸡鸣寺路一号。详见下卷“鸡鸣寺”条。

净觉堂

在旧都城南武定桥东，马允襄等创建。

净乐庵

在旧都城内北门桥，永庆寺东半里。明代创建，永庆寺所领小刹，观音殿一楹，佛殿三楹，僧院一房。基址十亩，东至沐府西门，南至民房，西至永庆寺，北至民房。

净妙寺

在旧都城东门外三里。详见“齐安寺”条。

净明讲寺

在旧六合县治东南。唐咸通年间(860—874)僧惠永开建，一名水南禅寺。明洪武十三年(1380)僧得性重建，后毁。正统年间(1436—1449)僧梵谌建正殿三间，其徒宗荣建天王殿三间，法堂五间。崇祯元年(1628)僧般若募建毗卢大殿五间，妙好庄严，丹堵绀角，费金二千余两。贡生胥宇募金五百余，修葺金刚殿，建造壮丽。清初寺毁于贼，僧昌明募建山门三间，僧堂三间。寺地处定山余脉，滁水环绕，钟楼高峙，轶云带蜺。寺后有平台一亩许，古银杏二株覆之，青柯相望，蘗阴垂荫，犹存胜迹。明僧笠居尝居此，一时名人皆与之游，谓之不庵和尚。

净名寺

在旧都城东南十五里，上元县崇礼乡土山侧。详见“东山寺”条。

净名院

南朝古刹。在旧都城东南十五里，上元县崇礼乡土山侧。详见“东山寺”条。

净土庵

1. 在旧都城北门桥东四里，永庆寺东亦四里。明代创建，永庆寺所领小刹，伽蓝殿三楹，佛殿三楹。基址二亩，东至官巷，西至官巷，南至朱家塘，北至朱家房。

2. 在旧都城南隅，元僧宗义开建。

3. 在旧溧水县平安山上。详见“平安山庵”条。

4. 在旧高淳县东北二十里油榨村，杨、邢二姓创建。

5. 在旧高淳县东六十里，明崇祯二年（1629）创建。

净相院

在旧都城聚宝门西南六十里，福兴寺南二十里，江宁县铜山乡。唐天祐年间（904—907）创建，名净相院。南唐后主赐泗州塔院额，宋崇宁年间（1102—1106）复名净相院，俗呼后黎寺，一作后篱寺。明洪武年间（1368—1398）重建，福兴寺所领小刹，山门三楹，观音殿三楹，佛殿五楹，僧院三房。基址二亩，东至马夫村，南至徐府田，西至陆塘桥，北至顾家地。

净行寺

在旧高淳县北十里龙口湾旁，今高淳区淳溪镇姜家村东。周末有黎姓结庐其地，汉明帝时有僧构室诵经，名潘城道场。唐中和三年（883）建净行寺，进士刘骥撰记。明隆庆二年（1568）魏学九等重建，清康熙三年（1664）修，乾隆十九年（1754）再修。咸丰年间（1851—1861）毁于兵燹，同治七年（1868）魏氏重建。抗日战争时期又毁，民国三十五年（1946）复建，于右任题匾，曰“楚韵汉风”“江南圣地”。1965年拆毁，2010年6月规划在原址重建。

净严院

缘起未详。宋代存，《至正金陵新志》卷一一下引《乾道志》云：“净严院，在紫草村，去城百里。”

净业庵

在旧南京秣陵路四段一二六号。20世纪50年代初，有尼三人，房九间。

净业堂

在旧都城东北四十五里摄山退居庵后，今栖霞区栖霞街道栖霞山，住持兴善为僧高峰建造。《栖霞小志》云：“净业堂，在退居之右，乃前住山兴善构，以处僧高峰者。峰既去，僧大觉与众炼魔其中。后觉自往天开岩，结茅为庵，而堂遂无人。又后,乃有讲经僧贞节者来,节因而拓大之,不久亦弃去。今僧明通者,领众以居。堂后有浴室,前为轩,两旁各有廊庑,门外临小涧,涧上有桥,桥边古树郁葱,藤绕其上,春深开花,落英满地,散如紫贝,最可游衍。自此曲折可达山巅,皆近时诸禅僧所创构,乃往岁未有者。盖寺虽古刹,数十年来,住人稀少,至者惟在东峰,视此皆树林豺虎,故虽胜处,亦湮没无闻。自法会与兴善二公来,协力兴起,僧徒始盛,此亦山之一大遭遇也。节有石偈在壁上,意以此为十方禅院,人皆可居,不欲其后人独有之。"

净住院

在旧都城聚宝门南六十里江宁镇东北,祖堂寺西南三十五里。详见"净居寺"条。

净隐院

在旧都城朝阳门外钟山,今玄武区石象路七号钟山风景区内,宋代存。《至正金陵新志》卷一一下引《乾道志》云:"净隐院,在钟山寺前。"

净月庵

在今秦淮区长生祠。清同治十三年(1874)本修师太建,20世纪50年代初,有尼二人,房十一间。

静　庵

在旧都城青溪之上。宋咸淳元年(1265)创建,构屋三十间,又累石为崇山亭。其巅曰最高山,山后建堂三所,前曰简暇,中曰观心,后曰近民。

静福院

南朝古刹。在旧都城东南六十里。梁普通年间(520—527)创建,名静福院。南唐时期修,改名延福禅院。

静海寺

在旧都城仪凤门北半里狮子山西南麓,今鼓楼区建宁路二八八号。狮子山高三十六丈,周一十二里,东有水下注平陆,西临大江。晋元帝渡江,见此山岭绵延,远接石头城,为江上之关塞,以比北地卢龙,因名卢龙山,明初更名狮子山。

明永乐九年(1411),成祖命内监郑和出使海外,风波无警,因建山寺。规模宏阔，础石大若车轮，润如苍玉，柱皆数围，钟山楠木为之。洪熙年间（1425）赐静海寺额，正德年间（1506—1521）重修，吏部侍郎杨濂撰《静海寺重修记略》云："仪凤门外狮子山之阳，有静海寺焉，鼎创岁深，虫坏日甚，守备太监黄伟、高隆等议重修，以宦官杨宽专其任，杨宽用浮图故事，费出募缘，经营三载，厥功告僝，于是挠折者加壮固矣，倾圮者加峥嵘矣，漫漶者加鲜明矣。凡为殿四，堂六，亭亦四；若门，若阁，若楼，若方丈室各一；若画廊，以间记则四十。"天界寺所统次大刹，金刚殿三楹，钟楼一座，井亭一座，天王殿三楹，正佛殿三楹，观音殿三楹，伽蓝殿二楹，轮藏殿三楹，弥勒殿三楹，祖师殿二楹，潮音阁五楹，华严楼三楹，回廊二十楹，玩闲亭一座，方丈一所十六楹，公学三楹，僧院四十房。食粮牒僧七十名，食粮学僧三十名。基址三十亩，东至天妃宫，西至城河，南至官街，北至城河。田、地、塘共二百三亩二厘，房地四十间，走道一条。禅堂正门一座，华严楼三楹，禅堂左右二堂共六楹，十方堂三楹，茶厨等房数楹，旧禅堂一所。田、地、山、塘共二百三十五亩二厘。寺有水陆罗汉像，郑和得自西洋，工致巧绝，每逢夏季张挂，京城士女竞往观之。清乾隆年间（1736—1795），住持浩清重为修理，创造石戒台，为金陵律门之冠。道光十二年（1832）二月不戒于火，殿旁大银杏一株，烈焰腾腾，自树腹吐出，以助火势，仅存山门、天王殿，其余皆为灰烬。太平天国和抗日战争又两度破坏。20世纪50年代初，有僧十一人，房屋二十间，地一百余亩。1983年重建，现为南京静海寺纪念馆，爱国主义教育基地。

旧时寺内有狮子泉，味甘洌，又有潮音阁杰出殿表，见千帆下上涛浪。方丈左有巨石，从地矗起，高四五丈，周二十余丈，名真假山，俗名狮子头。石下有空洞，虞允文破金兵，三宿于此，故又名三宿岩。宋代石临江浒，洞内有宋人题字"万元范以嘉定丁丑仲春月别赵君用"，字法颇类黄庭坚。

静居寺

在旧都城聚宝门南六十里江宁镇东北，祖堂寺西南三十五里。详见"净居寺"条。

静明寺

在旧都城聚宝门东南三十里，弘觉寺东五里，今雨花台区铁心桥街道定坊村。明正统年间（1436—1449）宦官罗志远创建，有玉华泉出石壁下，盛时泰撰《玉华泉铭》。弘觉寺所领小刹，天王殿三楹，佛殿三楹，伽蓝殿一楹，祖师殿一楹，法堂三楹，僧院三房，禅堂三楹。基址八亩，东至毛府坟，南至毛府山，西至安长山，北至皇厂山。田、地、山、塘共三十八亩七分九厘。1962年拆建为南京电信通讯站。

静行寺

在旧高淳县城外八里角掇村，余不详。

静修庵

在旧南京菊花乡安德门二十八号。20世纪50年代初，有尼二人，房四间。

静愿佛慈舍

在旧南京上海路随园二十二号附三号。20世纪50年代初，有房三间。

静众寺

六朝古刹。梁代存，《续高僧传》卷七《陈杨都大禅众寺释慧勇传》云："初出杨都，依止灵曜寺则法师为和上。锐志禅诵，治身蔬菲，随方受业，不事专门。岂非版金成宝方资铣镂，瑄玉有美必待刮摩，诚有由矣。年登具戒，从静众寺峰律师游学《十诵》。"《续高僧传》卷九《隋江表徐方中寺释慧暅传》："慧暅，住甘露鼓寺，进具已后，从静众峰师受《十诵律》，又听龙光绰师《成实》。值梁室版荡，京寺荒残，乃裂裳杖锡，来止南徐。"

敬慈庵

在旧溧水县思鹤乡，清咸丰年间(1851—1861)毁。

敬韶寺

南朝古刹。陈代存，《佛祖统纪》卷二三："太建元年，四祖顗禅师于金陵瓦官寺，为仪同沈君理、仆射徐陵等开《法华》经题，一夏开释大义，白马、敬韶等咸北面受业。"

敬思庵

在旧都城凤台门外西京村，今江宁区禄口街道钟村敬思庵自然村，宋代创建。

敬业寺

南朝古刹，梁天监四年(505)礼部侍郎卢法震造。

镜湖庵

在旧溧水县西三十里，山阳乡青墅村。

九莲庵

1. 在今秦淮区中山东路三条巷。清光绪年间(1875—1908)重建，20世纪50年代初，有僧三人，房十四间。

2. 在旧六合县瓜步草洲，余不详。

九龙庵

1. 在旧高淳县东五十里遮军山下，今高淳区漆桥镇境内。明代创建，清咸丰元年(1851)扩建，咸丰十一年(1861)毁，光绪元年(1875)重建。“文化大革命”时期再毁，1990年民间复建，2008年扩建。

2. 在旧高淳县东南四十里花山涧口，居民吴悦、路富共建。

九天禅林

在旧南京沧坡八号。清同治年间(1862—1874)重修，20世纪50年代初，有僧一人，房八间。

鹫峰禅寺

在旧都城聚宝门南五里，能仁寺南三里。明宣德年间(1426—1435)创建，《续指月录》卷一一云：“道成禅师，永乐六年春，奉旨于钟山普度大斋说法，听者数万人。永乐十一年赴北京朝贺，宣德三年还天界寺西庵养老，七年腊月八日趺坐而逝。宣宗制文，遣官致祭，塔于南畿安德门外，敕赐塔所为鹫峰禅寺。”能仁寺所领小刹，佛殿三楹，方丈五楹，僧院一房。基址六亩，东至华严寺墙，南至李家民山，西至杨家坟，北至本寺田。地、山、塘共十一亩五分五厘。明末寺圮。

玦山庵

在旧溧水县南五里在城乡玦山下。明崇祯十年(1637)创建，僧达然重建，清光绪年间(1875—1908)毁。

觉慧居

在今秦淮区长乐路。清光绪十三年(1887)建,20世纪50年代初,有尼二人,房六间。

觉灵庵

在旧都城姚坊门外,去栖霞寺十二里,清代创建。

掘塘庵

在旧溧水县南五十里,仙坛乡陈谷村后,一名学堂庵。元至正二年(1342)创建,明万历四十年(1612)修,清光绪年间(1875—1908)毁。

均庆尼寺

在旧都城东南隅马道街,今秦淮区马道街。宋咸淳年间(1265—1274)创建,清代废。

均庆院

本晋代天宝寺,在古城南门外金陵坊。宋代改均庆院,迁至聚宝山雨花台,明代再迁于聚宝门南二里,高座寺东南一里。详见“天宝寺”条。

K

开宝道场

在旧都城朝阳门外钟山南侧玩珠峰前独龙阜,今玄武区石象路七号钟山风景区内。详见“开善寺”条。

开宝寺

在旧都城朝阳门外钟山南侧玩珠峰前独龙阜,今玄武区石象路七号钟山风景区内。详见“开善寺”条。

开福寺

1. 六朝古刹。在旧都城内冶城东南，晋代创建。详见“景福寺”条。

2. 在旧溧水县南门外在城乡万寿桥西。详见“天兴寺”条。

开善精舍

在旧都城朝阳门外钟山南侧玩珠峰前独龙阜，今玄武区石象路七号钟山风景区内。详见“开善寺”条。

开善寺

南朝古刹。在旧都城太平门外钟山南侧玩珠峰前独龙阜，今玄武区石象路七号钟山风景区内。其地旧有道林寺，宋元嘉年间（424—453）西域沙门畺良耶舍驻锡于此，译《观药王药上二菩萨经》《无量寿观经》。梁宝志尝与武帝同游，指前独龙阜曰：“此为阴宅，则永其后。”帝曰：“谁当得之？”曰：“先行者得之。”天监十三年（514）宝志卒，帝忆其言，以钱二十万易道林寺前冈独龙阜葬志公，敕陆倕制铭辞于冢内，王筠勒碑文于寺门。永定公主以汤沐之资，造浮图五级于阜上。天监十四年（515）塔前建开善精舍，旋更名开善寺。唐乾符年间（874—879）改为宝公院，南唐升元年间（937—943）徐德裕重修，开宝三年（970）后主更名开宝道场，一名开宝寺。太平兴国五年（980）赐额太平兴国寺，后改名蒋山寺。淳熙十六年（1189）寺塔为天火所烧，谏官建言：“占之五行，本是灾变，朝廷宜戒惧，以答天意。”朝廷遣人于塔基掘得旧瘗舍利，送内庭看毕，还奉本寺，供士庶烧香瞻礼。元泰定二年（1325）修建方丈、北山阁、经楼、香积、水陆堂、白莲堂、伽蓝祠、大僧堂、道林堂、新仓院、耆宿之舍。泰定四年（1327）铸大钟，用铜数万斤。明洪武十四年（1381）取其地为太祖陵寝，敕徙建于钟山偏东屏风岭前，赐额灵谷禅寺。参见下卷“灵谷寺”条。

开泰寺

六朝古刹。陈代存，《新修科分六学僧传》卷一六云：“慧乘，年十六，听智嚼法师《成实论》于杨都庄严寺。时陈武帝崇尚教门，于庄严寺义集乘竖佛果出二谛外义。有法师旧居开泰，后入祇洹，问曰：‘为佛果出二谛外？为二谛出佛果外？’慧乘质曰：‘为法师出开泰？为开泰出法师？’由是声誉益起。”

开元寺

唐开元二十六年(738),敕天下诸郡立开元寺。《五灯会元续略》卷三云:"金陵清茂禅师,十三岁为僧,出住开元寺。"

看经院

在旧都城南四十里,江宁县任店。宋建隆二年(961)创建,元代废。

康尼寺

在旧六合县东四十里方山,余不详。

可容庵

在旧都城东北四十五里摄山珍珠泉附近,今栖霞区栖霞街道之东栖霞山。僧行简开建,《栖霞小志》云:"由般若庵下,出珍珠泉,缘石磴而上,可至观音庵,而磴傍松篁中有小庵,曰可容者,乃僧行简所建也。简幼出家鸡鸣,后为灵谷住持、能仁右觉义,老乃隐于此。日惟诵经持呪,信心淳笃,故人皆以可容庵主称之。"

渴寒寺

南朝古刹。在旧秣陵县东南二十五里,梁大同十一年(545)创建。

孔雀庵

在旧都城南,鹫峰寺北一里许,今秦淮区大石坝街。马香兰故宅,后舍为寺,一名悟真庵,亦名因是庵,黄庾稷所谓"马香兰宅作招提"即此。门前旧有玩月桥,周雪客《秦淮古迹》诗云:"风流南曲已烟销,剩得西风长板桥。却忆玉人桥上坐,月明相对教吹箫。"清康熙年间(1662—1722)改筑石坝,桥遂废。清末庵废,无迹可寻。

孔子寺

1. 南朝古刹。在旧都城南长乐桥东一里,今秦淮区长乐街。晋太元十一年(386),立孔子庙于故丹阳郡城前,后废。宋元嘉十九年(442)诏复立,南齐时期移孔子庙于淮水北,以故庙旧地建浮图,名孔子寺。

2. 在旧高淳县东南二十里游子山下,今高淳区东坝镇游子山环山路六号游子山国家森林公园内。本为孔子祠,旧传孔子适楚经此,故祀之。唐景福二年(893)改为孔子寺，南唐升元年间（937—943）更名儒童寺。民国时期废为高氏居所，里俗犹呼儒童寺。近年游子山顶新建真武庙，亦名儒童寺。

匡即庵

在旧都城西北马鞍山，清初创建。山势层抱，林木森蒨，杳然如在尘寰之外，登山以望，则长江浩渺，烟云万状。

旷野寺

南朝古刹。在旧都城聚宝门南十里，石马山之阴，今雨花台区西善桥街道西善桥村。详见“崇因寺”条。

L

拉山庵

在旧溧水县南六十五里骆山。缘起未详，后更名文峰庵。详见“文峰庵”条。

来凤禅寺

在旧溧水县东南五十里云鹤山旁，今溧水区晶桥镇云鹤山村。详见下卷“云鹤禅寺”条。

来兹庵

在旧都城北陶谷。《盋山志》卷二云：“方氏创建，有林泉之胜，老屋数椽，相传方苞读书于此。”

兰若庵

在旧高淳县西南十五里茅城，葛至焕倡建。

懒云庵

在旧高淳县东三十五里游子山北侧。清顺治十二年(1655)僧懒云创建,名懒云庵。2006年新建于游子山西侧,今高淳区游子山风景区内,更名懒云寺。详见下卷“懒云寺”条。

老 庵

1. 在旧溧水县乌山西北三里崇贤乡,今溧水区柘塘镇秦淮村老庵边自然村。详见“能仁寺”条。

2. 在旧高淳县,民国时期废。

老坟庵

在旧溧水县思鹤乡,武姓创建。清咸丰年间(1851—1861)毁。

老龙庵

在今秦淮区北湾子。详见“弥陀寺”条。

老梅庵

在旧六合县东南三里桃花坞铁牛墪,今六合区雄州街道马营村果老滩自然村。详见“拜梅庵”条。

乐安寺

六朝古刹。齐梁时期存,《比丘尼传》卷四《梁乐安寺释惠晖尼传》云:“十八出家,住乐安寺,从斌济柔次四法师听《成实论》及《涅槃》诸经,于十余年中,郁为义林,京邑诸尼无不咨受。于是法筵频建,四远云集,讲说不休,禅诵无辍,标心正念,日夕忘寝,王公贵贱无不敬重。……年七十三,天监十三年而卒,葬于石头岗。”

乐林寺

六朝古刹。齐永明年间(483—493)存,《广弘明集》卷一六《绣像题赞并序》云:“维齐永明四年岁次丙寅秋八月己未朔二日庚申,第三皇孙所生陈夫人,含微宅理,炳慧临空,结言宝住,腾心净觉,敬因乐林寺主比丘尼释宝愿,造绣无量寿尊像一躯。”

乐林院

在旧都城东南六十里。详见“齐古寺”条。

楞岩禅寺

在今秦淮区羊珠巷。明洪武年间（1368—1398）创建，20世纪50年代初，有僧四人，房七十九间。

离尘庵

在旧高淳县东六十里。清康熙六十一年（1722）王桔栻创建，有碑记。民国时期废。

离家庵

在今六合区瓜埠镇单桥村离家庵自然村，清末吴氏建造。

黎城庵

在旧高淳县东六十里。清嘉庆十年（1805）创建，民国时期废。

李溪庵

在旧高淳县东五十里，宋宝祐三年（1255）创建。

莲墩庵

在旧高淳县治西南一里。明万历三十四年（1606）庠生陈毓灵倡建，民国时期废。

莲花庵

1. 在旧溧水县魏家垄西，清同治六年（1867）重建。
2. 在今建邺区兴隆街道东林村莲花北自然村，清末存。
3. 在今玄武区居安里。20世纪50年代初，有僧三人，房六间，地基三十五方。

莲花埭庵

在旧高淳县南三十里。寺有义泉井，吴赤乌二年（239）凿，宋元丰二年（1079）重掘。

莲花山庵

在旧溧水县长寿乡，今溧水区东屏镇爱廉村莲花山。清光绪年间(1875—1908)重建。

莲华寺

六朝古刹。南朝齐代存，《南齐书》卷二七《王玄载传》云："建康莲华寺道人释法智与州民周盘龙等作乱，四百人夜攻州城西门，登梯上城，射杀城局参军唐颖，遂入城内。"

莲社禅林

在今秦淮区三条营。20世纪50年代初，有僧一人，房四间。

莲塘庵

1. 在旧溧水县东南二十五里，余不详。
2. 在旧高淳县南二十里莲花塘，余不详。
3. 在旧高淳县东七十里，清光绪五年(1879)杨姓建。
4. 在旧高淳县西十五里沧溪，僧宏玉募修。

莲溪庵

在旧高淳县南十里。葛氏建，民国时期废。

炼魔庵

在旧都城西北十里马鞍山。《道光上元县志》卷四云："循山盘旋南行十有余里，林薄村墟，各成野市，乔松修竹，香阴夹道。旧藏小庵七十余所，钟磬镗鞳，皆出松涛竹浪中，大有匡庐竹隐之意，炼魔诸庵即在此中。"

梁安寺

南朝古刹。梁代创建，梁简文帝萧纲《梁安寺释伽文佛像铭》云："帝为知仰，皆规面象，敬模螺发，式图轮掌，信根有五，觉枝云七，仰福灵祇，上生兜率。"梁元帝萧绎《梁安寺碑》云："窃以阳之有宗者，莫拟于灵乌，夜之有光者，孰逾于阴兔，故以日门见羲和之色，月殿望奔娥之象，而合璧迢递，丈尺犹且莫量，朗镜悠远，积空之所不算。复有紫川青龙之水，却月朝霞之山，白珪玄璧，饯瑶池之上，银阙金宫，出瀛洲之下。空台四柱，随仙衣而俱扬，宝堑三重，映瑞园而涵影，旃檀散馥，无复圆觉之风，地涌神龛，皆成多宝之塔。”

梁家庵

在旧江浦县治西四十五里，余不详。

了缘塔院

在旧都城朝阳门外钟山后，今玄武区石象路七号钟山风景区内。详见“福静寺”条。

烈山寺

在旧江宁县西南七十里烈山。详见“江心护国寺”条。

临淮寺

六朝古刹。在旧建康县南二里半，南门临秦淮水，晋咸安元年(371)中书令王坦之创建。

临秦寺

六朝古刹。《至正金陵新志》卷三上之上《金陵表一》云：“咸安元年，王坦之造临秦、安乐二寺。案：临秦寺、临淮寺，或一寺二名。”

灵根寺

南朝古刹。宋武帝刘裕创建，《历朝释氏资鉴》卷三云：“高祖武帝受晋禅即位，改元永初，岁庚申六月也。造灵根、法王、东山等寺，迎佛驮跋陀罗于道场，译《华严经》。”梁宋时期高僧驻锡及译经甚多。泰始三年(467)，宋明帝诏释僧瑾为天下僧正，住灵根寺。齐代释慧豫止灵根寺，诵《大涅槃》《法华》《十地》，又习禅业，精于五门。梁代释法超住灵根寺，修习经论，雅有深思，幽求讨击，学论归仰。释僧迁少出家，游都邑，住灵根寺，梁武帝引为家僧。《历代三宝纪》卷一一云：“《胜鬘子注经》三卷，灵根寺沙门释法瑗述注解。《般若经抄》十二卷，天监十六年(517)灵根寺沙门释慧令撰。”

灵光寺

南朝古刹。梁代创建，阮修容助造。

灵和寺

六朝古刹。宋齐时期存，《南史》卷七六《释宝志传》云："释宝志者，齐宋之交，稍显灵迹，被发徒跣，语默不伦。灵和寺沙门释宝亮欲以衲被遗之，未及有言，宝志忽来，牵被而去。"

灵基寺

南朝古刹。刘宋时期僧瑾开建，《新修科分六学僧传》卷一〇云："宋僧瑾，少博览，尤善庄老。至广陵，诣沙门昙，因落发为弟子。游建邺，湘东王从受五戒。及王践祚，诏以瑾为天下僧主。好营福业，所俸给赐予，起灵基、灵招两寺。元徽中没，寿七十。"

灵鹫庵

在旧六合县东门外，余不详。

灵鹫寺

南朝古刹。宋景平元年(423)创建，有灵鹫山图及大龛。《弘赞法华传》卷一云："宋景平元年，瓦官寺沙门帛惠高，造灵鹫寺。有沙门释惠豪，智见通敏，巧思绝伦，于中制灵鹫山图，奇变无方，郁似睹真。其山林禽兽之形，天龙八部之状，历代未有。自兹始出，龛成之后，倾国来观。后世造龛，皆以豪为式。其龛东西深三十八丈，南北四十四丈四尺。"

灵鹫院

在旧秣陵县东南八十五里金口里。详见"金口寺"条。

灵居禅寺

在旧江浦县竹镇，今六合区竹镇镇。详见"云居禅寺"条。

灵味寺

南朝古刹。在旧建康县钟山蒋林里，今玄武区石象路七号钟山风景区内。宋永初三年(422)创建，《异苑》卷五云："灵味寺在建康钟山蒋林里，永初三年，沙门法意起造。晋末有高逸沙门，莫显名迹，岩栖谷隐，常在钟山之阿。一夜忽闻怪石崩坠，声振林薄。明旦履行，惟见清泉湛然。因聚徒结宇，号曰灵味。"一说宋元嘉七年(430)建造，《高僧传》卷七《宋京师灵味寺释僧含传》云："元嘉七年，新兴太守陶仲祖立灵味寺，钦含风轨，请以居之。"南朝时期灵味寺多有高僧，宋代释昙宗出家灵味寺，少而好学，博通众典，唱说之功，独步当世。释僧意善唱说，制睒经新声，哀亮有序。梁代释宝亮晚居灵味寺，讲席冠京邑，议者或蔽于理，宝亮释之，莫不涣然。释僧迁从灵味寺宝亮咨学，梁武帝引为家僧。

灵相寺

六朝古刹。宋齐时期存，《法苑珠林》卷一二云："齐文宣皇帝时，有先师统上，家世凉州。年至十三，发誓西行。至宋元徽三年五月，遂发京师，至五年，方到芮国，进到于阗。临发之日，有一僧于密室之中，出铜函一枚，手授先师，曰：'此函有佛牙，方一寸，长三寸，可将还南方，广作利益。'先师欢喜顶受，如睹佛身。此僧又云：'我于乌缠国取此佛牙，甚为艰难，又获铜印一枚，国王面像，以封此函。'先师后闻诸僧共议云：'乌缠国失却佛牙，不知何国福德僧当获供养。'先师闻已，私怀密喜，倍加尊敬。于是赍还钟山，十有五载，虽复亲近而弟子莫知，唯密呈灵相寺法颖律师，顶戴苦勤出示。"

灵岩寺

南朝古刹。在旧都城东南四十五里方山，今江宁区秣陵街道方山风景区内。梁代存，诸葛颖有《奉和方山灵岩寺应教诗》。

灵曜寺

南朝古刹。在旧都城之东，钟山之西，今玄武区石象路七号钟山风景区内。刘宋时期创建，《宋书》卷二八所谓"大明六年二月戊午，甘露降建康灵耀寺"，《陈书》卷二七所谓"江总入钟山，就灵曜寺则法师受菩萨戒，深悟苦空"即此。南朝时期高僧频驻。宋代释道营住灵曜寺习禅，依观、询二律师，咨受《毗尼》。齐代释僧审闻昙摩蜜多道王京邑，乃拂衣过江，止于灵曜寺，精勤咨受，曲尽深奥。释志道年十七出家，止灵曜寺，学通三藏，尤长律品。梁代释僧盛兼善众经，特精外典，为群儒所惮。陈代释慧勇依止灵曜寺则法师为和上，天嘉五年（564），文皇请讲于太极殿。智顗禅师至德三年（585）居灵曜寺，赴太极殿讲《大智度论》题、《般若经》题。赵宋熙宁八年（1075），僧道光披榛莽，得泉深五尺，穴竹引注寺中，王安石手植二松于其傍。其后又得二泉，合为一派，主寺者作屋覆于其上，名曰蒙亭。以此泉道光所得，故名道光泉。

灵隐寺

南朝古刹。在旧秣陵县东南五十里，梁太清二年（548）炅侍公创建。

灵应寺

在旧溧水县南三十里狮子山顶。明万历三年（1575）创建，清同治四年（1865）复建。

灵招寺

南朝古刹。刘宋时期僧瑾开建，《新修科分六学僧传》卷一〇云："宋僧瑾，少博览，尤善庄老。至广陵，诣沙门昙，因落发为弟子。游建邺，湘东王从受五戒。及王践祚，诏以瑾为天下僧主。好营福业，所俸给赐予，起灵基、灵招两寺。元徽中没，寿七十。"

刘公寺

南朝古刹。在旧都城秦淮河上，梁代刘公舍宅创建。

刘家边庵

在旧溧水县白鹿乡，一名南济庵。清同治元年（1862）复建。

刘莎衣庵

兴废未详。《同治上江两县志》卷一七云："刘莎衣庵，见《方舆胜览》。"

刘庄寺

在旧高淳县西三十里。唐中和年间（881—885）创建，名刘庄寺，宋太平兴国二年（977）复建。大观元年（1107）改名显仁院，绍兴三十年（1160）重修，更名显慈寺。

明洪武二十五年(1392)归并保圣寺,永乐年间(1403—1424)重建,天岸法师尝为住持。清康熙年间(1662—1732),高淳名士谷起凤有《刘庄寺》诗云:“寻幽何处俗尘疏,一席新移野寺居。榻傍僧钟清入梦,座连阶草绿侵书。人烟隔岸千家晚,春水横塘十里余。幸有同心浑不远,频来深话竹窗虚。”咸丰六年(1856)寺毁,仅存僧房数间。寺前有井,寺南有茶亭,卞之纪建。

留守正定庵

在旧都城内留守右卫地。明代创建,瓦官寺所领小刹,伽蓝殿三楹,地藏殿三楹,观音殿三楹,僧院一房。基址五亩,东至水塘,西至汪相房,南至官街,北至尹銮地。

流塘庵

在旧溧水县长寿乡,余不详。

六度庵

在旧南京门西太平桥六号,今秦淮区升州路南侧六度庵(街巷)内。清代建造,《凤麓小志》卷一云:“太平桥无水,而空存桥名也,有六度庵、兴善庵,皆在其侧。”又西为炳灵公庙,巷尽为胭脂巷。20世纪50年代初,有僧一人,房十间。

六合山寺

六朝古刹。晋代创建,《高僧传》卷三《宋六合山释宝云传》云:“江左译梵,莫踰于云,故于晋宋之际,弘通法藏,沙门慧观等,咸友而善之。云性好幽居,以保闲寂,遂适六合山寺,译出《佛本行赞经》。以元嘉二十六年,终于山寺。”赵宋时期山寺犹存,《续传灯录》卷一二云:“宋江宁府慧炬禅师,试经得度,游方参叩,首见六合山孜禅师,出世华藏寺,次迁蒋山寺。”

龙城寺

在旧高淳县东五里,今高淳区淳溪街道宝塔路二三二号保圣寺塔园旁。详见下卷“保圣寺”条。

龙池庵

在今鼓楼区龙池庵六十六号。缘起未详,20世纪50年代初,有僧一人,房十间,基地九分,山地二十亩。

龙洞庵

在旧江浦县西二十五里龙洞山。本名龙洞庵,后易为茅庵,又名兴隆庵,为兜率寺下院。

龙墩庵

在旧高淳县,清光绪年间(1875—1908)重建。

龙宫寺

六朝古刹。晋元帝司马睿创建,《法苑珠林》卷一〇〇云:"晋中宗元帝,江左造瓦官、龙宫二寺,度丹阳千僧。"

龙光寺

南朝古刹。在旧都城北覆舟山下,今玄武区九华山二十号九华山公园内。本名青园寺,宋元嘉二年(425)改龙光寺,《高僧传》卷七《宋京师龙光寺竺道生传》云:"(竺道生)初入庐山,幽栖七年。后还都,止青园寺,寺是晋恭思皇后褚氏所立,本种青处,因以为名。其年夏,雷震青园佛殿,龙升于天,光影西壁,因改寺名,号曰龙光。"宋景平元年(423),高僧佛驮什集众龙光寺,译《弥沙塞律》三十四卷,为五分律,亲执梵本,沙门道生、慧严笔受。齐建武元年(494),宝渊住龙光寺,从僧旻法师禀受五聚,经涉数载,义颇染神。又有释洪偃,受业于龙光寺绰法师,尽造其幽奥,盛弘《成实》,爰及诸部,披解无前。唐会昌年间(841—846)寺废,咸通初(860)复建,更名月灯禅院,南唐升元二年(938)重修。

龙华庵

在旧都城通济门南半里东城水关,铜井院西南五里,今秦淮区东关头。明代铜井院所领小刹,佛殿三楹,僧院一房。基址一亩,东至大河,南至周义房,西至城墙,北至水关。20世纪50年代初,有僧一人。

龙华禅林

在今秦淮区武定门外五号。20世纪50年代初,有僧二人,房十一间。

龙华内院

在旧江浦县城东一里。原名弥勒庵，后改龙华内院。

龙华寺

1. 南朝古刹。在旧都城内，宋元嘉十六年(439)僧道矫创建，《名僧传抄》云："道矫，性清约，蔬食禅诵，住龙华寺，专当寺任。元嘉十六年，与建康民朱舛孙共起佛殿三间并诸花幡，造夹苎弥勒佛倚像一躯，高一丈六尺。"《高僧传》卷一二《齐京师高座寺释慧进传》云："时京师龙华寺复有释僧念，诵《法华》《金光明》，蔬食避世。"

2. 在旧高淳县东五十里，今高淳区东坝镇胥河南岸东坝砖瓦厂附近。相传子胥疏河篑土于此，厥后土日增高，遂成神迹。寺之创建甚久，唐狄仁杰毁江南淫祠，寺亦为烬，唯余石佛数尊，颠越荆榛间。咸通元年(860)复建。寺前有古松，形若虬龙，昔人有诗云："问年松记腊，寻梵月为林。"明嘉靖年间(1522—1566)修，崇祯年间(1628—1644)再修。20世纪50年代以后拆毁。

3. 在旧高淳县安兴乡，宋淳熙九年(1182)僧法兴开建。

龙华院

在旧江浦县东门外二里，倚山而构，竹篱曲径，小桥流水，清幽绝尘。本为弥勒庵，后改龙华院，清光绪年间(1875—1908)改为茅庵。案：龙华院、龙华内院或为一寺。

龙化寺

在旧高淳县南五十里。唐咸通元年(860)创建，明嘉靖年间(1522—1566)居民汤凤一、杨彩二率众修，崇祯年间(1628—1644)再修，副使魏成忠募建法堂。

龙龛庵

在旧溧水县西南四十里山阳乡，余不详。

龙霖庵

在旧溧水县东南二十五里青洪山之阴，上原乡野塘地。明崇祯十五年(1642)邑人韦一范倡建，清光绪年间(1875—1908)毁。

龙楼寺

六朝古刹。梁代存,《全梁文》卷六四《龙楼寺碑》云:“盖闻井鱼之不识巨海,夏虫之不见冬冰,故知局于泥□者,未测沧溟之浩汗,笃于一时者,宁信寒暑之推移,何异乎玩即世而弗悟于生死之流,耽假乐而迷于真觉之观。”

龙潜庵

在旧溧水县赞贤乡淇蓝埠。旁有龙潜井,因名龙潜庵。

龙泉庵

1. 在旧都城东,钟山之阳,今玄武区石象路七号钟山风景区内。本宋熙寺旧基,明代有僧人在东涧凿石开山,因崖结构,造作精舍,名龙泉庵。庵后有宋淳熙十六年(1189)题名石壁,《白下琐言》卷七云:“钟山龙泉庵径下,有宋人正书题名,云‘淳熙己酉赵希坚、李谓道同游’。”

2. 在旧都城正阳门东三十五里,广惠院南三十里,东城白岩嶂地,相传白鹤仙曾在此修炼。元至正元年(1341)创建,有泉飞瀑如龙,因名龙泉庵。明代广惠院所领小刹,宝公堂三楹,正佛殿三楹,僧院一房。基址一亩,东至吴家山,西至石灰窑,南至磨盘山,北至官沟。田、地、山、塘共十三亩二分一厘。

3. 在旧江浦县西南四十里。明景泰年间(1450—1457)僧洪灌建,成化年间(1465—1487)僧成茂重修。

4. 在旧江浦县乌江镇北十里群山之中,余不详。

龙泉寺

1. 在旧六合县竹镇,今六合区竹镇镇送驾村龙泉自然村。宋至和元年(1054)僧胜济开建,明成化十年(1474)僧道能、嘉靖二十四年(1545)僧正满各修。

2. 在旧江浦县定山下。《光绪江浦埤乘》卷三八云:“寺前后二泉,陂堰田塍,递盈其坎。”

3. 在今江宁区汤山镇西南部龙尚村,余不详。

龙山寺

在旧六合县西北五十里龙山之阴。元至正年间(1341—1368)僧洪演建,明正德年间(1506—1521)僧悟寅重建。

龙潭寺

在旧上元县龙潭镇。明谢少南有《游龙潭寺诗》，见于《上元县志》卷一四。

龙湾寺

缘起未详，元代存。《至正金陵新志》卷一二上云："龙湾酒库，在龙湾寺。"

龙悟庵

在旧高淳县西北三里，明崇祯十七年（1644）僧林叟募建。

龙翔寺

在旧都城南白塔街，今秦淮区白塔巷与长白街交汇处。其地多荒圃败池，旁迤大阳沟、红花地一带，阒无居人，因建塔镇之，名昭庆寺。宋代改名龙翔寺，塔附之。元至元年间（1335—1340）寺毁塔存，祈祷多应。清代殷一桂、司马逵等购屋为庵，延僧居住，司香火以奉文昌，名文昌庵，户部贾必选撰记。

龙兴寺

1. 六朝古刹。晋元帝司马睿创建，《历朝释氏资鉴》卷二云："晋元帝即位，改元建武，造龙兴、瓦官二寺，集千僧会。"

2. 在旧上元县东钟山，今玄武区石象路七号钟山风景区内。唐开元二十六年（738）敕天下诸郡立龙兴寺，宋太平兴国年间（976—984）改太平兴国寺。《景定建康志》卷一三云："太平兴国寺，即唐龙兴寺也。"

龙渊精舍

南朝古刹。在旧江宁县小丹阳牛落山，刘宋升明年间（477—479）僧远开建。《高僧传》卷八《齐上定林寺释僧远传》云："（僧远）宋大明中度江，住彭城寺。升明中，于小丹阳牛落山立精舍，名曰龙渊。"

隆报宝乘禅寺

在旧上元县钟山乡钟山西麓，今玄武区石象路七号钟山风景区内。详见"草堂寺"条。

隆福院

在旧都城西南七十里,陆塘桥石堰口。宋治平二年(1065)赐额,清代寺废。

隆教院

在旧秣陵县东南八十五里金口里。详见“金口寺”条。

隆庆庵

在旧高淳县,缘起未详,民国时期废。

芦墩庵

在旧高淳县长芦,夏氏创建。

庐峰庵

在旧溧水县东十五里丰庆乡,余不详。

陆家庵

在旧溧水县思鹤乡。清乾隆四十一年(1776)邑庠陆献重修,光绪年间(1875—1908)毁。

鹿林精舍

南朝古刹。梁代隐士阮孝绪创建,《隆兴编年通论》卷八云:“阮孝绪,十六丁家难,终丧,入钟山听讲。尝以鹿林为精舍,环以林池,杜绝交游,世罕得而见之。天监末,累召不赴。孝绪博极群书,无一不善,精力强记,为学者所宗。普通四年,著《七录》,前五曰内篇,六曰佛法录,七曰仙道录,谓之外篇。先佛而后道,盖所宗有不同,亦由其教有浅深也。”

鹿泉寺

在旧都城留守左卫地。《金陵选胜》卷五云:“留守左卫仓井,即鹿泉寺井。”

鹿苑寺

1. 六朝古刹。晋成帝司马衍创建,《释氏稽古略》卷二云:“晋成帝造中兴、鹿苑二寺，集翻经义学千僧。”

2. 在旧都城聚宝门内东北二里许，今秦淮区江宁路西侧老虎头四十四号附近。详见“萧帝寺”条。

鹿野寺

六朝古刹。晋成帝司马衍创建，《法苑珠林》卷一〇〇云：“晋显宗成帝，造中兴、鹿野二寺，集义学千僧。”晋孝武帝时期，沙门释慧简于鹿野寺出《佛涅槃后诸比丘经》一卷，亦云《小般泥洹经》《泥洹后变异经》《泥洹后比丘世变经》，《大力士出家得道经》一卷，又译《药师如来本愿经》。

路家庵

在今江宁区横溪街道安民村路家自然村，明代路氏建造。

履道寺

南朝古刹。在旧秣陵县东南二十五里，梁大同十一年(545)贞威将军章法获创建。

律行寺

六朝古刹。陈代存，《续高僧传》卷一〇《隋丹阳摄山释慧旷传》云：“释慧旷，十二出家，事江陵宝光寺澄法师。后辞朋帝渚，问道王圻，居律行寺，听彭城讲。以陈至德元年，言旋旧邑。”

绿萝庵

在旧都城东北四十五里摄山菩提岩，今栖霞区栖霞街道之东栖霞山。《栖霞小志》云：“绿萝庵，僧法通居之。其地虽小，然屋宇亦洁，茅檐席壁，杞丛药径，翛翛可意，壁上有联云‘小洞穿斜竹，重岩夹细莎’。有吴人所书‘菩提岩’三字，故人以菩提岩称之。”

绿筠庵

在旧都城东北四十五里摄山，今栖霞区栖霞街道之东栖霞山。僧苍麓建。见于《摄山志》卷二。

罗佛庵

在旧高淳县东北三十里，缘起未详，黄姓重建。

罗汉寺

1. 在旧江浦县治西四十五里翠云山之阳，今浦口区星甸镇石窑村塔桥自然村北。其山势峭拔，后有独峰，层峦迭嶂，黛色横空，故曰翠云山。宋太平兴国年间(976—984)，有僧自西域来，视其地胜，结庵而栖。嘉定三年(1210)，崇建殿阁。元季毁于兵燹，明永乐九年(1411)僧碧潭募缘重建，成化五年(1469)僧大用修。清康熙五十七年(1718)再修，楼阁飞翔，房廊缭曲，后依林麓，前瞰溪泉，洵为一方之胜。道光年间(1821—1850)邑人禹士恺建钟楼。咸丰年间(1851—1861)寺毁，后复建数楹，有前殿和后殿两重，砖墙小瓦，雕梁画栋。20世纪60年代以其地建水库，寺址淹没水底。旧有大石碑，碑前七层砖塔一座，战火毁去二层，存五层。每块塔砖雕刻四龛十二尊佛像，全塔由万数块砖砌成，故名万佛塔。塔门上额有颜体正楷砖雕“万佛塔”三字。

2. 在今玄武区孝陵卫街道罗汉巷附近。明代建，供奉十八罗汉。1969年9月拆毁。

3. 在今秦淮区石鼓路。20世纪50年代初，有僧四人，房十二间。

罗汉院

南唐时期创建，《新修科分六学僧传》卷八云：“宋缘德，钱塘黄氏。从天龙道忞禅师，遍参江西之云居、庐阜。江南李氏召入内道场，别构罗汉院安置，苦辞，令居庐山新院。”

罗山庵

在旧溧水县南五十里仙坛乡。唐代创建，元至正年间(1341—1368)修，明隆庆六年(1572)重修。清顺治十二年(1655)僧乘祥劝募鼎新，规拓于旧，光绪年间(1875—1908)毁。

罗　寺

在旧都城冶城后冈，今秦淮区朝天宫北侧冶山，地名罗寺转湾，俗呼螺蛳转湾。详见“延祚寺”条。

螺髻庵

缘起未详。明代存,《江宁新志》卷二四云:"鼒法师,讳佛闻,号鼒依。天启间来金陵,驻锡螺髻庵,课弟子论经,亦时禅观。"

落星寺

在旧都城南三十里落星冈,今雨花台区板桥街道落星村落星山。2011年尚存,后以其地建雨花台区经济开发区,炸山毁寺,形迹无存。

M

麻山庵

在旧溧水县东北二十里崇贤乡,余不详。

马家庵

1. 在今浦口区星甸镇龙中村下马自然村北,清末存。
2. 在今六合区瓜埠镇长岗村,明代建。

马塘庵

在旧溧水县思鹤乡,清光绪年间(1875—1908)毁。

马营庵

在旧江浦县浦口东北马营山下,余不详。

茅　庵

1. 在旧溧水县思鹤乡思人坳,清咸丰年间(1851—1861)毁。
2. 在旧溧水县白鹿乡,余不详。
3. 在旧高淳县新庄,余不详。
4. 在旧高淳县东秀山南,民国时期废。

5. 在旧高淳县东三十五里小茅山。清嘉庆初年(1796)创建,民国时期毁。

6. 在旧高淳县西花犇。详见“西来庵”条。

7. 在旧江浦县东门外一里白马寺旁。本为慕贤祠,后改为茅庵。

8. 在旧江浦县东门外二里。详见“龙华院”条。

9. 在旧江浦县治西二十五里龙洞山。详见“龙洞庵”条。

懋德庵

在旧都城聚宝门南四十里,祖堂寺北十里,南城左墅村。明代创建,祖堂寺所领小刹,正殿三楹,后殿三楹,僧院一房,厢房六楹。基址八亩,东至宋家地,南至本庵山,西至宋家地,北至本庵山。田、地、山、塘共八十亩七分。

梅柏寺

在今江宁区江宁街道牧龙村墩下自然村,清同治年间(1862—1874)存。

梅济庵

在旧高淳县南三十里千佛庵之东,民国时期废。

梅山庵

在旧溧水县北四十五里崇贤乡柘塘市西,今溧水区柘塘集镇梅山村。缘起未详,清光绪年间(1875—1908)废。

猛信尼寺

南朝古刹。在旧秣陵县东南五十里铺山西北。梁普通三年(522)后阁主书高僧猛创建,绍泰二年(556)废,唐上元二年(675)敕重建。

弥勒庵

1. 在旧都城南隅梁家巷,今秦淮区花露南岗与鸣羊街交叉口以东,高岗里小区附近。《凤麓小志》卷一云:“高冈里东为梁家巷,旁有弥勒庵。”

2. 在旧南京门西陈家牌坊二十三号。清光绪六年(1880)释德开建,20世纪50年代初,有僧六人,房七间;一说有僧一人,房十一间。

3. 在旧江浦县城东门外二里。详见“龙华院”条。

弥勒寺

1. 在旧溧水县游山乡，宋绍兴二十七年（1157）创建。

2. 在旧高淳县固城。详见“妙智庵”条。

弥陀庵

在旧都城内。本宋代兴元酒库及公使库地基，元代改建为庵。

弥陀寺

1. 六朝古刹。《元无锡志》卷二引释宝唱《名僧传》：“沙门僧显，宋元徽中过江，住京城弥陀寺。后入吴，憩华山精舍。”

2. 在今秦淮区北湾子。原名老龙庵，民国三十年（1941）年重建。20世纪50年代初，有僧二人，房三间。

3. 在今六合区新篁镇钟林村。宋代创建，遗址现为六合区文物保护单位。

4. 在今六合区新集镇桥头村白龙山上。缘起未详，20世纪40年代末消亡。

弥陀禅寺

在旧溧水县东南五十里观山。明代后期有巨魁盘踞山巅，县尹邹公击斩之。崇祯十七年（1644）王聘征复啸聚其上，筑石为垒，夺寺为巢，蚕食一方，民咸苦之。清顺治二年（1645），副总兵彭永琦剿灭之。

密因庵

在旧高淳县南二十里，清顺治元年（1644）建造。

妙峰庵

1. 在今鼓楼区挹江门街道西妙峰庵（街巷）妙耳山麓。民国初期建造，因在妙耳山下，故名妙峰庵。

2. 在今鼓楼区挹江门街道东妙峰庵（街巷）十五号。20世纪50年代初，有尼三人，房三间二厢，地十五亩。

妙果寺

1. 在旧溧水县安兴乡，唐代创建。宋嘉祐(1058)三年，徙县东三十五里白鹿乡。清康熙三年(1664)僧宗玺重建，康熙十三年(1674)修。光绪二年(1876)，里人袁有会、袁彪、蒋怀珍等劝捐新建。

2. 在旧都城聚宝门东南三里，永宁寺东南二里，羽林二郎冈。详见“瑞相院”条。

妙明寺

在旧聚宝门南六十里葛仙乡，清福寺南二十里。明代清福寺所领小刹，佛殿五楹，法堂五楹，僧院一房。基址五亩，东至官路，南至本寺地，西至吴家山，北至本寺山。

妙明院

在旧上元县北九十里道德乡东湖村，宋代存。

妙泰寺

在旧都城神策门北四里，嘉善寺西五里，北城龙江右卫地。明成化年间(1465—1487)创建，嘉靖年间(1522—1566)废，明末仅存数楹。嘉善寺所领小刹，佛殿三楹，僧院一房。基址五亩，东至蔡家民田，南至蔡家民田，西至官街，北至陈家坟地。

妙悟庵

在旧都城聚宝门西南隅花盝岗，今秦淮区花露北岗十二号。本名妙相庵，后改妙悟庵，再改妙悟律院。详见下卷“瓦官寺”条。

妙悟律院

在旧都城聚宝门西南隅花盝岗，今秦淮区花露北岗十二号。详见下卷“瓦官寺”条。

妙相庵

1. 在旧都城北唱经楼薛家巷后，今鼓楼区薛家巷内。清代僧默汝创建，佛堂楹联云：“半个蒲团天地老，一声清磬万古空。”有亭联云：“剪一片绿云补衲，留三分皓月看经。”长联云：“四百八萧寺繁华都付与无边烟雨，三十六洞天缥缈且于此小住林泉。”庵西蔬圃数十亩，池塘竹树，颇饶野趣。嘉庆年间(1796—1820)，有金某在庵中教学授徒，塾旁有荷池。一日金某责徒，徒不受教，奋身跃池中，金某亟入池救之，师徒皆溺死，自是屡为祟。道光年间(1821—1850)，庵僧增建亭台楼阁为屈子祠，设龛奉屈原神位，以金某附之，盖取屈原死于水之意。咸丰四年(1854)正月改为太平天国翼王府花园，同治三年(1864)改曾国荃生祠，光绪三十二年(1906)为暨南学堂，民国六年(1917)改名国立暨南学校，此后又为陆军大学、国立戏剧学校等。20世纪50年代以后改为军营和工厂，90年代旧城改造过程中拆毁。

2. 在旧都城聚宝门西南隅花盝冈，今秦淮区花露北岗十二号。详见下卷"瓦官寺"条。

妙相尼寺

六朝古刹。宋元徽年间(473—477)存，《比丘尼传》卷三《齐禅基寺僧盖尼传》云："幼出家，为僧志尼弟子，住彭城华林寺，忘利养，惔毁誉。元徽元年，索虏侵州，与同学法进南游京室，住妙相尼寺。"

妙意庵

在旧都城西乌龙潭北侧，今鼓楼区广州路二一七号乌龙潭公园附近。唐代创建，庵门直对乌龙潭，盔山与蛇山分峙左右。清代改为上元节孝祠。

妙因寺

在旧都城东北四十五里摄山中峰凤翔峰西麓，今栖霞区栖霞街道之东栖霞山。详见下卷"栖霞寺"条。

妙音寺

六朝古刹。南齐建武年间(494—498)存，《法华经传记》卷二《梁扬都光宅寺释法云传》："释法云，姓周氏，义兴阳羡人。……七岁出家，更名法云。从师住庄严寺，十三始就受业。年登三十，建武四年夏初，于妙音寺开《法华》《净名》二经序，讲经之妙，独步当时。"

妙应塔院

所在未详。明洪武元年(1368)存，《释鉴稽古略续集》卷二云："东溟法师，俗姓贾，讳慧日，号东溟，天台人。洪武初年召赴天界禅林，升座说法，所度弟子甚众。是年七月卒,葬于妙应塔院。”

妙智庵

在旧高淳县固城。唐天宝年间(742—756)创建,名弥勒寺,后改为妙智庵。周必大《南归录》云:“乾道壬辰,自东坝溧水至固城湖,登妙智庵,观范同参政父坟。庵中石龟碑趺,乃去岁掘城得之,云天宝弥勒寺碑。”

庙冈庵

在旧高淳县东六十里。明万历二十五年(1597),邑佥事张应亮重建,疏花幽竹,明瑟有致,两壁石刻甚多。清末改为暨南学校,教育华侨子弟。

庙头庵

在旧溧水县白鹿乡西方村,余不详。

庙山庵

在旧溧水县东十八里丰庆乡,一名永兴庵。清同治十二年(1873)重建。

灭灾庵

在旧都城内东南隅,今秦淮区江宁路南段西侧小心桥小区内。缘起未详,民国二十六年(1937)十二月毁于日本侵略军屠城。

明慧庵

在今玄武区双龙巷。清光绪二十六年(1900)释德性建,20世纪50年代初,有尼五人,房六间,地二亩。

明觉寺

1. 在旧秣陵县东十里同夏里。详见“光宅寺”条。

2. 在旧溧水县治西四十里山阳乡,今溧水区石湫镇明觉寺社区内。详见“正觉寺”条。

明庆寺

南朝古刹。在旧都城朝阳门外钟山之阳，八功德水前，今玄武区石象路七号钟山风景区内。梁天监六年(507)后阁舍人王昙明创建，太子舍人陈昭撰碑记。陈代姚察幼年受菩萨戒于明庆寺，自云："吾在梁世，当时年十四，就钟山明庆寺尚禅师受菩萨戒，自尔深悟苦空，颇知回向矣，当得留连山寺，一去忘归。及仕陈代，诸名流遂许与声价，兼时主恩遇，宦途遂至通显。自入朝来，又蒙恩渥，既牵缠人世，素志弗从。且吾习蔬菲五十余年，既历岁时，循而不失。瞑目之后，不须立灵，置一小床，每日设清水，六斋日设斋食果菜，任家有无，不须别经营也。"沈炯《同庾中庶肩吾周处士弘让游明庆寺》诗云："鹫岭三层塔，庵园一讲堂。驯乌逐饭盘，狎兽绕禅床。摘菊山无酒，燃松夜有香。幸得同高胜，于此莹心王。"江总有《钟山明庆寺》诗，王褒有《明庆寺石壁》诗。

寺前有岭，上有桂树，因名障桂岭。有道士坞，陈宣帝礼元靖先生藏兢处。有静坛，梁代周侍中舍宅立，与道士坞相对。相传梁武帝问其坛如何，对曰："风不鸣条，云无肤寸，鹿巾黄帔甚多，白简朱衣罕至，因名静坛。"寺后有小岭，碧石青林，幽邃如画，世呼屏风岭，有清泉一派，莹澈甘滑，积年疾者服之辄愈，梁代以前尝取给御厨水，俗呼为八功德水。

明兴寺

六朝古刹。晋明帝司马绍创建，《释迦方志》卷下云："晋肃宗明帝，造明兴、道场二寺，集义学百僧。"

明性寺

在旧都城聚宝门南九十里，建昌寺北十五里，江宁县山南乡。明代创建，建昌寺所领小刹，佛殿三楹，观音殿三楹，僧院一房。基址三亩，东至土山，南至般若寺，西至寺后山，北至衲头庵。

明性院

在旧都城南八十里石塘村西里山。宋治平二年(1065)赐明性院额，俗呼董青院。

明因寺

1. 六朝古刹。宋代存，《释氏稽古略》卷二云："释元畅，魏灭教，归宋，来扬州，止明因寺，作《华严经释疏》，传讲迄今。”

2. 在旧江浦县石碛镇乌龙山，元至元年间（1335—1340）正建和尚开建。1995年重建于江浦县桥林镇西联村，今浦口区桥林街道桥北路与龙桥路交叉口东一百米处。详见下卷“明因寺”条。

明月寺

在旧江浦县治西南三十五里，元至正年间（1341—1368）僧资独开建。

磨田寺

在旧都城凤台门外翠屏山，今江宁区秣陵街道石马村麻田自然村。明代建造。

牟尼寺

在旧六合县南二十五里牟尼峰下，长芦寺西一里。长芦寺下院，旧传有房屋九十九间半。民国时期圮，仅遗二石础及瓦砾。

木瓶寺

在旧都城运渎东南，宋行宫后。详见“证圣寺”条。

木平寺

在旧都城运渎东南，宋行宫后。详见“证圣寺”条。

苜蓿庵

在旧都城朝阳门东一里，观音阁西二里，东城留守卫地。明洪武年间（1368—1398）创建，观音阁所领小刹。伽蓝殿一楹，观音殿三楹，正佛殿三楹，僧院一房。基址二亩，东至官路，南至官路，西至水沟，北至民园。

幕府寺

在旧都城神策门北五里幕府山，嘉善寺北二里，今鼓楼区永济大道幕府山风景区内。详见“圣游寺”条。

N

衲头庵

在旧都城聚宝门南九十里，建昌寺北十五里，山南乡之南，今江宁区横溪街道境内。明代创建，建昌寺所领小刹，佛殿三楹，观音殿三楹，僧院一房。基址二亩，东至饮马地，南至本庵山，西至太平山，北至本庵山。前殿供奉弥勒像，正殿供奉观音菩萨像，两庑列五百罗汉，殿后僧房面阔三间，左右为客堂，中间大厅，厅堂之后僧舍。1958年开山挖矿，庵遭拆毁。遗存银杏树一株，一人合抱；青石井箍一只，直径一米。

南　庵

在旧都城聚宝门外凤山天界寺内，今雨花台区雨花街道罐子山。《金陵选胜》卷八云："天界寺在南城外凤山，旧名龙翔集庆寺，国初徙今地，改今名。屡坏屡葺，规制宏敞，靓甲诸刹，僧庐幽邃，松竹深通。有西庵曲径、苍翠乔松、半峰烟雨、双桂返照、南庵碧玉、古拙品梅六景，称城南幽胜。寺旧在城中，淄尘杂处，高皇特徙置今地，取其阒寂，与民居不相接。"

南济庵

在旧溧水县白鹿乡，一名刘家边庵。清同治元年（1862）复建。

南涧寺

南朝古刹。在旧都城外东南二里扫帚巷，今秦淮区扫帚巷。其地为古东市口，地名落马涧，亦名南涧，故曰南涧寺。宋元嘉七年（430）司空何尚之创建，《南齐书·何求传》所谓"除永嘉太守，何求时寄住南涧寺，乞于寺拜受"即此。宋僧道冏，元嘉七年与同学四人游京，乘冰渡河，中道冰破，唯道冏至岸，止南涧寺。齐建元初，太原王萧琰以观音金像寄南涧寺供养，一夜被盗，不知所在，十年之后再现于多宝寺。梁代释法超，立坛于南涧寺。陈代释法朗，受业南涧寺仙师《成实论》，后为一代高僧。寺旁有南涧楼，宋代王安石尝作诗题咏。

南晋陵寺

六朝古刹。刘宋时期存,《比丘尼传》卷四《梁南晋陵寺释令玉尼传》云:“令玉,本姓蔡,建康人也,父朗。少出家,住何后寺禅房,为净曜尼弟子。净曜律行纯白,思业过人。玉少事师长,恭勤匪懈,始受十戒,威仪可观。及受具足,禁行清白,有若冰霜。博寻《五部》,妙究幽宗,雅能传述。宋邵陵王大相钦敬,请为南晋陵寺主,固让不当,王不能屈,以启元徽。元徽再敕,事不获免。在任积年,不矜而庄,不厉而威。”

南聚庵

在旧溧水县,余不详。

南林寺

南朝古刹。在旧建康县南三里,地名中兴里。宋元嘉四年(427)梁王妃舍宅,晋陵公主建造。时有释法业,住京城道场寺,善《大小品》及《杂心》,晋陵公主起南林寺,使居之。元嘉十一年(434),求那跋摩于南林寺立戒坛,为僧尼受戒,度三百余人,为中国戒坛之始。陈代寺废。

南冥真寺

南朝古刹。在旧秣陵县中兴里,梁普通五年(524)沙门慧钊创建。

南仁庵

在旧溧水县山阳乡,余不详。

南外永安寺

南朝古刹。宋元嘉十八年(441)慧琼尼开建,《比丘尼传》卷二《南安寺释慧琼尼传》云:“慧琼,本住广陵南安寺,元嘉十八年,宋江夏王世子母王氏以地施琼,琼修立为寺,号曰南外永安寺。至二十二年,兰陵萧承之为起外国塔。”

南园寺

六朝古刹。沈约《齐禅林寺尼净秀行状》云:“年二十九,落发青园。又于南园,就颖律师受戒。”

南祖师庵

在旧南京南祖师庵四十二号，今鼓楼区挹江门附近。民国八年(1919)建，20世纪50年代初，有房八间，地四十余丈方。

能仁禅寺

本在古城西门双庙之东，刘宋元嘉二年(425)创建，名报恩寺。赵宋太平兴国二年(977)迁置府治东南，改额承天寺，政和七年(1117)改能仁禅寺，建炎年间(1127—1130)兵毁，庆元年间(1195—1200)重建。明初寺灾，洪武二十一年(1388)徙于聚宝门南二里天竺山，今雨花台区雨花西路二一〇号。嘉靖初(1522)复灾，万历年间(1573—1620)重修。大报恩寺所统次大刹，山门五楹，天王殿五楹，正佛殿五楹，法堂七楹，即方丈，伽蓝殿三楹，即公学，僧院二十四房，禅院止存基址。基址一百五十亩，东至安德街，南至本寺园埂，西至琉璃窑，北至永福寺。梅子洲有田、地、塘共八百一亩七分，鲚鱼洲有地一千二百八十三亩三分三厘。清顺治年间(1644—1661)修，清末倾圮。20世纪60年代中期存殿堂一座，寺址改为江苏省通讯电缆厂。此后工厂扩建，更名江苏省邮电建设工程公司，殿宇拆除，旧迹无存。

能仁寺

在旧溧水县乌山西北三里崇贤乡，今溧水区柘塘镇秦淮村老庵边自然村。宋庆元年间(1195—1200)创建，一名老庵，游九言有《能仁寺佛殿记》。明代复建。清康熙年间(1662—1722)有高僧阒堂来居，于殿后掘得旧碑记。

尼姑庵

在今溧水区永阳镇工农兵村革新自然村。其地清代名为龙岗，岗上有梵刹，名尼姑庵。

泥塘庵

在旧溧水县崇贤乡，余不详。

倪村桥庵

在旧溧水县东南二十五里上原乡，清光绪年间(1875—1908)毁。

倪氏古庵

在旧高淳县濑水嘴。清同治元年(1862)毁,倪姓将基捐归永成乡公用。

倪谢村庵

在旧溧水县东十五里丰庆乡,清光绪年间(1875—1908)废。

念佛禅林

在今鼓楼区二板桥。清光绪年间(1875—1908)建,20世纪50年代初,有僧一人,房四间,池塘一亩。

念佛堂

1. 在今鼓楼区宝善街。20世纪50年代初,有房三十一间,地四亩。
2. 在旧南京下关东岳庙村五十七号。20世纪50年代初,有房四间,地二亩。

涅槃寺

南朝古刹。在旧建康县北二十里,梁天监七年(508)七月僧宠造。

宁海寺

在旧都城聚宝门南三十里,祖堂山西峰岭之东,献花岩之南,天盘岭与幽栖寺之间。明正统年间(1436—1449),中使至西洋诸国,船回遇海风,念佛号解脱。奏以闻,赐建此寺。祖堂寺所领小刹,正佛殿三楹,禅堂三楹,僧院一房。基址五亩,东至本寺山,南至本寺地,西至本寺山,北至本寺山。清末民初毁。

牛首寺

缘起未详。明代存,《补续高僧传》卷一九《安岳了悟传》云:“了悟,号无际,一号蚕骨。永乐中,召诣京师,命为宗主,登坛说戒,赐号大善知识。后居南京牛首寺。一日集众说偈:‘我我元无我,光明圆陀陀。荡荡任纵横,处处无拘锁。’端坐而化。”

O

偶憩庵

在旧溧水县南十五里，余不详。

藕花庵

在旧高淳县东北二十五里，彰教寺之南水中秀墩上。明万历年间(1573—1620)，邑人韩邦宪创建。

P

排头庵

在旧上元县东三十二里，麒麟门外龙潭大道，今江宁区麒麟街道东流村。详见“慈应寺”条。

牌楼庵

在今栖霞区龙潭街道西岗果牧场牌楼居民区内，清同治三年(1864)建。

牌楼山庵

在旧溧水县东北二十里长寿乡，余不详。

潘城道场

在旧高淳县北十里龙口湾旁，今高淳区淳溪镇姜家村东。详见“净行寺”条。

盘城讲寺

在旧六合县西三十五里，今浦口区盘城街道盘城社区。宋天圣三年(1025)僧端开建，内贮汾阳王郭子仪像。明洪武十三年(1380)僧从富重建，二十四年(1391)并于卧佛寺，嘉靖三年(1524)僧惠锦修。清光绪年间(1875—1908)废。《释鉴稽古略续集》卷二云："佛寺之设，历代分为三等，曰禅，曰讲，曰教。其禅者不立文字，必见性者方是本宗。讲者务明诸经旨义。教者演佛利济之法，消一切现造之业，涤死者宿作之愆，以训世人。"

盘石寺

在旧六合县北三十里盘石山，今六合区竹镇镇境内。唐咸通年间(860—874)，僧道兴开建。明成化间(1465—1487)僧真通、正德间(1506—1521)僧真明、嘉靖二十八年(1549)僧常茂各有修建。

判神庵

在旧高淳县，民国时期复建。

彭城寺

六朝古刹。在旧秣陵县东南三里，晋升平五年(361)九月彭城王纯之创建。宋元嘉八年(431)道琼尼造金像二躯于寺，泰始年间(465—471)僧亮造丈六金像置于寺中，宋文帝为造金薄圆光。时有高僧释道渊，初住东安寺，善经论，宋文帝师敬之，移止彭城寺。释僧弼，善仪止，有讲学，文帝深加器重，诏讲于彭城寺。释僧覆，学通诸经，蔬食持咒，诵《大品》《法华》，宋明帝敕为彭城寺主。释道盛，善讲《涅槃》《维摩》，明帝诏居彭城寺，著述《生死本无源论》。

毗卢庵

1. 在旧江浦县治后山上，余不详。

2. 在旧都城内两江总督署东南隅，今玄武区汉府街四号。详见下卷"毗卢禅寺"条。

毗卢寺

在今溧水区和凤镇吴村桥村。北宋熙宁年间(1068—1077)创建，名毗卢寺。毁而复建，2007年改名正觉寺。详见下卷“正觉寺”条。

毗耶离寺

六朝古刹。南齐时期存，《高僧传》卷三《齐建康正观寺求那毗地传》云：“求那毗地，此言安进，本中天竺人。弱年从道，师事天竺大乘法师僧伽斯，聪慧强记，勤于讽诵，谙究大小乘，将二十万言。兼学外典，明解阴阳，占时验事，征兆非一。齐建元初，来至京师，止毗耶离寺。执锡从徒，威仪端肃，王公贵胜，迭相供请。”《历代三宝纪》卷一一云：“《百句譬喻集经》十卷，《十二因缘经》一卷，《须达长者经》一卷。右三经，合一十二卷。武帝世，天竺三藏法师求那毗地，齐言德进，永明年于杨州毗耶离寺译出。”

平安山庵

在旧溧水县平安山上。明天启四年（1624）僧华严开建，僧众常数十百人。旧时正殿卑隘，清顺治十三年（1656）邑民马自骧同僧传善复造正殿，以广规制。光绪年间（1875—1908）废。一名净土庵。

平等寺

南朝古刹。梁大同二年（536）创建，刘孝仪撰《平等寺刹下铭》。《广弘明集》卷二七梁简文《答湘东王书》云：“昨旦平等寺法会，中后无碍受持，天仪临席，睟容亲证，拜伏虽多，疲劳顿遣。剃顶之时，此心特至，心口自谋，并欲剪落。无疑马援遣虱之谈，不辞应氏赤壶之讽。”

平教寺

在旧溧水县西四十里山阳乡。相传三国黄初年间（220—226）创建，明万历三十六年（1608）重修。

平乐寺

六朝古刹。刘宋元嘉年间（424—453）存，《历代三宝纪》卷一〇云：“《摩德勒伽毗尼》十卷，一云《萨婆多毗尼》，元嘉十二年，于秣陵平乐寺出。”

平陆寺

南朝古刹。宋景平元年(423)建,名平陆寺,元嘉十年(433)改奉诚寺。详见“奉诚寺”条。

平山寺

在旧江浦县浦口朝宗门外平山。大江奔注,平山适当其冲,相传明代中叶,有神木自江面浮来,里人因构屋三层,名平山寺。中立文昌阁,西建环翠楼,东筑喜雨轩。前为山门,门外银杏二株,大皆合抱,数百年物。又前为双碧楼。清嘉庆二十四年(1819)里人及寺僧续海重修,咸丰三年(1853)毁。

平章庵

在旧都城平章巷。《白下琐言》云:“平章巷旧名皮场巷,有小庵,祀明佥都御史景公清,颜曰景公阁。道光中,居人修造开门,更名平章。”

菩提庵

在旧南京大丁家巷三十二号。20世纪50年代初,有尼一人,房八间。

菩提场

1. 在今秦淮区秣陵路。清同治四年(1865)建,20世纪50年代初,有尼六人,房十五间。

2. 在旧都城鼓楼西北隅。详见“普光庵”条。

菩提精舍

在今玄武区青石街。清顺治年间(1644—1661)创建,20世纪50年代初,有尼四人,房七间。

菩提寺

1. 南朝古刹。宋元嘉十五年(438)慧琼尼开建,《比丘尼传》卷二《南安寺释慧琼尼传》云:“元嘉十八年,宋江夏王世子母王氏以地施琼,琼修立为寺,号曰南外永安寺。琼以元嘉十五年又造菩提寺,堂殿坊宇皆悉严丽。因移住之,以南安施沙门慧智。”

2. 在旧溧水县城东三百步寻仙门外。唐乾符年间(874—879)创建,尼寺。

普成庵

在旧江浦县珠泉上,余不详。

普慈庵

在旧溧水县。元代存,《至正金陵新志》卷一二下云:“南义阡、西义阡,溧水县令九江周成之买地于县南,得地于县西,去县各五里,远近四外,环堵植松,是为义阡。以华胜寺、普慈庵僧主之,俾凡无地以葬者,皆入焉。”

普德寺

南朝古刹。在旧都城聚宝门西南一里半,报恩寺西一里,今雨花台区普德村一三四号。梁天监二年(503)创建,明正统年间(1436—1449)敕内监刘瑾修。前后皆山,苍翠环逼,松林茂深,时堕秀色,旁接雨花之胜。寺内有刘瑾像,僧奉甚虔,以为伽蓝神。两廊有五百铁罗汉像,奇形变态,无一相同。焦竑作《建华严楼记》。报恩寺所统中刹,金刚殿五楹,天王殿五楹,钟鼓楼二座,碑亭二座,大佛殿五楹,观音殿三楹,轮藏殿三楹,西方殿五楹,伽蓝殿三楹,祖师殿三楹,回廊二十八楹,僧院二十四房。基址一百五十亩,东至凤台街,南至天界寺墙,西至安德街,北至国子监地。禅院大门一楹,禅堂五楹,净业堂五楹,斋堂三楹,小禅堂三楹,厨库茶房十三楹。田、地、山、塘共七十一亩三分六厘。明天启年间(1621—1627),有彗法师驻锡寺中,课弟子论经,亦时禅观。僧腊四十,门以瘗龛,曰“姑留一片干净”,言讫而逝。清代释雪墩,九岁祝发普德寺,说《楞严》《维摩》诸经,阐微抉奥,远近赞慕,著《法华科拾集》《钟影堂诗钞》。

清咸丰年间(1851—1861)毁于太平天国战乱,后重建三进院落,坐北朝南。山门前石龟趺一对,各长三米,宽一点七米。山门之北天王殿,供奉弥勒佛、韦陀菩萨和四大天王像。次大雄宝殿,供奉金身如来。大殿前东西两侧各有月门。东月门通大厅,客堂所在,厅前有小天井,雨花泉所在,复东为方丈楼。西月门通大院,僧寮十余间。大殿之后无量殿,供大铁佛一尊,高六米,殿前两角设钟楼和鼓楼。民国三十五年至三十七年(1946—1948),在寺内创办普德佛学院及普德中学。20世纪50年代初,有僧四人,房屋四十八间,田产四百二十余亩。寺中五百铁罗汉,抗日战争时期被偷运东渡三尊,后以泥塑代替,1958年全部炼为钢铁。“文化大革命”时期,大铁佛遭毁,殿宇用作金陵橡胶厂房。现存无量殿、石龟趺、雨花泉石井栏，1982年列为南京市文物保护单位。

普渡庵

1. 在今鼓楼区龙蟠里二十号、二十二号。原为清末魏源故居小卷阿，砖木结构，三进九间，建筑面积五百八十二平方米。太平天国以后，洪秀全妃熊氏避难于此，三年后引渡佛门，以魏宅一半设庵堂，名普渡庵，俗称皇姑庵。20世纪50年代初，有尼三人，房七间。

2. 在今秦淮区张府园。清光绪年间（1875—1908）建，20世纪50年代初，有尼三人，房九间。

3. 在旧高淳县东六十里，庠生汤彦仍倡建。

4. 在旧江浦县汊河集，清同治年间（1862—1874）复建。

普供庵

在旧高淳县东五十里，东坝之南。傅思品捐基，僧不退募建。

普光庵

在旧都城鼓楼西北隅。明永乐年间（1403—1424）常侍刘瑞创建，名普光庵。万历年间（1573—1620）僧真洪易名菩提场，焦竑书额并撰记。

普光寺

1. 六朝古刹。在旧都城聚宝门东南一里驯象街，晋代建造。详见“德恩寺”条。

2. 南朝古刹。在旧建康县西北八十里，梁大同二年（536）安丰县令张延创建。

3. 在旧都城聚宝门南两里，高座寺南半里，雨花台梅冈东南，今雨花台区雨花路二一五号南京雨花台风景区内。详见“宝光寺”条。

4. 缘起未详。宋代存，《高座寺新公塔铭》云：“师讳慧新，绍兴二年结庵龙山，发心斋僧，供赡长讲。五年，之建康普光寺，接待往来云侣。次迁高座寺东，借隅隙地，筑基架屋。”

5. 在今江宁区江宁街道花塘社区，清康熙五十三年（1714）建造。

普弘寺

南朝古刹。齐竟陵文宣王萧子良创建,《新修科分六学僧传》卷一二云:“齐智称,河东闻喜人。下江陵,受禅旨于隐、具二师。义嘉之乱,移京师兴皇,听颖公讲律。定林法献挹其议论,携之以归,竟陵文宣王既建普弘寺,延之。”《略成实论记》云:“《成实论》十六卷,齐永明七年十月,文宣王招集京师硕学名僧五百余人,请定林僧柔法师、谢寺慧次法师,于普弘寺迭讲。”《续高僧传》卷五《梁杨都庄严寺沙门释僧旻传》云:“文宣尝请柔、次二法师,于普弘寺共讲《成实》,大致通胜,冠盖成阴。旻于末席论议,词旨清新,致言宏邈,往复神应,听者倾属。”《大唐内典录》卷四云:“《萨婆若陀眷属庄严经》,天监九年,郢州头陀道人妙光,诣杨州治下普弘寺出此经。”

普化寺

南朝古刹。在旧都城安德门外,石子冈之阴。梁大同二年(536)创建,明永乐年间(1403—1424)赐葬夏国公顾成于寺北。清代寺废。

普惠庵

在旧江浦县治北二十五里,余不详。

普惠禅院

在旧都城三山门西半里,莫愁湖觅渡桥东。详见“普惠寺”条。

普惠寺

在旧都城三山门西半里,天界寺西北七里,莫愁湖觅渡桥东。明永乐年间(1403—1424)创建,名唱经楼。天顺年间(1457—1464)重修,赐普惠寺额,每正旦节,百僚于此拜送表笺。明季重建,为西行士大夫饯送之所。天界寺所统中刹,金刚殿三楹,正佛殿三楹,伽蓝殿三楹,方丈十八楹,僧院十三房。基址五十亩,东至城河,南至官街,西至官街,北至造船厂。租房十三间,房地二十三间半,地一亩。禅堂正门三楹,十方堂三楹,大禅堂三楹,祖师堂三楹,静室二楹,厨库等房三楹,租房十四间。清代改名普惠禅院。寺前有井,石栏题“蒋铨喜舍”“泰和元年三月十四日”等字。

普济庵

1. 在旧都城朝阳门东三十里黄龙山,广惠院东南十五里。宋政和年间(1111—

1118)，蒋山寺佛鉴祈雨有感，里人为建普济庵，后成荒墟。明洪武年间(1368—1398)僧正映重建，广惠院所领小刹，佛殿五楹，僧院一房。基址一亩五分，东至黄龙山，南至西竿村，西至本庵塔院，北至黄龙山官路。田、地、山、塘共七十亩八分七厘。

2. 在旧都城太平门外半里，佛国寺东南二里。明代为佛国寺所领小刹，伽蓝殿三楹，佛殿三楹，观音堂一楹，僧院一房。基址二亩，东至空地，南至城墙，西至官街，北至荷花塘。

3. 在旧都城东北四十五里摄山观音庵左，今栖霞区栖霞街道之东栖霞山。详见“金坛庵”条。

4. 在旧溧水县小东门外在城乡。明万历年间(1573—1620)，邑民丁敷无子嗣，梦观音与语，遂施地捐赀倡建。及庵成，产二子。清顺治六年(1649)，僧海潮重修。

5. 在旧溧水县思鹤乡，清咸丰年间(1851—1861)毁。

6. 在旧高淳县永丰圩川心埂，清光绪年间(1875—1908)建造。

7. 在旧高淳县塘梨港村，余不详。

8. 在旧江浦县竹镇。《竹镇纪略》卷上云：“古迹有普济庵。”

普济禅院

1. 在旧都城大中桥旁，今秦淮区大光路二五〇号街边公园内。详见“白下寺”条。

2. 在旧都城北鸡笼山南坡，今玄武区鸡鸣寺路一号。详见下卷“鸡鸣寺”条。

普济寺

1. 在旧都城朝阳门东三十里，广惠院东五里。明代广惠院所领小刹，金刚殿三楹，正佛殿三楹，僧院一房。基址三亩，东至周家山，南至周家山，西至姚家田，北至周家山。

2. 在旧都城朝阳门外钟山北高峰头陀岩，今玄武区石象路七号中山陵园风景区头陀岭景区内。详见“头陀寺”条。

普觉庵

在旧高淳县夹埂，李氏建造。

普觉寺

在旧都城聚宝门外三十五里牛首山，今江宁区牛首山文化旅游区内。详见下卷

"宏觉寺"条。

普利庵

1. 在今鼓楼区湖北路。20世纪50年代初，有寺僧二十一人，房四间。

2. 在今鼓楼区马台街。清光绪元年(1875)建，20世纪50年代初，有僧一人，房八间，地一亩五分。

普利律寺

1. 在今浦口区顶山街道临泉村三元庵组南。本名普云禅寺，缘起未详，南宋时期香火旺盛。明代改名普利律寺，明太祖朱元璋御笔题额。民国时期孙科题匾"三元庵"，遂以为名。四合院结构，有前殿、天井、厢房、后殿。前殿供奉广田和尚金身，后殿台高三米，面阔五间。"文化大革命"时期焚毁，仅存残碑二块，各高八十厘米，宽五十六厘米，厚十八厘米，字迹漶漫。近年遗址上新建简易房，民间信众开展宗教活动。2013年9月23日，浦口区文化广电局公布普利律寺遗址为浦口区不可移动文物，勒碑记之。

2. 在旧都城三山门内安品街，今秦淮区安品街六十八号。详见"普利寺"条。

普利寺

在旧都城三山门内安品街，上瓦官寺东二里，今秦淮区安品街六十八号。明景泰年间(1450—1457)创建，天顺年间(1457—1464)赐普利寺额。大门左右有二铁狮，光黝如漆，俗呼为铁狮子衙。上瓦官寺所领小刹，金刚殿三楹，僧院四房。基址十亩，东至关王庙，西至金公塘，南至本寺园，北至官街。租房十一间，房地十五间。万历二十六年(1598)灾，仅存山门、围墙、基址。清光绪年间(1875—1908)重建，民国二十一年(1932)修，改名普利律寺。20世纪50年代初，有僧三人，房屋十间。

普明寺

南朝古刹。梁建安侯萧正立创建，《新修科分六学僧传》卷一七云："智远，依荆州长沙寺禅坊沙门法京隶业，造建邺龙光僧绰，以进慧学。梁建安侯萧正立造普明寺，请居之。"《金陵梵刹志》卷三"钟山灵谷寺·人物"云："智远，梁建安侯萧正立普明寺居之，定水既澄，慧门复敞，历名山，还住开善，毕志山泉，城阙不窥，世华无涉，守静自怡，以终老焉。"

普宁禅寺

在旧江宁县凤翔山。明宣德年间(1426—1435)僧祖渊开建,《补续高僧传》卷一八《天泉渊公传》云:“祖渊,永乐癸未,具戒于青原山。上金陵,谒幻居戒公,号入室弟子。宣德改元,住山阐教,升右善世,发上所赐物,建大刹于江宁之凤翔山,赐额曰普宁禅寺。”

普润庵

在旧江浦县治东二十五里,邑民徐应诏创建。

普润寺

在旧高淳县东六十里。僧稀孟开建,里人张司重题额曰普润寺。民国时期废。

普善庵

在旧江宁县,在旧南京大中桥裘家湾三十四号。清光绪二十九年(1903)释慧修建,20世纪50年代初,有尼一人,房三间,地九十方。

普同塔院

清雍正年间(1723—1735)创建。《江宁新志》卷二四云:“晋蕃鲁公,为古林第六世。雍正间创建戒台,造普同塔院及修各殿宇,轮奂改观。”

普贤庵

在旧都城北通贤桥,普缘寺东南。明代创建,普缘寺所领小刹,山门三楹,正佛殿三楹,僧院一房。基址一亩,东至官街,南至官街,西至梅府,北至官街。

普贤寺

南朝古刹。宋大明八年(464)路昭太后创建,《弘赞法华传》卷一云:“宋崇宪路昭太后,植因旷劫,俪极皇家,而幻梦尊贵,尘垢探宝,思隆正化,摹写法身。以大明四年,乃命白马寺比丘昙标,造普贤菩萨像一躯……到大明八年,又造普贤寺,壮丽之奇,将美庄严。”时有宝贤尼,操行精修,博通禅律,宋文皇帝深加礼遇,孝武雅相敬待,明帝赏接弥崇,泰始元年(465)敕为普贤寺主。齐代净晖尼,永明八年(490)竟陵王请入府第讲《维摩经》,为普贤寺主二十余年,弟子四百余人。

普缘寺

在旧都城西北耆阇山西麓，今鼓楼区紫竹林三号。详见“耆阇寺”条。

普云寺

在旧都城东北四十五里摄山中峰凤翔峰西麓，今栖霞区栖霞街道之东栖霞山。详见下卷“栖霞寺”条。

普云禅寺

在今浦口区顶山街道临泉村三元庵组南。详见“普利律寺”条。

普照庵

1. 在今秦淮区三条营。详见“阿弥陀佛庵”条。

2. 在今秦淮区丁官营。清同治七年（1868）宽发尼建，20世纪50年代初，有尼三人，房七间，菜地一亩。

3. 在旧都城聚宝门南二里，永兴寺东半里。详见“普照寺”条。

普照寺

1. 在旧都城聚宝门南二里，永兴寺东半里。旧为普照庵，元至大年间（1308—1311）僧无尽重建。明成化二十年（1484）僧定瑀新建，正德十二年（1517）赐普照寺额。永兴寺所领小刹，山门一座，天王殿三楹，佛殿三楹，左右回廊十四楹，毗卢殿五楹，僧院十四房，禅堂五楹。基址五亩，东至王驸马坟，南至惠应寺，西至永兴寺园沟，北至官街。

2. 在今秦淮区莫愁路。20世纪50年代初，有僧十一人，房十二间，地二五六方。

Q

七佛庵

在旧都城朝阳门外钟山北高峰一人泉之西，地名黑龙潭，今玄武区石象路七号钟山风景区内。旧传萧统讲经之地，风篁露筱，澄碧竹树，时闻梵音。庵后有太子岩，又名昭明读书台。

七佛禅院

在旧江浦县竹镇。详见“观音庵”条。

栖禅寺

六朝古刹。晋征北将军蔡谟之创建，梁代沈约有《栖禅精舍铭》。

栖静寺

六朝古刹。齐梁时期存，《续高僧传》卷五《梁钟山宋熙寺沙门释智欣传》云：“年七八岁，世间近事，经耳不妄。曾入栖静寺，正值上讲，闻《十二因缘义》云‘生死轮转，无有穷已’，便慨然有离俗之志。他日即就栖静僧审禅师，求出家焉。”

栖灵寺

南朝古刹。缘起未详，陈代有张善果壁画。

栖霞精舍

在旧都城东北四十五里摄山中峰凤翔峰西麓，今栖霞区栖霞街道之东栖霞山。详见下卷“栖霞寺”条。

栖贤庵

在旧都城谢公墩，林壑深秀，栖禅胜地。睿璲创建，庐山高僧乐予尝结茅于此，余大成额其亭“编覆白毫”，凌世韶又题“桥峦新阴”。

栖玄寺

南朝古刹。在旧都城覆舟山西南，鸡笼山东北，今玄武区北京东路中段北侧鸡鸣寺至玄奘寺之间。刘宋越平王宏舍宅创建，名栖玄寺，文帝立玄学于寺侧。齐代高僧释僧审驻寺中，文惠、文宣并加敬事。梁代释慧善驻锡，善《法胜》《毗昙》，撰《见散华论》八卷。唐代牛头山智岩禅师，自皖公山入金陵，谒融禅师，住栖玄寺。贞观年间(627—649)释道琼住栖玄寺，诵《法华》一部，声韵清雅，人所乐闻。

栖隐寺

1. 六朝古刹。梁代存，刘孝绰《栖隐寺碑》云："开方便门，示真实相，置甘露室，遵甘露津，苦语软言，随方弘训，俯心降迹，逐物重轻，中枝小叶，各随业根，愍其四流五结，有来而不散，八慢九邪，一沦而莫晓，如彼医王，等之药树，去圣兹远，思圣兹深，诚敬所先，是归龛庙。自妙法东注，宝化西渐，公卿贵士，贤哲伟人，莫不严事招提，归仰慧觉，欲使法灯永传，胜因长久。"

2. 在旧都城聚宝门南六十五里，清福寺西十五里，江宁县陶吴镇东南。明洪武年间（1368—1398）创建，清福寺所领小刹，大殿五楹，观音阁五楹，祖师殿五楹，僧院一房。基址三亩，东至陈遥民山，南至五显庙，西至王超伯塘，北至王超伯塘。田、地、山、塘共五十六亩一分七厘。清乾隆十一年至十三年（1746—1748）袁枚知江宁县，有《宿栖隐寺题壁》诗云："三年栖隐寺，一过一题墙。旧墨都陈迹，新秋又晚凉。壁灯多背雨，风草不留霜。诸佛应余笑，缘多是此床。"

漆阁院

在旧都城东五十里，今江宁区淳化街道双岗村下漆阁自然村。宋代建造，明代以后消亡。

齐安寺

南朝古刹。在旧都城东门外三里，《至正金陵新志》卷一二上云："齐高帝封齐王，以东府为齐宫。梁太清三年，侯景举兵，毁板筑墙，以砖甓为之。绍泰末，尽罹焚毁。陈天嘉中，始徙治府城东三里齐安寺。"南唐升元年间（937—943）重建，宋政和五年（1115）正月赐净妙寺额。旧临官路，后移置高陇，西临淮水，王安石有《齐安寺》诗云："日净山如染，风暄草欲熏。梅残数点雪，麦涨一溪云。"明代寺废，有寺僧治地，得银十锭，上刻永定公主为志公和尚净发之资。

齐福寺

南朝古刹。宋元嘉三十年（453）创建，《高僧传》卷一三《宋齐福寺释道儒传》云："元嘉末出都，止建初寺。长沙王请为戒师，卢丞相、伯仲孙等共买张敬儿故庙，为儒立寺，今齐福寺是也。"

齐古寺

南朝古刹。在旧都城东南六十里,南齐时期创建,名齐古寺。宋代改乐林院。

齐隆寺

南朝古刹。在旧都城广明门侧,齐建武元年(494)萧子良为释法镜建造,名齐隆寺,梁武帝改名宣武寺。《高僧传》卷一三《齐齐隆寺释法镜传》云:“齐竟陵文宣王厚相礼待,镜誓心弘道,常兴福业。建武初,以其信施立齐隆寺以居之。”梁天监七年(508)法镜徂殁,法宠继之,梁武帝每义集,敕常居坐首,号为上座法师,请为家僧。寺本狭小,武帝为宣武王修福,敕王人缮改张饰,更名宣武寺。

齐宁寺

六朝古刹。《弘赞法华传》卷六云:“释通子,不知何许人。少出家,住齐宁寺。素与建初寺忍法师友善。听灵耀义,甚有思工,诵《法华经》一部,不持细行。”

齐熙寺

六朝古刹。梁代存,《法苑珠林》卷四二云:“道琳,善《涅槃》《法华》,诵《维摩经》。梁初出居齐熙寺,天监十八年卒。”《续高僧传》卷二五《隋蒋州大归善寺释慧侃传》云:“时往杨都偲法师所,偲素知道行,异礼接之。将还山寺,请现神力,侃即从窗中出臂,长数十丈,解齐熙寺佛殿上额。”

祇洹精舍

南朝古刹。宋永初元年(420)范泰创建,一名祇洹寺。《南史》卷三三《范泰传》云:“泰博览篇籍,好为文章,爱奖后生,孜孜无倦。暮年事佛甚精,于宅西立祇洹精舍。”《高僧传》卷七《宋京师祇洹寺释慧义传》云:“宋永初元年,车骑范泰立祇洹寺,以慧义德为物宗,固请经始。”元嘉八年(431)正月,罽宾三藏法师求那跋摩达于建邺,敕住祇洹寺,讲《华严经》及《十地品》,译《菩萨善戒三十品》《优婆塞五戒法》等二十六卷,足成伊叶波罗所译《杂心》十卷。宋文帝尝问:“朕欲斋戒不杀,迫于狗物,不获于志。”跋摩对曰:“帝王匹夫所修各异,匹夫身贱名劣,言令不威,若不克己,将何以济。帝王以四海为家,兆民为子,出一嘉言,士民咸说,布一善政,人神以和,则风雨应时,百谷滋茂,如此持斋,德亦大矣,宁在辍半日之餐,全一禽之命,然后弘济耶?”帝叹曰:“俗迷远理,僧滞近教,如法师之言,可谓尽天人际。”元嘉十二年(435)

冬，中天竺国三藏法师求那跋陀至京师，妙大乘宗旨，时号摩诃衍。敕住祇洹寺，集义学诸僧，译《杂阿含》《法鼓》《胜鬘》《楞伽》等经，共百余卷。又有罽宾三藏禅师昙摩蜜多憩祇洹寺，译出禅经《禅法要》《普贤观》《虚空藏观》等，以禅法教授学者，号大禅师。元嘉二十二年(445)范晔谋废立，败死狱中，合门十二丧，莫敢举，祇洹寺僧昙迁卖己衣盂，为营葬具。孝武帝闻而义之，谓徐爰曰："卿著《宋书》，慎勿遗此。"

祇洹寺

南朝古刹。宋永初元年(420)范泰创建，一名祇洹精舍。详见"祇洹精舍"条。

祇阇寺

在旧都城西北耆阇山西麓，今鼓楼区紫竹林三号。详见"耆阇寺"条。

祇园庵

在旧溧水县毛公铺，一名茶庵。清光绪六年(1880)重建。

圻塘庵

在旧六合县西门十里，僧慈航、见一开建。

岐山庵

在旧溧水县东北十五里崇贤乡，余不详。

祈泽寺

在旧都城正阳门东三十里祈泽山西侧，翼善寺北十里，今江宁区东山街道上方街区万安东路北。宋景平元年(423)创建，名宋少寺。唐会昌年间(841—846)废，南唐升元年间(937—943)复建。保大年间(943—957)以旱祈雨于旧寺基，信宿而雨，自后以为祈祷之所。宋治平年间(1064—1067)赐祈泽治平寺额，简称祈泽寺，王安石有《游祈泽寺》诗。元至正年间(1341—1368)重建。明嘉靖年间(1522—1566)修葺，翼善寺所领小刹，金刚殿三楹，天王殿三楹，正佛殿五楹，观音殿三楹，钟楼一座，地藏殿三楹，龙王殿二层共六楹，僧院三房。基址二十一亩，东至本寺山顶，南至官路，西至官水沟，北至青龙山。田、地、山共三十六亩九分五厘。清咸丰三年(1853)毁于太平天国战火，光绪五年(1879)重建，光绪十七年(1891)僧明辉、涌青增修。民国三十五年(1946)改作粮库,1949年以后如之,现存光绪年间所建房屋数间。

寺有祈泽泉,亦名祈泽池、龙池。相传初法师结茅于山下,日夜诵《法华经》。有一女来听,移时方去,师讶之,因问其住止。女曰:“儿东海龙女,游江淮间,闻师诵经,来听之。”师曰:“此山乏水,汝能神变,为我开一泉可乎?”女曰:“此事固易,容儿归白父。”数日后,忽作风雷,有清泉出于座中,澄彻如镜。今存遗迹,1983年6月江宁县人民政府公布为县重点文物保护单位。寺左有堕云峰,乱石嵯岈,若云而堕。墙外有仙人岩,起伏如仙人座。寺后山上有翻经坪,广可盈亩,平若手掌,上有流水痕,环曲如凿。

旧时殿墀内有双文杏,相传初法师手植,大三四围,繁阴覆地,千年植物。又有南唐断碑,埋殿角,盛时泰出之,其文首云“晋水齐云山释无名”,尾云“秦正月之元年与德谦”及“保大惟新”诸字,余残缺不可读。殿壁有高逸上人与梵仙诗碣,宣和四年夏日住持道升勒石。以上今皆不存。

祈泽治平寺

在旧都城正阳门东三十里祈泽山西侧,今江宁区东山街道上方街区万安东路北。详见“祈泽寺”条。

耆阇禅寺

在旧南京芦席营北段一三七号。唐代建造,20世纪50年代初,有僧二人,房二间,地四十三亩九分。

耆阇寺

六朝古刹,一作祇阇寺。在旧都城西北耆阇山西麓,天界寺北十五里,今鼓楼区紫竹林三号。晋代创建,宋元嘉十五年(438)文帝立史学、文学于寺侧。《陈书·后主本纪》所谓“祯明三年春,隋贺若弼自京口趋建康,陈主命樊毅屯耆阇寺”即此。陈代张正见《陪衡阳王游耆阇寺》云:“甘棠听讼罢,福宇试登临。兔苑移飞盖,王城列玳簪。阶荒犹累玉,地古尚填金。龙桥丹桂偃,鹫岭白云深。秋窗被旅葛,夏户响山禽。清风吹麦陇,细雨濯默林。”唐代孟浩然有《与张折冲游耆阇寺》诗。

元代重建,改名晋缘寺。明成化十九年(1483)僧能智重修,赐普缘寺额。天界寺所统中刹,金刚殿三楹,正佛殿五楹,毗卢阁三楹,玄帝殿三楹,僧院七房。基址八亩,东至官街,南至营房,西至城墙,北至内厂田。清康熙三年(1664)寺僧重修。

寺西有万松林，昔颛愚和尚契神清静，结茅于此，自题额曰紫竹林。参见“紫竹林禅院”条。

憩　庵

在旧溧水县思鹤乡天生桥。僧照慧重修，清咸丰年间(1851—1861)毁。

千佛庵

1. 在旧都城南上瓦官寺西二里。明代为上瓦官寺所领小刹，韦驮殿三楹，佛殿三楹，僧院一房，禅院三楹。基址一亩，东至官街，南至黄宅房，西至陆家园，北至韦家巷。清同治初(1862)重建。20世纪50年代初，有僧一人，房十六间。

2. 在旧高淳县南三十里水碧桥左。明万历年间(1573—1620)木樨王氏创建，清康熙五十年(1711)重修。面南背北，龙溪前绕，碧桥傍峙，中筑高阁一座，上供千佛，色相庄严，游览题咏甚多。民国时期废。

3. 在旧六合县篾缆桥，僧云台开建。

4. 在旧江浦县浦口城内。明洪武九年(1376)创建，名新庵。万历年间(1573—1620)，给谏祝世禄更名千佛庵，邑人沈绶捐置田二百余亩，郎中沈浚明撰记。

5. 在旧江浦县汤泉镇西隅，明代创建。东、南、西三面环水，四合院落，前为平房，后建楼宇，两庑筑僧寮。殿中供奉如来佛、观音菩萨、地藏菩萨，并有哼哈二将和四大天王、五百罗汉，大小造像千余尊。

6. 在旧江浦县竹镇，居民李云鹄助修。

千佛寺

在旧都城聚宝门内水军所东北，鹫峰寺西南二里，今秦淮区饮虹园。明洪武元年(1368)创建，明末重修。鹫峰寺所领小刹，山门三楹，三圣殿三楹，大佛殿五楹，僧院一房，禅堂三楹。基址三亩。清同治年间(1862—1874)废。

千福院

在旧都城北鸡笼山南坡，今玄武区鸡鸣寺路一号。详见下卷“鸡鸣寺”条。

千子亭观音庵

在旧都城正东隅上闸街，元延祐三年(1316)蒋山寺僧智坚募建。

迁霞寺

六朝古刹。《道宣律师感通录》云："梁僧佑于上云居、迁霞、归善、爱敬四处立坛。江淮之南，通计戒坛，总有三百余所。"

前村庵

在旧溧水县赞贤乡，一名兴隆庵。清光绪年间(1875—1908)废。

前法性寺

在旧秣陵县南二百步。详见"建宁寺"条。

前吕庵

在旧溧水县丰庆乡，余不详。

前赵庵

在旧溧水县思鹤乡，一名松云庵。清咸丰年间(1851—1861)毁。

乾明尼寺

在旧都城东南翔鸾坊，南唐太庙旧基。宋开宝年间(968—976)创建，太平兴国五年(980)赐乾明尼寺额。《至正金陵新志》卷一一下引《乾道志》云："南唐后主宫中置归德、永募二尼院，宋开宝年间废，移二院尼，置寺于旧太庙，太平兴国五年赐乾明尼寺额。"元代改名戒坛庵。

伽蓝庵

在旧都城西，清凉寺南半里，今鼓楼区清凉山路。明代创建，清凉寺所领小刹，韦驮殿三楹，佛殿三楹，僧院一房。基址二亩，东至陶家山，南至官街，西至蒋家山，北至陶家山。民国十五年(1926)昌德重建，20世纪50年代初，有尼二人，房五间。

且止庵

在旧高淳县北七里。明万历年间(1573—1620)邢林一建，清乾隆十五年(1750)僧建明募、邢本岐等修。

秦壒庵

在旧溧水县西南三十里山阳乡，清光绪年间（1875—1908）重建。

秦皇寺

南朝古刹。陈宣帝陈顼创建，《新修科分六学僧传》卷一〇云："释住力，八岁入道，有闻缁俗。陈宣帝于京城之左造秦皇寺，诏董工役，至德二年充寺主。陈亡，徙居江都之长乐寺。"

青果寺

在旧都城朝阳门外钟山之阴，羊坊村北。余不详。

青洪庵

在旧溧水县东南二十五里上原乡青洪山。唐代创建，清光绪年间（1875—1908）废。

青莲庵

1. 在旧高淳县东二十五里。庠生孔尚望捐赀倡建，清咸丰年间（1851—1861）毁于兵，同治年间（1862—1874）重建。

2. 在旧六合县武德卫，清光绪年间（1875—1908）重建。

青莲社

在今秦淮区三元巷。民国十六年（1927）建，20世纪50年代初，有尼五人，房八间。

青龙庵

在旧高淳县东七十里。明天启年间（1621—1627）赵思宏倡建，清咸丰年间（1851—1861）毁，同治八年（1869）赵桢、赵瀛重建。

青山寺

1. 在旧江浦县西六十里石桥镇青山，今浦口区石桥镇双山村寺脚自然村。缘起未详。明隆庆元年（1567），知县王之纲令诸生会文于此，曰青琐会。

2. 在旧聚宝门南六十里皈善乡，福兴寺东二十里。详见"清修院"。

青丝洞庵

在旧溧水县南八里赞贤乡感泉山青丝洞，余不详。

青霞寺

六朝古刹。《庐山记》卷三云："（竺道生）义熙七年辛亥初入庐山，幽栖七年，以求其志。常以入道之要，慧解为本，故钻仰群经，斟酌杂义。万里随法，不惮疲苦，乃经长安，罗什受业，关中僧众，咸谓神悟。后还都，止青霞寺，校阅真俗，研思因果。"《佛祖统纪》卷二六云："法师道生被摈南还，久之还都，止青霞寺，宋文帝大会沙门，亲御地筵。"

青园寺

1. 在旧建康县西北二里覆舟山，今玄武区九华山二十号九华山公园内。晋恭思皇后褚氏创建，竺道生尝居之。宋元嘉五年（428）夏，雷震寺中佛殿，龙升于天，光照四壁，因改名为龙光寺。唐会昌年间（841—846）废，咸通二年（861）重建，更名月灯禅院，南唐升元年间（937—942）再废。

2. 在旧建康县西北二里覆舟山，今玄武区九华山二十号九华山公园内。宋元嘉二年（425）王景琛母范氏创建，《比丘尼传》卷二《东青园寺业首尼传》云："业首，深解大乘，善构妙理，弥好禅诵，造次无怠。宋高祖武皇帝雅相敬异，文帝少时从受三归。元嘉二年，王景琛母范氏，以王坦之故祠堂地施首，起立寺舍，名曰青园。潘贵妃以元嘉十五年，为首更广，寺西创立佛殿，复拓寺北，造立僧房。有七佛殿二间，泥素精绝，后代稀有及者。"

清风寺

在旧江宁县小山，廖太监建造。《同治上江两县志》卷三云："翠屏山南曰上公山，上公山东北曰福子山，又东曰大山，大山之东曰小山。"

清佛寺

民国时期存，见于朱偰《南京梵刹志略》。

清福庵

在旧都城正北隅，宋景定二年（1261）僧觉清开建。

清福寺

在旧都城聚宝门南六十里，报恩寺南六十里，安德门外秣陵镇。《至正金陵新志》卷一一下引《乾道志》云："清福寺，在秣陵镇东，去城五十二里。"明代为报恩寺所统中刹，山门三楹，佛殿三楹，僧院一房。基址六亩八厘，东至本寺水沟，南至大河，西至张家田，北至张家田。田、地、塘共二十六亩六厘。

清果寺

在旧都城太平门北十六里，佛国寺北十三里。明代创建，佛国寺所领小刹，山门一楹，钟楼一座，佛殿三楹，法堂殿五楹，僧院三房。基址三亩，东至丘家山，南至官路，西至雷家山，北至刘家山。田、地、山、塘共一十七亩二分九厘。寺侧有张孝祥墓。

清果院

在旧都城东二十五里。缘起未详，宋代存。

清净庵

在旧江浦县小东门内，余不详。

清凉广惠禅寺

在旧都城西北清凉山南麓，今鼓楼区清凉山路八十三号清凉山公园内。详见下卷"清凉寺"条。

清修院

在旧都城聚宝门南六十里皈善乡，福兴寺东二十里，今江宁区江宁街道清修村。宋治平二年（1065）赐清修院额，俗呼青山寺。明代为福兴寺所领小刹，地藏殿三楹，佛殿三楹，后佛殿三楹，僧院二房。基址五亩，东至大河，西至单家田，南至王家山，北至单家田。

清玄寺

南朝古刹。在旧都城神策门北十五里，弘济寺北五里，观音门外钟山乡。梁大通元年（527）创建，名清玄寺。唐大中年间（847—860）复建，五代改名清真寺，宋建炎年间（1127—1130）毁。明成化年间（1465—1487）重建，弘济寺所领小刹，山门一楹，观音殿三楹，正佛殿三楹，宝公殿三楹，僧院一房。基址十亩，东至本寺田，西至本寺山，南至官路，北至本寺山。田、地、山共三十二亩二分九厘。民国时期废。旧有梁代佛像，梁立曦《次韵周橦清真寺》诗云"遗像梁朝佛"即此。

清真寺

在旧都城神策门北十五里，观音门外钟山乡。详见"清玄寺"条。

庆龙庵

在旧高淳县东七里汶溪村，余不详。

庆善寺

在今鼓楼区清凉山路八十三号清凉山公园扫叶楼后。明代建造，祀唐代名将张巡。太平天国时期毁，光绪年间(1875—1908)重建。20世纪50年代初，有僧二人，房屋十余间，山地二亩。寺后小径通往后山，半山有佛殿一座，乃古清凉寺遗址。

庆云寺

六朝古刹。在旧都城东北四十五里摄山，今栖霞区栖霞街道之东栖霞山。梁代存，《陈书》卷二《高祖纪下》云："永定元年十月，诏出佛牙于杜姥宅，集四部设无遮大会，高祖亲出阙前礼拜。初，齐故僧统法献于乌缠国得之，常在定林上寺。梁天监末，为摄山庆云寺沙门慧兴保藏，慧兴将终，以属弟慧志。承圣末，慧志密送于高祖，至是乃出。"

邱厂寺

在旧都城聚宝门南十里，石马山之阴，今雨花台区西善桥街道西善桥村。详见"崇因寺"条。

泉水庵

在旧高淳县东四十里小茅山麓。寺有水井一窟，清泉自石隙中滋出，四时不竭。相传乾隆五十年(1785)大旱，邻近村庄半取汲于此。民国时期庵废井存。

劝善寺

南朝古刹。在旧秣陵县东南十八里冶城山，梁天监十三年(514)武帝萧衍为宝志创建。

阙石寺

在旧都城北鸡笼山东麓，今玄武区鸡鸣寺路一号。详见“台城千福院”条 。

R

仁慈寺

在旧江宁县仁慈乡，余不详。

仁王院

在旧都城南七十里，近慈湖界。唐末有僧结茅于此，讲《仁王经》。南唐立仁王院额，宋治平二年(1065)更名大仁院。

容道庵

在旧南京白井廊三号。清光绪年间(1875—1908)建，20世纪50年代初，有尼三人，房九间。

如禅院

南朝古刹。在旧江浦县西南六十里定山狮子峰下，今浦口区汤泉街道南京老山国家森林公园狮子岭景区内。旧传梁武帝萧衍为梁王时，其女久疾不愈，发愿造寺一座。公主既愈，遂筑寺于定山，名如禅院。梁普通八年(527)达摩折苇渡江，尝居之。明洪武元年(1368)无尽禅师重建。旧有贝叶经一幅，佛齿一对。又有履一只，相传达摩所遗，成化年间(1465—1487)被某大监取去。

如来庵

在旧溧水县赞贤乡淇济桥西，余不详。

如来禅林

在今秦淮区小心桥东街。清光绪十年(1884)尼志清建，20世纪50年代初，有尼二人，房十一间。

如意庵

在今秦淮区天妃巷。20世纪50年代初，有尼一人，房五间。

儒童寺

在旧高淳县东南二十里游子山，今高淳区东坝镇游子山环山路六号游子山国家森林公园内。游子山本名绵山，《景定建康志》云，周敬王三十一年(前489)孔子南巡适楚，登绵山，给随行弟子讲学，土著遂改绵山为游子山。孔子学生高柴，字子羔，安家于游子山。唐景福二年(893)，高柴后裔于山中建孔子祠，亦名孔子寺。南唐升元年间(937—943)，更名儒童寺。民国时期废为高氏居，里俗犹称儒童寺。2013年复建孔子祠于游子山巅，更名文圣殿，殿堂正中为孔子像，四配、十二哲分列两侧。文圣殿之后为真武殿，其配殿曰慈航殿、土地殿、财神殿。慈航殿内供奉彩绘滴水观音跏趺坐泥塑像，略显昔日儒童寺三教合流之遗踪。

乳山庵

在旧溧水县西三十里山阳乡，清光绪年间(1875—1908)废。

阮家庵

在旧江浦县乌江镇北，今浦口区乌江镇茶棚村安郑自然村。余不详。

芮里庵

在今高淳区桠溪镇荆山村芮里自然村，清代建造。

瑞佛庵

在旧江浦县浦口，余不详。

瑞华庵

在旧高淳县淳西花犇。清康熙十八年(1679),邢履衢重建,废于兵火。光绪元年(1875),尼修德重建。

瑞相寺

六朝古刹。在旧都城聚宝门东南三里,永宁寺东南二里,羽林二郎冈。晋永嘉元年(307)敕安东将军构建,名瑞相寺,太元十三年(388)废。宋元嘉七年(430)西域梵尼七人至建业,十一年(434)尼铁索罗等三人又至,止此,故号铁索罗寺,为中国尼寺之始。宋齐以来,或名翠灵寺,或名妙果寺。宋开宝八年(975)毁,太平兴国二年(977)僧请其地,重建瑞相禅师塔,因名瑞相院。明代为永宁寺所领小刹,门楼一楹,伽蓝殿三楹,佛殿三楹,禅堂三楹,斋堂三楹,僧院三房。基址三亩,东至汪纪坟,南至官街,西至漏泽园,北至汪纪山。

瑞相院

1. 在旧都城聚宝门东南三里,永宁寺东南二里,羽林二郎冈。晋永嘉元年(307)敕建瑞相寺,宋太平兴国二年(977)改名瑞相院。详见“瑞相寺”条。

2. 六朝古刹。在旧都城聚宝门西南三里,今雨花台区雨花西路一三〇号。吴嘉禾四年(235)创建。详见“碧峰寺”条。

瑞像院

在今秦淮区正学路。清光绪四年(1878)眼修和尚建,20世纪50年代初,有寺僧二人,房二间,地十三方丈。

润心寺

六朝古刹。刘宋时期存,《弘赞法华传》卷八云:“宋僧道荣,住京师润心寺。”

S

三禅寺

在旧都城聚宝门南一百二十里，东城尽节乡。明代创建，灵谷寺所统中刹，山门三楹，观音殿五楹，轮藏殿三楹，僧院三房。基址六亩，东至朱家山，南至刘家山，西至刘家山，北至范家山。田、地、山、塘共一百八十五亩四分。

三公庵

在旧高淳县东六十里，清咸丰年间(1851—1861)毁。

三官庵

在旧溧水县长寿乡，余不详。

三官殿

在今秦淮区大辉复巷。唐代创建，20世纪50年代初，有僧四人，房八间，地二亩六分。

三光寺

南朝古刹。在旧六合县东二都。梁天监年间(502—519)僧永洪创建，明洪武三年(1370)僧昌弘重建，天顺间(1457—1464)僧悟真、正德间(1506—1521)僧空玉、嘉靖二十二年(1543)僧德成各有修建。

三教寺

在今六合区玉带镇三教村。寺内儒教、道教、佛教并存，故名。

三茅庵

在旧六合县瓜步永兴堡。乡耆田逢春、王超祖与马、陆二姓共建，置香火田三十亩。清光绪年间(1875—1908)毁，堡民鸠工新之。

三山寺

在旧都城聚宝门南五十里，弘觉寺西南三十里，地名江宁板桥浦。其地三峰相连，中隐孤寺，疏钟度云，怒涛舂石，境极幽阒。有三山矶，半悬江中，登者爽目。本为古刹，明洪武十三年(1380)敕重建，赐三山寺额。正统年间(1436—1449)僧昙昕、洪潾重修，昙昕《三山讲寺实录》云："高皇帝龙飞渡江，尝驻跸三山之巅，洪武十三年，命工部左侍郎黄立恭建寺于三山之阳，赐额三山讲寺。正统八年，住持昙昕念是寺殿堂年久，乃与徒众洪潾等谒缘修理，九年，驸马都尉赵辉、工部尚书周忱、太仆寺少卿邓浩皆发信心及劝募，鼎建三门，并修普贤殿，又募资财，于景泰二年修大佛殿。"弘觉寺所领小刹，金刚殿三楹，正佛殿五楹，观音殿四楹，望江楼三楹，纯阳阁三楹，僧院一房。基址十五亩，东至本寺山，南至旗手卫屯田，西至大江，北至本寺山。田、地、山共二百一十亩九分一厘。清同治年间(1862—1874)废。

三圣庵

1. 在今秦淮区花露岗。20世纪50年代存，今废。

2. 在今秦淮区柏果树小区内。清同治年间(1862—1874)创建，20世纪50年代初，有僧一人，房八间。

3. 在旧高淳县东四十里丁家村前，民国时期废。

三塔寺

1. 在旧都城神策门北一里大壮观山，嘉善寺西南五里，今玄武区红山森林动物园内红山上。宋代旧刹，明永乐年间(1403—1424)鸡鸣寺住持德琮奏为鸡鸣寺塔院。永乐十四年(1416)僧智源奉旨改建为寺，正统三年(1438)赐三塔寺额。万历年间(1573—1620)倾圮，募缘重修。嘉善寺所领小刹，山门三楹，天王殿五楹，大佛殿五楹，僧院八房。基址五十六亩，东至徐府山，南至杨家民田，西至刘家田，北至官水沟。田、地、山、塘共九十七亩五厘。

2. 六朝古刹。在旧溧水县西七十里。东晋创建，相传僧伽大圣行化之地。详见"白龙寺"条。

三堂寺

南朝古刹。在旧六合县东二都，梁天监二年(503)僧永洪开建。

三一庵

在旧都城朝阳门内，铜井院北二里，明代为灵谷寺下院。详见“十方律院”条。

三元庵

1. 在旧南京中华门外鸡鹅所二号。20世纪50年代初，有殿宇六间，地四亩五分。

2. 在旧江浦县浦口拱极门内北门街，今浦口区顶山街道临泉村三元庵组南。详见“普利律寺”条。

3. 在今栖霞区迈皋桥街道五塘村窑上自然村，清代存。

三元宫

在旧南京瓦厂街八十六号。清同治年间(1862—1874)重建，20世纪50年代初，有僧三人，房四间，地基二亩。

三藏殿

民国时期存，见于朱偰《南京梵刹志略》。

三藏塔院

1. 六朝古刹。在旧都城东北隅乌衣巷，今秦淮区大油坊巷、乌衣巷一带。晋隆安三年(399)，安帝司马德宗为龟兹国沙门鸠摩罗什创建。详见“法王寺”条。

2. 唐代玄奘法师顶骨归葬处。在旧都城南门外聚宝山，今明代大报恩寺遗址公园南约二百米，秦淮区正学路一号。宋端拱元年(988)，僧可政于长安终南山紫阁寺得玄奘顶骨归葬金陵，名三藏塔院。元至顺年间(1330—1333)，天禧寺主僧复建。明代并入大报恩寺，顾起元《客座赘语》云“余尝至大报恩寺，登三藏殿，后阶有小塔，云是唐玄奘葬处”即此。

伞巷观音庵

在旧都城内锦衣卫，承恩寺西北二里。明代建造，承恩寺所领小刹，韦驮殿三楹，佛殿三楹，火神殿一大楹，僧院一房。基址一亩，东至医学，南至官街，西至官巷，北至千水营。

沙河庵

在旧溧水县西六里思鹤乡，清咸丰年间(1851—1861)毁。

沙塘庵

在旧溧水县南六十里，今溧水区和凤镇沙塘庵村。余不详。

山茨精舍

南朝古刹。在旧都城东门外钟山，今玄武区石象路七号钟山风景区内。齐代周颙创建，《新修科分六学僧传》卷二四云："齐法度，少为沙门，游京师。有齐郡明僧绍，隐居摄山，师事度，舍所居为栖霞精舍，以居之。时有沙门法绍，议论相上下，号北山二圣，周颙自成都迎至于山茨精舍，与度并为竟陵王子良、始安王遥光所师礼。"

山光寺

缘起未详。杨吴时期存，《南唐书》卷八云："知谏，温第四子也，爽悟喜文，徐氏诸子，知谏最为雅循。初，知训辅政，无所酝藉，温留知谏阴助之，诸将常恶知训陵己，而以知谏为长者。烈祖自润州入觐，知训会饮山光寺。是日，知训欲害烈祖，知谏以谋告烈祖，烈祖获免。"

山海院

在旧都城朝阳门东五十里，广惠院东南二十五里，沧波门外丁墅。唐天宝年间(742—756)创建，明洪武年间(1368—1398)重建，广惠院所领小刹，正佛殿三楹，僧院二房。基址十八亩，东至山冈，南至官路，西至祠山庙，北至水涧。

山口庵

在旧溧水县东北十五里崇贤乡，余未详。

山斋寺

南朝古刹。在今秦淮区大油坊巷、钞库街附近，《南朝佛寺志》云："谢氏世居乌衣巷，梁尚书令谢举湛深佛理，宅内山斋泉石甚美，遂舍以为寺焉。"

善居寺

南朝古刹。在旧都城东门外钟山,今玄武区石象路七号钟山风景区内。宋元嘉年间(424—453)创建,名善居寺。齐永明年间(483—493),高僧释道禅驻锡寺中,听掇众部,尤善《十诵》,经略道化,僧尼信奉,都邑受其戒范者,数越千人。元代改名下云居院。

善觉尼寺

南朝古刹。在旧建康县东七里,梁普通五年(524)穆贵妃创建,殿宇房廊,刹置奇绝。梁元帝萧绎撰《善觉寺碑》。

善觉寺

南朝古刹。在旧建康县太清里。梁大通元年(527)晋安王创建,梁武帝有《答晋安王谢幸善觉寺启敕》云:"汝所营建慈悲宝刹,诸佛威神,不营多功,才欲运力,即便竖立。幽显欣仰,我亦随喜。"梁简文帝萧纲《善觉寺碑铭》云:"河南望浮云之瑞,新野表升天之祥,光前绝后,建兹福地。乃于建康之太清里,建善觉寺焉。大通元年龙集己酉,有令使立碑文,未获构撰。居诸不息,寒暑推移,轩曜夙倾,前星次掩。岁在诹訾,始得补辍,何言之陋,何事之隆。"

善庆庵

1. 在旧溧水县白鹿乡十甲村北,余不详。
2. 在今六合区程桥街道竹程村安东自然村西,余不详。

善庆寺

民国时期存,见于朱偰《南京梵刹志略》。

善司庵

在旧都城西清凉山清凉寺侧。僧扫叶建,庵后有扫叶楼。

善业尼寺

南朝古刹。在旧秣陵县西南五十里,梁大同二年(536)兰恪创建。

上茶庵

在旧高淳县东六十里，普润庵之上。里人周连城捐赀倡建。庵外有亭，饮憩行人。

上乘庵

在旧南京上乘庵四十三号。20世纪50年代初，有尼七人，房七间。

上定光寺

六朝古刹。刘宋时期存，《全梁文》卷七一《释僧佑传》云："僧佑，俗姓俞，彭城人，世居建业。宋时出家上定光寺，齐梁间见重宫省。天监中，终建初寺。"

上定林寺

南朝古刹。在旧都城东门外钟山之巅应潮井后，今玄武区石象路七号钟山风景区内。刘宋元嘉十二年(435)禅僧昙摩密多开建，《名僧传抄》云："昙摩密多，罽宾国人。宋永初三年至江陵，住长沙寺，造立禅阁。元嘉十年还都，止钟山定林下寺。天性凝静，雅爱山水，为钟山镇岳，埒美嵩华，常叹下寺基构临涧低侧。于是乘高相地，揆卜山势，以元嘉十二年，斩木刊石，营建上寺。士庶钦风，献奉稠迭，禅房殿宇，郁尔层构。"寺旧有佛牙，南齐僧统法献得于乌缠国，建阁以奉。梁普通三年(522)正月有司升阁缉捕叛奴，遂失所在，后为摄山庆云寺沙门慧兴收藏，今供养在北京西山八大处灵光寺佛牙舍利塔内。

南朝驻锡高僧有释法通，博观三藏，尤深于《方等》《大品》《法华》，精修禅诵。释法令，善《涅槃》《大小品》，尤精《法华》《阿毗昙心》，其讲先标纲要，旋析条流，言约旨远，驰名京邑，居寺三十三载，足不下山。释僧佑，年十四薙落于定林寺，既禀具，究《毗尼》，精律部，所获信施，悉以修治塔寺，完整经像。撰《三藏记》《法苑记》《世界记》《释迦谱》《弘明集》行于世。释僧旻，与僧智、僧晃、刘勰等三十人同抄定林寺一切经论，以类相从，成八十卷，刘勰为之铨次。唐代有释法智，诵《法华》一部，声韵朗彻，音句分明，时人呼为智法华，贞观初(627)居上定林寺。宋乾道九年(1173)，释善鉴请上定林寺旧额，新建于江宁县方山北麓。参见下卷"方山定林寺"条。

上方寺

在旧溧水县西二十里思鹤乡，今溧水区石湫镇上方村思贤自然村后，唐开元十二年(724)创建。相传寺即孙权之祖孙钟种瓜处，钟早年失父，与母居，性至孝。遭岁荒俭,以种瓜自业,忽有三少年诣钟乞瓜,钟厚待之。三人曰:“此山下善,可葬,当出天子。君往山下百步许,顾见我等去,即可葬处。”钟去三四十步便返,顾见三人并成白鹤飞去。钟如其言,子孙果昌,其地遂名思鹤乡。寺有上方井,井上刻字云“唐贞元记”。南唐僧惠海作《十王斋记》勒石,宋大观二年(1108)以石送府。清光绪年间(1875—1908),重建殿宇三间。

上官寺

在今江宁区横溪街道甘泉湖社区,清代建造。

上国安寺

在旧都城聚宝门东南半里驯象街。本名崇胜寺,一名大悲院,宋大中祥符二年(1009)赐承天寺额。乾道七年(1171)僧法澐重建,更名大悲寺,乾道九年(1173)改上国安寺额。元代高僧扶宗法师尝驻锡寺中。明代为西天寺所领小刹,佛堂三楹,佛殿三楹,僧院一房。基址二亩,东至王昶田,南至官街,西至卫全墙,北至城河。清代寺废。

上蓝寺

缘起未详。南唐时期存,《禅林僧宝传》卷五云:“殷禅师,七龄出家,年二十剃落受具。唐后主闻其名,诏至金陵,问佛法大意。久之有旨,延居祥光寺,又住上蓝寺,赐号澄源禅师。”

上瓦官寺

在旧都城聚宝门内西南隅花盏岗。详见下卷“瓦官寺”条。

上王庵

在旧溧水县东二十里丰庆乡,余不详。

上云居院

在旧都城东二十里,钟山之右。详见“胜善寺”条。

尚师庵

民国时期存，见于朱偰《南京梵刹志略》。

摄山寺

南朝古刹，即栖霞寺。在旧都城东北四十五里摄山，今栖霞区栖霞街道之东栖霞山。《比丘尼传》卷三《建福寺智胜尼传》云："（智胜）舍衣钵，为宋齐七帝造摄山寺石像。永明十年四月八日卒，葬于钟山。"《新修科分六学僧传》卷一七云："明璨，仁寿初，诏送舍利葬蒋州之栖霞，即今之摄山寺。"参见下卷"栖霞寺"条。

神山庵

在旧溧水县南二十五里赞贤乡，清同治七年（1868）僧光明募建。

神山寺

南朝古刹。梁昭明太子萧统创建。梁简文帝萧纲有《神山寺碑》云："耆山鹄苑，布迹人中。自非庄严妙土，吉祥福地，何以标兹净域，置此伽蓝。皇太子殿下，几圆上圣，智周物外，澄明离日，照影春星，长歌安胜，驰道回车。"

神树岭庵

在旧溧水县仙坛乡破山村前，清光绪元年（1875）里人赵汝霖等重建。

神州庵

1. 在旧南京西子巷三十六号。民国二十六年（1937）建，20世纪50年代初，有尼二人，房六间，地一亩一分。

2. 在旧都城聚宝门西北一里高冈里，今秦淮区高岗里。20世纪50年代初，有尼二人，房三间。

3. 在今玄武区鸡鹅巷。清同治以前（1862）建造，20世纪50年代初，有尼四人，房十七间，地八亩。

升元寺

在旧都城聚宝门内西南隅花盝岗。详见下卷"瓦官寺"条。

升中寺

在旧江浦县治西南二十里高旺镇馒头山，宋真宗赵恒尝驻跸于此。大中祥符三年(1010)创建，赐升中寺额。明洪武年间(1368—1398)僧永完修，清康熙六十一年(1722)僧笃志重修。咸丰年间(1851—1861)毁，复修数楹。

圣感舍利宝塔寺

在旧都城聚宝门南一里聚宝山，今秦淮区雨花路一号明代大报恩寺遗址公园内。其地旧有晋代长干寺，梁代改阿育王寺。南唐时期废为营庐，时有舍利光相表现。宋大中祥符年间(1008—1016)，白塔寺僧可政奏请复寺，诏即光相表现之地建塔，赐号圣感舍利宝塔，寺曰圣感舍利宝塔寺。复寺之初，据山水形势，坐乙向辛，以越王台为案。塔之后地势倾下，不能培筑相因，姑且在北廊造院，为安僧之地。元符二年(1099)，知府吕升卿请于朝廷，改为十方住持，迎请永公为开山第一祖，乃于塔后筑土增迭，凡下而上，积二丈三尺，深入四十尺，横亘二十丈。天禧二年(1018)敕改天禧寺。政和六年(1116)新建法堂，高明静深，庞丽雄特；又建寝堂、方丈、僧堂、厨库、经藏院，为一方丛林之冠，李之仪有《新建法堂记》。元至元二十五年(1288)，改赐元兴天禧慈恩旌忠教寺，时诏江淮诸路立御讲三十六所，务求其宗正行修者分别主之，有释志德者被选，世祖召见，赐宴并紫方袍，命主天禧、旌忠二刹，日讲《法华》《华严》《金刚》《唯识》等疏三十一年，特赐佛光大师之号。元末寺毁，明初修葺，洪武十九年(1386)竣工，为讲庠渊薮。有释绍宗者居第一座，持规整肃，接众严厉，升堂入室，具合古丛林式。绍宗有志于净土之行，乃于西院辟堂，立西方三圣像并诸天侍卫之神，以纱厨严奉之，忏法之兴，自绍宗而始。永乐十年(1412)敕重建，宣德六年(1431)，赐额大报恩寺，咸丰年间(1851—1861)毁于战乱。

圣火庵

六朝古刹。在旧都城东南三里，禅众寺之南。晋元帝渡江时，随帝有王离妻李氏者，将洛阳旧火南渡，自言受道于祖母，并有医书二十七卷。四方病者，将此火煮药及灸，诸病皆愈。及李氏卒，火亦经时而灭，人号其所居为圣火庵。

圣汤院

在旧都城东南六十里汤山北麓，今江宁区汤山街道汤山镇。唐德宗时期(780—805)，浙西观察使韩滉建造。汤山不甚高，无大林木，汤涧绕其东南，冬夏常热，禽鱼之类，入者辄烂，以煮豆谷，终日不熟，草木濯之，转更鲜茂。唐德宗时，韩滉为浙西观察使，其女有恶疾，浴于汤泉，应时而愈，乃以女妆奁，建圣汤院于汤山之右。五代时期（907—960）改名延祥院，《圣汤延祥院记》云："金陵属邑溧水溧阳，旧多蛊毒。丞相韩滉之为浙西观察也，欲更其俗，绝其源，终不可得。时有僧住竹林寺，每绢一疋，易药一圆，远近中蛊者多获全济。值滉小女有恶疾，浴于镇之温泉即愈，乃尽舍女之妆奁，造浮图庙于汤之右，谋名僧以蒇寺事。有以竹林市药僧应之，滉欣然迎置，且求其药方，久之，僧始献。于是其法流布，仍刊石于二县之市。唐末丧乱，石不复存，而温汤之寺，至今在焉。"宋庆元三年（1197）改为十方禅院。清同治年间（1862—1874）寺废，20世纪70年代殿宇拆毁。

圣游寺

南朝古刹。在旧都城神策门北五里幕府山，嘉善寺北二里，今鼓楼区永济大道幕府山风景区内。晋元帝渡江，王导尝建幕驻军于此山，故名幕府山。梁天监年间（502—519）武帝与宝志同游此山，见林峦殊胜，命建伽蓝，名圣游寺，亦名同行寺，后改秀岩院。唐会昌年间（841—846）废，杨吴大和年间（929—935）重建，更名秀峰院，南唐保大九年（951）重修。宋嘉祐年间（1056—1063）赐宝林寺额。明洪武年间（1368—1398）重建，易名百福寺，又改幕府寺。万历二十八年（1600）重修，焦竑有《幕府寺修造记》。嘉善寺所领小刹，大佛殿三楹，观音殿三楹，僧院一房。基址三亩，东至官山，南至官埂，西至金家园，北至达摩洞。田、地、山共一百二十九亩五分五厘。

幕府山林岫瞀然，幽洒深静。山前有五马渡，晋元帝与彭城诸王五人渡江之处。山上有达摩洞，宽约二三丈，洞前可瞰大江。峰曰夹萝，亦曰翠萝，相传达摩渡江时，梁武帝遣使追之，两峰忽合，骡夹不得前，故曰夹骡，谐读夹萝。中峰有仙人台、虎跑泉。寺旁有芦数千枝，达摩折以渡江之余。又有琪树，梅挚诗"影借金田润，香随璧月流。远疑梁帝植，近想志公游"即此，建炎年间（1127—1130）为兵燹所毁。

胜善寺

南朝古刹。在旧都城东二十里，钟山之右。齐建武二年（495）南海王萧子罕创建，名胜善寺。梁改名上云居院，为尼所居，后复为僧院，僧佑立坛于此。清代更名白云寺。

尸梨蜜寺

在旧都城聚宝门南一里半雨花台梅冈，今雨花台区雨花路二一五号雨花台风景名胜区内。详见下卷“高座寺”条。

师姑庵

1. 在今江宁区江宁街道司家村附近，清代存。
2. 在今高淳区东坝镇新闸村师姑凹山自然村，余不详。

狮子窟

在旧都城西隅小仓山南麓。详见“圆通寺”条。

狮子林

在旧江浦县西二十五里老山西华峰狮子岭南坡，今浦口区汤泉街道生态路老山国家森林公园狮子岭景区内。详见下卷“兜率寺”条。

十方庵

在旧都城神策门外迈皋桥东二里四百村。《白下琐言》卷一〇云：“家祺为何雨人先生在神策门外四百村十方庵侧，葬其德配郑夫人，并留昭穴为先生寿藏。”

十方律院

在旧都城朝阳门内，铜井院北二里。明代为灵谷寺下院，山门一座，韦陀殿三楹，大佛殿五楹，西方殿三楹，观音殿五楹，禅堂九楹，僧院一房。基址十一亩五分。一名三一庵。

十里排庵

在旧溧水县丰庆乡。本名十里排庵，更名双凤庵，清光绪二年(1876)重建。

石坝庵

1. 在旧溧水县东北十八里崇贤乡，余不详。
2. 在旧溧水县山阳乡，余不详。
3. 在旧溧水县，余不详。

石洞庵

1. 在旧都城上元门，明万历年间（1573—1620）魏国公徐弘基建。

2. 在今鼓楼区幕府山风景区北，清代创建。

3. 在旧江浦县北十五里石洞山。明成化年间（1465—1487），僧永升与道士萧中共同创建。《嘉庆新修江宁府志》卷五一云："永升，号太虚，江浦人。通书史，洞契禅妙，与道士萧中同居石洞庵。所注佛经，了彻通达，毫无挂碍。宪宗召见，讲经称旨，号圆融妙觉禅师。正德初年（1506），八十有四，自赞其像而逝。"山顶有龙池，旁有香岩，极称幽胜。庵左有石洞，明洪武年间（1368—1398）高僧季潭栖此。

石佛庵

在今栖霞区西岗街道桦墅村。缘起未详，1949年以后消失，惟存石窟十二座。每窟内雕佛像一尊，结跏趺坐于仰莲座上，结禅定印，像最高者一百四十厘米。窟门皆雕刻火焰形壶门，内壁有卯眼。外壁面有碑刻一处，凿"大明永乐元年二月吉旦兴造开山第一代白云禅师"字样。

石佛寺

在旧江浦县东北十八里西山双圩内，今浦口区顶山街道浦珠中路三五七号。宋建炎年间（1127—1130）创建，明洪武年间（1368—1398）僧祖印重建，僧会司在此。时有季潭禅师，浙江人，以学行应太祖诏至金陵。后退居石佛寺，爱其山水之胜，大书"江山一览"四字揭于方丈。临终作偈云："形非类我，我亦非形，水中盐味，色里胶青，乍而见之，冷面如水，久而亲之，和气春生，非乍非久，道出常情，一言相笑，万古风清。"趺坐而逝。万历年间（1573—1620）乡耆周栋修，增建东岳殿、华严楼于寺左，又筑寺前官路二十里，加葺石桥，募置双圩香火田三十三亩，郎文焕撰碑记。寇毁，后复建数楹。

石佛院

在旧秣陵县南二百步。详见"建宁寺"条。

石观音院

在旧都城聚宝门内东北隅蟒蛇仓，今秦淮区江宁路中段西侧老虎头四十四号。天监十三年（514）梁武帝造寺于此，令萧子云飞白大书寺额，曰萧帝寺。寺后有周处书台，佛殿前有郄氏窟，旧传梁武帝郄后化蟒处。南唐保大年间(943—957)重建，易名法光寺。宋代重建，复名萧帝寺，又名鹿苑寺。元绛《重建萧帝寺记》云："紫峰纡余，反宇欲翔，盘高孕虚，含吐万景，望之辉然，如修红亘霄，丹碧相发。殿有圣像，即山而成，追琢之功，极其精妙。闰唐攘据，因其迹而增华，易榜法光，标为胜概。圣朝混一，梵刹禅林，容仍旧物，就其址起高广殿，水槷不移，棼橑有严，光辉复还，风物异态。又粉绘释迦文相，即山塑十六大尊者，生生之供，称是该备。"

明清以来俗呼石观音院，香火旺盛。《金陵岁时记》云："每年二月十九日，南城蟒蛇仓之石观音，北城鸡鸣寺之观音楼，香火极盛，沿街设茶篷以供香客。有烧拜香者，披友跣足，持小香几，一步一拜或三步一拜，亦有烧肉香者，以盘香钩挂臂膊，叉手而行。"清乾隆四十六年(1781)重建，嘉庆年间(1796—1820)以后渐颓。《白下琐言》卷一云："大士香火，旧以蟒蛇仓石观音为盛。六月间，赛会喧阗，达旦不绝，仿佛三天竺之胜。嘉庆甲戌，烧香者皆赴鸡鸣山观音楼，此遂冷落。其时城北哄传，有白发老妇，自蟒蛇仓肩舆至鸡鸣寺进香，倏然不见，谓是大士化身。"20世纪50年代初，有僧一人，房屋十八间。现存旧宝鼎一座，石观音像一尊。

石河庵

在旧溧水县西十里思鹤乡，清咸丰年间(1851—1861)毁。

石浪庵

在旧都城幕府山北，余不详。

石明庵

在今江宁区谷里街道梁塘村石明张自然村，清光绪元年(1875)存。

石室寺

南朝古刹。在旧都城东门外钟山后冈，今玄武区石象路七号钟山风景区内。南齐僧侯开建。

石塔庵

在旧溧水县东南六十里仙坛乡，清光绪年间(1875—1908)毁。

石头庵

在旧都城聚宝门外，碧峰寺右，明代存。《留都见闻录》卷下："碧峰寺右竹园有石头庵，僧人韫璞旧居也，板桥曲栏，可以想见其风致。"

石头清凉禅寺

在旧都城西北清凉山南麓，今鼓楼区清凉山路八十三号清凉山公园内。详见下卷"清凉寺"条。

石头清凉大道场

在旧都城西北清凉山南麓，今鼓楼区清凉山路八十三号清凉山公园内。详见下卷"清凉寺"条。

石柱庵

在旧溧水县西三十里山阳乡，今溧水区石湫镇横山村石柱庵自然村。明嘉靖年间（1522—1566），秦墖村吴和尚捐造，正殿三间，皆用大石柱，故名石柱庵。清同治五年（1866），里人武恭等重建。

时思庵

在旧溧水县南六十里仙坛乡。宋宝祐三年（1255）创建，明景泰年间（1450—1457）修。清顺治八年（1651）重建，光绪年间（1875—1908）毁。

始兴寺

六朝古刹。晋末宋初存，《新修科分六学僧传》卷二云："智严，西凉州人。少寻师，至罽宾国摩天陀罗精舍，受佛驮先尊者禅法。义熙十三年，宋武延还都，住始兴寺。元嘉五年，共沙门宝云译《普曜》《广博》《严净》《四天王》等经。"

寿佛寺

民国时期存，见于朱偰《南京梵刹志略》。

寿国寺

在旧溧水县东二十里白鹿乡庐山麓，今溧水区永阳街道东山村，元代创建。明洪武七年(1374)有古拙和尚居此,高戒行,能诗文,自号藕华道人。寻入白下,与金陵士大夫以诗相闻,竞传其"泉鸣知宿雨,木落见秋山"之句。

寿宁禅院

在旧都城钦化桥街西,宋至道年间(995—997)徙于城北隅。详见"大爱敬寺"条。

寿圣香积院

在旧六合县。南宋存,《光绪六合县志》附录云:"庞眉僧,主寿圣香积院,秦观称僧淡然若无意于世,于之言,心如其貌,盖知道者。"

殊胜寺

在旧江宁县天竺山,今江宁区江宁街道石山村。详见"福兴寺"条。

双　庵

在旧溧水县白鹿乡,余不详。

双峰庵

在旧溧水县南二十里赞贤乡,清光绪年间(1875—1908)废。

双凤庵

在旧溧水县丰庆乡。详见"十里排庵"条。

双桂庵

在旧都城东北四十五里摄山,今栖霞区栖霞街道之东栖霞山,余不详。

双桥门圆通庵

在旧都城通济门南二里,铜井院西南七里,双桥门外锦衣卫地。明代创建,铜井院所领小刹,观音殿五楹,佛殿三楹,僧院一房。基址一亩,东至民塘,南至官水沟,西至官水沟,北至芦洲。

双泉寺

在旧六合县北四五都。元至正年间(1341—1368)僧道本开建，明成化年间(1465—1487)僧道勤修，嘉靖十八年(1539)僧德明再修。

双圣庵

在今玄武区珠江路。嘉善寺下院，20世纪50年代初，有房五间。

霜筠庵

在旧都城朝阳门外钟山，今玄武区石象路七号钟山风景区内。缘起未详，明代存。见于《应天府志》卷一五。

水镜庵

1. 在旧高淳县一字埂之中，左右皆水，无所栖泊。缘起不详，清雍正九年(1731)，陈复鼎、赵弁、孙圣烈、谷鹏首倡重建，筑半月亭以便憩息，置田亩以永香火，有碑记。

2. 在旧都城东仓。详见“水塔庵”条。

水南禅寺

在旧六合县治东南。详见“净明讲寺”条。

水塔庵

在旧都城东仓，东临大池，可鉴鸡鸣寺塔影，故名水塔庵。清道光二年(1822)，易名水镜庵。

水塘庵

在旧溧水县东南二十里上原乡，一名吉祥庵。清光绪年间(1875—1908)毁。

水源庵

在旧江浦县浦口拱极门外旸谷山北，今浦口区泰山街道林场村。庵北有清泉，可溉田数百亩。泉水宜染绿，向为染人环居之地。

水月庵

1. 在今玄武区长江路。民国时期建造，20世纪50年代初，有僧四人，房十二间。

2. 在旧都城南武定门，石观音院东北二里，鹫峰寺东南一里，今秦淮区长乐路与江宁路交汇处西北侧长乐花园小区。详见“正觉寺”条。

3. 在旧溧水县西二十五里思鹤乡，清咸丰年间（1851—1861）毁。

4. 在旧高淳县西三十里毛家嘴，卞姓创建。

5. 在旧高淳县东北十五里驼冈之左，民国六年（1917）重建。

6. 在旧江浦县治南三里浦口南城外江沿，余不详。

7. 在旧江浦县石碛镇东五里双沟，余不详。

水月阁

在旧高淳县治西南，今高淳区淳溪镇中山大街西南襟湖桥旁。详见“观音阁”条。

水云庵

在旧高淳县东五十里。汪、孔二姓建造，民国时期废。

水斋庵

在今秦淮区水斋庵巷内，余不详。

司徒寺

南朝古刹。刘宋司徒何尚之创建，以官名寺。陈代徐陵有《宋司徒寺碑》。

思德庵

在旧溧水县西二十里思鹤乡，清咸丰年间（1851—1861）毁。

四松庵

在旧都城西隅盋山之麓，今鼓楼区龙蟠里附近。明代创建，清同治十一年（1872）重建。庵内有松四棵，六朝所植，因名四松庵。《盋山志》云：“今庵内有小园，层楼冠之，登凭北牖，与盋山前峰值，岚翠沉沉袭人襟。楼前两垂杨弄姿晴空，池水为之葱蒨，旁海棠一树，花时意态秾甚，轻风徐扬，如靓装艳女，徘徊绿丝步幛间。”

四无畏寺

南朝古刹。《南朝寺考》云："不详其所在，有徐陵刹下铭。"

泗水庵

在旧溧水县西南三十里山阳乡，余不详。

泗州庵

1. 在旧高淳县东四十里。明洪武十年（1377）创建，民国二年（1913）重建。

2. 在旧高淳县东七十里。清乾隆五十五年（1790）创建，民国二年（1913）修。

泗州塔院

在旧都城聚宝门西南六十里，江宁县铜山乡。详见"净相院"条。

松风庵

在今高淳区固城镇庙岗村，清末存。

松荫庵

在旧高淳县东五十里睦涧村，民国时期废。

松隐庵

1. 在旧溧水县西二十五里思鹤乡。邑人王守素、王可宗共建，清光绪年间（1875—1908）废。

2. 在旧六合县东营，贼废。

松雨庵

在旧溧水县南四十五里孔镇。邑民张宗道倡建，明万历二年（1574）邑令徐必达题曰松雨庵。旁有空场，往来官吏系马之所，名曰马场。

松云庵

1. 在旧溧水县思鹤乡，一名前赵庵。清咸丰年间（1851—1861）毁。

2. 在旧江浦县治西六十里石桥北，今浦口区石桥镇高庙村。清康熙年间

(1662—1722)创建。详见下卷“松筠庵”条。

宋姬寺

六朝古刹。梁简文帝萧纲有《宋姬寺慧念法师墓志铭》。

宋少寺

南朝古刹。在旧都城正阳门东三十里祈泽山西侧,今江宁区东山街道上方街区万安东路北。宋景平元年(423)创建。详见“祈泽寺”条。

宋熙寺

南朝古刹。在旧都城东门外,钟山之阳,今玄武区石象路七号钟山风景区内。宋元嘉十年(433)创建,《高僧传》卷三《宋京师道林寺畺良耶舍传》云:“僧伽罗多,此云众济,以宋景平之末,来至京师。乞食人间,宴坐林下,养素幽闲,不涉当世。以元嘉十年,卜居钟阜之阳,剪棘开榛,造立精舍,即宋熙寺是也。”《梁书·刘吁传》云:“吁善玄言,尤精释典。曾与族兄刘歊听讲于钟山诸寺,因共卜筑宋熙寺东涧,有终焉之志。”寺侧有宋熙泉,西百许步有白莲池,策禅师退居之所。寺后有道光泉,宋熙宁八年(1075)僧道光所得。明代建孝陵,寺废。后有僧于旧基建精舍,就东涧凿石开山,因崖结构,名龙泉庵。

宋兴寺

南朝古刹。在旧都城东门外,钟山宝公塔西二里,今玄武区石象路七号钟山风景区内。刘宋时期创建,一名兴教寺。梁处士刘吁隐居于此,有宝志洗钵池。南唐李建勋《游宋兴东岩》诗云:“几年不到东岩下,旧住僧亡屋亦无。寒日萧条何物在,朽松经烧石池枯。”宋乾道年间(1165—1173)徙南门外长干寺南,相传寺基为刘裕故居。

送子观音律院

在旧南京中山东路铁汤池二十八号。清光绪年间(1875—1908)建,20世纪50年代初,有僧三人,房十二间,地一亩。

孙村庵

在旧江浦县治西五十里,余不详。

损　庵

在旧高淳县北二十五里柳村之东，其西为广慈庵，余不详。

蓑衣庵

在旧江浦县治南一里许，余不详。

锁城庵

在旧高淳县东四十里上城村北。缘起未详，民国时期废。

T

塔　寺

六朝古刹。本在旧都城南竹格渡，晋永和四年(348)谢尚建造。宋绍兴年间(1131—1162)，迁至真武庙北。详见“庄严寺”条。

台城千福院

在旧都城北鸡笼山南坡，今玄武区鸡鸣寺路一号。梁大通元年(527)，武帝萧衍创同泰寺，后毁。杨吴顺义二年(922)，以同泰寺旧基之半建台城千福院，宋代赐法宝寺额，一名台城寺。寺前旧有四座丑石，各高丈余，俗呼为三品石，或谓之阙石，宋政和年间(1111—1118)取归汴京。寺以石名，俗称阙石寺。又有施食台，相传元代刑人于此，尝有鬼魅祟人，明初请西番僧设坛施食，以度幽冥。施食台下有泉泠然，味清冽，名鸡鸣泉。明洪武二十年(1387)改建为鸡鸣寺，迁灵谷宝公函瘗于此，建塔五级。寺后有观音楼，供奉观音倒坐像。又有景阳楼，俗称景阳台，宋元嘉二十二年(445)始造，大明元年(457)有紫云出景阳楼，状如缕烟，回薄久之，因诏改名庆云楼。齐武帝时置大钟于楼上，使宫人闻钟声并起妆饰。又有涵虚阁，南唐时期建，面山枕城，下临桑泊，湖中凫雁，倚窗历历可数。院墙外有胭脂井，一名烟脂井，又名辱井，陈末隋兵南进，后主陈叔宝与张丽华、孔贵嫔投于其中。宋淳祐七年(1247)置精锐军于同泰寺旧基，景阳台及胭脂井皆在军寨内，遂亡其旧迹。参见“同泰寺”、下卷

"鸡鸣寺"条。

台城寺

在旧都城北鸡笼山南坡,今玄武区鸡鸣寺路一号。详见"台城千福院"条 。

台山寺

在旧江浦县浦口,余不详。

太昌寺

南朝古刹。齐代僧宗开建,《高僧传》卷八《齐京师太昌寺释僧宗传》云:"魏主元宏遥挹风德,屡致书并请开讲,齐太祖不许外出。宗讲《涅槃》《维摩》《胜鬘》等,近盈百遍。以从来信施,造太昌寺以居之。建武三年卒于所住,春秋五十有九。"

太冈寺

在旧江宁县牛首山西,今江宁区谷里街道东善桥社区境内。详见"大山寺"条。

太和寺

在旧溧水县西三十里禀丘山,唐代创建。有石龛、方丈,清代尚存。

太后寺

六朝古刹。晋宋时期存,《建康实录》卷一〇云:"元兴三年正月,桓玄筑别苑于冶城,尽移冶城寺僧出居太后寺。"《比丘尼传》卷四《梁禅林寺僧念尼传》云:"从师住太后寺,贞节苦心,禅思精密,博涉多通,文义兼美,诵《法华经》,日夜七遍,宋文帝、孝武帝常加资给。"

太皇寺

在旧宫城内,陈宣帝陈顼创建。详见"泰皇寺"条。

太平庵

1. 在今鼓楼区沈举人巷。清光绪十六年(1890)建,20世纪50年代初,有僧二人,房八间。

2. 在旧溧水县小陈村前，清同治四年（1865）里人陈善等倡建。

3. 在旧溧水县白鹿乡，清光绪三年（1877）里人张在邦、尹正禄等重建。

4. 在旧溧水县思鹤乡，清咸丰年间（1851—1861）毁。

5. 在旧六合县瓜埠山西峰太平山顶，今六合区瓜埠镇瓜埠林场内。详见下卷“太平禅寺”条。

太平寺

在旧都城运渎东南，宋行宫后。详见“证圣寺”条。

太平兴国寺

在旧都城东门外钟山玩珠峰独龙阜，今玄武区石象路七号钟山风景区内。独龙阜旧有道林寺，宋元嘉年间（424—453），西域沙门畺良耶舍驻锡于此，译《观药王药上二菩萨经》《无量寿观经》。梁天监十三年（514），武帝葬高僧宝志于独龙阜，永定公主以汤沐之资，造浮图五级于其上。天监十四年（515），即塔前建开善精舍，旋更名开善寺。唐乾符年间（874—879），改为宝公院。南唐升元年间（937—943），徐德裕修。开宝三年（970），后主李煜改为开宝道场。宋太平兴国五年（980）增修，赐太平兴国禅寺额，大中祥符四年（1011）五月敕修。庆历二年（1042），府尹叶清臣奏改十方禅院，寻复寺额，后更名蒋山寺。建炎年间（1127—1130）毁，绍兴年间（1131—1162）重建。淳熙十六年（1189），寺塔为天火所烧，谏官建言：“占之五行，本是灾变，朝廷宜戒惧，以答天意。”朝廷遣人于塔基掘到旧瘗舍利，送内庭看毕，还奉本寺，供士庶烧香瞻礼。刘岑《蒋山大佛殿记》云：“本朝庆历改元，翰林学士叶清臣来守是邦，以禅易律。元丰主僧曰法泉者，经营辛苦，成大丛林。焚于建炎，复于绍兴。大佛殿前有大毗卢阁，两翼为行道，阁属之殿，其余堂庑，极其雄丽，皆绍兴以来所建。淳熙十六年九月晦，一夕而烬。宝公旧像，父老相传以沉香为之，国朝初取归京师。”元泰定二年（1325），修建方丈、北山阁、经楼、香积、水陆堂、白莲堂、伽蓝祠、大僧堂、道林堂、新仓院、耆宿之舍。泰定四年（1327）铸大钟，用铜数万斤。明洪武十四年（1381），取其地为太祖陵寝，敕徙建钟山偏东屏风岭前，赐额灵谷禅寺。

宋代赞元禅师，居蒋山寺，王安石与之游，问祖师意旨，赞元曰：“公般若有障三：公受气刚大，世缘深，以刚大气，遭深世缘，必以身任天下之重，怀经济之志，用舍不能必，则心未平。以未平之心，持经世之志，何时能一念万年哉？又多怒，而学问尚理，于道为所知愚。当视名利如脱发，甘淡泊如头陀，此为近道，当以教乘滋茂之可也。”王安石再拜受教。释法泉，住持蒋山寺，与苏东坡为方外友。东坡舟行至金陵，阻风江浒，法泉迎之至寺。东坡云：“如何是智海之灯？”法泉以偈答之：“指出明明是甚么，举头鹞子新罗过。从来这碗最稀奇，会问灯人能几个。”东坡欣然，以诗应之：“今日江头天色恶，炮车云起风欲作。独望钟山唤宝公，林间白塔如孤鹤。宝公骨冷唤不闻，却有老泉来唤人。电眸虎齿霹雳舌，为予吹散千峰云。南来万里亦何事，一酌曹溪知水味。他年若画蒋山图，仍作泉公唤居士。”法泉晚年奉诏住智海禅寺，问众曰：“赴智海，留蒋山，去就孰是？”众皆无对，遂索笔书偈曰：“非佛非心徒拟议，得皮得髓谩商量。临行珍重诸禅侣，门外千山正夕阳。”书毕坐逝。佛鉴禅师，政和初年(1111)诏住汴京智海寺，经五年，得旨居建康蒋山寺，枢密邓子常奏赐师号紫服。释云峰，住蒋山寺十三载。德祐元年(1275)，寺被兵革，军士有迫云峰求金者，云峰曰：“此但有寺有僧，无金与汝。”俄以刃拟云峰，云峰延颈曰：“欲杀即杀，吾头非汝砺刀石。”辞气雍容，了无怖畏。军士感动，掷刃去。丞相伯颜公见而加敬，舍牛百，斋粮五百，寺赖以济，安然无恙。具生吉祥大师，梵名板的达撒哈，中天竺迦维罗国人。明初振锡而东，洪武七年(1374)诏住蒋山寺，皈依者风雨骈集。长吁而化，建塔藏于西林庵。

太元庵

在旧都城凤台门外桃红地，明成化年间(1465—1487)创建。

太子院

在旧六合县东北三十里横山之阳，今六合区金牛湖街道境内。详见“禅证寺”条。

泰安寺

在旧溧水县北三十里长寿乡。唐天祐三年(906)创建，明万历三十年(1602)僧性泰、望松重建，清光绪年间(1875—1908)毁。

泰岗寺

在今雨花台区西善桥街道西善村寺门口自然村附近，明代建造。

泰皇寺

南朝古刹。在旧宫城内，陈宣帝陈顼创建。《续高僧传》卷二九《唐杨州长乐寺释住力传》云："陈宣帝于京城之左造泰皇寺，宏壮之极，罄竭泉府。敕专监百工，揆测指㧑，面势严净。至德二年，敕住力为寺主。"一作太皇寺，《法苑珠林》卷一〇〇云："陈宣帝禁中造太皇七级木塔。"《隋书》所谓"太建十年六月，震太皇寺刹"即此。

泰山庵

在旧溧水县松园村。缘起未详，清同治年间(1862—1874)重建。

昙华庵

在旧高淳县西南二十里相国圩沈村之西，一作昙华舍。余不详。

昙华舍

在旧高淳县西南二十里相国圩沈村之西。参见"昙华庵"条。

昙云寺

在旧南京西止马营门东四十一号。20世纪50年代初，有僧一人，房十二间。

檀溪庵

在旧高淳县东二十里。许三仁等筑小墩于檀溪中，建庵其上。

汤泉院

在旧江浦县北三十里汤泉镇，今浦口区汤泉街道惠济北路惠济公园内。镇有汤泉，寺由泉名。明太祖改汤泉为香泉，因名香泉寺。陈献章《宿香泉寺》诗云："香泉寺里悬灯宿，东葛城中抱被来。绿鬓高歌六七辈，春风连放两三杯。未嫌此地山灵厌，只恐明朝县马催。我与定山何所似，但云夫子铸颜回。"庄昶《宿香泉寺和白沙诗》云："此老生平原洒脱，香泉龙洞偶然来。自家风月自家趣，何处江山何处杯。流水行云都自在，红尘白浪对相催。肯分四百峰峦我，一个峰头醉一回。"详见下卷"惠济寺"条。

唐国寺

在今六合区葛塘街道北汉河社区唐国寺自然村，余不详。

棠荫庵

在旧高淳县南四十里田村,余不详。

塘冈嘴庵

在旧溧水县南六十五里骆山村西。本名万寿庵,清顺治十年(1653)里人杨公积建造,族兄杨公翰撰记。咸丰年间(1851—1861)毁,族人廷杖、廷栗等重建,改名塘冈嘴庵。

塘家庵

在今溧水区林场平山分场塘家庵自然村,余不详。

桃花凹庵

在旧溧水县丰庆乡。一名观音庵,久废。

桃源庵

在旧溧水县白鹿乡,余不详。

醍醐庵

在旧溧水县仙坛乡,余不详。

天安寺

1. 南朝古刹。在旧江宁县新亭冈,今雨花台区凤台南路软件大道路口南侧山岗上。其地本晋代新亭寺,刘宋改名中兴寺,大明四年(460)以中兴寺禅房为天安寺。梁武帝有《天安寺疏圃堂》云:"乘和荡犹豫,此焉聊止息。连山去无限,长洲望不极。参差照光彩,左右皆春色。晻暧瞩游丝,出没看飞翼。其乐信忘返,焚然宁有饰。"详见"新亭寺"条。

2. 晋代新渚寺,唐代改为天安寺。详见"新渚寺"条。

天宝寺

六朝古刹。在旧都城南门外金陵坊,晋代创建,名天宝寺。宋前废帝毁之,明帝修复。唐开元十年(722)改名天保寺,宋改均庆院。开宝八年(975)毁,太平兴国五年(980)重建。绍兴元年(1131)徙建于聚宝山雨花台上,后坏于火。隆兴元年(1163)留守陈之茂重筑雨花台,迁寺于台下。淳祐年间(1241—1252)吴渊修,宝祐初年(1253)王野再修,自书匾额。咸淳元年(1265)马光祖重修,恢弘台宇,缭以垣,旁建掖屋,累石数百级,以便登陟。明正德年间(1506—1521)重建于聚宝门南二里,高座寺东南一里。高座寺所领小刹,山门一楹,佛殿五楹,僧院一房。基址三亩。四至俱本院田。田、地共十二亩九分五厘。旧有古塔一座,塔前镌"宋故三藏特赐宝觉圆通法济禅师道公之塔"一十八字,塔后有宋故三藏法师道公塔铭。

天保寺

1. 南朝古刹。在旧都城北玄武湖南侧。宋泰始年间(465—471)创建,《隆兴编年通论》卷五云:"元嘉十三年(436),文帝诏求沙门能述生法师顿悟义者,刺史庾登之以释法瑗闻。召对顾问,法瑗伸辨详明。未几,天保寺成,诏法瑗主之。"《太平御览》卷六五八引《宋书》云:"巢尚之甚聪敏,时百姓欲为孝武立寺,疑其名。尚之应声曰:'宜名天保。《诗》云,天保,下报上也。'时服其机速。"梁太清二年(548)十一月毁于战火,《景定建康志》卷一〇所谓"邵陵王纶进军玄武湖侧,入天保寺,景焚寺"即此。

2. 在旧都城西冶城后冈,今秦淮区朝天宫北侧冶山,地名罗寺转湾,俗呼螺蛳转湾。详见"延祚寺"条。

3. 在旧都城南门外金陵坊。详见"天宝寺"条。

天福寺

在旧都城聚宝门南六十里江宁镇东北,祖堂寺西南三十五里。详见"净居寺"条。

天宫寺

1. 南朝古刹。梁元帝萧绎创建,《弘赞法华传》卷九云:"梁中宗元皇帝,造天居、天宫二寺,供养千僧,讲《成实论》,学《毗昙》,诵《药王咒》。"

2. 南朝古刹。陈武帝创建,《释氏稽古略》卷二云:"陈五月,帝幸大庄严寺舍身,群臣表请还宫。设无遮大会,供僧布施,放生宥罪。扬州造东安寺,又造兴皇、天宫等四寺。"

3. 在旧六合县横山,今六合区金牛湖街道凡集村。唐代创建,民国三十年(1941)毁于兵燹。

天光寺

南朝古刹。在旧秣陵县同夏里，梁代创建。陆倕《天光寺碑》云："法云旦聚，则浸润被乎重沙，慧日晨登，则晖光烛于有顷。皇帝乃把神珠，握灵镜，击天鼓，撞地钟，驱日月之师，勒星辰之阵，九流外籍，五明内典，鸟策余文，龙宫遗教，莫不神游房奥，迹遍门墙，思洞希微，言穷名象。"

天皇寺

南朝古刹。梁简文帝萧纲创建，《景定建康志》卷五〇云："天皇寺内有柏堂，张僧繇画卢舍那佛及仲尼十哲。帝怪，问：'释门内如何画孔圣？'僧繇曰：'后当赖此尔。'及后代灭佛法，焚天下寺塔，独以殿有宣尼像，不毁。"

天后宫

1. 在旧南京清江乡中保村五号。20世纪50年代初，有僧二人，房三间，地三亩五分。

2. 在旧南京大中和乡大中和村二号。20世纪50年代初，有僧二人，房五间。

天界寺

1. 在今栖霞区靖安街道靖安村，余不详。

2. 在旧都城聚宝门外善世桥南凤山，今雨花台区能仁里。详见下卷"天界寺"条。

天居寺

南朝古刹。梁元帝萧绎创建，《法苑珠林》卷一〇〇云："梁中宗元帝，造天居、天宫二寺，供有千僧，自讲《法华》《成实论》。"《梁书·王僧辩传》所谓"王僧辩督舟师二万西讨侯景，舆驾出天居寺饯行"即此。梁末毁于兵，陈武帝重建，《法苑珠林》卷一〇〇云："陈高祖武帝，扬州造东安、兴皇、天居四寺。"

天隆极乐寺

在旧都城聚宝门东南十里，祝禧寺东三里，江宁县安德乡石子冈玉环山西麓，今雨花台区安德门大街西侧。本为梁代极乐禅寺，明初重建，名极乐庵，为天然和尚塔院。宣德九年(1434)僧弘升奏请赐名，敕额天隆极乐寺。万历四十三年(1615)南山律宗古心律师圆寂，建塔于此，改名"天隆律寺"，为古林寺分庭。祝禧寺所领小刹，金刚殿三楹，天王殿三楹，佛殿三楹，毗卢阁三楹，僧院一房。基址二亩，东至徐家山顶，南至徐、王二家民山，西至本寺地，北至张栾民山。田、地、山、塘共四十五亩九分一厘。清咸丰三年（1853）毁于兵燹，同治、光绪年间重修，民国续修。1951年和“文化大革命”期间两次遭受破坏，现存遗址。

寺后有塔林，明万历年间（1573—1620）始建，清道光年间（1821—1850）有大小墓塔五十余座。民国三十七年（1948），有完整墓塔二十座，多为四面或六面形石塔，部分石塔为腰鼓形。现存古林律师塔，塔基三层，绕以青石栏杆。塔身方形，正立面镌刻“大明诏启皇戒坛钦赐珠衣中兴律祖赐号慧云古心馨公大和尚之塔”，左右侧立面刻“传南山正宗第十三世”，“古林堂上开山第一代”等字。此外尚存隐微律师塔、印含律师塔、安龙律师塔、辅仁律师塔等明清高僧墓塔残余。

天隆律寺

在旧都城聚宝门东南十里石子冈玉环山西麓，今雨花台区安德门大街西侧。详见“天隆极乐寺”条。

天隆寺

在旧都城正阳门南五十里，光相寺东五里，高桥门外丹阳乡。明代为光相寺所领小刹，山门三楹，天王殿三楹，正佛殿三楹，观音殿五楹，方丈三楹，僧院三房。基址五亩，东至李家井，南至秦淮河，西至王家井，北至本寺后山。山三亩，房六间。

天木庵

在旧高淳县东六十五里，明崇祯八年（1635）庠生杨维空创为茔庵。

天宁寺

在旧都城通济门南三十七里，翼善寺东北十五里，青龙山与彭城山之间，今江宁区东山街道上坊村黄龙山西南麓。宋治平二年（1065）创建，明正统年间（1436—1449）重建，翼善寺所领小刹，山门三楹，僧院三房。基址五亩，东至张家山，南至王家山，西至青龙山，北至王家山。田、山、塘共五十四亩一分。正德十二年（1517），邑人顾璘撰《天宁寺游记略》。民国二十九年（1940）释会海修。1966年殿堂、塑像遭破坏，1974年殿宇拆毁，改建汤山林场长山区用房。今遗址内存古井一口；清光绪二十四年（1898）三月立释守性墓碑一座，碑体破损，龟趺完好，身长约二米，宽约一米，雕纹清晰。

天宁万寿禅寺

在旧都城西门内。本名净相院，宋崇宁二年(1103)改名天宁万寿禅寺。建炎年间(1127—1130)佛果勤禅师驻锡，赐号圆悟禅师。绍兴九年(1139)诏改报恩光孝禅寺，为徽宗追严道场。元泰定五年(1328)住持义深重修。

天王庵

在旧都城东北隅。宋咸淳年间(1265—1274)僧玉庵开建，名天王庵。元泰定初年(1324)，建康路总管博斯呼实保改天王寺额。

天王寺

1. 六朝古刹，在旧都城聚宝门南两里，高座寺南半里，雨花台梅冈东南，今雨花台区雨花路二一五号南京雨花台风景区内。刘宋大明年间(457—464)创建。参见"宝光寺"条。

2. 在旧府城东北隅。详见"天王庵"条。

3. 在旧上元县靖安镇。详见"头陀寺"条。

天喜寺

六朝古刹，在旧都城南一百二十里。缘起未详，梁天监二年(503)改名无垢寺，明代重修。参见"无垢寺"条。

天禧寺

在旧都城聚宝门南一里聚宝山，今秦淮区雨花路一号明代大报恩寺遗址公园内。详见"阿育王寺"条。

天兴庵

在旧溧水县南七十里仙坛乡。僧海源募造，清光绪年间(1875—1908)毁。

天兴寺

在旧溧水县南门外在城乡万寿桥西。唐开元二十二年(734)大义禅师开建，名天兴寺。会昌五年(845)废，天祐初年(904)重建，南唐续存。《南唐书》云："南唐酷好浮屠，烈祖居建业，大筑其居，作无遮大斋七会。及其末年，溧水天兴寺桑生木人，长六寸，如僧状，右袒而左跪，衣裓皆备，其色如纯漆可鉴，谓之须菩提。县掇置龛中，以仁寿节日来献。烈祖惊异，迎置宫中，奉事甚谨，其徒因夸以为感应。烈祖殂，及元宗、后主好之，遂笃幸臣徐遊专主斋祠事。"宋太平兴国五年(980)改开福寺，淳熙十三年(1186)请为禅院。明永乐年间(1403—1424)重建，设僧会司于此。嘉靖年间(1522—1566)僧会善迁等重修，知县贺一桂匾方丈曰"归儒堂"。清顺治十年(1653)僧起元募建地藏殿，咸丰年间(1851—1861)寺毁。

天印庵

在今秦淮区抄纸巷内，金陵刻经处附近。清末民初，圆音尼开建。

天中天寺

南朝古刹。梁简文帝萧纲为太子时创建，武帝赉助刹柱及铜，简文帝撰《谢敕赉柏刹桩并铜万斤启》云："臣纲启，传诏吕文强奉宣敕旨，赉臣柏刹柱一口，铜一万斤，供起天中天寺。无词启谢，不任顶戴，谨奉启谢闻。"沈炯有《从游天中天寺应令》诗云："福界新开草，名僧共下筵。杨枝生拱树，锡杖呪飞泉。石座应朝讲，山龛拟夜禅。当非舍卫国，卖地取金钱。"

天竺庵

在旧都城东北四十五里摄山，今栖霞区栖霞街道之东栖霞山，余不详。

天竺寺

南朝古刹。在旧江宁县铜井镇，宋元嘉年间(424—453)创建。齐建武年间(494—498)，僧贤驻锡寺中，善数论，名震京师。梁代法超驻锡天竺寺，修习经论，专攻《十诵》，独步京邑。

田家庵

在今高淳区淳溪镇双进村田家自然村，余不详。

铁佛庵

在旧高淳县西三十里西陡门。明隆庆二年(1568),耆民孙诏、吴薪同甃西陡门,以陡门为永丰圩,旱涝潴泄。所开门近丹湖险要,湖流云撼,未便看守,而居人散逸,堤防少疏,倾圮不时,遂为灾患。孙诏因捐基建庵,为圩中憩息之所。万历十五年(1587)圩破庵废,孙诏之子孙稀复捐资重建,僧楚禅铸铁佛三尊,改名铁佛庵。孙稀又捐田十五亩,永奉香火,此后有僧鸠倡修。清道光二十九年(1849)水灾,寺圮。

铁佛寺

在旧都城聚宝门南邓府山,天界寺之东,兴废未详。清嘉庆十五年(1810),天界寺菜圃内出土一铁佛头,长丈余,大可数围,寺僧装塑木身,供于大殿。或云铁佛头即铁佛寺旧遗。

铁牌庵

在旧都城聚宝门西北隅大沙井,《凤麓小志》卷一云:"瓦官寺直南,为龙王井,为大、小沙井,大沙井有铁牌庵。"明代创建,20世纪50年代初,有僧一人,房十三间,地三亩七分。

铁索罗寺

南朝古刹。在旧都城聚宝门东南三里,永宁寺东南二里,羽林二郎冈。本晋代瑞相院,宋元嘉十一年(434)改名铁索罗寺,《六朝事迹编类》卷下云:"瑞相院,本东晋尼寺也。尚书仲杲女见释书有比丘尼,问师。师曰:'女子削发出家为比丘尼。'后因铁索罗国尼至,遂就此建寺。"参见"瑞相院"条。

铁塔寺

在旧都城内冶城后冈,今秦淮区朝天宫北侧冶山,地名罗寺转湾,俗呼螺蛳转湾。详见"延祚寺"条。

听潮庵

在旧都城定淮门外马鞍山小匡庐。《石城山志》云:"由宝林寺拾级而上,果园蔬圃,方罫相错。其山曰小匡庐,听潮庵居其巅,茅屋数楹,下睨雉堞,竹树周遮。大江当户,江帆往来,近在几席间。"

亭山庵

在旧溧水县西三十五里思鹤乡，今溧水区石湫镇九塘村亭山。元代创建。

亭子庵

明代创建，见于《首都志·南京佛寺表》。

亭子巷观音庵

在旧都城内，承恩寺东一里。明代建造，承恩寺所领小刹，诸天殿三楹，大佛殿三楹，僧院二房。基址一亩，东至官巷，南至官巷，西至潘家庵，北至曹家房。

通济院

在旧都城通济门百川桥。明洪武年间（1368—1398）创建，尝地涌青莲，掘得铜佛。南明弘光年间（1644—1645）施内史以为宅，寻复为僧院。

通觉庵

在今玄武区卫巷。20世纪50年代初，有尼三人，房二十一间。

通善寺

在旧都城聚宝门西南二十里，今雨花台区铁心桥街道高家库村。详见下卷“龙泉寺”条。

同泰寺

在旧都城北鸡笼山南坡，今玄武区鸡鸣寺路一号。晋永康年间（300—301）倚山筑室，始创道场。宋元嘉年间（424—453）立儒学，雷次宗开士林馆于此，齐高祖尝就馆研读《三礼》《左氏春秋》。梁大通元年（527）创建同泰寺，造浮图七层，大殿六所，小殿及堂十余所。东西建般若台各三层，筑山构陇，亘在西北，柏殿在其中。东南有璇玑殿，殿外积石种树为山，有瑞天仪，激水随滴而转。梁武帝累年幸临，中大通元年（529）九月设四部无遮大会，为四部大众开《涅槃经》题，因舍身，公卿以钱一亿万奉赎；二年（530）夏四月设平等会；三年（531）十月升法座，为四部众说《涅槃经》，十一月再幸寺，升法坐，为四部众说《般若经》；五年（533）二月设四部大会，发《金字摩诃波若经》题。大同元年（535）幸同泰寺，铸十方银像；二年（536）铸十方金像。中大同元年(546)三月法驾出同泰寺,讲《金字三慧经》;是年四月,震火焚寺,唯存瑞天仪和栢殿,其余略尽。既更构造,作十二层塔,未完而侯景乱。

杨吴顺义二年(922),以同泰寺之半置台城千福院,亦曰台城院,宋改赐法宝寺额。南唐以同泰寺旧基另半建净居寺,寻改圆寂寺。是故圆寂、法宝二寺,皆为同泰旧基。寺前有丑石四,各高丈余,世呼三品石,宋政和年间(1111—1118)取归汴京延福宫。宋淳祐年间(1241—1252)置精锐军,同泰寺地皆为寨屋及蔬圃。明初为旗手卫营地,洪武二十年(1387)以同泰寺故址敕建鸡鸣寺。参见下卷“鸡鸣寺”条。

同行寺

在旧都城西北二十五里幕府山,嘉善寺北二里,今鼓楼区永济大道幕府山风景区内。详见“圣游寺”条。

铜井庵

在旧都城銮驾库东,今秦淮区铜井巷内。传说庵中有井,以铜为底,下通大江,井中水如鼎沸,鱼鳝随水上下。

铜井院

在旧都城朝阳门内柳树湾,灵谷寺西十二里。背城面河,引水从铜井口溢出,达于御沟,霖雨后汹涌可观,院因井得名。虽僻隘,而抚槛临流,颇有濠梁之趣。明代为灵谷寺所统中刹,佛殿三楹,观音堂三楹,伽蓝堂一楹,僧院一房。基址二亩,东至城墙,南至城墙,西至河,北至城墙。

头陀寺

1. 南朝古刹。宋大明五年(461)释慧宗开建,旧刻《头陀寺碑》云:“头陀寺者,沙门释慧宗之所立也。南则大川浩汗,云霞之所沃荡。北则层峰削成,日月之所回薄。西眺城邑,东望平皋。宗法师拥锡来游,宋大明五年始立方丈茅茨,以庇经像。后军长史江夏内史会稽孔府君,为之诛茅开林,置经行之室。安西将军郢州刺史江安伯济阳蔡使君,复为崇基表刹,立禅诵之堂。以法师景行大迦叶,故以头陀为称首。”

2. 南朝古刹。在旧都城朝阳门外钟山北高峰头陀岩,今玄武区石象路七号中山陵园风景区内头陀岭景区。梁大同元年(535)后阁舍人石兴创建,佛殿后有一井,其泉与江潮相通，盈缩相应，非常灵异，累世仍旧。唐段成式《酉阳杂俎》云："尝有破船杇版，自井中出。贞观中，有牧儿汲水，得杉板，长尺余，上有朱漆字，曰'吴赤乌二年豫章王子骏之船'。"后徙寺山下，宋治平年间（1064—1067）改赐普济寺额。1993年钟山北高峰辟为头陀岭景区，在古头陀寺遗址置青铜弥勒佛跏趺坐像一尊，像西数米建白云亭。

3. 南朝古刹。在旧上元县靖安镇，去城十七里。梁普通二年（521）创建，名头陀寺。宋建隆四年（963）改天王寺，《历朝释氏资鉴》卷九云："宋将兴，江南李后主忽见州城上有一神现，头如车轮，额有神珠，手捧金塔，数日而后没。嗣是敕凡郡县并立天王寺。"

土地庵

1. 在旧溧水县白鹿乡，清同治七年（1868）重建。

2. 在旧溧水县白鹿乡杨塘杜行村，余不详。

3. 在旧高淳县西二十五里永丰乡一字埂。详见"永镇庵"条。

土山铺庵

在旧溧水县，余不详。

团林庵

在旧都城南门外九十里小丹阳，今江宁区横溪街道幸福村团林自然村附近。元至元元年（1335）建。

退居庵

在旧都城东北四十五里摄山，今栖霞区栖霞街道之东栖霞山。《栖霞小志》云："退居庵是住持兴善自构以待老者，颇修洁……堂之上为供佛之所，左右设榻，以待游人。右为禅室，以居僧。旁有一小楼，名净土阁，登阁而望，则中峰之松千万株，交影其前，每晨露夕雨，或秋月冬雪时，尤为奇绝。"

W

瓦观寺

在今江宁区湖熟街道龙都村瓦罐庄自然村，清代存。

外承恩寺

在旧都城聚宝门南三十里，弘觉寺西北五里，南城太北乡，亦名承恩寺。明正德年间(1506—1521)创建，弘觉寺所领小刹，山门三楹，佛殿三楹，伽蓝殿三楹，祖师殿三楹，僧院一房。基址三十二亩，东至本寺塘，南至寺神路，西至寺围墙，北至寺龙山。田、地、山、塘共八十四亩二分五厘。

外国寺

南朝古刹。刘宋时期建造，《南史·齐东昏侯本纪》所谓“外国寺佛面有光相，齐东昏侯剥取，以施潘妃殿饰”即此。

外永福寺

在旧都城正阳门南四十里，定林寺东十里，上方门外泉水乡。明代定林寺所领小刹，山门三楹，佛殿三楹，伽蓝殿一楹，祖师堂一楹，观音殿五楹，僧院二房。基址九亩，东至官路，南至小埠寺田，西至本寺水沟，北至官路。田九亩九分二厘。

外永宁寺

在旧都城聚宝门南十里，报恩寺南九里，南城安德乡。明正德年间(1506—1521)太监富紫泉建，报恩寺所统中刹，天王殿三楹，佛殿三楹，左右钟鼓楼二座，法堂七楹，僧院四房。基址二十亩，东至广兴寺，南至本寺照山，西至分山路口，北至王家神路。田、地、山、塘共三百九十二亩九分三厘。《金陵琐事》卷一云：“正德年间，守备太监富紫泉建永宁寺于安德门外坌山口，屠一猪祭梁，猪腹上隐隐‘秦将白起’四红字，富曰：‘此白将军也。’遂埋之。”

万福尼寺

南朝古刹。在旧秣陵县南十八里，梁大同元年(535)吴僧畅造。

万福寺

在旧都城朝阳门外钟山小茅峰，今玄武区石象路七号钟山风景区内。清乾隆年间(1736—1795)建，有山门、三茅殿、观音殿、吴帝殿等，旁有塔林。民国十八年(1929)辟为孙中山纪念馆，抗日战争时期毁。1993年7月，中山陵园管理处将散遗的舍利塔构建收集修复，重竖四座舍利塔于寺墟旁。2012年3月20日，南京市人民政府公布万福寺遗址为文物保护单位。

万明庵

在旧高淳县治西河中新墩上。明崇祯七年(1634)，形家言县治水入怀，反跳其下，宜筑墩以砥厥流，遂请邑侯杜冠世筑墩于傅家滩，僧无慧乃建万明庵于墩上。清雍正八年(1730)陈世璋、飞鹏、聿修等重建，并于庵东造火神庙。乾隆十四年(1749)奉诏祟祀，每岁夏至，县令必亲奠。

万善庵

在旧高淳县东六十里。明万历元年(1573)创建，清乾隆十年(1745)重修。

万善寺

1. 在旧溧水县东南唐昌乡。宋乾道二年(1166)邓少镇申府请额，移建于东坝镇。

2. 在旧六合县北五十里冶山之阳，明初建造。万历年间(1573—1620)，扬州李姓者欲迁寺基以作阴地，因地为天长、六合公界，未果。寺旁老葡萄二挂，临溪高树，轩举怒撑，不可名状。寺南二里为珍珠泉，鼓掌则珠涌成串。

万寿庵

1. 在今秦淮区边营。清光绪年间(1875—1908)建，20世纪50年代初，有寺僧一人，房十四间。

2. 在旧溧水县上原乡南庄村。明万历三十八年(1610)创建，河道都水司郎中张翼轸题“万峰深处”，清光绪年间(1875—1908)毁。

3. 在旧溧水县南六十五里骆山村西。详见“塘冈嘴庵”条。

4. 在旧溧水县仙坛乡,清同治四年(1865)里人重建。

5. 在旧江浦县乌江镇北十里东龙山之巅,今浦口区星甸镇西北部万龙村。僧清可焚修处。

万寿禅寺

在今玄武区中山东路二九一号。江宁织造及盐槽监御史曹寅家庵,清康熙二十九年(1690)建造,赐额“万寿禅寺”。民国十八年(1929)改为中国佛教会址。民国三十六年(1947)有房屋二十六间,宅地七亩二分。1958年以后寺址挪作他用,现为居民区。

万寿寺

在旧都城朝阳门外钟山,今玄武区石象路七号钟山风景区内。详见“崇禧万寿寺”条。

万寿堂

1. 在旧高淳县西十五里沧溪,一名莲塘庵。僧宏玉募修。

2. 在旧高淳县南二十里,余不详。

万松庵

1. 明代天界寺所属三十六庵之一。天界寺本为元代大龙翔集庆寺,明洪武年间(1368—1398)改天界寺。永乐年间(1403—1424)增建三十六庵,大万松庵、小万松庵皆在寺旁。清康熙年间(1662—1722)释超际驻锡万松庵,精内典,工诗字,雍正二年(1724)卒,竖塔于庵右。清末庵毁塔存。

2. 在旧都城东北四十五里摄山,今栖霞区栖霞街道之东栖霞山。见于《摄山志》卷二。

3. 在今江宁区江宁街道陈塘村万松庵自然村。清代建造,庵边多松树,号称万株,故名。

万岁寺

在旧都城凤台门外。明代太监丘岳建造,清代废。

万统寺

在旧溧水县东南四十五里白鹿乡，一名张巷庵。清同治十二年(1873)，里人汤永兴、徐考智、徐家宝等倡捐重建。

万缘庵

在旧溧水县西八里思鹤乡。僧海霞重建，清光绪年间(1875—1908)废。

王姑庵

在旧都城西南凤台门外。明中山王徐达季女徐妙锦拒为明成祖朱棣皇后，出家为尼所居，曰王姑庵。《金陵琐事》卷一云："中山王继夫人谢氏，生四女，长即仁孝皇后，次代王安王妃，又次未聘。永乐丁亥，仁孝皇后崩，长陵论谢夫人：'朕欲得夫人季女继中宫。'夫人曰：'妾女不堪上配圣躬。'长陵曰：'夫人女不归朕，更择何等婿耶？'季女竟不敢受人聘，出家为尼，居凤台门外，有王姑庵是也。"王姑庵旧有楹联，上联"薄皇后而不为一生来遁迹空门心伤魏阙"，下联"对父王共无愧千载后清同淮水高比钟山"。相传徐妙锦故居在秦淮之南，其父墓在钟山之阴，故云。嘉靖年间(1522—1566)庵毁，清嘉庆年间(1796—1820)徐氏重修，民国时期废。

王国寺

南朝古刹。宋元嘉七年(430)建造，《比丘尼传》卷三《齐剡齐兴寺德乐尼传》云："至年八岁，许其姊妹同时入道，为晋陵光尼弟子。具足以后，并游学京师，住南永安寺。笃志精勤，以昼继夜，穷研经律，言谈典雅。宋文帝善之。元嘉七年，外国沙门求那跋摩、宋大将军立王国寺，在枳园寺路北也，请移住焉。"《南史》卷三三《范泰传》云："有王国寺法静尼，出入义康家内，感激旧恩，规相拯拔。"

王家边庵

在旧溧水县东二十五里白鹿乡，今溧水区白马镇王家边村。清光绪年间(1875—1908)建，1957年拆毁。

王山庵

在旧溧水县东二十五里白鹿乡，余不详。

韦家庵

在旧江浦县高望东十里,余不详。

圩东庵

在旧溧水县西二十五里思鹤乡,清咸丰年间(1851—1861)毁。

围龙庵

在旧高淳县东五十里上谷村前。清光绪十年(1884)重建,改名关帝庙。

唯心庵

在旧都城西北清凉山南,东毗清凉寺。明代存。

魏家庵

在旧溧水县西二十里思鹤乡,清咸丰年间(1851—1861)毁。

文昌庵

1. 在今秦淮区曹都巷附近。清同治年间(1862—1874)创建,有房屋十八间。20世纪50年代初,存房屋九间。

2. 在旧都城南白塔街,今秦淮区白塔巷与长白街交叉口处。详见“龙翔寺”条。

文昌阁

1. 在旧江浦县西四十里石碛镇石碛河拐弯处,今浦口区桥林镇石碛社区内。明万历年间(1573—1620),县庠生沈时新倡建。阁内大钟一座,僧侣朝夕撞之,钟声洪亮,余音远播。

2. 在旧江浦县治北一里,周而淳题额。

文昌阁庵

在旧府学东南,今玄武区成贤街。明万历四十三年(1615)许令典建,清顺治十七年(1660)朱谟、郑之磷、白梦鼎、董钦重建。阁三层,奉皇帝像。大殿供奉铁佛罗汉,相传古草堂寺宋像。

文峰庵

在旧溧水县南六十五里骆山。山滨石臼湖，东接凤栖，西朝雀垒，上有文峰庵，本名拉山庵。缘起未详，清乾隆四十一年（1776）监生杨志铉、杨绍勤重修，添建文武阁，镜湖书屋，额曰立雪堂。知县凌世御记云："余尝过邑之骆山，见上有小庵，土人谓旧建文峰庵，云庵甚卑隘，不称厥名。越岁再经其地，峻宇崇墉，轩豁呈露，湖光山色若增而奇。询之，知杨君绍勤偕其兄志铉建阁三层，上奉梓潼、神勇二帝。周遭建屋，颜曰镜湖，为延师教子地。"

文殊庵

1. 在旧都城东北四十五里摄山，今栖霞区栖霞街道之东栖霞山。《栖霞小志》云："文殊庵，在可容庵之左。门外有径，可下至古佛庵，上达法华庵，以陟山之颠。径皆因山势曲折而成，内种蔬，外植桃，编而为篱，松栗杂树离立于上。春暮夏初，则红英绿荫，错满左右，游人行其下，衣袂皆有香色。"

2. 在旧都城聚宝门外三十里牛首山宏觉寺内，今江宁区牛首山森林公园境内。《牛首山志》上卷云："自山门左路登陟，麓下有一僧庐，即文殊庵。"

3. 在旧六合县北。明成化年间（1465—1487）僧净涧开建，嘉靖十五年（1536）僧德安重建。

文殊禅院

在旧南京下关四所屯头庵一号。20世纪50年代初，有僧三人，房五间，地四亩。

文思庵

在今秦淮区白下路东段南侧文思新村，余不详。

问渡庵

在旧高淳县治南官溪渡口。明崇祯六年（1633）楚僧闻修开建。崇祯八年（1635）陈元泰、胡启伦建寺前茶亭，清雍正年间（1723—1735），僧广恒整理垣墙暨神龛，法相焕然如新。民国时期废。

问水庵

在旧高淳县固城镇西，一名新庵。余不详。

卧佛教寺

在旧六合县治东北。南唐保大七年(949)僧惠得开建,明洪武元年(1368)僧善观重建。寺前有养济院,洪武八年(1375)县丞徐昭文建于县西,成化六年(1470)知县唐诏徙至今所。嘉靖三十一年(1552),僧佛如修建钟楼、山门。殿内石龛卧佛一尊,传为唐时所造。三宝殿旁有罗汉十八尊,极尽工巧,灵气扑人,髹漆之类,毫无损落。又有藏经一部,娑罗树二株。清光绪年间(1875—1908)寺废,仅存石佛,僧永传募建山门三间。

卧佛寺

在旧南京斗门桥北七家湾,地址月牙巷十五号。今秦淮区安品街以北,七家湾以南,仓巷以东,评事街以西区域内。参见“封崇寺”条。

卧龙寺

在今六合区瓜埠镇大庙村陈家大庄自然村。清代存。

卧云庵

在旧江浦县治南五十里,近乌江镇。隐者徐荣之创建。

乌江寺

六朝古刹。在旧江浦县广圣寺前,有虚乐亭。东晋时期存,《法苑珠林》卷四二云:“尼道容,居乌江寺,戒行精峻,屡有征感,晋明帝甚见敬事。”

乌山庵

在旧溧水县北二十五里长寿乡。明万历四十年(1612)僧大宏开建,清光绪年间(1875—1908)重建。

乌石寺

在旧六合县西北四十五里乌石山。元致和元年(1328)僧本通开建,明嘉靖十八年(1539)僧道朗重建。寺有四金刚像,极奇古,相传移自云居寺。旁有古桂,花时香闻数十里外。清代李敬撰《乌石寺记》,又作《题乌石寺》诗云:“朝驾巾车上碧山,暮随明月下山还。回头却望山中寺,半在寒烟古木间。”

乌衣寺

六朝古刹。在旧都城聚宝门东北隅乌衣巷内，今秦淮区乌衣巷、大油坊巷一带。宋齐时期存，《高僧传》卷七《宋京师乌衣寺释慧叡传》云："释慧叡，冀州人，少出家，执节精峻，常游方而学经。……后适京师，止乌衣寺。讲说众经，皆思彻言表，理契环中，宋元嘉中卒。"《高僧传》卷一三《齐乌依寺释昙迁传》云："笃好玄儒，游心佛义，善谈《庄》《老》，并注《十地》。又工正书，常布施题经。巧于转读，有无穷声韵，梵制新奇，特拔终古。……初止祇洹寺，后移乌依寺。及范晔被诛，门有十二丧，无敢近者。迁抽货衣物，悉营葬送，孝武闻而叹赏，谓徐爰曰：'卿著《宋书》，勿遗此士。'"

无碍庵

在旧都城东北四十五里摄山，今栖霞区栖霞街道之东栖霞山。山僧无碍所居，《栖霞小志》云："出白鹿庵不数十武，度小石桥，蹑级而上，松篁菜畦中有泉一坎，坎畔茅屋一。内住老僧、一童子，人不知其名，自号无碍，人因以无碍称之。"

无垢寺

南朝古刹。在旧都城聚宝门南一百二十五里，三禅寺南五里，凤台门外道德乡。缘起未详，梁天监二年创建(503)改名无垢寺。宋代改无垢院。明代重修，复名无垢寺。三禅寺所领小刹，山门三楹，佛殿三楹，观音殿三楹，轮藏殿三楹，僧院二房。基址五亩，东至伍庵庄，南至来龙山，西至磨盘山，北至胡家店。田、地、山、塘共六十六亩三分四厘。

无垢院

在旧都城聚宝门南一百二十五里道德乡。详见"无垢寺"条。

无际崇福庵

在旧都城南隅，元泰定三年(1326)杨遇新建造。

无想禅院

在旧溧水县南十五里无想山东南侧山腰，今溧水区洪蓝镇无想寺景区内。详见下卷"无想寺"条。

无相庵

在旧高淳县东五里魏塘，袁姓建。

无相塔院

在旧都城南七里丹阳乡。文益禅师塔院，南唐时期建。文益禅师，俗姓鲁，余杭人，南唐中兴元年(958)告寂，国主竖塔于江宁丹阳乡，名无相塔院，韩熙载撰碑记。元代以后废。

吴读庵

在旧都城正阳门东七十里，法清院南五里，旧江宁县土桥镇，今江宁区淳化街道土桥社区。相传孙权尝在此读书习武，故名。明代为法清院所领小刹，山门三楹，佛殿三楹，观音殿三楹，法堂五楹，僧院二房。基址四亩，东至本庵墙，南至上庄村，西至张家巷，北至土桥。田、塘，共二十六亩七分一厘。

吴兴寺

在旧都城聚宝门西南隅花盝岗。详见下卷“瓦官寺”条。

五珑庵

在旧江浦县石碛镇北，今浦口区桥林街道石碛社区内。清康熙年间(1662—1722)，镇民胡尔玺捐建。

五显庵

在旧都城水西门外莫愁湖对岸。缘起不详，《古今图书集成·方舆汇编·职方典一》卷六五三谓之“临河水槛，周以高柳，景致幽胜”。

五一庵

在旧六合县大东门外，清光绪年间(1875—1908)废。

五云庵

在旧都城聚宝门西北隅。明初创建，万历三十三年(1605)余成重修，上瓦官寺所领小刹，伽蓝殿三楹，佛殿三楹，僧院一房。基址二亩，东至张千户空地，南至官街，西至金宅佃房，北至成府园。

武墙庵

在旧溧水县西南三十里山阳乡，清光绪年间（1875—1908）重建。

武宣寺

南朝古刹。陈代存，《新修科分六学僧传》卷一九云：“陈洪偃生，受业于龙光寺绰法师。陈天嘉初，聚徒设筵于武宣寺。每讲隙，必游钟山之开善、定林，以息心宴坐。五年九月二十一日，以疾终于宣武寺，尸陀于开善之东冈。”

悟空庵

在旧都城朝阳门外钟山，今玄武区石象路七号钟山风景区内。见于《金陵选胜》卷八。

悟桃庵

在旧溧水县仙坛乡，余不详。

悟真庵

1. 在旧都城朝阳门外钟山道卿岩紫霞洞附近，今玄武区石象路七号钟山风景区内。一名悟真院，宋代梅挚尝建悟真亭。王安石《悟真院》诗云：“野水纵横漱屋除，午窗残梦鸟相呼。春风日日吹香草，山南山北路欲无。”庵北有八功德水，相传梁天监年间（502—519）胡僧寓锡于此，山中乏水。时有庞眉叟谓曰：“予山龙也，知师渴饮，措之无难。”俄而一沼沸出。后有西僧继至，云本域八池已失其一，似竭彼盈此也。其泉一清、二冷、三香、四柔、五甘、六净、七不饐、八蠲屙，故名八功德水。自梁以来尝取给御府，饮之可以愈疾。明洪武年间（1368—1398），庵地将建孝陵，旧池就涸，从寺东马鞍山下通出，以木为笕通水入寺。宣德五年（1430）改以石枧引水，后三年水竭。正统元年（1436）久旱，忽涌出如初，后复竭。庵西有两翁轩，洪觉范云：“悟真庵西疏竹林间，苍崖千尺，岁久拆裂。庵僧为开高轩向之，尽收形胜，名两翁轩。”

2. 在今秦淮区大石坝街。详见“孔雀庵”条。

悟真院

在旧都城东郊钟山道卿岩紫霞洞附近，今玄武区石象路七号钟山风景区内。详见“悟真庵”条。

X

西　庵

1. 在旧都城朝阳门外钟山，今玄武区石象路七号钟山风景区内。宋代存，王安石《自定林过西庵》诗云：“午鸡声不到禅林，柏子烟中静拥衾。忽忆西岩道人语，杖藜乘兴得幽寻。”《金陵梵刹志》卷三云：“宋怀深，游往蒋山，留西庵。请益鉴公，呈偈曰：‘只是旧时行履处，等闲举着便诮讹。夜来一阵狂风起，吹落桃花知几多。’”

2. 在旧都城聚宝门外天界寺内。《金陵选胜》卷八云：“天界寺在南城外凤山，屡坏屡葺，规制宏敞，松竹深通。有西庵曲径、苍翠乔松、半峰烟雨、双桂返照、南庵碧玉、古拙品梅六景，称城南幽胜。”

3. 在旧溧水县白鹿乡。清同治六年(1867)里人张大兴、李天顺等创建，大殿三间。

4. 在旧江浦县北四十里汤泉镇汤泉山下，惠济院西六十步。详见“寄老庵”条。

西方庵

1. 在今秦淮区洪武路南段东侧西方巷，清代存。

2. 在旧都城西北马鞍山小匡庐，余不详。

3. 在旧溧水县东三十里白鹿乡，一名应福寺。清同治八年(1869)，方永智等重建。

西方寺

在今秦淮区公园路。清光绪年间(1875—1908)建，20世纪50年代初，有僧三人，房二十四间，地二亩。

西广佛寺

在旧六合县上三都。明正德七年(1512)僧定圆重建,嘉靖二十七年(1548)僧性安修。

西来庵

1. 在今秦淮区抄纸巷。清光绪十九年(1893)建,20世纪50年代初,有尼七人,房屋二十间。

2. 在今雨花台区板桥街道古雄村西来自然村北,清代存。

3. 在旧高淳县西花犇。本名西来庵,清乾隆年间(1736—1795)建造,后改茅庵。

西莲庵

1. 在旧都城聚宝门东北隅,今秦淮区江宁路南段老虎头附近,与石观音院相邻。《东城志略》谓之"修竹深藏,屋瓦皆绿"。

2. 在旧高淳县北二十五里芮家嘴。庵居丹阳湖东,夏秋之间,西望湖中,莲开数顷,因名西莲庵。明天启三年(1623)刘姓建,邑绅陈万善撰记。清道光二十九年(1849)毁于水,同治年间(1862—1874)刘姓重建。

西林庵

缘起未详。明洪武年间(1368—1398)存,《补续高僧传》卷一《具生吉祥大师传》云:"具生吉祥大师,梵名板的达撒哈咱失里,中天竺迦维罗国人,出刹帝利种。明初振锡而东,洪武七年,诏住蒋山。既其往化,荼毗烟所及处皆成舍利,建塔藏于西林庵。"

西林寺

1. 在旧都城聚宝门南六十里,建昌寺东北二十里,南城山北乡。宋绍定年间(1228—1233)创建,明代为建昌寺所领小刹,山门三楹,佛殿三楹,地藏阁三楹,僧院三房。基址五亩,东至九峰民田,南至刘伍显民田,西至本寺田,北至刘伍显民山。田、地、山、塘共三十八亩九分四厘。

2. 在旧江浦县治东北十八里西山。邑人刘岩尝读书于此,撰《西林寺壁记》,谓寺在山谷间,人迹罕到,其地多松栝、梧桐、冬青、石楠诸树。寺西有石阁,藏经五千四十八卷。清咸丰年间(1851—1861)寺毁,光绪年间(1875—1908)复建,更名为茅庵。

3. 在旧溧水县,余不详。

西灵寺

在今江宁区横溪街道西塘村西塘角自然村,余不详。

西流庵

在旧南京正觉寺三十五号。民国二十三年(1934)建,20世纪50年代初,有房十间。

西茅庵

在旧高淳县花山,今高淳区固城镇花山公园内。本为梁武帝女儿出家为尼之所,明永乐年间(1403—1424)建庵,占地面积六十亩。清咸丰年间(1851—1861)毁于太平天国战火,乱后重修。现已拆毁,以寺址建花山公园。

西宁庵

在旧高淳县西北七里薛城。邢氏建,僧澄月募修。清道光年间(1821—1850)毁于水,同治年间(1862—1874)重建。

西天寺

1. 在旧都城聚宝门东南一里戚家山,近报恩寺后垣,地名重译街,又名驯象街。明初,西天班的答禅师来朝,赐号善世。洪武十五年(1382)班的答示寂,葬于此,敕建塔寺,名西天寺,弟子智光撰《西天班的答禅师志略》。《补续高僧传》卷一《明西天国师智光传》云:“智光,十五辞父母出家,礼西天迦湿弥罗国班的达国师。洪武中,太祖召至钟山,命译其师板的达四众弟子菩萨戒。凡两往西域,太宗俾迎大宝法王,及还,诏居西天寺,升右善世。”报恩寺所统中刹,金刚殿三楹,天王殿三楹,正佛殿三楹,左右回廊十八楹,祖师殿三楹,石塔一座,僧院四房。基址三十亩,东至武定侯坟山,南至虢国公坟山,西至虢国公神路,北至驯象街。清同治四年(1865),李鸿章以西天寺址建金陵机械制造局,现为南京晨光机械厂。

2. 在今江宁区江宁街道牌坊村西天自然村附近,明代建造。

西阳院

在旧江宁县金陵镇,今江宁区横溪街道西阳社区内。宋代存,《至正金陵新志》

卷一一下引《乾道志》云："西阳院，在金陵镇南，去城七十五里。"

西印庵

在旧江浦县北门内，余不详。

惜字庵

在今秦淮区大石坝街。清代建造，民国三十年(1941)重修。20世纪50年代初，有僧四人，房八间。

洗心莲社

在旧南京西集庆路二三二号。民国三十二年(1943)建，20世纪50年代初，有僧四人、尼二人，房十七间，地一亩六分。

霞心庵

在旧都城东北四十五里摄山天开岩之南，今栖霞区栖霞街道之东栖霞山。明万历年间(1573—1620)，太监党怀仁建。

下定林寺

南朝古刹。在旧都城钟山之下蒋陵里，今玄武区石象路七号钟山风景区明孝陵景区内。宋元嘉元年(424)创建，《南史》所谓"天监十三年，梁武帝易定林寺前冈独龙阜以葬志公"之处。元嘉十二年(435)，西域僧人竺法秀在钟山顶上建寺，亦名定林寺，遂以钟山顶者为上定林寺，蒋陵里者为下定林寺。

南朝时期高僧事迹颇多。宋元嘉八年(431)正月，求那跋摩至建业，尝赴请于钟山定林下寺，时道俗多采众花，布僧席下，验求真人。诸僧所坐，花同萎悴，而跋摩席花鲜若初。宋元徽年间(473—477)，世祖诏释僧镜至京都，止定林下寺，大阐经论，频建法聚，著《法华维摩尼义疏》《毗昙玄论》。齐建武年间(494—498)，释僧副爱钟山定林下寺泉石之胜，王侯造请，坐不为起，跬步宫阙，未尝谒觐。梁中大通六年(534)，武帝延请傅弘至建业，住钟山定林下寺。尝建大龛，一柱八面，实以诸经，运行不碍，谓之轮藏。

隋唐以后，下定林寺逐渐衰落。宋代改名定林院，仅庵屋数间，王安石尝读书于此，有昭文斋。元丰五年(1082)九月，佛印了元禅师谒王安石于定林院，王安石以傅大士像须赞，佛印书曰："道冠儒履佛袈裟，和会三家作一家。忘却率陀天上路，双林痴坐待龙华。"暗喻王安石貌似投闲置散，实则怀竞进之心。王安石虽被佛印所调弄，而终服其理。

下狮山庵

在旧溧水县南三十里下狮山，今溧水区和凤镇下狮山村。

下瓦官寺

在旧都城聚宝门西南隅花盝岗。详见下卷"瓦官寺"条。

下云居院

在旧都城朝阳门外钟山，上云居院之右，今玄武区石象路七号钟山风景区内。详见"善居寺"条。

仙窟寺

南朝古刹。在旧都城聚宝门外三十里牛首山，今江宁区牛首山森林公园内。牛首山西峰有石窟，不测深浅，古老相传辟支佛所出。梁武帝置寺于窟穴下，名仙窟寺。唐天宝初(742)，牛首山更名仙窟山，以仙窟寺故。

仙游庵

在旧溧水县南六十里仙坛乡。清同治年间(1862—1874)僧善根、松林开建，光绪年间(1875—1908)毁。

闲居寺

南朝古刹。宋元徽二年(474)创建，《比丘尼传》卷四《梁闲居寺僧述尼传》云："(僧述)以宋元嘉二十四年，从禅林寺净秀尼出家。节行清苦，法检不亏，游心经律，靡不遍览，后偏功《十诵》，文义优洽。复从隐、审二法师咨受秘观，遍三昧门。既移住禅林寺，为禅学所宗，去来投集，更成嚣动，述因有隐居之志。宋临川王母张贵嫔闻之，舍所居宅，欲为立寺，时制不许辄造。到元徽二年九月一日，汝南王母吴充华启敕即就，缔构堂殿房宇五十余间，率其同志二十人，以禅寂为乐，名曰闲居。"

闲心寺

南朝古刹。在旧都城东南隅娄胡苑，今秦淮区江宁路老虎头附近。刘宋时期张永创建，《高僧传》卷一一《宋京师闲心寺释道营传》云："始住灵曜寺习禅，晚依观、询二律师咨受《毗尼》，偏善《僧祇》一部，诵《法华》《金光明》，蔬素守节。庄严道慧、治城智秀，皆师其戒范。张永请还吴郡，蔡兴宗复邀住上虞。永后于京师娄胡苑立闲心寺，复请还居。"其时闲心寺又有释僧喜，善唱说，振誉于时。

显慈寺

在旧高淳县西三十里。详见"刘庄寺"条。

显仁院

在旧高淳县西三十里。详见"刘庄寺"条。

湘宫寺

南朝古刹。在旧上元县清溪桥北，竺桥之南，今秦淮区太平南路南段四象桥旁。本南朝宋明帝故宅，泰始七年(471)舍为寺，建刹两座，各五层。刹前有四只雕琢精美的大石象，后人遂名寺边桥为四象桥。《南史》卷七〇《虞愿传》云："帝以故宅起湘宫寺，费极奢侈。以孝武庄严刹七层，帝欲起十层，不可立，分为两刹，各五层。新安太守巢尚之罢郡还见，帝曰：'卿至湘宫寺未？我起此寺，是大功德。'愿在侧曰：'陛下起此寺，皆是百姓卖儿贴妇钱，佛若有知，当悲哭哀愍，罪高佛图，有何功德？'尚书令袁粲在座，为之失色。帝乃怒，使人驱下殿，愿徐去无异容。"梁简文帝萧纲有《湘宫寺碑》。

香火庵

在旧高淳县东七十里。缘起未详，清同治年间(1862—1874)重建。

香积寺

在旧六合县东冶浦桥西，左临冶水。宋天圣年间(1023—1032)僧法深开建，明洪武十五年(1382)僧法畅重建，永乐十五年(1417)并于卧佛寺。清光绪年间(1875—1908)毁于兵燹。

香林庵

在旧高淳县东南三十里。缘起未详,清咸丰年间(1851—1861)毁,黄姓重建。

香林寺

1. 在旧都城太平门内北安门后,灵谷寺西十五里,今玄武区佛心桥三十七号。参见“兴善寺”条。

2. 在旧江宁县丹阳乡湖熟镇赤山西,今江宁区湖熟街道丹桂村。详见“香林院”条。

香林寺下院

在今秦淮区白下路。清乾隆年间(1736—1795)建,20世纪50年代初,有僧一人,房十间。

香林院

本在旧江宁县丹阳乡湖熟镇杜桂村,梁天监年间(502—519)创建,名杜桂院。宋代迁赤山西,今江宁区湖熟街道丹桂村,改名香林院,又名香林寺。明代为法清院所领小刹,佛殿三楹,伽蓝殿一楹,僧院四房。基址三十亩,东至长塘,南至陶家田,西至本寺桥,北至中桥。寺旁有单孔石拱桥,梁代建造,今存,1983年6月,江宁县人民政府公布为重点文物保护单位。参见“杜桂院”条。

香泉寺

在旧江浦县汤泉镇。详见“汤泉寺”条。

香水庵

兴废未详。《嘉庆新修江宁府志》卷五一云:“松崖,字明鉴,住香水庵。有道行,宗门推之。”

香水林

在今秦淮区马台街。民国二十年(1931)释德崇建,20世纪50年代初,有尼三人,房四间,地四十二方。

香岩寺

南朝古刹。在旧都城北，《陈书》卷八《周文育传》所谓“及世祖为（张）彪所袭，文育时顿城北香岩寺，世祖夜往趋之，因共立栅”即此。明代存，《五灯会元续略》卷四云：“南京香岩古溪觉澄禅师，受业于大庆寺默庵禅师，成化癸巳八月初九日端坐而化。”

香佛庵

在旧六合县皇厂河南。缘起未详，后坍没入江。

祥光院

缘起未详。南唐时期存，《五灯会元》卷六云：“无殷禅师，住禾山，江南李氏召而问曰：‘和尚何处来？’师曰：‘禾山来。’曰：‘山在甚么处？’师曰：‘人来朝凤阙，山岳不曾移。’国主重之，命居杨州祥光院。”

祥灵寺

南朝古刹。《梁书》卷五五《侯景传》云：“景二年三月，王僧辩焚景水栅，至祥灵寺渚。”

翔棘寺

缘起未详。明万历年间（1573—1620）存，《板桥杂记补》卷中引《钱牧斋集》云：“万历初年，陈宁乡芹解组石城，卜居笛步，置驿邀宾，复修青溪之社。其后二十余年，闽人曹学佺能始回翔棘寺，游宴冶城，宾朋过从，名胜延眺。台城怀古，爰为凭吊之篇，新亭送客，亦有伤离之作，笔墨横飞，篇帙腾涌，此金陵之极盛也。”

翔鸾禅林

在旧南京中华门东堆草巷，今秦淮区大油坊巷。明洪武三年（1370）建，为沈万山祭祖家庙。20世纪50年代初，有僧五人，房十八间。

响铃庵

在旧江浦县治西北十里西华山麓，今浦口区江浦街道老山森林公园内。清康熙年间（1662—1722）僧南庵居此，顾世隆、庄有光、张可毅、张善重修，邑人刘岩有《响铃庵碑记》。道光年间（1821—1850）知县李蕚重修，题额“江天一览”。咸丰年间

(1851—1861)毁，民国时期复建数楹。庵西有狮子林，清顺治二年(1645)僧白庵建。

象塔寺

在旧六合县北五十里冶山之阳。详见“祗洹寺”条。

象王庵

在旧溧水县白鹿乡。清同治四年(1865)，僧大仁及里人尤乾城、遇良等募建，大殿五间。尤乾城复捐田三亩，遇良捐田三亩，以为饭僧之资。

萧帝寺

南朝古刹。在旧都城聚宝门内东北二里许，今秦淮区江宁路南段西侧老虎头四十四号附近。梁天监十三年(514)武帝萧衍建造，令萧子云飞白大书“萧”字为额，故世谓之萧帝寺。《梁京寺记》云:“梁之萧帝寺，旧传天监十三年造。元绛《寺记》云不知从昔之名，故后人以帝氏目之。”一说萧子云创寺，名萧寺，后世讹为萧帝寺，语出唐刘长卿《将赴岭外留题萧寺》自注:“寺即梁朝萧内史创。萧子云为临川内史，然则寺即子云所建。萧字或其题款，萧帝之名，殆附会也。”

陈隋之际萧寺渐废，唐代李约游江南，见寺旧额，购取载归洛阳，以建萧斋。南唐保大年间(943—957)，以萧帝寺旧址新建梵刹，名法光寺。宋代重建，更名鹿苑寺，元绛《重建萧帝寺记》云:“紫峰纡余，反宇欲翔，盘高孕虚，含吐万景，望之辉然，如修红亘霄，丹碧相发。殿有圣像，即山而成，追琢之功，极其精妙。闰唐攘据，因其迹而增华，易榜法光，标为胜概。圣朝混一，梵刹禅林，容仍旧物，就其址起高广殿，水槷不移，棼橑有严，光辉复还，风物异态。又粉绘释迦文相，即山塑十六大尊者，生生之供，称是该备。”殿前有郗氏窟，旧传梁武帝郗后化蟒处，寺后有周处读书台。旧时寺门外有宋管仲姬画观音大士石刻，且即山凿像，故明清以来俗称石观音院。参见“石观音院”条。

萧　寺

在旧都城聚宝门内东北二里许，今秦淮区江宁路西侧老虎头四十四号附近，梁天监十三年(514)置。详见“萧帝寺”条。

小九华寺

1. 在旧都城东北四十五里摄山中峰下，今栖霞区栖霞街道之东栖霞山。余不详。

2. 在旧都城西北清凉山东麓，古清凉寺之右，今鼓楼区清凉山路八十三号清凉山公园内。本明代耿定山所建崇正书院，万历初年（1573）改为祠堂，后改名云巢庵。清乾隆年间（1736—1795）毁于火，嘉庆元年（1796）僧展西募资修缮，构屋数层，复用崇正书院旧名，仍为佛教活动场所。咸丰三年（1853）毁于太平天国战乱，同治四年（1865）邑人张姓捐赀，僧可曾重建地藏殿、灵官殿等，奉地藏菩萨香火，因名地藏庵，又名小九华，薛时雨有《重建江宁小九华碑》。民国初期徙太平门内覆舟山南麓，今玄武区九华山二十号九华山公园内，仍名小九华寺。20世纪50年代初，有僧三人，房十二间，地二亩，“文化大革命”期间拆毁。

小庙庵

在旧溧水县思鹤乡，清光绪三年（1877）里人王琳等重建。

小南海

在今玄武区成贤街文德里。民国时期创建，20世纪50年代初，有僧一人，房八间。

小桥庵

在旧溧水县东三里丰庆乡，清光绪年间（1875—1908）废。

小庄严寺

南朝古刹。在旧都城定阴里，本晋零陵王庙地，梁天监六年（507）度禅师建刹，名小庄严寺，亦名庄严寺。时有邵文立者，世以烹屠为业，尝欲杀一鹿，鹿跪而流泪。鹿怀一麑，寻当产育，就庖哀切，同被刳割。因斯患疾，眉须皆落，身疮并坏。后乃深起悔责，求道度禅师，发大誓愿，罄舍家资，回买此地，为立伽蓝。是年，沙门法悦于小庄严寺造无量寿佛像，长一丈八尺，及铸，铜不足，梁武帝给功德铜三千斤。及开模，像踊成丈九，好相不差。其年九月，移像至光宅寺。

孝敬寺

南朝古刹。梁大同六年（540），公上琎为亡母舍宅建造，武帝赐孝敬寺额。宗士标《孝敬寺刹下铭》云:"孝敬寺者,公上琎为亡母杨叔女之所立也。……以三重之居,建为伽蓝之地。旧井无迁,乔木犹在,前瞻绮陌,后背青门,宝殿霞临,长廊雾绕。寺初欲竖刹,导仓令钮昙诞忽有双舍利降之,放光满室,止取得一舍利。琎讫就昙诞,云已奉送还台,于御前分身为六。后数日中夜,忽闻钟鸣,惊视,复得一舍利。寺主蒨法师梦人谓之曰法身寻降,俄而昙诞送舍利,并诸处所送,其数有八。大同六年太岁庚申五月十五日壬戌建刹。"又志云:"梁大同六年太岁庚申五月十五日壬戌,菩萨戒弟子公上琎奉为亡母杨叔女舍所居宅□僧伽蓝,皇帝□□名孝敬寺。"

谢司空寺

六朝古刹。晋义熙十四年(418)存,《佛祖统纪》卷三六云:"义熙十四年,吴内史孟颉请佛驮跋陀罗于建业谢司空寺,译《华严经》六十卷,慧严、慧观为笔受。"

谢　寺

六朝古刹。在旧都城竹格渡之北,临秦淮水,晋永和四年(348)谢尚舍宅创建,名庄严寺。以谢姓故,亦称谢寺。刘宋释智宗出家止谢寺,博学多闻,尤长转读,声至清而爽快。南齐释慧次大明中止谢寺,每讲席一铺,辄道俗奔赴。永明七年(489)十月,文宣王请讲《成实论》,招集京师硕学名僧五百余人,研核幽微,学通疑执。

谢镇西寺

六朝古刹。在旧都城中竹格渡之北,晋永和四年(348)谢尚舍宅创建。详见"庄严寺"条

心太平庵

在旧都城西盋山。《盋山志》卷三云:"心太平庵,明遗老丁雄飞所居。庵傍乌龙潭,今桑根先生就沈文肃公祠西偏厅事补颜之。前有石池正方,小楼斜冠之,其后轩窗疏爽,时一凭观吐纳,皆山水气焉。"

新安寺

南朝古刹。宋大明年间(457—464),孝武帝为殷贵妃创建,殷贵妃之子子鸾封新安王,故以新安为名。前废帝毁之,宋明帝复建。《宋书》卷九七《夷蛮传》云:"世祖宠姬殷贵妃薨,为之立寺,贵妃子子鸾封新安王,故以新安为寺号。前废帝杀子鸾,

乃毁废新安寺，驱斥僧徒，寻又毁中兴、天宝诸寺。太宗定乱，下令曰：'先帝建中兴及新安诸寺，所以长世垂范，弘宣盛化。顷遇昏虐，法像残毁，师徒奔迸，甚以矜怀。妙训渊谟，有扶名教。可招集旧僧，普各还本，并使材官，随宜修复。'"《南齐书》卷四一《张融传》云："孝武起新安寺，僚佐多儭钱帛，融独儭百钱。帝曰：'融殊贫，当序以佳禄。'出为封溪令。"时有释道猷，生公弟子，通习顿悟成佛义。生公既亡，宋文帝大集义僧，令道猷申述顿悟，时竞辩之徒关责互起，道猷积思参玄，宗源有本，乘机挫锐，往必摧锋。及孝武帝升位，敕住新安寺，为镇寺法主。释法瑶，宋孝武帝诏止新安寺，讲顿渐二悟义，又著《涅槃》《法华》《大品》《胜鬘》等疏。释慧重，早怀信悟，有志从道，每斋会，常自为唱导。孝武帝敕为新安寺出家，专当唱说。释僧远，初住彭城寺，大明年间（457—464），新安寺招延英哲，推为元举之首。

新　庵

1. 在旧溧水县安阜门外在城乡。清顺治十二年（1655）邑民马自骧舍基建，光绪年间（1875—1908）废。

2. 在旧溧水县仙坛乡甘戴村。甘上禄创建，清光绪年间（1875—1908）废。

3. 在旧溧水县东二十五里白鹿乡官塘。详见"永寿庵"条。

4. 在旧高淳县固城镇西。详见"问水庵"条。

5. 在旧江浦县浦口城内。详见"千佛庵"条。

6. 在今雨花台区板桥街道新建村新安自然村，余不详。

新华庵

在今栖霞区八卦洲街道七里村合新自然村，民国十八年（1929）建。

新华寺

在旧溧水县南四十五里孔镇。详见"接待院"条。

新化寺

在旧溧水县仪凤乡，唐咸通元年（860）创建。宋乾道三年（1167），徙高淳县南五十里安兴乡。明洪武二十五年（1392）并入儒童寺，寻复旧额。清同治元年（1862）遭兵拆毁，八年（1869）居民重建。光绪年间（1875—1908）张綦有《新化寺》诗云："幽绝招提路，今朝始一登。穿林惊宿鸟，横榻话高僧。古树依新竹，孤松挂碧藤。月明归径便,有鹤不须乘。”

新林寺

六朝古刹。在旧秣陵县新林青陵,晋咸安二年(372)简文帝为道容尼创建,名新林寺,后改名波提寺,语出《法苑珠林》卷三一引《晋南京寺记》。《比丘尼传》卷一《新林寺道容尼传》云:“道容,本历阳人,住乌江寺,戒行精峻,善占吉凶,逆知祸福,世传为圣。……简文帝先事清水道师,第内为立道舍,容亟开导,未之从也。后宫人每入道屋,辄见神人为沙门形,满于室内,帝疑容所为,而莫能决。践祚之后,乌巢太极殿,帝使曲安远筮之,云:‘西南有女人师,能灭此怪。’帝遣使往乌江迎道容,以事访之。容曰:‘唯有清斋七日,受持八戒,自当消弭。’帝即从之,群乌竞集运巢而去。帝深信重,即为立寺,资给所须,因林为名,名曰新林。”

新塘庵

在旧溧水县东南五十里,余不详。

新亭精舍

在旧江宁县新亭冈,今雨花台区凤台南路软件大道路口南侧山岗上。详见“新亭寺”条。

新亭寺

六朝古刹。在旧江宁县新亭冈,今雨花台区凤台南路软件大道路口南侧山岗上。晋太元五年(380)创建,名新亭寺,亦名新亭精舍,《新修科分六学僧传》卷二四云:“晋竺法义,善讲《法华》,与王导、孔敷友善。兴宁中,还江左,止于始宁之保山,弟子常百余,供事观世音像。太元五年殁,诏塔之,因建寺,名新亭精舍。”宋孝武帝即大位于新亭寺之禅堂,改名中兴寺,《南史》云“孝建元年文帝讳日,群臣并于中兴寺八关斋”即此。前废帝刘子业毁之,明帝修复。大明四年(460),路太后于中兴寺造普贤乘象,十月八日于寺内禅堂设斋。有一异僧,众莫之识,自言名明慧,从天安寺来,忽然不见。天下无此寺名,乃改中兴寺禅堂为天安寺。时有释法颖以律藏知名,研精律部,博涉经论。元嘉末止新亭寺,及孝武帝改治中兴寺,敕为都邑僧正。又有外国沙门摩诃衍住中兴寺,多出新经,《胜鬘经》尤见重内学。康居国僧阿那摩低,善晓经论,常转侧数百贝子,立知吉凶,亦善神咒,洞见往事。释僧印学涉众典,以《法华经》著名。释僧璩依律撰出《十诵僧尼要事羯磨》二卷。宋代高僧求那跋陀罗、昙摩密多、法安、慧览、道温、昙斌、僧导，齐代高僧僧钟以及梁代高僧宝亮，皆尝驻锡中兴寺。

赵宋嘉定元年(1208)，僧妙玲在高淳县西三十里丹湖建刹，请江宁县新亭寺旧额。明初重建，废于兵。崇祯九年(1636)里人史增贤复建，改名正觉寺。清道光年间(1821—1850)水灾，圮而复修者数次。咸丰三年(1853)毁于兵燹，里人重建。

新兴寺

在旧溧水县小东门外。本名禅心寺，明代改新兴寺，嘉靖年间(1522—1566)寺僧无行，知县王从善遂废之。邑人夏鉴《新兴寺三首》有“幽树雨晴啼鸟滑，闲斋风定落花深”之句。

新一脉庵

在今秦淮区剪子巷。民国三十年(1941)妙莲尼建造，20世纪50年代初，有尼一人，房八间。

新渚寺

六朝古刹。晋代创建，唐代改名天安寺。《法苑珠林》卷一八云：“周嵩妇胡母氏有素书《大品》，广五寸，而《大品》一部尽在焉。又并有舍利，银罂贮之，并缄于深箧。永嘉之乱，胡母将避兵南奔，经及舍利自出箧外，因取怀之，以渡江东，会稽王道子求以供养，后尝暂在新渚寺。刘敬叔云曾亲见此经，字如麻大，巧密分明。新渚寺，今天安是也。此经盖得道僧慧则所写也。”

兴慈院

在古城西门双庙之东。详见“报恩寺”条。

兴福寺

1. 南朝古刹。齐永明年间(483—493)存，《高僧传》卷一三《齐兴福寺释慧芬传》云：“十二出家，住谷熟县常山寺。……及魏虏毁灭佛法，乃南归京师，以齐永明三年卒于兴福寺。”《续高僧传》卷五《梁杨都庄严寺沙门释僧旻传》云：“永明十年始于兴福寺讲《成实论》，先辈法师高视当世，排竞下筵。”

2. 在旧都城聚宝门南二十五里，崇因寺西七里。明代崇因寺所领小刹，有佛殿及僧院一房。基址二亩，东至蒋文显民山，南至王思山民坟，西至郭家坟，北至王思山民坟。

兴国寺

南朝古刹。在旧都城朝阳门外钟山，今玄武区石象路七号钟山风景区内。陈隋时期存，《净土往生传》卷中云："释法祥，同州澄城人，周武之末，冠带僧徒。隋复大化，陈表乞再为僧，寻住杨都大兴国寺三十年，潜思玄籍，罗总权实，开蒙指俗，动有饶益。寺西有道光泉，以僧道光穿劚得名。"

兴化寺

在旧溧水县东北三十里丰庆乡。详见下卷"延安寺"条。

兴皇寺

1. 六朝古刹。晋肃宗司马绍创建，《法苑珠林》卷一〇〇云："晋肃宗明帝造兴皇、道场二寺，集义学百僧。"

2. 南朝古刹。在旧都城建阳门外，宋泰始元年(465)明帝刘彧为道猛创建。《高僧传》卷七《宋京师兴皇寺释道猛传》云："道猛，西凉人，游京止东安寺。宋太宗为湘东王，以为宾友，深相崇荐。及登祚，倍加礼接，赐钱三十万，以供资待。泰始元年诏于建阳门置寺，敕道猛为纲领。帝曰：'夫人能弘道，道藉人弘。今得法师，非直道益苍生，亦有光于世望，可目寺为兴皇。'由是成号。"时有法宠，从道猛学《成实论》于兴皇寺。梁僧宝志多去来兴皇寺，齐祖屡禁而不能止。侯景之乱，寺毁，陈太建年间(569—582)修，《法苑珠林》卷一〇〇云"陈武帝杨州造兴皇寺"即此。永定二年(558)十一月，诏慧朗法师住兴皇寺，阐经论各二十余遍。释道庄，于兴皇寺从慧朗法师听《四论》。释法澄，从慧朗法师披解《三论》。释吉藏，七岁依兴皇慧朗法师出家。寺旧有丈六铜像，相传隋时佛殿被焚，铜像自移南五六尺许，四面瓦土皆成灰炭，而像独得安全，曾不尘玷。

兴教寺

1. 南朝古刹。在旧都城朝阳门外，钟山宝公塔西二里，今玄武区石象路七号钟山风景区明孝陵景区内。详见"宋兴寺"条。

2. 在旧都城西北清凉山南麓，今鼓楼区清凉山路八十三号清凉山公园内。详见下卷“清凉寺”条。

3. 在旧溧水县大西门外在城乡，相传寺后即王导墓。唐天复年间(901—904)僧敦宥开建，宋崇宁年间(1102—1106)修，明景泰年间(1450—1457)邑民王时再修。嘉靖年间(1522—1566)邑人王师文舍基，僧会慧明建方丈五楹，县令王从善取“又得浮生半日闲”之义，匾曰“又得堂”并为之记，榜其衢曰“最闲处”。清咸丰年间(1851—1861)毁。

兴教院

在旧溧水县林淮门。详见“永安院”条。

兴隆庵

1. 在今建邺区兴隆村附近，明代存。

2. 在旧溧水县赞贤乡，一名前村庵。清光绪年间(1875—1908)废。

3. 在旧高淳县大甘村东，余不详。

4. 在今浦口区江浦街道八里村兴隆庵自然村，余不详。

5. 在旧江浦治西二十五里龙洞山。详见“龙洞庵”条。

兴善庵

在旧都城南太平桥旁，炳灵公庙东侧。

兴善寺

1. 在旧都城太平门内北安门后，灵谷寺西十五里，今玄武区佛心桥三十七号。明洪武元年(1368)创建，成化十五年(1479)重修。灵谷寺所统中刹，山门一楹，天王殿三楹，正佛殿三楹，伽蓝殿三楹，祖师殿三楹，大悲殿三楹，藏经殿三楹，方丈六楹，僧院二房，禅堂五楹，斋堂五楹。基址十亩，东至石厂，南至北安门，西至官街，北至官街。清康熙五年(1666)寺僧重修，三十八年(1699)皇帝南巡游历此寺，赐名香林寺，御书“觉路”匾额。同治年间(1862—1874)寺废，光绪十四年(1888)重建。民国十六年(1927)国民政府奠都南京，为驻军之所。20世纪50年代初，有僧二人，房屋六十四间，田六百亩，菜地十余亩。1958年曾为学校用房。现存旧殿一座，六面宝瓶状柱础若干，银杏三株。旧殿坐东朝西，南北长二十四米，东西宽十八米，硬山顶，面阔五间，进深四进。柱础肩、腹、胫三层均作浮雕，为八卦、如意、方胜、龙凤、蝠、鹿、兽等图案。厢房内有《香林寺庙产碑》，记载曹雪芹祖父曹寅施舍四百二十亩香火田之事。房外东侧有石碑，分行刻写“南京市文物保护单位　香林寺　南京市人民政府一九九二年三月十七日公布　南京市人民政府立”字样。

寺旧有大藤，结成自然椅，容坐数人。有木椅高三尺余，整刳而成，扪之有异香，相传为沉香木。又有四足铜方鼎，高二尺余，其色黝然如铁，大悲楼有雕漆九龙供案，皆为明代内用旧物。有吴道子大士画像，金碧灿然，后泯灭。有梁代庆云寺之佛牙，尝流传在此，清咸丰年间(1851—1861)兵乱，失其所在。有梅花水，源自石罅中出。

2. 在旧溧水县西四十里山阳乡左山中。唐大顺年间(890—891)创建，明万历三十六年(1608)修，黄鸣先继修，其子黄中杰置田二十二亩，永奉香火，邑令凌世御撰碑记。清同治四年(1865)武洪高、刘承祥重建。寺有古井，上镌“大唐甲子开山”六字。寺前乔松、古柏、老栗、枫楸共七十三株，义民武某买存，永禁斩伐。

兴善院

在旧江宁县秣陵镇张山下，去城五十五里。宋代存。

兴圣寺

南朝古刹。陈武帝陈霸先创建，《释迦方志》卷下云：“陈高祖武帝，杨州造东安、兴圣、天居四寺，治故寺三十二。”

兴严寺

南朝古刹。本在旧都城南竹格渡，晋永和四年(348)谢尚舍宅造，名庄严寺。宋大明年间(457—464)路太后建寺于西药园，亦以庄严为名，遂改谢尚所造寺为谢镇西寺。陈太建元年(569)毁，后五年，豫州刺史程文秀复建，宣帝敕改名兴严寺。唐贞观二十三年(649)，牛头惠忠禅师移住，建法堂。宋绍兴年间(1131—1162)，徙真武庙北，元季毁。明永乐年间(1403—1424)，僧真常重建于正阳门东四十七里，翼善寺东北二十五里，高桥门外凤城乡，复名庄严寺。翼善寺所领小刹，山门三楹，佛殿三楹，伽蓝堂一楹，僧院二房。基址十五亩，东至唐钛民房，西至官路，南至本寺冲田，北至王镇民地。田、塘共一十七亩二分六厘。

兴业寺

六朝古刹。在旧上元县治东北，青溪菰首桥附近，梁代存。简文帝萧纲《旦出兴业寺讲诗》云："沐芳肃朝带，驾言抵净宫。羽旗承去影，铙吹杂还风。吴戈夏服箭，骥马绿沈弓。水照柳初碧，烟含桃半红。由来六尘缚，宿昔五缠蒙。见鹤徒知谬，察象理难同。方知恧四辩，奚用语三空。"

兴云寺

南朝古刹。在旧六合县东三十里方山南麓，今六合区横梁街道方山村寺前周自然村，方山林场东侧。梁天监元年(502)创建，名兴云寺。宋治平年间(1064—1067)更名梵天禅寺，前中后三座大殿。前殿正中供奉弥勒佛，两庑为哼哈二将和四大天王。中殿为大雄宝殿，正中供奉释迦牟尼佛，左侧药师佛，右侧阿弥陀佛，两庑为十八罗汉。后殿为雷祖殿，供奉雷祖及雷祖娘娘。清咸丰八年(1858)毁于火，寺僧释香川重建大雄宝殿，释德全、释华光续建望江楼二层十八间于大殿后。抗日战争时期寺毁，民国三十七年(1948)重建殿堂五间，占地面积三百二十平方米。

醒龙庵

在旧高淳县东三十里。清咸丰十年(1860)毁于兵燹，民国时期重建。

性海庵

在旧溧水县北三十里崇贤乡，余不详。

秀墩庵

在旧高淳县北二十五里。清康熙年间(1662—1722)翔凤冈里人创建，咸丰年间(1851—1861)毁，同治三年(1864)重建。

秀峰院

1. 在旧都城北隅。缘起未详，宋开宝八年(975)废，太平兴国五年(980)重建，寻又废。绍兴年间(1131—1162)徙置凤台山西，景定五年(1264)节使王鉴重建，元代为尼寺。

2. 在旧都城西北二十五里幕府山，今鼓楼区永济大道幕府山风景区内。详见"圣游寺"条。

秀水庵

在旧高淳县南十五里，明崇祯年间(1628—1644)创建。

秀岩院

在旧都城西北二十五里幕府山，今鼓楼区永济大道幕府山风景区内。详见“圣游寺”条。

岫云庵

在旧高淳县东南三十里，孔楷建。

须陀寺

南朝古刹。在旧秣陵县东北十七里，梁普通元年(520)创建。

徐府庵

1. 明代大报恩寺附属小庵。《二续金陵琐事》上卷云：“郭次甫寓报恩寺徐府庵，庵有大栝树，余取皮焚之，郭曰：‘此龙鳞香也。’三字甚雅，却被次甫拈出。”

2. 在旧江浦县治西十五里，余不详。

3. 在旧江浦县高望东五里，余不详。

徐林庵

在旧溧水县南四十里，宋宝祐三年(1255)创建。

徐溪庵

在旧溧水县东十五里丰庆乡，缘起未详。明崇祯十五年(1642)，邑民马自骧于庵前建茶亭三间，施田三亩，以其租为茶费。

许埠庵

在旧溧水县南五十里许家埠东南。明隆庆元年(1567)创建，万历四十五年(1617)修，清同治五年(1866)重建。

许村庵

在旧都城通济门东七十里，法清院北五里，高桥门外清化乡。明代创建，法清院所领小刹，佛殿三楹，僧院一房。

许家庵

在今浦口区永宁镇北城村许家庵自然村。清初存。

宣明寺

六朝古刹。梁代存，《陈书·谢贞传》云："太清之乱，亲属散亡，贞于江陵陷没，暠逃难番禺，贞母出家于宣明寺。"

宣武寺

南朝古刹，在旧都城广明门侧。详见"齐隆寺"条。

宣业寺

南朝古刹。梁代阮修容建造，每大官供应，并以施寺。僧佑《小乘迷学竺法度造异仪记》云："法度善闲汉言，至授戒，先作梵语，不令汉知。案律之明文，授法资解，言不相领，不得法事。而竺度昧罔，面行诡术，明识之众，咸共骇弃。唯宋故丹阳尹颜竣女宣业寺尼法弘、交州刺史张牧女弘光寺尼普明等，信受其教，以为真宝。"

玄帝庵

在旧南京花家巷二号。清光绪二十年(1894)建，20世纪50年代初，有尼二人，房十三间。

学堂庵

在旧溧水县南五十里仙坛乡陈谷村后。详见"掘塘庵"条。

雪浪庵

在今江宁区汤山街道孟塘村雪浪庵自然村。南朝雪浪和尚修行得道之地，后世建雪浪庵。

雪竹庵

在旧都城朝阳门外钟山，今玄武区石象路七号钟山风景区明孝陵景区内。缘起未详，明成祖扩建孝陵，其地纳入禁囿，遂废。

Y

桠塘庵

在旧溧水县，余不详。

烟墩庵

在今六合区竹镇镇西南烟墩村，余不详。

严林寺

南朝古刹。在旧秣陵县东南四十五里，宋元嘉二年(425)僧招、僧贤开建。

严兴寺

在旧都城陡门桥附近。《江宁新志》卷一一云："禅灵渚渡，在陡门桥。由严兴寺西出，渡淮水，即新桥。"

延福禅院

在旧都城东南六十里。详见"静福院"条。

延陵寺

南朝古刹。梁代创建，见于《首都志·南京佛寺表》。

延寿庵

1. 在今鼓楼区清凉山路。清光绪年间(1875—1908)建，20世纪50年代初，有尼二人，房十三间。

2. 在旧高淳县东门外七十里，清同治年间（1862—1874）重建。

3. 在旧江浦县石碛镇西，今浦口区桥林街道延寿庵（街巷）内。

4. 在旧六合县东门外，余不详。

5. 在旧江浦县治北，僧以明募修。

延寿寺

南朝古刹。在旧秣陵县东南八十里，宋元嘉二十二年（445），义阳王昶母谢太妃创建。隋末寺废，唐上元二年（675）重建，改名延熙寺。

延寿院

在旧都城聚宝门南三十五里祖堂山南麓，今江宁区谷里街道祖堂村寺脚自然村。详见下卷“幽栖寺”条。

延熙寺

在旧秣陵县东南八十里。详见“延寿寺”条。

延贤寺

六朝古刹。在旧都城朝阳门外钟山，今玄武区石象路七号钟山风景区内。晋义熙年间（405—418）僧法意开建，齐谐张寅重建，《宋书》所谓“元嘉二十八年二月戊辰，甘露降钟山延贤寺”即此。《新修科分六学僧传》卷一〇云：“法意，营精舍至五十三所。晋义熙中，祭酒朱应子先谪居钟山，分山以施意，建寺号延贤。杯渡道人曰：‘此当有变，然终亦佳地。正上对天宫，易营福耳。’俄为野火焚之。齐谐张寅以杯渡之语，欲复建之，恨山中无水，意竭诚礼忏，愿乞西天池水。已三日，弥加勤敬，闻空中有声堕地，意疑必宝现也，视之无有。即其处掘之，有泉泫然而出，今号八功德水。”《梁书》卷四〇《到溉传》云：“蒋山有延贤寺者，溉家世创立，故生平公俸咸以供焉，略无所取。”

延祥院

在旧都城东南六十里汤山北麓，今江宁区汤山街道汤山镇。详见“圣汤院”条。

延兴寺

六朝古刹。在旧都城运渎西岸都亭里，晋建元二年(344)褚皇后为僧基尼建造，隋代废。《比丘尼传》卷一《晋延兴寺僧基尼传》云："僧基，本姓明，济南人也。绾发志道，秉愿出家。母氏不听，密以许嫁，秘其聘礼。迎接日近，女乃觉知，即便绝粮，水浆不下。亲属共请，意不可移，至于七日。母呼女婿，婿敬信，见妇殆尽，谓妇母曰：'人各有志，不可夺也。'母即从之，因遂出家，时年二十一。……净持戒范，精进习经，数与昙备尼名辈略齐。枢机最密，善言事议，康皇帝雅相崇礼。建元二年，皇后褚氏为立寺于都亭里运巷内，名曰延兴。"

严因崇报禅院

在旧都城东北四十五里摄山中峰凤翔峰西麓，今栖霞区栖霞街道之东栖霞山。详见下卷"栖霞寺"条。

延祚寺

南朝古刹。在旧都城冶城后冈，今秦淮区朝天宫北侧冶山，地名罗寺转湾，俗称螺蛳转湾。宋泰始年间(465—471)僧智称开建，名延祚寺，《梁书·侯景传》所谓"王僧辩入讨，景使其党宋长贵守延祚寺"即此。《广弘明集》卷二三《智称法师行状》云："(智称)以泰始六年初讲《十诵》于震泽，阐扬事相，咫尺神道，高谈出云汉，精义入无间，八万威仪，怡然理畅，五部章句，涣尔同波。法师应不择方，行有余力，清言终日而事在其中。立栖云于具区，营延祚于建业，令不待严，房栊肃静，役不加迅，栋宇骈罗。"唐代法持禅师，游黄梅忍大师坐下，闻法心开，领解幽玄。后归金陵青山，作牛头宗祖，长安二年(702)九月五日终于延祚寺无常院。智威禅师，谒法持禅师，传授正法，出止延祚寺，说法利人，广施饶益。慧忠禅师，闻智威禅师出世，乃往谒之。威尝有偈曰："莫系念，念成生死河。轮回六趣海，无见出长波。"忠答曰："念想由来幻，性自无终始。若得此中意，长波当自止。"威又示偈曰："余本性虚无，缘妄生人我。如何息妄情，还归空处坐。"忠答曰："虚无是实体，人我何所存。妄情不须息，即泛般若船。"威遂以院事付忠，随缘化导。广明年间(880—881)赐天保寺额，时有灵智禅师，生无双目，经论文字悉能明了，时人谓有天眼，号罗睺和尚，为建塔于寺内，故俗称罗寺。宋乾兴元年(1022)铸铁塔二座于寺前，又称铁塔寺。熙宁年间(1068—1077)赐名正觉寺，塔曰普照。明建文年间(1399—1402)募修，又建延祚阁于寺东偏，此后寺宇改作虎贲左卫仓。清代废为民居及菜圃，道光年间(1821—1850)塔圮。

相传寺有唐代尉迟敬德监造砖，塔顶有唐人所书经，昔塔毁时为居人捡去，邑人林必昌曾见数页，字极端丽，或唐代曾重建寺与塔。寺旧有古钟，唐代所铸。有经幢，镌“大吴金陵府延祚院”八字。井十一口，最大者号为百丈泉，井栏上字为南唐保大元年(943)所镌。王安石尝于寺西作书院，建箨龙轩，建炎三年(1129)以法堂西偏为元懿太子攒宫。

炎帝庵

1. 在旧南京二条巷四十一号。20世纪50年代初，有僧三人，房二十二间。

2. 在今秦淮区户部街。清同治四年(1865)建，20世纪50年代初，有僧一人，房六间。

3. 在今秦淮区扫帚巷。清同治年间(1862—1874)建，20世纪50年代初，有僧三人，房七间。

4. 在今秦淮区牵牛巷。清同治元年(1862)建，20世纪50年代初，有僧一人，房十间。

5. 在今玄武区成贤街。20世纪50年代初，有尼二人，房六间。

炎帝禅林

在今鼓楼区宝善街。20世纪50年代初，有僧六人，房三十二间。

眼香庵

1. 在旧南京东钓鱼台九号。20世纪50年代初，有尼一人，房二间。

2. 在旧南京中华门外窑岗村一号。20世纪50年代初，有僧一人，房十四间，地五十一亩。

演塘庵

在旧溧水县东南二十五里上原乡演塘，明崇祯四年(1631)邑人韦一韩、韦一范创建。

羊　庵

在今江宁区江宁街道北庄村杨安自然村，余不详。

阳城院

在旧上元县尽节乡周墟,去府一百二十里。见于《至正金陵新志》卷一一下引《乾道志》。

阳堂庵

在旧都城凤台门外西林寺内。宋代创建,明嘉靖六年(1527)重修。

杨都寺

六朝古刹。陈代存,《续高僧传》卷一《陈扬都金陵沙门释法泰传》云:"智恺,俗姓曹氏,住杨都寺,与法泰等同往岭表,奉祈真谛。恺素积道风,词力殷赡,乃对翻《摄论》,躬受其文,合二十五卷。后更对翻《俱舍论》,文疏合数八十三卷。陈光大二年卒。"

杨舫庵

在旧溧水县西十五里思鹤乡梨园村。邑民萧秉谦舍基,僧超达开建,清光绪年间(1875—1908)废。

旸谷寺

在旧江浦县浦口拱极门外旸谷山南。清康熙年间(1662—1722)僧隐谷开建,邑人刘岩撰《旸谷寺记》云:"浦口城出自北门去城□一里而近,众峰环之,嘉树丛植,有刹隐翳于山坳,曰旸谷寺。寺当十年前,皆荆棘瓦砾之区,所存败屋数间,狐兔为窟居,虫蛇为薮宅,业浮屠者,却顾而去之,其地将墟。有僧曰隐谷,来辟兹土,其徒曰本立,悉力佐之。先营大殿,次山门,次两庑,杉石坚巨,栋阶巍然,朝磬暮钟,声殷林杪。"

玅明寺

在旧都城聚宝门外四十里,江宁县葛仙乡北。余不详。

药师庵

在旧都城内复成桥北。明崇祯年间(1628—1644)御史郭维经、胡接辉创建,清顺治十年(1653)僧完璞重建,规制胜前。

药王寺

南朝古刹。在旧都城朝阳门外钟山，今玄武区石象路七号钟山风景区内。宋大明七年(463)创建，《佛祖统纪》卷三六云："大明七年，竹林寺沙门慧益，诵《法华》，誓焚身。帝遣使谏，不听。以佛生日诣阙辞帝，嘱以佛法。往钟山，入油镬，以吉布缠身焚之。帝驾往劝止，不从。众闻诵《药王品》，火至眉，声犹朗然。翌日，帝为设斋，诏于焚身处建药王寺。"时有高僧法朗，以慧学知名，与兄法亮被敕出家，住药王寺，集注《涅槃经》。梁代刘昙净家贫，母丧，权瘗药王寺，昙净庐于瘗。

冶城寺

六朝古刹。在旧都城西冶城山，今秦淮区朝天宫冶山前，《陈书》卷二所谓永定二年(558)"诏临川王蒨西讨，舆驾幸冶城寺亲送"即此。其地孙吴时期为冶铸之所，晋元帝大兴初年(318)，王导疾久，方士戴洋云："君本命在申，而申地有冶，金火相铄，不利。"遂移冶所于石头东髑髅山，以旧地为西园。太元十五年(390)，晋武帝为江陵沙门法新立寺于西园，名冶城寺。元兴三年春(404)，桓玄尽移冶城寺僧出居太后寺，以冶城寺为别苑，广起楼榭，飞阁复道，延属宫城，旋复为寺。刘宋时期释慧琳，少出家，住冶城寺，兼内外之学，为客主酬答，归以"六度与五教并行，信顺与慈悲齐立"，文帝见论赏之。元嘉年间(424—453)遂参权要，朝廷大事皆与议，权侔宰辅，时人谓之黑衣宰相。注《孝经》《庄子·逍遥篇》各一卷及《文论》九卷传于世。释慧通，少为沙门，止冶城寺，为宋武帝所敬，撰《胜鬘》《杂心》《毗昙》义疏，作《驳夷夏》《显证》《法性》三论及《易爻象记》。齐代释慧静，居冶城寺，有文学，善《泥洹经》。释智顺，博通群经，尤精《涅槃》《成实》，竟陵文宣王延居冶城寺。梁代释僧询，居冶城寺，精进自持，常讲《十诵》。从光宅寺法云咨禀经论，凡所见闻，悉为记注，同学门友，莫不传写。释僧若，住冶城寺二十余年，经数通达，道俗器赏。

唐代改冶城寺为太清宫，杨吴改紫极宫，宋大中祥符年间(1008—1016)改祥符宫，再改天庆观。元代为元妙观，明代为朝天宫，清代复为道观。同治五年(1866)两江总督曾国藩改为文庙，又迁江宁府学于此。民国时期为首都高等法院，20世纪40年代末为南京市文物保管委员会驻地，1979年改为南京市博物馆。冶城山后有卞壶墓，墓侧有忠孝亭，山西北有谢公墩。

冶渡庵

在旧六合县侯家桥，侯元整、侯元齐创建。

冶山寺

在旧六合县冶山。《古今图书集成·方舆汇编·职方典一》卷六六五云:“寺旁有古藤,围数尺,蟠根轮菌。劫火烧残,风雷剥击,终自无恙。”

业首精舍

南朝古刹。宋元嘉二年(425)建造,《塔寺记》云:“元嘉二年,以王坦之祠堂为比丘尼业首精舍。十五年,潘淑仪施西营地以足之,有七佛殿二间,泥壕精绝。”

一乘寺

南朝古刹。在旧丹阳县东南六里,梁大同三年(537)邵陵王纶造。详见“凹凸寺”条。

一脉庵

在今秦淮区长乐路。明末创建,20世纪50年代初,有尼二人,房八间。

一松庵

在旧江浦县金汤门内十字街北山麓,余不详。

一苇庵

在旧都城南上浮桥,今秦淮区柳叶街附近。明万历初年(1573)创建,名常平茶庵。万历三十三年(1605)余成重修,易名一苇庵,取达摩渡江之义。上瓦官寺所领小刹,伽蓝殿一楹,韦驮殿三楹,后佛殿三楹,僧院一房。基址二亩,东至河岸,南至官街,西至空地,北至秦淮河。

一真庵

在旧都城仪凤门北一里半,静海寺北一里。明代创建,静海寺所领小刹,关圣殿一楹,祖师殿一楹,僧院一房。基址一亩,东至陈家民房,南至城河,西至官街,北至官街。

仪城寺

在旧溧水县北四十里崇贤乡。唐天复三年(903)创建,名仪城寺。宋治平三年

(1066)赐广严寺额,毁于李成之乱,后重建,绍定年间(1228—1233)县丞祖大武撰记。明万历三十五年(1607)重修,清光绪年间(1875—1908)毁,20世纪60年代消亡。

仪凤庵

在旧高淳县广通镇坝三里,吕维进创建。

仪香尼寺

南朝古刹。在旧秣陵县东南五十里,梁太清元年(547)宫获创建。

移忠报慈禅院

在旧都城西南五十八里,江宁县牧龙镇牧龙亭东五里,今江宁区江宁街道牧龙社区。宋绍兴元年(1131)从秦桧所请,诏赐参知事秦桧坟,以移忠报慈禅院为额。绍兴二十五年(1155)年始建,二十六年(1156)赐额旌忠禅院。元代住持僧元达修,至元二十五年(1288)改为天禧寺下院,一名移忠寺。明代多经兵燹,废为道家所居,改名移忠观。秦桧、秦巨墓在寺侧。

寺旧有秦熺所造钟,真歇禅师清了铭曰:“以大圆觉,为我伽蓝,十方刹海,真净本安。众生自妄,性昏扰扰,一闻此钟,乱想俱扫。功流浩劫,圆音廓彻,谁苦谁辛,一时永歇。”1958年钟遭熔毁。又有古塔,1958年毁,1987年里人献所藏塔砖一块,砖长四十厘米,宽二十厘米,厚六厘米,青灰色,横截面有“大宋绍兴二十五年四月八日窑户□□”字样。又有木牛亭,亦名牧龙亭,相传有香木浮水而上,土人迎之,以为亭。

移忠寺

在旧都城西南五十八里,江宁县牧龙镇牧龙亭东五里,今江宁区江宁街道牧龙社区。详见“移忠报慈禅院”条。

饴露庵

在旧溧水县北五里长寿乡杨林桥,清顺治三年(1646)僧性乘募建。前有茶亭三楹,通省大路。

佚　名

在旧南京上海路一八一号。清康熙十三年(1674)释知周建,20世纪50年代初,有僧一人,房九间,地十八亩六分。

挹珠庵

在旧都城东北四十五里摄山珍珠泉上,今栖霞区栖霞街道之东栖霞山。李姓捐资,僧知止开建。

翼善寺

南朝古刹。在旧都城正阳门南十七里,灵谷寺南三十里,上元县崇礼乡土山侧。《晋书》所谓“谢安于土山营立楼馆,苻氏入寇,时与侄玄围棋赌墅”,沈约《郊居赋》云“虽东山之培塿,乃文靖之所宴”即此。南朝宋代永初元年(420)武帝刘裕创建,名东山寺。《历朝释氏资鉴》卷三云:“高祖武帝受晋禅即位,改元永初,造灵根、法王、东山等寺。”梁天监年间(502—519)改资福院,旋改净名院,宝志尝说法于此。宋元改净名寺,明正统十年(1445)重建,赐翼善寺额。灵谷寺所统中刹,山门三楹,天王殿三楹,正佛殿五楹,观音殿三楹,地藏殿三楹,诸天殿五楹,伽蓝殿一楹,祖师殿三楹,宝公殿三楹,灵官殿一楹,方丈三楹,僧院十八房。基址十亩,东至骆子美民山,南至官路,西至孙明山,北至杨家山。地、山共六十四亩九分二厘。清同治年间(1862—1874)废。寺有蔷薇,春来作花,灿如云锦,罗元溥《晚过东山寺》诗云:“闻钟知寺近,逢鹿觉山深。”

因是庵

在旧都城南,鹫峰寺北一里许,今秦淮区大石坝街。详见“孔雀庵”。

银林庵

在旧高淳县广通镇坝北。本宋元祐年间(1086—1094)所置五显祠,明万历十四年(1586),居民曹永彦、杨镒、曹天富、杨锐改建为庵,后废为乡祭之所。

尹庄庵

在旧溧水县东十五里白鹿乡,一名集庆庵。见于《光绪溧水县志》卷二〇。

隐静寺

在旧都城正阳门东三十里,广惠院南二十五里,今江宁区汤山街道龙尚村神家庄自然村旁。唐代创建，一说南朝宋代创建，古碑剥落，字蚀其半，不可辨识。明代为广惠院所领小刹，山门三楹，佛殿三楹，观音殿三楹，三界殿三楹，僧院一房。基址三亩，东至土地庙，西至孟朱山，南至官路，北至孟廷珮山。清代废。寺有黄杨树高丈许，大可数围，相传建寺时所植。

隐静院

在旧都城南六十里，上元县宣义乡雁门山。详见“永建寺”条。

隐君栖霞寺

在旧都城东北四十五里摄山中峰凤翔峰西麓，今栖霞区栖霞街道之东栖霞山。详见下卷“栖霞寺”条。

隐灵寺

南朝古刹。萧齐时期创建，所在未详。永明以来，佛会极盛，每年四月八日，敕遣官阉守门，男女分日顶礼。终因寺大容奸，僧尼并皆诛死。

英台寺

在旧都城聚宝门南二十里西善桥。详见“祝英台寺”条。

迎秀庵

在今六合区雄州街道新滁村迎秀村自然村，余不详。

迎真庵

在旧溧水县南四十五里，余不详。

应福寺

在旧溧水县东三十里白鹿乡，一名西方庵。清同治八年(1869)，方永智等重建。

永安寺

南朝古刹。在旧都城南七里，南朝宋泰始二年(466)创建，名永安寺。南唐保大二年(944)起塔，号归寂，更名归寂塔院。

永安院

在旧溧水县林淮门外。唐天复元年(901)创建,名永安院。宋大中祥符四年(1011)更名兴教院,淳熙八年(1181)改禅院。一说本名永广寺,杨吴时期县令孔敦佑奏建。

永昌庵

在旧高淳县西二十里,余不详。

永成寺

在旧溧水县西北二十五里崇贤乡。宋绍兴二年(1132)僧善文建,清光绪年间(1875—1908)废。

永定禅寺

南朝古刹。在旧六合县东五里走马岭,梁天监年间(502—519)僧知能开建,明洪武十四年(1381)僧文敏重建,永乐十五年(1417)并于卧佛寺。寺环冶水,长杨障之,深绿平铺,楚楚相望,邑精蓝中之幽胜者。清咸丰八年(1858)毁于贼,止存寺基尚可辨认。寺侧有永定公主坟,旧传梁武帝之女永定公主葬此,其地高阜,名走马岭。

永渡庵

在旧高淳县东十五里桃花涧。清初僧通晓倡建,知县纪圣训撰记云:“是地也,土冈环抱,苔石耸峙,竹韵松涛,苍翠欲滴,杖策行吟者,夷然肆志,盖相与乐而忘返焉。是有旧庵,倾圮已久,僧通晓毅然己任,苦募数年,鸠工砖土,举旧址而更新之,额曰永渡,体佛氏宝伐慈航之意也。”庵左有桃花涧井,清顺治八年(1651)吴可南倡凿。

永丰庵

1. 在旧高淳县西十五里,葛氏创建。
2. 在旧高淳县西三十里,余不详。

永丰寺

1. 南朝古刹。在旧上元县台城南,宋元嘉四年(427)谢方明创建。初名长乐寺,以同郡延陵已有长乐寺,改名永丰寺,《南史》所谓“太平二年,齐兵游骑至台城门外,陈霸先出屯长乐寺"即此。宋代高僧慧恂，受学鸠摩罗什，研精经论，尤善《十诵》《僧祇》，元嘉年间（424—453）居长乐寺，大弘律学。释觉世，泰始年间（465—471）驻锡，精习《方等经》，手不执卷，思彻微眇，盘疑石难，莫不冰释。

2. 在今栖霞区尧化街道太平山顶。唐代创建，清末有殿宇六间，厢房数间，1958年塌毁。

永福庵

1. 在旧溧水县东北十里梁山冈，明崇祯十四年（1641）创建。
2. 在旧溧水县赞贤乡杜村，里人王宝廷倡建。
3. 在旧溧水县丰庆乡，旁有茶亭。
4. 在旧高淳县东四十里。清乾隆初（1736）王宥公创建，民国时期废。

永福尼寺

在旧都城聚宝门西南二里天竺山前，南与碧峰寺相邻。详见"景福寺"条。

永福寺

在旧都城聚宝门西南二里天竺山前，南与碧峰寺相邻。详见"景福寺"条。

永福院

在旧都城东六十里，旧上元县青草村。宋代存。

永古庵

在旧高淳县东四十五里北陇冈村南。缘起未详，民国时期废。

永广寺

在旧溧水县林淮门。详见"永安院"条。

永济庵

在旧高淳县南一里，余不详。

永嘉寺

在旧都城聚宝门南一里半,雨花台梅冈,今雨花台区雨花路二一五号雨花台风景名胜区内。详见下卷“高座寺”条。

永建寺

南朝古刹。在旧都城南六十里,上元县宣义乡雁门山。梁天监二年(503)李师利创建,名永建寺。南唐保大年间(943—957)修,改额隐静院。宋乾德二年(964)重建。

永隆庵

在旧高淳县,清康熙四十三年(1704)史氏建造。

永明寺

南朝古刹。在旧秣陵县东南五十里,梁普通元年(520)南平襄王创建,唐武德六年(623)废,上元二年(675)五月奉敕重建。

永募院

在南唐宫禁内,后主李煜创建,宋开宝年间(968—976)废。《至正金陵新志》卷一一下引《乾道志》云:“乾明尼寺,在城内东南祥鸾坊,南唐太庙基。后主宫中置归德、永募二尼院,开宝中废。移二院尼置寺,徙妙果院尼同居,太平兴国五年赐额。”

永宁庵

1. 在旧溧水县长寿乡,余不详。
2. 在旧高淳县南二十里。明代李港南建,清乾隆十三年(1748)僧体德重建。
3. 在旧高淳县东北七里椏溪港,余不详。
4. 在旧高淳县永宁铺北,旁有茶亭。

永宁寺

1. 在旧都城聚宝门南二里雨花台梅冈,今雨花台区雨花路二一五号雨花台风景名胜区内。详见下卷“高座寺”条。

2. 在旧都城凤台门外牛首山附近,一名白云寺。《金陵琐事》卷一云:“寺有薝卜花一丛，乃三宝太监西洋取来者，花瓣似莲，色淡黄。”

永宁院

在旧都城聚宝门南二里，永宁寺之西。明代永宁寺所领小刹，山门一座，观音殿三楹，佛殿三楹，僧院三房。基址十五亩，东至高座寺，南至高座寺，西至雨花台，北至官街。

永庆庵

在旧高淳县东三十五里荆山下，今高淳区桠溪镇永庆村永庆庵自然村。详见“永庆寺”条。

永庆禅院

在旧江宁县江宁镇南。宋代存。

永庆丛林

在旧高淳县东七十里，明天启二年（1622）创建。陈儒超诗云：“前朝存野寺，零落乱山中。兵燹何年尽，榱题此日雄。堂开团竹色，窗静引松风。寂历枯僧事，于今更不空”。

永庆寺

1. 南朝古刹。在旧都城北门桥之西，乌龙潭之东蛾眉岭，今鼓楼区五台山东侧上海路二十九号国联服装厂内。本为梁代永庆公主府第，天监年间（502—519）舍为寺，名永庆寺。寺有白塔，永庆公主造，耸立云表，故又名白塔寺。陈代寺废，惟存白塔旧基。明洪武三十五年（1402）四月，左都督徐增寿同寺僧具本奏请，敕准重建并赐寺额。正德年间（1506—1521）修，万历年间（1573—1620）再修，太史顾起元撰记。天界寺所统中刹，山门三楹，天王殿五楹，正佛殿五楹，立佛殿三楹，伽蓝殿三楹，观音殿三楹，宝塔一座，祖师殿三楹，钟鼓楼二座，回廊二十二楹，方丈十楹，僧院十四房，禅院三楹。基址四百一十六丈，东至官路，南至谢公墩，西至旗手卫仓，北至干河沿。清咸丰年间（1851—1861）遭兵燹，塔毁殿存。同治年间（1862—1874）重修，大殿为硬山顶，小瓦屋面，抬梁式木结构。20世纪50年代初，有僧十二人，房二十二间，地二十二亩，旋改作明亮油漆合作社，又改作八一针织厂、国联服装厂，1995年上海路拓宽改造被拆除。

寺旧有古藏经，板刻工雅，纸色古淡，为宋元刊本，较南藏本稍低而狭，以木函之。寺南数十步有谢公墩，相传为谢安与王羲之共登，悠然遐想之处。又有清风榭，寺僧朝宗积赀建之，张星东因地为楼，俗称地楼，倚楼平望，不见屋宇，下数十级，豁然开朗，修廊曲榭，境极幽致，木芍特盛，尤多巨竹。

2. 在旧高淳县东三十五里荆山下，今高淳区桠溪镇永庆村永庆庵自然村。元代创建，名永庆寺，房舍九十九间半，僧侣百余人。明代改永庆庵，一名金山寺，相传嘉靖皇帝尝巡游驻跸。清咸丰年间(1851—1861)毁于战火，清末洪根和尚重建。庵门东开，三间二进，中隔天井，两边厢房。大殿为砖木结构，穿斗露明造，斜撑雕刻和合二仙图案，山墙为硬山脊砌马头墙，大门西侧置上马石。1949年以后改为养老院，"文化大革命"期间用作下乡插队知识青年宿舍。现存大殿、厢房、柴房等，占地面积二千余平方米，2006年列为南京市文物保护单位。

永善庵

在旧溧水县西二十里思鹤乡。详见"陈墭庵"条。

永寿庵

1. 在旧溧水县东二十五里白鹿乡官塘，俗名新庵。明崇祯三年(1630)创建，清光绪二年(1876)里人邵宏长、陈桂芳等重建。

2. 在旧溧水县西二十里思鹤乡，一名陈墭庵，又名永善庵。缘起未详，清咸丰年间(1851—1861)毁。

3. 在旧高淳县东六十里，清咸丰年间(1851—1861)毁。

永寿寺

1. 在旧溧水县治南在城乡，今溧水区宝塔路永寿塔园内。明万历年间(1573—1620)，形家言邑东南山皆环合，独西北水去处，地坦平无山，邑少科第，咸由于是。知县徐良彦乃倡建宝塔，以补其缺，万历三十四年(1606)二月开工，万历三十五年(1607)十二月落成，初名永昌塔，敕改永寿塔。万历三十六年(1608)建寺于塔周，名永寿寺。明末有忘所和尚，金陵永宁寺僧，崇祯年间(1628—1644)为永寿寺住持，善诗文，每升座讲经，必引《五经正义》互相发明，就讲者忘为释典，绝口不谈衣食事，或为之谋，谢曰："我出家汉，虽冻馁，不足虑也。"萧然掩关，深领禅悦。清顺治五年(1648)僧永泰修葺，有寺僧一百余人，为溧水第一大刹，县令闵源鲁以官田归于寺，俾为永业。康熙四十四年（1705）寺圮于火，僧寿山募修。乾隆元年（1736）塔坏，邑民萧克铉合众重修。光绪年间（1875—1908）再缘于火，殿宇尽毁，宝塔惟存砖构部分。

永寿寺塔为仿木楼阁式砖塔，八角七层，高三十二点五米。塔座为白石须弥座，高约一米，每边长三点二米，中有束腰，竖立面刻有云纹和卷草纹。塔身从下向上逐层收分，塔室平面呈四方形，各层之间相错砌置。第一层较高，东南西北四面辟门，另四面饰以假门。每门两侧各有一对砖雕金刚，砖雕长九十八厘米，宽四十七点五厘米，厚六厘米。金刚身着盔甲，手执兵器，现存十三块，其中有两块长六十六厘米，宽三十三厘米，为清代重修时补砌，门券上方各置砖雕刻花匾托三枚，式样各异。二层以上塔身皆为素面，券门及假门相间设置，假券门上部设灯龛。在各层相接处有腰檐，上接平座，平座四周原有砖砌栏杆，后失，近年维修时用水泥钢筋修复。每层檐部均设砖雕，斗拱、椽、枋等皆用砖雕砌成，檐头挑起处挂有风铎。围绕塔周有一圈石座，白石雕凿，呈正八面形，每边长五点七米，高出地面五十八厘米。条石边宽二十五厘米，中部及转角处雕有俯仰莲纹。经历四百余年风雨剥蚀，复遭火劫，永寿寺塔顶宝刹掉落，塔体裂缝遍布，塔内楼板楼梯全毁。1992年溧水县人民政府组织修葺，塔貌焕然一新。是年，永寿寺塔列为南京市文物保护单位，2002年10月22日公布为江苏省重点文物保护单位。

2. 在旧溧水县东二十里白鹿乡东庐山西麓，今溧水区永阳镇东庐山村。详见下卷“东庐山观音寺”条。

永泰庵

在旧溧水县仙坛乡芮村，余不详。

永泰寺

1. 南朝古刹。在旧都城聚宝门南二十里东善桥吉山南，相传千岁宝掌法师禅定于此。梁武帝时期（502—549）创建，名永泰寺。南唐葬净果禅师于此，因名净果院，后复名永泰寺，王廷铨、龚翰有《吉山永泰寺志序》。明永乐年间（1403—1424），姚广孝以为退休之地，有《题永泰寺十六景》诗。祖堂寺所领小刹，金刚殿三楹，正佛殿三楹，僧院一房。基址五亩二分，东至本寺山，南至本寺菜园，西至本寺山，北至本寺靠山。田、地、塘共三十亩。清同治年间（1862—1874）废。

2. 在旧都城聚宝门东南十三里，永宁寺东十里，南城安德乡。唐开成年间

(836—840)创建,明代为外永宁寺所领小刹,天王殿三楹,佛殿三楹,僧院一房,基址八亩。田、地、塘共七十四亩八分八厘。

永祥庵

在今秦淮区集庆路。20世纪50年代初,有僧六人,房三十一间。

永祥寺

民国时期存,见于朱偰《南京梵刹志略》。

永兴庵

1. 在旧江浦县治西独峰寺山下,余不详。
2. 在旧溧水县东十八里丰庆乡,一名庙山庵,清同治十二年(1873)重建。

永兴寺

在旧都城聚宝门南三里,报恩寺南二里,聚宝山梅冈西南。明成化初年(1465)赐额,林壑幽静,规制甚丽,余孟鳞诗云:"水月通禅院,烟花隔市楼。南朝四百寺,此地惬清游。"报恩寺所统中刹,山门一座,金刚殿三楹,天王殿三楹,佛殿三楹,伽蓝殿一楹,祖师殿一楹,钟鼓楼二座,僧院四房。基址二十五亩,东至官街,南至范家山,西至宝光寺,北至礼拜寺。田、地、山、塘共二百四亩三分五厘。明末渐圮,清代重修。寺内置何太监祠堂,壁上有苏轼《三过堂诗》石刻,字甚清奇。

永义庵

在旧高淳县西南三十里孙家保,清顺治十年(1653)建造。

永镇庵

1. 在旧高淳县东四十五里,今高淳区固城镇东南十二里。本名花庵,宋元之际建。清道光二十九年(1849)修,增建生孙堂一所。咸丰年间(1851—1861)毁于战火,光绪十七年(1891)一月重建,改名永镇庵。民国时期修。

2. 在旧高淳县西二十五里永丰乡一字埂。钱氏创建,俗名土地庵,有张应望碑记。

涌泉庵

在旧江浦县高旺镇东五里东山麓，邑人黄尔玉建造。

优昙庵

在旧都城东北四十五里摄山，今栖霞区栖霞街道之东栖霞山。《摄山志》卷二云："僧则吾开建。有无量殿，累石为阁，不施梁栋。三圣殿供大石佛菩萨三尊，佛身高四丈余，左右观音、势至各高三丈，明僧绍之子仲璋所凿。"

幽居庵

在旧都城东北四十五里摄山中峰之右，与西峰相接，今栖霞区栖霞街道之东栖霞山。《摄山志》卷二云："庵为贝岩法师塔院，有大门一楹，大禅堂五楹，二禅堂三楹，十方堂三楹，涅槃堂三楹，斋堂三楹，静室三楹，内楼一楹，仓库茶厨等房共十三楹。僧院三十一房，食粮牒僧七十名，食粮学僧三十名。"乾隆二十七年(1762)高宗南巡，驻跸栖霞山行宫，御制《再题幽居庵》诗云："金陵返跸驻栖霞，西峪幽居清且嘉。窄路入从云片石，阑春落半锦堆花。水流山住露全体，竹净松蕤是道芽。僧绍便存不征聘，名求名应底堪夸。"

幽岩寺

南朝古刹。在旧都城聚宝门南四十里青山，佛窟寺南十里。梁太清元年(547)永康公主创建，一说梁承圣二年(553)大毗禅师入秣陵青山始创。古树疏林，左右映带，四壁峭然，寂无人语，境殆幽绝。唐代释智威，年二十遇恩剃落，隶名于幽岩寺，从持禅师咨请禅法，妙达深理，继踵前修。

油坊桥庵

在旧溧水县东北十二里崇贤乡，余不详。

游贤寺

南朝古刹。齐武帝萧赜创建，《释迦方志》卷下云："齐世祖武帝造招玄、游贤二寺。三百名僧，三教格量，四年考定。"

佑国庵

在旧都城内淮清桥，承恩寺北一里。明初逍遥楼旧址，永乐年间(1403—1424)钦赐永康侯，后改建为佑国庵。承恩寺所领小刹，关圣殿三楹，正佛殿三楹，潮音阁三楹，僧院一房。基址二亩，东至井巷，南至清溪河，西至银定桥，北至永府塘。寺临秦淮，云水相聚，栖泊不常。明末建潮音阁，渐拓旧宇，臧懋循撰《建立潮音阁疏》。

佑圣庵

在旧都城聚宝门南三十五里，牛首山弘觉寺西南七里，南城孝义村。明代弘觉寺所领小刹，佛殿三楹，法堂五楹，廊房五楹，僧院三房。基址四亩八分，东至新民塘，南至段彦聪民田，西至虞槐民田，北至虞仲礼民田。田、地共七亩一分。

余庆庵

1. 在旧溧水县赞贤乡后村，清光绪年间(1875—1908)废。

2. 在旧高淳县东北六里魏塘。明万历四十六年(1618)邑民袁守本建造，清顺治十一年(1654)守本之子光应修，道光年间(1821—1850)水圮，后重建。

雨花庵

在旧都城驻防城内。缘起未详，《白下琐言》卷四云："雨花庵，在今驻防城内。大门内有金身弥勒佛，高一丈有奇，阔如之。乾隆间重为装金，费用百金。塑工蹲立顶后，遮蔽不见其身。天界大佛头之外，惟此而已，盖明代所造也。庵本饶富，广置膏腴，今则一败涂地矣。"

禹王庵

在旧都城南磨盘街，今秦淮区磨盘街。民国时期存，胡任舆八分书额。

玉带庵

在旧都城南凤台冈。《白下琐言》卷二引《江宁县志》云："石子冈有三，一在安德门外，与白杨路近，即今望江居；一城南凤台冈，即今凤台门之玉带庵；一为雨花台下梅冈。"

玉皇阁

在今雨花台区五贵里。缘起未详,20世纪50年代初,有尼一人,房八间,地基四亩。

玉积庵

在旧江浦县乌江镇东二里,下临蒲圩。

玉泉寺

在今江宁区汤山街道湖山村后山上,元至正年间(1341—1368)存。

玉泉院

在旧都城东北六十里。本名古泉院,杨吴武义年间(919—921)徐温重建,改名玉泉院。

玉山寺

在旧高淳县东六十里望玉山,今高淳区桠溪镇境内。望玉山亦名泪山,山南一里许为荆山,即卞和获玉之地。玉山寺兴废未详,明代王汝霖《憩望玉山寺》诗云:"孤峰峙山透冥蒙,蕴璞当年望不空。云外钟闻仙路近,雨中花落法筵通。石湖积水同黄海,芝岫浮烟绕泽宫。独坐低回堪永日,此间何必减崆峒。"

浴贤庵

在今玄武区成贤街,明清时期存。

园居尼寺

南朝古刹。在旧秣陵县四十五里,梁大通元年(527)舍人袁额造。

园林庵

在旧都城南门外九十里小丹阳,今江宁区横溪街道幸福村团林自然村附近。元至元元年(1335)建,本名园林庵,后讹为团林庵。

圆寂寺

在旧都城北鸡笼山南坡,今玄武区鸡鸣寺路一号。详见下卷"鸡鸣寺"条。

圆觉庵

在旧都城聚宝门南驯象街，今秦淮区中华门外集合村。明万历年间(1573—1620)创建，律僧白斋燃指臂，备诸苦行，拓修殿宇，蔚为丛林。有古鼎一尊，明代南内旧物。《白下琐言》卷六云："明代南内有三巨鼎，不知何代物。明末因筹军饷，钱币不足，遂移以供鼓铸。将毁前一夕，鼎忽大吼，僧文璞鸠众输铜纳局，遂赎三鼎以归，置报恩、碧峰两寺及圆觉庵。"20世纪50年代初，有僧五人，房七间。

圆通庵

1. 在旧都城聚宝门南三里安德街。明代敕建，能仁寺所领小刹，伽蓝殿三楹，佛殿三楹，僧院一房。基址一亩，东至官街，南至官街，西至内厂地，北至官走路。

2. 在旧都城南隅钓鱼台，今秦淮区甘露巷附近。清末民初存，《凤麓小志》卷一云："新桥，一名饮虹桥，东出为钓鱼台，有圆通庵。"

3. 在旧都城朝阳门外钟山，今玄武区石象路七号钟山风景区内。余不详。

4. 在旧溧水县山阳乡，余不详。

5. 在旧溧水县思鹤乡下师桥，余不详。

6. 在旧高淳县东五十里。马姓建，民国时期废。

7. 在旧六合县下三都。明弘治十七年(1504)，僧智定重建山门一间，佛殿三间。

8. 在旧江浦县南门外双井旁。明洪武年间(1368—1398)创建，万历年间(1573—1620)重修。

9. 在旧江浦县高望镇，余不详。

圆通精舍

在旧都城东北四十五里摄山迭浪岩上，今栖霞区栖霞街道之东栖霞山，明代释贞节开建。初，少宗伯殷迈使人持送滁州石刻大士像，贞节诛茅为大士殿，后更名圆通精舍。《大明高僧传》卷四《应天栖霞寺沙门释真节传》云："释真节，主摄山栖霞三十余年。檀施之余，拓地为庐，时殷宗伯得琅琊大士像，五台陆公亦铸金像，悉归师供奉，罗参知署曰圆通精舍。尝讲《法华经》至多宝塔品，空忽现宝塔于座前，一如经言。中使奉慈圣皇太后命至，同睹圣瑞，乃出尚方金缕僧伽黎衣一袭，宣慈旨赐之。即于讲堂之西，建一浮屠，以征神化。贞节能诵经，善纪纲，群处者不下百人，僧侣讽经，日夜不息。"圆通精舍有韦驮殿三楹，门房碑亭四楹，观音殿三楹，禅堂六楹，华严楼三楹，净土楼三楹，十方堂三楹，斋堂陆楹，养老堂三楹，延寿堂三楹，静室厅房六楹，厨库仓茶等房共二十七楹。田、地、山、塘，共五百五十亩二分六厘。院墙前后多莳以松柏，垒石为垣，治地作圃，种蔬植竹。明汪道昆撰《摄山圆通精舍记》，王世贞撰《圆通精舍灵应圣殿记》。2012年11月13日，栖霞山风景区内发现明代石碑，额宽九十厘米，高六十厘米，厚二十三厘米。碑额阳面中间位置镌刻“重建圆通精舍灵应圣殿记”字样，周边刻仙鹤三只和祥云。碑额阴面中间镌刻“部府帖文”文字，周边以及碑额侧面镌刻祥云图案。碑身破损不全，留存部分宽六十六厘米，高一百厘米，阴阳两面皆有文字，多模糊不清，落款为明万历十九年。碑座呈正梯形，下边长一百厘米，上边略短，高四十二厘米，厚四十五厘米，立面有卷草纹饰。碑额底端和碑座顶端各有一凹槽，为安装碑身所留榫头。

圆通寺

1. 在旧都城聚宝门西南三十五里，弘觉寺西二十里，南城光泽乡。明代创建，牛首山弘觉寺所领小刹，正佛殿三楹，法堂五楹，廊房六楹，僧院三房。基址六亩，东至许财庄房，南至许财民田，西至大江，北至许财民田。地、山共一十五亩。

2. 在旧都城西隅小仓山南麓，永庆寺西北二里。明永乐年间(1403—1424)僧瑞麟开建，永庆寺所领小刹，佛殿三楹，禅房一楹，基址数亩。山石谽谺，林径僻仄，竹树荟蔚，董其昌书额狮子窟，并赋诗：“狮窟留名刹，云常替闭关。在城还在野，依水复依山。地是终年静，僧容尽日闲。探幽来小憩，坐久竟忘还。”清汤贻汾筑池馆于此，为其音相近，改为诗之窟。咸丰年间(1851—1861)太平军陷金陵，汤贻汾投池死，瘗园中，以藤杖殉，藉为他日之验。迨江南乱平，将改葬，启土视之，则藤绕其尸如棺。民国时期寺圮。

元龙庵

在旧高淳县东七十里，明万历四十年(1612)邑民陈瑾建造。

元龙寺

在今浦口区定山林场元龙自然村前。清末存。

元兴天禧慈恩旌忠教寺

在旧都城聚宝门南一里聚宝山，今秦淮区雨花路一号明代大报恩寺遗址公园内。详见“圣感舍利宝塔寺”条。

愿力寺

六朝古刹。陈隋时期存,《续高僧传》卷三〇《唐京师玄法寺释法琰传》:“(法琰)住愿力寺,听庄严寺嚼公《成实论》,入义知归,时共赞赏。……晚被晋府招入日岩,终于武德。”

月　庵

在今建邺区兴隆街道河南村月庵自然村附近。清代存。

月灯禅院

在旧都城北覆舟山下,今玄武区九华山二十号九华山公园内。详见“龙光寺”条。

月泉寺

在旧高淳县东南四十里花山东北,余不详。

月水庵

在旧高淳县西二十里毛家嘴,余不详。

月印庵

在旧都城聚宝门南二里,高座寺东南半里,雨花台趾,今雨花台区雨花路二一五号雨花台风景名胜区内。缘起未详,明弘治年间(1488—1505)僧净俊重建,高座寺所领小刹,山门一座,佛殿三楹,法堂三楹,僧院一房。基址五亩,东至尹公主山,南至照山,西至凤台街,北至本庵墙。

越城寺

六朝古刹。在旧越城,今秦淮区中华门外东南一里,北临秦淮河,南倚雨花台。晋宋时期存,《弘赞法华传》卷六《东晋山居释法相传》云:“东晋义熙中,隐居山谷,游止无定。后渡江,止越城寺,忽然失志,游荡无度。时镇北将军司马恬恶其无道,招而鸩之,频倾三钟,神色不变,淡然无扰。恬大异之,惭惧悔愧,厚加供养。”

云巢庵

在旧都城西北清凉山南麓,今鼓楼区清凉山路八十三号清凉山公园内。详见下卷“清凉寺”条。

云从庵

在旧溧水县山阳乡，余不详。

云鹤庵

在旧溧水县东南五十里云鹤山旁，今溧水区晶桥镇云鹤山村。元大德年间(1297—1307)创建，明崇祯七年(1634)重建，清光绪元年(1875)里人复建。参见下卷“云鹤禅寺”条。

云鹫庵

在旧六合县东门外，旁有冬生院。

云居禅寺

1. 在旧六合县观音寺北。唐大和四年(830)僧弘禅师开建，明洪武十二年(1379)僧宗肯重建，二十四年(1391)并入长芦寺。

2. 在旧江浦县竹镇，今六合区竹镇镇。宋建隆三年(962)僧法聚开建，名云居禅寺，一作灵居禅寺。明洪武十五年(1382)寺僧重建，永乐十五年(1417)并入卧佛寺。《寺记》云：“寺即冯姓香火，僧众千余，夜静风清，钟铃梵呗，声闻十里。永乐中，冯族被逮，寺僧聚徒叩阍请代，成祖震怒，并废其寺。”旧有二方石，径三四尺许，一镌尊圣呪，一题“□□□□起废重兴本寺佛性杜禅师之塔”，石阴依稀千字，有大德□□年号，后移镇北观音寺佛前。寺旁有土阜突起，田中耕者云下闻有钟磬声，不知若何，亦不敢发掘。

云居寺

1. 六朝古刹。本在旧都城外钟山，今玄武区石象路七号钟山风景区内。刘宋时期王褒诗云：“中岭云已合，绝顶曰犹晴。”唐代白居易诗云：“乱山深处云居路，共踏山行独惜春。”明代徙江宁县淳化镇东五里青龙山，今江宁区淳化街道青龙山林场内。20世纪40年代末，用作关押战犯之所。1958年至今，先后作为南京阀门厂厂房和南京华宁阀门有限公司仓库。现存观音殿和藏经楼，皆明清建筑风格。观音殿为硬山顶，屋脊正面有佛教六字真言，两端螭首鸱吻，背插剑柄，挑檐墙上饰以龙凤相对彩绘。殿内木质梁柱,抬梁式结构。殿宇进深十六米,宽十六米,高十三米,面阔五间,进深四进。中间拱形殿门一扇,两边方格窗各二扇。门前阶基高约二十五厘米,踏道石阶二级。藏经楼在观音殿之东,二层楼建筑,阶基高约一百二十厘米,条石铺砌,踏道八级。楼内最粗木柱直径五十厘米,最细直径三十六厘米,柱础直径八十厘米,贯穿中轴线上,楼上有格扇门窗和走廊。院内石碑一座,分行阴刻“南京市文物保护单位　淳化云居寺　南京市人民政府二〇〇六年元月公布　江宁区人民政府立”字样。旧殿对面有平房一间,十余平方米,房中供奉弥勒佛像一尊、观音菩萨像三尊,里人谓之新云居寺。

2. 在旧都城正阳门东四十里,翼善寺东北三十里。明代为翼善寺所领小刹,山门三楹,观音殿三楹,伽蓝殿三楹,僧院一房。基址三亩,东至官沟,南至官沟,西至八甲民田,北至太子山。田、地、堂共一十二亩三厘。

云林庵

在旧溧水县,余不详。

云龙庵

在旧都城东北四十五里摄山,今栖霞区栖霞街道之东栖霞山。见于《摄山志》卷二。

云栖寺

六朝古刹。齐代存,《高僧传》卷一一《齐京师安乐寺释智称传》云:“智称,值义嘉遘乱,移居京师。定林法献闻其清玄,携止山寺,于是温诵《小品》,研构《毗尼》。复为云栖寺主,讲大本三十余遍。齐永元二年卒。”明代重建,《补续高僧传》卷五云:“莲池袾宏,入京师,得古云栖寺旧址,结茅默坐,悬铛煮糜。曾绝粮七日,倚壁危坐而已,胸挂铁牌,题曰‘铁若开花,方与人说’。久之,檀越争为构室,渐成丛林,清规肃然,为诸方道场冠。师始启口说法,弟子日进。”

云水庵

在今高淳县固城集镇东六里大全村,一名云亭庵。缘起未详,清道光年间(1821—1850)水圮,咸丰年间(1851—1861)重建,旋毁于战火,民国时期复建,有房屋七十二间。1954年破圩冲毁,1997年民间新建,2006年2月15日大雄宝殿落成。殿内供奉大佛三尊,以及观音菩萨、文殊菩萨、普贤菩萨和十八罗汉塑像。

云水禅寺

在旧溧水县东南五十里云鹤山旁，今溧水区晶桥镇云鹤山村。详见下卷“云鹤禅寺”条。

云台寺

在旧江宁县陶吴镇西南云台山，今江宁区横溪街道境内，寺以山名。《同治上江两县志》卷三云：“寺旁有石龙池，澄泓可爱，清鉴毛发，织鳞游泳，或云龙族。”

云亭庵

在今高淳县固城集镇东六里大全村。详见“云水庵”条。

云溪寺

缘起未详。明正统年间（1436—1449）存，《嘉庆新修江宁府志》卷五一云：“智瑛，上元人。正统初，住云溪寺，因号云溪。初行头陀行，为诸僧负薪米力作，已而有悟。生平不识文字，后乃能诗，晚年忽语其徒曰：‘某月日吾将逝，必有风雷之警。’届期果疾风震电，掣茅堕瓦。视瑛，已迁化矣。”

Z

栽松庵

六朝古刹。在旧都城东郊钟山，今玄武区石象路七号钟山风景区内。相传晋刺史罢还，令栽松，故名栽松庵。

再兴寺

在旧高淳县东六十里庙冈山。旧为冈庙，明万历年间（1573—1620）知县张应图、佥事张应亮重建，改名再兴寺。张应亮有《过再兴寺》诗云：“独卧菩提静，山窗万籁空。愁深侵夜雨，梦乱向明钟。鹤唳微窥曙，松涛远迩风。禅关欣再造，规制六朝同。”民国时期寺废。

臧塔庵

在旧溧水县东十五里上原乡，清光绪年间(1875—1908)毁。

斋堂庵

在旧溧水县东南四十五里白鹿乡李巷村，清同治八年(1869)里人重建。

翟家庵

在旧六合县官洲，余不详。

张巷庵

在旧溧水县东南四十五里白鹿乡。详见“万统寺”条。

章义院

在旧都城外东北十里，今玄武区石象路七号钟山风景区内。详见“集善寺”条。

招提寺

六朝古刹。在旧都城石头山北，《景定建康志》所谓“承圣元年三月，王僧辩进军招提寺北”即此。晋代创建，《高僧传》卷八《梁京师招提寺释慧集传》云：“释慧集，本姓钱，吴兴于潜人。年十八，于会稽乐林山出家，仍随慧基法师受业。为性悫实，言无华绮，而学勤昏晓，未尝懈息。后出京，止招提寺。”

招远庵

在旧高淳县东北二十五里，今高淳区古柏镇凤山韩村。缘起未详，明万历年间(1573—1620)知府韩邦宪重建。明末宰相韩日缵次子，善诗文，住持招远庵，名流争相引重，值明朝败亡，作《甲申纪变录》，词多感慨，遂被捕，入燕狱中。

昭庆寺

在旧都城南白塔街，今秦淮区白塔巷与长白街交叉口处。详见“龙翔寺”条。

昭玄寺

南朝古刹。齐武帝萧赜创建，《释迦方志》卷下云：“齐世祖武帝造招玄、游贤二寺，三百名僧，三教格量，四年考定。”

赵村庵

在旧江浦县石碛镇北七里，踞高冈，瞰平湖。寺前有浮图，名杲公塔，一名七里塔。

肇胜庵

在旧溧水县长寿乡，余不详。

珍珠寺

在今六合区程桥街道桂花村寺门自然村附近。清初存。

真际寺

在旧都城北门桥柴街。详见“迦毗罗寺”条。

真如寺

在旧都城聚宝门南六十里，清福寺南十五里，江宁县葛仙乡昝巷北。宋治平年间（1064—1067）创建，赐额真如院。明洪武年间（1368—1398）重建，改院为寺，隆庆年间（1567—1572）重修。清福寺所领小刹，地藏殿三楹，大殿三楹，观音阁三楹，僧院二房。基址六亩，四至俱本寺山。

真如院

在旧都城聚宝门南六十里，江宁县葛仙乡昝巷北。详见“真如寺”条。

真相寺

在旧江浦县治北三十里群山之阴，今浦口区永宁镇永合村卜庄自然村。详见“真相院”条。

真相院

南朝古刹。在旧江浦县治北三十里群山之阴，今浦口区永宁镇永合村卜庄自然村。梁普通年间（520—527）达磨开建，宋代名为真相院，秦观《游汤泉记》所谓“驰七十里至真相院”即此，后改院为寺。明正统四年（1439）僧智源复建，清乾隆年间

(1736—1795)毁。寺后有百丈井,甘洌可食。

镇丰庵

在旧高淳县西十五里沧溪。赵、王、陈、张四姓共建,民国时期存。

镇宅庵

在旧高淳县东六十里,今高淳区桠溪镇花门坟上村。杨氏建。

震觉庵

在旧江浦县治西五十里,余不详。

正等寺

在旧都城东北隅,宋咸淳四年(1268)郡守马光祖创建。

正观寺

南朝古刹。在旧都城秦淮水旁,齐永明十年(492)求那毗地开建。《名僧传抄》云:“求那毗地,中天竺人,聪瞻有记,诵经十余万言,兼解阴阳道术。以齐建元中来至,住毗舍离寺。永明十年译出《十二因缘》及《颀须达长者经》,造正观寺。”《高僧传》卷三《齐建康正观寺求那毘地传》云:“初,僧伽斯于天竺国,抄《修多罗藏》中要切譬喻,撰为一部,凡有百事,教授新学。毘地悉皆通,兼明义旨,以永明十年秋,译为齐文,凡有十卷,谓《百喻经》。复出《十二因缘》及《须达长者经》各一卷。自大明以后,译经殆绝,及其宣流,世咸称美。毗地为人弘厚,故万里归集,南海商人咸宗事之。供献皆受,悉为营法,于建邺淮侧,造正观寺居之。”时有僧伽婆罗住正观寺,从求那跋陀研精《方等》,梁天监五年(506)敕召于杨都寿光殿、华林园、正观寺、占云馆、扶南馆等五处传译,讫十七年,合一十一部,四十八卷。

正觉庵

在旧都城内,永庆寺东北半里。明代永庆寺所领小刹,山门三楹,佛殿三楹,僧院一房。基址二亩,东至木樨园,西至永庆寺,南至官街,北至干河岸。

正觉教寺

在旧六合县下三都莲花峰下。元延祐三年(1316)僧可禅开建,后废。明洪武元年(1368)僧理法师重建,嘉靖二十六年(1547)僧惠定修。

正觉寺

1. 南朝古刹。在旧都城南新亭垒侧,宋升明二年(478)萧道成创建。升明元年(477)萧道成屯兵新亭,既败沈攸之,乃以军幕之地置正觉寺,尚书令王俭撰碑。初,戴安道造菩萨挟侍无量寿佛像,研思致妙,精锐定制,委心积虑,三年方成,宋文帝迎像供养。萧道成起正觉寺,欲以胜妙灵像镇抚法殿,乃奉移此像于寺中。时有释法悦,敦修福业,四部所归,齐末敕为僧主,住正觉寺。陈隋时期寺废,宋绍兴十三年(1143)重建于府城西隅,元元贞二年(1296)僧兴实新建,大德十年(1306)完竣。

2. 在旧都城武定门内,石观音院东北二里,鹫峰寺东南一里,今秦淮区长乐路与江宁路交汇处西北侧长乐花园小区内。本名水月庵,唐代创建。清嘉庆年间(1796—1820)庵僧镜澄助制军百龄获妖人方荣升,嘉庆十九年(1814)百龄为奏,敕名正觉寺。规模宏敞,以供奉缅甸玉佛著称。20世纪50年代初,有僧四人,房屋十余间,菜地一亩。此后寺址改作南京新华玻璃厂,殿宇房屋用作厂房及民居。20世纪90年代中期工厂搬迁,殿宇拆毁,建为长乐花园住宅小区。初,民国二十六年(1937)十二月十三日,日本侵略军屠城,杀正觉寺僧十七人。1989年12月,南京市人民政府立碑于寺址,以记其事。2006年12月6日,日资企业南京盛岛大酒店违法拆毁石碑,引起全城轰动。经严正交涉,在正觉寺遗址范围内,择地重立"侵华日军南京大屠杀正觉寺遇难同胞纪念碑"。

3. 在旧都城冶城后冈,今秦淮区朝天宫北侧冶山,地名罗寺转湾,俗呼螺蛳转湾。详见"延祚寺"条。

4. 在旧溧水县治西四十里山阳乡,今溧水区石湫镇明觉寺社区内。唐咸通十年(869)僧德昭开建,名正觉寺。大顺元年(890)改明觉寺,宋治平二年(1065)赐额,嘉定十六年(1223)修。明正统年间(1436—1449)重建,崇祯年间(1628—1644)圮,邑民马继桂、僧性兰复建。清同治八年(1869),僧正兴新建。

5. 在旧高淳县西三十里丹湖,今高淳区阳江镇新正村正觉寺自然镇。宋嘉定元年(1208)僧妙龄开建,吴柔胜《正觉寺记》述其事。明初寺废于兵,移寺钟于县谯楼上。崇祯九年(1636)重建,清道光年间(1821—1850)塌于水,后修复。咸丰年间(1851—1861)毁于战火,后重建。参见"新亭寺"条。

正胜寺

南朝古刹。宋泰始六年(470)建,《高僧传》卷一三《齐正胜寺释法愿传》云:“泰始六年,佼长生舍宅造寺,延请法愿居之。”《新修科分六学僧传》卷二四云:“正胜寺法愿,善樊许术。”

正宗庵

在旧南京明瓦廊十号。清光绪年间(1875—1908)建,20世纪50年代初,有尼二人,房九间。

证圣寺

南朝古刹。在旧都城运渎东南,宋行宫后。陈代创建,名证圣寺。南唐保大年间(943—957)木瓶和尚居此,因名木瓶寺,后讹为木平寺。宋代改为太平寺。《至正金陵新志》卷一三下云:“南唐保大初,木平和尚见后主李煜,挂木瓶杖头,引瓶自蔽。后主问曰:‘和尚何在?’木平诡曰:‘某在此澡浴。’后主拜之,木平曰:‘陛下见群臣,勿言某在瓶中浴。’后主笑曰:‘和尚见人,亦勿道吾拜汝。’为之建寺宫侧,名木瓶寺。他日登百尺楼,后主曰:‘新建此楼,制度佳否?’木平曰:‘尤宜望火。’上初不喻其旨,居数载,木平卒,淮甸大扰,后主旦夕登楼,以瞻动静。”寺东有沟,迤逦西北,接运渎,明代湮塞,今旧迹无存。

郑塘庵

在旧高淳县,民国时期重建。

知觉院

在旧都城外钟山,今玄武区石象路七号钟山风景区内。南唐诗人李中有《宿钟山知觉院诗》。

知止庵

在旧溧水县山阳乡,余不详。

祇洹寺

六朝古刹。在旧六合县北五十里冶山之阳,三国孙吴时期创建,名象塔寺。刘宋时期高僧慧琳驻锡寺中，通内外之学，为庐陵王义真所爱，凡朝廷大事皆与议，时人谓之黑衣宰相。梁代更名祇洹寺。陈末隋初，有解脱禅师驻寺，隋主问何以伐陈，禅师云乘桃叶而渡，必克，乃自桃叶山渡江，时有童谣《桃叶歌》。隋末寺毁，唐开元二十三年(735)重建，座飞万鹤，门结千龙，香台雕甍，龙盘绣柱，殿堂僧舍三百余间，僧人八百，县令房翰撰《祇洹寺碑》，记其盛事。明正统年间(1436—1449)僧明昕、成化年间(1465—1487)僧如清、嘉靖二十七年(1548)僧绍富各有修建。寺前有通臂泉，相传唐有梵僧八百至寺求斋，内一僧思蜀水烹茶，有小头佗屈指触山，泉随涌出，味同蜀水。

祇陀林

在旧都城南隅凤凰台之南。明崇祯年间(1628—1644)巡抚余大成创建，径山雪峤、天童五峰尝驻锡于此。

祇涯寺

在旧六合县冶山南三里，一名中山寺。唐咸通年间(860—874)僧惠崇开建，明嘉靖十四年(1535)僧惠俊重修。诸峰障之，寥无烟火，门外有泉，僧人汲引用于斋厨。

祇园寺

南朝古刹。在旧都城聚宝门内西南隅凤台山，今秦淮区花露南岗附近。宋元嘉十四年(437)，有二异鸟翔集此山，状如孔雀，头小足高，毛羽鲜明，文彩五色，声音谐从，众鸟附翼群集，行三十步顷东南飞去，时谓之凤。扬州刺史彭城王义康以闻，因以异鸟所集之地为凤凰里，山椒筑凤凰台，造寺于凤凰台侧，名祇园寺。高僧求那跋摩居金陵，尝驻锡祇园寺，宋文帝谓曰："朕常愿持斋，不杀生命。"跋摩对曰："帝王所修，与凡庶不同，四海为家，万民为子，出一嘉言，则士庶咸悦，布一善政，则神人以和，刑不夭命，役不劳力，则风雨时若，百谷滋繁，以此持斋，斋亦大矣。以此不杀，利亦多矣，安在辍半日之餐，全一禽之命，然后为宏济邪？"帝抚几称善。升明二年(478)，萧道成为比丘法愿造寺于其地，得外国砖为白塔，因更名白塔寺。造寺之始，以山高难于谷汲，比丘法和誓云："若此地可居，当使自然出水。"乃于食堂前试凿井，曾不数仞而清泉湛然，甘香清美，流未尝竭。

唐开元年间(713—741)，寺僧大惠禅师自长安归，玄宗诏可之，改寺额曰长庆寺，韩择木书额。南唐保大年间(943—957)，齐王景达为先主造寺，因名奉先寺，高僧应之、静照、真寂、法施皆尝驻锡。宋太平兴国年间(976—984),赐保宁寺额。大中祥符六年(1013),增建经钟楼、观音殿、罗汉堂、水陆堂、东西方丈,庄严盛丽,安众五百。又建灵光、凤凰、凌虚三亭,照映山谷,围甃砖墙五百丈,茂林修竹,松桧丛蔚,诏岁度五僧。政和七年(1117),敕改神霄宫,建炎元年(1127)敕复旧额,三年(1129)四月驾幸江宁,权以寺为行宫。岁久屋敝,留守马光祖重建殿宇及方丈、观音殿、水陆堂、厨堂、库院,移钟楼,冠青龙首,增建廊屋,横直一十八间。元末寺毁。明嘉靖年间(1522—1566)以其地建丛桂庵,万历十九年(1591)增建,更名上瓦官寺,焦竑易名凤游寺。

寺后有览辉亭,亭榜本朱希真隶书。法堂后有片石,莹润如玉,乃宋齐邱诗刻。上有凤台园,即魏公园,一名锦衣西园,古松苍劲,下覆二石,紫翠涌郁,一曰紫烟,一曰鸡冠,上有宋人题字石刻,朱之蕃题曰六朝松石。寺东有凤凰台,宋元嘉十四年(437)筑,唐代李白诗云"凤凰台上凤凰游,凤去台空江自流"所谓即此。赵宋淳熙年间(1174—1189)留守范成大重建并榜额,作《新建凤凰台记》,开庆元年(1259)总领倪垕新建。寺后有练光亭,黄庭坚云:"练光亭极是登临胜处,然高寒不可久处。"练光亭北轩曰物外轩、凝香堂,皆黄庭坚命名。又有南轩,方丈祝穆造,其后真德秀建南轩先生祠堂于天禧寺内,以此处为南轩旧址。旧有古井,深数十丈,大旱不涸,水味甘美,与凤凰泉并为都城第一。井下空阔易圮,遂于阑下置四铁人,以承其重。

直符庵

在旧高淳县江村后,民国时期存。

直指庵

在旧江浦县南门外。明万历年间(1573—1620)僧圆总、可还等募建,接众讲经,丛林称盛。

职湖庵

民国时期存,见于朱偰《南京梵刹志略》。

止庵精舍

在旧高淳县。明代存,《民国高淳县志》卷二〇云:"石头和尚,始居应天碧峰寺,后居高淳淳西庵及韩氏止庵精舍。万历中,注《法华经》,以佛心求佛言,支分节解,批郄导欸，名曰《知音集》，顾邻初、朱兰嵎为之序。”

止观寺

南朝古刹。在旧都城东北四十五里摄山南谷，今栖霞区栖霞街道之东栖霞山。齐太祖萧道成创建，《历朝释氏资鉴》卷三云：“帝造陟岵、止观二寺，铸金像，写《法华》，常诵《般若》。”陈代诠法师居止观寺弘道，学宗般若，以中观为归，名动当时，慧布、法朗、慧勇从其学。

枳园寺

六朝古刹。在旧都城东郊，一名东郊寺。晋义熙年间（405—418）始兴公王恢创建，据《高僧传》卷三《宋京师枳园寺释智严传》载，晋义熙十三年宋武帝西伐长安，还至山东。始兴公王恢从驾，过智严精舍，敬而奇之，即启武帝，延请还都，住始兴寺。智严性爱虚靖，志避喧尘，恢乃为于东郊之际，更起精舍，名枳园寺。宋元嘉五年（428），智严共沙门宝云于枳园寺译写西域梵本《普曜》《广博》《严净》《四天王》等经。齐代沙门法匮，师事枳园沙门法楷，恭愿质朴，寡语自守，不交世俗，诵《法华经》。永明七年（489）圆寂，武帝临吊，塔于枳园寺。

至敬寺

南朝古刹。在旧都城北台城内，今玄武区鸡鸣寺路一号。梁武帝萧衍创建，《梁书·武帝本纪》云：“帝于钟山造大爱敬寺，青溪边造智度寺，又于台内立至敬寺。”《历代三宝纪》所谓“扶南国僧须菩提，于杨都城内至敬寺为陈主译《大乘宝云经》八卷”即此。

治城寺

六朝古刹。东晋司马道子创建，南齐重修。《高僧传》卷一二《晋越城寺释法相传》云：“时有竺昙盖、竺僧法，并苦行通感，盖能神咒请雨，为杨州刺史司马元显所敬。法亦善神咒，晋丞相会稽王司马道子为起治城寺焉。”《高僧传》卷八《梁山阴云门山寺释智顺传》云：“释智顺，贞素确然，其徽无点，齐竟陵文宣王特深礼异，为修治城寺以居之。”南朝高僧僧欢、慧静、僧瑾、智秀皆尝驻锡。

治平寺

在旧江宁县治西南。尼寺，宋开禧三年(1207)创建。

陟屺寺

南朝古刹。齐太祖萧道成创建，《法苑珠林》卷一〇〇云："齐太祖高帝，手写《法华》，口诵《般若》。四月八日常铸金像，七月十五日普寺造盆，供僧三百，造陟屺、止观二寺。"

智安寺

在旧都城聚宝门外新亭乡北。明初创建，为僧昙周塔院，景泰年间(1450—1457)毁于火，仅存僧院。外永宁寺所领小刹，僧院一房，基址二亩。田、地、山、塘共三十二亩二分六厘。

中定寺

在旧江浦县西五十里翠云山之阴，今浦口区老山林场西山分场境内。详见"翠云庵"条。

中峰庵

1. 在旧都城东北四十五里摄山，今栖霞区栖霞街道之东栖霞山。明代存，《嘉庆新修江宁府志》卷五一云："明代有道盛者，闽人，通百家言，多发前人所未发，金陵士大夫请主栖霞之中峰。"

2. 在旧都城聚宝门南三十五里祖堂山献花岩中峰下，今江宁区牛首山南五里。殿舍数十间，僧古潭构以自居，以在中峰故，名中峰庵。庵有地涌泉，又名感应泉，甘洌可饮，俗呼龙王泉。

中和庵

在旧都城石城门西二里。明初建造，名观音庵，正统年间(1436—1449)改名中和庵。接待寺所领小刹，山门三楹，佛殿三楹，毗卢殿三楹，僧院一房。基址八亩，东至邹家坟，南至藕塘，西至民家，北至官街。

中山庵

1. 在旧溧水县东南二十五里上原乡。明天启元年(1621)创建，清光绪年间(1875—1908)毁。

2. 在今江宁区江宁街道大庙社区，清代建造。

中山寺

在旧六合县冶山南三里。详见“祗涯寺”条。

中　寺

六朝古刹。晋太元五年(380)会稽王司马道子创建。宋元嘉年间(424—453)，罽宾三藏禅师昙摩蜜多初到建业，尝驻锡中寺。齐永明年间(483—493)，释法安于中寺讲《涅槃》《维摩》《十地》《成实论》，与司徒文宣王及张融、何胤、刘绘、刘瓛等共为法友。

中兴寺

在旧江宁县新亭冈，今雨花台区凤台南路软件大道路口南侧山岗上。详见“新亭寺”条。

钟山寺

南朝古刹。在旧都城朝阳门外钟山桃花坞侧，今玄武区石象路七号钟山风景区内。梁代高僧宝志、道隆在此出家，刘吁卜筑寺之东涧，有终焉之志。明成祖扩建孝陵，寺被围入禁苑之中，遂废。

众造寺

1. 南朝古刹。所在未详，南齐僧远开建。

2. 南朝古刹。在旧秣陵县东北五十里，梁普通五年(524)后阁舍人吴庆之创建。

3. 南朝古刹。梁代何敬容创建，《梁书》卷三七《何敬容传》云：“何氏自晋司空充、宋司空尚之，世奉佛法，并建立塔寺。至敬容，又舍宅东为伽蓝，趋势者因助财造构，敬容并不拒，故此寺堂宇校饰，颇为宏丽，时轻薄者因呼为众造寺焉。及敬容免职出宅，止有常用器物及囊衣而已，竟无余财货，时亦以此称之。”

种福庵

在旧溧水县城南在城乡南渡桥左。邑民朱邦义建造，年代未详。明崇祯十四年(1641)大旱，有僧祈雨济民，县令邝洪照送居此庵，因名种福庵。清光绪年间(1875—1908)废。

周村庵

在旧溧水县东十五里上原乡，清光绪年间(1875—1908)毁。

朱村庵

在旧溧水县西南三十五里山阳乡，清光绪年间(1875—1908)重建。

朱峰寺

在旧江宁县湖熟镇东街。本为社坛，后改为寺，清同治年间(1862—1874)废。

朱家庵

在旧江浦县治西石灰窑，余不详。

朱庄庵

在旧溧水县南三十里赞贤乡，清光绪二年(1876)里人吴永长等重建。

珠峰寺

民国时期存，见于朱偰《南京梵刹志略》。

珠泉庵

在旧六合县六合山。有净业堂、大士阁，又有画舫斋，制仿楼船，其左右栏玲珑如篷窗。

竹城庵

在旧高淳县东三十里。缘起未详，清季庵废，仅存石像。

竹峰寺

在旧江浦县西五十里翠云山之阴，今浦口区老山林场西山分场境内。详见“翠云庵”条。

竹涧寺

六朝古刹。梁陈时期存，《续高僧传》卷七《陈杨都兴皇寺释法朗传》云：“（法朗）游学杨都，就大明寺宝志禅师受诸禅法，兼听此寺象律师讲律本文，又受业南涧寺仙师《成论》、竹涧寺靖公《毗昙》。”

竹居庵

在旧都城天界寺内。明代存。《留都见闻录》卷下云：“门额为王百谷八分书。”

竹林庵

1. 在旧六合县武德卫，有大银杏树二株。
2. 在旧六合县留守左卫，余不详。

竹林寺

1. 南朝古刹。在旧都城内华林园侧，宋元嘉元年（424）外国僧毗舍阇开建。时有高僧慧益，宋孝建年间（454—456）游京，憩竹林寺，大明七年（463）往钟山，以吉布缠身自焚，孝武帝诏于焚身处建药王寺。

2. 南朝古刹。在旧秣陵县西十一里蒋陵里檀桥。宋元嘉十一年（434）创建，《南齐书》卷八所谓“中兴元年五月，车驾幸竹林寺禅房，宴群臣”即此。

3. 在旧都城聚宝门南三十里牛首山，今江宁区牛首山风景区内。余不详。

竹山庵

在旧溧水县西南五里赞贤乡竹山。明万历十二年（1584）邑民陈景福创建，庵以山名。清乾隆三十六年（1771）史宗榜重建，更名长庆庵，光绪年间（1875—1908）废。

竹园寺

南朝古刹。在旧都城东南一里，宋元嘉十一年（434）慧浚尼开建，临川公主助造。《比丘尼传》卷二《宋竹园寺慧浚尼传》云：“（慧浚）虽在居家，有如出俗，父母不能割其志，及年十八，许之从道。内外坟典，经眼必诵，深禅秘观，无不必入。静而无竞，和而有节，朋游旧狎，未尝戏言。宋太宰江夏王义恭雅相推敬，常给衣药，四时无爽。不蓄私财，悉营寺舍。竹园成立，浚之功也。”

驻马庵

在旧南京汉中门蛇山六号。清光绪年间（1875—1908）建，20世纪50年代初，有尼四人，房十八间。

祝禧寺

在旧都城聚宝门南十里，安德门外八里安德乡，今雨花台区西善桥街道油坊村吉家凹。明正德年间（1506—1521）敕建，赐祝禧寺额。报恩寺所领中刹，山门三楹，金刚殿三楹，天王殿三楹，佛殿三楹，伽蓝殿三楹，祖师殿三楹，法堂三楹，方丈三楹，回廊四十二楹，僧院八房。基址四十五亩，东至本寺山，南至官路，西至本寺田，北至朱泽民田。田、地、山、塘共二百三十四亩四分四厘。

祝英台寺

在旧江宁县新林市东。宋代敕建，名福安院，《至正金陵新志》卷一一下引《乾道志》云：“福安院在新林市，俗呼祝英台寺。”明代徙聚宝门南十五里，崇因寺西五里，安德乡西善桥，赐名英台寺，《同治上江两县志》卷五所谓“西善桥有英台寺”即此。崇因寺所领小刹，金刚殿三楹，天王殿三楹，佛殿三楹，观音殿五楹，僧院一房。基址八亩，东至陈见民田，南至柴文民山，西至本寺后山，北至陈见民山。田、地、山、塘共二十五亩八分六厘。景泰七年（1456）司礼监太监金英卒，墓于寺山。

庄严寺

1. 六朝古刹。在旧都城竹格渡之北，临秦淮水，晋永和四年（348）谢尚舍宅创建。《塔寺记》云：“尚尝梦其父告之曰：‘西南有气至，冲人必死，行当其锋，家无一全。汝宜修福，建寺塔，可禳之。若未暇立寺，可杖头刻作塔形，见有气来，可拟之。’尚寤惧，遂刻小塔施杖头，恒置左右。后果有黑气，遥见西南，从天而下，始如车轮，渐弥大，直冲尚家。以杖头指之，气便回散，阖门获全。气所经处，数里无复孑遗。遂于永和四年舍宅造寺，名庄严寺。”宋大明年间（457—464），路太后于宣阳门外太社西药园造寺，亦以庄严为名，遂改谢尚所造庄严寺为谢镇西寺。梁代释僧旻，七岁出家，安贫好学，禀学柔、次、达、亮四公经论，住庄严寺。天监七年(508)，武帝以法海浩汗，浅识难寻，敕僧旻缵《众经要抄》八十八卷，梁元帝有《庄严寺僧旻法师碑》。陈太建元年(569)，寺为延火所烧。后五年，豫州刺史程文季修复，孝宣帝敕改兴严寺。宋绍兴年间(1131—1162)徙真武庙北，再徙高桥门外，元季毁于兵燹，悉为瓦铄之区。明永乐年间(1403—1424)僧真常重建，复名庄严寺，释印庵有《庄严寺重兴记略》。其地在正阳门东四十七里，翼善寺东北二十五里。翼善寺所领小刹，山门三楹，佛殿三楹，伽蓝殿一楹，僧院二房。基址十五亩，东至唐鈛民房，西至官路，南至本寺冲田，北至王镇民地。田、塘共一十七亩二分六厘。清代寺废。

2. 南朝古刹。在旧都城宣阳门外太社西药园，宋大明三年(459)路太后创建。时有寺僧释昙斌，融冶百年，陶贯诸部，开筵讲说，四远皆至。孝建初年(454)陈郡袁粲嘉斌行解，孝武帝敕令中书舍人巢尚介试其意欲，斌不屈，粲乃躬自往候。每劝斌数觐天子，斌曰："贫道方外之人，岂宜与天子同游？"粲益高之，请为母师，元徽年间(473—477)卒于庄严寺。又有释僧璩，总锐众经，尤明《十诵》，兼善史籍，颇制文藻。宋孝武敕为僧正，初止中兴寺，后移庄严寺。齐代释道慧，初止灵曜寺，以母老，欲存资奉，乃移憩庄严寺。母怜其志，复出家为道，舍宅为寺。卒葬钟山之阳，陈郡谢超宗为撰碑铭。唐贞观二十三年(649)，惠忠禅师配住庄严寺，建法堂。闻牛头山威禅师袭达摩踪，得佛法印，遂造山礼谒，夙夜精励，积四十年，遂彰灵应。天宝初年(472)始出，复止庄严寺。释慧涉，大历初年(766)于庄严寺遇惠忠禅师，一言知归，遂命入室，授以法要。洎惠忠弃世，踵武兹岭。元末寺毁。

3. 在旧都城定阴里。详见"小庄严寺"条。

4. 在旧江浦县浦口。见于《光绪江浦埤乘》卷三八。

庄严院

在旧都城西三十五里上元县淳化镇，宋代存。

准提庵

1. 在旧南京西华门二条巷五十五号。清光绪年间(1875—1908)建，20世纪50年代初，有尼一人，房七间。

2. 在旧南京城南猫鱼市，今秦淮区大百花巷六号。清同治年间(1862—1874)建。20世纪50年代，有僧一人，房十三间。后被南京市房管局接收，改为民居。

3. 在旧南京东文思巷一号，今秦淮区文思巷附近。抗日战争时期毁，后重建。

20世纪50年代初，有房八间。

4. 在今秦淮区长乐路。清同治年间(1862—1874)创建，民国十二年(1923)重建大殿。20世纪50年代初，有僧四人，房六间。

5. 在今秦淮区五福街。20世纪50年代初，有僧二人，房八间。

6. 在今秦淮区菱角市。清光绪四年(1878)建，20世纪50年代初，有尼三人，房九间。

7. 在旧高淳县西南七里。清顺治九年(1652)吴学经施地捐赀建造，雍正七年(1729)陈复鼎倡修。

8. 在旧高淳县南十五里。清乾隆二十七年(1762)茅城刘姓建造。

9. 在旧高淳县相国圩西埂。清道光二十八年(1848)水圮，光绪四年(1878)重建。

10. 在旧高淳县北五里，甘遇霖捐田三亩建。

11. 在旧高淳县东六十里，民国时期废。

12. 在旧六合县治西公廨铺。清康熙十年(1671)创建，雍正六年(1728)僧置淮卫田、沙压田二契，永供香火，有石碣。后废于贼，僧重建。

13. 在旧六合县东十里。里人孙辂建泰安亭，置香火田。

14. 在旧江浦县浦口城内射圃东北。清同治年间(1862—1874)重建，光绪六年(1880)铸大钟。

15. 在旧江浦县板桥巷北，清光绪年间(1875—1908)复建。庵内旧有水龙局，阖民义建。

16. 在旧江浦县西门外爽来关内，余不详。

兹敬寺

梁简文帝萧纲创建。详见“资敬寺”条。

资福寺

在旧都城聚宝门南四十里，弘觉寺东南十五里，江宁县建义乡。明代创建，弘觉寺所领小刹，山门一楹，正佛殿三楹，僧院二房。基址四亩，东至本寺山顶，南至陈家塘，西至本寺官走路，北至寺后山。

资福院

南朝古刹。在旧都城东南十五里，上元县崇礼乡土山侧。详见“东山寺”条。

资敬寺

南朝古刹。梁简文帝萧纲创建，《历朝释氏资鉴》卷四云："梁简文帝委心妙法，遍览玄章，撰《法集》二百卷，《法宝联璧》四百余篇，刺血写《般若》十部，造资敬、报恩二寺。"一作兹敬寺，《法苑珠林》卷一〇〇云："梁太宗简文帝，造兹敬、报恩二寺，刺血自写《般若》十部，撰《集记》二百余卷，《法宝连壁》亦二百余卷。"

资善院

在旧都城聚宝门外三十五里牛首山，今江宁区牛首山文化旅游区内。详见下卷"宏觉寺"条。

资圣院

南朝古刹。在旧都城西南六十里白都山侧，梁武帝萧衍创建，元代呼白都院，后废。

紫草寺

在旧都城聚宝门南一百二十里，三禅寺南十里，东城道德乡。始建于唐代，明初重建，嘉靖年间（1522—1566）募修。三禅寺所领小刹，佛殿三楹，僧院一房。基址十亩，东至石秋坝，南至桑园圃，西至桃洪街，北至铜山。田、地、山共二十三亩九分。

紫霞庵

在旧都城朝阳门外钟山，今玄武区石象路七号钟山风景区内。清代创建。

紫竹禅林

在今秦淮区剪子巷。民国二十六年（1937）春，杨贤清建，一名百岁宫。20世纪50年代初，有尼一人，房十间。

紫竹林

在旧南京跑马巷四号。清同治十年（1871）建，20世纪50年代初，有尼二人，房十一间。

紫竹林庵

在旧南京下河街十八号。清光绪年间(1875—1908)建,20世纪50年代初,有尼二人,房三间二厢。

紫竹林禅院

在旧都城北耆阇山西麓,今鼓楼区紫竹林三号,南京急救中心和南京市血液中心内。始建于东晋,名耆阇寺,又名祇洹寺,山因寺名,曰耆阇山。岁月流转,晋寺久废。明崇祯十七年(1644),禅师颛愚至南京,爱城北静僻,结茅兹山,在耆阇寺旧基重建禅堂、殿寮、静室,自题曰紫竹林。其徒妙明增建,总面积三百余亩,改名紫竹林禅院,有殿堂廊房百余楹,山门之内为弥勒殿、伽蓝殿、大雄宝殿、大悲殿、多宝殿、禅堂等,殿内供奉旃檀金身菩萨、罗汉像七十余尊,殿后为颛愚禅师衣钵爪发塔、普园塔、般若堂、放生所等,里人车万育撰碑记。清康熙六年(1667)知府陈开虞构揽胜阁、共赏亭于山巅,作《紫竹林碑记》。时有旋焕禅师,心慕内典,弃儒入释,礼圆照佛语和尚披剃,历有年所,遂传心印,江南诸护法请住紫竹林,著有《祇园小集》《药师法忏》《清矶集说》《楞严纲旨》《法华提纲》《紫竹集》等书,盛行于世。咸丰年间(1851—1861)寺毁于战火,仅存屋三间。光绪二年(1876)僧悟真重建大殿,民国十一年(1922)僧果成筑院墙长二百余丈,民国十九年(1930)住持圆修、监院悟开新建大殿、厅堂、僧寮三十六间,山门题曰"大紫竹林寺"。抗日战争期间遭破坏,民国三十五年(1946)宽量和尚修。20世纪50年代初,有僧一人,房三十六间,地三十余亩。此后改为南京市传染病医院,殿宇渐遭改建拆毁。2000年初大殿拆除,新建住宅楼,立奠基碑云"南京市第二医院紫竹林禅寺原址复建住宅楼"。旧迹现存六面五级石塔一座,通高逾五米,六面柱体水泥塔基,各立面皆有圆拱假门一扇。每级有六边形石座,承托束腰。覆钵式塔刹,由须弥座、石雕塔檐和盝顶构成。第四级束腰有阴刻楷体文字"传贤首正宗中兴紫竹林堂上第□□代□□□公老和尚之莲座"。又有小石塔一座,六面二级,通高约三米,须弥座,束腰平面阳刻花卉、卷草纹,塔体无碑无字。

自修庵

1. 在今秦淮区小新桥东街。清代创建,民国二十六年(1937)毁,僧蜜圆重建。20世纪50年代初,有尼一人,房三间。

2. 在今秦淮区大百花巷。清同治年间(1862—1874)建,20世纪50年代初,有尼二人,房九间。

3. 在今秦淮区双塘。清同治年间(1862—1874)建,20世纪50年代初,有尼一人,房十三间。

4. 在今秦淮区长乐路长生祠。清同治年间(1862—1874)建,20世纪50年代初,有尼二人,房九间。

自在庵

1. 在今秦淮区养虎仓。20世纪50年代初,有尼一人。

2. 在旧都城西北马鞍山小匡庐,余不详。

祖灯禅林

在旧南京镇江路晚市二十五号。20世纪50年代初,有僧一人,地九亩。

祖师庵

南朝古刹。在今鼓楼区人和街,梁代创建,民国二十三年(1934)重建。20世纪50年代初,有僧一人,房屋十三间,基地一亩余。

祖师殿

在旧江浦县乌江镇北,有祖师铁像。

祖堂寺

在旧都城聚宝门南三十五里祖堂山南麓,今江宁区谷里街道祖堂村寺脚自然村。详见下卷“幽栖寺”条。

最乐院

在旧都城南五里太清里。详见“解脱寺”条。

尊圣讲寺

在旧六合县西北四五都。唐咸通年间(860—874)僧惠辩开建,明洪武元年(1368)僧可宗重建,永乐十五年(1417)并于卧佛寺,嘉靖年间(1522—1566)僧能敬重修。清光绪年间(1875—1908)寺尼重建。

下 卷

（现存）

六合区

大悲禅寺

在旧六合县八百桥镇，今六合区金牛湖街道长山社区董山村。唐咸通年间（860—874）始建，名大悲庵。明代重建，更名地藏禅林。清咸丰八年（1858）毁于战火，同治十一年（1872）僧昌澄复建，有山门殿一间，正殿四间，后殿四间，砌筑围墙，塑立佛像。光绪九年（1883年）改名地藏庵，民国十七年（1928）修葺。“文化大革命”期间毁，2008年重建。2010年7月，国家文化部部长、中国文联主席孙家正题写“大悲禅寺”额。

大悲禅寺占地面积五十亩，整体布局坐北朝南，主要建筑有山门、天王殿、念佛堂、安养院、斋堂、寮舍等，保存民国时期殿宇一座。山门为四柱三门跨街式牌楼，坐北朝南，高约五米，宽约六米。重檐庑殿顶，正脊中部竖棕色二龙戏珠瓷雕。中门额横排“大悲禅寺”四字，蓝底金字，手书行体，落款“孙家正”，附篆体方印。砖砌方柱体门柱，表面铺贴青石片。山门两边连接院墙。

山门后数十米有广场，长宽各约五十米。广场北边天王殿，坐北朝南，重檐歇山顶，螭首鸱吻，背负宝剑。垂脊有角兽，戗脊檐角各有蹲兽二只、仙人一尊。南面两檐之间中部横书“天王殿”三字，蓝底金字，行体阴刻；其左侧和右侧各绘二龙戏珠图，绿底金龙，间以如意祥云。北面两檐之间中部横书“佛光普照”四字，蓝底金字，行体阴刻。题字左侧和右侧各绘二龙戏

大悲禅寺天王殿

珠图，绿底金龙，间以如意祥云。殿宇面阔五间，进深二进，南面中间开拱形殿门一扇，两边开拱形窗各二扇。门额悬挂“大悲禅寺”木匾，蓝底金字，行体手书，落款“孙家正”。门联云：“大肚能容天下难容之事，开颜便笑世上可笑之人。”门前阶基高约一点六米，踏道水泥台阶十四级。北面中间开拱门一扇，两边开拱形窗各二扇，门联云：“因访浮生闲半日，咸修宝地应三洲。”殿中佛坛琉璃龛内，供奉漆金泥塑弥勒菩萨游戏坐莲台像，身后有顶圆光。两庑分列彩绘泥塑四大天王立像。天王殿东边连接二层平顶楼房，僧舍所在，上下层皆面阔三间，进深一进；南面有檐廊，平柱二楹，两端为外伸山墙。天王殿西边连接平房三间，南面中间开门一扇，两边开窗各一扇，厨房及斋堂所在。

广场西边二层楼房一座，坐西朝东，上下层各面阔七间。楼下中间为门厅，门额立“安养院”三字，落款“释净空敬题”，门联云：“看破放下自在随缘念佛，真诚清净平等正觉慈悲。”门厅左右各有三间套房。楼上中间为楼梯，左右各三间套房。上下层东面各有檐廊，方柱体平柱六楹，二角柱各一楹。阶基高约一点二米，东面铺砌水泥台阶十四级。

广场中部置六角五级镀铜铁宝鼎二座，形制相同。攒尖顶，上竖葫芦形宝瓶刹，平檐短角，各角立龙形蹲兽，口衔风铃。鼎口外表面饰莲花一周六朵。鼎颈正面和背面各饰如意轮三只，中间如意轮两翼各连接卷草一束，两边如意轮外侧连接卷草各一束。鼎颈左右侧面如意柄形鼎耳一对，表面饰回字纹。鼎腹上边伏莲一周，叶面内作如意图案；下边嵌半球体一周，共三十枚，球径约三厘米。鼎腹正面横排手体行书“大悲禅寺”四字，孙家正题写，左侧分行竖排上款“佛历二五六〇年　公元二〇一六年”，右侧竖排下款“住持释觉洪”。鼎腹侧面和背面功德芳名。狮首形鼎脚三只。宝鼎东西两旁有形制相同的矩形镀铜铁香炉各一座。庑殿顶，正脊由三层透空菱形铺排而成，螭首鸱吻，上竖葫芦宝瓶顶。平檐翘角，各檐角龙形蹲兽一只，口衔风铃。回字格挂落，蟠龙立柱八根，均分两行立于炉口上截面，支撑檐顶；龙头居于檐柱中部偏下位置，凸出柱体表面，龙身绕檐柱表面上下盘旋展开，间以如意祥云。炉颈正面和背面莲花各五朵，左右侧面如意柄形炉耳一对，表面回字纹。炉腹正面和背面各横排手体行书“大悲禅寺”四字，有孙家正题名和方印，左侧分行竖排上款“佛历二五六〇年　公元二〇一六年”，右侧竖排下款“住持释觉洪”。狮首形炉脚四只，炉脚与炉腹正面及背面底边夹角处，嵌如意边三角形各一块，内有卷叶图案。

广场东北角有简易钟亭，亭内悬挂精铸铁钟一座，高约一点二米，口径约六十厘米。蒲牢钟钮，八波形钟口，波谷上方各有钟月一枚。钟肩伏莲一周，共八瓣，内刻

大悲禅寺大慈庵

如意纹。钟腹上边一字纹二周，其间环铸祥云八朵；下边一字纹二周，其间铸八条天龙，龙首两两相对，形成四组，每组龙首之间铸如意轮一枚，分布于钟腹四面。钟腹正面竖排隶体“大悲禅寺”四字，左侧上方分行竖排“佛历二五五七年公元二零一三年十月初一”等字，其外侧又铸“风调雨顺”四字；右侧上方竖排“国泰民安”四字。钟腹左右侧面全部以及背面的上部和下部为功德芳名，钟腹背面中部一字纹二匝，内有如意祥云。

天王殿北约二十米，有民国时期旧殿一座，坐北朝南，硬山顶，面阔三间。南面中间开门一扇，两边开窗各一扇，门额嵌“大悲庵”汉白玉石匾，行体阳文，上款“民国拾七年三月重修”，下款“白塔岗堡众姓敬献”，匾额四边阴刻回字纹。殿中供奉漆金填红释迦牟尼佛说法像，释迦佛身着通肩袈裟，结跏趺坐，左手横置于右脚上面，掌心朝上，中指和无名指向上卷起；右臂上曲，竖掌胸前，掌心外翻，中指抵拇指，作说法印。殿内东北角供奉漆金填红观音菩萨莲台像，身披天衣，佩戴璎珞，结跏趺坐于莲台上，两手相叠置于腹前，掌心朝上，托底净瓶，瓶口插绿柳枝。西北角供奉漆金填红地藏菩萨莲台像，身着天衣，头戴毗卢冠，结跏趺坐于莲台上，双手叠加置于腹前，掌心朝上，托摩尼宝珠。

旧殿之后有山坡，坡顶筑神殿一座，坐北朝南，单檐歇山顶，螭首鸱吻，背负宝剑。垂脊有角兽，各檐角蹲兽四只、仙人一尊。殿宇面阔三间，进深二进，南面开一门二窗，门联云：“火土济美惠群黎，水木成功崇五祠。”殿中神龛内供奉神像一尊，神龛左右又立神祇数尊。殿基高约一点六米，南面踏道水泥台阶十二级。

神殿之西有念佛堂，坐西朝东，硬山顶平房，月门一扇。念佛堂南山墙连接平房三间，坐西朝东，中间开门一扇，两边各开窗一扇，门联云：“非空非色见如来，无我无人观自在。”门前有檐廊，平柱二楹，二角柱各一楹。

大士禅林

在旧六合县雄州镇滁河西岸渡口村，今六合区雄州街道滁河路跨滁河大桥南侧百余米。相传清乾隆四十七年(1782)，安徽安庆僧人灵慧化缘修建，乾隆五十一年(1786)完工。此后灵慧从渡口乘舟朝拜普陀山，再不肯去观音道场驻锡修持，次年请回一尊铜观音像供养，故名大士庵。光绪年间(1875—1908)复建，有房屋二十余间，田地二十余亩，殿宇二座，前殿供奉弥勒和韦驮，后殿供奉大佛三尊。民国初年修葺，更名大士禅林。抗日战争及解放战争时期衰落，"文化大革命"期间废毁。1999年重建。寺有2000年6月30日所立《重建大士禅林序》碑，其略云："大士禅林有二百多年历史，毁于'文化大革命'，成为废墟。但是民间香火仍不断，佛光普照，地理环境优越，交通方便，是块风水宝地，故重建大士禅林。一九九九年六月组建筹建小组，四方化缘资金。九九年十一月正式动工，全工程至次年六月底基本落成，总投入拾万余元。观音殿、城隍殿由程国祥、张金才施工，庙门、食堂、围墙由金永昌、张金有施工，庙门上'大士禅林'由崔建书写。修复后得到村支部、村委会、雄州镇分管负责人、县宗教办等领导人的批准，于六月六日正式批复。"

现今大士禅林占地面积十五亩，二进三合院结构，整体布局坐北朝南。中轴线有山门、天王殿、大雄宝殿，东厢有佛子殿、观音殿、三圣殿、地藏殿、斋堂、寮房，西厢有法物流通处、往生殿、财神殿、安养院、六合区佛教协会，后院有神殿和新观音殿。山门为四柱三门牌楼，宽约九米，高约八米，两边连接院墙。重檐庑殿顶，平檐翘角，内作斗拱。正脊末端螭首鸱吻，背负宝剑。垂脊有角兽，各檐角蹲兽二只、仙人一尊。南面上檐横梁中部悬挂"大士禅林"木匾，红底金字，行体阳文，右侧分行竖排落款"佛历二五五九年　住持释能修"，匾额四边雕九条金龙及祥云纹。匾额下方开中门，中门两旁开边门各一扇。水泥预制四方体门柱，南面有抱鼓石，鼓面作莲瓣图案。门前踏道石阶三级，门旁石狮一对。

大士禅林山门

山门之内有过院，过院东边和西边立石雕护栏，北边天王殿。天王殿坐北朝南，单檐歇山顶，螭首鸱吻，垂脊有角兽，各檐角蹲兽四只、仙人一尊。殿宇面阔三间，进深三进，南面和北面中间各开殿门一扇，两边各开月窗一扇。南面殿门上额悬挂“天王殿”木匾，红底金字，行体阳文，落款“佛历二五五八年　住持能修”，匾沿雕九条金龙，间以五彩祥云。殿中木龛内供奉漆金泥塑弥勒菩萨游戏坐莲台像，两庑山墙前分列彩绘泥塑四大天王坐像。

天王殿后为庭院，东西长约四十米，南北长约五十米。院中置矩形铁香炉一座，重檐庑殿顶，正脊由三层透空菱形铺排而成，中竖葫芦形宝瓶，宝瓶上下球面各作一枚镂空铜钱图案，卷草形鸱吻。平檐短角，各檐角立龙形蹲兽一只，口衔风铃。两檐之间，正面和背面各设拱门五扇。蟠龙檐柱八根，均分两行立于炉口上截面，支撑下檐；龙首位于檐柱上部，凸出柱体之外，龙身沿柱体盘曲而下。炉颈正面和背面外表饰回字纹，左右侧面乙字形炉耳一对，表面回字纹。炉腹正立面中部横排魏体“大士禅林”四字，左侧分行竖排上款“公元二〇一〇年　佛历为五五四年”，右侧分行竖排下款“住持释能修　监院释法强”。炉腹正面和背面下边，各缀镂空卷草二束。狮首形炉脚四只。

庭院北边有月台，高约一点八米，平面呈长方形，东、西、北三边及南边两翼立石雕护栏。南面中部铺设石阶十一级，两边立石雕扶栏，与月台护栏相接。石阶中部铺砌长方形游龙祥云石面浮雕一块，起于石阶底层，止于石阶顶层。石阶前，立石狮一对，碑石二座。东侧石碑刻《般若波罗蜜多心经》全文，碑额正面中部刻一“佛”字，两旁各作一条游龙，游龙上方有如意祥云。碑体下方有龟趺基座。西侧碑刻为《重建大士禅林》碑，二〇一〇年农历六月十三日立，碑额正面雕二龙戏珠，碑体下方有龟趺基座。碑文略云：“二〇〇五年八月释能修大师主持大士禅林，十方信众及大德护法居士捐资，建斋堂、寮房。二〇〇六年建大殿，树释迦大佛、文殊师利菩萨、普贤菩萨、十八罗汉、五百罗汉等。”

月台中部置六角一级铁宝鼎一座，攒尖顶，上竖葫芦形宝瓶刹，上下球面各作一枚镂空铜线图案。平檐短角，各角立龙形蹲兽一只，口衔风铃。蟠龙檐柱四根，呈对角立于鼎口上截面，支撑檐顶；龙头在下，龙尾在下，皆凸出柱体表面。鼎口外表面铸“寿”字一周，共十八枚。鼎颈外表面回字纹一周，左右侧面如意柄形鼎耳一对，表面回字纹。鼎腹正面中部分行横排魏体“南京市　大士禅林”七字，左侧分行竖排上款“公元二零一五年　佛历二五五九年”，右侧分行竖排下款“住持能修　监院法强”。鼎腹背面作二龙戏珠图。鼎腹下部一字纹二周，其间镶半球体三十枚，球径约二厘米。狮首形鼎脚三只。

大雄宝殿在月台北边，坐北朝南，重檐歇山式，正脊中部竖宝瓶顶，螭首鸱吻，背

大士禅林大雄宝殿

负宝剑。垂脊和戗脊各有角兽,各檐角蹲兽四只、仙人一尊。南面下檐横梁中部悬挂"大雄宝殿"木匾,红底金字,繁体阳文,落款"佛历二五五八年　住持能修",匾沿雕金龙九条,间以彩色祥云。大殿面阔五间,进深三进,南面有檐廊,平柱四楹,二角柱各一楹。殿宇南面中部开殿门三扇,每扇殿门由六扇雕花木门排列而成,共计十八扇。殿门两边开月窗各一扇。西月窗下,外墙面嵌石刻一方,其文云:"大士禅林乃六合著名古刹,因多种原因而毁,终于在江苏省南京市六合区民族宗教事务局及六合经济开发区大力支持下,在综治办主任张金生、在维稳办主任梁峰全力帮助下,在主持释能修法师带领下,于二〇〇六年十月二十六日破土动工启建大雄宝殿,至二〇〇七年十月二十七日圆满竣工。公元二〇〇八年十月立。"大殿北面开殿门一扇。殿中佛坛上供奉贴金释迦牟尼佛说法像,2011年11月20日开光。释迦佛身着通肩袈裟,胸嵌万字符,结跏趺坐于莲台上。左手仰于右脚上面,指尖朝前,中指和无名指向上翘起;右臂上曲,立掌胸前,掌心外翻,以中指抵拇指,作说法印。身后有顶圆光和大背光,光晕中镂七条金龙和五彩祥云。迦叶、阿难侍立两胁。佛坛背面供奉漆金彩绘海岛观音像,观音菩萨顶戴阿弥陀佛,身着天衣,腰系罗裙,赤足立于红色鳌头之上。左手握铁灰色净瓶于左胯前,掌心向上,净瓶口朝前下方倾斜,作洒水状;右臂上曲,手掌立于右胸前,掌心外翻,中指和无名指向下弯曲,其余三指自然上竖,作说法印。善财童子、龙女分立两侧。观音塑像背后有影壁,壁面彩绘泥塑海岛观音应身。殿内东北角供奉漆金彩绘文殊菩萨左舒坐青狮座像,右手托碧如意,左手作说法印;西北角供奉漆金填红普贤菩萨右舒坐六牙白象座像,左手持红莲花,右手作说法印。西南角法鼓一架;东南角铜钟一座,高约一点五米,口径约一米。蒲牢钟钮,八波形钟口,波谷上方铸钟月四枚,间隔分布,钟体四面各一枚。钟肩伏莲一周八瓣,莲瓣内作如意纹。钟腹上边回字纹一周,下边万字符一周。钟腹正立面横排魏体"南京"二字,其下竖排魏体"大士禅林"四字,左侧竖排上款"佛历二五五一年　公元二〇〇七年",右侧竖排下款"住

持僧　释能修”。钟腹左右侧面全部和背面上部皆为功德芳名，背面下部龙二条，龙首相对。大殿两庑山墙上部嵌彩绘泥塑五百罗汉像，山墙下部分列彩绘泥塑十八罗汉坐像。

大士禅林东厢房

庭院东边二层楼房一座，坐东朝西，北起大雄宝殿东侧，南抵山门东侧院墙，长约七十米。单檐歇山顶，螭首鸱吻，背负宝剑。垂脊有角兽，各檐角蹲兽四只、仙人一尊。西面有檐廊，上下层檐廊平柱各十一楹，各角柱一楹。檐廊南端及中部偏北位置各有石阶楼梯。楼房上下层面阔各十二间，进深二进。楼上北首三间为三圣殿，中间开殿门一扇，两边开窗各一扇。门额悬挂“三圣殿”木匾，红底金字，行体阳文，落款“佛历二五五九年　住持释能修”，匾额四边浮雕金色卷草。殿中供奉漆金填红弥陀三尊像，阿弥陀佛接引像居中，身着通肩袈裟，胸嵌万字符，赤足立于莲台上。左手托金莲花，平端于胸前，右臂下垂，掌心外翻，指尖向地，作与愿印。观音菩萨居左侧，顶戴阿弥陀佛，身着天衣，腰系罗裙，胸配璎珞，赤足立于莲台上。左手持甘露瓶于腹前，掌心向上，瓶口朝前下方倾斜，作洒水状；右臂上曲，手拈柳枝置于右胸前。大势至菩萨居右侧，顶戴净瓶，身着天衣，腰系罗裙，胸配璎珞，双手捧白莲花斜置胸前。三圣殿南侧三间为观音殿，中间开殿门一扇，两边开窗各一扇。门额悬挂“观音殿”木匾，形制同于三圣殿匾。殿内供奉彩绘泥塑送子观音坐像三尊。观音殿南侧三间为佛子殿，中间开殿门一扇，两边开窗各一扇。门额悬挂“佛子殿”木匾，形制亦同于三圣殿匾。殿中供奉彩绘泥塑观音立像七尊。佛子殿南侧三间为辅助用房。楼下北首四间辅助用房，其南侧一间为地藏殿，位于观音殿正下方，门额悬挂“地藏殿”木匾。殿中供奉漆金填红地藏菩萨像，头戴毗卢冠，身披法衣，结跏趺坐于莲台上。右掌压左掌置于腹前，掌心向上，托摩尼珠，闵公、道明和尚分立左右。地藏殿南侧斋堂四间，位于佛子殿下方。斋堂南侧三间为辅助用房。

庭院西边二层楼房一座，坐西朝东，北起大雄宝殿西侧，南至天王殿西侧，复接平房三间，抵于山门西侧院墙，总长约七十米。硬山顶带马头墙，东面有檐廊，上下层檐廊平柱各九楹，各角柱一楹。每层各面阔九间，进深二进，另有楼梯一间。楼上为安养院,老年居士净修颐养之所。楼下北首为六合区佛教协会驻地,其南侧往生殿,其次财神殿,其次法物流通处。

大雄宝殿之后有北院,北院东南角二层楼房一座,坐北朝南。单檐歇山顶,螭首鸱吻,垂脊有角兽,各檐角蹲兽四只、仙人一尊。上下层各面阔三间,进深一进。南面有檐廊,每层平柱各二楹,各角柱一楹。楼上中间门额悬挂“观音殿”木匾,红底金字,行体阳文,落款“佛历二五五九年　住持释能修”,匾额四边浮雕金色卷草。殿内供奉漆金填红观音像一尊,身披天衣,腰系罗裙,胸配璎珞,结跏趺坐于莲台上。右掌压左掌置于腹前,掌心托净瓶,瓶口朝上,善财童子、龙女侍立两胁。观音殿左右各有神殿一间,供奉神像。楼下中间供奉神祇,左右间各为辅助用房。

广佛寺

在旧六合县北四五都。本名北广佛寺,一名北广福寺,梁天监年间(502—519)创建,明洪武元年(1368)僧胜全重建,正德二年(1507)僧会列、嘉靖九年(1530)僧净朗各有增修。明末清初为四进四合院,占地三百亩,有天王殿、大雄宝殿、观音殿、地藏殿、钟楼、藏经楼以及云房、客房十余间。后毁于战火,邑人侯、陈、穆、张、蔡五姓在遗址上重建房屋数间。2005年4月,经南京市人民政府民族宗教事务局批准,徙建于六合区竹镇龙泉村原龙泉寺遗址东侧,今六合区竹镇镇送驾村龙泉自然村。

新广佛寺占地五十亩,现有佛殿一座,平房五间。佛殿坐南朝北,单檐歇山顶,螭首鸱吻,背负宝剑。垂脊和戗脊各有角兽,各檐角蹲兽六只、仙人一尊。转角铺作处各有一只龙头,龙首朝外,口衔风铃。殿宇面阔五间,进深三进。南面开拱门三扇,殿门两边开月窗各一扇。中门上额嵌“广佛寺”石匾,楷体横排,金字阴刻。寺门外立《功德碑》一块,碑文略云:“为弘扬佛法,教育人民‘诸恶莫作,众善奉行’,振兴我西北山区经济文化,创建和谐社会,二零零五年十一月二十一日,市民族宗教事务局批准重建竹镇广佛寺为佛教固定处所。位于龙泉村凉帽山下,由僧人释

广佛寺

隆慈发心，龙泉村广大干群无偿奉献五十亩山地，十方居士及广大善男信女增广佛田，广结佛缘，从二零零六年六月廿六日开工打井，修路通电，平整山地，二零零九年二月廿八日开光，历时二年八个月，一期工程天王殿业已竣工，建筑面积约四百平方，耗资一百一十万元。”佛殿北面殿门三扇，东面和西面各开窗二扇。殿基高出地表约一点六米，南面铺设水泥台阶十级。

殿中佛坛上供奉漆金泥塑释迦牟尼佛跏趺莲台像，迦叶、阿难分侍两侧。佛坛背面供奉漆金填红泥塑海岛观音像，观音菩萨顶戴阿弥陀佛，身披天衣，腰系罗裙，赤足立于鳌头之上。左掌托青花瓷净瓶置于腹前，瓶口朝上；右臂上曲，高与胸齐，掌心外翻，手持柳枝。殿内东北角供奉漆金香王观音像一尊，观音菩萨结跏趺坐于莲台上，右掌压左掌，掌心捧香炉于腹前。东南角悬铜钟一座，高约一点五米，口径约六十五厘米。蒲牢钟钮，八波形钟口，波谷上方各铸一枚钟月。钟肩伏莲一周八瓣。钟腹上边回字纹一周，下边万字符一周。钟腹正面中部横排隶体“六合”二字，其下竖排隶体“广福寺”三字；左边分行竖排上款“佛历二五五六年六月十九日　公元二〇一二年八月六日”，右边竖排下款“住持隆慈监制”。上款左侧竖排隶体“风调雨顺”“国泰民安”八字，下款右侧竖排隶体“佛日增辉”“法论常转”八字。钟腹左侧面功德芳名，右侧面及背面刻铭文云：“竹镇广福寺，始建于南朝梁武帝时期，公元五〇二年。历史上曾由僧人胜全、会列、净朗先后在1368年、1507年和1530年对寺庙进行过修缮和扩建，后毁于日军战火。抗战胜利后，地方乡绅侯、陈、穆、张、蔡等五庙主出资草建几间屋，供人进香礼佛。僧人隆喜、福德、郑慈等人在此清修。2005年11月23日，南京市宗教局根据地方政府和广大人民要求，同意释隆慈法师在龙泉村龙王台下重建广福寺，2006年6月23日动工，2009年2月28日建成。为保地方国泰民安，风调雨顺，今造铜钟一口，造福子孙，合家平安。”殿内西庑山墙前供奉漆金泥塑地藏菩萨像二尊：一尊云游像，身着通肩袈裟，光头赤脚立于莲台上，右手杵锡杖，左手托摩尼珠横置腹前；另一尊莲台像，头戴毗卢冠，身着红色右袒肩袈裟，结跏趺坐于莲台上，右手持锡杖，左手托摩尼宝珠于腹前。东庑山墙前有彩绘泥塑韦驮像一尊、漆金泥塑弥勒菩萨游戏坐莲台像一尊。殿内塑像本为东镇庵旧物，2002年4月东镇庵拆毁，几经辗转奉安于广佛寺。

佛殿前有空场，空场东边悬山顶平房一区，斋堂及客堂所在。坐东朝西，面阔五间，进深一进；西面有檐廊，平柱四楹，两端为外伸山墙。阶基高约四十厘米，西面铺设水泥台阶三级。

金光禅寺

在旧六合县八百桥镇金牛山，今六合区金牛湖街道南京金牛湖风景区内。本为太山行宫圣母院，明万历年间（1573—1620）建造，院落五进，房屋九十九间半。清光绪年间（1875—1908）重建山门殿、大雄宝殿，更名观音禅院，亦名金牛山寺。以寺内所供观音圣像灵验异常故，俗呼观音堂。抗日战争时期遭破坏，“文化大革命”期间大雄宝殿及山门殿移作他用，其余皆毁。1998年3月，信众自发修建殿宇两座，房屋十余间。2008年10月，政府批准重建，更名金光禅寺。2008年10月16日破土奠基，2009年8月2日大雄宝殿上梁，2014年4月19日上午八时半，举行金光禅寺落成暨全堂佛像开光仪式。

金光禅寺居于金牛山巅，顺山脊走势坐西朝东，三进三合院结构，四字形布局。中轴线上山门、天王殿、大雄宝殿、观音殿，南翼有斋堂、鼓楼、达摩殿、念佛堂，北翼有法物流通处、钟楼、客堂、般若堂等，占地面积三千多平方米。山门为四柱三门牌楼，两边连接院墙。重檐庑殿顶，螭首鸱吻，背负宝剑。飞檐斗拱，无角兽及蹲兽。四方体水泥门柱，表面铺贴灰色瓷砖。中门上额悬挂“金光禅寺”木匾，蓝底金字，篆体阳刻，落款“言恭达”。匾面饰莲花祥云纹，四边雕金色卷草，上边和下边正中位置又各作金莲花一朵，匾额四角各雕金蝙蝠一只。门联云：“佛光普照三千界，法水长流五大洲。”上款“佛历二五五四年岁次庚寅花月吉旦”，下款“老衲慧光书”。中门背面上额悬挂“不二法门”木匾，红底金字，行体阴刻。中门两侧有边门各一扇，门前石狮一对。山门前石阶八级，石阶北侧青石碑一块，分行阴刻“南京市六合区文物保护单位　金牛山寺遗址　南京市六合区人民政府　二〇一三年九月二十四日公布　二〇一三年十月立”等字。

金光禅寺山门

山门内为广场，南北长约四十五米，东西长约六十米，青条石地面。广场中部有放生池，平面呈莲瓣形，瓣尖朝东，正对山门。池边环立石雕护栏，池中立漆金石雕滴水观音像，顶戴阿弥陀佛，身着天衣，胸配瓔珞，腰系罗裙，赤足立于莲台上。左手握净瓶于腹前，掌心朝上，瓶口向前下方倾斜，作洒水状；右臂上曲，竖掌胸前，掌心外翻，中指和无名指向前弯曲，其余三指上竖，作说法印。放生池水与莲台上沿平齐，观音雕像水面高度约二点五米。放生池前有矩形铁香炉一座，庑殿顶，螭首鸱吻，正脊由三层透空菱形垒砌而成，上竖葫芦形宝瓶，宝瓶上下球面各作二枚铜钱并列图案。檐角立龙形蹲兽，口衔风铃。回字格挂落，蟠龙檐柱八根，均分两行，立于炉口上截面，支撑檐顶；龙头位于檐柱中部，凸出柱体表面，龙身沿柱体上下盘旋展开。炉颈正面及背面外表各铸莲花五朵，左右侧面如意柄形炉耳一对，表面回字纹。炉腹正面中部横排繁体隶书“金光禅寺”四字，左边分行竖排上款“佛历二五五八年　岁次甲午之春”，右边竖排下款“住持道生募造”，附功德芳名。炉腹背面刻《般若波罗蜜多心经》全文。狮首形炉脚四只，与炉腹正面及背面底边的夹角处，各嵌三角形卷草。放生池之后，亦有铁香炉一座，与池前香炉形制相同。

金光禅寺观音塑像

广场南边悬山顶平房一区，坐南朝北，北面有檐廊，平柱六楹，二角柱各一楹。房屋面阔七间，进深一进，每间北面开木门二扇。长寿素斋面馆在其中，堂屋门额悬挂“五观堂”匾，住持道生题写。堂内墙面悬挂释迦牟尼佛画像一幅，对联云：“念佛追谁参上觉，修真养性悟禅机。”广场北边悬山顶平房一区，坐北朝南，与南边房屋规制相同，位置对称。中有法物流通处、请香烛处。广场西边为月台，台基高约一米，东面铺砌石阶六级。月台上面南边和北边有悬山顶平房各二间，南北朝向，形制相同，位置对称，南房无匾额，北房额曰“松隐山房”。月台西边为天王殿，坐西朝东，单檐歇山顶，螭首鸱吻。垂脊末端各立釉瓷法像一尊，戗脊末端各立角兽一只，各檐角蹲兽四只、仙人一尊。阶基高约一米，东面有踏道石阶六级。殿宇面阔三间，进深二进。东面中间开拱门一扇，殿门左右开月窗各一扇。门额悬挂“天王殿”木匾，黑底金字，行体阴刻，匾面饰回字暗纹，四边雕九条金龙。门联云：“若有见闻者愿发菩提心，福聚海无量是故应顶礼。”落款“启功敬书”。殿宇西面中间开门一扇，两边方窗各一扇。殿中佛坛上供奉漆金大肚弥勒菩萨游戏坐莲台像，身后有火焰形顶圆光，两庑分列彩绘泥塑四大天王立像。

出天王殿后门有庭院，平面呈正方形，边长约四十五米。院中矗立六角七级铁宝鼎一座，攒尖顶，上竖葫芦形宝瓶刹。平檐短角，各檐角立金龙一条，口衔风铃。鼎颈正面和背面外表各铸二龙戏珠图，左右侧面作如意柄形鼎耳一对，表面回字纹。鼎腹正面横排隶体“金光禅寺”四字，左侧分行竖排上款“佛历二五五九年　公元二〇一五年乙未春立”，右侧竖排下款“释道生　妙平敬立”。鼎腹下边嵌半球体一周，三十二枚，球径约二厘米。狮首形鼎脚三只。宝鼎之下有圆柱体须弥座，下枋立面雕波浪纹，下枭伏莲一周，束腰浮雕莲花、法论、如意结等，上枭仰莲一周，上枋外立面浮雕游龙，素平。

庭院南边鼓楼，坐南朝北，重檐歇山顶，螭首鸱吻。垂脊末端立法像，戗脊末端有角兽，各檐角蹲兽四只、仙人一尊。北面两檐之间悬挂“鼓楼”木匾，檐下拱门一扇，门前石阶六级。楼内供奉漆金填红观音像一尊，身披天衣，结跏趺坐于莲台上，右掌压左掌置于腹前，掌心托净瓶，瓶口朝上，善财童子、龙女侍立两胁。鼓楼西侧有达摩殿，悬山顶平房，坐南朝北，北面有檐廊，平柱四楹，二角柱各一楹。殿宇面阔五间，进深二进，北面中间开门一扇，两边开方窗各二扇。阶基高约三十厘米，踏道石阶二级。殿中木龛内供奉漆金达摩立像，龛联云：“一念放下，万般自在。”

庭院北边钟楼，坐北朝南，形制同于鼓楼，位置对称。南面两檐之间悬挂“钟楼”木匾，檐下拱门一扇，门前石阶六级。楼内供奉漆金填红地藏菩萨像，头戴毗卢冠，身着天衣，结跏趺坐于莲台上。右掌压左掌置于腹前，掌心托摩尼珠，闵公、道明立侍两胁。钟楼西侧有客堂，悬山顶平房，坐北朝南，与达摩殿规制相同，位置对称。堂内供奉关公像，又有小琉璃龛一座，供奉汉白玉滴水观音立像，龛额横排“正法眼藏”四字，龛联云：“愿行功德所庄严，喜舍慈悲皆具足。”

庭院西边有平台，高约二米，东面铺砌石阶十二级，两侧立石雕护栏。大雄宝殿在平台上，坐西朝东，重檐歇山顶，正脊用小方砖垒砌五层透空菱形排列而成，螭首鸱吻。垂脊和戗脊各立角兽，各檐角蹲兽四只、仙人一尊。东面上檐横梁中部悬挂“大雄宝殿”木匾，红底金字，行体阴刻，匾沿雕九条金龙。殿宇东面有檐廊，平柱六楹，二角柱各一楹，柱下各有腰鼓形柱础石。楹联一副，云：“雄州腾正气慈悲象佛与神明，大野浴清风天地凭谁同造化。”阶基高约四十厘米，踏道石阶三级。大殿面阔七间，进深三进。东面开殿门三扇，殿门两侧开方窗各二扇。中门对联云：“金山金水金碧重辉开胜境，光天光地光明普照佑苍生。”殿内有影壁，高约三米，宽约五米。影壁东面佛坛上供奉漆金填红释迦牟尼佛说法像，身着通肩袈裟，胸嵌万字符，结跏趺坐于莲台上。左掌覆于左膝上面，指尖朝前，右臂上曲，竖掌胸前，掌心外翻，中指

金光禅寺大雄宝殿

和无名指向下弯曲，作说法印。身后有举身光，迦叶、阿难侍立两胁。坛联云：“雷音浩荡劫波尽笑看花开花落，法相庄严觉路遥静观月缺月圆。”影壁背面彩绘释迦牟尼佛画像，画像上方悬挂“度一切苦厄”木匾，画像两旁对联二副，其一云：“将此深心奉尘刹，是则名为报佛恩。”其二云：“翠竹黄叶皆佛性，清池皓月照禅心。”画像前供案一座，供奉漆金填红杨柳观音像一尊。殿内西北角供奉文殊菩萨左舒坐青狮座像，西南角供奉普贤菩萨右舒坐六牙白象座像，东北角铜钟一座，东南角法鼓一面，两庑分列十八罗汉金身立像。大殿西面开殿门一扇，门联二幅，其一云：“烟云清净尘无迹，水月空虚性自明。”其二云：“慧灯明性法华妙相，晨钟醒梦暮鼓参禅。”

大雄宝殿后有院落，院落南边悬山顶二层楼房一座，坐南朝北，上下层皆面阔三间，进深三进。楼上北面窗户三扇，楼下北面中间开门一扇，额曰“念佛堂”，门两侧开窗各一扇。门前阶基高约四十厘米，踏道石阶三级。念佛堂中供奉漆金填红释迦牟尼佛禅定像一尊，两翼辅以神像数尊。院落北边悬山顶二层楼房一座，坐北朝南，规制与南楼相同，位置对称，门额悬挂“般若堂”木匾。

院落西边观音殿，坐西朝东，单檐歇山顶，鸱吻向上弯曲，形似牛角。垂脊和戗脊各有角兽，各檐角蹲兽四只、仙人一尊。殿宇面阔五间，进深三进。东面开三门二窗，中门上额悬挂“观音堂”木匾，蓝底金字，行体阴刻。匾面散缀金色山水祥云，四边雕九条金龙。门联云：“宝华盛妙色，净戒为涂香。”殿基高出地表约六十厘米，门前踏道石阶四级。殿中木龛内供奉彩绘泥塑送子观音像，五束发髻，顶戴阿弥陀佛坐像，身披天衣，胸配璎珞，腰系罗裙，结跏趺坐于莲台上。左臂抱童子于胸前，右手横置腹前，掌心向上。龛联云：“上界无私看生生不息河分麟凤，人间有爱喜代代相传全靠儿孙。”上款“章节先生撰联”，下款“己丑年春月书于金陵　三宝弟子洪岚”。两庑山前各列六尊漆金泥塑观音菩萨应身像。

灵岩禅寺

在旧六合县东十五里灵岩山，今六合区雄州街道半山寺村玛瑙涧路。灵岩山高二十丈，周十九里，山无锐峰，岩峦层耸。山西偏有偃月岩，两石相迭，悬立欲落，岩际常有灵瑞。唐咸通年间(860—874)，神建禅师受法于四祖，得授“逢岩即止”禅机，遂创寺于灵岩山偃月岩，建筑禅义法庭、无梁殿、观音殿等，叔孙矩有《灵岩寺碑》记其事。明洪武二年(1369)彝和尚重建，徙于山南之腰，又名半山寺。正德十六年(1521)僧成祖修，嘉靖年间(1522—1566)京兆佐刘愻、知县史朝富增建梓潼观，万历年间(1573—1620)重修。崇祯元年(1628)，生员厉振岳以金碧蚀于风雨，神像没于苔纹，募赀重建山门三楹，大殿三楹，罗汉堂一楹，无梁殿一楹，列植古银杏树数株于山门外。清咸丰八年(1858)寺坏于贼，仅存殿宇三间，僧寮数区。抗日战争时期尽毁于日军炮火。2002年5月六合区人民政府批准在旧址复建，2003年初动工，2008年9月主体建筑完竣，此后历年陆续增建。现今灵岩禅寺占地面积约三千平方米，整体布局坐北朝南，中轴线有天王殿、大雄宝殿、观音殿，两翼有钟楼、鼓楼、地藏殿、卧佛殿，另有僧寮等配套设施。

灵岩禅寺天王殿

天王殿坐北朝南，门前石墀一层三十二级，两侧石雕护栏。石墀中间铺砌龙凤呈祥浮雕，龙居上，凤在下，底边海波纹。浮雕平面呈长方形，起于石墀底层，止于石墀顶端。石墀之上复有踏道石阶十级至于殿门。天王殿单檐歇山顶，正脊中部竖二龙戏珠瓷雕，螭首鸱吻，背负宝剑。垂脊有角兽，戗脊蹲兽四只、仙人一尊。殿宇面阔三间，进深二进，南面中间开拱形殿门一扇，殿门两侧开拱窗各一扇。殿门上额悬挂“灵岩禅寺”木匾，黑底金字，繁体阳文，上款“丙戌七月”，下款“慧深”，匾额四边雕九龙图案。门联云：“大肚能容天下事，笑口看破古今情。”殿宇北面亦开拱形一门二窗，门联云：“智慧无边不可说，光明照世为所归。”殿中佛坛供奉漆金填红大肚弥勒菩萨游戏坐莲台像，左腿单盘，右腿上曲，右脚掌置于莲台上面。左手握布袋置于左膝前，拳眼朝上，拳心向右；右手持念珠覆于右膝上，掌心朝下，指尖向前。身后有顶圆光，光焰中雕二条金龙及如意祥云。佛坛背面立韦陀菩萨金身像。殿内两庑分列彩绘泥塑四大天王立像。

出天王殿后门，路分三径。自中路登石阶二十三级有过场，过场东边钟楼，坐东朝西，歇山顶，螭首鸱吻，垂脊有角兽，飞檐翘角，内作斗拱，檐角无蹲兽。楼上四面透空，立檐柱总数十六根，其中四角柱各三根，支撑檐顶，相邻角柱之间以石雕围栏连接；檐内另有柱四根，对角而立，支撑大钟一座。西面横梁中部悬挂“钟楼”木匾，绿底金字，繁体阳文，匾额边沿雕金龙五条。楼下四面砖墙，西面开拱门一扇，其余三面各开拱形窗一扇，楼内供神祇一尊。过场西边鼓楼，与钟楼形制相同，位置对称。楼上法鼓一架，东面横梁中部悬挂“鼓楼”木匾，绿底金字，繁体阳文，匾沿雕金龙五条。楼下为法物流通处。

过场北边登石阶七级至广场。广场东西边长约六十米，南北边长约二十五米，平面呈长方形。广场中部置矩形二层铁香炉一座，庑殿顶，正脊由三层透空菱形铺排而成，上竖葫芦形宝瓶顶，宝瓶上下球面各作透空二枚铜钱并列图案，螭首鸱吻。平檐短角，各檐角龙形蹲兽一只，口衔风铃。平座外挑，四边围立护栏，正面及背面各作拱门十一扇，左右侧面各作门三扇。下檐内回字格挂落，蟠龙檐柱八根，均分前后两行，立于炉口上截面，支撑檐顶。龙头居于檐柱中部偏下位置，凸出柱体表面，龙体沿柱表盘旋而上。炉颈正面和背面各铸莲花八朵，左右侧面乙字形炉耳一对，表面回字纹。炉腹正面横排隶书繁体“灵岩禅寺”四字，左侧分行竖排上款“佛历二五五〇年　公元二〇〇六年”，下款字迹漫漶。狮首形炉脚四只，炉脚与炉腹正面和背面底边夹角处，嵌三角形如意，如意表面铸卷草纹。

广场北边大雄宝殿，坐北朝南，重檐歇山顶，平檐翘角，内作斗拱。正脊南面和北面皆铺贴莲花、卷草等瓷质砖雕，螭首鸱吻。垂脊和戗脊各有角兽，各檐角蹲兽四只、仙人一尊。南面上檐横梁中部悬挂“大雄宝殿”木匾，黑底金字，行书阳文，落款“赵朴初”，匾额四边雕九条金龙。大殿东、南、西三面有檐廊，南面平柱六楹，东面和西面各平柱三

灵岩禅寺大雄宝殿

楹，四角柱各一楹。阶基高约一点八米，南面铺砌踏道石阶十一级。石阶中部嵌正方形石雕一块，盘龙一条中居，周边散缀如意祥云。殿宇面阔五间，进深三进，南面开殿门三扇，殿门两侧各开窗一扇。门联云："灵岩龙象六和辉光听经玛瑙幻花雨，禅寺菩提三乘导觉得道色身入祇园。"大殿北面中间开门一扇，两边开拱形窗各二扇，门外石阶三级。殿中佛坛供奉漆金填红三宝佛金身像，诸佛身着通肩袈裟，胸嵌万字符，结跏趺坐于莲台上，身后有大背光，光焰中镂空金龙祥云图案。释迦牟尼佛居中，右臂上曲，掌心外翻，指尖朝上，施无畏印；左手置于左腿上面，掌心朝上，指尖向前，作与愿印。药师佛居左侧，右手托七级宝塔置于腹前，左臂上曲，掌心外翻，指尖向上。阿弥陀佛居右侧，左手托金莲台于腹前，右手置于右膝上面，掌心朝上，指尖向前。龛联云："佛法无边普渡十方众生，众生有情礼敬三世诸佛。"佛坛背面供奉漆金填红海岛观音像，观音菩萨顶戴阿弥陀佛，身着天衣，赤足赤立鳌头。右臂上抬，高与腰齐，手握净瓶，掌心朝上，瓶口前倾，净水倾注海面；左臂上曲，立掌胸前，掌心外翻，中指和无名指向下弯曲，其余三指向上竖立，作说法印，善财童子、龙女侍立两侧。海岛观音背后壁面作彩绘泥塑海岛观音应身像。大殿东北角供奉漆金填红文殊菩萨左舒坐青狮座像，双手持如意斜置胸前；西北角供奉漆金填红普贤菩萨右舒坐六牙白象座像，双手持金莲花斜置胸前。两庑山墙前垒砌石台，其上分列十八罗汉金身坐像。

广场西边地藏殿，坐西朝东，重檐歇山顶，平檐翘角，内作斗拱。正脊中部竖五级宝瓶，螭首鸱吻。垂脊立角兽，各檐角蹲兽四只、仙人一尊。东面有檐廊，平柱六楹，二角柱各一楹；阶基高约七十厘米，踏道石阶五级。殿宇面阔七间，进深四进。东面中部开殿门三扇，两边各开窗二扇。中门对联云："地狱未空誓不成佛，众生度尽方证菩提。"门额上方两檐之间悬挂"地藏殿"木匾，黑体金字，行书阳文，匾沿雕九龙图案。地藏殿西面中间开殿门一扇，两边各开拱形窗户一扇。殿中石坛上供奉漆金填红一体三面地藏菩萨像，剃发圆顶，身披法衣，赤足立于莲台上。左手托摩尼珠平端胸前，右

灵岩禅寺地藏殿

臂上曲，手握锡杖，杖尾着于莲台上面。闵公、道明和尚分立左右。坛联云："明珠照彻天堂路，锡杖振开地狱门。"两庑山墙嵌橱窗，窗内排列彩绘泥塑诸神像，窗前分立彩绘泥塑黑白无常及牛头马面立像，体现佛道合一风格。广场东边卧佛殿，坐东朝西，与地藏殿形制相同，位置对称，目前土建竣工，装修未启。殿中供奉漆金填红释迦牟尼佛吉祥卧佛像一尊，头北脚南，面西侧卧，左臂置于身体左侧上面，右肘撑榻，掌托后颐，双眼微睁，神态安详宁静。

大雄宝殿之后有过院，院中置六角一级铁宝鼎一座，攒尖顶，上竖葫芦形宝瓶刹，宝瓶上下球面各作二枚铜钱并列图案。平檐短角，龙形蹲兽，口衔风铃。蟠龙檐柱六根，等边距立于鼎口上截面，支撑檐顶。龙头在柱体中部偏下，凸出柱体表面，龙体绕檐柱沿上下方向盘旋展开。鼎颈左右侧面铸如意柄形鼎耳一对，表面回字纹。鼎腹上边如意一周，下边回字纹一周。鼎腹正面横排繁体行书"灵岩禅寺"四字，落款"公元二〇〇五年　佛历二五四九年"。鼎腹背面作二龙戏珠图。狮首形鼎脚三只。

过院北边观音阁，坐北朝南，单檐歇山顶二层楼房，平檐短角，内作斗拱。螭首鸱吻，垂脊和戗脊各有角兽一只，各檐角蹲兽三只、仙人一尊。南面檐下悬挂"观音阁"木匾，黑底金字，行书阴刻。楼上面阔五间，进深四进，南面开门五扇，东面和西面各开门二扇。东、西、南三边平座外挑，边沿围以石雕护栏。平座正下方有盝式檐顶，顶下南面有檐廊，平柱六楹，二角柱各一楹，东西两面檐廊各平柱二楹。一楼面阔五间，进深四进，南面中部开门三扇，两边开窗各一扇。阶基高约六十厘米，南面铺砌踏道石阶五级。殿中供奉一体三面观音金身像，观音菩萨顶戴阿弥陀佛，身着天衣，胸饰璎珞，腰系罗裙，立于石雕莲台上，身后有顶圆光。正面观音双手持念珠于腹前；左面观音右手抱婴儿于腹前，左手抚儿头顶；右面观音左手托净瓶于腹前，瓶口朝上，右手轻扶瓶口。对联云："观音赐福众生蒙利乐，善信觉慧法门求妙谛。"观音阁东西两边连接卷棚顶游廊，各长约十米、檐柱四楹。东侧游廊结缘佛教读物，楹联云"深入经藏，智慧入海"，西侧游廊内置宣传橱窗，介绍佛教常识。

从天王殿后门东路行数十米，有坐东朝西悬山顶平房十间，僧寮所在。沿天王殿后门西路行数十米，有二层楼房一座，坐西朝东，歇山顶，螭首鸱吻，垂脊有角兽，檐角无蹲兽。上下楼层布局相同，东、南、北三面有檐廊，东面平柱四楹，二角柱各一楹，南面和北面平柱各三楹。面阔三间，进深二进，东面中间开殿门一扇，两边各开窗一扇。楼上门联云："四相以修善心，众生应观佛理。"楼下门联云："少言不生闲气，修心可以长年。"此新殿初成，暂无匾额。楼宇西墙连接二层辅楼一座，坐西朝东,悬山顶,上下层皆面阔四间,东面有檐廊,平柱三楹,檐廊两端为外伸山墙。楼上门联四幅,其一云:“笔下天地长,书中乾坤大。”其二云:“解彼真实义,得佛智慧光。”其三云:“百福自庄严,大愿悉成佛。”其四云:“海内存知己,天涯若比邻。”楼下房间正在装修。

太平禅寺

在旧六合县瓜埠山西峰。本名佛狸祠,南朝刘宋元嘉二十八年(451),北魏太武帝拓跋焘南征至瓜埠山,退兵前在西峰顶建祠堂一座。拓跋焘小字佛狸,故名佛狸祠。南宋辛弃疾词云“元嘉草草,封狼居胥,赢得仓皇北顾”“可堪回首,佛狸祠下,一片神鸦社鼓”即此。瓜埠山西峰又名天平山,以太平山故,后世改佛狸祠为太平真圣庙,再改为太平庵,僧长安开山,置香火田。清乾隆年间(1736—1795)重建大殿五间,相传乾隆皇帝南巡,尝驻跸太平庵,登太平山俯瞰大江。今太平山顶有望江亭,传为当年遗迹。清末太平庵毁于战火。2003年经六合区人民政府批准,重建于太平山南麓,今六合区瓜埠镇瓜埠林场内,更名太平禅寺。

太平禅寺山门

太平禅寺整体布局坐北朝南,主要建筑有山门、天王殿、观音殿等。山门为四柱三门跨街式水泥牌楼,坐北朝南,中门高阔,左右边门略低窄。重檐庑殿顶,螭首鸱吻,背负宝剑。平檐翘角,内作斗拱,檐角作鱼尾上卷造型。中门南面上额横书“太平禅寺”四字,蓝底金字,行体阴刻,落款“赵朴初”。门额上边和下边各绘金色二龙戏珠图。门联云:“忆佛念佛又作佛终必成佛,知福惜福再造福才最有福。”左右边门上额绘游龙祥云图,蓝底金龙。圆柱体水泥门柱四根,下有圆柱体石柱础。柱础高约六十厘米,直径约四十厘米。牌楼两翼有耳房各一间,东西朝向,南面各开一窗。耳房外侧连接院墙。

山门内有空场,场中置矩形铁香炉一座。庑殿顶,正脊由三层透空菱形铺排而成,上竖葫芦形宝瓶,宝瓶上下球面各作镂空二枚铜钱并列图案,螭首鸱吻。平檐短角,龙形蹲兽,口衔风铃。蟠龙檐柱八根,均分两行立于炉口上截面,支撑檐顶。

龙首在下，龙身沿柱面盘旋而上，间以如意祥云。回字格挂落。炉颈正面和背面各铸莲花七朵，左右侧面如意柄形炉耳一对，表面回字纹。炉腹正面和背面各隶体横排“太平禅寺”四字，左边分行竖排上款“佛历二五五四年四月八日　公元二〇一〇年五月二十一日”，右边竖排下款“住持　释果月”。狮首形炉脚四只，与炉腹正面和背面底边夹角处嵌三角形如意，内作卷草纹。空场东北角有铁钟一座，高约一点八米，口径约一米。蒲牢钟钮，八波形钟口，波谷上方各有钟月一枚。钟肩伏莲一周，莲叶内作如意图案。钟腹上边回字纹一周；下边一字纹两周，其间饰波浪纹，又嵌半球体一周三十余枚，球径约二厘米。钟腹正面上部横排隶体“南京市六合区”六字，下部竖排隶体“太平寺”三字；左上方分行竖排上款“佛历二五四七年　公元二〇〇三年”，右上方分行竖排下款“住持　释福祥　监院　慧觉　融觉　觉悟　梦开　妙海　用忍　心空　兆钧　暨四众弟子”。上款左侧竖排“风调雨顺”四字，下款右侧竖排“国泰民安”四字。钟腹侧面及背面的中部，有一字纹两匝，其间环绕两组“南无阿弥陀佛”六字。钟腹侧面和背面的上部和下部皆功德芳名。旧有三级铁宝鼎一座，2003年造，今不知所在。

太平禅寺天王殿

天王殿在山门之北约一百米，坐北朝南，重檐歇山顶，正脊由小圆瓦垒砌七层透空波纹形铺排而成，南面中部嵌“风调雨顺”四字砖刻，北面中部嵌“国泰民安”四字砖刻，螭首鸱吻。平檐翘角，内作斗拱，垂脊和戗脊各有角兽，各檐角蹲兽四只、仙人一尊。阶基高约四十厘米，南面铺砌水泥台阶四级。殿宇面阔三间，进深三进，南面中间开殿门一扇，左右两边开月窗各一扇，内嵌如意轮造型窗格。门额悬挂“天王殿”木匾，棕底金字，手体阴刻，上款“丙戌年冬”，下款“祖永”，匾额四边雕金色九龙。门联云：“清净端严进步参拜诸如来，笑容满面入门仰见皆欢喜。”上款“丙午冬”，下款“大圣寺　祖永”。殿中佛坛上供奉漆金泥塑弥勒菩萨游戏坐莲台像，身后有顶圆光。佛坛背面立韦陀菩萨金身像。两庑山墙前分列彩绘泥塑四大天王像。天王殿北面中间开门一扇，两边各开月窗一扇，内嵌如意轮造型窗格。门额悬挂“三洲感应”木匾，形制、题款同于“天王殿”匾。门联云：“身披金甲东西南北护佛法，手执宝杵春夏秋冬驱邪魔。”上款“丙午冬”，下款“大圣寺　祖永”。

天王殿后门外东侧有二层楼房一座，坐东朝西，单檐歇山式，上竖宝瓶顶。正脊由黑色小圆瓦垒砌七层透空波浪形铺排而成，西面嵌“风调雨顺”四块砖刻，东面嵌“国泰民安”四块砖刻，螭首鸱吻。垂脊和戗脊各有角兽，各檐角蹲兽四只、仙人一尊。平檐翘角，内作斗拱。楼房西面上下层皆有檐廊，平柱各五楹，各角柱一楹；楼上各柱之间以护栏相连。每层各面阔五间，进深二进，北首楼梯道一间。楼下南边二间为客堂，向西开一门一窗。客堂北侧三间为观音殿，中间开殿门一扇，殿门两边开窗各一扇。殿中供奉三面十一首千手千眼观音金身像。其像正面、左侧面及右侧面各作一尊观音，是为三面。正面观音头戴宝冠，身披天衣，腰系罗裙，赤足立于莲台上，双手高举一尊佛像；宝冠之上又立五尊头像；两侧观音各双手高举一尊佛像，是为十一首。殿内东南角供奉漆金填红文殊菩萨左舒坐青狮座像，右腿单盘，左脚踏莲花，双手捧如意。东北角供奉漆金填红普贤菩萨右舒坐六牙白象座像，左腿单盘，右脚踏莲花，双手捧金莲花。西南角供奉漆金填红弥陀三尊像。阿弥陀佛接引像居中，身着通肩袈裟，赤足立于三层仰莲台上。左掌托金莲台平端于胸前，右臂下垂，掌心外翻，指尖向地，作与愿印，表示愿意接引大众共赴西方极乐世界。观音菩萨立于左侧，顶戴阿弥陀佛，身披天衣，赤足立于莲台上。左手托净瓶于腹前，瓶口朝上，右臂上曲，右手持柳枝于胸前，作洒水状。大势至菩萨立于右侧，顶戴净瓶，身披天衣，赤足立于莲台上。右手持金莲花于右胁前，左臂上曲，左手平置左胸前，掌心向上，指尖朝前，中指弯曲与拇指相触，作说法印。殿内南庑山墙前供奉漆金填红观音像一尊，结跏趺坐于莲台上，双手托净瓶于腹前，瓶口朝上。其左侧供奉地藏菩萨莲台像一尊，头戴毗卢冠，身着法衣，结跏趺坐于莲台上，双手托摩尼珠于腹前。观音殿东墙外，横陈断碑一块，分行凿刻“南京市六合区瓜埠太平寺地藏殿　奠基佛历二五五八年闰九月初九日　住持　释果月立”等字，现今尚未动工。

天王殿西南百余米有放生池，池西岸立滴水观音石像一尊，由石像、像座及底座组成，通高约六米。观音菩萨顶戴阿弥陀佛，身披天衣，面朝西方，赤足立于莲台之上。左手握净瓶平置腹前，瓶口朝外，作洒水状，右臂上曲，手持柳枝于胸前。像座由一层仰莲和一层伏莲叠加而成，中有束腰。水泥预制底座，平面正方形，边长约三米，高约一点五米。

长芦崇福禅寺

在旧六合县南二十五里长芦镇。相传梁武帝女儿久病，帝许愿若女儿痊愈，建寺一座以报答佛恩。女病既愈，遂在江北长芦建寺，与栖霞寺隔江相望，赐名长芦崇福禅寺，俗称长芦寺。普通八年(527)秋，南天竺高僧菩提达摩抵达建康，与梁武帝讨论佛法，语多不契，乃一苇渡江，夜宿长芦寺。旋至浦口定山驻锡数载，复北上少室山面壁九年。唐初寺毁，唐末建而复毁。宋天圣元年(1023)，仁宗诏仪真守陈杲与发运使张纶、方仲旬在牟尼峰南侧重建，遣内侍赍出御物金器七千余件助建，凡费兵粮四万缗及钱三万，经五年落成，敕学士李淑撰碑文。此后百余年间增扩不辍，重廊层阁金碧辉映，殿堂寮舍二千余间，禅刹之盛为江淮第一。建炎三年(1129)十一月，宋高宗为阻隔金兵南渡，命尚书左仆射杜充纵火焚烧，毁于一旦。绍兴年间(1131—1162)重建，额设寺田数百亩。淳熙十二年(1185)江岸颓塌，殿宇损坏，徙建于滁口山之东三里河曲沙冈上，今六合区长芦街道水家湾之东水家湾小学一带，仍名长芦崇福禅寺。开禧二年(1206)废于兵燹，嘉定五年(1212)提举施宿招镇江甘露寺僧慧光住持营建圣文宝秘阁，阁下立一苇堂、寿室、雪堂、真指堂，阁东立达摩殿、佛堂、芝兰馆，阁西建僧堂，僧侣千余人。又造万余斤铜钟，上铸《金刚经》全文，县令刘昌诗撰铭文，运判赵师罣隶文刻石。明洪武元年(1368)，灯无尽禅师增建金刚殿三楹，三宝殿三楹，达摩祖师殿五楹，钟楼一座，又筑毗卢阁基，崛起土阜，平畴高峙，两旁翼以僧寮，前后列植古银杏数株。天启二年(1622)重修，贡生孙国敉募建佛殿五楹。清顺治十年(1653)，天界寺觉浪禅师改为禅院。咸丰八年(1858)，殿楼僧寮皆毁于兵火，仅存客堂三间，祖堂三间。民国九年(1920)增建大殿五间，一百八十四平方米；东西厢房各三间，二百零三平方米。正殿供奉海岛观音金身塑像，海岛仙山上塑造若干小菩萨，演示“宝莲救母”“唐僧出世”等故事。两旁偏殿供奉三世佛像、如来佛像，以及文殊菩萨、地藏菩萨及四大天王像。1955年秋佛像遭毁，1958年山门拆除，文物悉数失踪。1960年，六合县委、县政府在长芦寺建水家湾小学，大殿用作学校会议室。1970年改为长芦中学，又改作长芦化工技学校。1983年，长芦寺遗址被南京市人民政府列为文物保护单位，修建平房三间作为大殿，即今长芦化工技术学校校史馆。

长芦寺前旧有菩提桥，桥前有铁金刚一尊，世传北宋天圣年间(1023—1032)章献皇后刘氏铸，镇于江岸，谓之参沙神。初，章献皇后随父下陕，至玉泉寺，玉泉寺长老勉之游京师。及后垂帘听政，玉泉长老居长芦。后屡召不至，遣使就问所须，答曰：“道人有所须，长芦无山门。”后即以服用器物助建。寺临江，门起水中，既成，辄为蛟所坏，遂用生铁数万斤垒门下以镇之。铁金刚身高五米，腰围亦五米，头戴盔甲，一臂向前平伸，作捧物状，神态威严，面目狰狞，直立于青石基上。青石基长约八十厘米，宽约七十厘米，半显于地表，半埋于地下，深不可测。“文化大革命”期间，铁金刚被毁，基石尚存。又有宋嘉定五年(1212)重修长芦寺时所铸铜钟一口，重万余斤，明末清初毁于战火。清乾隆十九年(1754年)复铸大铁钟一口，上刻《金刚经》全文，悬挂于大殿左前檐。铁钟高二米，下口直径一点二米，边口为水浪状，钟壁厚四厘米，钟钮高十五厘米，中穿铁栓，悬于木架之上，悬钟下端距地面五十厘米。1958年大炼钢铁，钟遭熔炼。又有牛皮大鼓一口，架于大殿右前檐，与钟架位置对应。鼓面直径约一点二米，厚约一米，鼓帮为弧形，漆成红色，1958年鼓帮断裂，不知所终。寺内旧有宋代古井五口，排列如梅花形，故名梅花井。现存两口，井壁用砖牙砌成蜂窝状，井栏由整块花岗石雕凿，壁厚约二十厘米，井栏内侧有年久绳痕。东井井栏为六角形，内圆直径约一点三米，高约七十厘米，井深十四米。西井井栏为圆形，内径约一米，高约八十厘米，井深八点八米。1990年9月，长芦中学在东井上方建方形井亭一座，曰石柳亭；2000年9月在西井上方建六角井亭一座，曰苇江亭。旧大殿东南数十米处，有宋代凿制灰白色石淘米槽，长二点三米，宽约一点四米，深六十厘米，为整块大理石开凿而成，可供五百僧人炊事，1949年石槽破损殆半，1970年建设长芦中学，被砸碎做教室基石。长芦寺遗址内今存古银杏树两株，东侧一株主干高约五米，直径约八十厘米，通高约三十米，树冠直径约二十五米。西侧一株主干高约六米，直径约一米，通高约二十五米，树冠直径约三十米。1989年寺址内出土十个正方形石础，边长均约一点五米，厚约七十厘米，上方有凸出直径约一米的圆形柱座。

2009年12月26日，长芦寺重建于旧址东北十里太子山南麓，今六合区长芦街道园东路二八〇号太子山公园内。整体布局坐北朝南，规划建设大雄宝殿、金刚殿、三宝殿、达摩祖师殿、藏经楼、钟亭、鼓楼、牌楼、芝兰馆、苇江亭、照壁等，目前完竣大雄宝殿和一座二层楼殿宇。

从太子山公园南门进入约百米有月台，依山坡地形而筑，东西长约六十米，南北长约四十米，平面呈长方形，东、西、北三边及南边两翼有石雕护栏。台基高约七米，南面铺砌石墀三层，石阶五十余级，两边立石雕扶栏，与月台南边两翼石雕护栏相接。每层石墀中间嵌云龙喷水如意祥云图案石浮雕一块，皆为长方形，起于石墀底部，止于石墀顶部。台基东面和西面各铺设窄道石墀一层十余级，通达月台之上。月台中部置圆形铜香炉一座，炉腹上部回字纹一周，中部正立面横排“长芦崇福禅寺”六字，右侧竖排落款“传印”。倒“凹”字形炉耳一对，立于炉口上截面两侧。狮爪形炉脚三只，表面线刻如意纹。铜香炉左右两侧置汉白玉一级宝鼎一对，重檐圆攒尖，上竖宝珠刹。鼎腹正面和背面各作二龙戏珠浮雕，间以数朵祥云；左右侧面如意柄形鼎耳一对，表面回字纹。狮首形鼎脚三只。宝鼎之下汉白玉圆形底座，直径约七十厘米，高约十厘米，外立面线刻波浪纹。

大雄宝殿在月台北部，坐北朝南，重檐歇山顶仿宋风格建筑，屋顶铺砌黄色釉瓷拱瓦，正脊外立面由三十一块釉瓷方砖铺贴而成，每块方砖表面皆作莲花、卷草浮雕。螭首鸱吻，尖形尾部上翘竖立，形同牛耳。垂脊外立面由十八块釉瓷方砖铺排而成，表面亦为莲花、卷草图案。戗脊外立面亦用釉瓷方砖铺排而成，砖面作卷草图案。垂脊和戗脊各立角兽，各檐角蹲兽三只。宽檐平角，内作斗拱。南面上檐横梁中部斗拱前悬挂“大雄宝殿”木匾，红底金字，行体阴刻，分两行纵向排列，形似方印，落款“传印”。木匾上边宽出，宛如门楣，表面阳刻二龙，龙首相对。木匾左右两边及底边犹如门柱及门槛，每边各阴刻两条金龙，龙首相对。下檐横梁中部斗拱前悬挂“正法久住”木匾，红底金字，行体阴刻，落款“传印”。匾额上边和下边各作线刻金龙二条，龙首两两相对。龙首之间又有线刻如意一枚，内作莲花、卷叶图案。匾额左边和右边各作线刻金龙祥云图案。殿宇四面有檐廊，东面和西面平柱各四楹，南面和北面平柱各六楹，四角立柱各一楹。檐廊东、西、北三面及南面两翼外围立石雕护栏。南面檐廊平柱为水泥预制蟠龙柱，高约五米，直径约六十厘米。龙头居于柱体下部，龙颜朝正前方，龙体及龙尾自下而上盘旋至柱顶，间以数朵祥云。龙头下方浮雕海浪波涛。柱础高约二十五厘米，直径约七十厘米，莲台形，上层仰莲一周，下层伏莲一周。殿宇阶基高约一点五米，南面踏道石阶十级，两边有石雕扶栏，与南檐两翼护栏相连。踏道中部铺设二龙戏珠石浮雕一块。大殿面阔五间，进深三进，南面中部开殿门三扇，两边开落地窗各一扇；北面中部开殿门三扇。殿中佛坛上供奉释迦牟尼佛说法像，身着右袒肩袈裟，结跏趺坐于莲台上，身后有顶圆光及船形大背光，金色光焰中作如意一周，莲花一周。释迦佛左手覆于左膝上面，指尖朝前，右臂上曲，立掌胸前，掌心外翻，拇指和无名指略弯曲，其余三只上竖，作说法印。彩绘泥塑迦叶、阿难像侍立两胁。佛坛背面供奉彩绘

长芦寺大雄宝殿

泥塑众宝观音像，头戴五髻冠，面镶日轮，身着披肩飘带，腰系罗裙，胸配璎珞，腕串钏镯，坐于岩石上面。左腿舒坐，左手掌撑于石面；右腿曲起，脚掌支于石面，右臂上抬，右肘置右膝上，掌心向下，手指自然舒展。身后影壁画有圆形大背光，盈如满月，背光两边画翠竹数杆。殿内北墙面绘四幅大型彩色壁画，分别为弥勒菩萨、文殊菩萨、普贤菩萨、地藏菩萨说法图，分列于北殿门两侧。两庑山墙面彩绘佛陀事迹壁画，墙前分列彩绘泥塑十八罗汉坐像。

大殿西南约五十米处有简易钟亭，悬挂精铸紫铜大钟一座。铜钟高约二米，口径约一点二米。蒲牢钟钮，平圆钟顶，八波形钟口，波谷上方铸四枚钟月，间隔分布于钟体四面。钟腹上边伏莲一周二十四瓣，莲瓣内作如意图案。钟腹下边一字纹二周。钟腹中间环铸一字纹两组，每组二匝。两组纹路之间铸法轮、法螺、宝伞、白盖、莲花、宝瓶、金鱼、盘长等图案八幅，将钟腹分为上下两部分，铸以《金刚经》全文。

长芦寺玉香炉

大殿东山墙外隙地，置汉白玉矩形香炉一座，长约四米，宽约一米，炉壁高约六十厘米。炉口外立面阴刻回字纹一周。炉腹正面和背面，中部各横排阴刻“长芦崇福寺”六字，两边各雕云龙一条，龙首相对，龙鳞细致，髯须精微，龙身四周散雕祥云数朵。炉腹左右侧面各阴刻隶体“佛光普照”四字，刻字上方各有如意柄形炉耳一只，高约四十厘米，表面回字纹。狮首形炉脚六只，其中四只对角而立，正面和背面中部各增添一只。炉脚高约十五厘米，皆为立体浮雕。香炉由整块汉白玉凿琢而成，材质晶莹温润，雕琢清雅精美，惜乎染于尘垢，在南京现有寺院中独一无二。

大雄宝殿东北百余米，有新落成二层楼殿宇一座，坐北朝南，重檐悬山顶，正脊两端有螭首鸱吻，垂脊立角兽，各檐角蹲兽二只、仙人一尊。楼宇上下层各面阔七间，西山墙外有石阶通往楼上。楼上北面开门，南面开方格木窗七扇。楼下南面开门七扇，门额暂无题匾，屋内亦无塑像法物等；门前有檐廊，平柱六楹，二角柱各一楹。檐下悬挂云板，板面上部横排“南京长芦”四字，中部竖排“崇福禅寺”四字，下部作莲花一朵；左侧分行竖排“佛历二五五九年　六月十九日”等字，右侧分行竖排“周艳霞全家　敬献”七字。阶基高约五十厘米，南面踏道石阶三级。

招贤禅寺

在旧六合县北四十里八百桥镇峨嵋山西坡，今六合区金牛湖街道峨嵋山林场内。明景泰年间（1450—1457）僧定仁开建，弘治年间（1488—1505）僧德从、正德间（1506—1521）僧行俊各有修建。成化年间（1465—1487），有寺僧释太虚，颖敏过人，兼通书史，被召讲经称旨，赐号圆融禅师，优礼归山。清雍正八年（1730）僧明昌重建，乾隆三年（1738）竣工。民国二十八年（1939）修。“文化大革命”时期毁，1982年复建。

招贤禅寺整体布局坐西朝东，为四合院与三合院并列结构，平面呈“巳”字形，北部为四合院，南部为三合院。四合院东边悬山顶平房一座，坐西朝东，正脊中部竖“招贤禅寺”四块砖刻，青砖绿字，楷书阴刻。房屋面阔七间，进深三进，中部五间为天王殿，两侧各有一间配殿。天王殿东面开殿门一扇，两边开窗各一扇，门联云：“笑口常开指示迷途，大地能容包含色相。”殿门北侧外墙面嵌汉白玉石刻一方，分行刻写“南京市六合区文物保护单位　招贤寺　南京市六合区人民政府　二〇一三年九月二十四日公布　二〇一三年十月立”字样。门前有檐廊，平柱六楹，二角柱各一楹。殿宇西面开一门二窗。殿中红木佛龛内，供奉漆金泥塑弥勒菩萨游戏坐莲台像，龛联云：“千处祈求千处应，苦海长作度人舟。”两庑山墙前分立彩绘泥塑四大天王座像。殿前有空场，场中置矩形铁香炉一座。炉颈正面和背面中部各作二龙戏珠图，左右两边饰卷草纹。炉颈左右侧面如意柄形炉耳一对，表面回字纹。炉腹正立面和背面隶体横排“招贤禅寺”四字，左边分行竖排上款“佛历二五五三年春　公历二〇〇九年春”，右边竖排下款“住持释道祥”。八字形炉脚四只。

招贤禅寺

四合院北边有庑殿顶平房，坐北朝南，面阔三间，进深一进。南面带檐廊，平柱二楹，二角柱各一楹。东首二间招贤禅寺书画院，南面开一门一窗。西首一间为钟楼，其内悬挂镀铜铁钟一座，高约一点五米，口径约八十厘米。蒲牢钟钮，八波形钟口，波谷上方铸钟月四枚、万字符四枚，相间排列。钟肩伏莲一周八瓣，内有如意纹。钟腹上边和下边各有回字纹一周，钟腹正面上部隶体横排“万年幽冥钟”五字，钟腹正面下部及左右侧面和背面皆为功德芳名。四合院南边有庑殿顶平房，坐南朝北，面阔三间，进深一进。北面带檐廊，平柱二楹，二角柱各一楹。东首二间为客堂，南面开门二扇。西首一间为鼓楼。

四合院西边为正殿，坐西朝东，单檐悬山顶，正脊由小圆瓦和青砖作透空铜钱图案铺排而成，嵌以“风调雨顺”四块砖刻。东面有檐廊，平柱二楹，二角柱各一楹。阶基高约七十厘米，踏道水泥台阶六级。殿宇面阔三间，进深三进，东面中间开殿门一扇，两边开窗各一扇。殿内佛坛上供奉漆金填红娑婆三圣像，释迦牟尼佛禅定像居中，身着通肩袈裟，胸嵌万字符，结跏趺坐于莲台上，右掌压左掌置于腹前，掌心向上，作禅定印；迦叶、阿难侍立两胁。漆金填红观音菩萨像居于左侧，顶戴阿弥陀佛，身着天衣，结跏趺坐于莲台上，双手作禅定印；善财童子、龙女分立左右。漆金填红地藏菩萨像居于右侧，头戴毗卢冠，身着天衣，结跏趺坐于莲台上，右掌压左掌置于腹前，掌心托摩尼珠；闵公、道明和尚分侍两侧。殿内西北角供奉漆金文殊菩萨左舒坐青狮座像，西南角供奉漆金普贤菩萨右舒坐六牙白象座像，两庑分列十八罗汉金身坐像。殿内北山墙面，嵌清道光二十七年(1847)六合县令所立石碑。

四合院中置六角三级铁宝鼎一座，攒尖顶，上竖葫芦形宝瓶刹，上下球面各作一枚镂空铜线图案。翘檐短角，各檐角立龙形蹲兽一只，口衔风铃。蟠龙檐柱六根，等距立于鼎口上截面，支撑檐顶。龙首在上，龙尾在下，凸出于檐柱表面。鼎口外立面回字纹一周。鼎颈外表面回字纹一周，左右侧面乙字形鼎耳一对，表面回字纹。鼎腹正面分行横排隶体“六合市八百镇峨嵋　招贤禅寺”十二字，左侧分行竖排上款“佛历二五四一年　公元一九九七年　孟夏”，右侧竖排下款“主持人　侯家栋　灵通”。鼎腹左右侧面功德芳名，背面二龙戏珠图。鼎腹下边嵌半球体一周，三十九枚，球径约三厘米。狮首形鼎脚三只。

三合院在四合院南侧，东面开院门一扇，门头之上竖二龙戏珠雕塑。院落南边为寮舍，硬山顶平房五间，坐南朝北；北边即四合院南厢房客堂和鼓楼背面。西边悬山顶平房四间，坐西朝东，东面开门四扇，北首第二间门额曰“斋堂”。门前有檐廊，平柱三楹，檐廊两端为外伸山墙。阶基高约五十厘米，东面铺砌踏道水泥台阶四级。

浦口区

定山寺

南朝古刹。在旧江浦县东北二十里定山狮子峰观音岩下，今浦口区顶山街道珍珠泉绿园路一〇〇号。梁天监二年(503)，武帝萧衍为高僧法定造寺于定山，敕名定山寺。普通八年(527)秋，达摩折荻渡江抵六合长芦寺，旋至定山寺驻锡数年，留下达摩岩、达摩宴坐石、卓锡泉等遗迹。自梁代建寺至今一千五百余年，定山寺屡废屡兴，明清时期四围山绕，银杏参天，古梅丛竹，交错穆然。有观奇阁三楹，倚崖而筑，阁前有楼，楼前有石池，卓锡泉从观奇阁下穴出，暗流入池。相传达摩禅修定山，晏坐石崖，思西域水，以杖卓石，遂得此泉。池水澄澈，甘洌可爱，碧藻葳蕤，游鱼潜泳，池口嵌横石，有"卓锡泉"三篆字。明人冯浩《卓锡泉》诗云："天竺东西意未知，世传卓锡此山陲。九年面壁缘空幻，一苇横江也自奇。梵宇至今留法像，清泉自古说波斯。乘闲有约来登眺，莫遣钟声一皱眉。"寺后达摩岩，石如斧劈，欲坠不坠，仅容一人侧足而入。岩下有达摩宴坐石，石上双趺痕及掌痕宛然，石旁摩崖题"定山石"三篆字，尝有沙门释微旨倚石构堂，为栖息览胜之地。山门前银杏二株，大十围，叶可蔽数亩，又有古桧二株，皆千百年物。

1954年定山寺倾圮，1978年开山采石，摩崖石刻、达摩宴坐石遭毁，定山寺旧迹无存。1982年南京市开展文物普查，在定山寺遗址内寻得达摩画像石碑一块，明弘治四年(1491)洁云禅师所造。画面达摩络腮圆眼，拱手立于渡江芦苇之上，图像清晰，栩栩如生。画像左侧篆刻"大明弘治四年辛亥岁三月季春定山释子八十翁"等文字，为中国现存最早达摩造像碑。普查中又访得定山寺住持圆寂荷花缸及墓塔残件，其上镌有"传临济正宗第三十三世定山微真明公禅师塔"等字。1983年定山寺遗址列为江浦县文物保护单位。2002年浦口区人民政府申请恢复定山寺，2005年江苏省人民政府宗教事务局批复同意复建定山寺。2006年定山寺遗址被列为南京市文物保护单位，山道旁立石碑一座，分行刻写"南京市文物保护单位　定山寺　南京市人民政府　二〇〇六年六月十日公布　南京市人民政府立"等字。

2007年至2009年1月，南京市博物馆受市文物局委托，经国家文物局批准，对定山寺遗址进行考古发掘，陆续发现宋代定山寺山门、院落、佛殿、塔基和地宫，以及水井、厨房遗迹，揭开宋代定山寺基本格局。宋代定山寺山门，位于现定山寺遗址南部正中位置，其中部是一座平面为长方形的主体建筑，面阔三间，十五点四米，进深二进，九点四米，其北侧有台阶。山门之后的建筑布局分为东、西两大部分，东西之间有院墙相隔。西部为寺院主体，自南向北先后为前院、大殿和后院。前院平面为长方形，南北长二十六点二米，东西宽二十四点九米，占地面积六百五十余平方米。院落中以青砖铺地，中间高，四周低。大殿是一座规模较大的方形建筑基址，面阔三间，二十四点七米，进深三进，二十四点二米。基址内有排列整齐的磉墩，每个面积都在二平方米至二点二平方米之间。大殿之后为后院，东西长二十三点七米、南北宽二十一点八五米。占地面积五百一十八平方米。山门之后的东部，自南向北房屋二座，南首房屋面阔三间，十四点五米，进深为二进，十二点四米。北首房屋坐东朝西，面阔五间，二十二点四米，进深三进，十三点五米，为厨房和斋堂。塔基位于遗址中部，前院和大殿东侧。塔基平面呈八边形，每边边长为五点五米，最大对径为十五点五米。塔门开在正西部。地宫位于塔基中央，平面长方形，长一百五十厘米，宽一百二十厘米，深七十厘米，四壁青砖砌筑。地宫内置一石函，盖已佚。石函长四十五厘米，宽四十厘米，高三十厘米，函壁厚五至十厘米。在石函内原先可能放置有铁函。地宫内出土三枚铜钱，年号最晚的为“至道元宝”，据此推测该塔建造年代应为北宋早期。水井二口，在遗址中部偏北，井口皆为圆形，井圈皆由条砖和楔形砖围砌而成，周围砌有方形井台。一口水井的井口直径一百零五厘米，深六米，另一口水井口径一百三十厘米，深五点五米。井内出土的一块残损青砖上刻诗一首：“定山寺里不君臣，一朝饭米二三升。油盐菜米无所□，向后烧窑不用□。”根据史料记载，南朝定山寺埋藏在宋代大雄宝殿的地层之下。

2010年定山寺复建工程开工，计划复建面积约三万平方米，整体布局坐北朝南。目前大雄宝殿、大钟亭、念佛堂及斋堂、寮舍已竣工，山门、天王殿、大禅堂等正在建造。大雄宝殿于2010年4月1日奠基，2015年5月28日落成。殿宇坐北朝南，东西宽三十三米，南北深二十五米，采用非洲红花梨全木结构，所用原木约一千八百立方米。仿唐代风格建筑，金厢斗底槽平面形式。重檐庑殿顶，南面上檐横梁中部斗拱前悬挂“大雄宝殿”木匾，棕底金字，繁体阴刻，德林题写。殿外四面有檐廊，南面和北面檐廊平柱各六楹，东面和西面平柱各五楹，四角柱各一楹。廊外东、西、北三边以及南边两翼有木护栏。阶基高约三米，南侧踏道水泥台阶十八级，两边有木扶栏，与檐廊南边护栏相接。大殿面阔五间，进深三进，南面开殿门三扇，殿门两旁开窗各一扇，北面开一门二窗。殿中佛坛上供奉木雕释迦牟尼佛说法像，身着通肩袈裟，结跏趺坐于三层仰莲台上，左掌覆左膝上面，五指平伸，指尖向前，右臂上曲，立掌胸前，掌心外翻，无名指和小拇指向下弯曲，其余三指向上伸展，作说法印。身后有顶圆光及大背光，船形光焰。迦叶、阿难侍立两胁。殿宇两庑彩绘十八罗汉壁画。大殿西南十余米处，有集装箱房屋一间，坐西朝东，高约五米，宽约三点五米，进深约三米。东面开门一扇，门额悬挂“悲心救苦”木匾。屋内供奉观音菩萨木雕像一尊，顶戴阿弥陀佛，身披天衣，腰系罗裙，佩配瓔珞，腕串钏镯，赤足立于莲台之上。左臂下垂，食指和中指拎净瓶颈，瓶口向上，右臂上曲，掌心外翻，拇指与中指拈宝珠一颗，背后有船形举身光，光晕中雕莲花和如意。

定山寺大雄宝殿

大雄宝殿东二十余米有山坡，坡顶石砌平台一座，高约一点五米，平面呈“中”字形，南北走向，东西两翼石雕护栏。平台北端铁方鼎一座，鼎口左右两边上截面作倒“凹”形鼎耳一对。鼎腹正面中部横排“定山寺”三字，右边竖排落款“佛历二五六零年　释智光监制”。圆柱体鼎脚四只。平台中部钟亭一座，台基高约三十五厘米，平面正方形，每边长约十五米，四侧各有石阶三级。钟亭坐北朝南，

定山寺大钟亭

单檐歇山顶，檐柱十六根，其中四角柱各三根，亭内立柱四根，呈对角分布。南面檐下悬挂“万户吉祥钟亭”木匾，棕底金字，手体阴刻，落款“民国廿二年　于右任”，附方印二枚。匾额左下角又有小字“赵达华集捐”。亭中以四根钢梁构成拱形钢架，悬挂大铁钟一座。大钟高约三米，2009年释德林募造。双首蒲牢钟钮，钟肩上部伏莲一周，内有如意纹，下部嵌半球体二周，球径约四厘米。平圆钟口，口径约二米。钟口上方万字符一周，万字符上方嵌半球体一周，球径约四厘米；半球体之间嵌钟月四枚，分向东南西北四方。钟腹正面竖排“定山寺万户吉祥钟”八字，背面有篆体十六字。钟腹左右侧面上部饰半球体及万字符，下部篆体《般若波罗蜜多心经》等经文。平台南端有石阶八级，连接钟亭前广场。广场东边有悬山顶平房八间，坐东朝西，念佛堂、寮舍、斋堂所在。广场西边有观山轩，坐西朝东，背临山坡。单檐歇山顶，檐柱八根，其中四角柱各一根，东边和西边平柱各二根，檐下有美人靠。

兜率寺

在旧江浦县西二十五里老山西华峰狮子岭南坡，今浦口区汤泉街道生态路南京老山国家森林公园狮子岭景区内。清顺治二年(1645)僧柏庵开建，名狮子林。柏庵，俗姓郑，名继蕃，少承庭训，潜心理学。中年研精释典，苦志清修，削发为僧，阐宗于此，时称柏庵和尚。清光绪年间(1875—1908)更名兜率寺，不筑围墙，不设山门，不建大殿，仅置藏经楼，体现以讲经、藏经为主旨的经院特色。清末民初建大殿五间，三圣殿五间，文殊殿五间，禅堂五间，斋堂、客房及库房等十二间。大殿供奉木雕弥勒像及十八罗汉像，弥勒像背面有泥塑飘海观音像。三圣殿供奉无量寿佛及观世音、大势至二菩萨像。文殊殿供奉泥塑文殊菩萨像。禅堂供奉木雕观音菩萨像。斋堂供奉文殊菩萨和韦驮菩萨像。常住僧四十余人，行脚云游僧过百人，高僧硕德，研经养道，善信络绎，香火缭绕。其时真空法师出任方丈，建立狮子岭教规，从严治寺，弘扬道风，兜率寺遂为僧众仰慕清修胜地。民国二十六年(1937)，有殿堂寮舍瓦屋七十三，草屋三十一，钟鼓兼具，法器齐全，藏经千卷。20世纪50年代，兜率寺划归老山林场管理，1961年从老山林场剥离。1962年8月兜率寺与老山林场签署《山林管理合约》，老山林场划出杂木林六百六十八亩，淡竹一百亩，茶园三十二亩，共计山林八百亩交兜率寺独立经营管理。“文化大革命”期间兜率寺改为老山林场一分场，僧侣匿迹，香火漫灭。1978年恢复为宗教场所，陆续新建及翻建山门、天王殿、大雄宝殿、三圣殿、藏经楼、寮房等。

现今兜率寺占地面积三十五亩，深藏于狮子岭南坡幽谷之中。山门在寺院之南，坐北朝南，水泥预制跨街式牌楼，四柱三门，重檐庑殿顶。上檐正脊鸱尾作龙尾上卷造型。平檐翘角，各檐角作凤头造型。方柱体门柱，中门南面上额横排“狮子岭兜率寺”六字，粉底黑字，手体阴刻，上款“一九九二年十一月”，下款“江渭清”。门联云：“狮吼震雷音远播尘寰闻声顿醒千生梦，慈容开笑口普滋含识觌面全消旷劫愁。”中门北面门联云：“此日一游闻圣教，他年三会预龙华。”

兜率寺山门

自山门北行约二里至寺院，路西有石碑，分行阴刻“南京市文物保护单位　兜率寺　南京市人民政府二〇〇六年六月十日公布　南京市人民政府立”。兜率寺整体布局坐西朝东，由南院、中院、北院三部分组成，形似狮头、狮腹、狮尾。主体建筑依山构筑，起伏错落。

南院坐西朝东，中轴线依次为天王殿、大雄宝殿、伽蓝殿、藏经楼、弥勒殿，两翼有祖堂、罗汉堂等。天王殿为庑殿顶平房，红砖灰瓦，面阔三间，进深一进。东面中间开拱形殿门一扇，两边月窗各一扇。门前水泥台阶四十级，门额悬挂“天王殿”木匾，红底黄字，手体阴刻，上款“佛历二五四二年秋”，下款“狮子岭　山僧”，乃兜率寺住持圆霖题写。门联云：“东名持国西广目，南为增长北多闻。”殿中供奉弥勒佛左舒坐倚座金身像，头戴法冠，身着通肩袈裟，结禅定印。天王殿西面开殿门一扇。

大雄宝殿在天王殿之后，重檐歇山式仿古建筑，螭首鸱吻，背负宝剑。垂脊和戗脊各有角兽，各檐角蹲兽四只、仙人一尊。上檐东面横梁中部，悬挂“稀有世尊”木匾，红底金字。阶基高约六十厘米，东侧踏道水泥台阶五级。大殿面阔五间，进深三进，东面中间开殿门三扇，两边八边形窗户各一扇。中门上额悬挂“大雄宝殿”木匾，黑底金字，行体阴刻，落款“祖斌题”，匾沿四边有回字纹。左殿门悬挂“护国佑民”匾，右殿门悬挂“如如不动”匾，皆黑底金字，草体阴刻，祖斌题写。门联两幅，中联云：“现身净饭国中九有四生同尊慈父，说法灵山会上十方三界共仰能仁。”上款“岁次佛历二五五八年仲春”，下款“于古镇江浦散翁门人祖斌题书”；旁联云：“世间人法无定法然后知非法法也，天下事了犹未了何妨以不了了之。”上款“岁在二零一四年

兜率寺大雄宝殿

四月于狮子岭”,下款“邑人毛祖斌奉书”。大殿西面开一门二窗,门额悬挂“不二法门”木匾,黑底金字,行体阴刻,落款“岁次甲午祖斌”。门联云:“不贪于利养唯乐佛菩提,一心求佛智专精无异念。”落款“岁次甲午仲春于求雨山下 祖斌题书”。殿中佛坛上,供奉漆金填红释迦牟尼佛莲台像,身着右袒肩袈裟,胸嵌万字符,结跏趺坐,结禅定印,掌心托宝珠一颗。身后有顶圆光和举身光,光焰中镂九条金龙及浅蓝色祥云,迦叶、阿难侍立两侧。佛坛背面供奉杨柳观音塑像。大殿西北角和西南角红木镶金宝龛内,分别供奉文殊菩萨左舒坐金身像,普贤菩萨右舒坐金身像;东南角法鼓一面。两庑山墙前分列十八罗汉金身坐像。殿内楹联四副,其一云:“智慧无边不可说,光明照世为所归。”其二云:“常为诸佛所护念,当净其意如虚空。”其三云:“未曾暂起戏论心,但愿普与众生乐。”其四云:“妙道无他但能息念为念皆能大觉,修行在己若见诸相非相即见如来。”大殿东门前有矩形铁香炉一座,炉颈外立面饰回字纹一周,左右侧面作如意柄形炉耳一对,表面回字纹。炉腹正面分行横排“南京江浦狮子岭 兜率寺”十字,背面横排“戒定真香”四字;左侧面分行竖写“佛历二五四二年腊月八日 住持圆霖 监造”等字,右侧面竖写功德芳名。狮首形炉脚四只。

出大雄宝殿后门登石阶三十级有月台,月台中部置铁宝鼎一座,无顶檐,鼎口外立面嵌半球体一周十四枚,球径约三厘米。鼎腹正面分行横排“狮子岭 兜率寺”六字,左侧竖排上款“佛历二五四二年□月十九吉日”,右侧竖排下款“住持圆霖 率四众居士造”。鼎腹背面二龙戏珠图。左右侧面如意柄形鼎耳一对,表面回字纹。狮首形鼎脚三只。

月台西边悬山顶二层楼房一座,楼下伽蓝殿,楼上藏经楼。上下层各面阔五间,进深三进;东面有檐廊,平柱各四楹,檐廊两端接外伸山墙。伽蓝殿原名忠义堂,2015年秋以堂改殿,正殿三间,东面和西面各开殿门三扇。左右配殿各一间,东面和西面开窗各一扇。东面中门上额悬挂“伽蓝殿”木匾，黑底金字，行体阴刻，落款“岁在乙未仲秋　祖斌奉题”。左门匾曰“纳海”，右门匾曰“正道”，黑底金字阴刻，亦祖斌题书。门联二幅，中联云：“浩气丹心万古忠诚昭日月，佑民福国千秋俎豆永山河。”旁联云：“与天地与日月与鬼神争光千古无二，是君臣是兄弟是朋友大□五伦有三。”伽蓝殿中有影壁，壁面悬挂关羽水墨画像，对联云“勇猛护持佛法，常愿利益世间”。又有楹联一副云：“增长福智芽必获菩提果，今修功德行归入涅槃城。”两庑墙面为住持圆霖山水画及书法作品。圆霖（1916—2008）俗姓杜，名振山，笔名大雄山人，自号山僧，安徽濉溪人。三十二岁出家兜率寺，1982年开始担任兜率寺住持，2008年往生。精书法，工丹青，尤擅佛教人物画像，有《山僧圆霖书画集》。两庑山墙各有二木门通往旁侧配殿，门皆上锁，莫可窥测，亦各有门联。其一云：“犹如莲华不著水，亦如日月不住空。”其二云：“起大愿云周法界，以普贤行悟菩提。”其三云：“远见如来无量光，恒不忘失菩提心。”其四云：“红烛烧残万念自然灰冷，黄粱梦破一身亦似浮云。”藏经楼正殿三间，左右配殿各一间。正殿东面和西面中部各开三门，两侧配殿东面和西面各开窗一扇。东面中门悬挂“藏经楼”木匾，红底金字，隶体阴刻，上款“狮子岭　兜率寺”，下款“佛历二五四〇年　成慧居士敬献”。门联二幅，中联云：“得一向意勤求佛道，说微妙法饶益众生。”旁联云：“具足成就智慧藏身，究竟得到头陀彼岸。”殿中木龛内供奉正观音金身莲台像，龛联云“观音妙智力，能救世间苦”，额书“观自在”三字，圆霖题写。殿内两庑各有木门二扇通往配殿，配殿内藏新版《大藏经》和《中华大藏经》各一套。

藏经楼之后上行台阶十二级有过院。过院南边为祖堂，坐南朝北，硬山顶，面阔三间，进深二进，北面开一门二窗。过院北边为罗汉堂，坐北朝南，硬山顶，面阔三间，进深二进。其南面开一门二窗，门联云：“阿罗汉实无有法，须菩提于意云何。”北面开一门，通往中院。过院西边为弥勒殿，坐西朝东，面阔三间，进深二间，两翼又有耳房各一间，平面呈凹字形。悬山顶，东面有檐廊，平柱二楹，廊前有石雕护栏。阶基高约一点五米，东侧铺砌踏道石阶九级，两边有石雕扶栏，与廊前护栏相接。弥勒殿东面中间开殿门一扇，两侧开窗各一扇。门额悬挂“大慈尊”木匾，棕底金字，手体阴刻，上款“佛历二五三十年”，下款“岁次丙寅九月十九吉日　释成实敬献　山僧书”。门联云：“瓦瓶香浸一枝梅破诸烦恼障，素壁淡描三世佛照以智慧光。”殿内供奉大肚弥勒游戏坐金身像。

中院在南院之北，为坐西朝东的三合院，东边院墙，其余三边建筑，中部庭院。院落南边即南院罗汉堂之背面，中开一门，门额悬挂“罗汉堂”木匾，棕底绿字，隶体阴刻,题款“甲戌杏月　饭牛”。门联云:“善知一切真实相,深入无边法界门。”院落北边有平房十一间,坐北朝南,东首地藏殿三间,中间药师殿三间,西首斋堂五间。斋堂额曰“食存五观”,门联云二副,其一云:“万古是非浑短梦,一句弥陀作大舟。”其二云:“法界无分别,佛智同虚空。”堂内东面墙壁悬挂巨幅释迦牟尼布道图,对联云“因名法藏誓愿宏深摄取二百十亿净妙国土,果号弥陀慈悲广大愿现八万四千相好光明”。

中院西边为上客堂及三圣殿。上客堂悬山顶平房,坐西朝东,南连弥勒殿,北接三圣殿。面阔三间,进深二进,东面开一门二窗,门联云:“平等观诸俗其心无可染,慈光照十方为众作归依。”门前有檐廊,平柱二楹,两端接外伸山墙。堂前约五米有碑墙,南北长约六米,高约二米,墙体东面嵌旧碑六方:狮子岭山图两方,清光绪二十九年十二月十八日碑刻一方,民国三年腊月二十三日住持寿松立碑一方,一九九七年圆霖所立《狮子岭兜率寺修复略记》一方,另一方字迹模糊莫辨。《狮子岭兜率寺修复略记》云:“斋堂五间,大寮三间,八四年建。藏经楼上下十间,八七年建,达道法师募建,江浦统战部通电。莲花院及化身室,九〇年建。三圣殿五间,九一年香港成龙居士募建。药师殿、地藏殿共四间,众居士建。上山水泥路及山门牌楼,九三年江苏省委建。天王殿三间及罗汉堂三间,□园屋二间,九二年众居士建。弥勒殿及普贤殿各五间,九五年建。上客堂、祖堂各三间,九六年建。又石狮子四个,高旻寺供养,以上各项工程历时十五年。兜率寺十方丛林道场,传贤不传代,今后任何人不得自行占用。佛历二五四零年六月　山僧并立。”碑墙前散落四边形石柱一条,高不足一米,面刻“大清光绪二十八年冬月剃徒普善吉日立”等字;又有六边形石柱一条,高亦不足一米,镌有“曹洞正宗清净堂上圆寂恩师比丘尼修明目眼成之塔”字样。

三圣殿在上客堂北侧,悬山顶平房,坐西朝东,东面有檐廊,平柱二楹,两端接外伸山墙。阶基高约一米,东侧踏道水泥台阶七级。殿宇面阔三间,进深二进,两边耳房各一间。东面中间开殿门一扇,殿门左右开窗各一扇。门额悬挂“三圣殿”木匾,棕底金字,行体阴刻,落款“岁次乙未孟夏　祖斌复题并制以奉”。门联云:“三圣同愿庄严净土,万行具足相好光明。”殿内佛坛上供奉弥陀三尊金身立像,阿弥陀佛接引像居中,身着右袒肩袈裟,赤足立于莲台之上,左手托金莲花横置于胸前,右臂下垂,指尖向地,掌心外翻,作与愿印。观音菩萨居于左侧,左手托净瓶于胸前,瓶口朝上,右臂上曲,掌心外翻,中指弯曲与拇指相触,其余三指上竖,作说法印。大势至菩萨居于右侧,右手抱莲花于右胸前,左臂上曲,掌心外翻,指尖向上,作无畏印。楹联云:“消竭烦恼海增长福慧芽,往生佛国土普放智光明。”

庭院中置六角二级铁宝鼎一座，攒尖顶，上竖葫芦形宝瓶刹。翘檐短角，檐角作龙首造型，口衔风铃。鼎口外立面回字纹二周，鼎颈左右侧面乙字形鼎耳一对，表面回字纹。鼎腹正面分行横排“狮子岭　兜率寺”六字，左侧竖排题款“佛历二五三四年夏　住持圆霖率两序大众监制”。狮首形鼎脚三只。二级铁宝鼎前又有铁宝鼎一座，无顶无檐，鼎腹正面分行横排“狮子岭　兜率寺”六字，左侧竖排上款“佛历二五四二年六月十九吉日”，右侧竖排下款“住持圆霖率四众居士造”。狮首形鼎脚三只。铁宝鼎前有放生池，南北长约十米，东西宽约八米。

北院在中院之北，有佛堂、客房、食堂，共小屋十余间。又有二层楼一座，尚未竣工。沿食堂后面小路抵达山腰，有大慈塔，2003年住持圆霖开建，七层四面，平面正方形，底层每边长约八米，通高二十余米，塔中琉璃罩内供奉弥勒坐像。

观音寺

在旧江浦县治前，本名观音庵。缘起未详，《光绪江浦埤乘》卷三九云：“僧圣量整理焚修。”邑人胡兆麟有《丙申初秋寓观音庵作》诗云：“挂帆江上客，故里暂停时。蝉噪催残暑，蜇鸣迓早秋。人烟深巷静，树石梵宫幽。疑户逢僧出，高谈述旧游。”1949年以后，观音庵房产被江浦县政府征用，比丘尼分散，各自活动。1990年代末期，经江浦县统战部批准，重建于江浦县求雨山西麓珠江镇全红村，今浦口区江浦街道珠江村全红组，与弘德寺一路之隔，山门对望。2000年完竣，更名观音寺。

观音寺占地面积约二千平方米，二进四合院布局，坐西朝东，主要建筑有天王殿、观音殿、弥陀殿、念佛堂及斋堂、寮房等。天王殿单檐庑殿顶，正脊中部竖君子兰石雕，六叶君子兰，左右各三叶，兰叶中间有花蕊，形似五级宝塔。四方形花盆底座，花盆四立面刻“恭喜发财”各一字。正脊两端鱼尾上卷形鸱吻。殿宇面阔三间，进深一进，东面开拱门三扇，中门上额悬挂“观音寺”木匾，红色金字，手体阳文，无题款。门联云：“提布袋笑盈腮德难宣言，张海口化痴呆慈无能胜。”殿中琉璃龛内供奉漆金泥塑弥勒佛游戏坐莲台像，两庑分立彩绘泥塑四大天王像。殿宇西面开一门二窗。

观音寺

天王殿后有小庭院，东西长约十五米，南北长约十米。院中水泥预制攒尖顶六角亭一座，亭内砖砌圆香炉一座，高约一米，直径约径二米。亭西置一级六角铁宝鼎一座，攒尖顶，上竖葫芦形宝瓶刹，上下球面各作一枚镂空铜钱图案。翘檐短角，各檐角立龙形蹲兽一只，口衔风铃。檐下蟠龙柱六根，等距立于鼎口上截面，支撑檐顶。龙头居上，龙体沿柱盘旋而下，龙头和龙尾凸出柱表。鼎口外表面嵌半球体一周三十六枚，球径约二厘米。鼎颈外表面回字纹一周，左右侧面乙字形鼎耳一对，表面回字纹。鼎腹正面隶体横排“观音庵”三字，左侧竖排“风调雨顺”四字，右侧竖排“国泰民安”四字。宝鼎左侧面题上款“佛历二五四二年　公元一九九八年孟冬”，右侧面下款“住持释上照下空　释上照下西　释上通下缘”，背面功德芳名。狮首形鼎脚三只。

庭院北边为厨房和斋堂，坐北朝南，平房二间。门联二幅，其一云：“钟鼓不到人间响，蔬笋偏宜斋饭香。”其二云：“客来莫嫌茶饭淡，僧家不比世情浓。”横批“当思来处”。庭院南边为仓储，单坡顶平房二间，坐南朝北。庭院西边观音殿，单檐歇山式，正脊中部竖葫芦形宝瓶顶，螭首鸱吻，无垂兽和蹲兽。观音殿东面有檐廊，平柱二楹，二角柱各一楹。楹联云：“音即是观观人观我观世界，士何称大大经大法大慈悲。”殿宇面阔三间，进深一进，东面和西面中间各开拱门一扇，殿门两边各开窗一扇。殿中供奉漆金千手千眼观音像，高约三米。

观音殿后有天井，天井南边悬山顶二层楼房一座，坐南朝北，上下层房屋各二间，每屋北面开一门一窗，门前有檐廊。天井北边悬山顶二层楼房一座，与南边楼房形制相同，位置对称，两楼皆为寮房。天井西边悬山顶二层楼房一座，坐西朝东，东面有檐廊，上下层檐廊各平柱二楹，檐廊两端为外伸山墙。每层面阔三间，进深三进，东面中间各开门一扇，门两旁各开窗一扇。楼上念佛堂。楼下弥陀殿，门额悬挂“佛光普照”木匾，棕底金字，手体阴刻。楹联云：“演大法义音震于无间狱，吹大法螺声通于有顶天。”殿中佛坛上供奉漆金填红弥陀三尊像，阿弥陀佛接引像居中，身着通肩袈裟，赤足立于莲台上。左手托金莲台横置于胸前，右臂下垂，掌心外翻，指尖向地，结与愿印，以示接引众生往西方极乐世界。观音菩萨居左侧，顶戴阿弥陀佛，身着天衣，腰系罗裙，左手握净瓶，右手拈柳枝，赤足立于莲台。大势至菩萨居右侧，顶戴宝瓶，身披天衣，腰系罗裙，双手抱金莲花立于莲台。殿内东南角法鼓一架。东北角铁钟一座，1999年孟冬制造，高约一点五米，口径约七十厘米。蒲牢钟钮，八波形钟口，前后左右四面波谷上方各嵌钟月一枚，其余波谷上方各嵌万字符一枚。钟腹上边和下边各作回字纹一周，正立面上部楷体横排“观音庵”三字，左侧竖排“风调雨顺”四字，右侧竖排“国泰民安”四字，正立面下部二龙戏珠图案。钟腹背面功德芳名。弥陀殿西面开窗二扇。

弘德寺

在旧江浦县南四十二里柏子山，今浦口区星甸镇石窑村百子庵自然村。本名柏子庵，一名百子庵，相传明代胡氏贞女建造。清咸丰年间（1851—1861）毁于战火，同治年间（1862—1874）复建五间两进，缭以土垣，垣内水井一眼，再旱不涸。民国八年（1919），袁氏贞女自成尼重修。“文化大革命”期间存留大殿三间，后改作幼儿园，庵遂废。1984年移建于江浦县求雨山西麓珠江镇全红村，今浦口区江浦街道珠江村全红组三十一号。2000年，经南京市宗教事务局和江浦县统战部批准，更名弘德寺。

弘德寺

弘德寺位于珠江村路东侧，占地总面积二千六百平方米，建筑面积二千一百六十平方米。有山门、大雄宝殿、辅楼等建筑，山门临街朝西，二柱一门，高约四米，宽约四点五米，两边连接院墙。庑殿顶门头，正脊立面铺贴棕色瓷砖，内作祥云纹。正脊中部竖二龙戏珠瓷雕，鸱吻作上卷龙尾形。方柱体门柱，红砖外砌水泥。门额嵌“弘德寺”石匾，黑底金字，楷体阴刻，落款“常志成题”。

大雄宝殿在山门东南约五十米，坐西朝东，南北长二十四米，东西长十二米，高二十二米。有奠基碑，刻写“公元二零零一年　佛历二五四五年　奠基　住持照成　南京市江浦县百子庵大雄殿”等字。重檐歇山顶仿宋风格建筑，正脊由小圆瓦及方砖垒砌六层铜钱形状铺排而成，东面嵌“国泰民安”四块砖刻，西面嵌“风调雨顺”四块砖刻。正脊中部竖如意轮宝顶，螭首鸱吻，背负宝剑。平檐短角，垂脊和戗脊各有角兽，各檐角蹲兽四只、仙人一尊。东面上檐横梁中部悬挂“大雄宝殿”木匾，红底金字，行体阳文，落款“赵朴初题”，匾额四边镶金色卷草纹。殿基高约八十厘米，四周立石雕护栏，东侧踏道石阶五级，西侧石阶七级。殿宇面阔五间，进深五进，东面和西面中间各开方格雕花木门一扇，殿门两边各开窗二扇。殿中佛坛上供奉漆金填红华严三圣像，毗卢遮那佛居中，身着通肩袈裟，胸嵌万字符，结跏趺坐于莲台上。左手覆于左膝上面，五指并拢，指尖向地，作降魔印，右臂上曲，手掌上竖，掌心外翻，中指和拇指捻一朵金莲花。身后有船形大背光，光焰中镂九条金龙。文殊菩萨居于左侧，头戴宝冠，身穿通肩袈裟，双手持金如意，赤足立于莲台，莲台下有青狮座。普贤菩萨居于右侧，头戴宝冠，身穿通肩袈裟，双手持金莲花，赤足立于莲台，莲台下有六牙白象座。佛坛背面供奉泥塑海岛观音像，观音菩萨顶戴阿弥陀佛坐像，身披天衣，胸挂璎珞，腰系罗裙，赤足立于鳌头。左手持净瓶于腹前，瓶口朝前，向下倾斜，作洒水状，右臂上曲，掌心外翻，手持绿色柳枝，善财童子、龙女侍立两侧。观音像背后壁面彩绘泥塑三十二观音应身及童子像。佛坛北侧有供案，供奉漆金填红弥陀三尊小像。阿弥陀佛接引像居中，胸嵌万字符，身着通肩袈裟，赤足立于莲台上。左手横置腹前，掌心朝上，结禅定印，右臂下垂，掌心外翻，指尖向地，结与愿印。观音菩萨和大势至菩萨赤足立于莲台，各作手印，分立阿弥陀佛左右侧。大殿西北角供奉药师佛金身莲台像，身着通肩袈裟，胸嵌万字符，结跏趺坐于莲台上，右掌压左掌置于腹前，掌心托七级宝塔。西南角供奉阿弥陀佛金身莲台像，身着通肩袈裟，胸嵌万字符，结跏趺坐于莲台上，两掌相叠置于腹前，掌心托金莲台。殿内东南角法鼓一面。东北角镀铜铁钟一口，高约一点三米，口径约八十厘米。蒲牢钟钮，八波形钟口，波谷上方各作钟月一枚。钟肩伏莲一周。钟腹上边回字纹一周，下边海波纹一周，钟腹正立面隶体竖排“弘德寺”三字，左上方分行竖排两行铭文“愿此钟声超法界　□围幽暗悉皆闻”，铭文下方竖排落款“佛历二五四六年　公元二〇〇二年”。正立面右上方分行竖排两行铭文“闻尘清净证圆通　一切众生成正觉”。钟腹左侧面和右侧面中部各有两匝一字纹，其间各铸隶体“南无阿弥陀佛”六字。鼎腹左侧面上部竖排“风调雨顺”四字，右侧面上部竖排“国泰民安”四字，钟腹左右侧面的下部及背面全部，刻记功德芳名。大殿南侧有卷棚顶二层楼一座，坐南朝北，上下层各面阔七间，进深二进，另楼梯通道一间。各间北面开一门一窗，门前有檐廊，每层檐廊平柱各七楹，各角柱一楹。楼下为客堂，楼上为办公用房及住所。

大雄宝殿前有空场，南北长约三十五米，东西长约二十五米。场中置六角三级铁宝鼎一座，攒尖顶，上竖葫芦形宝瓶刹，宝瓶上下球面各铸二枚铜钱并列图案。平檐短角，各檐角立龙形蹲兽一只，口衔风铃。鼎口外立面回字纹一周，其下莲花一周六朵。鼎颈正面和背面外表各铸如意轮三只，各轮两翼缀卷草。鼎颈左右侧面如意柄形鼎耳一对，表面铸游龙翔云图案。鼎腹上边伏莲一周，下边半球体一周四十枚，球径约二厘米。鼎腹正面隶体横排“弘德寺”三字，左侧分行竖排上款“佛历二五四六年　公元二〇〇二年”，右侧竖排下款“钟宝鼎大众居士捐”。鼎腹背面二龙戏珠图案。狮首形鼎脚三只，鼎脚之间有如意飘带造型角铁联接。宝鼎之后、大殿东门之前，置矩形铁香炉一座，庑殿顶，正脊由三层菱形铺排而成，上竖葫芦形宝瓶顶，宝瓶上下球面各铸二枚铜钱并列图案，螭首鸱吻。平檐短角，各檐角龙形蹲兽一只，口衔风铃。回字格挂落，蟠龙檐柱四根，呈对角立于炉口上截面，支撑檐顶。龙头在立柱中部偏下，凸出柱表，龙身及龙尾沿立柱表面上下展开。炉颈正面莲花五朵；左右侧面如意柄形炉耳一对，表面回字纹。炉腹正面隶体横排“弘德寺”三字，左侧分行竖排上款“佛历二五五一年　公元二〇〇七年”，右侧竖排下款“住持　释上照下成法师”。炉腹左右侧面和背面以及正面左边部分，皆铸刻功德芳名。

大雄宝殿后有小庭院，坐西朝东。北厢房二间厨房，南厢房二间柴房。西边平房五间，进深二进，西墙背倚村路，东门正对大殿后门。其北首三间为百子庵旧迹，中间东面开拱门一扇，两边间开扇各一扇。拱门上额嵌“百子庵”青石匾，隶体横排阴刻，上款竖排“佛历二五二七年重建”，下款竖排“癸亥年九月十九日”。屋内佛台正中位置供奉释迦牟尼佛金身禅定像，迦叶、阿难侍立两胁。释迦佛左边有大肚弥勒佛金身游戏坐像；其次地藏菩萨金身像，头戴毗卢冠，身穿通肩袈裟，结跏趺坐于莲台上，双掌叠加托摩尼珠于腹前，闵公、道明和尚分立左右；其次韦陀金身像。释迦佛右边有漆金填红药师佛像，身着通肩袈裟，结跏趺坐于莲台上，双手托药臼于腹前；其次漆金填红地藏菩萨跏趺莲台像，双手托摩尼珠于腹前，闵公和道明和尚立于两边；其次弥陀三尊金身像，阿弥陀佛接引像居中，身着通肩袈裟，赤足立于莲台之上，左手托金莲台于腹前，右臂下垂，掌心外翻，指尖向地，作与愿印，观音菩萨持净瓶立于左侧莲台，大势至菩萨捧莲花立于右侧莲台。南首二间额曰“五观堂”。庭院中铁宝鼎一座，无顶檐，鼎腹正面横排“百子庵”三字，左侧分行竖排“佛历二五三四年夏　住持德宽率两序大众监制”。鼎腹左右侧面上部铸倒“凹”字形鼎耳一对，表面回字文。鼎腹右侧面下部及背面全部，铸功德芳名。狮首形鼎脚三只。

弘德寺近年将重建山门，新建藏经楼、抄经院，增建寮舍等配套用房。

惠济寺

在旧江浦县北三十里汤泉镇，今浦口区汤泉街道惠济北路惠济公园内。镇有汤泉，梁昭明太子萧统读书于此，尝濯足沐洗，人称“太子汤”。寺因泉名，曰汤泉院，亦名东济寺，始建于东晋，南唐韩熙载有《汤泉院碑》。北宋初年更名惠济院，熙宁年间（1068—1077）漳南道人隐居于此，孙莘老、秦少游、释参寥尝往访，秦少游撰《游汤泉记》云："惠济三泉，旁皆甃石为八方斛，窍其两崖，一以受虚，一以泄满，泉输其中，晨夜不绝。其色深碧沸白，香气袭人，爬搔委顿之病，浴之辄愈，赢粮自远而至者无虚时。"元祐元年（1086）僧忠镜改建，更名惠济寺，元祐三年（1088）刻石并以银函奉安佛舍利。明洪武年间（1368—1398），太祖朱元璋改汤泉镇为香泉镇，惠济寺易名香泉寺，陈献章有《宿香泉寺》诗云："香泉寺里悬灯宿，东葛城中抱被来。绿鬓高歌六七辈，春风连放两三杯。未嫌此地山灵厌，只恐明朝县马催。我与定山何所似，但云夫子寿颜回。"庄昶《宿香泉寺和白沙诗》云："此老生平原洒脱，香泉龙洞偶然来。自家风月自家趣，何处江山何处杯。流水行云都自在，红尘白浪对相催。肯分四百峰峦我，一个峰头醉一回。"后复惠济寺旧名，张瑄有《游惠济寺》诗云："胜境汤泉甲一方，白云深处有僧房。梅花落讶初飞雪，草色浓疑未着霜。云母屏开珠箔润，博山炉暖水沉香。春来剩有新题咏，尽付奚奴古锦囊。"崇祯十六年（1643）重建观音殿。清康熙二年（1663）修大雄宝殿，道光年间（1821—1850）邑人毛麟、苏兆奎在寺内创立英华书院。咸丰年间（1851—1861）寺毁于兵，光绪年间（1875—1908）复建数楹，后圮，旧迹无存。

惠济寺遗址现为南京市文物保护单位，占地面积三十亩。遗址内有延寿宝殿，2006年11月25日奠基，2009年11月25日举行落成暨药师佛像开光法会。宝殿坐北朝南，单檐歇山式仿唐建筑，大屋顶，坡面平缓，鸱吻高弯形似牛角，垂脊无角兽，戗脊无蹲兽。殿基高出地表约一点五米，平面长方形，东西两边以及南边和北边两翼各立石雕护栏，南侧中部铺设石阶十级，两边有石雕扶栏，与殿基南边两翼石雕护栏相接。殿宇面阔三间，进深二进，南面中间开殿门一扇，两边开方窗各一扇。门额悬挂"延寿宝殿"木匾，金底黑字，手体阴刻，落款"王婉珍敬立，朗明书"。匾面饰万字符底纹，四边内周镂九条金龙，外围镂法轮、法

惠济寺延寿宝殿

螺、宝伞、白盖、莲花、宝瓶、金鱼、盘长等八宝，间以如意祥云。门联云："树老心空千佛地，泉温井古三观禅。"落款"赵朴初题"。殿中佛坛供奉东方三圣金身像。药师佛居中，身披通肩袈裟，结跏趺坐于莲台上，左手托药壶置于右脚上面，右臂上曲，掌心外翻，中指与拇指呈环形，其余三只上竖，作说法印。药师佛身后有顶圆光和船形大背光，船头雕法轮一枚，法轮下方宝瓶一座。光晕内雕如意祥云，祥云中六尊坐佛，左右边各三尊。日光菩萨居于药师佛左侧，手持日轮，月光菩萨居于药师佛右侧，手持月轮。楹联云："琉璃佛国慈悲主，东方世界日月尊。"东方三圣像正上方悬挂"海云豪光"四字木匾，黑底金字，草书阴刻，落款"沙孟海"，匾沿雕金色卷草。东方三圣像左上方悬挂"消灾延寿"四字木匾，蓝底金字，草体阴刻，集王羲之书，匾面饰祥云暗纹，边沿镂九条金龙。东方三圣像右上方悬挂"妙相庄严"木匾，蓝底金字，行体阴刻，落款"启功敬书"，匾面饰莲叶水波暗纹，边沿镂回字纹及卷草纹。殿内两庑山墙面以及东方三圣像两侧墙面，皆置六层木架，架上供奉药师佛小型金身像千尊。

延寿宝殿门前有空场，场中置二级铁宝鼎一座，圆攒尖，上竖莲台宝珠刹。鼎口外立面铸卷草一周八束，卷草下方嵌半球体一周十六枚，球径约二厘米。鼎腹正面隶体横排阳铸"古惠济寺"四字，左侧分行竖排上款"佛历二五五四年　公元二〇一〇年"，右侧竖排下款"住持释朗明"，鼎腹背面功德芳名。鼎腹左右侧面如意柄形鼎耳一对，表面回字纹。兽首形鼎脚三只。宝鼎下方置铁铸圆柱体雕花底座，下枋由四片如意组成，内有卷草纹，下枭伏莲一周，束腰同心结四束，上枭仰莲一周，上枋祥云八朵间隔莲花八朵，素平上表面。宝鼎底座之下有鼓形石础，外立面浮雕二龙戏珠图案。

宝鼎之南数步有矩形铁香炉一座，歇山顶，螭首鸱吻，各垂脊角兽一只，各戗脊蹲兽三只、仙人一尊。回字格挂落，方柱体檐柱八根，均分两行立于炉口上截面，支撑檐顶。炉腹正面四角铸如意祥云，呈菱形分布。菱形中空处隶体横排阳文"古惠济寺"四字，左侧竖排"佛历二五五四年"七字，右侧竖排"公元二〇一〇年"七字。炉腹背面四角亦由如意祥云作菱形分布，菱形中部隶体横排"正法住世香火千年"八字。炉腹之下为矩形底座，下枭伏莲一周，圭角正面和背面各雕海波，海波中部各作一只龙头，面额朝前；柱角处亦各作一龙头，面额向外。

宝鼎之东数步有铁钟一座置于地面，此钟2015年悬挂于延寿宝殿之东简易钟亭内，2017年秋钟亭无存，寺钟移置于此。大钟高约一点六五米，口径约一米。蒲牢钟钮，平圆钟口，钟口上方一字纹四匝，第二、三匝之间有卷草一周。钟腹正面隶体竖排"惠济寺"三字，字上方嵌半球体二枚，横向并列，球径约二厘米；字下方钟月一枚，月面作一朵十六瓣莲花造型。钟腹左面、右面及背面各有隶体竖排“南无观世音菩萨”七字,字上方各嵌半球体二枚,横向并列,球径约二厘米;字下方各钟月一枚,月面作十六瓣莲花造型。钟腹正面的左侧和右侧,上半部各嵌半球体二十五枚,五纵五横排列,球径约二厘米,下半部铸功德芳名。右侧功德芳名之后有落款“佛历二五五六年　公元二〇〇八年”等字。钟腹背面的左侧铸《般若波罗蜜多心经》全文,右侧铸“风调雨顺　国泰民安　佛日增辉　法轮常转”十六字。

惠济寺文物遗存有础石、碑刻、香泉古井、英华书院石碑。础石分为两类,一类是覆盆上雕有缠枝牡丹、葡萄、莲花等纹饰,或系南唐汤泉院或宋初惠济院遗物,且为后来的惠济寺沿用;另一类是覆盆式素面柱础,约为元祐三年(1088)所建转轮藏殿遗物。碑刻年代最早者为南唐韩熙载所撰汤泉院碑,该碑青石质地,下承龟趺,碑首半圆,上有蟠龙浮雕,碑额篆题“汤泉禅院之碑”六字,笔力雄壮遒劲。此碑在“文化大革命”期间被炸成数段,现已收集其中五块,碑文漫漶,堪可辨识仅十余字。又有宋元祐三年(1088)记载建惠济寺转轮藏殿并以银函奉安佛舍利事迹之碑刻,明崇祯十六年(1643)重建观音宝殿碑刻,清康熙二年(1663)修大雄宝殿碑刻。香泉古井本名汤泉井,明太祖朱元璋幸汤泉镇,因避讳改“汤”字为“香”字,遂名香泉井。传说半夜常闻井底有鸡鸣声,故又名鸡鸣井。英华书院石碑长一点一米,宽四十四厘米,厚十三厘米,青石质地,隶书“英华书院”四字,下款云“道光岁次甲午”。

惠济寺遗址内有三株银杏树,相传梁代昭明太子萧统手植,实乃南唐时期种植。长者曰“千年垂乳”,高二十米,径七百四十五厘米,枝干有七支乳瘿下垂,最大一支二百一十八厘米,乳瘿根部直径三十厘米,周长九十厘米。仲者曰“撑天覆地”高二十五米,径七百四十五厘米,盛夏季节,树荫覆盖半亩有余,可供千人纳凉,“文化大革命”期间尝遭砍伐。叔者“雷击复苏”,高二十四米,径四百七十厘米,树干高耸,一柱擎天,清咸丰年间(1851—1861)雷火焚毁半躯,数年后复苏,今树干中空,宛若一线天景象。银杏树旁有石碑,镌刻“南京市文物保护单位　惠济寺银杏　时代南唐　发布年

惠济寺新建殿宇

代一九八二年八月十三日　南京市人民政府”字样。

2012年浦口区人民政府决定复建惠济寺，2013年11月24日大雄宝殿奠基，2014年底复建工程全面启动。新惠济寺位于延寿宝殿西侧约一百米，现已建成四合院一座，三合院一座，单体楼房一座，三连体楼房一座，大致呈“田”字形分布。

四合院位于新寺址东南部，坐北朝南，仿唐风格建筑。目前土建工程完竣，殿宇内饰择日开启。倒座房为单檐歇山式，大屋顶，坡面平缓。正脊两端鸱吻高弯，如一对牛角，垂脊无角兽，戗脊无蹲兽。阶基高约九十厘米，平面长方形，南侧和北侧各铺设踏道石阶六级。殿宇面阔五间，进深四进，中部南面和北面各开殿门三扇，左右边南北两面各开窗一扇。殿宇东、西山墙各开便门一扇，分别连接半封闭式檐廊八楹。东侧檐廊东端连接院落东南角楼，西侧檐廊西端连接院落西南角楼。

东厢房由一座主殿、二座辅殿以及两段檐廊组成。殿宇皆歇山式，大屋顶，牛角形鸱吻。正殿居中，面阔五间，进深四进，西面开殿门三扇，殿门两旁窗户各一扇；东面开窗户二扇，南面和北面各开便门一扇。阶基高约九十厘米，西侧踏道石阶六级。正殿南侧和北侧各有辅殿一座，与正殿连为一体。各辅殿面阔二间，进深二进，西面开殿门一扇，窗一扇。辅殿阶基高约四十厘米，西侧踏道石阶三级。南侧辅殿南山墙外连接半封闭式檐廊五楹，檐廊南端连接庭院东南角楼。角楼四面二层，攒尖顶，平座外挑，四面有围栏。上下层皆面阔二间，进深二进，南面开门一扇，其余三面各开窗一扇。北侧辅殿北山墙外连接半封闭式檐廊五楹，檐廊北端即庭院东北角。西厢房形制与东厢房相同，主殿、辅殿及檐廊位置对称。其南侧辅殿南山墙外连接半封闭式檐廊五楹，檐廊南端连接庭院西南角楼。西南角楼形制与东南角楼相同，位置对称。北侧辅殿北山墙外檐廊五楹，抵于庭院西北角。

北正房为大雄宝殿，高二十六米，面积一千六百平方米。仿唐代风格，重檐歇山式，大屋顶，牛角形鸱吻。阶基高约三米，南侧踏道二层二十二级。殿宇面阔七间，进深四进。南面和北面中部开殿门各三扇，两旁开窗户各二扇，东面和西面开窗各二扇。殿外四面有檐廊，南面和北面檐廊平柱各八楹，东面和西面檐廊平柱各五楹，四角柱各一楹。大殿东、西山墙外各加接檐廊五楹，分别与东、西厢房北侧檐廊相接。

四合院北二十余米有三合院，坐北朝南。院落南边开院门一扇，悬山式门头，院门两旁开窗各一扇。院落北边悬山顶二层楼房一座，上下层各面阔三间，进深三进；南面有檐廊，平柱二楹，二角柱各一楹，楼上檐廊外边立护栏。东厢房为二层楼房，上下层各面阔三间，进深三进，另有楼梯过道一间；西面有檐廊，每层平柱三楹，二角柱各一楹。西厢房形制与东厢房相同，位置对称。

四合院西侧有单体二层楼房，坐北朝南，歇山式。每层面阔五间，进深三进。南面中间开门一扇，两边开窗各二扇；北面各开窗五扇。门前有檐廊，上下层檐廊各平柱四楹，各角柱一楹。一楼门额悬挂“五观堂”木匾，门联云：“一粒米中藏世界，半边锅里煮乾坤。”上款“乙未年冬”，下款“沙门朗明书”。二楼门额悬挂“虎角堂”木匾，金底黑字，手体阴刻，上款“乙未年”，下款“朗明书”，匾沿饰金色莲花和如意祥云。阶基高约一点六米，南侧踏道石阶十一级。

单体楼房之后有三连体楼房，坐北朝南，平面呈倒“凹”形，悬山式，大屋顶。寮舍、客堂、住持办公室、慈善功德会、浦口区佛教协会所在地。主楼四层，每层面阔六间，进深三进，另有楼梯过道二间；南面有檐廊，皆平柱七楹，二角柱各一楹，二楼以上檐廊外边有砖砌半高护栏。四楼护栏外面悬挂“云水寮”木匾，金底黑字，手体阴刻，上款“乙未年”，下款“朗明书”，匾沿饰金色莲花和如意祥云。东、西两侧翼楼形制相同，位置对称，皆为悬山顶三层楼房。每层面阔四间，进深三进。每间开门一扇，东西相对。各层门前有檐廊，平柱三楹，二角柱各一楹。二楼和三楼檐廊外边有砖砌半高护栏。

极乐寺

在旧江浦县小东门内，今浦口区珠江镇怡园巷南端。清顺治年间(1644—1661)创建，溪桥围绕，松柏苍翠，悠然忘尘市之嚣，名极乐庵。20世纪60年代迁至怡园巷西侧，有大殿一间，平房五间，僧侣三名。1993年经江浦县人民政府批准，徙建于珠江镇白马村中心组，今浦口区江浦街道象山路三十一号，改名极乐寺。

极乐寺依山而筑，北高南低，整体布局坐北朝南，中轴线有天王殿、大雄宝殿、大弥陀殿、海会堂，两翼有客堂、地藏殿、观音殿、药师殿、斋堂、僧寮、居士楼等，总面积近两万平方米。

天王殿坐北朝南，门前石墀二层二十八级，两边有石雕扶栏。第一层石墀中部地面铺砌长方形青石浮雕一块，二龙戏珠图案，宝珠居中，二龙上下排列，龙首相对，周边填以如意祥云。第二层石墀中部铺砌云龙喷水青石浮雕一块，底部有海波纹。在第一层石墀与第二层石墀衔接处，置六角一级石宝鼎一座，攒尖顶，上竖葫芦形宝瓶刹。平檐短角，檐下蟠龙立柱四根，呈对角立于鼎口上截面，支撑檐顶。鼎口外表面回字纹一周，鼎颈左右侧面龙形鼎耳一对，龙首相对，龙体短小，尾部上曲，与龙首后脑形成环状。鼎腹正面游龙一条，右前爪握毛笔一支，左前爪持书籍一本，龙体四周有如意祥云。鼎腹背面麒麟一对，一前一后同向奔跑，前面麒麟回头后望，四目相对。麒麟四周如意祥云，云端之上有上弦月一枚。狮首形鼎脚三只。宝鼎下有圆形青石底座，下层伏莲一周，上层仰莲一周，中腰收束，素平。

天王殿重檐庑殿顶，正脊中部竖葫芦形宝瓶，螭首鸱吻，背负宝剑。平檐翘角，垂脊各有角兽一只，各檐角蹲兽四只、仙人一尊。殿宇面阔五间，进深三进，中部三间为天王殿，东边一间法物流通处，西边一间佛经流通处。天王殿南面开拱门三扇，中门上额嵌“极乐寺”石匾，黑底金字，行体阴刻，上款“丙戌秋月上浣书于金陵世欣园”，下款“常志成”。门联云：“青牛驾雾割愁登极乐，白马腾云刻苦证菩提。”落款“丙戌秋月中浣书于金陵世欣园　常志成题”。左边门额曰清净，右边门额曰乐土。天王殿北面开一门二窗，门外有檐廊，平柱四楹，二角柱各一楹。殿中琉璃龛内供奉泥塑漆金填红大肚弥勒菩萨游戏坐莲台像，左腿单盘，右腿上曲，右脚掌置于莲台上面。左手握如意覆于左腿上，右手持念珠覆于右膝上面。两庑山墙前分列彩绘泥塑四大天王立像。法物流通处和佛经流通处南面各开拱门一扇，门额各嵌一“佛”字，北面各开一门一窗。

出天王殿后门有庭院，院中六角三级铁宝鼎一座，攒尖顶，上竖三叠球面宝瓶刹，第二叠和第三叠球面各作一枚镂空铜钱图案，宝瓶尖竖法轮一枚。宝鼎平檐短角，龙首蹲兽，口衔风铃。蟠龙檐柱四根，对角分布，立于鼎口上截面，支撑檐顶。鼎口和鼎颈外表面各有回字纹一周，鼎颈左右侧面乙字形鼎耳一对，表面回字纹。鼎腹上边无纹饰，下边嵌半球体一周四十枚，球径约二点五厘米。鼎腹正面分行横排繁体隶书“江浦　极乐寺”五字，左侧竖排“风调雨顺”四字，又左分行竖排上款“公元一九九八年七月二十九日　佛历二五四二年缘满”，右侧竖排“国泰民安”四字，又右竖排下款“住持　释心灯”。鼎腹两侧面及背面功德芳名。狮首形鼎脚三只。宝鼎下有圆墩形水泥预制底座，直径约七十厘米，高约三十厘米，南面铺砌水泥台阶二级。六角三级宝鼎两旁，各有六角一级铁宝鼎一座，形制相同，位置对称。攒尖顶，上竖葫芦形宝瓶刹，宝瓶上下球面各镂空一枚铜钱图案。平檐

极乐寺

短角，龙形蹲兽，口衔风铃。蟠龙檐柱六根，均匀分布于鼎口上截面，支撑檐顶。龙头在檐柱底部，龙体绕檐柱盘曲而上。鼎口外立面嵌半球体一周，球径约二厘米。鼎颈外表面回字纹一周，左右两侧乙字形鼎耳一对，表面回字纹。鼎腹上边无纹饰，下边半球体一周，球径约一点五厘米。鼎腹正面分行横排繁体隶书“江浦　极乐寺”五字，左侧竖排“佛日增辉”四字，又左分行竖排上款“佛历二五四二年　公元一九九八年孟冬”，右侧竖排“法轮常转”四字，又右竖排下款“住持释　上心下灯”。狮首形鼎脚三只，下有水泥预制圆柱体底座，直径约六十厘米，高约三十厘米，竖立面铺贴白色瓷砖，素平。

庭院东边硬山顶二层楼房，坐东朝西。上下层皆面阔五间，进深一进；西面有檐廊，方柱体平柱四楹，各角柱一楹。楼上为客堂，中间开门一扇，两边窗户各二扇。门额悬挂“客堂”木匾，黑底金字，手书阴刻，门联云：“客来莫嫌茶饭淡，僧家不比世情浓。”楼下生活用房。庭院西边硬山顶二层楼房，坐西朝东，与东厢房形制相同，位置对称。楼上地藏殿，中间开殿门一扇，殿门两边窗户各二扇。门额悬挂“地藏殿”木匾，黑底金字，行体阴刻，上款“戊子年春”，下款“三宝弟子敬献”。门联云：“地狱不空誓不成佛，众生度尽方证菩提。”地藏殿中琉璃龛内，供奉漆金填红泥塑地藏菩萨像，头戴毗卢冠，身着法衣，结跏趺坐于莲台上，右掌压左掌置于腹前，掌心朝上，托摩尼珠，闵公和道明和尚侍立两旁。楼下为生活用房。

庭院北边石阶十九级，两旁立石扶栏。石阶之上有月台，月台中部置矩形铁香炉一座，庑殿顶，正脊由三层透空菱形铺排而成，中竖葫芦形宝瓶，上下球面各作透空二枚铜钱并列图案，螭首鸱吻。平檐短角，龙形蹲兽，口衔风铃。蟠龙檐柱四根，对角立于炉口上截面，支撑檐顶。炉颈外表面饰回字纹一周。炉腹正面分行横排繁体隶书“南京浦口区　极乐寺”八字，左侧分行竖排上款“佛历二五五二年　公元二〇〇八年”，右侧分行竖排下款“住持上心下灯老和尚率四众弟子监制”。上下题款外侧，各有如意祥云数朵，呈圆弧形分布。炉腹背面横向并列两幅二龙戏珠图。狮首形炉脚四只，正面和背面的炉脚与炉腹底边之间嵌三角形夹角，斜边作如意形曲线。

月台北边大雄宝殿，1997年10月12日奠基，2001年竣工。大殿坐北朝南，单檐歇山顶，正脊中部竖三叠宝瓶刹，螭首鸱吻。戗脊有角兽，各檐角蹲兽四只、仙人一尊。面阔五间，中部三间进深一进，左右边间进深二进，平面呈倒“凹”字形。南面中间开殿门一扇，殿门左右开窗各一扇。门额嵌“大雄宝殿”石匾，黑底金字，行体阴刻，常志成题写。门前有檐廊，平柱二楹，楹联云：“驾慈航发悲心劝迷途者回头靠岸，以正智说妙法为见道人指路传灯。”殿中佛坛琉璃龛内，供奉漆金填红泥塑释迦牟尼佛禅定像，释迦佛身着通肩袈裟，胸嵌万字符，结跏趺坐于莲台上，右掌压左掌置于腹前，掌心向上，两拇指相触，作禅定印。身后有大背光，光焰中雕金龙三条及蓝色如意祥云。迦叶、阿难侍立左右，面向释迦佛双手合十。释迦佛背面供奉千手观音金身像。两庑墙面悬挂十八罗汉水墨画。殿内西南角法鼓一架，东南角铁钟一座，高约一米，口径约六十厘米。蒲牢钟钮，八波形钟口，正面、背面和左右侧面波谷上方各有钟月一枚，其余波谷上方各有万字符一枚，钟月与万字符相间排列。钟肩伏莲一周八瓣，内作如意图案。钟腹上边和下边各有回字纹各一周。钟腹正面上部，分行横排隶体“江浦　极乐寺”五字，左侧分行竖排“公元一九九八年七月二十九日　佛历二五四二年缘满”，右侧竖排“住持　释心灯”。钟腹正面下部作二龙戏珠图一幅。钟腹背面上部横排隶体“幽冥钟”三字，钟腹背面的下部及左右侧面全部，刻功德芳名。大殿北面无门，开窗二扇。左右边间，南面各开窗二扇，上下排列，上窗拱形，下窗长方形；又各房门一扇，在檐廊东西两端内侧，位置对称。

极乐寺大雄宝殿

大雄宝殿东西两翼有南北向过道，起止处各有月门一扇。东翼过道，南月门额曰“药师殿”，门联云：“人心清净无私念，世界自然现大同。”北月门有对联云：“常乐柔和忍辱法，安住慈悲喜舍中。”过道东侧坐东朝西平房四间，进深一进；西面带檐廊，方柱体平柱三根，各角柱一根。南首二间为办公室，北首二间门额悬挂“药师殿”木匾，蓝底金字，隶体阴刻，无题款，门联云：“护诸苦厄如父母，决定利益无怨亲。”药师殿中佛坛上供奉漆金填红泥塑药师佛像，身着通肩袈裟，胸嵌万字符，结跏趺坐于莲台上；右掌压左掌置于腹前，掌心向上，托五级宝塔。西翼过道，南月门额曰“观音殿”，门联云：“无人无我观自在，非空非色见如来。”北月门有对联云：“百年世事雪填井，虚名幻利绳系风。”过道西侧坐西朝东平房四间，进深一进；东面带檐廊，方柱体平柱三根，各角柱一根。其南首二间办公室，北首二间门额悬挂“观音殿”木匾，黑底金字，行体阴刻，无题款，门联云：“若不回头谁替你救苦救难，如能转念何须我大慈大悲。”观音殿中石坛上供奉漆金填红泥塑观音菩萨像，顶戴阿弥陀佛，身着天衣，结跏趺坐于莲台上;右掌压左掌置于腹前,掌心朝上,托以净瓶,瓶口上竖,内插绿色杨柳,善财童子、龙女侍立两侧。

从大雄宝殿之后登水泥台阶十六级至大弥陀殿广场。广场中部置矩形铜香炉一座,庑殿顶,正脊由三层透空菱形铺排而成,中竖葫芦形宝瓶刹,上下球面皆镂刻二枚铜线并列图案,螭首鸱吻。平檐翘角,龙形蹲兽,回字格挂落。蟠龙檐柱八根,均分两行立于炉口上截面。龙首在檐柱中部偏下位置,龙体向上下两端盘旋展开。炉颈正面和背面各莲花九朵,左右侧面如意柄形炉耳一对,表面回字纹。炉腹正面横排隶书阳文“白马寺”三字,左边竖排上款“佛历二五六一年 公元二〇一七年”,右边竖排下款“住持定旭法师”。炉腹背面横向并列三幅二龙戏珠图。狮首形炉脚四只,正面和背面炉脚与炉腹底边之间,各嵌三角形夹角,斜边作如意形曲线。

广场东边硬山顶三层楼房一座,坐东朝西。每层房屋十七间,楼梯通道一间,西面有檐廊,平柱十六楹,各角柱一楹。广场西边硬山顶三层楼房一座,与东边楼房形制相同,位置对称,皆为老年居士安养之所。

极乐寺大弥陀殿

广场北边大弥陀殿,2005年11月奠基,2008年3月完竣,建筑面积一千七百多平方米。坐北朝南,重檐歇山顶,正脊由小圆瓦垒砌七层透空圆形铺排而成,南面嵌“法轮常转”四块砖刻,北面嵌“佛日增辉”四块砖刻,正脊中部竖法轮一座,螭首鸱吻。垂脊由圆瓦垒砌四层透空圆形铺排而成,脊末立石雕法像一尊。戗脊由圆瓦垒砌二层透空圆形铺排而成,脊末有角兽一只。平檐翘角,内作斗拱,各檐角蹲兽四只、仙人一尊。上檐南面横梁中部斗拱前，悬挂“大弥陀殿”木匾，黑底金字，行体阴刻，落款“丙戌秋月上浣书于金陵世欣园　常志成题”，匾额边沿饰金色回字纹。大弥陀殿上下两层，各层面阔五间，进深四进。殿基高出地表约六十厘米，平面呈长方形，东、西、北三边以及南边两端围以石雕护栏。殿基南侧踏道水泥台阶五级，两边立石雕扶栏。殿宇每层四面有檐廊，南面和北面平柱各六楹，东面和西面平柱各五楹，四角柱各一楹。一楼南面中部开殿门三扇，两边落地窗各一扇，北面开窗四扇。殿内悬挂木匾三块，一曰“妙明真性”，一曰“万德圆彰”，一曰“悲心济物”。楹联二副，其一云：“光明遍照十方世界，念佛众生摄取不舍。”其二云：“随缘杂善恐难生，故使如来选要法。”殿中佛坛上供奉华严三圣漆金填红塑像，毗卢遮那佛居中，头戴毗卢冠，身着通肩袈裟，结跏趺坐于九层莲台上，双手置于胸前，左手握拳，拳心向下，拳眼向内；右手套左手，两手食指上竖，指尖相触，作毗卢遮那佛手印。文殊菩萨居于左侧，左舒坐于青狮座上，右手置于右胯前，手心托一如意底部，如意上部倚靠右肩；左臂上曲，竖掌胸前，掌心外翻，中指和无名指向下弯曲，其余三指向上，作说法印。普贤菩萨居于右侧，右舒坐于六牙白象座上，双手捧莲花于胸前。殿内东山墙前供奉漆金填红观音菩萨跏趺莲台像，顶戴阿弥陀佛，身着天衣，左手托净瓶放在腹前，瓶口朝上，右臂上屈，手握柳枝于胸前。西山墙前供奉漆金填红地藏菩萨跏趺莲台像，头戴毗卢冠，身穿法衣，双掌相叠置于腹前，掌心托摩尼珠，身后有顶圆光，闵公和道明和尚侍立左右。大弥陀殿二楼供奉弥陀三尊金装塑像，阿弥陀佛接引像居中，身着通肩袈裟，胸嵌万字符，赤双足立于莲台上。左手托金莲台置于腹前，右臂下垂，掌心外翻，指尖向地，作施愿印。观音菩萨立于左侧，顶戴阿弥陀佛，身着天衣，腰系罗裙，赤足立于莲台上。左手托甘露瓶置于腹前，瓶口朝上，右臂上曲，手捻柳枝，作洒水状。大势至菩萨立于右侧，顶戴净瓶，身着天衣，腰系罗裙，赤足立于莲台上，双手捧一枝莲花。

大弥陀殿后有山坡，坡顶筑二层楼房一座，坐北朝南，悬山顶，南面有檐廊，北面有过道。楼上下层皆面阔七间，进深二进。楼上中间门额悬挂“海会堂”木匾，黑底金字，隶体阴刻，上款“三宝弟子立”，下款“戊子年春”。

觉华寺

在今浦口区星甸街道十里村高江线东一百米，为老山狮子岭兜率寺下院。整体布局坐北朝南，主要建筑有大殿、般若亭、地藏殿、客堂、斋堂、寮舍等。寺院门前是一条南北走向的村路，寺在路东，山门朝西，竖两根口径约十厘米的钢管以为门柱，

觉华寺

横担一根口径约五厘米的钢管作为门额。山门两边连接红砖院墙，墙高约一点五米，砖体袒露，无粉饰。山门内有庭院，水泥地面，平面长方形，东西边长约十五米，南北边长约七米。庭院西边地藏殿，坐西朝东，悬山顶平房，正脊由棕色釉瓷砖铺排而成，砖面有二龙戏珠图案，正脊中部竖二龙戏珠釉瓷浮雕，鸱尾作上翘龙尾形。殿宇面阔三间，进深二进，西墙临村路，东面有檐廊，四方体平柱二楹，二角柱各一楹，嵌入山墙外伸墙体内。东面中间开殿门一扇，两边窗各一扇。殿中供奉漆金填红地藏菩萨像，身着通肩袈裟，赤足立地，左手托摩尼珠于胸前，右手握锡杖，杖头朝上，杖尾着地，闵公、道明和尚分立两胁。庭院东边硬山顶二层楼房一座，坐东朝西，上下层各面阔五间，进深二进，楼体中部置楼梯，水泥台阶连通上下楼层。楼下为厨房和斋堂，楼上客堂、僧舍及居士住所。

大殿在庭院北边，坐北朝南，悬山顶仿古建筑，正脊两端有螭首鸱吻，垂脊有角兽。南面檐廊平柱二楹，二各角柱一楹。阶基高约五十厘米，南侧踏道水泥台阶四级。殿宇面阔三间，进深三进，南面中间开殿门一扇，殿门左右窗户各一扇。门联云："慈悲施舍天地欢，孝顺善良增福寿。"殿中供奉漆金填红娑婆三圣像，释迦牟尼佛禅定像居中，身着通肩袈裟，结跏趺坐于莲台上，双掌叠加置于腹前，右掌压左掌，掌心朝上，作禅定印。杨柳观音居左侧，顶戴阿弥陀佛坐像，身着天衣，腰系罗裙，结跏趺坐于莲台上，左手托净瓶于腹前，瓶口朝上，右臂上曲，手持柳枝，掌心向外，作洒水状。地藏菩萨居右侧，头戴毗卢冠，身着法衣，结跏趺坐于莲台上，右掌压左掌置于腹前，掌心朝上，托摩尼珠。娑婆三圣像两侧置千佛塔一对。大殿西北角供奉彩绘观音像，观音菩萨顶戴阿弥陀佛金身像，胸配金色瓔珞，臂带金色腕钏，身披紫面金边天衣，腰系橘黄色罗裙，绿色腰带，赤足立于绿色伏莲台上，浮于蓝色海波浪尖。左手托净瓶于胸前，瓶口朝上，右臂上曲，掌心外翻，拇指和食指拈绿柳枝，枝头嵌入净瓶中，作蘸水状。殿内东北角供奉彩绘泥塑大肚弥勒佛游戏坐莲台像。西南角置法鼓一架。东南角悬挂铜钟一座，高约一点三米，口径约七十厘米。蒲牢钟钮，八波形钟口，钟口正面和背面波谷上方各有钟月一枚，其余六波谷上方有六字真言“唵嘛呢叭咪吽”各一字。钟肩伏莲一周六瓣。钟腹上边卷草纹一周，下边回字纹一周。钟腹正面上部横排隶体“南京”二字，下部竖排隶体“觉华寺”三字；左侧分行竖排上款“佛历二五五五年　公元二〇一一年”，上款左侧竖排“风调雨顺”“国泰民安”八字；右侧竖排下款“住持释正觉监制”，下款右侧竖排“正法久住”“法论常转”八字。钟腹右侧面和背面铸刻《般若波罗蜜多心经》全文，左侧面功德芳名。西山墙前供奉彩绘泥塑关羽像，身披战袍，右手倒握青龙偃月刀，左手捋胡须，立于绿色祥云之上。东山墙前供奉韦陀菩萨立像，头戴冠缨，身披金甲，立于蓝色祥云上，右手叉腰，左手置于腹前，掌心向下，伏握降魔杵顶，杵尖向下。

庭院南边矩形铁香炉二座，形制相同，横向并列放置。庑殿顶，正脊由三层透空菱形垒叠铺排而成，中部竖葫芦形宝瓶刹，宝瓶上下球面各作透空并列二枚铜线图案，螭首鸱吻。檐角各立金龙一条，龙首向外，口衔风铃。檐内作镂空回字格挂落，下有美人靠。蟠龙檐柱八根，均分两行立于炉口上截面，支撑檐顶；金色龙首，居于柱体下部，龙爪在檐柱底部，绿色龙尾竖于檐柱顶部。炉颈正面红绿金三色莲花三朵，左右侧面如意柄形炉耳一对，表面回字纹。狮首形炉脚四只，与炉腹正面和背面下边夹角处各缀祥云二朵，八字形分布，内有卷草纹。东侧香炉正面中部分行横排隶体“南京　觉华寺”五字，左边竖排“法界蒙熏”四字，右边竖排“佛光普照”四字。西侧香炉正面中部亦分行横排隶体“南京　觉华寺”五字，左边竖排“王奉璟供养”五字。

庭院之南有方形放生池，池心立般若亭。亭为水泥预制，六角攒尖顶，上竖宝瓶刹。飞檐翘角，檐角作龙头形。圆柱体立柱六根，支撑檐顶。檐下有挂落，北檐挂落处阴刻隶体“般若亭”三字。亭内立漆金填红滴水观音像一尊，背南面北，顶戴阿弥陀佛，身着天衣，赤足立于三层仰莲台上。左手握绿色净瓶于腹前，掌心朝上，瓶口向前下方倾斜，作洒水状，右臂上曲，立掌胸前，掌心外翻，中指向下弯曲，拇指相触，作说法印。像下有伏莲形基座，塑像、基座通高约一点八米。

隆兴寺

在今浦口区江浦街道高旺社区石龙路北，老山狮子岭南坡山脚下。老山兜率寺下院，2006年5月1日狮子岭兜率寺住持圆霖法师开建。主要建筑有山门、天王殿、碑亭、大雄宝殿、观音殿、寮楼等，寺院不设围墙，沿山脚走势构建。

山门为四柱三门跨街式水泥牌坊，坐西朝东，三滴水庑殿顶，高约八米，宽如之。正脊中部竖五叠葫芦形宝瓶顶，两端螭首鸱吻。上檐下方横置一条长石，长度

隆兴寺山门

与正脊相等，条石正面和背面各雕二龙戏珠图。条石两端分别连接半片庑殿顶，构成牌坊中檐。中檐下方横置长石两条，上下叠加，下方条石正面和背面各阴刻“江北大丛林”五字；条石两端分别连接半片庑殿顶，形成牌坊下檐。方柱体门柱四根，中门二柱正面阴刻对联：“悟道养真松老栖云鹤，明心见性洞深藏海龙。”背面阴刻对联：“佛运昌隆狮林狮吼，法门兴旺龙洞龙腾。”中门额正面和背面嵌石匾，匾面中部行体阴刻“隆兴寺”三字，余律题写，左右两边刻祥云纹。中门二柱底正面和背面皆有抱柱石，狮子抱球造型，狮首朝下，狮尾敷贴柱面。抱柱石下有立方体须弥座。牌坊左右边门上额刻龙凤呈祥浮雕，门柱正面和背面阴刻游龙祥云图案，龙首朝上，顶戴祥云；柱底正面和背面皆有抱鼓石，抱鼓石下有须弥座。

天王殿在山门之西约四百米，坐北朝南，北倚山麓，南临山道。重檐歇山顶仿古建筑，正脊中部竖法轮一枚，螭首鸱吻。垂脊有角兽，各檐角蹲兽四只、仙人一尊。阶基高约八十厘米，南侧踏道水泥台阶八级。殿宇面阔五间，进深三进，南面开殿门三扇，殿门左右开八边形窗各一扇。门额上方无题匾，亦无门联。北面中间开门一扇，两边开窗各一扇。殿中佛坛上供奉漆金填红泥塑弥勒佛游戏坐莲台像一尊。

天王殿前东西两侧有水泥预制六角碑亭各一座，攒尖顶，上竖宝瓶刹，檐角作龙首形蹲兽造型。各檐角之下蟠龙柱一根，支撑檐顶。亭基高约三十厘米，平面长方形。东侧碑亭内立石碑三方，正面分别阴刻“佛”“法”“僧”各一字，圆霖题写，落款皆为“九二山僧　佛历二五五零年九月十九日”。“佛”字碑居中，横卧长方体碑额，正面雕二龙戏珠，宝珠位置阴刻一“佛”字，碑额背面雕云龙喷水图。碑体正面中部阴刻一大书“佛”字，碑体上沿横刻“常行大悲”四字，左右两边作龙首祥云图案。碑阴中部刻《般若波罗蜜多心经》全文，落款“佛历二五三四年岁次庚午秋末于狮子岭兜率寺白云丈室敬书心经为先父母百年冥寿愿莲品高登早证菩提普利众生共成佛道山僧圆霖”；左右两边对联一副，上联“令生深信入佛智”，下联“普现明灯照世间”。“法”字碑在“佛”字碑之左，碑额上沿呈弧形，碑额正面雕龙凤呈祥图，背面作祥云图。碑体正面中部阴刻一大书“法”字，两边阴刻对联一副，上联“众生有苦皆令灭如来处世无所依”，下联“供养一切诸佛海得成无上照世灯”，横批“普行大慈”。碑阴中部刻“回向偈　愿以此功德普及于一切　我等与众生皆共成佛道”诸字，落款“佛历二五五零年九月十九日”；两边对联一副，上联“见佛自在生欢喜”，下联“发心回向趣菩提”。“僧”字碑在“佛”字碑之右，碑额上沿呈弧形，碑额正面雕龙凤呈祥图，背面作祥云图。碑体正面中部阴刻一大书“僧”字，两边对联一副，上联“万古是非浑短梦”，下联“一句弥陀作大舟”，横批“以法自娱”。碑阴刻“南京江浦狮子岭兜率寺隆兴寺主持僧园霖重建隆兴寺　佛历二五五零年九月十九日建”等字。

西侧碑亭内立石碑三方，正面分别阴刻“定”“戒”“慧”各一字，圆霖题写，落款皆为“九二山僧　佛历二五五零年九月十九日”。“定”字碑居中，碑额上沿呈弧形，正面刻游龙腾云图，背面祥云图。碑体正面阴刻一大书“定”字，上沿横刻“饶益众生”四字。碑阴中部刻“定，心位于一境而不散乱”十字，两边对联一副，上联“见佛自在生欢喜”，下联“发心回向趣菩提”，横批“成就佛身”。“戒”字碑居右侧，碑额上沿呈弧形，正面刻龙凤呈祥图，背面祥云图。碑体正面中部阴刻一大书“戒”字，两边对联一副，上联“普净福海除众苦”，下联“广说佛道悟群生”，横批“断除烦恼”。碑阴中部刻文云：“戒，防非止恶的意思。不但恶是不可做，就是恶的念头也不许有。又名清凉，因人能止恶行善，则必心安理得，俯仰无愧，故心无热恼而得清凉。”《璎珞本业经》说：“一切众生初入三宝海，以信为本，住在佛家，以戒为本。”碑阴两边对联一副，上联“汝常护持清净戒”，下联“我为演说大悲门”，横批“无上清凉”。“慧”字碑居左侧，碑额同于“戒”字碑。碑体正面中部阴刻一大书“慧”字，两边对联一副，上联“智慧无边不可说”，下联“光明照世为所归”，横批“以法自娱”。碑阴中部刻字云：“慧，睿智的意思，也就是彻底知道诸法真相的意思。”两边对联一副，上联“照处一切愚痴闇”，下联“能然无上智慧灯”，横批“入真实慧”。

大雄宝殿在天王殿西北约半里，倚山而筑，坐北朝南。重檐歇山式仿古建筑，正脊中部竖如意轮宝顶，螭首鸱吻，背负宝剑。垂脊有角兽，各檐角蹲兽四只、仙人一尊。南面上檐横梁中部悬挂“大雄宝殿”木匾，棕底金字，楷书阴刻，传印题书。阶基高约八十厘米，南侧踏道水泥台阶六级。殿宇面阔五间，进深三进，南面中部开殿门三扇，殿门两侧开八边形窗户各一扇。北面中间开殿门一扇，两边八边形窗户各一扇。殿中佛坛上供奉漆金填红释迦牟尼佛禅定像，身着通肩袈裟，胸嵌万字符，结跏趺坐于五层莲台之上，双手叠置于腹前，右掌压左掌，掌心向上，结禅定印，身有船形举身光，光焰中镂九条金龙，迦叶、阿难侍立两胁。大殿两庑分列漆金填红泥塑十八罗汉坐像。西南角架法鼓一面，直径约一米，高约四十厘米。

隆兴寺殿宇

大雄宝殿正南约十米处，立滴水观音白石雕像一尊，由底座、像座及塑像组成，通高约三点五米。四方体底座，水泥浇筑，外立面及上截面铺贴大理石片。底座南立面分行横排阴刻“江北大丛林　隆兴寺”八字，左侧上款“山僧”方印，右侧下款“圆霖”小印章。圆形像座，下枋无纹饰，下枭伏莲一周，束腰无纹饰，上枭仰莲三叠，上枋为八边形，面积略小于上枭。观音像背北面南，顶戴阿弥陀佛，身着天衣，胸挂璎珞，腰束罗裙，赤足立于像座之上。右臂上抬，高与腰齐，手托净瓶，瓶口向右下方斜倾，作洒水状；左臂上曲，立掌胸前，掌心外翻，中指下曲，与拇指相触，其余三指指尖朝上，作说法印。

大雄宝殿西侧有观音殿，形制与大雄宝殿相同，门无匾额。殿中供奉漆金填红滴水观音像一尊，顶戴金冠，身着天衣，胸配璎珞，腰系罗裙，赤足立于莲台之上。左手托净瓶横置于腹前，瓶口朝上，右手虚覆于瓶口上方。殿内东南角悬挂精铸铁钟一座，高约一点三米，口径约六十厘米。蒲牢钟钮，八波形钟口，正面波谷上方钟月一枚，钟月两侧各有云龙一条，呈二龙争月图，背面波谷上方亦造型如是。钟肩环铸十片如意，面内浮雕卷草纹。钟腹正立面竖排“隆兴寺”三字，落款“九二山僧”，钟腹左右侧面及背面铸《般若波罗蜜多心经》全文。大雄宝殿东侧有新建殿宇一座，形制同于大殿，土建完竣，内饰未启。其东又有单檐歇山顶二层楼房一座，坐东朝西，上下层皆面阔五间，进深三进，土建亦新近竣工，内部尚未装饰。

大雄宝殿西南约六十米，有歇山顶三层楼房一座，坐西朝东。每层四面有檐廊，东面和西面檐廊各平柱四楹，南面和北面各平柱一楹，四角柱各一楹。每层东面房屋五间，西面房屋五间，共计三十间。每间房屋开一门一窗。一楼东面北首二间为客堂，其余为寮舍。

明因寺

在旧江浦县石碛镇乌龙山，元至元年间（1335—1340）正建和尚开建。相传正建和尚二眉之间有一隐眼，开时能生金光，邪魔远避，人言为西方准提佛母显化。曩时土著不知因果，造业甚重，正建怜悯众生，劝化群迷，历经数年建一梵刹，名曰“明因”。后有非度和尚以为藏经之所，又有临济宗通明法师开堂说法，弟子宗权、宗镜更加扩建。清咸丰年间（1851—1861）毁于战火，同治元年（1862）复建大雄宝殿、藏经楼、禅堂、罗汉堂等，占地数十亩。寺僧释广成，俗姓黄，自幼出家明因寺，终年素食，戒律清净，以持咒、坐禅、念佛圆融一体，为精进修持之本。年九十二岁往生，肉身三年不腐，僧众真金装裹，塑为肉身金像，供奉龛内。1951年明因寺改作小学，肉身金像送往狮子岭兜率寺供奉。

1995年经南京市江浦县人民政府批准，在江浦县桥林镇西联村重建明因寺，今浦口区桥林街道桥北路与龙桥路交叉口东一百米处。新明因寺占地面积十二亩，整体布局坐北朝南，主要建筑有牌楼、牌坊、净心园、山门殿、钟楼、鼓楼、七佛阁、大雄宝殿、三圣殿、弥勒殿、念佛堂以及僧舍寮房，常住寺僧八人。

牌楼临街，面向西南，三滴水庑殿顶，四柱三门，总高约七米，宽约八米。正脊鸱吻由三块方砖组成，两块方砖作底，上叠一块方砖。每块方砖正面和背面各作如意祥云一朵。平檐翘角，内作斗拱。上檐正面斗拱下方有“明因圣境”四字横额，蓝底金字，分别用梵文和篆体汉文书写。左侧上款“南京金肯学院　鲍莉平　缪凯　缪玉溶　缪玉岚　乐助”，右侧下款“传临济正宗四十五代三峰第八世　常证性空　辛卯年三月十六日”。方柱体门柱，下有柱础。中门柱前石象一对，左右边门柱前石狮各一只，立于石雕须弥座上面。

牌楼之后十余米，有跨街式冲天柱石牌坊，坐北朝南，四柱三门，高约六米，宽如之。牌坊中门高阔，左右边门高度略低，宽为中门之半。每根门柱以门额为界，门额以上部分为圆柱体，门额以下部分为方柱体。圆柱体表面雕如意祥云，柱头有宝珠顶；柱底有莲座，由伏莲一层、仰莲一层垒叠而成。方柱体平面呈正方形，中门柱正面有对联云：“四生九有同登华藏玄门，八难三途共入毗卢性海。”篆体金字阳文；背面有对联云：“万念放下了却轮回生死路，一句弥陀成就无上菩提道。”隶体金字阳文。边门柱正面有对联云：“阎浮境内有情得自在，大千世界众生皆无碍。”魏体蓝字阴文；背面有对联云：“四十八愿度众生，九品咸宁登彼岸。”蓝底篆体阴刻。四柱脚正面和背面皆有抱柱石，石面浮雕卷叶。抱柱石下有长方体须弥座，下枋无纹饰，下枭伏莲一周；束腰正面和背面各雕莲花一朵，左右侧面雕卷叶；上枭仰莲一周，上枋无纹饰。中门正面额曰“佛母垂慈”，背面额曰“回头是岸”，皆黑体金字阳文。左边门正面额曰“无缘大慈”，背面额曰“行降极乐”；右边门正面额曰“同喜大悲”，背面额曰“道幻净土”皆篆体蓝字阴刻。

石牌坊西侧为净心园，园中有放生池，池中筑台，台上观音石雕像一尊，面东而立。观音菩萨顶戴阿弥陀佛坐像，身披天衣，腰系罗裙，佩戴瓔珞，赤足立于莲台之上。左手握净瓶横置腹前，掌心朝上，瓶口向前；右臂上曲，立掌胸前，掌心外翻，中指弯曲与拇指相触，其余三指向上自然伸展，作说法印。雕像及莲台通高约三点五米。善财童子、龙女雕像分立两胁。园内东南角筑六角亭一座，水泥预制，攒尖顶，上竖四叠球形宝瓶刹。飞檐翘角，各檐脊上面雕游龙一条，起于顶刹，伸出檐角，龙首向外。圆柱体亭柱六根，等距离均匀分布，支撑檐顶，下有圆柱础。亭内南北两边有美人靠。东面檐下斗拱位置悬挂“净心亭”匾额，篆书阴刻，楹联云：“莫谈清风拂拭意，恰是万物依心生。”西面檐下斗拱位置亦有“净心亭”匾额，篆书阴刻，楹联云：“千朵红莲三尺水，一弯明月半亭风。”录自苏州闲吟亭联。阶基高约四十厘米，东西两侧铺砌踏道台阶三级。

石牌坊之北有香水河，过香水桥，抵山门殿。山门殿为穿堂式歇山顶建筑，坐北朝南，正脊由小圆瓦垒砌五层透空圆形铺排而成，南面嵌“国泰民安”四块砖刻。正脊中部竖珠宝顶，螭首鸱吻。垂脊有角兽，各檐角蹲兽三只。平檐翘角，内作斗拱。殿宇面阔五间，进深一进，南面中部开拱形殿门三扇，中门额嵌“明因古刹”石匾，黑体蓝字阴刻。殿中供奉灵官菩萨。殿宇北面中间开门一扇，两边开窗各一扇。山门殿前六角一级铜经炉一座，攒尖顶，上竖葫芦形宝瓶刹，宝瓶上下球面各镂二枚铜钱并列图案。平檐短角，檐下作封闭圆桶，立于炉口上截面。圆桶正面和背面开拱形炉门各一扇，正面炉门上额竖排“经炉”二字，繁体隶书阳铸。炉颈正面和背面各有莲花三朵，左右侧面乙字形炉耳一对，表面回字纹。炉腹上边伏莲一周，下边水波纹一周，正面中部横排“惜字焚化炉”五字，繁体隶书，两旁饰如意祥云；背面二龙戏珠图。炉腹左侧面

明因寺山门殿

分行竖排上款“佛历二五五五年　公元二〇一一年　辛卯九月十九日”，右侧面分行竖排下款“南京市浦口区　明因禅寺　住持释性空”以及功德芳名。狮首形炉脚三只。

山门殿后有小庭院，东边钟楼，西边鼓楼，北边七佛阁。钟楼坐北朝南，重檐歇山式，正脊中部竖三叠球体宝瓶顶，螭首鸱吻。平檐翘角，内作斗拱，各檐角作龙尾上卷造型。钟楼面阔一间，进深一进，平面正方形。西面中部开门一扇，两边开叶窗各一扇，东面开叶窗四扇，南面和北面砖墙。楼外四面有檐廊，四角柱各三楹。阶基高约三十厘米，西侧踏道台阶二级。鼓楼与钟楼形制相同，位置对称。七佛阁由七座大型琉璃龛横向排列组成，琉璃龛内供奉彩绘七佛莲台像，自西而东依次为释迦牟尼佛、拘那含佛、毗舍浮佛、毗婆尸佛、尸弃佛、拘留孙佛、迦叶佛。七佛身着红色填金通肩袈裟，结跏趺坐于莲台之上，各作手印。各佛身后有顶圆光，光晕中作金色二龙戏珠图；又有大背光，光晕中金龙四条，位于佛像两侧，每侧二龙，龙首上下各一，龙尾相互缠绕。

明因寺大雄宝殿

大雄宝殿在七佛阁之后，坐北朝南，重檐歇山式仿古建筑，正脊中部竖白色净瓶一只，螭首吻兽，背负宝剑。平檐翘角，内作斗拱。垂脊有角兽，各檐角蹲兽四只、仙人一尊。南面下檐横梁中部悬挂“大雄宝殿”木匾，蓝底金字，行体阳文，赵朴初题书，匾沿浮雕九条金龙。大殿四周有檐廊，南面和北面各平柱六楹，东面和西面各平柱四楹，四角柱各一楹。阶基高约一点六米，南侧踏道石阶八级，两侧立石雕扶栏。石阶中部地面纵向铺设长方形青石雕刻一方，面雕龙形图案。石雕四边立护栏，将踏道分为二途。大殿面阔五间，进深三进，南面中间开殿门一扇，殿门两侧各开二窗；北面开殿门一扇。殿中立巨幅影壁，由上额和壁面组成。上额边沿作弧线形，正额面上部金色宝珠一枚，宝珠两侧如意祥云各一朵。额面中部横排“大雄圆满”四字，蓝底金字，楷体阳文，左侧和右侧各金龙一条。正壁面精雕彩绘七尊佛像，横向排列三行。最上者释迦牟尼佛像，第二排拘接孙佛、拘那舍佛、迦叶佛像，第三排毗婆尸佛、尸弃佛、毗舍婆佛像。另有众多菩萨、罗汉、僧侣、童子雕像，分散于七佛之间，布满壁面。影壁背面为释道佛神合璧塑像。殿内东北角供奉漆金填红文殊菩萨、圆觉菩萨、普眼菩萨、金刚藏菩萨、弥勒菩萨、清净慧菩萨跏趺莲台像，西北角供奉漆金填红贤善首菩萨、普觉菩萨、净诸业障菩萨、辨音菩萨、威德自在菩萨、普贤菩萨跏趺莲台像。两庑分列二十尊神祇金身立像。大雄宝殿东翼有在建三层楼房一座，坐东朝西。大殿西翼有平房二十余间，坐西朝东，念佛堂、斋堂、僧舍、寮房、客堂所在。

三圣殿在大雄宝殿之后，坐北朝南，庑殿顶平房，面阔五间，进深二进。南面中间开殿门一扇，殿门两边开窗各二扇。门前有檐廊，平柱四楹，二角柱各一楹。阶基高约四十厘米，南侧踏道台阶三级。殿中供奉弥陀三尊金身像，阿弥陀佛接引像居中，身披通肩袈裟，赤足立于莲台之上；左手托金莲台于胸前，右臂下垂，掌心外翻，指尖向下，作与愿印。观音菩萨居于左侧，顶戴阿弥陀佛，身披天衣，腰系罗裙，左手持净瓶，右手持柳枝，赤足立于莲台上。大势至菩萨居于右侧，顶戴净瓶，身披天衣，腰系罗裙，双手捧金莲花，立于莲台之上。三圣殿两翼各有殿宇一座，形制相同，位置对称，新近竣工，尚未启用。新殿宇歇山顶，坐北朝南，面阔三间，进深一进，南面有檐廊，平柱二楹，二角柱各一楹。

七佛寺

在旧江浦县治北十里，老山牛角湾谷地。明正统九年(1444)僧普春开建，赐七佛寺额，《光绪江浦埤乘》卷三七谓之“众山环绕，极称幽僻”。民国时期有僧房一百余间，僧众三百余人。1949年以后废毁。1995年经江浦县人民政府批准，重建于老山国家森林公园南侧老山林场七佛分场，今浦口区江浦街道白马村七佛寺自然村珍七路一〇二号。

七佛寺

新七佛寺北依大帽山，南临大椅山，西近老鹰山，东眺象山。整体布局坐北朝南，由一座四合院和一座三合院并列组成，占地面积约三千平方米。主要建筑有天王殿、七佛宝殿、祖师殿、客堂、僧寮、斋堂、三圣殿、茗山纪念馆等。

四合院位于寺院西侧，倒座房位置为天王殿，悬山顶，面阔三间，进深一进。南面中间开拱形殿门一扇，殿门两侧开窗各一扇。门额悬挂“古刹七佛寺”木匾，红底金字，行体阴刻，落款“一九九五年　茗山”，匾沿浅刻三匝一字纹。门联云“天雨宽不润无根草，佛门广难度不善人”。殿门东侧外墙面嵌长方形铁标牌一块，分行烙刻“南京市浦口区不可移动文物　七佛寺遗址　南京市浦口区文化广电局　二〇一三年九月二十三日公布”等字。门前阶基高约三十厘米，踏道水泥台阶二级。天王殿两翼连接耳房各一间，耳房南面开拱门各一扇，以合三门之数。西耳房门联云：“菩萨具大悲，怜悯诸有情。”东耳房门联云：“山中藏古寺，门外尽劳人。”殿中佛龛内供奉漆金填红泥塑弥勒佛游戏坐莲台像，身后有顶圆光，光焰中雕金龙二条。两庑山墙前分列彩绘泥塑四天王坐像。殿宇北面开门一扇，门左右窗户各一扇。

天王殿后为庭院，东厢房单檐悬山顶，西面带檐廊，平柱四楹，二角柱各一楹。阶基高约五十厘米，西侧踏道水泥台阶四级。房屋面阔五间，进深一进。中间为客堂，门联云：“客来莫嫌茶饭淡，僧家不比世情浓。”北二间僧寮。南二间念佛堂，门联云：“静者心多妙，飘然思不群。”西厢房单檐悬山顶，东面檐廊平柱五楹，二角柱各一楹。阶基高约五十厘米，东侧踏道水泥台阶四级。房屋面阔六间，进深一进。北二间为七佛寺书画室。南四间僧寮，有门联三副，其一云：“画中有自在，动静为不为。”其二云：“足临清净地，人在画图中。”其三云：“水流花开大自在，风清月朗乘禅心。”

庭院北边七佛宝殿，坐北朝南，单檐歇山顶，面阔五间，进深三进。南面中间开殿门一扇，殿门左右开窗各二扇。门联云：“跨五大洲雄立宇宙，越三界天降生人间。”门额悬挂“七佛宝殿”木匾，红底金字，行体阳刻，上款“一九九八年春”，下款“茗山”。门前有檐廊，平柱四楹，二角柱各一楹。阶基高约二点五米，踏道石阶十八级。檐廊东头悬挂铁钟一座，高约一点五米，口径约八十厘米。双头蒲牢钟钮，八波形钟口，正面、背面及左右侧面波谷上方各钟月一枚，其余四波谷上方各万字符一枚。钟肩伏莲一周八瓣，内作如意图案。钟腹上边和下边各有回字纹一周，钟腹正面上部横排隶体“南京江浦”四字，中部横排行体“七佛寺”三字，落款“茗山”及小方印，下部二龙戏珠图。钟腹左侧面隶体竖排“佛日增辉”四字，又左分行竖排上款“佛历二五四二年　公元一九九八年孟春”；右侧面隶体竖排“法论常转”四字，又右竖排下款“住持　释觉芳”。钟腹背面上部横排隶体“万年幽冥钟”五字，下部功德芳名。七佛宝殿内，横向并列七座琉璃龛供奉漆金填红七佛莲台像，从东至西依次为毗婆尸佛、尸弃佛、毗舍浮佛、释迦牟尼佛、拘留孙佛、拘那含牟尼佛、迦叶佛。七佛身着通肩袈裟,结跏趺坐于莲台之上。释迦牟尼佛结禅定像,其余六佛各作手印。七佛像背面有琉璃龛一座,供奉千手千眼大悲观音金身立像一尊。殿内东南角琉璃龛内供漆金填红泥塑地藏菩萨莲台像,头戴毗卢冠,身披法衣,结跏趺坐于莲台上,右掌压左掌置于腹前,掌心托摩尼宝珠,闵公和道明和尚侍立左右。殿内西南角琉璃龛内立漆金韦驮像。七佛宝殿西侧三米处有祖师殿,坐西朝东,面阔一间,进深一进,门联云:"正法眼洪开无尽宝藏,大甘露常展如意法门。"

庭院之中有矩形铁香炉一座,六角七级铁宝鼎一座,六角二级铁宝鼎一座,无檐顶铁宝鼎一座,自南而北纵向排列。铁香炉为庑殿顶,正脊由三层镂空菱形叠加铺排而成,上竖葫芦形宝瓶顶,宝瓶上下球面各刻二枚铜钱并列图案,螭首鸱吻。平檐短角,龙形蹲兽,口衔风铃。回字纹挂落,蟠龙檐柱八根,均分两行立于炉口上截面,支撑檐顶。炉颈正面和背面各铸五朵莲花,横向排列。炉腹正面横排隶体"古刹七佛寺"五字,左边竖排上款"公元二〇一四年"七字,右边竖排下款"住持　上定下忠"六字。炉腹背面二龙戏珠图。炉腹左右侧面铸如意柄形炉耳一对,表面回字纹。狮首形炉脚四只,与炉腹前面和后面底边夹角处嵌卷草各二束,八字形分布。铁香炉之后有六角七级铁宝鼎,攒尖顶,平檐短角,龙形蹲兽,口衔风铃。鼎颈外表前面和后面各饰莲花二层,每层三朵,共十二朵;左右侧面如意柄形鼎耳一对,表面回字纹。鼎腹正面分行横排隶体"南京浦口古刹　七佛寺"九字,左侧分行竖排上款"佛历二五五九年　公元二〇一五年",右侧竖排下款"住持　释定忠"。鼎腹左右侧面功德芳名。狮首形鼎脚三只。七级宝鼎之后为六角二级铁宝鼎,攒尖顶,上竖葫芦形宝瓶刹。平檐短角,龙首蹲兽,口衔风铃。鼎颈外表面回字纹一周,左右侧面如意柄形鼎耳一对,表面回字纹。鼎腹正面中部横排行体"七佛寺"三字,落款"佛历二五四二年　住持释觉芳率两序大众监制";背面中部横排行体"万年宝鼎"四字。鼎腹正面和背面的上部、下部以及鼎腹左右侧面全部,皆记功德芳名。鼎腹下边饰回字纹一周。圆柱体鼎脚三只。二级铁宝鼎之后有铁宝鼎一座,无檐顶,鼎颈外表面如意纹一周,十六枚。鼎腹左右侧面作如意柄形鼎耳一对。鼎腹正面横排隶体"七佛寺"三字,左侧分行竖排上款"佛历二五四二年　公元一九九八年季夏",右侧竖排下款"住持　释觉芳",背面铸飞龙图案。狮首鼎脚三只脚。

三合院在四合院东侧,北正房为斋堂,硬山顶,面阔五间,进深二进,南面中间开门一扇,左右两边开窗各二扇。门联云:"三餐常思农夫苦,一饭难报佛祖恩。"东厢房为柴房,硬山顶,面阔三间,进深一进。西厢房乃四合东厢房之后墙。

斋堂背靠山坡，坡顶有单檐悬山顶平房一座，坐北朝南，南面带檐廊，平柱四楹，二角柱各一楹。西头为三圣殿，东头为茗山法师纪念堂。三圣殿面阔三间，进深一进，中间开殿门一扇，两边开窗各一扇。门额悬挂“佛光普照”木匾，红底金字，行体阴刻，上款“七佛寺”，下款“茗山”。门联二幅，其一云：“到此无二心只知念佛，个中证三味全在当下。”其二云：“弥陀法界随处现，极乐寂光个中玄。”殿中佛龛内供奉西方三圣金身像，阿弥陀佛接引像居中，身着通肩袈裟，赤足立于莲台之上，左手托金莲台横置于胸前，右臂下垂，掌心外翻，指尖向地，结与愿印，以示接引众生往西方极乐世界。观音菩萨立于左侧，头戴宝冠，身披天衣，赤足立于莲台上。左臂前伸，手托甘露瓶，瓶口向上，右臂亦前伸，手拈柳枝，枝头向下，作洒水状。大势至菩萨立于右侧，头戴宝冠，身披天衣，赤足立于莲台上，双手持金莲花于胸前。茗山法师纪念堂面阔二间，进深一进。左间开门一扇，窗一扇，右间开窗一扇。门额悬挂“茗山法师纪念堂”木匾，红底金字，黑体阴刻。

松筠庵

在旧江浦县治西六十里石桥北，今浦口区星甸街道高庙村，六〇一县道一八六号。初名松云庵，清康熙（1662—1722年）年间邑人滕斗峰创建，《光绪江浦埤乘》卷三七谓之“竹树蓊翳，冈峦环拱”。岁月磨洗，逐渐凋敝，20世纪40年代末期，高僧虚云和尚传法弟子宏清禅师在此驻锡，垦山修殿，恢复旧观。“文化大革命”期间遭受破坏，宏清禅师弟子维明尼重修。

松筠庵占地面积四千平方米，院落式结构，整体布局坐北朝南，主要建筑有大雄宝殿、念佛堂、寮房、斋堂等。山门前有空场，场中置六角三级铁宝鼎一座，攒尖顶，上竖葫芦形宝瓶刹，上下球体表面各镂空二枚铜钱图案，前后通透。翘檐短角，龙形蹲兽，口衔风铃。鼎口外表面饰回字纹一周，左右侧面如意柄形鼎

松筠庵

耳一对，表面回字纹。鼎腹正面横排隶体“松筠古庵”四字，左侧分行竖排上款“佛历二千五百四十一年　公元一九九七年吉日”，右侧竖排下款“住持上维下明　成清法师　悦慧”。狮首形鼎脚三只。

山门为四柱三门，两边八字护墙与院墙连接。中门高约三点五米，宽约二米，左右边门高约二点八米，宽约一米。庑殿式门头，上竖二龙戏珠顶，卷草形鸱吻。中门上额嵌“松筠庵”石匾，棕底金字，楷书阳文。门前石狮一对。山门内有影壁，宽约八米，高约三点五米，庑殿顶，砖身，无基座，影壁南面彩绘佛教事迹壁画。

山门之内路分三径，东路深处有念佛堂，硬山顶平房，坐东朝西，面阔五间，进深一进，西面带檐廊，平柱四楹，二角柱嵌入山墙外伸墙体。西路有寮房和客舍，硬山顶二层小楼，坐西朝东，东面带檐廊。

中路位于影壁偏西，道中置铜宝鼎一座，高约一点五米，口径约一米，腹径约一点二米。上无檐顶，狮首形鼎脚三只。鼎口上截面厚约十厘米，外立面铸卷草纹一周。鼎腹正面“国泰民安”四字，两侧各作莲叶图案。鼎腹左右侧面如意柄形鼎耳一对，表面回字纹。背面功德芳名，落款“佛历二五四七年”。宝鼎之后登台阶三级，复登面对式石墀一层九级至月台。月台北边大雄宝殿，2008年重建，2009年6月14日举行上梁法会。重檐庑殿顶，正脊中部上竖法轮，螭首鸱吻，背负宝剑。南面两檐中间悬挂“大雄宝殿”木匾，黑底金字，隶书阴刻，匾沿镂九条金龙。檐下拱形殿门一扇，殿门左右拱形窗各一扇。殿内中部为佛堂，四周有封闭通廊，平面呈回字形。

佛堂北墙前立石坛，供奉佛菩萨金身像。释迦牟尼禅定像居中，身着通肩袈裟，结跏趺坐于莲台之上，右掌压左掌置于腹前，掌心向上，两手拇指尖相触，作禅定印。身后有大背光，光焰中雕金龙图案，迦叶、阿难侍立两胁。释迦佛左侧供奉观音菩萨跏趺莲台像，身披天衣，佩戴璎珞，右掌压左掌托净瓶于腹前，瓶口朝上，善财童子、龙女分侍左右。释迦佛右侧供奉地藏菩萨跏趺莲台像，头戴毗卢冠，身穿通肩袈裟，双掌叠加置于腹前，掌心托摩尼宝珠，闵公、道明和尚分列两侧。佛坛之前有长条形供案，供奉弥勒佛游戏坐莲台金身像。堂内两庑山墙前垒叠铺排小木龛二百余座，每龛供奉素瓷正观音像二尊，总计约五百尊。佛堂四周通廊内，环列铁质彩绘六角转经筒六十只。

泰山寺

在今浦口区泰山街道泰西路二十四号宣化山顶。明洪武年间(1368—1398)创建，本为东岳庙，俗称泰山庙，主祀道教泰山神黄飞虎及其女泰山姥姥碧霞元君，辅以诸佛菩萨像。清咸丰三年(1853)毁于太平天国战火，同治五年(1866)僧人德缘化募重建中殿和后殿，后殿面阔二十一米，进深九米，檐高五点六米。光绪五年(1879)浦口防军提督黄士林铺设青石台阶一百三十二级，从山脚抵达中殿门口。民国二十五年(1936)重修。1952年神像遭毁，庙堂改作部队营区。1986年6月，浦口区人民政府将泰山庙移交南京市佛教协会，全面修缮并恢复宗教活动。经南京市宗教事务局批准，更名泰山寺。

泰山寺依宣化山顶走势而筑，整体布局坐北朝南，主要建筑有山门、天王殿、大雄宝殿、藏经楼、东翼楼和西翼楼。山门为穿堂式牌楼，庑殿顶，中部高凸，两侧稍低，正脊两端螭首鸱吻。面阔三间，进深一进。中间开拱形山门一扇，山门左右设拱形虚门各一扇，以合三门之数。中门额竖立“泰山寺”石匾，手体阴刻，四边浅凿回字纹。门前踏道石阶三级，两旁石狮子一对。山门西侧接八字护墙，黄色墙面书写篆体“南无观世音菩萨”七个大字，又有隶体“诸恶莫作　众善奉行　当净其意　是诸佛教”十六字。山门东侧为法物流通处，卷棚顶平房，面阔二间，进深一进，南面开门。

泰山寺山门

入山门登石阶七十余级至天王殿，半道有《泰山寺简介》汉白玉碑，其云：“泰山寺(原名泰山庙，又名东岳庙)始建于明洪武年间，清咸丰年间毁于战乱，清同治五年(1866)僧德缘重募建，光绪五年(1879)浦口提督黄仁林修132级石阶，其后况愈微。一九八六年寺院恢复，由市佛教协会邀请隆月大法师住持该寺，其率众弟子广弘佛法，于九七年后相继建藏经楼、大雄宝殿、天王殿等殿舍，故使该寺焕然一新。泰山寺供奉有泰山神黄飞虎‘东岳大帝’和其女‘泰山姥姥’碧霞元君及诸众佛，故有释道合一之特点。泰山庙为每年农历三月廿八日即黄飞虎诞辰日，民间庙会三天，规模盛大。朝拜之众除近苏、浙、鲁、皖外，远及闽、赣诸省市，其间晨钟暮鼓，香火鼎盛，人山人海，商贸兴旺，呈显国泰民安之祥瑞。泰山寺环境优美，为南京江北之著名佛教圣地和名胜古迹。”

天王殿单檐歇山顶，螭首鸱吻，背负宝剑。垂脊和戗脊有角兽，各檐角蹲兽四只、仙人一尊。殿基高出地表约二米，南侧铺砌踏道石阶十二级，两旁青石护栏。殿宇面阔三间，进深三进，南面和北面各开殿门一扇，殿门两边开八边形窗户各一扇，南面门联云："大肚能容天下事，善心不染世间尘。"殿中佛龛内供奉漆金填红弥勒菩萨游戏坐莲台像，身后有火焰形顶圆光。两庑分列彩绘泥塑四大天王像。天王殿西山墙外有矩形铁香炉一座，庑殿顶，正脊中部竖葫芦形宝瓶，宝瓶上下球面各镂空平行铜线二枚图案，螭首鸱吻。各檐角立飞龙蹲兽，龙首朝外。炉颈正面莲花三朵，左右侧面如意柄形炉耳一对，表面回字纹。炉腹正面分行横排隶体"南京市　泰山寺"六字，左侧分行竖排上款"佛历二五六〇年　公元二〇一六年"，右侧分行竖排下款"住持　释能亮　监院　释顿严"。狮首形炉脚四只，与炉腹正面和背面底边夹角处各嵌卷草二束，八字形分布。

天王殿后登石阶十余级，其上有月台，宽约二十米，进深如之，青石方砖地面，东西两边有石雕护栏。月台中部置六角二级铁宝鼎一座，攒尖顶，上竖葫芦刹，葫芦上球面镂空平行铜线二枚，下球面镂空平行铜钱三枚。平檐翘角，各角立龙首形蹲兽，口衔风铃。鼎口外立面回字纹一周，鼎颈左右侧面如意柄形鼎耳一对，表面回字纹。鼎腹正面横排魏碑体"泰山古寺"四字，右侧面分行竖排落款"住持隆月　公元一九九一　佛历二五三五年"，背面功德芳名。狮首形鼎脚三只。宝鼎下有圆柱体水泥基座，直径约一米，高约五十厘米。

泰山寺大雄宝殿

大雄宝殿位于月台北边，重檐歇山顶，正脊中部竖莲台如意轮一枚，南面以"风调雨顺"四块砖刻。北面外表铺贴瓷砖十六块，砖面浅刻莲花。其间嵌以"国泰民安"四块砖刻。螭首鸱吻，背负宝剑。垂脊末端立石雕法像各一尊，手持法器。戗脊末端有角兽。上檐角各蹲兽三只、仙人一尊，下檐角各蹲兽三只。南面上檐横梁中部悬挂"大雄宝殿"木匾，红底金字，行体阳文，上款"佛历二五四七年"，下款"茗山"，匾沿四角雕金色花纹，上边和下边各散雕花卉五束，左右边各雕花卉一束。殿基高出地表约一米，平面长方形，东、西、北三边及南边两翼立石雕护栏；南侧中部铺砌踏道石阶六级，两边立石雕扶栏，与南边两翼护栏相连。大殿面阔五间，进深三进。南面开殿门三扇，殿门两边开八边形窗户各一扇，门联云："佛国仙山中虔诚礼敬一念便得菩提种，龙盘虎踞地盛世和平满城开遍智慧花。"北面开殿门三扇，中门额悬"慈航普渡"木匾，红底金字，行体阳文。匾额四内角雕金蝙蝠，四边由一字纹勾成矩形方框；四外角饰回字纹，上边和下边雕卷草纹，左右两边各雕蝙蝠一只。门联云："大慈大悲到处循声救苦，若隐若显随时念彼消怼。"殿中佛坛上供奉漆金填红木雕三宝佛像，诸佛身着通肩袈裟，结跏趺坐于莲台之上，身后有大背光，光焰中镂金龙腾云图案。释迦牟尼佛说法像居中，左手覆于左腿上面，指尖向前，右臂上曲，竖掌胸前，掌心外翻，中指稍微弯曲与拇指相触，作说法印，迦叶、阿难侍立两侧。药师佛像居左侧，双手结禅定印，右掌心托五级宝塔。阿弥陀佛接引像居右侧，左掌托金莲台置于腹前，右手仰掌于右腿上面，指尖向前，作与愿印。楹联云："常为诸佛所护念，当净其意如虚空。"佛坛背面供奉漆金填红海岛观音像，观音菩萨身披天衣，腰系罗裙，胸配璎珞，赤足立于鳌头之上。左手握净瓶置于腹前，掌心向下，瓶口向外，作洒水状，右手持柳枝，覆掌于左手背上方，指尖朝左，善财童子和龙女立侍左右。观音身后壁面，彩雕三十二应身。殿内东北角琉璃龛内，供奉漆金文殊菩萨左舒坐青狮座像。西北角琉璃龛内，供奉漆金普贤菩萨右舒坐六牙白象座像。大殿西南角法鼓一面。东南角悬挂铜钟一口，高约一点二米，口径约五十厘米。蒲牢钟钮，六波形钟口。钟腹上部四面分别铸"国泰民安"各一字，"泰"字左侧竖排"法论常转"四字，右侧竖排"佛法无边"四字。钟腹中部环铸七匝一字纹，钟腹下部刻功德芳名，底边回字纹一周。殿内两庑分列十八罗汉金身立像。

大雄宝殿之后有庭院，院中置一级铁宝鼎一座，圆攒尖，鼎颈正面和背面各饰卷草纹，左右侧面如意柄形鼎耳一对，表面卷草纹。鼎腹上边祥云纹一周，下边海波纹一周。鼎腹正面横排行体"泰山寺"三字，左侧竖排上款"一九九八年秋"，右侧竖排下款"住持隆月率众弟子监制"。鼎腹侧面及背面功德芳名。狮首形鼎脚三只。藏经楼位于庭院北边，1997年建造。重檐悬山顶，南面上檐横梁中部悬挂"藏经楼"木匾，墨底黑字，行体阳文，真慈题写。面阔五间，进深二进，南面开殿门三扇。门前有檐廊，平柱四楹，二角柱各一楹。阶基高约八十厘米，南侧踏道水泥台阶五级。殿中琉璃龛内，供奉白磁释迦牟尼佛吉祥卧像一尊。像长约二米，头西脚东，面南侧卧，左手置于左胯上面，右肘撑榻，右手托颐。楼内东北角琉璃龛内，供奉漆金填红四十八臂观音莲台像一尊，头戴宝冠，身披天衣，结跏趺坐，有双手结禅定印于腹前，又有双手合十于胸前，其余各手持执法器，向身体外侧伸展。四十八臂观音像东侧，供奉素瓷填金观音菩萨右舒坐像一尊，左手握净瓶于腹前，掌心向上，瓶口对外，右手覆于右膝上面，指尖朝下，捂念珠一串。楼内西北角琉璃龛内供奉漆金填红地藏菩萨莲台像一尊，头戴法冠，身着法衣，结跏趺坐于莲台上，右手持锡杖，左手托摩尼珠。地藏菩萨像西侧有彩瓷地藏菩萨莲台像一尊，头戴毗卢冠，身着通肩袈裟，双手结禅定印，掌心托摩尼珠。藏经楼东边有厨房、斋堂，硬山顶平房，坐东朝西。

天王殿、大雄宝殿、藏经楼两翼，各有连体悬山顶楼房，起于天王殿，止于藏经楼。东翼为二层楼房，西翼为三层楼房，总计五十余间。

2016年秋，泰山寺在山门东侧开建殿宇一座，二层楼房一座。殿宇东西朝向，重檐歇山顶，面阔三间，进深三进。楼房南北朝向，悬山顶，上下层皆面阔五间，进深二进。目前二座建筑尚在施工，因建设需要，山门被拆除。

祥云寺

在旧江浦县石桥镇王村，今浦口区星甸街道王村。民国三十五年(1946)创建，“文化大革命”期间遭破坏，1990年开始修复。现祥云寺占地面积约一千六百平方米，二进三合院布局，坐北朝南。主要建筑有天王殿、大雄宝殿、斋堂、寮舍等。

山门宽三米余，高约二米，二柱一门。庑殿顶，正脊上方竖葫芦形宝顶，脊尾上卷，无吻兽。方柱体门柱，两边连接院墙，门额无匾。山门内有小庭院，院中竖六角三级铁宝鼎一座，攒尖顶，葫芦形宝瓶刹，上下球面各镂空一枚铜钱图案。平檐短角，龙首形蹲兽，龙头朝外，口衔风铃，随风传响。鼎口外立面嵌半球体一周二十枚，球径约三厘米。鼎颈外表面饰回字纹二周，左右侧面如意柄形鼎耳一对，表面回字纹。鼎腹正面横排楷体“祥云寺”三字，左侧面分行竖排上款“主持　成照莲师　公元一九九七年”，右侧面分行竖排下款“监制　姬世培　公元一九九五年”，背面功德芳名。庭院西厢单坡平房二间，东厢斋堂，硬山顶平房二间。

庭院北边天王殿，硬山顶平房，面阔三间，进深三进。南面开殿门一扇，北面开一门二窗。殿中琉璃龛内供奉漆金填红弥勒菩萨游戏坐莲台像。东北角案台供奉漆金填红释迦牟尼佛禅定像，身穿通肩袈裟，结跏趺坐于莲台上，右掌压左掌置于腹前，掌心向上，两拇指相触，结禅定印。身后有顶圆光和大背光，船形光焰中雕九条金龙，迦叶、阿难立侍两胁。西北角木龛内供奉漆金观音菩萨跏趺莲台像，龛外左侧供奉地藏菩萨金身像一尊，头戴毗卢冠，身着法衣，结跏趺坐，右掌压左掌置于腹前，掌心向上，托摩尼珠。

天王殿之后小天井，天井东边和西边各有一间寮房，北边为新建大雄宝殿。旧

祥云寺大雄宝殿

大殿经历百年近于倾圮，前数年拆除重建，2014年1月5日举行上梁法会。大殿单檐歇山顶，螭首鸱吻，背负宝剑。垂脊和戗脊各有角兽，各檐角蹲兽四只、仙人一尊。殿宇南面有檐廊，平柱二楹，二角柱各一楹。檐内横梁中部悬挂“大雄宝殿”木匾，金底黑字，行书阴文，上款“乙未秋”，下款“惠济沙门　朗明书”，边框镂九龙图案。阶基高约五十厘米，南侧踏道石阶四级。北面亦有檐廊，平柱二楹，二角柱各一楹。大殿面阔三间，进深三进，南面和北面中间各开殿门一扇，殿门两旁开窗各一扇。殿中佛坛上供奉彩绘泥塑释迦牟尼金身像，身着红色通肩袈裟，结跏趺坐于三层绿色仰莲台上，右掌压左掌于腹前，右掌心托一颗金色宝珠。身后有金色顶圆光和宝瓶形举身光，红色光焰，光焰中雕七条金龙，迦叶、阿难侍立两胁。佛坛背面供奉漆金填红观音像，身披天衣，腰系罗裙，佩戴璎珞，赤足立于鳌头。左手横置腹前，掌心朝上，五指略向上弯曲，右臂上曲，高与胸齐，掌心向左，指尖朝上，中指和无名指略弯曲，作说法印。观音背后壁面作彩绘海岛三十二应身，善财童子、龙女侍立两侧。殿内西南角法鼓一架。东南角悬挂镀铜铁钟一座，高约一点五米，口径约七十厘米。蒲牢钟钮，八波形钟口，波谷上方各有钟月一枚。钟肩伏莲一周。钟腹上边和下边各有二匝一字纹，其中嵌半球体各十余枚，球径约二厘米。钟腹正面上部横排隶体“幽冥钟”三字，下部竖排隶体“祥云寺”三字；左上方分行竖排题款“佛历二五四九年　公元二〇〇五年　住持　释成照”。钟腹左侧面上部铸“风调雨顺”四字，右侧面上部铸“国泰民安”四字，下部及钟腹背面全部，皆为功德芳名。

天井中置六角一级铁宝鼎一座，攒尖顶，上竖葫芦形宝瓶刹。各檐角龙形蹲兽一只，口衔风铃。蟠龙檐柱四根，对角而立，支撑檐顶。龙首居上，龙身沿柱体盘旋而下。鼎口外立面嵌半球体一周，十八枚，球径约二厘米。鼎颈外表面饰如意一周，十二片；左右侧面如意柄形鼎耳一对，表面回字纹。炉腹正面铸魏体“祥云寺”三字，左侧上款“住持　成照　监制　姬世培”，右侧下款“公元一九九八年　佛历二五四二年”。鼎腹背面莲花图案。方柱体狮首造型鼎脚三只。

栖霞区

栖霞寺

在旧都城东北四十五里栖霞山，今栖霞区栖霞街道栖霞街八十八号。其地南有龙山，北有虎山，栖霞山居其中。寺本南齐隐士明僧绍旧宅，永明七年(489)舍建栖霞精舍，延请法度禅师居之。《高僧传》卷八《齐琅琊摄山释法度传》云："释法度，黄龙人。少出家，游学北土，备综众经，而专以苦节成务。宋末游于京师，高士明僧绍抗迹人外，隐居摄山，挹度清徽，待以师友之敬。及亡，舍所居山为栖霞精舍，请度居之。"陈至德年间(583—586)恭禅师重建，唐武德年间(618—626)高祖李渊改名功德寺，增置梵宇十九所，楼阁延袤，宫室壮丽，与山东灵岩寺、荆州玉泉寺、天台国清寺并称四大丛林。上元三年(676)高宗李治应明僧绍五世孙明崇俨请求，御制《明隐君碑》立于寺门，改寺名曰隐君栖霞寺。武宗会昌五年(845)废，宣宗大中五年(851)重建。南唐时期(937—975)改妙因寺，宋太平兴国五年(980)改普云寺，景德五年(1008)改栖霞禅寺，元祐八年(1093)易名严因崇报禅院，元符元年(1098)诏改景德栖霞寺，又称虎穴寺。南宋高宗建炎四年(1130)毁。

明洪武二十五年(1392)敕重建，复名栖霞寺，赐赡僧田山一千三百亩。灵谷寺所统次大刹，山门一座，天王殿三楹，正佛殿五楹，法堂殿五楹，伽蓝殿三楹，祖师殿三楹，方丈四库一所十二楹，公学一所三楹，清欢堂一所十四楹，般若堂三楹，僧院三十一房，食粮牒僧七十名，食粮学僧三十名。寺基一百二十亩，东至葛家巷，南至金石冈，西至本寺官街，北至摄山官路。田、地、山、塘共一千四百七十四亩。禅堂有大门一楹，大禅堂五楹，二禅堂三楹，十方堂三楹，涅槃堂二楹，斋堂三楹，静室三楹，内楼一楹，仓库厨茶等房共十三楹。田、地、塘共三百九十四亩四分八厘。圆通禅院有韦驮殿三楹，门房碑亭四楹，观音殿三楹，禅堂六楹，华严楼三楹，净土楼三楹，十方堂三楹，斋堂六楹，养老堂三楹，延寿堂三楹，静室厅房六楹，厨库仓茶等房共二十七楹。田、地、山、塘共五百五十亩二分六厘。明代中叶渐衰，万历年间(1573—1620)素庵法师居摄山讲席，乐兹山幽邃，遂诛茆筑室，栖迟十年，尝作诗曰："自入栖霞已十年，东修西补未曾闲。掀翻瓦砾成禅院，除剪荆榛作菜园。每炼蔬羹供海众，恒宜大教继先贤。如斯弗为儿孙业，留与同袍万古传。”万历二十八年（1600）修葺，三十四年（1606）完竣，有山门、天王殿、大雄宝殿、祖师殿、伽蓝殿、藏经楼、韦驮殿、接引殿、三圣殿、地藏殿、鹿野堂、碧霞元君殿，鳞次栉比，金碧辉煌。天王殿列四天王像，大雄宝殿正面立释迦三身像，背面观音三身像，两侧回廊佛像十六尊。清顺治五年（1648）修，咸丰五年（1855）毁于兵燹。光绪三十四年（1908）宗仰上人重建，民国八年（1919）完竣，民国十六年（1927）八月损于国民革命军龙潭战役。“文化大革命”期间军队进驻，经书法器多遭破坏，佛像无一幸免，僧侣散于四方，寺院建筑保存完好。1980年开始整修增建，1983年4月确定为汉族地区佛教全国重点寺院，1988年1月列为全国重点文物保护单位。

现今栖霞寺占地四十余亩，建筑面积一万零五百余平方米，房屋一百余间。寺院位于栖霞山中峰凤翔峰西麓，整体布局坐东朝西，主要建筑有山门、哼哈殿、钟楼、鼓楼、弥勒殿、毗卢宝殿、法堂、藏经楼、兜率院、地藏殿等，著名文物有明征君碑、舍利石塔、三圣殿、千佛岩等。

旧山门为四柱三门跨街式牌坊，高十一点四米，宽十二点四五米，一九九二年建造。坐东朝西，重檐庑殿顶。正脊中部为实体砖砌，两侧由小圆瓦铺砌为透空蝙蝠形状，螭首鸱吻。正脊西面正中位置，嵌圆形云龙喷水砖雕一块。飞檐翘角，内作斗拱。中门高阔，门额西面嵌“栖霞禅寺”四字石匾，蓝底金字，行体阴刻，落款“赵朴初”。门联云：“千佛名蓝朗公说法宗三论，六朝胜迹仰祖印心属二伽。”上款“公元一九九二年壬申春”，下款“栖霞寺　茗山敬书”。石匾两边连接牌坊下檐，檐下为边门，规制略小于中门。门联云：“隋塔唐碑留胜迹，龙蟠虎踞护名蓝。”上款“一九九二年壬申仲春”，下款“雪烦撰　圆霖书”。方柱体青石门柱，每柱东面和西面各有抱柱石。中门西面抱柱石为石狮一对，下有须弥座，须弥座下有长方体石雕底座。中门东面抱柱石和边门东西两面抱柱石皆为三叠鼓面造型，下有长方体石雕底座。

栖霞寺旧山门

2016年旧山门拆除,西移数十米建造新山门。新山门坐东朝西,三滴水庑殿顶四柱三门牌楼,高约十五米,宽约十三米,尚未完竣。山门南侧悬山顶二层楼房一座,坐南朝北,上下层各面阔五间。楼下中间北面开门三扇,两边开窗各一扇。门前有檐廊,平柱四楹,二角柱各一楹。阶基高约四十厘米,踏道石阶三级。楼上北面开窗五扇。楼房西侧连接重檐四角亭一座,坐东朝西,攒尖顶,上竖葫芦形宝瓶。飞檐翘角,回字格挂落,下有美人靠。檐柱四根,对角而立,支撑檐顶。阶基高约五十厘米,西侧踏道石阶四级。山门北侧悬山顶二层楼房一座,西侧连接四角亭一座,与山门南侧亭楼形制相同,位置对称。

山门内约二百米有哼哈殿,坐东朝西,单檐歇山式仿古建筑,正脊由小圆瓦垒砌七层透空圆形铺排而成,中部竖宝瓶顶,螭首鸱吻。垂脊有角兽。平檐翘角,内作斗拱。殿宇平面呈凹槽形,中部面阔三间,进深二进,两边各面阔一间、进深三进。西面中部开拱门三扇,两边各开月窗一扇,内嵌法轮砖雕。门前踏道石阶五级。中门上额悬挂竖排“摄山栖霞寺”五字木匾,蓝底金字,手体阴刻,落款“御笔”。门联云:“栖山观自在,霞水乐长安。”沈鹏题写。左边门额曰“登菩提道”,右边门额曰“入般若门”。殿宇东面殿门三扇。殿后置六角三级铁宝鼎一座,攒尖顶,上竖葫芦刹,上球面作一枚透空铜钱图案,下球面作二枚透空铜钱并列图案。平檐短角,纺锤形角尖,锤头朝上,各檐角悬挂风铃一只。鼎口外立面上层回字纹一周;中层正面和背面各嵌半球体九枚,球径约二厘米;下层正面和背面万字符各一枚,万字符两侧卷草各一束。鼎颈外表面回字纹一周,左右侧面如意柄形鼎耳一对,表面回字纹。鼎腹正面横排手体“栖霞古寺”四字,左侧面分行竖排功德芳名,右侧面分行竖排“住持真慈　退居茗山　公元一九九九　佛历二五四三年”等字。狮首兽脚形鼎脚三只。

哼哈殿东约二百米有明镜湖,本为桃花涧水汇聚之地,湖心有六角亭,又有彩虹桥,清乾隆时期(1736—1795)建造,太平天国战争毁,民国时期寺僧重建。1981年湖涸桥断亭塌,1991年复建,次年竣工。

湖面呈长方形,约三千平方米,湖中桥亭一体,彩虹桥曲折临波,湖心亭丹楹黛瓦,翘角飞檐,茗山题写亭额。湖心亭南侧滴水观音石像一尊,坐北朝南,顶戴阿弥陀佛宝冠,身着天衣,胸配璎珞,腰系罗裙,腕串钏镯,赤足立龙背上。双腕交叉于腹前,左前右后。右手掌心向内,指尖向下,左手握净瓶底部,掌心向右,瓶口向右下方倾斜,作洒水状。观音足下盘龙一条,龙首向南,俯伏于一层伏莲与二层仰莲垒叠的莲台上。明镜湖西南岸边立石碑一块,高约二米,正面阴刻“彩虹明镜”四字,尉天池题书,背面凿《复建明镜湖碑记》,详述重建缘由及过程。

栖霞寺彩虹桥

明镜湖东数十米，路南有钟楼，路北有鼓楼。钟楼为重檐歇山顶二层建筑，坐南朝北，高十五点八米，1999年2月28日动工，同年12月31日启用。正脊由小圆瓦铺砌二层透空圆形，二层圆形之间铺实砖一层。正脊北面中部竖云龙喷水圆形砖雕一块，螭首鸱吻。垂脊和戗脊有角兽，飞檐翘角，各檐角有蹲兽。台基高约一点五米，平面长方形，东、西、北三侧各有踏道，北侧踏道石阶七级。各踏道两边有石雕扶栏，与台基四边石雕护栏相接。一楼面阔五间，进深四进，北面中部三间各开门一扇。门前有檐廊，平柱四楹，二角柱各一楹，楹联云："积德虽无人见，存心自有天知。"落款"公元一九九九年秋　茗山书"。中门上额悬挂"钟楼"木匾，黑底金字，草体阴刻。楼中琉璃龛内供奉樟木鎏金地藏菩萨像，头戴毗卢冠，身着天衣，结跏趺坐于莲台上，右掌压左掌置于腹前，掌心托摩尼珠，身后有火焰形顶圆光，龛联云："掌上明珠光摄大千世界，手中金锡振开地狱之门。"二楼面阔三间，进深三进，四边平座外挑，围以护栏。楼内置铜铸洪钟一口，高三点三米，口径二点六米，重六点九吨，钟面铸"千禧大钟"四字，茗山题书。鼓楼在路北，坐北朝南，2003年落成。形制与钟楼相同，位置对称。台基高约一点七米，平面长方形，东、南、西三侧各有踏道，南侧踏道石阶九级。各踏道两边有石雕扶栏，与台基四边石雕护栏相接。楼下为香烛及开光用品供应处，楼上置大鼓一架，腰径二点五米，面径二点一米，厚一点八米，重约四百公斤。

钟鼓楼东数十米有月牙形放生池，亦称月牙池，原池久毁，1980年重建。放生池之后有广场，场中置三级铜宝鼎一座，圆攒尖，上竖宝珠刹。鼎口外立面铸莲花四朵，每朵莲花两边缀卷叶一束，宝珠一枚。鼎颈外表面莲花一周。鼎肩如意祥云一周，左右侧面如意柄形鼎耳一对，表面回字纹。鼎腹正面横排"栖霞古寺"四字，右侧竖排落款"御笔"，附"乾隆御笔"方印；背面横排"万年宝鼎"四字；左右侧面并列如意结各二幅。鼎腹底部海波纹。狮首兽脚形鼎脚三只。宝鼎两旁矩形铜香炉各一座，形制相同，位置对称。炉口无纹饰，左右侧面倒“凹”形炉耳一对。炉腹正面和背面中部各横排隶体“栖霞寺”三字，两边各有卷草如意结一对。狮首形炉脚四只。

广场东北角重檐歇山顶碑亭一座，坐北朝南，面阔一间，进深一间。螭首鸱吻，垂脊和戗脊有角兽。飞檐翘角，内作斗拱。四角柱各三根，外砌砖墙，四面开门各一扇。西墙外面嵌碑刻一块，分行镌刻“全国重点文物保护单位　明征君碑　中华人民共和国国务院　二〇〇一年六月廿五日公布　南京市人民政府立”等字。亭内立《明隐君碑》，高二点七四米，宽一点三一米，厚三十六米。碑文记述明僧绍生平，以及齐梁两代栖霞山兴寺凿像史事。唐高宗李治御撰碑文，书法家高正臣书行书题写，通篇二千三百七十六字，为四六韵文。碑首为六龙拱额，碑额篆体“明征君碑”四字，书法家王知敬书写。碑身两侧为狮首绶带西番莲纹饰，碑阴“栖霞”二字，相传为唐高宗御笔。碑质有豆粒状白色斑纹，为二点八亿年前浅海中动物海百合茎化石和中国孔珊瑚化石。碑下龟趺头有球斯瓦格化石，采用二点九亿年前上石炭统船山组炭岩雕刻而成。广场东南角重檐歇山顶碑亭一座，坐南朝北，面阔一间，进深一间。螭首鸱吻，垂脊和戗脊各立角兽。飞檐翘角，内作斗拱。四角柱各三根，亭内又有檐柱四根，呈对角而立。碑亭四面通透，无门窗。亭中立陈代江总所撰《摄山栖霞寺碑文并铭》，落款“陈祯明二年初刻　宋康定元年三月十七日重镌　公元二〇一三年八月复立　言恭达撰额　江阴北澜吴德源书丹”。亭内南边有影壁，嵌赵朴初所撰《重修摄山栖霞寺记》碑刻。

广场东边台阶七级，上有弥勒殿，悬山顶式古建筑，坐东朝西。正脊由小圆瓦垒砌七层波浪形铺排而成，西面嵌“风调雨顺”四块砖刻，东面嵌“国泰民安”四块砖刻。正脊中部竖宝瓶顶，螭首鸱吻，背负如意轮。殿宇面阔五间，进深五进，西面拱门三扇，两边接八字护墙。中门上额悬挂“栖霞古寺”匾，左门额“六朝胜迹”匾，右门额“千佛名蓝”匾，皆蓝底金字，隶体阴刻。中门背面上额悬挂“弥勒殿”木匾，黑底金字，行体阴刻。门前有月台，高约一米，踏道石阶六级。月台两边紫铜大象各一只，鼻卷如意，背负

栖霞寺弥勒殿

宝瓶。月台前左侧立石碑一块，分行刻写“江苏省文物保护单位　栖霞寺　江苏省人民政府　二〇〇二年十月二十二日公布　南京市人民政府立”等字。弥勒殿中琉璃龛内供奉鎏金弥勒莲台像，袒胸露腹，箕踞而坐，后有顶圆光。楹联云：“流沙圆融笑纳天下事，慈悲大度乐助世间人。”两庑山墙前分列彩绘泥塑四大天王坐像。北山墙嵌《重修天王殿记》碑刻云：“天王殿历经兴废，一九一六年孙中山先生资助重建，三中全会后略加修缮，而今已是梁摧椽朽，墙颓瓦碎，亟待重修，以昭诚敬。是年，执事会研究翻修，修旧如旧，欣遇北京王静居士引荐泰国曼谷实业家、爱国侨胞，虔诚佛教大护法邱慧玲女士发心襄施净资壹拾柒万元人民币，遂由苏州古建公司承建。竣工之日，轮奂庄严，弥勒佛微笑，韦驮菩萨威神感应，四大天王威凛胜于往日。宝殿重辉之际，志祝施主福慧日增，诸事顺意。祈常住兴隆，海众安和。愿风调雨顺，国泰民安。栖霞寺执事会同仁谨记　二〇〇四年八月吉日。”弥勒殿东面中部殿门三扇，两边方窗各一窗，门前有檐廊。中门对联云：“金刚体童子心三洲感应，菩提智解脱德六时吉祥。”

弥勒殿之后有天井，天井南边悬山顶二层楼房一座，坐南朝北，上下层各面阔五间，进深三进，北面中间开门一扇，两边方窗各二扇。门前有檐廊，平柱四楹，二角柱各一楹。一楼檐廊外边铺设石阶二级，二楼檐廊外边立木护栏。楼下客堂，堂中琉璃龛内供奉苏轼金身坐像，龛联云：“有僧皆佛印，无客不东坡。”楼上五间辅助用房。天井北边悬山顶二层楼房一座，坐北朝南，与南楼形制相同，位置对称。楼下祖堂，楼上僧舍。

天井东边有月台，平面长方形，高约一点五米，西侧铺砌台阶十级，两边石雕扶栏。月台南北两边及西边两端立石雕护栏，与台阶扶栏相接。月台中部一级铁宝鼎一座，圆攒尖，上竖莲花座宝珠刹，宝珠表面蟠龙一条。鼎颈外表面环铸佛教八宝二组，依次为法轮、法螺、宝伞、白盖、莲花、宝瓶、双鱼、盘长。鼎肩正面云龙一条，面向正前方，龙体向左右两边展开，点缀祥云数朵；左右侧面如意柄形鼎耳一对，表面回字纹。鼎腹正面中部横排隶体“栖霞古寺”四字，两边缀游龙各一条，龙首相对，龙尾上翘。鼎腹左右侧面如意祥云。鼎腹底部三层海波纹。狮首兽脚形鼎脚三只。

月台东边毗卢宝殿，坐东朝西，重檐歇山式仿古建筑。正脊由小方砖垒砌十层透空菱形铺排而成，西面嵌“佛日增辉”四块砖刻，东面嵌“法轮常转”四块砖刻。螭首鸱吻，背负如意轮。垂脊末端立法像各一尊，戗脊有角兽。飞檐翘角，檐角无垂兽。西面上檐横梁中部悬挂“毗卢宝殿”木匾，棕底金字，繁体阳文。殿宇面阔五间，进深四进，西面中部殿门三扇，两边月窗各一扇。中门上额悬挂“万德庄严”木匾，金底黑字，行体阴刻，落款“朴初”，匾面饰金龙祥云底纹，四边镂僧侣法像，间以佳树山石。门联云：“枫叶如花掩映六朝古寺，松涛似海源藏千佛名山。”左殿门匾曰“法从斯仰”，金底黑字，行体阴刻，落款“庚辰仲秋　栖霞寺住持真慈”，边框雕二龙戏珠。右殿门匾曰：“会真如处。”形制同于左匾，落款“公元贰千年岁次庚辰年孟冬吉旦杭州俞德明敬书”。门前有檐廊，平柱四楹，二角柱各一楹。楹联三副，其一云：“佛日高悬光明世界，雨花常播普利人天。”其二云：“佛日重辉四面青峦惊昨梦，江天无恙满林红叶灿如花。”其三：“华岩性海齐归宿，般若灵山远担登。”廊前阶基高约八十厘米，踏道石阶六级，两边有石雕扶栏。

毗卢殿中佛坛上供奉毗卢遮那佛金身像，像高五米，连同须弥座通高八点六米。毗卢佛头戴毗卢冠，身着通肩袈裟，结跏趺坐于九层仰莲台上，双手合于胸前，左手握空拳，食指上竖，右手覆盖左拳，右食指及右拇上竖，与左手食指尖轻触，作平等印。身后有大背光，光焰中镂雕金龙。梵天、帝释侍立两胁。坛联二副，其一云：“佛像庄严佛心慈悲喜舍佛光普照降祯祥，法身清净法性湛寂圆明法界众生同礼敬。”其二云：“智慧照十方庄严诸法界，大慈念一切无碍如虚空。”楹联云：“千佛名蓝赢得名僧宏佛法，六朝圣地愿随圣众献朝华。”毗卢佛身后有影壁，影壁正面雕毗卢佛莲台小金像千尊，结跏趺坐，左手作与愿印，右手施无畏印。影壁背面塑观音菩萨三十二化身坐像，壁前立鎏金海岛观音像一尊，顶戴宝冠，身着天衣，赤足立于鳌头。右手握净瓶置于腹前，掌心向上，瓶口向右下方倾斜，作洒水状，左手轻覆于右手上，指尖向右，善财童子、龙女分立两侧。楹联云：“慈眼视众生宏誓深如海，慧日破诸闇普照明世间。”殿内东南角和东北角各有佛龛一座，原系北京紫禁城内清朝旧物，1979年运至栖霞寺。东南角佛龛内供奉石刻观音立像；东北角佛龛内供奉石刻阿弥陀佛坐像，佛头为栖霞寺旧物，躯体以石膏制作后着色仿旧。殿内西北角法鼓一面；西南角铜钟一座，2010年铸造，高约一点二米，口径约六十五厘米。蒲牢钟钮，八波形钟口，正立面波谷上方铸钟月一枚。钟肩伏莲一周，钟腹正面竖排行体“栖霞古寺”四字，左

栖霞寺毗卢宝殿

侧面竖排“风调雨顺”四字，右侧面竖排“国泰民安”四字。钟腹下边回字纹一周。殿内两庑木龛内分列鎏金填红木雕二十诸天立像，每尊高逾二米。毗卢宝殿东面开三门二窗，中门上额悬挂“度一切苦厄”木匾，蓝底金字，行体阴刻，匾面四边雕金丝填红卷草纹。门联云：“无机不被万里无云万里天，有感即通千江有水千江月。”

月台南边悬山顶二层楼房一座，坐南朝北，上下层房屋各十余间。楼下为斋堂和经书流通处，楼上僧舍。月台北边悬山顶二层楼房一座，坐北朝南，上下层房屋各十余间。楼下为素食馆和僧舍。楼上西首为玉佛楼，赵朴初题匾，楼中供奉玉佛像一尊，高一点五二米，重七百八十斤，台湾佛光山星云大师敬献。玉佛左侧药师佛，右侧阿弥陀佛。玉佛楼东侧为鉴真纪念堂，供奉日本奈良招提寺八十一代森木孝顺长老塑造的鉴真和尚塑像一尊。鉴真堂东侧为宗仰上人纪念堂，堂中墙壁悬挂宗仰画像，题联云：“说法宗三论，印心属二伽。”两庑墙壁悬挂若舜、寂然、方廉、青权四位栖霞寺高僧画像。楼上东首为多宝阁，赵朴初题匾，黄底黑字，阁内陈列栖霞寺珍藏文物字画等。

毗卢宝殿后有跨院，跨院东边筑小四合院一座，坐东朝西。西边开院门三扇，歇山顶单坡门头，门前檐柱二楹，楹联云：“方坛说法人天喜，丈室谈经花雨香。”中门额悬“方丈”木匾，紫底金字，萧娴题写。匾面上边和下边各雕金色二龙戏珠，左边和右边雕金色祥云。门联云：“狮子窟中无异兽，象王行处绝狐踪。”院内南边为念佛堂、贵宾接待室，北边寮房。东边二层小楼，楼下法堂，堂中设法座，法座前置讲台，讲台上供小佛坐像。讲台前设香案，讲台两侧为听法席。法座之后悬挂达摩祖师像，两旁对联云：“创业溯南朝想当年花雨六时朗公讲席弘三论，分身还故国喜此日海天一色鉴师行踪重千秋。”1979年赵朴初题写。楼上藏经楼，供奉释迦牟尼佛玉像一尊，缅甸僧人赠送，由整块白玉精雕细琢而成。两庑墙前排列经柜，按《千字文》字序珍藏1957年从古林寺迁入的清代龙藏一部、明代南藏半部，七十二函匣，七千一百六十八卷。又有在娑罗树叶上烙印梵文而成的贝叶经，相传唐代高僧玄奘西天取经带回。又有血经一本，系清末一位女信徒滴血抄写而成，又有各种经书一万四千余册。

栖霞寺方丈

栖霞寺南唐舍利塔

四合院之南有舍利塔，初为木构，隋文帝仁寿元年(601)敕建，唐会昌年间(841—846)毁。南唐林仁肇奉诏修复栖霞寺时，仿旧式木塔改建石塔，高越撰《舍利塔记》叙述始末。石塔建材选用石灰岩和大理石两种石料，先雕凿配件，后接榫安装，终垒砌而成，历经千年基本完好，1993年修。石塔依阿育王式，由塔基、塔身、塔顶三部分构成，通高十八点七三米。基座围以勾线造石栏杆，地面雕刻海水纹及龙、凤、鸟、兽、鱼、虾、蟹、鳖等图案，或腾云驾雾，或出没山林，或沉浮波涛。塔基上下两层，第一层雕刻缠枝莲纹，第二层镌刻飞凤、莲花等图案。基坛八面浮雕，第一面释迦苦行图，第二面释迦涅槃图，第三面释迦自兜率宫下降母胎图，第四面释迦受生图，第五面释迦受乐图，第六面释迦求道图，第七面释迦成道图，第八面鹿苑说法图。须弥座与塔身之间，雕以莲花露盘三叠，花瓣上阴刻宝相花纹。塔身为八面五级密檐式，第一级八面，第一、三、五、七面为四大天王像，武士装束，披甲执戈，第二面普贤骑六牙白象，第四、八面版门，第六面剥蚀，当为文殊像。每面以半圆形柱相隔，柱上刻诸佛及经咒等，檐下横梁刻飞天浮雕各二。塔身第二级至第五级为塔室，四层八面均雕石龛二，龛内坐佛各一，计六十四尊。塔顶原为金属刹，以铁链引向脊端重兽背铁环，后改为六层石雕莲花宝顶。1988年1月13日，舍利塔列为全国重点文物保护单位。

从四合院东北起，至纱帽峰之东，总称千佛岩。初，明僧绍隐居栖霞山，延请法度禅师讲《无量寿经》，西岩夜间放光，现佛像及殿宇状。永明二年(484)僧绍欲在岩壁凿石为佛，不果而卒。其子明仲璋为临沂令，继承父志，凿石为无量寿佛像及观世音、大势至二菩萨像，名无量殿，又名三圣殿。齐文惠太子、豫章文献王、竟陵文宣王、始安王遥光及宋江夏王霍姬、雍州刺史田奠等继之，僧佑准尽仪则，计凿佛龛二百九十四座，佛像五百一十五尊。梁天监十年(511)八月临川靖惠王复加莹饰，缋以丹青，镂之铣鋈。唐宋以还续有开凿，明隆庆(1567—1572)以后补造佛龛佛像者纷起，新旧累计造像七百零四尊。现存佛龛二百五十四座，佛像五百五十三尊，几为明代之遗。民国十三年(1924)寺僧以水泥涂敷佛像,遂失原貌。2001年6月25日,国务院列为全国重点文物保护单位。

明仲璋、法度所凿三圣殿,为千佛岩最大石窟。依崖开凿,坐北朝南,无量寿佛坐身高十点零八米,连同底座通高十三点零三米,观世音、大势至菩萨高十一米。无量寿佛居中,观世音、大势至菩萨侍立两侧。造像身段匀称,线条流畅,精致古朴,明嘉靖年间(1522—1566)海盐郑晓重新装饰。现今三圣殿前砌以砖墙,中开拱门,上覆屋顶,以避风雨,殿内石窟保存西方三圣石像。三圣殿左侧一龛内,有石像一手举锤、一手拿錾,俗称石公佛。相传石工王寿,造像最出力者,在雕凿最后一尊佛像时,锤轻则石纹丝不动,锤重则石块崩裂,时限将至,无可奈何,遂纵身跳入龛内,化身为佛,以全其数。

栖霞寺南齐石窟

三圣殿对面山坡上有地藏殿,坐南朝北,单檐歇山顶,正脊由小圆瓦垒砌六层透空蝙蝠造型铺排而成,北面嵌“庄严国土”四块砖刻,螭首鸱吻。垂脊立法像,戗脊有角兽,各檐蹲兽四只、仙人一尊。殿宇面阔三面,进深二进,北面中间殿门一扇,两边方窗各一扇。门额悬挂“地藏殿”木匾,黑底金字。阶基高约八十厘米,门前踏道石阶六级。殿中供奉精铜鎏金地藏菩萨鸟兽座像,头戴毗卢冠,身披通肩袈裟,左腿单盘,右脚触地,坐于谛听脊背上。左手覆于左膝上面,指尖向地,作降魔印,右掌托摩尼珠于腹前,指尖向左。地藏殿前有月台,台中置矩形铁香炉一座,倒“凹”形炉耳一对,立于炉口两侧上截面。鼎腹正面和背面呈倒梯形,正面铸《般若波罗蜜多心经》全文,右侧分行竖排落款“佛历二五四五年四月廿三日　公元二〇〇一年六月十三日　真慈恭书”。圆柱体炉脚四只。

地藏殿东西两边连接辅殿各一座,形制相同。卷棚顶,面阔三间,进深一进。北面有檐廊,平柱二楹,二角柱各一楹。西辅殿西山墙外面,连接东西走向砖墙约四十米,墙面嵌《重修栖霞寺地藏殿记》《栖霞寺兜率院重修记》石刻。《重修栖霞寺地藏殿记》云:“栖霞古寺旧有地藏殿,创建于明万历卅四年,以住僧司焚修。清季洪杨乱起,千年古刹尽毁无余,光绪四年德宗禅师重建此殿,经七十余载而复倾圮。曰逢盛世,相等早发愿心重建此殿,奈何曰缘颇蹇,历七岁而未成。戊子春,深圳齐耀峰居士等来山礼佛，得闻始末，遂与同行者无锡邹嵘居士述说修建殿堂之功德，邹君慨然一诺，发菩萨心，立大誓愿，于舍利塔南，龙山之麓，复建殿堂，又范铜为地藏菩萨之像供奉殿中，俾人人仰望咸生礼敬之心，在在瞻依广作津梁之福，于客岁六月既望兴工，阅十月而成。宝殿巍峨，户对五重，隋塔金容晃耀，光晖千佛灵岩，伏愿金锡重光，明珠流焰，人天普利，幽显齐资。今殿宇告成之期，略述其颠末，勒诸贞石，以期善缘功德不致日久湮没云。己丑岁佛诞之辰栖霞古寺住持隆相谨识　唐文秀书丹。”《栖霞寺兜率院重修记》云：“昔本寺开山法度大师共明仲璋依山造像，永明六年龛顶放光，文惠太子偕诸王来山一睹瑞相，广施资材，续琢法身，独于此奥区建窟以奉弥勒尊仪，盖文惠以储胤之尊，拟镌当来之像也。明万历中于窟前增建弥勒殿，与地藏殿相望，以示释尊灭度，地藏摄行度生之任，以俟慈氏下生也。清康熙间楚云禅师继三世之余烈，驻锡栖霞廿余载，播曹洞宗风，接祖庭遗绪，暮年欲归老衡山，直隶于振甲中丞闻之，殷勤劝留，复赠清俸，建兜率精舍于洞侧，为师退居之所，至今尚有楚公诗偈镌窟上石壁间。洪杨之乱，千年古刹尽为兵燹，此地焉能独免欤？树木尽焚，泥沙俱下，湮没百余年。民初宗仰上人复兴山寺，工程艰巨，故未能及此。予曩岁居山中，虽有意恢复，然时局动荡，力有不逮。今法嗣隆相法师诸彦被盛世之泽，留意恢复山中名胜，廓佛学院，复般若台，建云水堂，修地藏殿，又于此地清除壅塞，复原古迹，台州裘会飞居士捐资重构屋宇，并镌法界图于其旁，南京张松刚、魏玉兰伉俪敬造思维弥勒圣像奉安窟中，令胜迹重光，祖宗再显。予今岁因事还山，见此兴盛气象，老怀甚慰，聊赘数语以记始末，庶几传之久远哉。岁在庚寅仲秋之月栖霞法宗识于香江　壬辰仲秋时节后学佛弟子释普通敬书于金陵。”砖墙西头有石门，坐西朝东，门内山脚下有石窟，口径约三米，进深约二米，乃齐文惠太子所凿弥勒石窟旧遗。今窟前覆歇山式单坡门头，额曰“弥勒圣境”，窟内供奉弥勒金身坐像。

栖霞寺弥勒石窟

毗卢宝殿之北为中国佛学院栖霞山分院。1982年栖霞寺举办僧伽培训班，1983年11月经中国佛教协会批准，成立中国佛学院栖霞山分院，赵朴初任院长，茗山任副院长。1984年招收首届学僧五十六名，学制两年，开设佛教史、佛教三经、百法明门论、五蕴论、唯识三十论要释、戒律、语文、历史、地理、外语等课程。三十余年间，栖霞分院为全国各地寺院培养输送法师数百名，被誉为法师摇篮。

永济寺

在旧都城神策门北十里，天界寺北四十里，幕府山东麓石灰岭，今栖霞区永济大道南侧长江观音景区内。明洪武元年（1368）即山建阁，以崖壁旧有唐代吴道子所画观音像石刻故，名观音阁，山曰观音山。正统元年（1436）因阁建寺，赐弘济寺额。礼部侍郎吕柟记云："弘济寺在金陵寒桥之观音岩，北去都城一舍许，岩洞幽深，山水萦回，嚣尘远隔，仿佛乎南海之普陀岩。洪武初年，有僧号久远，道行圆融，立阁于兹，遂名观音岩。后为归并寺宇，本僧于右顺门奏，奉太祖高皇帝圣旨'观音岩与那老和尚住'，由是沙弥云集，香火滋盛。时宣德乙卯，金像剥落，殿宇倾颓，乃劝于众，乐善好施者闻风而来，择正统元年闰六月十八日肇始，建佛殿、大悲阁、天王殿、金刚殿、山门、僧舍、廊庑，丹彩相映，若墙垣阶砌之坚完，廪库庖湢之工致，规模胜旧，鼎建一新，不逾年而讫，具以上闻，圣恩敕赐额曰弘济，时正统丁巳四月十一日。"殿阁皆据山绝壁，缘崖构成，下临大江，势极危峻，以铁绳穿石系柱。明季为天界寺所领中刹，金刚殿三楹，钟楼一座，鼓楼一座，天王殿三楹，祖师殿一大楹，正佛殿三楹，无量殿一大楹，观音阁三楹，八难殿三楹，藏经殿三楹，伽蓝殿三楹，僧院九房。基址五亩，东至燕子矶，南至城墙，西至观音岩，北至大街。田、地、山共九十亩一分九厘。禅堂一所二十二楹，伽蓝殿一所，后改为汉武安王祠，道士所居。禅堂田八十五亩。清乾隆十五年（1750）寺内建行宫，以备驻跸。乾隆十六年（1751）高宗南巡，改弘济寺为永济寺，重构禅堂，赐御书匾额及对联，御制《观音山》诗、《燕子矶》诗、《永济禅院花笑轩小憩》诗。乾隆四十九年（1784）嘉庆皇帝扈跸，有御制《燕子矶》诗。咸丰年间（1851—1861）毁于太平天国战火，清

永济寺观音阁

末略加修葺。民国时期寺废，20世纪60年代观音阁倾塌。

明代有寺僧清公，闭关三年，胁不沾席。忽一念不生，三世际断，夜见大千世界，光若琉璃，闻远鸡唱，乃说偈曰："喔喔金鸡报晓时，不因他响讵能知。三千世界浑如雪，井底泥蛇舞柘枝。"清代寺僧兴洞和尚，语言朴讷，不诵经典，年九十余，须鬓颜色犹不变，寿百余岁，或询以长生之术，大抵劝人葆摄精气神，为养生主，乾隆十六年(1751)高宗赐诗，碑存寺内。释守心，戒行精严，名闻掖庭，两宫皆有经幡之赐。释大健，禅行精洁，工诗，常欲立祠以祀杜甫，著有《花笑轩集》。释是岸，能诗善画，琴尤臻妙，著有《江干纪略》《栖碧琴谱》。寺旧有对联云"松声竹声钟磬声声声自在，山色水色烟霞色色色皆空"。

1981年，南京市城建局在旧址重建观音阁。新观音阁位于观音山北侧山腰，背倚山崖，面对大江，坐南朝北。悬山式仿古建筑，正脊由小圆瓦垒砌七层透空波浪形铺排而成，螭首鸱吻，垂脊有角兽。面阔五间，进深三进，北面中部开门三扇，两边开窗各一扇。中门上额悬挂"观音阁"三字木匾，黑底金字，行体阴刻，落款"庄希祖乙丑年春日"。门前踏道石阶二级。殿门东侧立沈玉才撰《重修观音阁记》云："观音阁始建明代洪武初，正德年依阁建寺，为弘济寺，清乾隆时定名永济寺，香火鼎盛，享誉一方。阁内原供奉满堂佛像，'文革'时期阁塌佛毁。一九八一年，南京市城建局拨款重修大殿阁宇。一九九二年，欣逢改革开放之盛世，得南京市园林局之允，燕子矶公园管理处决定再塑佛像，以充实园景园容，吸引八方游客。善男信女闻讯，慷慨捐资，社会各界乐意赞助。今殿宇重放光彩，再现先前之貌，实乃国泰民安之吉兆，爰立此碑，予以记载。南京燕子矶公园管理处一九九三年六月立。"

永济寺观音阁塑像

殿中有影壁，壁面绘浅蓝虚空，白色祥云。壁前石坛上供奉三尊千年乌木雕琢的观音菩萨像，顶戴宝冠，身着天衣，胸配璎珞，结跏趺坐于莲台上。中间观音左手托净瓶置于腹前，指尖向右，瓶口朝上；右臂上曲，竖掌胸前，掌心外翻，食指与拇指捻宝珠一枚，其余三指上竖。身后有背光，光焰中作透空香花卷叶图案。莲台由伏莲一层、仰莲二层垒叠而成。莲台下面有底座，平面八边形，下枋表面雕卷草，下枭伏莲一周，束腰雕佛教八宝，每面一宝，依次为法轮、法螺、宝伞、白盖、莲花、宝瓶、双鱼、如意结，莲台摞于束腰之上。左边观音双手合十于胸前，像座由三层仰莲垒叠而成。底座平面呈八边形，下枋雕卷草，下枭伏莲一周，束腰如意祥云，上枭仰莲一周，上枋卷草。右边观音左手托莲花于腹前，右臂上曲，竖掌胸前，掌心外翻，中指与拇指相触成环形，其余三只上竖，作说法印。像座及底座形制与左边雕像相同。殿内两庑墙壁及南面墙壁彩绘观音事迹，南面中间开门一扇。

观音阁西边连接悬山顶平房一间，坐南朝北，正脊由小圆瓦作七层透空波浪铺排而成，螭首鸱吻。平房北面连接四角亭一座，东西走向，单檐歇山顶，正脊由圆瓦作一层透空蝙蝠形状铺排而成。正脊北端螭首鸱吻，垂脊立角兽，飞檐翘角，檐角无蹲兽。正脊南端附着于平房檐顶北坡，无螭首，无垂脊及檐角。四角亭东面和西面各有月门一扇，月门上方各有方格木窗四扇。南面墙体开八边形窗户二扇，其上方有方格木窗七扇。北面木门一扇，亦即平房南门，连通房内。平房西面连接悬山顶平房一座，坐南朝北，正脊由小圆瓦垒砌七层透空波浪铺排而成，螭首鸱吻。面阔三间，进深三进，北面中间门一扇，两边方窗各一扇，南面开门一扇。观音阁下有化龙池，清水一泓，池东有蛤蟆洞。

从观音阁西侧沿石阶而下，西行百余米有漆金石雕送子观音像一尊，面北而立。观音菩萨高束发髻，顶戴阿弥陀佛宝冠，身着天衣，胸配璎珞，腰系罗裙，赤足立于三层仰莲台上，身后有顶圆光，光晕边缘浅刻祥云纹。右掌压左掌置于腹前，掌心向上，托童子坐像一尊。童子顶束双螺发髻，前额披发一束，颈戴项圈，双手合十，赤身面北坐于观音菩萨掌心。观音像前圆形铁香炉一座，炉口上截面作倒“凹”形炉耳一对，炉口外立面回字纹一周。炉腹正面横排隶体“三台福地”四字，背面横排隶体“普渡慈航”四字，左右侧面各铸狮首一只。狮首兽脚形炉脚三只。

送子观音石像西百余米有乾隆御诗碑刻，诗云：“不会诗文不解禅，果然默默以全□。半生尘世半生佛，薄号山僧得号仙。”乃乾隆十六年（1751）第一次南巡时，赐寺僧兴洞和尚之作。半圆形碑额，正面上部雕宝珠一枚，两边雕游龙各一条，散缀祥云数朵。额面中部有方印，内刻竖排篆体“御书”二字。长方形碑身，旧时断裂七块，后经粘合修复。碑身中部为御笔题诗，四边雕花草纹。碑身下有须弥座，下枋雕如意祥云纹，上枋雕回字纹。乾隆御诗碑西侧数米有线刻观音碑，高二米，碑身正面涂黑色，白线勾勒画像，线条流畅。相传此像为吴道子所画，吴兼撰写碑文，碑文题款云：“雍正七年岁次己酉冬月仁和康涛敬写于广陵吴氏之敦说堂。”观音碑上方崖壁，有“悬崖撒手”“觉岸”及清道光六年(1826)黄文涵题名石刻。观音碑西数十米有四角碑亭,坐南朝北,飞檐翘角,檐柱四根,呈对角而立,支撑檐顶。回字格挂落,下有美人靠。北面檐下悬挂“碑亭”二字木匾,棕底黄字,篆体阴刻。阶基高约三十厘米,北侧踏道台阶二级。亭内立线刻童子拜观音石碑,观音菩萨高束发髻,身着天衣,胸配璎珞,双手置于腹前,身体略向右侧,赤足立于祥云上,身后有顶圆光。观音右下方一童子双手合十,跪拜观音。碑身左边分行竖排“大清光绪十三年暮春月谷旦中湘潭碧理率男兆麟　捐资重立　杨越环监修”等字,其下方竖排“唐吴道子笔”五字,笔迹甚异前款,未知何人补刻。

碑亭西数十米有佛印堂,单檐歇山式仿古建筑,坐南朝北,卷棚顶,垂脊和戗脊无角兽,飞檐翘角,檐角无蹲兽。四面有檐廊,四角柱各三楹,支撑檐顶。回字格挂落,下有美人靠。北面檐下悬挂“佛印堂”三字木匾,棕底黄字,行体阴刻,落款“传真”。佛印堂面阔一间,进深一进,北面木门一扇,东面和西面方窗各一扇。门前阶基高约三十厘米,踏道台阶二级。南面墙壁向西伸出约八米,墙面刻《大悲咒》全文,墙壁北数米处,横排漆金圆雕观音四十二种手印,依次为总持千臂手、甘露手、葡萄手、顶上化佛手、金轮手、宝径手、化宫殿手、化佛手、锡杖手、俱尸铁钩手、合掌手、宝印手、宝铎手、数珠手、骷髅杖手、宝螺手、宝戟手、红莲花手、军持手、五色云手、宝篋手、紫莲花手、宝镜手、青莲花手、白莲花手、玉环手、斧钺手、旁牌手、胡瓶手、白佛手、杨枝手、宝箭手、宝弓手、月精摩尼手、日精摩尼手、施无畏手、金刚杵手、跌折罗手、宝剑手、宝钵手、绢索手、如意珠手。

佛印堂西数十米,山崖上有观音洞,供奉漆金十一面千手千眼观音像。洞口覆硬山顶单坡罩房,坐南朝北,背倚崖壁。面阔三间,进深一进。北面中间开木门一扇,两边方窗各一扇。门窗上方铺排方格窗二层,上接屋檐。观音洞东侧崖壁有观音摩崖石刻,崖壁前立观音石像一尊,背西面东,高束发髻,顶戴五如来宝冠,身着天衣,胸配璎珞,结跏趺坐于由一层伏莲和一层仰莲垒砌的莲台上。左手托净瓶于右脚面,瓶口朝上,右臂上

永济寺观音洞

曲，竖掌胸前，掌心外翻，中指、无名指弯曲，与拇指相触，食指和小指上竖，作说法印。八边形底座，下枋雕卷草一周，下枭伏莲一周，束腰卷叶一周，上枭仰莲一周，上枋卷草一周，素平。

佛印堂西百余米有石洞，高约三米，宽约七米，洞中供奉彩绘施药观音像。洞口西侧崖壁镌一“寿”字，宽约七十厘米，长约二点三米。相传明太祖幸寺至此，见一皓首老僧持钵接水，问其故，答云：“此乃龙牙滴水，饮之可延年益寿。”太祖尝之，味甘美，沁入心脾，遂即兴挥毫，一笔成一“寿”字，雄奇飘逸，别具一格，刻于石壁，留存至今。石洞北十余米有硬山顶平房一座，坐南朝北，正脊由小圆瓦垒砌五层透空波浪形铺排而成。总面阔五间，进深三进，中部三间圆通殿，左右两边各一间辅殿。圆通殿北面中间开门一扇，两边方窗各一扇。门额悬挂“圆通殿”木匾，棕底黄字，行体阴刻。南面殿门三扇。殿中石坛上供奉彩绘泥塑观音菩萨立像五尊，呈八字形分布。楹联云：“五蕴皆空何处无真身示现，一尘不染此中有妙相庄严。”两庑墙面各开一门通往配殿，配殿南面各开方窗一扇。

圆通殿西百余米，山崖有石洞，洞中供奉漆金龙头观音坐像一尊。洞口覆悬山顶单坡罩房，坐南朝北，背倚崖壁。面阔三间，进深一进。北面中间门一扇，两边方窗各一扇。门额悬挂“大士阁”木匾，棕底金字，行体阴刻。门联云：“大士之大大经大法大慈悲，观音之观观人观我观世界。”

观音阁东北五百余米有石临瞰江水，形如飞燕，名燕子矶。乾隆皇帝六下江南，五到燕子矶。矶顶有大观亭，乾隆年间（1736—1795）建，后更名御碑亭。原为六角亭，民国二十六年（1937）毁于日军炮火，1949年以后重建为四角砖亭，1998年翻建，复为原貌。现今御碑亭重檐六角，攒尖顶，上竖葫芦形宝瓶刹，飞檐翘角。上檐与下

永济寺摩崖石刻观音像

檐之间六立面，皆由十四层透空四瓣花形铺排而成。檐柱六楹，分立于亭内六角，支撑下檐顶。南面檐下悬挂“御碑亭”木匾，棕底金字，行体阴刻。楹联云：“白云悠悠矶头月涌千舫过，往事渺渺江上风清一燕来。”台基高约二点五米，南侧和北侧各有踏道石阶十余级。御碑亭内矗立石碑，侧卧长方形碑额。碑身正面竖排“燕子矶”三大字，行体阴刻，为乾隆第三次登矶所题，江宁知府刻石。碑阴刻乾隆御笔诗：“当年闻说绕江澜，撼地洪涛足下看。却喜涨沙成绿野，烟村耕凿久相安。”梯形碑座。燕子矶顶有酒樽石，以形似得名，相传唐代诗人李白流寓金陵，登临矶顶，欲以此石为樽，长江为酒，遂题云“吞江醉石”。从矶顶沿道而下至江边，有观澜亭、摩崖石刻。

鼓楼区

地藏寺

在旧都城北外秦淮河下关段三汊河西侧，清末创建，名地藏庵。1999年9月徙于鼓楼区建宁路二〇二号狮子山风景区内，更名地藏寺。狮子山高七十八点四米，周长二千米，平地面积十四万平方米。原名卢龙山，以山形如狮，明初敕改狮子山。地藏寺位于狮子山北坡，占地面积约一千平方米，整体布局坐南朝北，主要建筑有大雄宝殿、观音殿、地藏殿以及寮舍、斋堂等。

地藏寺山门

山门在寺院西侧，月门一扇，门额嵌“地藏古寺”石匾，黑底金字，行体阴刻，常志成题写。入山门登石阶十五级至庭院，庭院东西边长约二十米，南北边长约十五米。大雄宝殿在庭院南边，坐南朝北，背依山崖，阅江楼矗立山椒。重檐歇山顶仿古建筑，正脊由小圆瓦垒砌为十层波浪形铺排而成，南面嵌“佛光普照”四块砖刻，螭首鸱吻。垂脊和戗脊各由小圆瓦垒砌为十层波浪形铺排而成，末端有角兽，各檐角蹲兽三只、仙人一尊。上檐北面横梁中部悬挂“大雄宝殿”木匾，红底金字，行体阳刻，茗山题写。大殿面阔五间，进深五进，北面中间开殿门一扇，殿门两旁各开方格木窗一扇，方格窗外侧又各开月窗一扇。门联二幅，其一云：“狮山地藏清净界，扬子江诵般若经。”王道云书。其二云：“狮子山上看溪水泊泊无畏，阅江楼下听佛音声声有缘。”卢力彬书。阶基高约一米，门前踏道石阶六级，两边有石扶栏。踏道西侧狮子石雕像一座，东侧六牙大象石雕像一座。殿中琉璃龛内供奉素瓷描金释迦牟尼成道像，释迦佛身着右袒肩袈裟，结跏趺坐于莲台上。左手横置腹前，手心向上，托金色宝珠，右手覆于右膝前面，指尖向下，食指触地，作降魔印，迦叶、阿难侍立左右。释迦佛成道像前，供奉素瓷描金释迦佛吉祥卧像，身着右袒肩袈裟，头东脚西，右侧卧，右肘撑地，右掌托颐，左手覆于左胯上面，右腿自然伸直，左腿前出弯曲。大殿西南角须弥座上，供奉素瓷描金文殊菩萨左舒坐狮座像。右手持如意，如意上端倚靠右肩胛，下端置于右胯处，左臂上曲，竖掌胸前，掌心外翻，作无畏印。殿内东南角须弥座上，供奉素瓷描金普贤菩萨右舒坐象座像。左手持莲花一枝，置于左肩胛与左胯之间，右臂上曲，竖掌胸前，掌心外翻，作无畏印。两庑山墙前有木龛，龛内分列漆金泥塑十八罗汉像。大殿西山墙外面连接卷棚顶平房二间，为厨房和斋堂；东山墙外面连接卷棚顶平房二间，为寮舍。

庭院西边观音殿，坐西朝东，单檐歇山顶仿古建筑。正脊中部由青砖垒砌，左右两边由小圆瓦垒砌四层透空莲瓣造型铺排而成，螭首鸱吻，背负宝剑。垂脊中部由青砖垒砌，左右两边亦由小圆瓦垒砌四层透空莲瓣造型铺排而成。戗脊由小圆瓦垒砌三层透空蝙蝠铺排而成，各檐角蹲兽二只、仙人一尊。殿宇东面有

地藏寺

檐廊，平柱二楹，二角柱各一楹，阶基高约七十厘米，水泥踏道五级。殿堂面阔三间，进深二进，东面中间开殿门一扇，两边开六边形窗户各一扇。门额悬挂“观音殿”木匾，棕底金字，隶体阴刻，吴滨题写，匾额边沿饰金色卷草纹。殿中供奉白瓷描金观音菩萨像，身着天衣，胸挂璎珞，结跏趺坐于莲台上。左手托净瓶置于胸前，瓶口朝上，右手覆于右膝前面，指尖向前，掌下念珠一串；善财童子和龙女分立两侧。

庭院东边地藏殿，形制与观音殿相同，位置相对，坐东朝西。门额悬挂“地藏殿”木匾，棕底金字，行体阴刻，志华题写，匾额边沿饰金色卷草纹。殿中供奉白瓷描金地藏菩萨像，头戴毗卢冠，身着通肩袈裟，结跏趺坐于莲台上。右掌压左掌置于腹前，掌心向上，托摩尼宝珠一颗，闵公、道明和尚侍立两侧。殿内西南角铜钟一口，高约一点二米，口径约六十厘米。蒲牢钟钮，钟肩伏莲一周六瓣。六波形钟口，正面波谷上方钟月一枚。钟腹上边和下边各饰卷草纹一周，卷草纹外侧又各饰回字纹一周。钟腹正立面竖排楷体“地藏古寺”四字，左侧分行竖排上款“佛历二五四五　公元二〇〇一年”，其左又竖排“佛日增辉”四字；右侧下款文字部分凿毁，残存“监制”二字，其右又竖排“法轮常转”四字。钟腹侧面和背面有铭文。殿内西北角法鼓一架。

庭院北边照壁一堵，高约三米，宽逾五米。照壁北面篆书“南无阿弥陀佛”六字，南面篆书一“佛”字。庭院中部置六角三级铁宝鼎一座，攒尖顶，上竖葫芦形宝瓶刹。平檐短角，檐角立龙形蹲兽，口衔风铃。鼎口外立面上边饰回字纹一周，中间卷草纹一周六束，下边嵌半球体一周十二枚，球径约二厘米。鼎颈正面和背面饰回字纹各三束，左右侧面乙字形鼎耳一对，表面回字纹。鼎腹正面横排楷体“地藏古寺”四字，左侧分行竖排上款“佛历二五四六年　公元二〇〇二年”，右侧竖排下款“住持　释持瑞监制”。鼎腹背面上部横排楷体“万年宝鼎”四字，背面下部和左右侧面功德芳名。狮首形鼎脚三只。宝鼎下面置汉白玉底座，平面六边形。下枭外表面作二层伏莲图案，无束腰，上枭外表作二层仰莲图案，上枋外表作回字纹，素平。六角三级铁宝鼎两侧，又置重檐一级铁宝鼎一对，形制相同，位置对称。圆攒尖，上竖球形宝珠刹。下檐内蟠龙立柱六根，均匀分立于鼎口上截面，支撑檐顶。各柱龙首居上，龙体沿柱面盘旋而下。鼎颈外表面嵌半球体一周二十余枚，球径约二厘米。鼎腹正面横排楷体“地藏古寺”四字，一宝鼎上款为“佛历二三四五　公元二〇〇一年”，下款“持瑞监制”；一宝鼎上款“佛历二三四六年　公元二〇〇二年”，下款“住持　释持瑞监制”。鼎腹左右侧面如意柄形鼎耳一对，表面回字纹。狮首形鼎脚三只。宝鼎下面有汉白玉底座，底层伏莲一周，上层仰莲一周，无束腰。

庭院东南角悬挂铁钟一座，高约一点六米，口径约八十厘米。蒲牢钟纽，八波形钟口，各波谷上方钟月一枚。钟肩伏莲八瓣。钟腹上边回字纹、卷草纹各一周，下边卷草八束、万字符一周。钟腹正面上部分行横排“金陵　地藏古寺”六字，其下竖排“梵天钟”三字，左侧分行竖排上款“佛历二五五四年　公元二零一零年庚寅年制”，右侧竖排下款“住持释圣瑞监制”。钟腹左侧面分行竖排“振兴中华巩固　和谐社会安详”字样，右侧面分行竖排“绍隆菩提佛种　三界慧觉常明”等字。

清凉寺

在旧都城西北清凉山南麓，今鼓楼区清凉山路八十三号清凉山公园内。杨吴顺义年间（921—927）徐温创建，名兴教寺。南唐升元元年（937）改名石头清凉禅寺，后主李煜更名石头清凉大道场，为文益禅师道场。文益禅师七岁出家，十二岁受具足戒，专研律学及儒家经典，被誉为佛门子游、子夏，南唐国主迎住清凉寺，待以师礼。尝应邀随国主观赏牡丹花，赋诗曰：“拥毳对芳丛，由来趣不同。发从今日白，花是去年红。艳冶随朝露，馨香逐晚风。何须待零落，然后始知空。”中兴元年（958）七月十七日圆寂，敕于江宁县丹阳乡起无相塔院，谥号“大法眼禅师学者”，追谥“大智藏大导师”之号，后世称为“法眼宗”。中土禅宗起自初祖菩提达摩，经二祖慧可、三祖僧璨、四祖道信、五祖弘忍之后，分为六祖惠能的南宗禅和神秀的北宗禅。中唐以后南宗禅渐兴，传衍出五家七宗。五家为沩仰宗、临济宗、曹洞宗、云门宗和法眼宗。五宗之外加上由临济宗分出的黄龙派和杨岐派，合称七宗。

清凉寺山门

宋太平兴国五年（980），原幕府山清凉广惠禅寺迁至清凉山，明洪武二十五年（1392）赐额清凉寺，建文四年（1402）周王朱橚重建，改名清凉陟寺，成祖朱棣题额。天界寺所领中刹，山门三楹，天王殿三楹，钟楼一座，佛殿五楹，伽蓝殿一楹，祖师殿五楹，毗卢殿三楹，方丈八楹，僧院九房。基址二十亩，东至耿公书院，西至唯心庵，南至官街，北至本寺山亭。禅院三楹，厨房一楹。清康熙年间(1662—1722)寺毁于火，僧中州重建，方苞撰《重建清凉寺记》。乾隆十六年(1751)皇帝南巡，御赐匾额对联，御制《游清凉寺》诗；二十二年(1757)、二十七年(1762)、三十年(1765)、四十五年(1780)、四十九年(1784)，皆有御制《游清凉寺》诗。咸丰年间(1851—1861)毁于兵乱，同治年间(1862—1874)重建，薛时雨题联云："四百八十寺过眼成墟幸岚影波光犹有天然好图画，三万六千场回头是梦问善男信女可知此处最清凉。"抗日战争时期再遭破坏。20世纪50年代初，清凉寺有僧一人，房屋十间，地六亩。"文化大革命"期间遭劫，仅存旧殿一座，平房五间。2009年1月1日，南京市宗教局同意将旧殿作为宗教活动场所，同年3月12日南京市人民政府批准恢复清凉寺，6月20日清凉寺举行恢复开放暨佛像开光仪式。2013年5月至8月、2014年7月至10月，南京市文物考古部门对清凉寺旧址进行两次发掘，发掘面积九百五十多平方米，发现两座建筑基址。第一座为带月台式建筑，平面呈"凸"字形，由主体建筑及月台附属建筑组成，建筑尺度与佛殿吻合。第二座建筑主体为长方形，位于方志所载法堂位置。

清凉寺旧为南唐李氏避暑地，后主尝留宿寺中，有"未能归去宿龙宫"诗句。又有德庆堂，匾额传为后主李煜撮襟书，宋僧昙月刻石。寺有大钟，后主为烈祖李昪铸造，《释氏稽古略》卷三云："南唐上元县一民暴死，三日复苏。云至一殿庭，见先王缧械甚严，近问之曰：'主何至此？'曰：'吾为宋齐丘所误，杀和州降者千余人，冤诉囚此。汝得还，可语嗣君，凡寺观鸣钟须延其声，受苦闻钟得暂休息。或能为造一钟，尤善。吾在位尝交聘于阗国，彼王遗吾一玉天王像，吾常置于髻中，后藏于瓦官寺佛左膝，无知者。汝以此像为验。'民既还，具奏之。后主亲诣瓦官寺，果得玉像于佛膝，遂造一钟于建康清凉寺，铭文曰荐烈祖孝高皇帝脱幽出厄。"旧有董羽画龙，李后主草书，李霄远八分书，称为三绝，勒于碑。山巅有翠微亭，南唐后主建，宋乾道年间(1165—1173)毁，绍熙年间(1190—1194)复建，淳祐九年(1249)总领陈绮新而大之，今山椒清凉台即翠微亭遗址。又有不受暑亭，宋景定二年(1261)马光祖重建，现无迹可寻。

现今清凉寺占地面积约二千平方米，有佛殿一座，瓦房五间，皆坐北朝南，总建筑面积约四百平方米。佛殿本在天隆极乐寺，今雨花台区安德门大街西侧石子冈玉环山西麓，清同治二年(1863)年建。1992年因中山南路南下工程，经南京市人民政府批准，迁建于此。殿宇为清末风格建筑，单檐歇山顶，青色小瓦，正脊由小圆瓦和方砖垒砌为五层透空铜钱形状铺排而成，螭首鸱吻，背负宝剑。垂脊有角兽，戗脊檐角上翘，无蹲兽。殿宇东、南、西三面有檐廊，回字格挂落。东西檐廊及南檐两

清凉寺佛殿

端下设美人靠。南面檐廊平柱四楹,东面和西面平柱各三楹,四角柱各一楹。殿基高出地表约一点五米,南侧铺设踏道石阶八级。殿宇面阔三间,进深三进,南面中间开殿门一扇,殿门两侧各开方格雕花木窗一扇。门额悬挂“清凉古寺”木匾,红底黄字,行体阴刻。殿宇北面中间开门一扇,两边窗户各一扇。殿中佛坛上供奉鎏金释迦牟尼佛禅定像,身披通肩袈裟,结跏趺坐于三层莲台上,右掌压左掌置于腹前,掌心向上,两拇指相触,结禅定印,迦叶、阿难分立两胁。佛坛背面供奉彩绘泥塑滴水观音像,善财童子、龙女侍立左右。观音菩萨顶戴阿弥陀佛坐像,身着天衣,腰系罗裙,项配瓔珞,赤足立于莲台上。左臂前伸,手握净瓶,手心向上,瓶口向左下方倾斜,作洒水状;右臂上曲,立掌于右胸外侧,掌心外翻,大拇指和中指弯曲,作说法印。殿内东北角供奉漆金彩绘文殊菩萨左舒坐狮座像,头戴宝冠,身穿通肩袈裟,双手持如意斜置胸前。西北角供奉漆金彩绘普贤菩萨右舒坐象座像,头戴宝冠,身着通肩袈裟,两手捧一枝莲花斜置胸前。东南角悬挂铁钟一座,西南角法鼓一架。佛殿西山墙外石碑一块,分行凿刻“南京市文物保护单位　清凉寺　南京市人民政府　二〇〇六年六月十日公布　南京市人民政府立”等字。

佛殿前有广场,场中置二级铜宝鼎一座,圆攒尖,上竖金色宝珠刹,鼎口外立面饰回字纹一周,鼎颈嵌半球体八枚,球径约五厘米。鼎腹正面中部横排“清凉大道场”五字,传印题写,题字两边以及鼎腹背面铸如意、祥云、卷草、波浪等图案。鼎腹左右侧面如意柄形鼎耳一对,表面回字纹。左侧鼎耳下方有落款“佛历二五五五年　住持　理海　募造”,右侧鼎耳下方功德芳名及“公元二〇一一年”字样。狮首形鼎脚三只。相邻鼎脚之间铸如意二朵,八字形分布。宝鼎下面有铜质圆形底座,圭角外表面饰波浪纹一周,下枋由六瓣如意围合而成,下枭伏莲一周。束腰较窄,环饰卷草八束。上枭仰莲一周,上枋饰莲花、卷草、如意结等图案一周。底座上截面铸龟背纹和寿龟三只。圆宝鼎之前,又有六角一级铜宝鼎一座,攒尖顶,上竖金色宝珠刹，仰莲刹座。平檐短角，各檐角悬挂风铃一只。檐下作斗拱，回字格挂落。圆柱体檐柱六根，等距离立于鼎口上截面，支撑顶檐。鼎口外立面回字纹一周。鼎腹上边伏莲一周，正立面横排“清凉古寺”四字，传印题写；左右侧面如意柄形鼎耳一对，表面回字纹；背面分行竖排“佛历二五五五年　住持理海募造”、功德芳名以及“公元贰零壹壹年”等字。狮首兽脚形鼎脚三只。宝鼎之下有底座，高约十五厘米，由三块如意形状拼合而成，平面略呈“Y”字形，上表面正中位置嵌半球体一枚。

出佛殿北门，登石阶数级有庭院，东西宽约四十米，南北深约十米。南面有月门，额曰“入不二门”。庭院西北角悬山顶平房一区五间，坐北朝南，僧侣生活用房。中间为念佛堂，供奉彩绘弥陀三尊像，皆女相，背后举身光，光晕塑为透空金色卷草形状，表面散嵌红花。阿弥陀佛接引像居中，身着通肩袈裟，赤足立于三层仰莲台上。左手托金莲台于腹前，右臂下垂，掌心外翻，指尖向地，作施愿印。观音菩萨居左侧，身着天衣，配饰璎珞，赤足立于莲台。左手握净瓶于腹前，掌心朝上，瓶口向前下方倾斜，作洒水状，右臂上曲，立掌胸前，掌心外翻，中指弯曲与拇指相触，作说法印。大势至菩萨居右侧，身着天衣，佩戴璎珞，双手捧莲花置于胸前。庭院之后有保大井，南唐保大三年(945)开掘，井水丰沛，水质清冽，至今尚可饮用。1982年清凉山公园管理处在泉上覆建重檐六角井亭，亭顶开六角形天窗，直通苍穹。亭内嵌石碑一方，石碑南面刻“还阳泉”三字，萧娴题写，石碑北面刻庄希祖所书还阳泉简介，其云：“还阳泉又名保大井，南唐保大三年(公元九五四年)所掘，原井栏镌有寺僧广慧所书铭文及保大三年字样，后佚。此泉流量丰沛，水味醇美，用以沏茗，清冽爽口。相传常饮之人可白发转乌，年迈不衰，还阳泉即由此得名。一九八二年秋，经南京工学院建筑研究所精心设计后，重疏此泉并建井亭。南京市清凉山公园管理处一九八二年十月。”其下方又有石刻一方，分行凿刻“鼓楼区文物保护单位　还阳泉　鼓楼区人民政府　二〇一三年十月公布　鼓楼区人民政府立”字样。

清凉寺还阳泉

清凉寺西侧山坡有扫叶楼，本明代遗老龚贤之半亩园，始建于清康熙三年(1664)。

龚贤尝绘一僧持帚，作扫叶状，悬于楼上，因名扫叶楼。咸丰年间（1851—1861）楼毁于兵，光绪二十七年（1901）僧人寄禅重建，民国三年（1914）修。坐北朝南，悬山顶二层小楼，面阔三间，进深三进，占地面积约二百七十平方米，建筑面积约四百平方米。清凉寺东侧山坡有崇正书院，明嘉靖年间（1522—1566）督学御史耿定向建造，万历初年（1573）废，其后焦竑改建为耿定向祠。清初祠圮重修，更名云巢庵。乾隆中期毁于战火，后重建，复用旧名崇正书院，增建"江光一线阁"。咸丰年间（1851—1861）损于兵燹，同治四年（1865）僧可曾修复，更名小九华寺，建地藏殿、灵官殿等，清末民初迁于覆舟山。1980年南京市人民政府拨款重修崇正书院，1982年竣工。

天妃宫观音寺

在旧都城仪凤门外狮子山西南麓，今鼓楼区建宁路二八四号狮子山风景区西侧。原名龙江天妃庙，明永乐五年（1407）九月落成于龙江关，以三宝太监郑和率船队出使西洋，得妈祖保佑顺利往返，故立之。传说妈祖是宋代福建莆田林愿第六女，死后显灵于海上，元至元年间封天妃神号。明永乐七年（1409）正月，成祖朱棣御封妈祖为"护国庇民妙灵昭应弘仁普济天妃"，赐天妃庙为弘仁普济天妃宫，永乐十四年（1416）四月御撰《御制弘仁普济天妃宫之碑》立于天妃宫内。清康熙年间（1662—1722）加封天后。据《金陵玄观志》记载，天妃宫依山腰而建，前至山麓，宫内有正殿、后殿、雨廊，以及三清殿、玉皇阁等建筑。现天妃宫门墙嵌《古天妃宫全景图》石刻一块，与《金陵玄观志》记载甚异，中轴线上由南而北依次为山门、天王殿、大雄宝殿、弥勒殿、方丈、毗卢阁、潮音阁，弥勒殿西侧为斋堂。山门两边有登山道直达山椒潮音阁，沿途殿堂毗连。清咸丰年间（1851—1861），天妃宫损于太平天

天妃宫观音寺山门

国战争，民国二十六年（1937）再损于侵华日军炮火，仅存明成祖《天妃宫碑》。《天妃宫碑》高四点六三米，宽一点五一米，厚五十三厘米。有龟趺碑座，高一点一七，龟头已残，长三点一米。碑额浮雕二龙，互相缠绕，龙头各在碑额两侧。碑额上篆书“御制弘仁普济天妃宫之碑”十一字，碑文二十行，七百零八字，正楷书写雕镂。此碑1997年移立于静海寺内。

2004年7月政府斥资五千万元，在原建宁路小学校址上新建天妃宫，2005年5月3日竣工。新天妃宫占地面积约一万七千平方米，建筑面积五千平方米，采用明代官式建筑形制和风格。整体布局坐北朝南，由东西二院组成。东院为两进院落，主要建筑有天妃宫门、观音寺山门、观音殿、地藏殿和碑亭。西院为单进院落，主要建筑有天妃宫大殿、玉皇阁及配殿。

天妃宫门为穿堂式歇山顶门楼，正脊两端立螭首鸱吻，垂脊和戗脊各有角兽，各檐角蹲兽五只、仙人一尊。门楼面阔三间，进深一进，中间开宫门一扇。南面有檐廊，平柱二楹，二角柱各一楹，檐下横梁中部悬挂“天妃宫”木匾，蓝底金字，行体阴文，匾额边沿饰金色回字纹一周。平柱对联云：“以行义得尊崇八方共敬，惟福民能不朽千载长馨。”窦天语撰，王广学书。阶基高约七十厘米，南侧踏道石阶五级。宫门东侧外墙面嵌《重修天妃宫碑记》石刻，碑文云：“值伟大航海家郑和下西洋六百周年之际，南京市暨下关区人民政府斥资重建天妃宫之落成，实我中华民族复兴之壮举，海内外炎黄子孙之福祉。南京天妃宫坐落于狮子山下仪凤门外静海寺之东，宫庙初创于明永乐年间，曰龙江天妃庙。永乐七年，封天妃为护国庇民妙灵昭应弘仁普济天妃，赐庙额曰弘仁普济天妃之宫，岁以正月十五、三月二十三日遣官致祭。史载成祖遣郑和使海外，曾遇飓风黑浪，有推山倒岳之势，祈祷于天妃，得其显护，自此风恬浪静。和复命奏上，成祖于永乐十四年敕建此宫，亲撰弘仁普济天妃宫之碑文。其时龙江经其下，宫殿华峻，金碧交映，廊庑绘海中灵异，宫内玉皇阁高可见江，朱棂翠栋，与远近帆樯映色。才士汤显祖于万历时任南京太常寺博士，掌天妃宫，尝题‘还缘梯级俯东轩，睥睨飞翻仪凤门’之诗句。天妃宫数建数毁，一九三七年遭日寇兵火而趋湮灭，经历劫难，今又辉光。天妃，民间尊称妈祖。宋元明清以来，历史形成之妈祖信仰，历千载不衰。辅国庇民，济世救人，劝善惩恶，乃妈祖之美德，亦即我中华民族之美德。妈祖文化为凝聚全球华人之纽带，亦为联通海峡两岸、实现祖国统一之桥梁。新宫巍峨，玉貌俨然，妈祖之灵必将赐福苍生，长佑天下太平，国泰民安。宏愿可证，谨撰碑文。中华妈祖文化交流协会谨立。公元二零零五年　金陵世欣园　常志成书。”宫门西侧外墙面嵌《古天妃宫全景图》石刻。门内堂屋两庑为法物流通处和礼请香烛处，堂屋两侧各连接配房二间。

宫门内有小天井，东厢房单檐悬山式，面阔五间，进深一进。西面有通廊，平柱三楹，二角柱各一楹。廊檐横梁悬挂“海不扬波”木匾，墙面有“《南京妈祖文化》编辑部”“南京妈祖文化交流协会”“南京天妃宫管理处”“南京妈祖文化交流基地”等牌匾。西厢房与东厢房形制相同，位置对称，为办公用房。天井北边观音寺山门，高约四米，宽约五米，穿堂式门楼，单檐悬山顶，螭首鸱吻。门额悬挂“观音寺”木匾，黑底金字，行书阴刻，落款“赵朴初题”，匾框上沿刻二龙戏珠，其余三边雕花状纹饰，四角嵌金色回字纹，匾框内边刻卷草纹一周。阶基高约七十厘米，南侧踏道石阶五级。山门两侧有短墙，分别与天井东西厢房相接。山门堂屋两庑置琉璃龛，内竖彩绘泥塑四大金刚立像。

山门内有广场，南北边长约二十五米，东西边长约二十米。广场中部四角碑亭一座，建筑设计坐北朝南，重檐歇山顶，螭首鸱吻，垂脊和戗脊有角兽，各檐角蹲兽五只、仙人一尊。平檐斗拱，四角柱各三根，亭内立柱四根，共十六根。阶基高约六十厘米，南、西、北三侧踏道石阶各四级。碑亭布置坐东朝西，西面上檐横梁中部悬挂“碑亭”木匾，蓝底金字，行体阴刻。东面砌为墙壁，其余三面通透。亭中置复制天妃宫碑，面西而立。碑额上部及两边浮雕二龙戏珠，下部篆体阴刻“御制弘仁普济天妃宫之碑”十一字，竖排三行。碑身凿刻御制碑文，下有赑屃。碑亭南数步，有六角一级铁宝鼎一座，攒尖顶，上竖葫芦形宝瓶刹，宝瓶上球面铸刻三枚铜钱并列图案。各檐角立金龙一条，口衔风铃。鼎口外立面饰回字纹一周，鼎颈左右侧面铸如意柄形鼎耳一对，表面阴刻梵文。鼎腹正面横排繁体行书“观音寺”三字，左侧分行竖排题款“佛历二五四九年　公元二〇〇五年”。鼎腹下部环刻波浪纹三匝。狮首形鼎脚三只。宝鼎之下有莲花石雕底座，下部伏莲一层，上部仰莲一层。碑亭北数步有矩形铁香炉一座，庑殿顶，上竖葫芦刹，正脊正面刻卷草纹，间嵌“福”“禄”“寿”三字，螭首鸱吻。平檐短角，檐角立龙形蹲兽，口衔风铃。回字格挂落，檐柱八根，均分前后二排，立于炉口上截面，支撑檐顶。炉颈外表面饰回字纹一周。炉腹正面上部铸卷草二束，中下部横排隶体“观音寺”三字，左边题款“佛历二五五三年　公元二〇〇九年”，右边功德芳名。炉腹左右侧面乙字形炉耳一对，表面阴刻梵文。狮首兽脚形炉脚四只。

广场北边观音殿，坐北朝南，单檐歇山顶，螭首鸱吻，垂脊和戗脊有角兽，各檐角蹲兽五只、仙人一尊，平檐斗拱。南面有檐廊，平柱四楹，二角柱各一楹。檐下横梁中部悬挂“观音殿”木匾，蓝底金字，行书阴刻，漆金匾框，无题款。楹联云：“水月为心芙蓉花面春风暖，慈悲作念杨柳枝头甘露香。”武中奇题写。阶基高约一米，南侧铺设踏道石阶六级。殿宇面阔五间，进深二进，南面中间开殿门一扇，殿门两旁各开窗二扇。殿中石坛上供奉漆金填红观音菩萨像，顶戴阿弥陀佛像，身着天衣，结跏趺坐于莲台上。左手托净瓶置于腹前，瓶口向上，右臂上曲，立掌胸前，掌心外翻，拇指与中指向下弯曲，作说法印。两庑山墙和北墙面满嵌小龛，内奉观音金身像，约计千尊。

观音寺东厢房

广场东边厢房一区，重檐悬山式，西面有檐廊，平柱十二楹，二角柱各一楹。中间为地藏殿，门额悬挂“地藏殿”木匾，黑底金字，行书阴文，传静题写。门联云：“掌上明珠光摄大千世界，手中金锡振开地狱之门。”横批“南无地藏王菩萨”。殿中供奉漆金填红地藏菩萨像，头戴毗卢冠，身着右袒肩袈裟，结跏趺坐于莲台上，两掌叠加，掌心向上，托摩尼宝珠于腹前。地藏殿南侧为客堂，门联云：“福慧庄严成无上道，慈悲广大度有缘人。”横批“阿弥陀佛”。次南为寮舍，门联云：“无量光照江山千古秀，清净土显苍木四季春。”横批“南无阿弥陀佛”。西厢房亦重檐悬山式，体量与东厢房相同，门皆东开，实为西院之东厢房。西厢房中间为穿堂式过道，连接东院和西院，过道上额悬挂“慈航普济”木匾，中国国民党前主席连战先生于2005年4月27日题写。过道内南墙壁嵌《重建天妃宫记》石刻，碑文云：“郑和航海，六百春秋。神州追忆，倡导和平。古邑金陵，仪凤门外。狮子山子下，胜迹重修。天妃端庄，神采尽显。宫阙披彩，气势恢宏。抚今思昔，弹指挥间。当年成祖，誓比汉唐。开通海路，大振国威。派遣宝船，妈祖护佑。厚赠薄取，教习农耕。途遭骇浪，桅断楫摧。众人齐祷，突现红云。灵光闪耀，浪静风平。归来上奏，敕建新宫。赐号加封，弘仁普济。廊庑楼苑，七十九间。六次东归，感恩庇护。渐成庙会，盛事空前。官祭仪繁，名扬四海。八方贸易，惠及布衣。风雨沧桑，数毁数建。东瀛炮火，瓦去楼平。世纪初始，万象更新。政通人和，日新月异。旧宫再建，顺应民心。亭台楼阁，殿宇巍然。圣德重光，恩泽天地。六朝胜景，又添明珠。福地通灵，风调雨顺。江天清晏，国泰民安。华夏儿女，共敬天妃。炎黄子孙，祈盼统一。今日告竣，铭记刻碑。南京市下关区人民政府　公元二零零五年四月立　金陵世欣园　笔公书。”

天妃宫西院为三合院布局，院落北边天妃殿，坐北朝南，重檐歇山式建筑，南面有檐廊，平柱四楹，二角柱各一楹，下檐横梁中部悬挂“弘仁普济天妃宫”木匾。殿宇面阔五间，供奉天妃金身坐像。院落南边为照壁，壁面刻“国泰民安”四字。壁前铜钟一口，高二米，重逾二吨。东厢房重檐悬山式，有财神殿和药师殿。西厢房单檐悬山式，房屋八间。

玄 武 区

鸡鸣寺

在旧都城北鸡笼山南坡，今玄武区鸡鸣寺路一号。鸡笼山东接九华山，北靠玄武湖，西连鼓楼岗，南对东南大学校园，高六十二米，山势浑圆，形似鸡笼。三国时期属吴国后苑之地，西晋永康元年（300）倚山筑室，始创道场。东晋辟为廷尉署，宋元嘉十六年（439）立儒学，征雷次宗开馆授徒，齐高祖尝就学馆内。梁大通元年（527）武帝萧衍创建同泰寺，中大同元年（546）四月毁于火。吴顺义二年（922）以同泰寺旧址之半建台城千福院，亦名台城院，宋代改法宝寺。南唐时期以同泰寺旧址另一半造净居寺，旋改名圆寂寺。旧有浮图，普济示寂处，明初建为普济禅院。

鸡鸣寺旧山门

明洪武十八年(1385)二月,太祖朱元璋命崇山侯李新督工,在同泰寺故址重建寺院,尽拆故宇旧屋,重新拓展扩建,题额鸡鸣寺。迁灵谷寺宝志大师法函瘗于山坐,建塔五级。法函置金棺内,金棺长约五寸。塔前设祭堂,每岁遣官谕祭。洪武二十一年(1388)改建,置三门,曰秘密关、观由所、出尘径,皆明太祖赐额。寺地不广数亩,曲廊迤逦,经数门至佛宇,皆从复道陟降而进,若行数里,其制乃铁冠道人所创。相传明太祖尝游鸡鸣寺,因刹宇高于大内,欲毁而更置之。此前一日,铁冠道人谓寺僧曰:"圣人有意毁汝寺,来日当临寺。汝等于中道诉之,庶可免也。"明旦,寺僧出山数里迎候。太祖驾至,僧拜恳不已。上讶曰:"我无此心,尔辈何以妄诉?"僧曰:"此铁冠道人教臣等耳。"上异之,遂止不毁。太祖尝赐鸡鸣寺一化缘疏,凡有所修造,捧书到功臣府化缘。数年后,疏被雷火所焚,寺僧再求,太祖不给,称此为天意。宣德年间(1426—1435)修缮,成化年间(1465—1487)扩建。弘治元年(1488)殿堂渐圮,僧德旻募修,六年(1493)夏竣工,大悲殿、大雄殿、轮藏殿、天王殿、千佛阁、法堂、浮图、廊庑、庖湢、山门等修葺一新,有《重修鸡鸣禅寺记》。天界寺所统次大刹,天王殿三楹,千佛阁三楹,正佛殿五楹,观音殿三楹,钟楼一座,轮藏殿三楹,鼓楼一座,五方殿五楹,伽蓝殿三楹,祖师殿三楹,施食台一座,凭虚阁五楹,厨房一楹,方丈三楹,小楼六楹,公学五楹,僧院三十三房。食粮牒僧七十名,食粮学僧三十名。基址一百亩,东至国子监墙,南至功臣庙,西至古台城,北至台城脚。小梅子洲地九百四十亩四分,接生子洲地五百一十四亩三分,鲫鱼洲地七百八十六亩,灵谷安西庄给粮四百八十石。禅堂有大门一楹,伽蓝堂一楹,禅堂三楹,十方堂三楹,斋堂三楹,宝塔一座,塔殿三楹,客务房五楹,静室、茶房五楹,厨库房三楹。大梅子洲地一千五百五十八亩。

清康熙二年(1663)重修塔阁并易山门,四十六年(1707)皇帝南巡临幸,赐御书"鸡鸣古迹"四字勒于石。曹寅集资修塔,康熙五十年(1711)正月二十六日作《重葺鸡鸣寺浮图碑记》。乾隆十六年(1751)高宗南巡临幸,御赐匾额、对联,乾隆三十年(1765)、四十五年(1780)、四十九年(1784)皆有御制《鸡鸣寺》诗。《金陵岁时记》云:每年二月十九日,"鸡鸣寺之观音楼香火极盛,沿街设茶篷以供香客。有烧拜香者,披发跣足,持小香几,一步一拜或三步一拜,亦有烧肉香者,以盘香钩挂臂膊,叉手而行"。咸丰年间(1851—1861)寺毁于兵燹,乱后重修,房屋十余间,中间小院,前面正殿。同治六年(1867)寺僧西池募建观音楼,供奉观音倒坐像,楼门楹联云:"问观音为何倒坐,叹世人不肯回头。"光绪二十九年(1903)江宁布政使黄建莞奉两江总督张之洞之命,将观音楼之右、大殿之后的经堂改建为豁蒙楼,三十年(1904)完竣,张之洞手书匾额。民国元年(1912)寺僧石寿、石霞在豁蒙楼旁增建景阳楼,立“古胭脂井”碑。民国二十九年(1940)褚民谊修,住持守慧法师立碑记载。

20世纪50年代初,有寺僧一人,韦驮殿、大殿、观音殿、景阳楼、豁蒙楼、志公殿、僧寮等房屋三十二间,占地一百亩。又有太平门外熟田九十二点六亩,次田十九点五亩,水田二十四点九亩,共计田产一百三十七亩。1954年土地改革,寺院田地产皆归国家所有,三十二间房屋归僧人使用。1959年由僧寺改为尼众道场,常住尼众二十五人。“文化大革命”期间尼众遣散,殿宇房屋改作南京无线电元件十一厂,1973年7月25日不慎于火,惟存大殿和施食台,余皆焚毁。1978年9月工厂迁出。1983年启动鸡鸣寺修复工程,1985年5月恢复对外开放。现今鸡鸣寺占地面积约五万平方米,主体建筑坐北朝南,起于鸡笼山南麓,止于鸡笼山顶。平面布局大略呈左侧翻转的“之”字形,点所在位置为江苏尼众佛学院,学院东侧由南而北依次为天王殿、毗卢宝殿、药师佛塔。药师佛塔东为大悲殿,大悲殿之北铜佛殿,次北观音宝殿。

鸡鸣寺有新旧山门各一座。旧山门在鸡笼山东坡,坐西朝东,1979年修葺,1986年7月5日重建。门墙中部高突,两边稍低矮,形似“凸”字。墙面开拱门一扇,门额东面嵌“古鸡鸣寺”四字竖匾,行体阴刻。门墙两边连接八字护墙,墙面各嵌“南无阿弥陀佛”六块砖刻。山门前下行石阶三十级,抵达鸡鸣寺路边。路牙旁石碑一块,分行刻写“南京市文物保护单位　鸡鸣寺　时代梁　发布年代1982年8月13日　南京市人民政府”等字。新山门在旧山门南约五十米,坐西朝东,四柱三门大理石牌楼,2002年建造。重檐歇山顶,螭首鸱吻。四方体门柱,柱脚东面和西面各有抱柱石,抱柱石下有长方体石基座。中门高阔,门额东面横卧“古鸡鸣寺”四字石匾,草体阴刻。左右边门体量略小。山门前铺砌下行石阶二十七级,抵达鸡鸣寺路边。

鸡鸣寺照壁

新山门内有小庭院,庭院西边小殿一座,坐西朝东,歇山顶,面阔一间,进深一进。殿内供奉玉观音像一尊,高约一点八米。观音菩萨头戴宝冠,身着天衣,胸配璎珞,腰系罗裙,立于山石上,身后有莲叶形背光。左手置于腹前,掌心朝上,指尖向右,托菩提树茎叶一枝,右臂上曲,竖掌胸前,掌心外翻,大拇指和食指捻菩提珠一枚。庭院南边照壁一面,长约十二米,高约六米,1987年建。庑殿顶,螭首鸱吻。平檐翘角,内作斗拱。青砖壁面,中部刻楷体金字《般若波罗蜜多心经》全文,两边嵌如意轮砖雕各一枚。砖砌须弥座,圭角高约四十厘米,表面铺贴黑色瓷砖,下枋无纹饰,下枭伏莲一周,束腰较高,中部雕莲花及卷叶图案,上枭仰莲一周,上枋无纹饰。

庭院北边有高台,高约二点八米,平面长方形,南侧铺砌石阶十七级。台上西边江苏尼众佛学院,东边和南边石雕护栏,北边天王殿。天王殿1987年建造,坐北朝南,重檐歇山式仿古建筑,正脊四边用小圆瓦作透空蝙蝠造型,中部南面正中嵌龙凤呈祥圆形砖雕,左边分布兰花、喜鹊登梅、二块方形砖雕,右边分布丹凤朝阳、莲花二块方形砖雕。七块砖雕之间,嵌“利国安民”四块砖刻。正脊中部北面正中嵌麋鹿祥云圆形砖雕,右边分布牡丹、大象、二块方形砖雕,左边分布猛虎、莲花二块方形砖雕。七块砖雕之间,嵌“世界和平”四块砖刻。螭首鸱吻。垂脊和戗脊各由小圆瓦作一层透空蝙蝠造型铺排而成,垂脊末端立法像,戗脊末端有角兽。飞檐翘角,内作斗拱,檐角无蹲兽。南面上檐横梁悬挂“天王殿”木匾,黑底金字,行书阴刻,上款“佛历二五四八年”,下款“常志成”。殿宇面阔五间,进深三进,南面开殿门五扇,门前阶基高约六十厘米,踏道石阶五级。北面开殿门三扇。殿中雕花木龛内供奉漆金泥塑大肚弥勒游戏坐莲台像,身后有顶圆光,光焰中镂二龙戏珠图案。两庑山墙前分列彩绘泥塑四大天王坐像。天王殿东西两边各连接硬山顶平房一区,面阔三间,进深一进。

出天王殿后门,登十五级台阶有过院。院中置一级铁宝鼎一座,圆攒尖,上竖葫芦形宝瓶刹,宝瓶上下球面作透空铜钱图案。鼎口外立面回字纹一周。鼎腹正面横排隶书繁体“古鸡鸣寺”四字,左侧分行竖排“佛历二五三一年　夏历丁卯年九月”等字,右侧分行竖排“南京机床厂制造捐赠　公历一九八七年十月”等字。鼎腹背面亦横排隶书繁体“古鸡鸣寺”四字。无鼎耳。狮首形鼎脚三只。过院东边悬山顶平房一区,坐东朝西,面阔二间,进深一进。过院西边亦有悬山顶平房一区,坐西朝东,面阔二间,进深一间,皆为法物流通处。

过院北边铺砌面对式转靠背式石墀一层,台阶三十二级。其上为平台,平面长方形,东西长约二十米,南北长约八米。台中放生池一座,内有假山,外围石栏。平台西边悬山顶二层楼房一座,坐西朝东,上下层各面阔二间,进深一进。楼上东面开窗二扇，楼下一门一窗。门额匾曰菩提轩，红底金字，行体阳文，匾面四角饰金色回字纹。平台东边悬山顶二层楼房一座，坐东朝西，上下层各面阔二间，进深一进。楼上西面开窗二扇，楼下开一门一窗。门额匾曰陈列室，红底金字，行体阳文，匾面四角饰金色回字纹。

平台北边面对式转靠背式石墀一层，台阶十七级，其上复有平台。平台西边悬山顶二层楼房一座，坐西朝东，正脊由小圆瓦作透空蝙蝠形状铺排而成，螭首鸱吻。上下层各面阔三间，进深三进。一楼祖堂，东面中间门一扇，两边窗各一扇。堂中木龛内供奉宝志禅师漆金坐像，左手持羽扇，右手握锡杖。二楼东面开窗三扇。平台东边悬山顶二层楼房一座，坐东朝西，与西楼形制相同，位置对称。楼下客堂，堂中木龛内供奉漆金伽蓝菩萨关公坐像。平台北边直通式石墀一层二十九级，石墀之上复有平台。平台西边鼓楼，平面呈正方形，边长约八米，1995年5月重建。坐西朝东，重檐歇山顶，正脊由小圆瓦垒叠三层透空圆形铺排而成，螭首鸱吻。东面上檐横梁悬挂“鼓楼”木匾，棕底金字，行体阳刻。檐下开门一扇，楼中供奉财神像。平台东边钟楼，与鼓楼形制相同，位置对称，同时重建。西面上檐横梁悬挂“钟楼”木匾，棕底金字，行体阳刻。楼中供奉鎏金地藏菩萨像，头戴毗卢冠，身着通肩袈裟，结跏趺坐于莲台上。右掌压左掌置于腹前，掌心向上，托摩尼宝珠。

平台北边毗卢宝殿，1994年4月建造，坐北朝南，重檐歇山式仿古建筑。正脊四边用小圆瓦作透空蝙蝠造型，中部南面正中嵌云龙喷水圆形砖雕，两边各分布两块方形砖雕，七块砖雕之间，嵌“风调雨顺”四块砖刻。正脊中部北面正中嵌圆形砖雕一块，两边各分部方形砖雕二块，七块砖雕之间，嵌“国泰民安”四块砖刻。螭首鸱吻。垂脊和戗脊底层由小方砖作透空菱形铺排而成，上层以小圆瓦作透空蝙蝠形铺排而成。垂脊末端立法像，戗脊末端有角兽。飞檐翘角，内作斗拱，各檐角蹲兽四只、仙人一尊。南面上檐横梁悬挂“毗卢宝殿”木匾，红底金字，行体阳刻，落款“赵朴初题”，匾额四边金色回字纹。毗卢宝殿面阔五间，进深五进，南面中部殿门三扇，两边方窗各一扇。门联云：“毗卢尊佛久住无量劫圆通三际，清净法身化生百千亿普度十方。”落款“江苏省佛教协会茗山撰书”。门前阶基高约七十厘米，踏道石阶五级。殿中佛坛上供奉贴金毗卢遮那佛像，身着袈裟，结跏趺坐于九层仰莲台上，双手合于胸前，左手握空拳，拳心向右，拳眼向内，食指上竖，右手握空拳覆盖左拳，右食指及右拇上竖，与左手食指尖轻触，作平等印。毗卢佛像背面供奉漆金填红海岛观音像，观音菩萨顶戴阿弥陀佛宝冠，身披天衣，胸配瓔珞，腰系罗裙，赤足立于鳌头，眉心开天眼一只。左手持净瓶于腹前，掌心朝上，指尖向左，瓶口向前下方倾斜，作洒水状；

右臂上曲,竖掌胸前,掌心外翻,指尖向上,拇指与中指略有弯曲,作说法印。殿内东北角木龛内供奉贴金文殊菩萨左舒坐青狮座像,顶戴宝冠,身着天衣,胸配瓔珞,坐于青狮脊背上。右腿单盘,左腿垂置狮腹前面,脚踏莲花。右手抱金莲花于右胸前,左臂上曲,竖掌胸前,掌心外翻,食指与拇指相触,作说法印。殿内西北角木龛内供奉贴金普贤菩萨右舒坐六牙白象座像,顶戴宝冠,身着天衣,胸配瓔珞,坐于白象脊背上。左腿单盘,右腿垂置象腹前面,脚踏莲花。左手抱金如意于左胸前,右臂上曲,竖掌胸前,掌心外翻,食指与拇指相触,作说法印。殿宇两庑山墙嵌琉璃龛,龛内供奉彩绘泥塑二十四诸天。殿外西翼有般若廊,长二十米,1997年建,廊内橱窗展示参访、参学、法事、尼众学院教学等图片及文字介绍。

鸡鸣寺药师塔药师佛像

出毗卢宝殿后门为跨院,从跨院北边拾级而上至药师佛塔院。塔院门朝东开,院内四垣回廊环绕,药师塔耸立院中。塔坐北朝南,八面七级,各层每面设拱门或方窗一扇。飞檐翘角,内作斗拱。一层圆柱体立柱八根,支撑于八檐角。南面开拱门一扇,门额悬挂“药师佛塔”铜匾,行体阳文,落款“赵朴初题”,匾额四边刻回字纹。北面拱门一扇,门额悬挂“国泰民安”匾额,张耀华题写。二层以上云座外挑,围以护栏。八边形塔座,高出地表约八十厘米,南面和北面各铺石阶六级。药师塔内尝供奉明代药师佛铜像,2011年5月9日塔遇火劫,佛像、佛龛均遭损毁。经年维修,重新开放。现今药师塔一层佛堂内供奉药师佛铜像一尊,身着通肩袈裟,结跏趺坐于五层仰莲台上。左掌置于腹前,掌心朝上,指尖向右,托一长条状物;右手置于右膝上面,掌心朝上,指尖向前,拇指与食指拈一秋葵状物。佛堂壁面自上而下皆嵌小佛龛,龛内供奉药师佛小坐像,约计千尊。

药师塔外西侧有《药师佛塔简介》碑刻,其云:“西元五二七年(梁大通元年),武帝萧衍建同泰寺并九层宝塔,崇丽一时。十数年后,塔焚毁于雷火。拟造十二层宝塔,值侯景兵变而止。西元一三八七年(明洪武二十年),明太祖朱元璋命崇山侯李新督工，重建佛寺，御笔题名‘鸡鸣寺’。宝志禅师法函于山巅，建五层宝塔。西元一八五三年（清咸丰三年）鸡鸣寺毁于兵火，塔遂没。同治、光绪年间，复建鸡鸣寺，未建宝塔。西元一九八八年春，鸡鸣寺复兴伊始，在人民政府大力支持和关怀下，在宗诚师太率莲华师太等众弟子积极呼吁并四处奔走后，南京市佛教界人士倡议兴建药师佛塔。天人护佑，十方共襄，药师佛塔于西元一九九零年四月落成。重建的药师佛塔总高四十四点八米，七级八面，门拱重檐，内梯外廊。塔院内的环行碑廊，记载着东方琉璃药师佛的故事。塔顶矗立着重无吨、高十一米的青铜塔刹，在阳光的照耀下，佛光金光溢射四方。佛塔底层高七米，供奉着明代铜铸药师佛像。四周光明灯，日夜长明。二层以上，每层均置有四座明代楠木金丝雕花佛龛，每座佛龛内供有一尊楠木雕的药师佛像。频繁未敢忘神御，康泰盛世，信众游客，礼塔拜佛，增福延寿，福荫子孙。南京邮政局敬献。”《简介碑》旁又有民国二十九年四月二十六日褚民谊重修鸡鸣寺碑记。

鸡鸣寺药师塔院吉祥钟

药师塔后悬挂铜钟一座，高约二米，顶径约八十厘米，口径约一米。双首蒲牢钟钮，伞盖形钟顶，外立面铸八组篆体“吉祥如意”，共三十二字。平圆钟口，上方卷叶一周。钟腹正立面上部横向排列半球体二枚，球径约四厘米。中部竖排楷体“观音禅寺”四字，左侧竖排上款“公元二零零七年　佛历二五五一年”，右侧竖排下款“住持释莲华监制”。下部钟月一枚，月面作二层八瓣莲花一朵，花心缀莲子八枚。正立面之右，上部嵌半球体二十四枚，纵四横六，球径约四厘米；下部刻《千手千眼无碍大悲心陀罗尼》经文。钟腹右侧面，上部及下部形制同于正立面，中部竖排楷体“有求必应”四字。右侧面之右，上部嵌半球体二十四枚，纵四横六，球径约四厘米；下部续刻《千手千眼无碍大悲心陀罗尼》经文。钟腹背面，上部及下部形制同于正立面，中部竖排楷体“许愿钟”三字。背面之右，上部嵌半球体二十四枚，纵四横六，球径约四厘米；下部刻功德芳名。钟腹左侧面，上部及下部形制同于正立面，中部竖排楷体“吉祥如意”四字。左侧面之右，上部嵌半球体二十四枚，纵四横六，球径约四厘米；下部续刻功德芳名。

药师塔院东约五十米有大悲殿，其地为凭虚阁旧址，1986年7月造殿。凭虚阁南唐始建,明宣德年间(1426—1435)修,清康熙二年(1663)再修,乾隆十五年(1750)重建,以备驻跸,后圮。大悲殿坐北朝南,重檐歇山顶仿古建筑,南面上檐横梁悬挂“大悲殿”木匾,棕底金字,行体阴刻,匾额四边饰金色卷草纹。面阔三间,进深三进,南面和北面各开殿门一扇。殿中四方各设琉璃龛一座,每座龛内供奉一尊千手观音金身像。龛联云:“随处化身不生不灭,寻声救苦大慈大悲。”两庑山墙前供奉彩雕泥塑观音菩萨三十二应身。殿基高出地表约二点五米,平面正方形,每边长约十米,东、西、北三边围石雕护栏,南侧铺砌石阶十五级,两边立扶栏,与殿基护栏相接。大悲殿西南侧有宗诚师太纪念堂,坐西朝东,卷棚顶,面阔三间,进深一进。东面中间开门一扇,门额悬挂“宗诚老师太纪念堂”木匾,棕底金字,行体阴刻,落款“一九九八年夏　茗山”。

从大悲殿后门登石阶三十二级抵达鸡笼山顶。山顶中部有铜佛殿,一九八四年建造。坐北朝南,单檐歇山式仿古建筑。正脊四边用小圆瓦作透空蝙蝠造型,中部以青砖填实。正脊南面嵌“佛日增辉”四块砖刻,北面嵌“法轮常转”四块砖刻,螭首鸱吻。垂脊末端立石雕法像,戗脊末端有角兽。飞檐翘角,内作斗拱,檐角无蹲兽。阶基高约六十厘米,南侧踏道石阶五级,北侧石阶四级。殿宇面阔三间,进深三进,南面设殿门三扇,中门上额悬挂“铜佛殿”木匾,朱底金字,行体阴刻,落款“戊寅春金一贵书”。北面开殿门一扇。殿中佛坛上供奉释迦牟尼佛铜像一尊,高三点三米,重五吨,1984年6月泰国僧王赠送。铜佛身着右袒肩袈裟,结跏趺坐,背后有举身光。左手置于右脚踝上面,掌心朝上,指尖向前,作与愿印;右手覆于右膝外沿,指尖触地,作降魔印。楹联云:“授记燃灯圆成福慧,降生兜率广度人天。”佛坛背面供奉黄杨木雕观世音菩萨像一尊,两庑墙面悬挂十六尊者画像。

铜佛殿前圆形一级铁宝鼎一座,与天王殿后门过院中的宝鼎形制相同,同时制造。圆攒尖,上竖葫芦形宝瓶刹,宝瓶上下球面作透空铜钱图案。鼎口外立面回字纹一周。鼎腹正面横排隶书繁体“古鸡鸣寺”四字,左侧分行竖排“佛历二五三一年　夏历丁卯年九月”等字,右侧分行竖排“南京机床厂制造捐赠　公历一九八七年十月”等字。鼎腹背面横排隶书繁体“古鸡鸣寺”四字。无鼎耳。狮首形鼎脚三只。

铜佛殿之后观音殿,1984年建。坐北朝南,硬山顶带马头墙,面阔五间,进深五进。南面中部殿门三扇,两边方窗各一扇。中门上额悬挂“度一切苦厄”木匾,棕底金字,行体阴刻。左边门上额悬挂“观音宝殿”木匾,红底金字,隶体阴刻,上款“庚寅吉日”,下款“吉人于金陵”。门前阶基高约三十厘米,踏道石阶二级。殿中供奉贴金海岛观音立像,右手握净瓶置于腹前,掌心朝上,瓶口向前下方倾斜,作洒水状,左手虚覆于净瓶上方,指尖向左。善财童子和龙女侍立两胁。楹联云:“寻声救苦只为圆通因耳得,分身度世但凭感应莫形求。”海岛观音背面供奉1984年泰国僧王所赠观音铜像,顶戴宝冠,身着天衣,项配璎珞,结跏趺坐于莲台上。左手托净瓶置于腹前,指尖向右,瓶口朝上;右臂上曲,竖拳胸前,拳心向左,拳眼朝上,拳中握莲花一束。殿内两庑供奉彩绘泥塑观音三十二应身。

山顶东边重檐硬山顶二层楼房一座,坐东朝西,上下层各面阔三间,一层进深二进,二层进深一进。一楼西面中间开门一扇,两边方窗各一扇。上檐横梁悬挂“琉璃世界”木匾,红底金字,行体阴刻。殿内有影壁,影壁背面佛坛上供奉素瓷卧佛像一尊,释迦佛身着细纹填金右袒肩袈裟,腕戴钏镯,头南脚北,右侧卧于莲花榻上,双目微睁,神态安详。右肘撑于莲花榻上面,掌托后颐,指尖朝上;左手覆于左胯上面,指尖向北。两腿上下重迭,膝盖略弯曲,双脚并拢。佛坛前供奉彩绘泥塑弥陀三尊像,阿弥陀佛接引像居中,身着红色填黄通肩袈裟,胸嵌万字符,赤足立于莲台上。左掌托金莲台于胸前,指尖向右;右臂下垂,掌心外翻,指尖向下,作与愿印。观音菩萨居于左侧,顶戴阿弥陀佛宝冠,身着粉色填白天衣,胸配璎珞,腰系罗裙,赤足立于莲台上。左手握净瓶于腹前,掌心向上,瓶口朝左下方倾斜;右臂上曲,手持柳枝于胸前。大势至菩萨居于右侧,顶戴净瓶宝冠,身着棕色填白天衣,胸配璎珞,腰系罗裙,赤足立于莲台上。左臂上曲,掌心外翻,手持青莲花;右臂下垂,掌心向左,指尖向下,稍有弯曲。二楼西面设方格窗三扇。

琉璃世界北为达摩殿,2002年建造。东西朝向,卷棚顶,面阔一间,进深一进。南墙开门一扇,门联云:“论悟异达摩驾苇过大江,宏佛法梁武邀僧留建邺。”殿中有影壁,壁面悬挂达摩画像一幅。两庑山墙前放置流通佛教书籍。山顶西边硬山顶平房一区,坐西朝东。南首般若堂,供应佛教书籍。北首念佛堂,1992年修建,匡亚明题匾,红底金字,行体阳刻。山顶东北角即豁蒙楼和景阳楼旧址,1985年以其地建百味斋素菜馆,1996年重建,2009年新建,更名鸡鸣寺百味斋。

鸡鸣寺香炉

山顶东南角有影壁,坐南朝北,悬山顶,中部高出,两边稍低,呈“凸”字形,砖身,无底座。壁面面嵌“鸡鸣香海”四块砖刻,星云大师题书。影壁前圆形铜香炉一座,炉壁高约六十厘米,炉脚高约四十厘米，腹径约三米。平圆形炉口，外立面回字纹一周。炉腹正面横排篆体“古鸡鸣寺”四字，左右两侧分行竖排功德芳名。右侧功德芳名外侧，分行竖排“莲华法师　监制”六字。炉腹左右侧面及背面，环铸佛教八宝图，从左至右依次为莲花图，双鱼图，宝伞图，法螺图，法轮图，宝瓶图，盘长图，白盖图。法螺图图下横排“公元二〇一五年”七字，法轮图图下横排“佛历二五五九年”七字。炉腹底边如意祥云一周。狮首兽脚形炉脚三只。

江苏尼众佛学院校园

江苏尼众佛学院在天王殿西侧。2003年11月，中国佛学院栖霞山分院尼众部在鸡鸣寺开办中级班，学制二年。2005年9月栖霞山分院尼众部改名为江苏尼众学院，开设学制四年本科班及学制三年研究生班。2009年6月举行江苏尼众学院第一届本科班毕业典礼，毕业学僧十八人。学院校门为悬山顶平房，坐西朝东，门外南侧墙面悬挂“江苏尼众佛学院”竖写校牌，门外内供奉漆金彩绘达摩立像。校园整体布局坐北朝南，入校门右转有庭院，院中六角攒尖亭一座。庭院东西两边为游廊，北边报告厅。报告厅西山墙外连接一座月门，额曰观由所，门内为学院教学区。报告厅之后有坐北朝南二层楼房，为尼众生活区。

灵谷禅寺

在旧都城朝阳门外钟山东南侧屏风岭青林岗之阳，今玄武区钟山风景区灵谷寺景区灵谷寺路二号。梁天监十三年(514)，武帝葬宝志于钟山玩珠峰前独龙阜，永定公主以汤沐之资造浮图五级于其上。天监十四年(515)，于塔前建开善精舍，寻改开善寺。唐乾符年间(874—879)改名宝公院，宋开宝三年(970)改开善道场，太平兴国五年(980)赐太平兴国禅寺额，后更名蒋山寺。明洪武十四年(1381)，敕徙屏风岭青林岗之阳，赐灵谷禅寺额，榜外门曰第一禅林，命度僧一千名，悉给度牒，赡僧田若干顷。明太祖御撰《大灵谷寺记》，徐一夔奉勅撰《灵谷寺碑》，立于寺内。

灵谷禅寺为明代南京三大刹之首，有金刚殿五楹，天王殿五楹，无量殿五楹，五方殿基址，大法堂五楹，伽蓝殿五楹，祖师殿五楹，钟楼一座，中方丈十二楹，左方丈六楹，右方丈六楹，公学十楹，库司六楹，僧院八十房，食粮牒僧三百五十名，食粮学僧一百五十名。寺基五百亩，东至马鞍山，南至官路，西至神宫监，北至钟山官墙。靖东庄田、地、塘共九千一百五亩九分五厘，安西庄田、地、塘共一万二千二百四十六亩三分六厘，溧水庄田、地、山、塘共一千六百九十三亩六厘，柳桥田、地、山、塘共二百三十九亩六分五厘，白水洲田一百一十八亩三厘，十人洲一千二百二十亩二分。禅堂有韦驮殿三楹，法堂三楹，禅堂三层共十五楹，十方堂十楹，华严楼五楹，斋堂、静室共五楹，厢楼四楹，仓库厨茶等房共十二楹。悟真庄田地、山、塘共二千一百六十七亩九厘，桐桥庄田、地、山、塘共一千三百八亩六厘，陈桥茄地洲二千一百三十八亩三厘。律堂有韦驮殿三楹，法堂殿五楹，宝公塔五级，律堂左右四堂共二十楹，十方堂十楹，斋堂五楹，静室五楹，仓库厨茶等房共八楹。龙都庄田、地、塘共三千六百四十八亩九分七厘，散甲庄田、地、山、塘共五百一亩八分三厘。清顺治十六年(1659)，僧德恺重修。咸丰年间(1851—1861)殿宇尽毁于战火，惟存半毁之无量殿。灵谷寺旧有观音阁，相传灵谷寺成，圣祖幸寺，见妇女缟衣，手提鱼篮，忽不见，因建此阁。又有石壁高广近二丈，厚径尺，白皙红润，光可鉴人须眉。又有宝公所遗法被，四面绣诸天神像，中绣三十三天昆仑香水海，高一丈二尺，阔如之，齐梁时物。

自山门入，松径五里乃至寺，其中路履之有声，鼓掌则应，若弹丝竹，俗呼琵琶街。寺前有放生池，相传凿池时役夫万人，故亦名万工池。池后为金刚殿、天王殿，次为无量殿，俗呼无梁殿，以垒甓空洞而成，不施寸木，殿庑规制，参照大内。次为五方殿，又次为大法堂及律堂。寺后志公塔五级，乃改瘗志公处，壁有唐张僧繇画大师像，李白赞，颜真卿书，谓之三绝碑。寺左有法台旧基，明永乐五年(1407)成祖召番僧哈力麻哈思巴啰追荐高皇帝后于此。台后有石泉，即胡僧昙隐所得八功德水，又有铁蒴。八功德水旁有古柏，相传明太祖月夜挂衣于上，此后虫蚁不生。寺右为钟楼，大钟元泰定年间(1324—1328)铸，制度精古，赵世延铭。又右方丈，匾以“青林堂”，榜明太祖山居诗。又右禅堂，堂前为左右方丈及公塾库司。康熙四十六年(1707)皇帝南巡临幸，赐御书“灵谷禅林”四字匾额，又御书“天香飘广殿，山气宿空廊”对联，赐石刻《金刚经》一部、泥金《心经》一卷以及木刻《药师经》一部，又赐金扇一柄，扇面书白居易绝句云：“烟满秋堂月满庭，香花漠漠磬铃铃。谁能来此寻真谛，白老新开一藏经。”乾隆十六年(1751)、二十二年(1757)皇帝南巡，赐御书匾额，二十七年(1762)、三十年(1765)、四十五年(1780)、四十九年(1784)皆有御制灵谷寺诗。

清同治六年(1867)南京久旱，两江总督曾国藩赴灵谷寺八功德水处焚香祈雨灵验，遂于灵谷寺无梁殿东侧建龙王堂。民国十七年(1928)南京国民政府以灵谷寺址建国民革命军阵亡将士陵园，原有佛像迁入龙王堂，龙王堂遂成为灵谷寺佛教活动场所。20世纪50年代宗教活动中止，1973年恢复开放。1973年3月8日国务院公布灵谷寺为全国重点寺院，1982年被列为江苏省文物保护单位，2006年6月10日列为南京市文物保护单位。

20世纪80年代以后，以清同治六年(1867)曾国藩所建龙王堂旧址重建灵谷寺。新灵谷寺占地面积三十余亩，由东院、中院、西院三座院落毗连组成，三院皆坐北朝南。主要建筑有天王殿、大雄宝殿、祖堂、客堂、法物流通处、玄奘院、大遍觉堂、玄奘顶骨舍利地宫、藏经楼、真慈法师纪念堂、念佛堂、财神殿、观音阁、僧寮以及办公用房等。寺前有砖砌八字形照壁，须弥座，砖身，悬山顶。照壁北面上部嵌"普济圣师应化真身道场"十块砖刻，中部丹书"南无阿弥陀佛"六大字，第三字与第四字之间嵌彩绘莲花、卷草正方形砖雕一块。

中院为三进院落，中轴线依次天王殿、大雄宝殿、玄奘院门楼、大遍觉堂，两翼有祖堂、客堂、法物流通处及办公用房等。天王殿坐北朝南，单檐歇山式仿古建筑，正脊由小圆瓦垒砌五层透空蝙蝠形铺排而成，南面嵌"佛日增辉"四块砖刻，北面嵌"法轮常转"四块砖刻。如意镜宝顶，镜面嵌金色万字符一枚，螭首鸱吻。垂脊和戗脊各由小圆瓦垒砌五层透空蝙蝠形铺排而成，垂脊末端立法像，戗脊末端立角兽。飞檐翘角，内作斗拱，各檐角蹲兽四只、仙人一尊。殿宇南面有檐廊，平柱四楹，二角柱各一楹，嵌入殿宇外伸山墙。楹联三副，其一云："一切诸苦皆消灭，百福妙相具庄严。"沙门一音题写。其二云："如来境界无有边际，普贤身相独如虚空。"林散之题写；其三云："海中大佛八宝盖，云端仙人双翠翘。"启功题写。阶基高约一点五米，南侧铺砌踏道石阶九级，踏道两边立石雕护栏。

灵谷寺天王殿

殿宇面阔五间，进深三进，南面中部开拱形殿门三扇，两边雕花方格虚窗各一扇。中门上额悬挂“灵谷寺”木匾，红底金字，行体阴刻，落款“于右任”；北面殿门三扇。殿中红色佛龛内供奉漆金弥勒游戏坐莲台像，身后有蓝底金边顶圆光，光焰中雕金色二龙戏珠图案。两庑山墙前分置彩绘泥塑四大天王坐像。

天王殿后为庭院，院中置矩形铜香炉一座，歇山顶，螭首鸱吻，背负宝剑。平檐翘角，垂脊立角兽，戗脊蹲兽四只、仙人一尊，檐角尖各作独角兽一只。檐下斗拱，回字格挂落。圆柱体檐柱八根，均分两行立于炉口前后两边上截面，支撑檐顶。炉口正面和背面外立面各铸矩形卷草纹七束。炉腹上边仰莲一周，下边伏莲一周。炉腹正立面中部横排“灵谷寺”三字，手体阳文，左侧分行竖排上款“佛历二五五八年　公元二〇一四年”，右侧分行竖排下款“方丈传静　监院灵山　敬立”。炉腹正面左右两边各作如意轮半枚，以边为弦；四角各作卷草纹。炉腹之下为底座，底座正立面精铸龙形图案，龙首居中，龙体向两边展开，下有云水纹。狮首兽脚形炉脚四只。铜香炉之后一级铜宝鼎一座，重檐圆攒尖，上竖椭圆形宝珠刹。鼎口外立面饰八宝图案一周。鼎颈外表正面横排“灵谷寺”三字，左侧面横排“公元二〇一〇年　佛历二五五四年”等字，右侧面分行竖排“住持　释传静　敬立　新加坡　何氏姐妹　敬献”等字。鼎腹正面和背面铸祥云、如意图案，左右侧面如意柄形鼎耳一对，腹底水波纹一周。保龄球形鼎脚三只，表面饰卷草。宝鼎之下有二层圆形石基座，上层仰莲形，下层伏莲形，平面浅刻十六瓣莲花一朵。

庭院东边悬山顶二层楼房一座，坐东朝西，正脊两端螭首鸱吻。上下层各面阔三间，进深一进。楼下客堂，西面中间开一门，两边方格窗各一窗。楼上僧寮，西面方格窗三扇。庭院西边悬山顶二层楼房一座，坐西朝东，与东楼形制相同，位置对称。楼下祖堂和法物流通处，东面中间开一门，两边方格窗各一扇。楼上僧寮，东面方格窗三扇。

灵谷寺大钟

庭院北边大雄宝殿，坐北朝南，重檐歇山式仿古建筑，正脊四边用小圆瓦作透空蝙蝠形一周，中部填以实体方砖。正脊南面嵌“国泰民安”四块砖刻，北面嵌“风调雨顺”四块砖刻，螭首鸱吻。垂脊和戗脊由小圆瓦垒砌二层透空蝙蝠形铺排而成，垂脊立法像，戗脊立角兽。飞檐翘角，内作斗拱，各檐角蹲兽四只、仙人一尊。南面上檐横梁悬挂“大雄宝殿”木匾，红底金字，行体阳文，落款“丁丑仲秋　尉天池”。殿基高出地表约二米，平面长方形，上面东西两边立石雕护栏，南北两边的两端亦立石雕护栏。殿基南侧铺设石阶十四级，两边有石雕扶栏，与殿基南边两端护栏相接；北侧石阶八级，两边有石雕扶栏，与殿基北边两端护栏相接。大殿面阔五间，进深四进。南面中部开殿门三扇，两边各开窗一扇，门联云：“秋月朗晴空五夜山风狮子吼，菩萨开觉路千年花雨象王宫。”北面开殿门一扇，额悬“度一切苦厄”木匾，红底金字，行体阴刻，隆相题写。殿中佛坛上供奉铜铸释迦牟尼佛成道像，身着通肩袈裟，胸嵌万字符，结跏趺坐于莲台上。左手置于腹前，掌心向上，五指平伸，指尖向右，作禅定印；右手覆于右膝前面，指尖向地，作降魔印。身后有大背光，蓝色光焰中雕小型金身佛像，迦叶、阿难侍立两胁。楹联四副，其一云：“为众能开甘露门，发心愿得无师道。”其二云：“大道不从心外觅，淡荡性天杨柳风。”其三云：“谷声传千载法源宝志道常兴，灵迹著六朝地让孝陵气未改。”其四云：“觉音雄一吼普醒春梦恒转理趣妙法轮，弘愿立三求顿证寂光勤修清净菠萝蜜。”佛坛背面供奉海岛观音金身像，观音菩萨顶戴阿弥陀佛宝冠，身着天衣，胸配璎珞，腰系罗裙，腕串环钏，赤足立于鳌头。左臂上抬，高与腰齐，手握净瓶，瓶口朝前，作洒水状；右臂上曲，立掌胸前，掌心外翻，拇指与食指相抵成圆形，其余三只上竖，作说法印。善财童子和龙女分立两侧，观音像背后壁面为泥塑彩绘海岛观音应身。楹联云：“莲为大士超尘相，海是空王度世心。”殿内东北角和西北角各有木龛一座，分别供奉观音菩萨和地藏菩萨金身坐像。东南角铜钟一座，高约一点八米，口径约一米。蒲牢钟钮，八波形钟口，正面和背面波谷上方各铸钟月一枚，其余波谷上方铸六字真言各一字。钟颈伏莲一周。钟腹正立面上部竖排《大悲咒》文，左侧竖排“法论常转”四字，右侧竖排“佛日增辉”四字。钟腹正立面下部竖排“灵谷寺”三字。殿内西南角法鼓一架。两庑墙面嵌木龛，龛内分列十八罗汉金身坐像。

大雄宝殿后有过院，院中置六角二级铁宝鼎一座，攒尖顶，上竖葫芦形宝瓶刹，宝刹上球面作一枚透空铜钱图案，下球面作二枚透空铜钱并列图案。平檐翘角，檐角作龙首形状，下颚悬挂风铃。鼎口外立面回字纹一周。鼎颈外表面回字纹一周，左右侧面乙字形鼎耳一对，表面回字纹。鼎腹正面中部横排隶体“灵谷寺”三字，左侧分行竖排上款“公元一九八三年　岁次癸亥谷旦”，右侧分行竖排下款“住持真慈　监院瑞祥敬立”。鼎腹背面横排“万年宝鼎”四字。狮首兽脚形鼎脚三只。过院西边为西院观音宝阁东山墙，过院东边有北向小路，通往寺院生活区，小路东侧有二层办公楼房一座。

过院北边玄奘院，坐北朝南，三合院结构。单檐悬山顶院门，面阔三间，中间开门一扇，左右两边开窗各一扇。院门南面有檐廊，平柱二楹，二角柱各一楹，嵌入外伸墙壁。檐下悬挂“玄奘院”竖匾，蓝底金字，行体阴刻，落款“真慈题”；匾额四边雕如意结和卷叶图案，间以小朵八瓣莲花。楹联二副，其一云：“法门领袖九州仰，民族脊梁万世崇。”其二云：“日月双轮天地眼，诗书万卷圣贤心。”外伸墙壁表面作十二生肖和四大天王彩绘浮雕，共十六幅。壁前铜匾一块，其云：“为了彰表‘千古一人’、‘民族脊梁’唐玄奘法师之丰功伟绩，供奉佛教圣物玄奘法师顶骨舍利，我寺于公元二零零三年十月修建了一座仿唐建筑的玄奘院，时至二零零五年二月底，工程竣工。前为门房，在东西两面墙壁上，是用青石雕刻的十六善神(即四大天王加十二生肖神)。正殿大遍觉堂中，供奉着玄奘法师铜像，四周汉白玉、铜、柚木等浮雕，反映了玄奘法师一生之经历，包括出生、出家、参学、西行求法、回国译经等整个过程。形象生动逼真，栩栩如生，让人看了有一种身临其境之感。”院门北面有檐廊，平柱二楹，二角柱各一楹，亦嵌入外伸墙壁。檐下悬挂横排“玄奘院”三字木匾，蓝底金字，行体阳文，落款“赵朴初”，匾面边沿雕回字纹一周。楹联二副，其一云：“万里艰辛求法不辞生死苦，一天风月译传唯秉如来心。”其二云：“恬静性灵看世人水中捞月，沧桑古今思圣僧火内栽莲。”

灵谷寺玄奘院

院门内为庭院，东边和西边皆游廊，廊下有美人靠。院中置一级铜宝鼎一座，重檐圆攒尖，上竖圆形宝珠刹。鼎口外立面回字纹一周，鼎颈外表面嵌短圆柱一周十二根，长约五厘米，柱径约二厘米，柱头向外。鼎腹正面和背面中部各横排“灵谷寺”三字，题字上边饰如意祥云，下边饰波浪，左右两边各饰卷叶。鼎腹左右侧面上部，如意柄形鼎耳一对，左侧面下部竖排“佛历二五五四年”七字，右侧面下部分行竖排“住持传静　监院灵山敬立”等字。狮爪形鼎脚三只。宝鼎之下有二层圆形青石基座，上层仰莲形，底层伏莲形，平面浅刻十六瓣莲花一朵。

玄奘院北边有月台，高约一点二米，平面长方形，上面东西两边及南边两端立石雕护栏。月台南侧铺砌台阶七级，两侧石雕扶栏，与月台南边两端护栏相接。大遍觉堂在月台北边，坐北朝南，仿唐代风格式建筑，雪山大屋顶。阶基高约六十厘米，东西两边及南边两端有石雕护栏，南侧铺砌石阶四级。殿堂面阔三间，进深三进，南面中间开门一扇，两边各开窗一扇。门额悬挂“大遍觉堂”木匾，蓝底金字，行体阳刻，落款“赵朴初敬题”；匾面四边雕法轮、宝瓶、金鱼、莲花、法螺、宝伞、白盖、盘长等金色图案。门联二幅，其一云：“五万里取经天竺八方共仰唐皇赞誉法门领袖，千三年树范神州百劫犹坚鲁迅崇尚民族脊梁。”其二云：“慧日经天万法净缘皆唯识，慈恩普度一粒舍利说真如。”堂中供奉玄奘法师半身像一尊，楹联二副，其一云：“松风水月未足比其清华，仙露明珠谁能方其朗润。”其二云：“游百十国家学究三藏，译千余经卷利乐群生。”落款“公元一九九八年冬　茗山撰并书”。玄奘像东侧置琉璃罩一座，内有十三层木制密檐塔。大遍觉堂东西两侧连接游廊，分别与玄奘院东西两边游廊相连。

大遍觉堂地下有地宫，为玄奘法师顶骨舍利永久奉安之所。初，玄奘法师圆寂于西安，葬兴教寺塔，黄巢入京，遭盗而残。宋端拱元年(988)，僧可政于长安终南山紫阁寺得玄奘顶骨，归葬金陵，在天禧寺侧建塔一座，名三藏塔院。元至顺年间(1330—1333)重建，明代并入大报恩寺，清末毁于兵燹。民国三十二年(1943)二月，日本侵略者盗掘大报恩寺遗址，得玄奘法师顶骨铜匣石函及宋天圣丁卯年(1027)、明洪武丙寅年(1386)墓志，分运日本、北京，褚民谊得其残余。抗战胜利后，玄奘顶骨移至国民政府中央博物院。1949年以后置于毗卢寺，再移至南京博物院。1973年灵谷寺修复开放，迎奉玄奘顶骨舍利于灵谷寺。2003年10月，寺内建玄奘法师纪念堂，置六面七级飞檐挑角檀香宝塔安放玄奘顶骨舍利。2004年改

玄奘院地宫

建纪念堂为玄奘院，2005年2月竣工，置十三层密檐楠木塔安奉玄奘顶骨。2016年1月8日玄奘院地宫落成启用，移奉玄奘顶骨舍利于地宫。

沿大遍觉堂西侧游廊行十余米至地宫入口，入口上方高悬“法树高幢”木匾，红底金字，行体阴刻，匾面四边雕九条金龙和彩色祥云，安徽省郎溪县佛教协会赠送。沿入口石阶下行，半道有《功德碑记》石刻，其云：“巍巍钟山，灵谷毓秀，乙未季春，修建玄奘地宫，聚宝藏珍，江苏大美天第文化产业有限公司，与佛有缘，设计施工，全堂赞助，功德无量，特此勒石，以作纪念。佛历二五五九　岁次乙未年九月吉旦　钟山灵谷寺住持传静敬立。”地宫门额悬挂“聚宝藏珍”木匾，蓝底金字，行体阴刻，上款“佛历二五五九年”，下款“钟山传静题”；匾面四边雕金莲花和卷草。地宫门朝西开，内部南北长约十八米，东西长约十六米。立柱十二根，南北向四列，东西向三排。楹联六副，其一云：“广大寂静三摩地，清净光明遍照尊。”住持传静题写；其二云：“常行柔和忍辱法，安住慈悲喜舍中。”其三云：“功在禅门长培福果，德垂梵刹永结佛缘。”其四云：“大地山河皆乐土，满林风月扣禅关。”其五云：“花雨静飘空色外，心珠长印摩尼中。”其六云：“光明无量十方普照，圣教常住三界齐辉。”

地宫门内立玄奘法师木雕像一尊，面西而立，身着通肩袈裟，左手掌心托宝珠置于腹前，右手握锡杖，赤足立于莲台上。地宫中部供奉玄奘法师顶骨舍利宝塔，坐北朝南，高一点三八米，长宽均为六十八厘米，由一千九百八十三件铜雕、九千个铆钉无缝对接，楠木贴金，纯手工打造，2010年12月27日南京甘家大院王殿祥工作室完成制作。宝塔中部为正方形主体，主体四周有二十九面镂空雕饰宝相花围栏、二十八支多棱莲花垂柱、三十支多棱莲花立柱以及四支四角莲花雕饰立柱，整体呈毗卢僧帽形状。宝塔下部须弥座，正面九级台阶直通雕花门罩，寓意唐玄奘顶骨舍利由此进入奉安之所。宝塔之后有玄奘法师伏案译经雕像一尊。宝塔左侧琉璃罩四座，分置唐代哼将头像、宝象、宝鼎、梅瓶各一只。宝塔右侧琉璃罩四座，分置唐代哈将头像、宝象、宝鼎、梅瓶各一只。地宫东墙前有供案，供奉漆金填红释迦摩尼佛禅定像，身着通肩袈裟，结跏趺坐于莲台上，右掌压左掌置于腹

玄奘顶骨舍利塔

前，手心向上，双拇指尖相触；迦叶拱拳、阿难合十侍立左右。供案上方覆单坡庑殿式顶檐，横梁悬挂“法乳千秋”木匾，蓝底金字，行体阴刻，落款“赵朴初”，匾面四边雕回字纹一周。释迦像两边墙壁悬挂“大唐太宗文皇帝制三藏圣教序”拓片各一幅。左边拓片外侧墙面嵌玻璃橱窗，内置横三世佛等小型造像，右边拓片外侧墙面嵌千佛龛。地宫西墙面，嵌介绍灵谷寺历史的展板，又嵌玻璃橱窗八座，分别陈列弥勒佛、释迦佛、滴水观音、鉴真和尚、达摩祖师小型造像一尊，毗卢遮那佛像二尊，鎏金佛像一尊。南墙前置玻璃橱窗，陈列西方三圣、柳枝观音、净瓶观音、文殊菩萨等木雕、玉雕造像，墙壁悬挂彩绘“玄奘法师取经路线全图”一幅。北墙面悬挂“江南报恩寺琉璃宝塔全图”、“玄奘法师像”拓片各一幅，又有玻璃展柜一座，内陈《玄奘法师年表》长卷一帧。

灵谷寺藏经楼

灵谷寺东院为四合院结构。北正房为藏经楼，重檐悬山顶二层楼房，正脊由小青砖垒砌五层透空菱形铺排而成，南面嵌“护国佑民”四块砖刻，螭首鸱吻。垂脊有角兽，各檐角蹲兽三只、仙人一尊。南面上檐横梁悬挂“藏经楼”木匾，红底金字，行体阴刻，落款“赵朴初题”。楼宇上下层各面阔五间，进深三进。一楼南面中部开门三扇，两边各开窗一扇。门前有檐廊，平柱四楹，檐廊两端为外伸山墙。楹联二副，其一云：“慈云无住庄严相，法雨常飞清净身。”其二云：“天机清旷长生海，心地光明不夜灯。”阶基高约五十厘米，南侧踏道水泥台阶四级。一楼内部有影壁，影壁中部嵌坡顶大佛龛一座，横额曰：“南无消灾延寿药师佛。”龛内供奉金身泥塑药师佛像一尊，身披通肩袈裟，结跏趺坐于莲台上，右掌压左掌置于腹前，掌心托药壶。身后有大背光，光焰顶上金莲花一朵，两侧金莲花各二朵。大佛龛周边壁面嵌小佛龛三百五十七座，每龛内置药师佛坐像一尊。楹联云：“天香飘广殿，山气宿空廊。”二楼为藏经存放之所，南面开方格木窗五扇。

东院倒座房为重檐悬山顶二层楼房，上下层各面阔五间，进深三进，北面中间开门一扇，右边开窗二扇，左边开窗一扇，再左一间为楼梯。门前有檐廊，每层檐廊各平柱四楹，二角柱各一楹。楼下为真慈法师纪念堂，堂中安置真慈法师坐像一尊，坐南朝北。西厢房为悬山顶二层楼房，面阔三间，进深一进。楼上生活用房，门前有檐廊。楼下为中院客堂后墙，有楼梯连通上下。西厢房之北有月门连通中院，额曰般若。东厢为院墙，墙面书功德榜，上覆单坡歇山式顶檐，正脊由小圆瓦垒砌二层透空蝙蝠造型铺排而成，螭首鸱吻，垂脊和戗脊各有角兽。檐下二角柱各一楹，南北两边以及西边两端有美人靠。阶基高约三十厘米，西面中部铺砌踏道台阶二级。庭院中置二级铜宝鼎一座，高约二米。圆攒尖，上竖莲子形顶刹，宽檐平角。鼎口外立面铸卷叶十二束，莲花十二朵，间隔排列。卷叶、莲花之下回字纹一周。鼎肩左右侧面如意柄形鼎耳一对，表面回字纹。鼎腹正面和背面中部各横排手体“灵谷寺”三字，四周饰卷草一圈；下部作如意祥云图案。鼎腹左侧面竖排上款“佛历二五五四年”，右侧面分行竖排下款“住持传静　监院灵山敬立”。狮首形鼎脚三只。宝鼎下有铜质圆形须弥座，高约八十厘米，平面直径约七十厘米。下枋作透空如意造型；下枭伏莲一周三十瓣，每瓣内有卷草纹；束腰无纹饰；上枭仰莲一周二十八瓣，瓣内有卷草纹；上枋卷叶十二束，间以如意结六束。平面作二龙戏珠图，宝珠在圆心位置，二龙盘曲于周边。

灵谷寺西院为二进四合院。第一进北正房为念佛堂，重檐悬山顶，正脊由小圆瓦垒砌五层透空铜钱铺排而成，南面嵌“佛光普照”四块砖刻，螭首鸱吻，背负宝剑。垂脊有角兽，各檐角蹲兽四只、仙人一尊。殿堂面阔五间，进深三进，南面中间开门一扇，两边开窗各二扇。门额悬挂“念佛堂”木匾，红底金字，上款“丁卯夏日”，下款“台湾三宝弟子　资济时　颜小燕敬献”。门联二副，其一云：“炉火红深懒残煨芋，密阴绿满怀素书蕉。”其二云：“曲涧绕门环听水，短垣当户坐看山。”启功题写。门前有檐廊，外立石雕护栏；阶基高约一米，踏道石阶七级，踏道两边有石雕扶栏，与檐前石雕护栏相接。堂内佛坛上供奉彩绘弥陀三尊像，身后各有举身光，光晕作透空绿色卷草形状，内嵌粉红莲花七朵。阿弥陀佛接引像居中，身着通肩袈裟，胸嵌万字符，赤足立于

灵谷寺念佛堂

三层仰莲台上。左掌托金莲台置于胸前,指尖向右;右臂下垂,掌心外翻,指尖向地,作与愿印。观音菩萨居于左侧,顶戴阿弥陀佛宝冠,身着天衣,胸配瓔珞,腰系罗裙,赤足立于莲台上。左手持净瓶置于腹前,瓶口向前下倾斜,作洒水状;右臂上曲,竖掌胸前,掌心外翻,拇指与食指扣呈环形,作说法印。大势至菩萨居于右侧,顶戴净瓶宝冠,身着天衣,胸配瓔珞,腰系罗裙,赤足立于莲台上,双手抱莲花于胸前。倒座房匾曰财神殿,悬山顶二层楼房,上下层各面阔五间,进深三间,一楼供奉财神像。

西院第一进东厢房为悬山顶二层楼房,上下层各面阔三间,进深一进。楼上生活用房,门前有檐廊,有楼梯连通上下。楼下为中院祖堂后墙。东厢房之北有月门连通中院,额曰解脱。西厢房亦为悬山顶二层楼房,楼上生活用房,楼下灵谷书画院。上下层各面阔三间,进深一间,东面中间各开门一扇,两边开窗各一扇,门前有檐廊。院中置矩形铁香炉一座,重檐歇山顶,正脊由三层透空菱形铺排而成,中部竖如意轮一枚,螭首鸱吻。平檐翘角,各檐角龙形蹲兽一只。上下檐之间,正面和背面各作拱形空门五扇,左右侧面各作长方形空门三扇。檐柱四根,平面“L”形,呈对角立于炉口上截面,支撑檐顶。炉腹正立面横排繁体隶书“灵谷禅寺”四字,左侧分行竖排上款“佛历二五四〇年　公元一九九六年”,右侧竖排下款“住持上真下慈”。题款外侧及正立面底边刻功德芳名。炉腹左右侧面,上部狮首形炉耳一对,下部以及炉腹背面功德芳名。狮首形炉脚四只。

灵谷寺观音宝阁

西院第二进北正房为单檐歇山顶二层楼房,正脊由方砖铺排而成,四边用小圆瓦作透空蝙蝠形状一周,正脊南面嵌“法轮常转”四块砖刻,螭首鸱吻。垂脊有角兽,各檐角蹲兽二只、仙人一尊。南面檐下悬挂“观音宝阁”木匾,红底金字,行书阳文,真慈题写。一楼面阔三间,进深二进,二楼面阔三间,进深三进。东头另有楼梯过道一间。一楼南面中间开门一扇,两边各开窗一扇。门额悬挂“青林堂”木匾,红底金字,行体阴刻。门联云:“狮窟常出狮儿吼天吼地,紫山频生紫气亘古亘今。”尉天池题写。门前有檐廊，平柱三楹，二角柱各一楹。方格挂落，下有美人靠。二楼南面开方格窗五扇。

西厢房为悬山顶二层楼房，上下层各面阔三间。楼下东面中间开门一扇，两边开窗各一扇，楼上东面开窗三扇。东厢为游廊。院中置六角二级铁宝鼎一座，攒尖顶，上竖葫芦形宝瓶刹，宝瓶上下球面各作二枚铜钱并列图案。平檐翘角，龙形蹲兽，口衔风铃。鼎口外立回字纹一周，其下莲花一周六朵。鼎颈正面和背面各有如意轮三只，每只如意轮两边卷叶一束。鼎颈左右侧面如意柄形鼎耳一对，表面回字纹。鼎肩伏莲一周。鼎腹正面横排手体“灵谷寺”三字，左侧竖排上款“佛历二五五四年”，右侧分行竖排下款“住持传静　监院灵山敬立”。鼎腹底边嵌半球体一周二十八枚，球径约二厘米。狮首兽脚形鼎脚三只。

旧灵谷寺遗存有旧山门、万工池、无梁殿、放生池、宝公塔、志公殿等，皆位于新灵谷寺西侧。旧山门俗称红山门，其地本为明代灵谷寺金刚殿旧址，20世纪30年代建为山门，现为灵谷寺公园大门。坐北朝南，庑殿顶，兰釉正脊，螭首鸱吻，绿色琉璃瓦，红色墙面。拱门三座，中门上额“灵谷胜境”四字，蓝底金字，隶体阴刻，落款“钱松岩”。红山门前有月牙形放生池，边长近百米。相传灵谷寺竣工后，朱元璋以有景无水故，遣一万名军卒掘地筑池，栽植白莲，名曰放生池，又名万工池。

红山门内百余米有无梁殿，是明代灵谷寺留存至今惟一建筑物。本名无量殿，因殿内供奉无量寿佛得名。整座大殿不施寸土，无一根梁柱，皆用大型长方砖砌成，故俗称无梁殿。明洪武十四年(1381)建造，正统年间(1436—1449)殿中祀大佛三尊，两边立二十四诸天像，并藏经于殿内。清嘉庆年间(1796—1820)修，道光十一年(1831)再修。无梁殿坐北朝南，东西长五十三点八米，面阔五间，南北三十七点八五米，进深三进，高二十二米。殿前露台宽敞，殿前有宽敞月台。重檐歇山式殿顶，上铺灰瓦，脊饰有正吻、角兽和仙人，正脊中部置三个白色琉璃喇嘛塔，中塔体量最大，塔座中空呈八角形，与殿内藻井相通。殿墙采用明代大砖砌筑，南北面墙厚近四米，南墙三门二窗，北墙三门，两侧各置四拱形窗，均采拱券形式，外贴水磨砖作壶门状。殿内东西横向并列三个通长拱券构成，中券跨径十一点五米，净高十四米，前后两券跨度各五米，高七点四米。拱券下有浑厚墙体，南墙五券洞，北墙二券洞。殿顶采用中国古代石拱桥建造方法，先由基层砌洞，合缝后叠成大型拱形殿顶。殿内虽为券洞结构，外部仍用仿木结构形式，檐下有出挑斗拱，民国年间维修时改为水泥制作。民国十七年(1928)，国民政府在灵谷寺旧址建国民革命军阵亡将士公墓，以无梁殿为墓前享殿，名曰“正气堂”。二〇〇一年六月二十五日，国务院公布无梁殿为全国文物保护重点单位。

无梁殿后有松风阁,其地为明代灵谷寺律堂旧址,民国二十年(1931)造楼,二十二年(1933)竣工,蒋中正题写馆名"国民革命军阵亡将士纪念馆"。此楼坐北朝南,仿走马楼式二层建筑,钢筋水泥仿木结构。南北长四十一点七米,面阔九间,东西纵深十九点七米。重檐式屋顶,铺以蓝色琉璃瓦。1949年以后改名松风阁。松风阁后二百余米有灵谷塔,原名"国民革命军阵亡将士纪念塔",与"国民革命军阵亡将士纪念馆"同时建造。钢筋水泥建筑,高六十六米,九层八面,底层直径十四米,顶层直径九米。绿色琉璃檐瓦,塔外绕有云座,围以石栏。塔内中部有螺旋式扶梯二百六十余级,围转而上通达顶层。塔底层外壁石刻"精忠报国"四字,蒋中正题书。正门额曰"灵谷塔",左右侧门额曰"成功""成仁",后门额曰"有志竟成"。松风阁与灵谷塔之间,为明代宝公塔旧址。

灵谷寺宝公塔

宝公塔在松风阁西一百余米。此塔本在钟山独龙阜开善寺前,梁天监十三年(514)永定公主以汤沐之资建造,塔身五级。明洪武十四年(1381),迁建于钟山屏风岭前灵谷寺内。民国二十三年(1934)十一月拆除,二十四年(1935)五月重建于今址,三十年(1941)完竣,1981年重修。现今宝公塔为六边形覆钵体式,坐北朝南,墓南面嵌三绝碑。初,梁代张僧繇绘宝志像,唐代吴道子重新作画,李白作诗,颜真卿题字,吴画、李诗、颜字刻在一块石碑上,时称"三绝碑"。元代加刻赵子昂《志公十二时歌》于碑体。此碑四毁四刻,第三次复刻时,乾隆皇帝在碑首题"净土指南"四字。

宝公塔前数十米有志公殿,民国二十三年(1934)建。殿内供奉宝志像,亦称像堂。硬山顶平房,坐北朝南,青砖小瓦。正脊由小圆瓦垒砌四层透空铜钱形铺排而成,螭首鸱吻。面阔三间,进深三进。南面中间开门一扇,两边开窗各一扇。门额悬挂"志公斋"木匾,黑底金字,行体阴刻。门前加接檐廊,平柱二楹,二角柱各一楹。

檐廊横梁悬挂“志公殿”匾，蓝底金字，行体阴刻。楹联云：“灵谷开胜境，高僧有志公。”檐前阶基高约六十厘米，踏道水泥台阶四级。殿中供奉梁代高僧宝志塑像。殿内东北角供奉彩瓷观音像一尊，顶戴阿弥陀佛宝冠，身着天衣，胸配璎珞，腰系罗裙，赤足立于水莲上。右手托净瓶于腹前，瓶口朝上，左臂上曲，竖掌胸前，掌心朝右，中指和无名指向下略弯，其余三指上竖，作说法印。志公殿前石碑一块，分行阴刻“南京市文物保护单位　志公殿与宝公塔　南京市人民政府　二〇〇六年六月十日公布　南京市人民政府立”等字。

毗卢禅寺

在旧都城内两江总督署东南隅，今玄武区汉府街四号。明嘉靖年间（1522—1566）创建，以供养毗卢遮那佛故，名毗卢庵。清咸丰年间（1851—1861）毁于兵燹，光绪六年（1880）僧量宏修佛殿一间。光绪十年（1884）湖南僧海峰募湘军诸将巨资，新建山门、天王殿、大雄宝殿、观音殿、万佛楼、藏经楼、毗卢殿、塔院、法堂、斋堂等，拓展寺址东至清西河，西至大悲巷，北至太平桥，南至汉府街，改名毗卢禅寺。南京国民政府时期，毗卢寺作为全国佛教中心，中国佛教会、中华佛学研究会、中国宗教联谊会、首都中医院皆驻于此。赵朴初居士长期在此工作，孙中山先生尝亲往静思。民国三十六年（1947）五月，全国佛教代表会议在毗卢寺召开。20世纪50年代初，有僧十四人，房屋一百五十间，田一千亩。“文化大革命”期间宗教活动停止，江苏无线电厂迁入，1988年工厂迁出。1998年南京市人民政府批准恢复宗教活动，1999年开始维修增建。

现今毗卢寺占地面积约为昔时之半，整体布局坐北朝南，内部为四合院结构，外部道路环绕，平面呈回字形。中轴线有山门、放生池、大雄宝殿、禅堂、观音石雕像、法堂、藏经楼、观音楼、毗卢殿、万佛楼，两翼有钟楼、鼓楼、东方三圣药师殿、西方三圣殿、文殊殿、普贤殿、地藏阁、观音阁等。

山门坐北朝南，穿堂式冲天柱牌楼，两边接八字形石壁，石壁外边连接院墙，总宽十四米。2013年2月开建，同年12月22日完竣。牌楼面阔三间，进深一进，南面开门三扇，门内为穿堂式过道。中门略高于左右边门，宽两倍之，上有单坡覆顶。覆顶正脊中部立石雕法轮，法轮两侧有石雕跪姿麋鹿各一只，面朝法轮。法轮底座由三层如意祥云垒砌而成，麋鹿底座由二层如意祥云垒砌而成。覆顶横梁南立面嵌“毗卢寺”三字石匾，手书行体，金字阴刻，赵朴初题写。石匾之下门额，石面作二龙戏珠浮雕，门联云：“大慈念一切，慧光照十方。”东边门覆顶檐下有横石，石面凿卷草图

毗卢禅寺山门

案。横石之下嵌石匾，曰“华藏”。石匾下方门额，面作喜鹊登梅浮雕。西边门覆顶檐下有横石，石面凿卷草图案。横石之下嵌石匾，曰“净土”。石匾下方门额，面作鸳鸯戏水浮雕。牌楼南面花岗岩方柱体门柱四根，每根门柱顶上立四天王石雕像各一尊，通高十米。柱脚抱鼓石五叠，下有立方体底座。牌楼北面花岗岩方柱体门柱四根，高与门齐，位置与南面冲天柱前后对应，柱顶各架石梁，上覆单坡顶。牌楼南面东西两边接花岗岩石壁各一座，由须弥座、壁面、覆顶组成。须弥座下枋无纹饰，下枭凿刻伏莲，束腰为如意结、法轮、宝瓶、莲花等八宝浮雕，上枭无纹饰，上枋回字纹。壁面浮雕佛教故事，四边阴刻回字纹一周。硬山式单坡覆顶。石壁两边方柱体石柱各一根，方柱顶之上叠加圆柱体石柱。圆柱表面雕如意祥云七层，间以卷草六层。方柱体南面柱脚前各雕石狮一只，狮头在下，狮尾在上，前脚着地，后脚贴于柱面。牌楼阶基高约七十厘米，南侧踏道石阶五级。山门前横向排列石臼七只，每只高约八十厘米，口径如之。石臼外表正立面竖排阴刻“毗卢寺”三字，背面竖排阴刻“润和”字样，沿口上截面分别凿刻“南无多宝如来”“南无宝胜如来”“南无妙色身如来”“南无广博身如来”“南无离怖畏如来”“南无甘露王如来”“南无阿弥陀如来”，以及“岁次丙申年立春制”等字。

山门东十余米有拱门一扇，重檐庑殿顶，正脊中部竖莲花石雕一座，门额嵌石匾，横排“灵鹫山”三字，此为毗卢寺旧山门之遗。山门东侧墙面嵌石刻一方，阴刻“南京市文物保护单位　毗卢寺　南京市人民政府一九九二年三月公布　南京市人民政府立”等字。旧山门内，东侧平房一区，坐东朝西，单檐歇山顶，面阔五间，进深一进。北首一间办公用房，中部三间客堂，南首一间抵于院墙，为旧时门房。

自山门入，至前院。前院中部有放生池，2015年开凿，池上并列南北向三座石桥。桥北置矩形铁香炉二座，形制相同，纵向排列。单檐庑殿式，正脊由三层透空菱形铺排而成，正立面面嵌四只平圆盘面，内铸篆体“国泰民安”各一字。正脊中部竖葫芦形宝瓶顶，螭首鸱吻。平檐翘角，回字格挂落。檐柱八根，均分两行立于炉口前后两边上截面，支撑檐顶。其中蟠龙柱四根，对角分布；方柱二根立于炉口正面，柱面刻对联云“香烟起处总是真常，炉鼎献时无非福德”；蟠龙柱二根立于炉口背面。炉颈左右侧面如意柄形炉耳一对，表面回字纹。炉腹正面中部横排繁体隶书“毗卢禅寺”四字，左边分行竖排上款“佛历二五四三年　公元一九九九年　岁次己卯二月十九日”，右边竖排下款“南京众信佛弟子”。狮首兽脚形炉脚四只。

铁香炉之后石墀一层十八级，复有石墀一层十级，抵达月台。两层石墀之间置六角五级铜宝鼎一座。攒尖顶，上竖葫芦形宝瓶刹。平檐短角，各檐角龙形蹲兽一只，龙头向外，口衔风铃。鼎口外立面莲花一周八朵。鼎颈正面和背面各有如意轮三只，每只如意轮两边饰卷草。鼎颈左右侧面如意柄形鼎耳一对，表面回字纹。鼎腹上边如意祥云一周，下边嵌半球体一周四十枚，球径约二厘米。鼎腹正面横排行体“毗卢寺”三字，左侧分行竖排上款“佛历二五四三年　公元一九九九年”，右侧竖排下款“赵朴初”，附小方印。鼎腹底部斜截面饰飘带三幅，与鼎脚相间分布。狮首兽脚形鼎脚三只。

月台北边大雄宝殿，2011年12月14日落成。坐北朝南，单檐歇山式仿古建筑，正脊由灰色小圆瓦垒砌五层透空铜钱形状铺排而成，上竖五叠宝瓶顶，螭首鸱吻。正脊南面嵌“风调雨顺”四块砖刻，北面嵌“国泰民安”四块砖刻。垂脊和戗脊各由四层小圆瓦垒砌透空花瓣形状铺排而成，垂脊末端立石雕法像，戗脊末端有角兽。大殿面阔五间，进深五进，南面中部开殿门三扇，中门上额悬“大雄宝殿”木匾，红底金字，行书阳刻，落款“一九九九年，茗山”。门联云：“光绪十年初建名刹经楼宝殿大士慈航菩提路，如来万缘中兴道场富国安民祥云常绕石城天。”阶基高约七十厘米，南侧踏道石阶五级。殿中有影壁，影壁前佛坛上，供奉漆金填红释迦牟尼佛禅定像，身着通肩袈裟，结跏趺坐于莲台上，身后有大背光，光焰中镂雕七条金

毗卢禅寺大雄宝殿

龙，一龙居光焰顶部，两边各居三龙。释迦佛右掌压左掌置于腹前，掌心向上，两手拇指相触，作禅定印，迦叶、阿难侍立两胁。坛联云："现身净饭国中九有四生共仰能仁，说法灵山会上十方三世同尊慈父。"影壁背面供奉漆金填红海岛观音像，顶戴阿弥陀佛，身着天衣，腰系罗裙，赤足立于鳌头。左手持净瓶于腹前，掌心朝上，指尖向右，瓶口向前左下方倾斜，作洒水状；右臂上曲，竖掌胸前，掌心外翻，中指与拇指拈柳枝，善财童子和龙女分立两侧。身后壁面，彩绘泥塑海岛观音应身及诸海神雕像。殿内两庑墙壁悬挂十八罗汉仿古画像，画像下方置十八罗汉小型金身坐像。大殿北面开门三扇，中门额为"救苦寻声"，红底金字，手书阳文，落款"辛巳年秋月　圆霖敬书"。门联云："三十二应周尘刹，百千万劫化阎浮。"大殿正下方为禅堂，2011年12月14日落成。面阔五间，进深五进，堂中置六角攒尖顶佛龛，供奉诸佛跏趺莲台金身像。

月台东边钟鼓楼，2011年12月14日落成。坐东朝西，二层建筑，通高十二点五米，平面呈正方形，每层面积约八十平方米。楼上钟亭，重檐歇山顶，正脊由圆瓦垒砌三层透空铜钱形状铺排而成，螭首鸱吻，平檐挑角。南面上檐横梁悬挂"钟楼"木匾，红底金字，行体阴刻。檐柱十六根，呈回字形分布，外围四角柱各三根，支撑檐顶；内檐柱四根，对角而立，支撑钟架。钟亭西面柱联云："毗连闹市传佛语，庐掩清门诵梵音。"尹石撰题。亭内悬挂镀铜铁钟一口，高约一点八米，口径约一点二米。蒲牢钟钮，八波形钟口，各波谷上方钟月一枚。钟肩伏莲一周二十四瓣。钟腹中部一字纹二匝，环于左右侧面及背面。钟腹底边海波纹一周。钟腹正面竖排手体行书"毗卢寺"三字，左侧上方竖排"佛历二五四三年"七字，其外侧竖排隶体"风调雨顺"四字，下方竖排"赵朴初"三字；右侧上方竖排"公元一九九九年"七字，其外侧竖排隶体"国泰民安"四字，下方功德芳名。钟腹背面上部，左侧竖排隶体"法论常转"四字，右侧竖排隶体"佛日增辉"四字；背面下部作二龙戏珠图。楼下鼓楼，红木雕花几案上置法鼓一架，鼓面直径约一点五米，厚约六十厘米。

大雄宝殿之后为广场，广场中部立观音石雕像一尊，其地为旧毗卢寺主殿遗址。雕像由底座、须弥座、莲台、众宝观音像四部分组成，通高八点八米，花岗岩材质，重一百五十余吨，2013年底完成，2014年5月28日开光。底座由三层大理石垒砌而成，平面呈正方形，逐层收缩，四边各有台阶三级。须弥座平面八边形，下枋八立面各雕如意祥云三朵，下枭伏莲一周，上枭仰莲一周，上枋万字符一周。束腰八立面各作浮雕，正立面为法轮一枚，其余七面为各种造型的莲花，转角各雕法像一尊。观音菩萨高挽发髻，顶戴阿弥陀佛宝冠，身着天衣，胸悬璎珞，臂佩圆钏，腿环串珠，赤

毗卢禅寺观音雕像

足坐于三层仰莲台上。右腿单盘，右手撑于右胯后侧；左腿上曲，左脚掌着于莲台上面，脚趾向前，左臂置于左膝上面，手腕悬于左腿正前方，掌心向下，指尖向地。观音像前有《自在大佛简介》石刻一块，其云："唐代著名高僧玄奘大师西天取经，不但使文学《西游记》家喻户晓，翻译的《心经》更多丰富了国学传统文化的内涵。唐贞观时期佛教文化出现观自在的新名词，《心经》的第一句，观自在菩萨行深般若波罗蜜多时，照见五蕴皆空。这里所说的观自在即奘师取经后的显现，迎合人们可以直接理解佛教和佛教文化，避讳皇帝李世民之名号的称呼。观世音菩萨译名观自在菩萨，原由观世界的声音，形成观自己在与不在的存在感。"石刻旁又有"祖父中山先生常静虑之宝刹"碑刻一块，落款"癸未年春　孙穗芳"。观音像左侧地面有《主殿遗址简介》碑刻，文曰："钦差大臣太子少保兵部尚书两江总督部堂一等威毅伯曾国荃暨贵官长者公建大清光绪拾叁年岁次丁亥闰四月吉日毗卢禅寺住持海峰募造两江督中协王幼山监造。"

广场西边单檐悬山顶二层楼房一座，坐西朝东。东面有檐廊，上下层各平柱十楹，二角柱各一楹。檐廊外边立木质护栏，檐下回字格挂落。每层房屋面阔十一间，进深一进，北端外接楼梯过道一间。一楼有西方三圣殿，门额悬挂木匾，黑底金字，行体阴刻，南宫题书。木匾四边雕金色卷草纹，四角及上下边中部间以回字纹。殿中木质佛龛内供奉彩瓷西方三圣像，阿弥陀佛接引像居中，身着通肩袈裟，胸嵌万字符，赤足立于莲台上。左手托金莲台置于腹前，右臂下垂，掌心外翻，指尖向地，作与愿印。观音菩萨居于左侧，顶戴阿弥陀佛宝冠，身着天衣，胸配璎珞，腰系罗裙，赤足立于莲台上。左手托净瓶于腹前，指尖向右，瓶口朝上；右臂上曲，竖掌胸前，掌心外翻，指尖向上，作无畏印。大势至菩萨居于右侧，顶戴净瓶宝冠，身着天衣，胸配璎珞，腰系罗裙，赤足立于莲台上。右手托宝莲花于腹前，指尖向左，左臂上曲，竖掌胸前，掌心外翻，食指与拇指呈环形，其余三指上竖，作说法印。西方三圣殿北侧置赵州茶社，以明源流传承，茗山题匾。

广场东边单檐悬山顶二层楼房一座，坐东朝西，与西楼形制相同，位置对称。一楼有东方三圣药师殿，门额悬挂木匾，黑底金字，行体阴刻，落款“顾浩”。木匾四边雕金色卷草纹，四角及上下边中部间以回字纹。殿中木质佛龛内，供奉素瓷填金东方三圣像。药师佛居中，身着通肩袈裟，结跏趺坐于莲台上，右掌压左掌置于腹前，掌心托药器。日光菩萨居左侧，顶戴净瓶，身着天衣，结跏趺坐于莲台上。右手置于右膝上面，持方形法器，法器正立面刻一“日”字；左臂上曲，竖掌胸前，掌心向右，五指自然弯曲。月光菩萨居右侧，顶戴净瓶，身着天衣，结跏趺坐于莲台上。左手置于左膝上面，持方形法器，法器正立面刻一“月”字；右臂上曲，竖掌胸前，掌心向右，五指自然弯曲。

广场北边有高台，平面呈长方形，平台上面东西两边及南边两端立石雕护栏。台基高出地表高约三米，南侧铺设台阶十九级，台阶两边有石雕扶栏，与平台南边两端护栏相接。高台北边仿古二层建筑一座，坐北朝南。一楼法堂、文殊殿和普贤殿，二楼地藏阁和观音阁。法堂为雪山大屋顶，飞檐翘角，内作斗拱。南面有檐廊，双排檐柱，前排四楹，后排八楹。前柱楹联二副，其一云：“堂内听经古杨点头获真谛，楼前献瑞枯井涌泉说妙法。”书法集李北海字；其二云：“一堂二殿三楼万佛绕释父，六和五蕴四大千花颂慈尊。”书法集王羲之字。后柱楹联二副，其一云：“昔日维摩精研三藏扬教仪，今朝普贤行愿六度增福慧。”书法集米芾字；其二云：“一体相功成存大千，万佛楼圆满现来世。”书法集王铎字。法堂面阔七间，进深五进，南面中间开门一扇，两边各开方格木窗三扇。门额悬挂“法堂”木匾，蓝底金字，行草阴刻，传义题书，匾面四边雕金龙九条。法堂中部置红木法台，法台背后立屏风，宽四米，高二米。屏风正面雕《般若波罗蜜多心经》全文，书法复制王羲之《圣教序》，屏风背面刻王羲之《兰亭序》。

法堂东侧文殊殿，坐北朝南，面阔三间，进深四进。南面中间殿门一扇，两边方格窗各一扇。门额悬挂“文殊殿”匾，蓝底黄字，楷体阳文，落款“寂度书”，为五台山寂度和尚九十四岁绝笔，匾额四边雕回字纹。殿中供奉漆金填红文殊菩萨左舒坐青狮座像，头戴五如来宝冠，身着天衣，胸配璎珞，坐于青狮脊背上。右腿单盘，左腿垂直向下，脚踏莲花。右手持如意置于腹前，左臂上曲，竖掌胸前，掌心外翻，中指和无名指弯曲，其余三指上竖，作说法印。塑像两侧千佛塔一对。楹联云：“智慧无边不可说，光明照世为所归。”两庑墙面自上而下皆嵌木龛，龛内供奉文殊菩萨金身小像二千余尊。文殊殿楼上地藏阁，面阔三间，进深四进，南面设窗，北面开门，门外有楼梯上下。阁中雕花木龛内供奉地藏菩萨金身像，头戴毗卢冠，身披天衣，结跏趺坐于莲台上。左手托摩尼宝珠于右足上面，右手持锡杖，杖尾触地。龛联云：“明珠照耀天堂路，锡杖振开地狱门。”两庑墙面嵌排架式木龛，供奉地藏菩萨金身小像千余尊。

法堂西侧普贤殿，坐北朝南，面阔三间，进深四进，南面中间殿门一扇，两边方格窗各一扇。门额悬挂“普贤殿”木匾，蓝底黄字，行体阳文，落款“志华”，匾额四边雕回字纹。殿中供奉漆金填红普贤菩萨右舒坐六牙白象座像，头戴五如来宝冠，身着天衣，胸配璎珞，坐于六牙白象脊背上。左腿单盘，右腿垂直向下，脚踏莲花。左手持金莲花置于腹前，右臂上曲，竖掌胸前，掌心外翻，中指和无名指弯曲，其余三指上竖，作说法印。塑像两侧千佛塔一对。楹联云：“善说微妙寂静古，得生广大欢喜心。”两庑墙面满嵌木龛，龛内供奉普贤菩萨金身小像二千余尊。普贤殿楼上观音阁，面阔三间，进深四进，南面设窗，北面开门，门外有楼梯上下。阁中雕花木龛内供奉千手千眼十一面观音菩萨跏趺莲台金身像，头戴宝冠，顶上环列九面塑像，之上复有佛像一尊，共成十一面像。左右各有二十只手，每手心各有一眼，四十手四十眼配于二十五有而成千手千眼。龛联云：“千目千手妙真容，万顷万波普陀宫。”两庑墙面嵌排架式木龛，供奉观音菩萨金身小像千余尊。

法堂之后万佛楼，清光绪十年（1884）建，楼内尝供奉镏金铜佛三千尊。“文化大革命”期间楼毁，2001年复建，2004年6月竣工，2006年2月22日举行佛像开光仪式。新万佛楼建筑面积五千一百六十六平方米，高三十八米，共五层。一层庭院，环置碑记、转经筒，又有祖堂、赵朴初故居及古都美术馆。二层藏经楼。三层观音楼。四层毗卢殿。五层万佛楼。

毗卢禅寺万佛楼

第一层坐南朝北，北面面阔三间，进深一进。中间开门一扇，两边开方格木窗各一扇。门额悬挂“观音楼”木匾，蓝底金字，行体阳文，上款“二〇〇三年六月十九”，下款“南海戒忍书”，匾额四边雕金色卷草纹。门前有庑殿式单坡门头，飞檐翘角，内作斗拱。门头面阔三间，平柱二楹，二角柱各一楹，宽度与楼相等。楹联云：“宝篆香花献万佛，涂灯果乐供一楼。”观音楼内有影壁，影壁北面张贴十一面观音像图片，观音菩萨右手扶锡杖，左手持宝瓶，头顶十一尊慈光面容。这幅观音像图片原物，用我国台湾阿里山千年桧木，由日本雕刻师制作而成，高十一米，民国三十年（1941）赠送毗卢寺，

“文化大革命”期间遭毁。影壁前供案一座，供奉红木雕刻阿弥陀佛接引像一尊，高约六十厘米。阿弥陀佛身着通肩袈裟，胸嵌万字符，赤足立于莲台上。左手托莲台置于胸前，右臂下垂，掌心外翻，指尖向地，作与愿印。影壁东侧立《万佛楼记》碑刻一块，其云：“山舞凤翎，江摇龙尾，金陵形胜，甲于东南。汉末佛教来宁，大德云集，译经千卷，建寺千余，惜多坏于兵火，不得以烟雨楼台钟鼓梵音独步天下矣。毗卢寺肇造嘉靖，焚于太平天国，光绪十年，海峰长老得父老及湘军诸将所捐巨资重建，为南京第一大寺，尤以万佛楼供鎏金法像三千显名。孙中山、于右任诸公，皆来静虑。抗战前后，中国佛教会驻此，太虚大师执事。楼侧复有国医馆，施药育人。一九五六年，世界佛教代表团来访，影响卓著。又十年，‘文革’逐僧占寺，鎏金佛流失无存。明者痛心疾首，然成住坏空，有始无终，无始无终，皆大道运行之规律也。新世纪初，有识缁素倡重焕斯楼，经之营之，百工攻之，期年而成。楼高三十八米，巍巍耸立，美轮美奂，过于往昔。古今名楼，恒河沙数，惟德修文者，受庶黎呵护、得历史垂青而不朽，舍此虽奢豪不免泯灭耳。一莲一宇宙，一心一佛龛，一即是多多是一，故万佛楼者一佛也。甲申大和尚传义建　柯文辉撰□□之王道云书。”影壁背后为天井，回廊环绕，廊内置转经筒一百只。回廊东边祖堂，供奉太虚大师。回廊西边“赵朴初故居”，再现赵朴初居士供职中国佛教理事会时期办公场景。回廊南边古都美术馆。

第二层藏经楼，坐南朝北，赵朴初题额，蓝底金字，行体阳文。楼中置佛龛一座，长四米，宽一点五米，红木紫檀雕刻，本色无油漆，全部组件以榫头拼接而成。龛内供奉五方佛，即东方阿閦佛、南方宝生佛、中央毗卢佛、西方弥陀佛、北方成就佛。两庑排列红木书柜，珍藏清刻版全套一百六十八本《乾隆大正藏》。

第三层观音楼，坐南朝北，面阔三间，进深三进。北面开门一扇，内有影壁，长约八米，高约三米，悬山顶，须弥座，影壁正面并列浮雕三幅，述佛教事迹。影壁背面两翼各砌短墙一堵，东西相对，与影壁组成“凹”字形半封闭隔间。隔间内壁三面和左右两翼外壁面满嵌排架式木龛，龛内供奉观音菩萨跏趺莲台金身小像，约计千尊。“凹”字形中空位置，供奉木雕净瓶观音像一尊，背北面南，顶戴阿弥陀佛，身着天衣，腰系罗裙，赤足立于莲台上。左手托净瓶于腹前，指尖向右，瓶口朝上；右臂上曲，竖掌胸前，掌心外翻，中指与拇指呈环状，其余三指上竖，作说法印。雕像后有千手观音照片一幅，附文字云：“千手观音圣像供奉处　这里曾是一座上下两层的木制楼房，原观音楼千手观音圣像就供在二楼藏经楼内，这尊圣像面容满月，庄严慈祥，有求皆应。六十二年前渡海到日本，现居住日本名古屋和平公园，终年闭关和平亭内，很难接受人间香火。近几年来，由中日爱好和平人士在共同努力，毗卢寺观音早日回家。”楼内两庑山墙及南墙内面，自上而下皆嵌排架式木龛，供奉观音菩萨跏趺莲台金身小像数千尊。

第四层毗卢殿，坐北朝南，面阔五间，进深五进，四面有回廊贯通，外立护栏。殿宇南面中间开殿门一扇，两边方格木窗各二扇。殿中木雕佛龛内供奉贴金填红毗卢遮那佛像，毗卢佛身着通肩袈裟，结跏趺坐于九层仰莲台上。左手握空拳举于胸前，拳心向右，拳眼向内，右拳抱左拳，两食指上竖，指尖相触，两拇指内侧并拢，作毗卢遮那佛手印。龛联云：“解彼真实性，得佛智慧光。”两庑墙面嵌排架式木佛龛，供奉毗卢遮那佛金身小造像千余尊。殿内四角置木制重檐八角攒尖顶展柜各一座，陈列四件珍贵文物。其一为清仿明精制自在观音铜像，全身按照《易经》五行八卦镂刻十二生肖。此像毗卢寺重建东厢房时，从地下数米处发现。其二为明代青瓷荷花缸，高六十一厘米，口径六十八点五厘米，由曾国荃赠送毗卢寺。缸外表面有十三只造型各异的狮子，以及蝙蝠、蝴蝶、祥云等，沿口刻有“光绪十五年九月太子太保两江总督一等威毅伯曾捐置付毗卢禅寺永远宝用”字样。此缸重建万佛楼时，从旧万佛楼遗址出土。其三为金铁大磬，明永乐年间（1403—1424）铸造，高四十九厘米，直径六十三厘米，重一百公斤。原供奉于南京大报恩寺琉璃塔内，太平天国时期寺毁磬亡，战后曾国荃得之，供于万佛楼。其四为明代雕刻童子头像，“文化大革命”期间流落民间，1999年春回归寺内。

第五层万佛楼，坐北朝南，单檐歇山顶，螭首鸱吻。正脊南面嵌“法轮常转”四块砖刻，北面嵌“佛日增辉”四块砖刻。飞檐翘角，内作斗拱。面阔五间，进深五进，南面中间开门一扇，殿门左右开方格窗各一扇。门额悬挂“万佛楼”木匾，蓝底金字，行体阳文。楼内供奉鎏金铜佛一万零八十尊。

玄奘寺

在旧都城东北覆舟山南坡，今玄武区九华山二十号九华山公园内。覆舟山高三十丈，周围三里，山形狭长，东接古青溪，北临玄武湖，顶呈平形，状如覆舟。山南旧有小九华寺，故亦名小九华山，简称九华山。覆舟山东晋时期有青园尼寺，南朝有法轮寺、青园寺，高僧竺道生、佛驮什尝驻锡山寺，译经布道。梁陈以降屡经战火，寺毁殿圮，遗踪无存。1956年覆舟山辟为九华山公园，2001年南京市玄武区人民政府在九华山新建寺院，名玄奘寺，2003年建成开放。

玄奘寺整体布局坐北朝南，主要建筑有玄奘殿、三藏塔、六和塔、地藏殿以及客堂和斋堂等，依山而筑。山腰有高台，平面呈长方形，东西长约三十米，南北长约十

玄奘寺

五米。玄奘殿在高台北边，悬山顶仿古建筑，正脊由圆瓦垒砌二层透空铜钱形状铺排而成，南面嵌砖雕二块，螭首鸱吻。垂脊由青砖垒砌二层透空菱形铺排而成，檐角有角兽。殿宇面阔三间，进深三进，南面中间开门一扇，两边开窗各一扇。门前阶基高约八十厘米，踏道石阶六级。殿门上额悬挂“玄奘寺”木匾，黄底黑字，手书阴刻，上款“癸未仲夏”，下款“真慈”。门联云“真和尚弘传玄奘精神，慈悲心承担如来家业”。殿宇北面开门一扇，无窗。殿中石坛上供奉玄奘及其弟子窥基、圆测金身塑像，两边千佛塔一对。玄奘法师居中，头戴法冠，身披袈裟，结跏趺坐于莲台之上，身后有顶圆光。右掌横置腹前，掌心托如意，左臂上曲，立掌胸前，掌心外翻，中指和食指向下弯曲，作说法印。塑像及莲台通高二点二三米。弟子窥基和圆测侍立两侧，像高一点九八米。石坛背面为海岛观音彩绘壁画，善财童子和龙女分立两胁。两庑墙面浅雕玄奘西天取经事迹壁画。

玄奘殿东西两边连接偏殿各一座。西偏殿硬山顶，面阔二间，进深三进，南面开殿门二扇。殿中供奉弥勒菩萨游戏坐莲台金身像。西山墙前供奉杨柳观音金身塑像，面东而立，顶戴阿弥陀佛，身着天衣，腰系罗裙，赤足立于莲台上。左手持净瓶于腹前，瓶口向前下方倾斜，作洒水状，右臂上曲，掌心向外，手持柳枝。杨柳观音南侧有十一面千手千眼观音跏趺莲台金身像。殿内东北角供奉文殊菩萨右舒坐狮座金身像，西北角供奉普贤菩萨左舒坐象座金身像。东偏殿为法物流通处，硬山顶，面阔二间，进深三进，南面开殿门二扇，北面开门一扇。

玄奘殿门前，西侧立《玄奘寺碑记》石刻，东侧立《德基功德碑记》石刻，皆汉白玉材质，面南而立。《玄奘寺碑记》云：“法不孤起，仗境方生，道不虚行，遇缘即应。欣逢盛世，百废俱兴，当立德于民，树民族之神。玄奘大师乃唐时高僧，思想独特，不染尘埃，心忧天地，学贯中西，继圣达，穷玄理，西行百余国，历艰十七载，万人之中辩才无碍，著会宗之论，解瑜伽之难，舍多国之盛邀，绝然回唐，建宏大之场馆，经译千卷，融佛学、思想、旅行、辩论、翻译五家为一体，是中印文化交流之先驱，超前绝后，孰与伦比，完千古一人。民国年间，日寇侵华，金陵沦陷，大师顶骨一时遭掠，爱国志士，三宝弟子，舍身护法，抗日救骨，终得还骨九华，建塔奉之，顿时四海云集，朝拜圣骨，既表民族爱国之情，复斥汪伪卖国之耻，正如鲁迅之赞曰：民族脊梁也。如今《大唐西域记》与《西游记》交相辉映，唐僧之名家喻户晓，然玄奘其人，知者甚少，玄武政府建寺塑像，旨在弘扬民族精神，教育今人，激励来者，故撰文以碑记之。时癸未年仲夏　传真撰文　管峻敬书。”《德基功德碑记》云：“日月星辰，周而复始，天地万物，六道轮回，皆因缘而生。此山绵绵，东延紫金，西饮玄武，古称龙脉之地，金陵九华山是也。何谓德基，以道德为基石，弘华夏传统之文明，扬玄奘民族之精神，启悟吾辈，更激来者，完千古之一人，是谓德基者也。腾龙、行象、铜炉、亭阁、石级、基阶、慧灯、宝鼎，皆为德基之功德也。功勋千载，福延万代，释子传真感此洪恩，故撰文以碑记之。丙申年秋月吉日立　管峻敬书于金陵。”

玄奘殿后有天井，西厢客堂，东厢斋堂，皆悬山顶平房，面阔二间，进深一进。天井北边悬山顶二层楼房一座，楼上面阔五间，东边二间玄奘书画院，西二间办公用房，南面各有门窗；中间为楼梯过道。门前有檐廊，平柱二楹，二角柱各一楹，外立护栏。楼下中间为穿堂过道，通往后山三藏塔，两边生活用房各一间。从过道拾级而上，穿过月门，道中竖玄奘负笈西行造型青铜像一尊，玄奘高四点五米，重三点五吨。铜像依据玄奘法师故乡河南偃师缑氏镇陈河村提供的文献记载铸造，由南京市玄武区建设局筹资，南京晨光集团公司承制，2001年4月29日落成。经过铜像复上行，至三藏塔。三藏塔矗立九华山顶，民国时期建造。初，玄奘在长安玉华寺圆寂，葬白鹿原，唐末墓地遭毁，灵骨藏于终南山紫阁寺内。宋端拱元年(988)，长干寺僧可政奉玄奘顶骨归金陵，塔于天禧寺东冈，立三藏塔院。明代并三藏塔院入大报恩寺，顾起元《客座赘语》云：“余尝至大报恩寺，登三藏殿，后阶有小塔，云是唐玄奘葬处。”即此。民国三十一年(1942)冬，日本侵略者在大报恩寺三藏塔院遗址挖出一石函，函内装有玄奘大师顶骨舍利，窃为己有。后迫于社会压力，归还部分顶骨舍利。民国三十二年(1943)底，汪精卫政府在九华山巅建砖塔一座，名三藏塔，奉安玄奘法师顶骨舍利。三藏塔基北依山体，南面用石块垒砌为半圆柱体，高约五米。塔基南面正中位置嵌圆形石片，内刻《玄奘西行路线图》，西侧嵌石碑一块，介绍玄奘生平事迹。塔基前石碑一块，分行刻写“南京市文物保护单位　九华山三藏塔　南京市人民政府一九八二年八月十三日公布　南京市人民政府立”等字。塔基东侧和西侧各有石阶三十级，通达塔基之上。三藏塔为五层方形阁楼式青砖塔，仿西安大雁塔形式，每层辟四扇拱门。第一层南面镌刻“三藏塔”三字，塔内置莲台石墩一只，石墩上卧立长方体石碑，石碑正立面刻有“玄奘法师灵骨”六字。

三藏塔西侧山脊有六和亭，重檐六角攒尖顶，檐角无蹲兽。圆柱体檐柱十二根，内外二圈均匀分布，支撑檐顶。东面下檐横梁悬挂“六合亭”木匾，黑底金字，行体阴刻，赵绪成手书。楹联云：“日顺月顺星顺天顺地顺人顺物物吉顺，身和口和意和戒和见和利和事事祥和。”西南面檐下亦悬挂“六和亭”木匾，黑底金字，篆体阴刻，章炳文题写。楹联云：“钟声警世梦，禅语悟人心。”落款“金陵僧传真书”。西面檐下亦有“六和亭”木匾，黑底金字，篆体阴刻，杨康乐题书。楹联云：“塔影湖光照，城高山色明。”亭内悬挂六合钟一座，高三米，口径一点八米，重六吨，精铜铸造。蒲牢钟钮，钟肩伏莲一周。钟腹上边如意祥云一周，下边回字纹一周，中部一字纹二圈，将钟腹划分为上部、中部和下部。钟腹上部正面竖排繁体“六和钟”三字，右侧面及背面铸《般若波罗蜜多心经》全文，落款“佛历二五四七六月初六日　公元二〇〇三年七月五日，惭愧沙门　释真慈谨书”；左侧面铸《六和钟铭》云：“日月星三光齐辉，天地人三方共运，儒曰和合。身口意三业相应，戒见利三行同均，佛曰和合。六六和合，圣明贤达，官廉民孝，以德顺道，何愁天不宁，国不安，故曰六和钟之铭也。金陵沙门传真撰文　癸未年秋。”钟腹中部正面宝珠一枚，环以火焰四朵，对角分布，宝珠下方如意祥云三朵。左侧面龙一条，右侧面凤一只，背面法轮一枚，环绕法轮左右上下铸“法轮常转”各一字。钟腹下部环铸功德芳名，落款“公元二零零四年元月一日铸”。八波形钟口，波谷外表面饰海波纹，正面和背面波谷上方各铸钟月一枚，钟月两侧如意祥云二朵，整体造型宛若苦海普渡，月照慈航。六和钟正下方供奉地藏菩萨金身像，头戴毗卢冠，身着通肩袈裟，结跏趺坐于莲台上。左手托摩尼珠于腹前，右手握锡杖，杖头朝上，杖尾着于莲台上面。

玄奘寺六和亭

玄奘寺地藏殿

沿六和亭北坡而下，至地藏殿。地藏殿位于覆舟山西北麓，坐西朝东，面积约四百平方米，2005年9月建成。单檐歇山顶，螭首鸱吻，背负宝剑。平檐短角，垂脊和戗脊无垂兽及蹲兽。殿宇面阔五间，进深三进，东面中间开殿门一扇，两边方格窗各一扇、拱形窗各一扇。殿门上方嵌“地藏殿”石匾，黑底金字，行体阴刻，落款“佛历二五四九年题于金陵世欣园　常志成”。门联云：“地狱未空誓不成佛，众生度尽方证菩提。”门前阶基高约四十厘米，踏道水泥台阶三级。殿中供奉地藏菩萨金身像，头戴毗卢冠，身着通肩袈裟，结跏趺坐于莲台上，双手托摩尼珠于腹前，闵公、道明和尚立于两胁。殿内西庑供奉漆金填红泥塑弥陀三尊像，面东而立。阿弥陀佛接引像居中，身着通肩袈裟，胸嵌万字符，赤足立于莲台上。左掌托金莲台横置腹前，右臂下垂，掌心外翻，指尖向地，作与愿印。观音菩萨居左侧，顶戴阿弥陀佛，身着天衣，胸饰璎珞，腰系罗裙，赤足立于莲台。左手持净瓶于腹前，掌心朝上，瓶口向左下方倾斜，作洒水状，右臂上曲，掌心外翻，中指和拇指略弯曲，其余三指向上舒展，作说法印。大势至菩萨居右侧，顶戴净瓶，装束同于观音菩萨，赤足立莲台上，双手捧莲花斜贴胸前。

地藏殿前有广场，长条青石地面。广场中部置矩形铁香炉一座，正对地藏殿门。庑殿顶，正脊由三层透空菱形铺排而成，上竖宝镜一枚，螭首鸱吻。平檐短角，龙形蹲兽。回字格挂落，蟠龙檐柱八根，均分二行立于炉口前后上截面，支撑檐顶。炉颈正面和背面各莲花三朵，左右侧面如意柄形炉耳一对，表面回字纹。炉腹正面横排隶体“玄奘寺”三字，落款漫漶难辨。狮首形炉脚四只。炉腹正面和背面下边各缀如意二枚，八字形分布，与炉脚形成三角形夹角。广场西边六角七级铁宝鼎一座，表面镀黄铜色。攒尖顶，上竖葫芦形宝瓶刹，宝瓶上下球面各铸二枚铜钱并列图案。平檐短角，龙形蹲兽。鼎口外立面上边回字纹一周，下边莲花一周，共六朵。鼎颈正立面法轮三只，间以卷草；左右侧面如意柄形鼎耳一对，表面回字纹。鼎腹上边伏莲一周，下边嵌半球体一周，球径约二厘米。鼎腹正面分行横排“南京　玄奘寺”

五字,左侧面分行竖排上款“佛历二五五二年　公元二〇〇八年　农历六月十日”,右侧面分行竖排下款“方丈吉慧长老　监院传真法师　青禅法师”。狮首形鼎脚三只。宝鼎南侧有《玄奘寺碑记》一座,黑色石材,碑额浮雕二龙戏珠,间以祥云数朵。碑身两边各竖雕莲花二朵,间以卷草四束。碑座正立面雕莲花一朵,两边饰卷草,石脚六只,前后各三。相邻石脚之间凿拱桥造型,桥面刻水波纹。碑文与玄奘殿前《玄奘寺碑记》相同,落款为“金陵僧传真沐手撰文　南京市玄武区建设局　南京玄武三藏院管委会立”。广场东南角有罗汉洞,常志成题额。

秦淮区

大报恩寺

在旧都城聚宝门南一里聚宝山,今秦淮区雨花路一号明代大报恩寺遗址公园内。其地旧名长干里,晋太康年间(280—289)建寺,曰长干寺。寺有阿育王塔,故又名阿育王寺。南唐时期废,宋大中祥符年间(1008—1016)重建,赐号圣感舍利宝塔寺,天禧二年(1018)改天禧寺。元代改慈恩旌忠寺,元末毁。明初重修,永乐六年(1408)毁于火。永乐十年(1412)成祖朱棣敕工部重建,梵宇准大内式,中造九级琉璃塔,宣德六年(1431)赐额大报恩寺。

大报恩寺永乐碑赑屃

大报恩寺为明代南京三大刹之一,建寺之缘起,祝允明《野纪》卷三云:“文皇将靖难,发念成功后当建一塔寺,以展报诚。既渡江,忽见江中涌出一宝塔,上悚然起前念。逮即位后,一日天禧寺浮图灾,有司入奏,上命兵马督人遥卫于内外,令勿救火。寺既烬,命尽取灰,投之于江,即其地鼎建大刹,立塔十三重,赐名大报恩寺。”

《金陵梵刹志》卷三一记载，大报恩寺有金刚殿五楹，碑亭二座，琉璃宝塔九级，大禅殿五楹，小房三楹，后禅殿五楹，观音殿三楹，放生亭一座，公学十楹，韦陀殿、香积厨七楹，中方丈七楹，左方丈六楹，右方丈八楹，伽蓝殿三楹，又有天王殿、正佛殿旧基。僧院一百四十八房，食粮牒僧三百五十名，食粮学僧一百五十名。基址四百亩，东至虢国公神路，南至郭府坟，西至寺前大街，北至驯象街。戴子庄田、地、塘、荡共五千八百五十九亩七分三厘，腊真庄田、地、塘、沟共三千八十七亩七分四厘。寺前号房四十二间半，浴堂房一所，菜地五十四亩五分一厘，基地一块。经殿有前殿三楹，正佛殿五楹，左贮经廊十九楹，右贮经廊十九楹。禅堂有正门一楹，韦陀殿一楹，正佛殿三楹，左禅堂十楹，右禅堂十楹，十方殿五楹，斋堂二楹，静室二楹，请经僧房七楹，厨库等房七楹。放生池八亩，菜地二大条。嘉靖四十五年（1566）寺焚于雷火，惟塔及禅殿、香积厨仅存。清康熙三年（1664），居士沈豹募建大殿。康熙二十三年（1684）皇帝南巡，御书“不二法门”四字匾额悬于大殿，登九级宝塔最高顶，每级御书一额，曰乘慧业，曰仪有象，曰空胜地，曰海无波，曰律精严，曰通真谛，曰宝莲花，曰表同风，曰有弘观。又赐金佛一尊，《金刚经》一部，供奉塔顶，御制《登报恩寺浮图诗》一首。康熙三十八年（1699）塔毁，颁帑金重建，御制《修报恩寺塔初毕登之诗》一首。嘉庆五年（1800）遭雷灾，督抚具折申详，发帑修缮，嘉庆七年（1802）完工。咸丰年间（1851—1861）寺塔尽毁于战火，乱后虽有修葺，比于曩时不过百分之一。同治四年（1865），江宁机器制造局在大报恩寺旧址内建造住房十二间，厂房八十余间，廊五十余楹，寺地始遭瓜分。民国时期在寺内开办学校，佛殿改作课堂。20世纪50年代以后，寺址渐为民居。

大报恩寺琉璃宝塔在大殿后，其前身为晋代长干寺阿育王塔。释家相传阿育王灭度后，一日夜役鬼神造八万四千塔，长干寺阿育王塔乃为其一。阿育王塔大约建于汉献帝兴平年间（194—195），东吴时期毁。晋咸安年间（371—372），简文帝使沙门复造小塔，孝武帝太元九年（384）上金相轮及承露。后有胡人刘萨何因感梦游行礼塔，至于京师，登越城四望，见长干里有异气色，因就礼拜，果是阿育王塔所在。掘地得三石碑，中一碑有铁函，函中有银函，函中又有金函，盛三舍利及爪发各一枚，发长数尺，遂于简文帝所造塔之西，另造一层塔奉安舍利，亦名阿育王塔。太元十六年（391），沙门僧尚加为三层。梁大同三年（537）八月，武帝萧衍开阿育王塔，穿土四尺，得龙窟及金银、环钏、钗镊等物。深至九尺许，有石头磉，磉下有石函，函内有铁壶，以盛银坩，坩内有金镂罂，盛三舍利，如粟粒大，圆正光洁。函内又有琉璃碗，碗内得四舍利及发爪。爪有四枚，并为沉香色，发青绀色，众僧以手伸之，随手长短，放之则旋屈为蠡形。八月二十七日,武帝设无碍大会于阿育王寺,以金钵盛水泛舍利,其最小者隐不出,帝数十礼拜,舍利乃于钵内放光,旋回久之,当中而止。九月五日又于寺设无碍大会,施钱一千万为寺基业,敕市寺侧数百家宅地,以广寺域。大同四年(538)九月十五日,帝又至寺设无碍大会,竖二刹,各以金罂、玉罂盛舍利及爪发,置于七宝塔中,又以石函盛宝塔,分入两刹下,以王侯妃主、百姓富室所舍金银、环钏等珍宝充积。

大报恩寺新塔

大报恩寺琉璃塔以宋代长干寺舍利塔旧基建筑而成,明永乐十年六月十五日开工,宣德六年八月初一完竣,历时十九年。塔高三十二丈九尺四寸九分,地表以上九级八面,五色琉璃制作,面顶以黄金风波铜镀之,上九霄龙头,挂铁索八条,垂铃七十二,上下八角,垂铃八十,通共铃数一百五十二。每晚九层外面燃灯,计一百二十八盏,下八方殿内及塔心有琉璃灯十二盏。顶上天盘一个,重九百斤,铜锅二口,重四千五百斤,铁圈九个,大圈方圆六丈三尺,小圈方圆一丈四尺,计重三千六百斤。顶镇压夜明珠一粒,避水珠一粒,避火珠一粒,避风珠一粒,避尘珠一粒,黄金一锭,重四千两,茶叶一担,白银一千两,明雄一块,重一百斤,宝石珠一粒,永乐钱一千串,黄缎二匹,《地藏经》一部,《阿弥陀佛经》一部,《释迦佛经接引佛经》一部,俱镇压在内。万历二十八年(1600)塔心木腐朽,塔顶倾斜,僧洪恩修正。清顺治十七年(1660)雷火损塔,寺僧重修。咸丰四年(1854)塔毁。

2004年南京市人民政府筹划复建大报恩寺,2007年决定在旧址建设大报恩寺遗址公园。从2007年至2010年,南京市博物馆考古部对大报恩寺遗址进行了全面系统的考古发掘。考古成果显示,大报恩寺位于今南京市中华门外雨花路东侧秦淮河畔长干里,东至南京晨光机器厂,西至雨花路,南至雨花台北麓,北至外秦淮河边,周围九里十三步。全寺布局坐东向西,整体建筑分为南北两大部分。主要宗教建筑在北部,附属设施在南部,南北两部分之间由围墙隔开。北部建筑沿中轴线布局,排列有序,自西向东依次为山门、香水河桥、天王殿、大雄宝殿、琉璃塔、观音殿、法堂。香水河桥南北两侧各置御碑亭一座，分别覆护永乐御制碑和宣德御制碑。观音殿两侧有祖师殿和伽蓝殿，观音殿后南北有画廊一百一十八间。祖师殿前有钟楼一座，与之对称的伽蓝殿前无鼓楼。南部建筑分成四座院落，承担不同功能。东院旃檀林，僧人就餐、休息处所。西院藏经殿，贮藏经书、经板场所，收藏了全套《永乐南藏》大藏经板。北院为寺院管理机构所在地，有方丈室、库房等。南院三藏殿，僧人习法、参禅之所。南院内旧有三藏塔，一名白塔，奉安唐代玄奘法师顶骨之所。宋端拱元年(988)，僧可政得玄奘顶骨于长安终南山紫阁寺，归之金陵，瘗藏天禧寺东冈，明洪武十九年(1386)迁塔于寺之南冈，在三藏殿后。民国二十六年(1937)底，日本高森部队在大报恩寺遗址建造稻垣神社时发掘之，好事者奉迎以归，择其骨一部分葬覆舟山三藏塔下，又分其余贮于北平、日本等处。

在大报恩寺遗址北部，考古工作发掘并清理了香水河桥、永乐御碑亭、宣德御碑亭、中轴线主干道、天王殿、大殿、观音殿、法堂，以及建于北宋大中祥符四年(1011)的长干寺地宫等重要遗迹。香水河桥为东西走向，单跨拱，长十二点六米，宽七点一五米，残高三点四米。桥拱全部用弧形石块以子母口互相咬合方式连接，内跨径二点九米，拱高一点九米。拱顶上铺厚度为十五厘米至二十厘米的三合土，再铺设厚度为二十五厘米至三十厘米的青石板，形成桥面。永乐御碑亭在中轴线南侧五十二米处，面向中轴线。基址为基槽围绕的方形夯土台基，边长十四米。基槽四角有大型角石，边长五十五厘米至五十八厘米，高一百七十厘米。夯土台基上有十二根柱础，四角各设三根。台基正中为石碑座，以八块长方形大石砌筑。基址朝向中轴线方向设踏道。宣德御碑亭遗址在中轴线北侧五十二米处，亦面向中轴线，与永乐御碑亭规制相同，南北位置对称。两座碑亭之间设有一条砖铺道路，宽六点六米，与中轴线垂直。中轴线主干道在香水河桥和天王殿之间，以长方形青石板铺砌。路面宽二点五五米，残长二十三点七五米，厚十六厘米至二十厘米。天王殿建筑于夯土台基之上，平面呈“中”字形，坐东朝西，五间三进，面阔二十六点六米，进深十五点三米。殿前为前台阶和月台，面阔十七点五米，进深六米，殿后为后台阶，面阔十七点五米，进

大报恩寺遗存

深四点六米。南北各与一偏殿连接。大雄宝殿俗称硕妃殿，史载高七丈一尺五寸，深十一丈四尺三寸，长十六丈七尺五寸。其址位于北部正中心位置，底部设置大型夯土台基，残存高度五点二米。外围有基槽围绕，宽度一点二米。殿内两排六只大型石柱础。塔基位于大殿之后，距离大殿东侧基槽十二米。平面呈正八边形，最大对径约二十五米。从外至内分为五层结构，中心部为地宫，圆形地宫直径二点二米。地宫为圆形竖井式，从原始山体中垂直下挖而成，自现存地表开口至埋藏坑底部，深度六点七四米。地宫之内，从上至下以一层石块、一层夯土方式填充夯筑，共三十九层。观音殿位于塔基东侧，夯土高台式建筑，面阔三间，进深三间。伽蓝殿位于塔基正北部，平面呈“凸”字形，坐北朝南，殿中夯土台基为长方形，长十一米，宽六点二米，现存台基高出地表六米。法堂位于大报恩寺北区中轴线最东端，面阔五间，进深三间，夯土台基式建筑，长二十五点六米，宽十四点七米。

2008年7月17日，在塔基地宫中心位置距离地表四点二米处，发现一方形覆石，覆石下为方柱形石函，石函内藏铁函。石函高一点五米，边长七十二厘米，由方形底座、四块长方形壁板和顶盖组合而成。底座和四块壁板分别有卯孔和榫头，以榫卯方式连成一体。在石函北壁石板上，镌刻有《金陵长干寺真身塔藏舍利石函记》，详细记载了北宋大中祥符四年（1011），金陵长干寺主持演化大师和守滑州助教王文等人，得到宋真宗的允许，修建九层宝塔之事。碑文还记载，印度阿育王分置舍利，金陵长干寺为中国建塔供奉的第二座寺院，在地宫中“进呈感应舍利十颗，并佛顶真骨洎诸圣舍利，内有金棺，周以银椁，并七宝造成阿育王塔，以铁函安置”。在石函之下有一个小型埋藏坑，其内出土白瓷、青瓷碗各一件，青瓷壶一件。石函之内有竖长方体铁函，生铁铸造，高一点三四米，宽五十五厘米，以两层盖板和“回”字形压框严密封固，内置阿育王塔。7月27日，铁函运送至南京博物馆地库内。8月6日上午9点30分，铁函开启。铁函顶部放置大量铜钱，以及水晶球、玛瑙珠、串珠、鎏金银凤等供养器物。8月12日上午8点，珍藏佛顶骨舍利的金棺银椁由南京博物馆迎请至栖霞寺。11月22日下午，鎏金七宝阿育王塔从铁函内取出，重现世间。阿育王塔为单层方形塔，由塔刹、塔身和塔座三部分组成，高一百一十厘米，宽四十厘米，北宋大中祥符四年（1011），朱诚信制作。塔刹由刹杆、五重相轮和顶部火焰珠、宝葫芦构成。塔刹四角装饰有山花蕉叶。山花蕉叶与塔刹之间有银链相连，链上满悬风铃。山花蕉叶外侧饰有诞生、苦修、说法、涅槃等十九则佛传故事浮雕。塔身以檀香木为内胎，外包鎏金银皮，表面镶嵌四百余颗颜色、质地各异的七宝珠。塔身四面分别浮雕“萨埵太子舍身饲虎”“尸毗王割肉喂鹰”“大光明王施首”和“须大拿王变相”四幅佛本生故事。塔身四角站立着大鹏金翅鸟。塔身共凿刻铭文二十条，四面刻有“皇帝万岁”“重臣千秋”“天下民安”“风调雨顺”。塔身方形中空，以安置金棺银椁，内瘗藏佛顶真骨舍利、感应舍利十颗、诸圣舍利和其他供物。银椁底部刻有铭文，说明佛顶骨舍利为施护捐赠。2010年6月12日上午9点15分，在栖霞寺隆重举行佛顶真骨舍利盛世重光典礼。到7月12日止，佛顶真骨舍利在栖霞寺法堂供奉一个月，近二十万人前往瞻礼。2015年10月27日上午，佛顶真骨舍利从栖霞寺恭请至牛首山佛顶宫永久奉安。是日上午7点在栖霞寺举行佛顶真骨舍利迎请法会，上午九点在牛首山佛顶寺大雄宝殿举行佛顶真骨舍利供奉大典。

大报恩寺遗址公园2012年9月16日奠基，2015年12月16日举行开园仪式暨感应舍利供奉典礼。2013年3月5日，国务院公布大报恩寺遗址为全国重点文物保护单位。遗址公园西至雨花路，东连南京晨光机械厂，北临外秦淮河，南抵正学路，占地面积二百亩，整体布局坐东朝西。相比明代大报恩寺旧址，东面和南面有所收缩。遗址公园内重建了永乐御碑亭和宣德御碑亭，对大报恩寺塔基遗址进行了保护性建设，塔基之上象征性重竖九级宝塔。

新永乐御碑亭和宣德御碑亭在原址重建，形制相同，位置对称，分布于遗址北部中轴线南侧和北侧，朝向中轴线方向。平面正方形，重檐歇山顶，螭首鸱吻，戗脊和垂脊末端各立角兽。平檐斗拱，各檐角蹲兽四只、仙人一尊。两檐之间不填砖木，留作通风空隙。亭柱十六根，内外双层排列，外围十二根，四角各三根，亭内四根，支撑上檐四角。南北两面各开拱门一扇，阶基高约六十厘米，踏道石阶四级。东西两面中部透空，无门窗砖墙。宣德碑文字漫漶，永乐碑仅存赑屃。在大报恩寺塔遗址上方，采用四组钢管斜梁跨越，斜梁落脚点位于塔基遗址外侧，形成覆钵式地宫，作为感应舍利供奉之所。地宫之上以轻质钢材和超白玻璃竖八面九级宝塔，高九十三点一五七米，外立面为玻璃幕墙，塔内有电梯直达顶层。

大仙寺

在旧都城东石山村大仙山南坡，今秦淮区光华路一号白下高新技术产业园区创业园内。大仙山本名大石山，相传秦始皇巡游江南，凿秦淮河以断金陵王气，途中一山挡道，秦皇抽鞭挥之，断为三截，山底为江宁区境内方山，山腰为句容市三岔镇境内赤山，山尖落入江宁区东山镇为东山。鞭子附着的土渣落在东山与方山之间，即东山镇竹山，鞭梢回收时带起几块碎石落入石山村境，即为大石山。明代大石山有黄大仙显灵，信众募资建大仙庙祀之，遂更名大仙山。大仙庙数百年间屡建屡毁，20

世纪80年代初当地僧人及信众在旧址重建,2007年白下区人民政府批准更名大仙寺,2009年经南京市人民政府宗教局批准对外开放。

大仙寺天王殿

大仙寺依山而筑,坐北朝南,前殿供佛,后殿奉仙,僧道合一。中轴线上依次为天王殿、大雄宝殿、威灵显赫殿,两翼有财神殿、僧寮、客堂、斋堂等。天王殿单檐悬山顶,正脊由圆瓦垒叠二层透空蝙蝠形铺排而成,南面嵌“国泰民安”四块砖刻,螭首鸱吻。正脊中部嵌圆形砖雕一块,内刻万字符,砖雕下有梯形底座,面刻如意祥云。垂脊有角兽。殿宇面阔三间,进深一进,南面中间开拱形殿门一扇,两边拱形木窗各一扇。门额悬挂“大仙寺”木匾,红底金字,行体阴刻,四角浅刻金丝回字纹,无题款。门前有檐廊,平柱二楹,二角柱各一楹,嵌入殿宇山墙外伸墙体。楹联云:“理玄各探科技园中藏佛寺,释道兼容如来殿后供神仙。”阶基高约八十厘米,南侧踏道石阶六级。殿中红色木龛内供奉漆金填红弥勒菩萨游戏坐像,眉心开天眼,背后有顶圆光。两庑山墙前分列彩绘泥塑四大天王坐像。殿宇北面开门一扇。

天王殿西山墙外面连接平房一区五间,坐南朝北,南面开窗五扇,北面开门五扇,僧寮所在。天王殿东十数米有财神殿,坐北朝南,硬山顶平房,面阔三间,进深一进,南面开一门二窗,殿内供奉漆金财神坐像。

天王殿后石阶十三级,上有平台。平台中部置二级铁宝鼎一座,圆攒尖,上竖圆柱形顶刹,顶刹外立面铸金龙祥云图案。鼎腹上边卷草纹一周,左右两侧如意柄形鼎耳一对,表面回字纹。鼎腹正面中部横排“大仙寺”三字,左侧分行竖排题款“岁次乙未初春立　住持法海监制”,右侧功德芳名;正面下部莲花三朵。龙首形鼎脚三只,伏莲底座。宝鼎东侧矩形铁香炉一座,庑殿顶,正脊中部竖葫芦刹,上下球面各镂空一枚铜钱图案,螭首鸱吻。平檐翘角,龙形蹲兽,口衔风铃。蟠龙檐柱四根,对角立于炉口上截面,支撑檐顶。炉口外立面回字纹一周。炉颈正面和背面各横排“风调雨顺　国泰民安”八字,左右侧面如意柄形炉耳一对,表面回字纹。炉腹正面中部分行横排“南京　大仙古寺”六字，两边各有云龙一条，龙首相对。炉腹背面分行横排“住持法海监制　沈梓辰合家敬献　公元二〇一二年”字样，两边各有云龙一条，龙首相对。狮首形炉脚四只，相邻炉脚之间有如意边挡护板，板面刻卷草纹。

平台东边为客堂，坐东朝西，单檐悬山顶，螭首鸱吻。西面有檐廊，平柱二楹，两端为客堂外伸山墙。面阔三间，进深一进，中间开门一扇，门两边窗户各一扇。堂中红木神龛内供奉彩绘泥塑关公坐像。东南角供奉漆金填红药师佛像，身着通肩袈裟，胸嵌万字符，结跏趺坐于莲台上。左手置于右脚上面，掌心朝上，指尖向前，食指和中指向上弯曲，作说法印，右手托五级宝塔于腹前。药师像两旁对联一副：“愿消三障诸烦恼，愿得智慧真明了。”横批“福慧双增”。东北角供奉漆金填红阿弥陀佛像，身着通肩袈裟，胸嵌万字符，结跏趺坐于莲台上。右手覆于右膝上面，五指并拢，指尖朝前，作降魔印，左手托金莲花于腹前。弥陀像两旁对联一副：“愿生西方净土中九品莲花为父母，花开见佛悟无生不退菩萨为伴侣。”横批“同登彼岸”。

平台北边大雄宝殿，坐北朝南，单檐歇山顶，正脊由圆瓦垒砌三层透空蝙蝠造型铺排而成，南面嵌“佛日增辉”四块砖刻，北面嵌“法轮常转”四块砖刻，螭首鸱吻。垂脊和戗脊由圆瓦垒砌二层透空蝙蝠造型铺排而成，垂脊末端立法像塑雕，戗脊末端立狮子雕塑。平檐翘角，各檐角蹲兽四只、仙人一尊。阶基高约七十厘米，南侧踏道石阶五级。大殿面阔五间，进深三进，南面中部开门三扇，中门上额悬挂“大雄宝殿”木匾，红底金字，行体阴刻，尉天池题写。门联云：“古刹重兴凡圣悉跻欢喜地，法王现在人天永为植福场。”北面开殿门一扇。殿中佛坛上供奉漆金填红三宝佛像，诸佛身着通肩袈裟，结跏趺坐于莲台上，身后各有大背光，光焰中镂二龙戏珠和祥云。释迦牟尼佛居中，左掌置于右足上面，掌心向上，指尖朝前，作与愿印，右臂上曲，立掌胸前，掌心外翻，大拇指顶中指，其余三只竖立，作说法印。药师琉璃光佛居左侧，左掌置于右足上面，作与愿印，右掌托七级宝塔于腹前，塔尖朝上。阿

大仙寺大雄宝殿

弥陀佛居右侧,右掌放在右膝上面,作与愿印,左掌托金莲花置于腹前。佛坛背面供奉漆金泥塑海岛观音像,观音菩萨顶戴阿弥陀佛,身着天衣,腰系罗裙,胸饰璎珞,赤足立于龙头顶上。右手握净瓶于腹前,手心朝上,瓶口向前下方倾斜,作洒水状,左手覆于右腕上面,善财童子和龙女侍立两侧。观音身后壁面,作彩绘泥塑三十二应身。观音像前几案上,供奉棕色木雕地藏菩萨像,高约五十厘米,头戴毗卢冠,身披通肩袈裟,结跏趺坐于莲台上。左手托摩尼珠置于腹前,右手握锡杖,杖尾着于莲台上面,杖头向右上方倾斜。大殿东北角红木龛内供奉漆金填红观音菩萨跏趺坐莲台像,双掌叠加,掌心向上,托净瓶于腹前,善财童子和龙女分立左右。西北角红木龛内供奉漆金填红地藏菩萨跏趺坐莲台像,头戴毗卢冠,身着通肩袈裟,右掌压左掌,托摩尼宝珠置于腹前,闵公和道明和尚侍立两边。大殿东南角悬挂铁钟一座,高约一点五米,口径约一米。蒲牢钟钮,六波形钟口,正面波谷上方钟月一枚,其余波谷上方作"度一切苦厄"各一字。钟腹有中圈一匝,分钟腹为上下两部分。钟腹上部正面分行竖排"一杵钟声,庄严国土,十方普闻,利乐有情　赵朴初敬题"等字,左侧竖排"佛日增辉"四字,右侧竖排"法轮常转"四字;左右侧面和背面刻铭文。钟腹下部正面横排"大仙寺"三字,左右侧面和背面竖排《千手千眼大悲心陀罗尼经》,落款"住持法海率两序大众监制　时维公元二〇〇九年　佛历二五五三年冬立"。西南角法鼓一架。

大殿东侧山坡下,有硬山顶二层楼一座,坐东朝西,面阔四间,进深一进。楼下斋堂,匾曰"五观堂",堂内东墙面挂观音大士水墨画一幅,旁有对联云:"长养一颗菩提心,普供十方明镜佛。"楼上为辅助用房。

大雄宝殿后门外有影壁,南壁面嵌"南无阿弥陀佛"六字砖刻,北壁面作龙凤松鹤图案砖雕。影壁北十余米为威灵显赫殿,坐北朝南。重檐悬山顶,正脊由圆瓦垒砌四层透空铜钱形铺排而成,南面嵌"有求必应"四块砖刻,葫芦宝顶,螭首鸱吻。垂脊由圆瓦垒砌二层透空铜钱形铺排而成,末端有兽形石雕。阶基高约八十厘米,南侧踏道石阶六级。殿宇面阔三间,进深三进,南面开殿门三扇。中门上额悬挂"威灵显赫"木匾,红底金字,繁体阴刻。对联云:"殿宇重光貌隆千古,仙灵永奉威振四方。"余律题写。殿内供奉彩绘神像三尊,黄大仙居中,左侧王大仙,右侧张大仙。宝殿东边和西边各连接辅殿一座,皆单檐悬山顶,面阔二间,进深二进。影壁与宝殿之间空地,置二级圆攒尖铁宝鼎一座、矩形四脚铁香炉一座,与大雄宝殿前宝鼎和香炉形制相同。

金粟庵

在旧都城聚宝门内西南隅，今秦淮区五福街十八号，与瓦官寺隔街相望。据《京师记》记载，晋兴宁年间（363—365）瓦官寺初创，为修建僧舍向各方化缘，顾恺之在缘簿上写下捐款一百万。其人素贫，时以为大言。寺既成，僧请履约，顾恺之请寺院出新一堵白墙，自己闭门作画一百余日，绘出维摩诘居士像壁画一躯，且没有画上眼球。恺之使寺僧张贴告示，凡房门开启日前来观赏画像者，须捐结缘钱十万，第二天观赏者捐五万，之后随缘乐助。开门之日，恺之为画像加上点睛之笔，维摩诘栩栩如生，光明照寺。众人争相入寺，一睹维摩诘神采，俄而得善款百万钱。佛教认为维摩诘是古佛金粟如来应世，唐代诗人杜甫尝作《咏顾长康所画瓦官寺维摩》诗云："虎头金粟影，神妙独难忘。"后人或谓金粟庵之名，源自东晋画家顾恺之所绘瓦官寺维摩诘居士像。

金粟庵始建于明洪武年间（1368—1398），门前旧有中所桥，故名中所庙，后改名金粟庵。清咸丰年间（1851—1861）毁于兵燹，同治十二年（1873）重修。20世纪40年代，有山门、大殿、祖师殿、客堂、寮房、斋堂等房屋数十间，建筑面积一千余平方米。20世纪50年代初，有僧四人，房屋十三间。"文化大革命"期间改为街道工厂。1993年经南京市人民政府批准恢复宗教活动，住持全乘增修。全乘《南京古金粟庵常住碑记》云："金粟庵者，古称律院，地傍秦淮，近接凤麓。何以名之？《维摩经义疏》云：文殊师利本是龙种上尊佛，净名即是金粟如来。古有盛传，乃维摩诘居士前身也，善信趋赴，儒雅留迹。而寺之初创，乡乘无征，惟同治十二年，志坚和尚负笠经此，结茅为庵，铢积寸累，方筑数楹。世代递传，陆续添造，建成山门、大殿、祖堂、客堂、斋堂、寮房。民国中，六峻和尚并悦译髡公相继之，均苦心竭力，以为门风勿替。迨我先师性空、坚三老人来寺住

金粟庵鼓楼

持，前后董理筹措，锐意营福，潜德幽光。斯时窃衲依止两老人参究，朝夕相侍，两老人乃将院事嘱之。窃衲德薄学浅，谬主寺席，笃念古来道场，承乏以来力谋兴建，数十年积苦，重整寺貌，妆塑佛身，安单结众，率僧梵修，以祈国泰民安，世界和平。曩在丁亥年菊月，蒙新加坡陈金桦居士、金陵陈吉斌居士引介，缅甸国师菩提长老因以玉佛惠赠敝寺供养，虽经设阁安奉，而庑宇窄狭，殊非所宜，相沿数载，未行善辙。至庚寅春，窃衲并合寺大众几议其事，谨就院北空地一方，起建玉佛宝殿，不顾成败利钝，自五月廿三日庀材兴工。值此契机，又修整山门僧寮，重妆法像金身。中得监院隆悦法师、隆喜法师、王志胜居士奔劳尤多。今梵宇重新，四众云集，感佛恩祖德以垂悯，翼檀越诸善之布施。窃衲恐后人不知兴复艰难，用特记略，以告来哲。”詹天灵《全公长老重修金粟庵记》云：“全公长老秉性淳厚，木讷寡言，披剃接引禅林，求戒华山慧居，乃访道问教，参学古林律堂，朝干夕惕，出世渡迷，驻锡金粟宝刹，茹苦含辛，躬毗尼藏，化三涂厄，发明大事，以戒为依，南北高俊，慕全公道范而谒者风从，靡不归心向化。今仰缅甸国师惠赠玉佛一尊，乃于庚寅春月，兴建玉佛宝殿以奉金容，并就此殊胜因缘，重修照壁、山门、钟鼓楼、诸堂寮舍。往昔金粟庵规制未备，全公以三千大千世界，芥子处即为道场，苦守数十载，辛勤兴复。今殿宇恢宏，且逾曩观，若非全公戒行精严，诚感应天，安有如斯之盛？后来主者，当能肩荷宏法利生、施恩济乏之任，则无负全公一生心血也。”

现今金粟庵占地面积八百余平方米，四合院结构，坐北朝南，有照壁、山门殿、客堂、法物流通处、方丈室、钟楼、鼓楼、玉佛殿、地藏殿等。照壁在山门前数米，水泥预制须弥座，砖身，庑殿顶。正脊螭首鸱吻，垂脊有角兽，各檐角蹲兽二只、仙人一尊。壁面中部阳刻一个“佛”字，两侧浮雕哼哈二神和祥云。壁面上边和下边各有卷草纹，左边阴刻“诸恶莫作”四字，右边阴刻“众善奉行”四字。

山门殿为硬山顶二层楼房，一楼面阔五间，进深二进，南面中间开拱形殿门一扇，门前踏道石阶二级。门额上方有单坡歇山式门头。门额与门头之间悬挂“金粟庵”木匾，蓝底金字，行体阳文，落款“赵朴初”，匾面四边雕金色九龙腾云图案。门联云：“佛法大如天，禅门深似海。”一楼中部三间为弥勒殿，殿中红木龛内供奉弥勒金身像一尊。弥勒殿东边一间为客堂，西边一间法物流通处。一楼北面开门三扇，门外有檐廊，平柱二楹，二角柱各一楹，嵌入殿宇山墙外伸墙体。檐廊东头供奉漆金填红弥陀三尊像，背东面西。阿弥陀佛接引像居中，身着右袒肩袈裟，胸嵌万字符，赤足立于莲台上。左手托紫金台于胸前，右臂下垂，掌心朝外，五指向地，作与愿印。观音菩萨居左侧，顶戴阿弥陀佛，身着天衣，腰系罗裙，胸饰璎珞，赤足立于莲台上。

左手握净瓶置于腹前，掌心朝上，瓶口向前下方倾斜，右臂上曲，竖掌胸前，掌心外翻，中指和拇指轻捻柳枝。大势至菩萨居右侧，顶戴净瓶，装束与观音菩萨相同，双手捧莲花于胸前。

山门殿二楼为方丈室，面阔五间，进深二进，南面临街开窗，北面中部开一门二窗。门前有檐廊，平柱二楹。檐廊东头为钟楼，坐东朝西，平面呈正方形。四角攒尖顶，上竖正方体顶刹，飞檐挑角。楼体南倚方丈室，西向开门，东面和北面开窗。楼内悬挂青铜大钟一口，高约一点六米，口径约一点二米。蒲牢钟钮，八波形钟口，正面和背面波谷上方各铸钟月一枚，其余波谷上方铸六字真言各一字。钟肩伏莲一周，十八瓣。钟腹上部正面横排“金粟庵”三字，落款“赵朴初”。左侧面及背面竖排《金粟庵记》云：“金粟庵乃瓦官寺遗存，与顾恺之画维摩诘图有关，杜甫句‘金粟虎头影’即指此。陈隋时，智者大师驻锡，九旬妙谈，始开法华题义。后凡八年，释宗演教，旋赴天台，后世尊瓦官寺为天台宗祖源。沧桑巨变，至今存痕迹而已。全真上人潜心法华，孤守古庵四十余年，幸因缘兴会，龙天护法，四众支持，日本同道吉田慈敬鼎助，四间小屋修葺。又倡铸大钟，记其兴衰，或期来者，匡复瓦官寺，并祷世界和平国泰民安，法界有情咸得利益。刘大任恭记。”右侧面竖排“监制　住持全乘”六字和功德芳名。钟腹下部正面刻维摩诘法像，摹自敦煌壁画，分行竖排落款“维摩法像　佛历二五三八年　王长华敬写”；左右侧面和背面功德芳名。钟腹下边回字纹一周。檐廊西头为鼓楼，与钟楼形制相同，位置对称，楼内置法鼓一面。

弥勒殿之后为跨院，跨院北边登九级石阶至玉佛殿。玉佛殿本为大雄宝殿旧址，大殿20世纪50年代拆毁，80年代盖建厂房。2006年9月19日，缅甸国师赠送金粟庵一尊释迦牟尼佛玉雕像，因此殊缘，厂房拆除，新建玉佛殿，供奉玉佛。玉佛殿为重檐歇山式仿古建筑，正脊由圆瓦垒砌四层透空铜钱形状铺排而成，南面嵌“国泰民安”四块砖刻。“国泰”二字之间嵌有四方形如意砖雕，“民安”二字之间嵌有四方形智慧剑砖雕。正脊正中竖葫芦形宝顶，螭首鸱吻。垂脊和戗脊各由圆瓦垒砌二层透空铜钱形状铺排而成，垂脊末端立法像雕塑，戗脊末端为六牙象首与龙首叠加造型，象上龙下，檐角无蹲兽。南面上檐横梁中部悬挂“玉佛殿”木匾，蓝底金字，手体阴刻，落款“庚寅年秋　全乘”，匾面四边雕金色九龙和祥云图案。玉佛殿面阔五间，进深五进，南面中部开木门三扇，两边开月窗各一扇。殿中佛坛上供奉缅甸国师所赠玉雕释迦牟尼佛成道像，释迦佛身着右袒肩袈裟，胸嵌万字符，结跏趺坐于莲台上。左掌横置腹前，掌心向上，右手覆于右腿前面，五指向地，作降魔印。佛像高约三米，重约五吨，由整块缅甸白玉雕琢而成。佛像身后有大背光，光焰中浮雕金龙和五彩

金粟庵玉佛

祥云,迦叶、阿难汉白玉像侍立两胁。坛联二副,其一云:“佛现玉身八部天龙常护卫,庵辉金粟十方信众共皈依。”栖霞寺住持隆相书。其二云:“法界涌祥云福地庄严契妙谛,海邦敷慧雨佛天欢喜见真如。”金山江天禅寺住持僧书。佛坛背面供奉汉白玉滴水观音像,顶戴阿弥陀佛,身着天衣,腰系罗裙,胸饰璎珞,赤足立于鳌背。右手横置腹前,掌心向下,食指和中指略弯曲,与拇指靠近,作说法印,左手持净瓶,置于右手背上方,掌心朝上,瓶口向前下方倾斜,作洒水状,善财童子和龙女玉雕像分立两胁。观音身后壁面,书《般若波罗蜜多心经》全文,蓝底金字,行体阴刻。殿内东北角雕花木龛内供奉汉白玉文殊菩萨左舒坐狮座像,左臂上曲,竖掌胸前,掌心外翻,中指下弯,触于拇指,作说法印;右手仰置右腿上面,掌心托如意下端,如意上端倚靠右肩胛。殿内西北角雕花木龛内供奉汉白玉普贤菩萨右舒坐象座像,左手作说法印,右手托金莲花于胸前。殿内西庑山墙面垒叠铺排木制小佛龛二百四十个,每龛内供奉佛坐像一尊;东庑山墙前,木制书柜一排五座,内贮佛教书籍。

玉佛殿下方为地藏殿,殿宇一半在地表之上,一半在地表之下,南面开殿门二扇。殿内供奉漆金泥塑地藏菩萨像一尊,头戴毗卢冠,身着法衣,结跏趺坐于莲台上,右掌压左掌置于腹前,掌心朝上,两拇指相触,掌心托摩尼珠。又有漆金填红泥塑地藏菩萨像一尊,头戴毗卢冠,身着天衣,结跏趺坐于三层仰莲台上。左掌横置于腹前,掌心向上,托摩尼珠,右手握锡杖中部,杖尾着于莲台上面,杖头向右上方倾斜。

跨院东边院墙,开拱形院门一扇,额曰“虎头余绪”,门联云“恺之画图时,文殊问疾病处”,全乘题写。门外临五福街,街边置矩形铁香炉一座,卷棚顶,顶上正中位置竖宝珠一枚,前后坡面各饰卷草一株。平檐短角,回字格挂落,卷草造型檐角。檐柱四根,对角立于炉口上截面,支撑檐顶,檐柱表面铸云龙遨游图案。炉口外立面回字纹一周。炉腹正面横排“金粟古寺”四字,魏体阳文,左边分行竖排上款“公元二零一

五年　佛历二五九九年”，右边分行竖排下款“住持释全乘　监院释隆禧”。炉腹左右侧面如意柄形炉耳一对，表面回字纹。狮首形炉脚四只，相邻炉脚之间有挡护板，板面中部莲花一朵，档护板底边饰卷草纹和回字纹。

鹫峰禅寺

鹫峰禅寺

在旧都城南青溪旁，天界寺东北五里，今秦淮区长白街一号白鹭洲公园东北角。其地东晋建东府城，梁陈时期为江总宅，唐乾元年间(758—760)刺史颜真卿凿放生池，东接清溪，北通运渎，宋淳熙年间(1174—1189)待制史正志建阁池上。明天顺五年(1461)，宦官进祖定即地建寺，英宗朱祁镇赐鹫峰禅寺额。邹乾《鹫峰寺碑记》略云：“都城秦淮之南，有地曰青溪，旧有法光禅寺，建自梁武帝天监年。历唐宋以来，岁久废毁，遗址犹存。国朝天顺间，进公保开拓旧址，重新构造佛殿三间，翼然严正，檐牙栋宇，远近相望。殿之前四天王殿，殿之后有毗卢阁。左庑之半建观音殿，簇以画廊二十余间，右庑之半建藏经殿，亦簇以画廊二十余间，俱彩绘其壁。东廊之前为钟楼，西廊之前为鼓楼，树以碑铭。又于正殿之东，辟地数亩，建佛堂、方丈，以为讲经之所。饭僧有堂，庖湢有所，栖僧有寮，退居有舍。池塘绕其后，金城抱其左，岁戊子工克告成，特赐鹫峰禅寺。”天界寺所统中刹，据《金陵梵刹志》记载，金刚殿三楹，钟楼一座，鼓楼一座，天王殿三楹，伽蓝殿三楹，祖师殿三楹，正佛殿三楹，观音殿三楹，轮藏殿三楹，毗卢阁三楹，回廊三十三楹，僧院九房，禅院二十四楹。基址十亩，东至官路，西至民家房，南至官路，北至高墙厂。租房一十六间，地五亩七分五厘。清代以来香火阙如，金碧剥落，乾隆末年(1795)僧达宗修葺，营建毗卢阁上下五楹。《白下琐言》卷二云：“达宗，湖南湘潭人，年十八出家。乾隆末，至金陵。鹫峰寺久经颓圮，达宗欣然乐处，以兴复为己任，十余年间，规模具备，殿阁一新。”道光十五年(1835)乡人甘静斋、冯君耀捐资重建大殿，台基围以石栏，太仆蔡友石撰记，学使祁春浦书碑。民国时期遇火，殿堂焚毁大半。20世纪50年代初，有僧一人，房屋两进十三间。“文化大革命”期间僧侣被迫还俗，房屋改作南京第五毛纺厂职工宿舍，佛教设施悉数摧毁，仅存断首石趺一只。1993年复为寺院，1999年修毗卢宝殿，2004年新建大雄宝殿、天王殿，配置厨庑僧寮，2017年春重建毗卢宝殿。

现今鹫峰寺为两进四合院，坐北朝南，中轴线上依次为天王殿、毗卢宝殿、大雄宝殿，两翼有钟楼、鼓楼、观音殿、地藏殿、祖堂、客堂、僧寮、法物流通处等。天王殿单檐歇山顶，正脊由小圆瓦垒砌二层透空圆形铺排而成，二层空心圆之间，夹带平铺石砖一层。正脊南面嵌“国泰民安”四块砖刻，螭首鸱吻，背负宝剑。垂脊由圆瓦垒砌四层波浪铺排而成，末端有角兽，戗脊立角兽。宽檐挑角，各檐角蹲兽三只、仙人一尊。殿宇面阔三间，进深二进，南面开拱形殿门三扇，两边接八字护墙。中门上额悬挂“鹫峰禅寺”木质竖匾，蓝底金字，行书阴刻，上款“一九九九年春”，下款“茗山”，匾面四边刻金龙祥云。门前抱鼓石一对，石狮一对。殿门外东侧石碑一块，分行凿刻“南京市文物保护单位　白鹭洲鹫峰寺　南京市人民政府　一九八二年八月十三日公布　南京市人民政府立”等字。殿中琉璃龛内供奉漆金填红泥塑大肚弥勒菩萨右舒坐莲台像，双耳垂肩，笑容可掬，大腹便便。左腿单盘，左手覆于左膝上面，掌心向下，五指内曲；右腿向上弯曲，脚掌置莲台上面，右手持念珠扣于右膝，身后有顶圆光。殿内两庑分列彩绘泥塑四大天王坐像。殿宇北面开一门二窗。

天王殿后有天井，东厢房为悬山顶二层楼，上下层各面阔三间，进深一进，西面有檐廊。东厢房北接钟楼，攒尖顶，四角飞檐，平面呈正方形。钟楼南面和北面各开门一扇，东面和西面各开方格木窗下接半截砖墙。西面檐下悬挂“钟楼”木匾，白底黑字，行体阴刻。楼上置大钟，楼下为法物流通处和祖堂。西厢房规制与东厢房相同，位置对称。西厢房北接鼓楼，形制同于钟楼，位置对称，东面檐下悬挂“鼓楼”木匾，白底黑字，行体阴刻。楼上置法鼓，楼下为客堂和法事接洽处。

天井北边毗卢宝殿，清代建，一九九九年修，南京市级保护文物。硬山顶，正脊由圆瓦砌为透空椭圆形铺排而成。面阔三间，进深三进，南面开木门三扇，中门上额悬挂“毗卢宝殿”木匾，黑底金字，行体阴刻。殿中佛坛上供奉漆金填红毗卢遮那佛像，头戴五智宝冠，身着通肩袈裟，结跏趺坐于莲台上。二拳收于胸前，左拳入右拳内，拳心向下，拳眼向内，二拇指并竖，二食指尖相依，作最上菩提印。2017年春毗卢宝殿拆除重建，今时尚未竣工。毗卢宝殿东山墙和西山墙外面各接月门一扇，与两翼厢房相连。东月门额曰“通幽”，门联云：“净地何须扫，空门不用关。”西月门额曰“入胜”，门联云：“归元无一路，方便有多门。”

毗卢宝殿后有庭院，东厢房为悬山顶二层楼房，上下层各面阔七间，进深一进，西面有檐廊，圆柱体平柱各六楹，各角柱一楹，嵌入厢房外伸山墙体内。楼下南首三间观音殿，北边四间为辅助用房。观音殿面阔三间，进深一进，西面开殿门一扇，殿门左右窗户各一扇。门额悬挂“观音殿”木匾，黑底金字，楷体阴刻。殿中供奉滴水观音铜像一尊，高约二米。观音菩萨顶戴阿弥陀佛坐像，身着天衣，腰系罗裙，赤足立于莲台上。右手握净瓶于腹前，手心向左，瓶口向下，作洒水状，左臂上曲，竖掌胸前，掌心外翻，中指下曲，与拇指相触，其余三指指尖向上，作说法印。殿内东、南、北三面墙壁小龛二百余座，每龛内供奉净瓶观音跏趺坐莲台白玉像一尊。两庑山墙前又有棕色滴水观音像各一尊，高约一米，身着天衣，腰系罗裙，胸挂璎珞，赤足立于莲台上。左手持净瓶置于腹前，掌心朝上，瓶口向左下方倾斜，作洒水状，右臂上曲，竖掌胸前，中指和无名指下曲，其余三指上竖，作说法印。楼上南边数间，额曰“春霞楼”，北边数间僧寮。西厢房与东厢房形制相同，位置对称。楼下南首三间为地藏殿，北边四间为辅助用房。地藏殿面阔三间，进深一进，东面中间开殿门一扇，殿门左右窗户各一扇。门额悬挂“地藏殿”木匾，黑底金字，行体阴刻。殿中供奉漆金填红泥塑地藏菩萨像，头戴毗卢冠，身着法衣，赤足立于莲台上。左手托摩尼珠置于腹前，右手握锡杖，杖尾着地。楼上有屋七间，中屋额曰“谷茂地”。

鹫峰禅寺宝鼎

庭院中部置六角七级铁宝鼎一座，攒尖顶，上竖宝瓶刹。平檐短角，龙形蹲兽，口衔风铃。鼎口上沿回字纹一周，外立面莲花八朵。鼎颈正面和背面各作法轮三只，中间法轮的两侧各缀卷草一束；两旁法轮的外侧各缀卷草一束，卷草外侧各有莲花一朵。鼎颈左右侧面如意柄形鼎耳一对，表面回字纹。鼎腹上边伏莲一周，下边嵌半球体一周四十八枚，球径约二厘米。鼎腹正面横排隶体“鹫峰禅寺”四字，左侧分行竖排上款“佛历二五四九年　公元二〇〇五年”，右侧分行竖排下款“方丈　上全下乘大和尚　监院　隆悦　隆雨　知客　隆净”。鼎腹左右侧面和背面功德芳名。狮首形鼎脚三只。庭院东南角和西南角有矩形铜香炉一对，形制相同，位置对称。卷棚顶，上竖宝珠一枚，前后坡面各作卷叶纹一株。平檐短角，檐角作卷草形，回字格挂落。檐柱四根，对角立于炉口上截面，支撑檐顶。炉口外立面回字纹一周。炉腹正面横排“鹫峰禅寺”四字，行体阳文，左侧分行竖排上款“佛历二五六零年　住持　隆悦”，右侧下款分行竖排“茗山　农历丙申年秋月铸”。炉腹背面功德芳名。炉腹左右侧面如意柄形炉耳一对，表面回字纹，中间嵌“福”字一枚。狮首形炉脚四只，相邻炉脚之间有挡护板，板面中部莲花一朵，底边有卷草纹和回字纹。

庭院北边铺砌面对式石墀转背靠式石墀，台阶二十二级，台阶两边有石雕扶栏。石墀之上为平台，四周围以石雕护栏，南面护栏与石墀扶栏相接。大雄宝殿在平台中部，坐北朝南，1999年建。重檐歇山顶仿古建筑，正脊中部用方砖砌为梯形，两侧由圆瓦作透空蝙蝠造型铺排成倒梯形；南面嵌“法轮常转”四块砖刻，间以四叶草砖雕三块，螭首鸱吻。垂脊和戗脊各由圆瓦作透空蝙蝠形铺排而成，垂脊末端立瓷塑法像，戗脊有角兽，各檐角蹲兽四只、仙人一尊。南面横梁中部悬挂“大雄宝殿”木匾，蓝底金字，行体阳文，落款“赵朴初”，匾额四边刻六条金龙和祥云。大殿面阔五间，进深五进，南面开殿门三扇，殿门左右开各一扇月窗，窗内嵌法轮一只。北面开门一扇。南面有檐廊，圆柱体平柱四楹，二角柱各一楹。殿中佛坛上供奉漆金填红三宝佛像，诸佛身着通肩袈裟，胸嵌万字符，赤足立于三层仰莲台上，身后各有举身光，船形光焰中镂九条金龙。释迦牟尼佛布施像居中，左臂下垂，掌心外翻，手指向地，作与愿印；右臂上曲，竖掌胸前，掌心外翻，五指向上，作无畏印。药师佛居于左侧，右手托五级宝塔于胸前，左手作与愿印。阿弥陀佛居于右侧，左手托金莲台于胸前，右手作与愿印。佛坛两边千佛塔一对。佛坛背面供奉漆金填红海岛观音像，观音菩萨顶戴阿弥陀佛，身着天衣，腰系罗裙，胸饰璎珞，赤足立于鳌头。左手握净瓶置于腹前，掌心朝上，瓶口前倾，作洒水状，右臂上曲，竖掌胸前，掌心外翻，五指向上，作无畏印。大殿东北角琉璃龛内供奉漆金泥塑文殊菩萨左舒坐青狮座像，右腿单盘于狮背上面，左腿垂置，脚踏莲花。右掌托一柄如意置于腹前，左臂上曲，竖掌胸前，掌心向外，食指和无名指弯曲，其余三只向上伸展，作说法印。大殿西北角琉璃龛内供奉漆金泥塑普贤菩萨右舒坐白象座像，左腿单盘于象背上面，右腿垂置，脚踏莲花。左掌托青莲花一株置于腹前，右臂上曲，竖掌胸前，掌心外翻，食指和无名指下曲，作说法印。两庑山墙悬挂十六罗汉画像。石墀平台之下有石屋，南面开门一扇，门联二副，其一云：“秦淮问舟空色相，鹫峰试茶悟禅机。”其二云：“全心兴建古道场,乘愿化导诸有情。”

妙觉庵

在旧南京洪武路一五二号,清顺治年间(1644—1661)始建,20世纪50年代初,有尼三人,房十间。80年代城区改造,迁至洪武路西侧,今秦淮区程阁老巷十四号居民住宅楼内。

妙觉庵

庵堂坐北朝南,面阔一间,进深三进,面积约二百平方米。南面开门一扇,门额悬挂“妙觉庵”木匾,红底金字,行体阴刻,上款“己卯仲秋”,下款“真慈书”。门联云:“妙不可言学道当知心是佛,觉不思议修行应以戒为师。”门前石狮子一对,右雄左雌。又有石幢一座,汉白玉材质,高约一点五米。石幢顶部为鼓形,高约二十厘米,宽径约三十厘米,外立面雕仰莲二层。石幢中部为七面方柱体,每面分别凿刻“南无阿弥陀如来”“南无多宝如来”“南无宝胜如来”“南无妙色身如来”“南无广博身如来”“南无离怖畏如来”“南无甘露王如来”佛号。石幢底部伏莲二层,下有四方形底座,边长约四十厘米,高约五厘米。

庵堂中供奉漆金填红娑婆三圣像。释迦牟尼佛居中,身着通肩袈裟,结跏趺坐于莲台上。右掌压左掌置于腹前,掌心托宝珠一枚,迦叶、阿难侍立两胁。观音菩萨居左侧,顶戴阿弥陀佛,结跏趺坐于莲台上。双手叠加置于腹前,掌心朝上,托底净瓶,瓶口插柳枝。地藏菩萨居右侧,头戴毗卢冠,身着法衣,结跏趺坐于莲台上。右掌压左掌置于腹前,掌心朝上,托摩尼珠。庵堂两庑悬挂十八罗汉画像。东山墙开门一扇,内设祖堂,面阔一间,进深一进。

水草庵

在旧都城通济门外秦淮河曲折处,地址秦淮区中和桥三十号。明万历年间(1573—1620)创建,为放生接众之所。20世纪40年代末,有坐南朝北殿宇三进,第一进天王殿，第二进大雄宝殿，第三进三圣殿，另有东西厢房，共计十三间，占地面积三亩八分。20世纪80年代城市改造拆迁，徙于秦淮区象房村四号。

现今水草庵硬山顶平房一区，坐北朝南，面阔三间，进深二进，面积约九十平方米。庵堂内供奉佛菩萨像十四尊，其中释迦佛为紫铜像，重一吨，南京晨光机械厂制作捐赠，其余十三尊为漆金填红樟木雕像。庵堂中部琉璃龛内供奉释迦牟尼佛布施像，身着通肩袈裟，胸嵌万字符，结跏趺面南坐于莲台上，身后有顶圆光和大背光，光焰中作金龙祥云。释迦佛右臂上曲，竖掌胸前，指尖朝上，掌心外翻，掌心中印莲花一朵，作无畏印；左手置于左膝上面，掌心向上，指尖朝前，作与愿印；迦叶、阿难侍立两胁。释迦佛左侧供奉弥陀三尊，阿弥陀佛接引像居中，身着通肩袈裟，赤足立于莲台上，左手托金莲台置于腹前，右臂下垂，

水草庵

掌心外翻，指尖向地，作与愿印。观音菩萨、大势至菩萨顶戴宝冠，身着天衣，腰系罗裙，赤足立于莲台上，手持法器，分立于弥陀。释迦佛右侧供奉地藏菩萨兽座像，头戴毗卢冠，身着法衣，结跏趺坐于五层仰莲台上，右掌压左掌置于腹前，掌心托摩尼珠，莲台之下有青色谛听；闵公托钵立于右侧，道明和尚持杖立于左侧。庵堂东山墙前供奉弥勒菩萨游戏坐莲台像，其左侧韦陀像，右侧关公像，次右送子观音像，次右千手观音像。庵堂西山墙前置铁钟一座，高约一米，口径约六十厘米。蒲牢钟钮，八波形钟口，正面波谷上方钟月一枚。钟肩饰伏莲一周十朵，莲下回字纹一周。钟腹正面竖排“水草庵”三字，钟腹左右侧面和背面功德芳名。

庵堂西山墙开门一扇，门外过道长约四十米，东头抵于街边，有庑殿顶山门，门额书“水草庵”三字。过道内置六角二级铁宝鼎一座，攒尖顶，上竖葫芦形宝瓶刹，宝瓶上下球面各作一枚透空铜钱图案。平檐短角，狮首形蹲兽，口衔风铃。鼎口和鼎颈外立面各饰回字纹一周。鼎颈左右如意柄形鼎耳一对，表面回字纹。鼎腹正面横排“水草庵”三字，左侧面分行竖排“释宗慈　释妙莲率二序大众监制”，右侧面功德

芳名，背面横排“万年香火”四字，鼎腹下边波浪纹一周。狮首形鼎脚三只。

瓦官寺

六朝古刹。在旧都城聚宝门内西南隅花盝岗，今秦淮区双塘街道花露北岗十二号。此地本为陶窑，晋哀帝兴宁二年（364），诏移陶官于淮水之北，以窑地施僧慧力造寺建塔，名瓦官寺。太元年间（376—396）塔损于火，敕扬法尚、李绪修复。高僧竺法汰尝驻锡寺内，拓建房宇，另起重门，开讲《放光般若经》，简文帝亲临，公卿毕集。又有寺僧释慧果，善诵《法华》《十地》等经，造《法华经》一部。宋元嘉八年（431），释道瑷造弥勒行像一躯。相传宋世子刘义符造丈六铜佛像，铸像既成，面恨瘦，工人不能治，世子乃迎戴颙看之。戴颙谓像非面瘦，乃臂胛肥耳。既减灭臂胛，瘦患即除。陈太建元年（569），智𫖮抵瓦官寺，开《法华经》题，讲《大智度论》，说《次第禅门》及《六妙门》，奠定天台宗教理基础。其徒法慎私记智𫖮述论，撰为《禅波罗蜜渐次止观》三十卷，故后世尊瓦官寺为天台宗祖庭。唐大历初年（766），释澄观于瓦官寺传《涅槃起信论》。晚唐李德裕镇江南，闻瓦官寺僧释守亮善《周易》，遂命置讲座于府，将校以下皆入听讲。杨吴顺义年间（921—927）改瓦官寺为吴兴寺，南唐升元二年（938）再改为升元寺，宋太平兴国五年（980）更名崇胜戒坛院。

明初寺废，半为徐魏公族园，半入骁骑卫仓。嘉靖年间（1522—1566），徐园旁积庆庵改建，托名瓦官寺，实非旧址。以其地在花盝岗下故，俗称下瓦官寺。汪道昆《下瓦官寺碑》云：“魏国公自署曰古瓦官寺，以殿宇则衡三达，纵三重，前殿主瞿昙，左右《华严钞》十四部；中主无量寿，衡为九品莲台；后主毗卢，左右《华严经》二十四椟。前重门，后方丈，左止观堂，次斋堂，右净业堂，次庖湢客寮，园林箢库，莫不庄严。”天界寺所统中刹，山门一楹，二门三

瓦官寺五方佛殿

楹，佛殿三楹，大佛殿三楹，藏经楼三楹，禅堂三楹，僧院一房。基址十亩，东至上瓦官寺，南至齐府园，西至城墙，北至万竹园。

花盝岗上有旧庵，庵内老桂一株，故名丛桂庵，前瞰江面，后据崇冈，与古瓦官寺地理吻合。明万历十九年(1591)，僧圆梓募缘扩地，大建刹宇，改庵名曰瓦官寺，俗称上瓦官寺，焦竑更名凤游寺。天界寺所统中刹，金刚殿三楹，天王殿三楹，大佛殿三楹，藏经阁三楹，观音殿三楹，禅堂六楹，僧院一房。基址四十亩，东至民房，南至吴家地，西至官街，北至官街。清咸丰年间(1851—1861)，上瓦官寺和下瓦官寺皆毁于战火。乱后复建，规模缩小。1951年下瓦官寺改为民办小学，1958年拆毁。20世纪50年代初，上瓦官寺有僧一人，菜地十九亩，1964年殿宇改作南京市第四十三中学校舍，后更名文枢中学，使用至今。

瓦官寺旧有瓦官阁，梁代建造，高二百四十八尺，岁月深久，倾斜西南，唐开元九年(721)因风自正。杨吴顺义年间(921—927)改名吴兴阁，南唐升元初年(937)改名升元阁。宋开宝年间(968—976)江南兵火，士大夫暨豪民富商之家美女少妇迨数千人避难阁上，越兵举火焚之，一旦而烬。太平兴国年间(976—984)寺起卢舍那佛阁，高七丈，里俗讹呼升元阁，元代毁于火。东晋义熙年间(405—418)，狮子国献玉佛像，高二尺四寸，玉色洁润，形制殊绝，又有戴安道用干漆夹苎法所塑五方佛像，以及顾长康所画维摩居士像，并称三绝。明代重建瓦官寺，神宗皇帝御书五字额，陈皇后施藏经绣幡，米贵人手书《法华经》，时人亦称三绝。

2003年，经南京市人民政府有关部门批准，在文枢中学东侧，以南京绝缘材料厂址重建瓦官寺，南京市佛教协会礼请真慈大和尚住持，净全法师管理。其地在上瓦官寺遗址内，旧为妙相庵，后改名妙悟庵，清同治、光绪年间明禅师重建，三进十八间，更名妙悟律院。20世纪50年代初，有僧四人，房二十八间。1959年由南京市房管局代管，出租给南京绝缘材料厂，2003年7月工厂迁出。

新瓦官寺为两进院落，整体布局坐北朝南，主要建筑有弥勒殿、念佛堂、五方佛殿、斋堂、玉佛殿，智者大师纪念堂等。弥勒殿为硬山顶平房，坐北朝南，面阔三间，进深三进。南面中间开拱形殿门一扇，门额嵌“古瓦官寺”石匾，汉白玉材质，金字阳文，住持真慈题写，石匾四边阴刻回字纹。殿宇北面中间开门一扇，两边开方格木窗各一扇。殿中木龛内供奉漆金填红弥勒菩萨游戏坐莲台像，身后有顶圆光，光焰中镂二条金龙。两庑山墙前排列木质橱柜，摆放佛教书籍。

弥勒殿西边连接硬山顶二层楼房一座，上下层各面阔五间，进深二进，南面砖墙，北面开设门窗。楼下念佛堂，中间开门一扇，两边开窗各二扇。堂内南墙前供奉黑玉石弥勒菩萨游戏坐莲台像，塑像上方悬挂“皆大欢喜”木匾，红底金字，行草阳文。东山墙前木龛内供奉漆金填红观音菩萨舒坐莲台像一尊，右膝向上曲起，脚掌置莲台上面，右手掌覆于膝盖上，掌心向下，指尖向前；左腿垂置于莲台前面，脚掌着地，左手覆按于左胯上方。西山墙前供奉漆金彩绘弥陀三尊像，身后有船形金色举身光，光晕里镂空金莲花和卷草。阿弥陀佛接引像居中，身着右袒肩袈裟，胸嵌万字符，赤足立于莲台上。右手托金莲花置于胸前，左臂垂直，掌心向外，指尖向地，作与愿印。观音菩萨立于左侧，顶戴阿弥陀佛，身着天衣，腰束罗裙，佩饰璎珞，赤足立于莲台上。左手持净瓶于腹前，瓶口向左下方倾斜，作洒水状，右臂上曲，竖掌胸前，掌心向外，手捻柳枝。大势至菩萨立于右侧，顶戴净瓶，装束与观音菩萨类似，赤足立于莲台，双手右下左上，抱一枝莲花于胸前。楼上为辅助用房，北面有外挑檐廊，四方体平柱四楹，二角柱各一楹，外边立护栏，回字格挂落。

弥勒殿后为跨院，跨院北边五方佛殿，硬山顶平房，面阔三间，进深四进，南面和北面各开一门二窗。南面门额悬挂“五方佛殿”木匾，黑底金字，行体阴文，匾额四边刻金色回字纹。殿中五边形佛坛上供奉漆金樟木五方佛雕像，毗卢遮那佛居中，依次为东方阿閦佛，南方宝生佛，西方阿弥陀佛，北方不空成就佛。诸佛身着通肩袈裟，胸嵌万字符，结跏趺坐于莲台上，各作手印。殿内北面有影壁，影壁上方悬挂“佛光普照”木匾，红底金字，行体阴刻，匾沿浅刻金色回字纹。影壁前琉璃佛龛内，供奉漆金填红释迦牟尼佛禅定像。释迦佛身着通肩袈裟，胸嵌万字符，结跏趺坐于莲台上，右掌压左掌置于腹前，掌心朝上，两手拇指相触，作禅定印。龛联云：“历千余年古瓦官欣逢盛世今重现，经九旬日谈妙法冀此殊缘祈再来。”影壁背面供奉漆金填红地藏菩萨莲台像，头戴毗卢冠，身着法衣，结跏趺坐于莲台上，双掌托摩尼珠置于腹前，闵公、道明和尚侍立左右。殿内西南角法鼓一面，鼓面上下左右书“正法久住”各一字。东南角紫铜大钟一座，高约一点八米，口径约一点五米，蒲牢钟钮，钟顶表面嵌半球体，仿佛髻造型。钟腹正面竖排“古瓦官寺”四字，手体阳文。下方钟月一枚，月面作八瓣莲花造型。钟腹

瓦官寺五方佛像

左右侧面和背面刻铭文,落款"癸未仲夏　真慈"。平圆钟口,底边卷草一周。殿内东北角供奉漆金文殊菩萨左舒坐狮座像,手捧莲花;西北角供奉漆金普贤菩萨右舒坐象座像,手捧如意。

五方佛殿西边连接硬山顶三层楼房一座,坐北朝南。一楼为斋堂,面阔三间,进深二进,南面开一门二窗。堂中佛龛内供奉素瓷描金释迦牟尼佛成道像,身着右袒肩袈裟,结跏趺坐于莲台上,左手平置于腹前,掌心朝上,指尖向右,右手覆于右膝前面,手指触地,作降魔印。佛龛前立弥陀三尊金身像,阿弥陀佛接引像居中,观音菩萨手持净瓶立于左侧,大势至菩萨手捧莲花立于右侧。楼上为辅助用房。

五方佛殿后有庭院,院中置六角九级铁宝鼎一座。攒尖顶,上竖葫芦刹。平檐翘角,檐角龙形蹲兽,口衔风铃。鼎口外立面上边回字纹一周,下边莲花一周十朵。鼎颈正面和背面各铸法轮三只,中间法轮两侧缀卷草各一束;两边法轮外侧缀卷草各一束,卷草外侧各有莲花一朵。鼎颈左右侧面如意柄形鼎耳一对,表面回字纹。鼎腹上边伏莲一周,下边嵌半球体一周四十八枚,球径约二厘米。鼎腹正面横排"古瓦官寺"四字,左侧分行竖排上款"佛历二五五零年　公元二零零六年",右侧竖排下款"住持　净全"。鼎腹背面横排篆体"万年宝鼎"四字。鼎腹左侧面有铭文云:"古瓦官寺始建于东晋兴宁二年,原为官府管理陶业之处,寺因此得名,开山为慧力法师。晋咸安年间,法汰法师在瓦官寺讲《放光般若经》,朝野感动,寺得以扩建。南朝宋元嘉十六年,时有异鸟三只,飞集瓦官寺,朝廷认为是凤凰栖息之瑞相,乃置凤凰台,山称凤台山。梁时,增造诸殿堂,并建瓦官阁。五代南唐升元年中,瓦官寺更名为升元寺,阁也称为升元阁。保宁年间,寺阁毁于北宋南下兵火。太平兴国五年复建为崇胜戒坛院,筑卢舍那佛阁。明代,寺已荒废,万历十九年,僧圆梓募赎台地,建梵刹,遂称平地为下瓦官寺,山上为上瓦官寺。明代学者焦竑改上瓦官寺为凤游寺。清咸丰年间,上下瓦官寺均毁于兵火,同治年间,得以修葺,在上瓦官

瓦官寺宝鼎

寺基址上，还修建了妙悟庵。2003年7月，落实宗教政策，在妙悟庵原址上复建古瓦官寺。”狮首形鼎脚三只。院中又有矩形铁香炉一座，庑殿顶，正脊由三层透空菱形铺排而成，中部竖葫芦形宝瓶顶，螭首鸱吻。平檐短角，龙形蹲兽，口衔风铃，回字格挂落。蟠龙檐柱八根，均分二排立于炉口前面和后面的上截面，支撑檐顶。龙首位于蟠龙柱中部，凸出柱表，龙体沿柱表上下展开。炉颈正面和背面各铸莲花五朵，左右侧面如意柄形炉耳一对，表面回字纹。炉腹正面和背面各横排隶体“瓦官寺”三字，上款“佛历二五四七年　公元二〇〇三年”，下款“住持　释真慈　监院　释净全”。狮首形炉脚四只。

庭院北边硬山顶二楼。一楼东首为玉佛殿，面阔三间，进深三进。南面中间开门一扇，两边开窗各一扇。门额悬挂“玉佛殿”木匾，黑底金字，行体阴刻，匾沿刻金色回字纹。殿中佛龛内供奉云南省佛教界赠送的缅甸玉雕卧佛像一尊，楹联云：“是法无边结欢喜因缘普遍大千世界，为善即佛现庄严色相重兴第一名刹。”玉佛殿西侧为智者大师纪念堂，面阔三间，进深三进，南面中间开门一扇，两边开窗各一扇。门额悬挂“智者大师纪念堂”木匾，黑底金字，行书阴文，匾额四边金色回字纹饰。堂内供奉天台宗祖师智者大师金身像。楼上为辅助用房。

建初寺

六朝古刹。在古宫城南七里，秣陵县南二百步。吴赤乌十年(247)孙权为康僧会建造，晋成帝咸和年间(326—334)毁于苏峻之乱，司空何充重建。《高僧传》卷一《魏吴建业建初寺康僧会传》云：“康僧会，其先康居人，世居天竺，其父因商贾，移于交趾。会年十余岁，二亲并终，至孝服毕出家。励行甚峻，为人弘雅有识量，笃至好学，明解三藏，博览六经，天文图纬多所综涉，辩于枢机，颇属文翰。时吴地初染大法，风化未全，僧会欲使道振江左兴立图寺，乃杖锡东游，以吴赤乌十年

建初寺天王殿

初达建邺，营立茅茨，设像行道。有司奏曰：‘有胡人入境，自称沙门，容服非恒，事应检察。’权曰：‘昔汉明帝梦神号称为佛，彼之所事岂非其遗风耶。’即召会诘问有何灵验，会曰：‘如来迁迹忽逾千载，遗骨舍利神曜无方。昔阿育王起塔乃八万四千，夫塔寺之兴以表遗化也。’权以为夸诞，乃谓会曰：‘若能得舍利当为造塔，如其虚妄，国有常刑。’会请期七日，乃谓其属曰“‘法之兴废在此一举，今不至诚后将何及。’乃共洁斋静室，以铜瓶加凡烧香礼请。七日期毕，寂然无应，求申二七，亦复如之。权曰：‘此寔欺诳，将欲加罪。’会更请三七，权又特听。会谓法属曰：‘宣尼有言曰，文王既没文不在兹乎。法灵应降而吾等无感，何假王宪，当以誓死为期耳。’三七日暮犹无所见，莫不震惧。既入五更，忽闻瓶中枪然有声。会自往视，果获舍利。明旦呈权，举朝集观，五色光炎照耀瓶上。权自手执瓶泻于铜盘，舍利所冲盘即破碎。权大肃然，惊起而曰：‘希有之瑞也。’会进而言曰：‘舍利威神，岂直光相而已，乃劫烧之火不能焚，金刚之杵不能碎。’权命令试之，会更誓曰：‘法云方被，苍生仰泽，愿更垂神迹以广示威灵。’乃置舍利于铁砧碓上，使力者击之。于是砧碓俱陷，舍利无损。权大叹服，即为建塔，以始有佛寺，故号建初寺，因名其地为佛陀里，由是江左大法遂兴。至晋成咸和中苏峻作乱，焚会所建塔，司空何充复更修造。”

对于建初寺址，有多种说法。一说在古秦淮河南岸凤凰台，今秦淮区集庆路南侧花露岗一带，宋代《景定建康志》、元代《至正金陵新志》、清代《南朝佛寺志》《南朝佛寺考》、民国《首都志》皆用此说。一说在旧都城聚宝门南一里聚宝山，今秦淮区中华门外雨花路东侧晨光机械厂一带，为明代大报恩寺前身，明代《南畿志》《应天府志》《金陵梵刹志》皆用此说。《金陵梵刹志》卷三一云：“聚宝山报恩寺，离聚宝门一里许，即古长干里。吴赤乌间，康僧会致舍利，吴大帝神其事，置建初寺及阿育王塔，实江南塔寺之始。晋太康间复建长干寺。永乐十年敕工部重建，梵宇皆准大内式，中造九级琉璃塔，赐额大报恩寺。”一说在今秦淮区建邺路南侧绒庄街与评事街之间。一说在今秦淮区中华路与长乐路交界处附近。诚由年代久远，遗迹无考。2013年，南京市佛教协会提议，经江苏省宗教事务局批准，在秦淮区正学路一号重建建初寺。其地位于明代大报恩寺遗址内，为大报恩寺三藏殿所在地。宋端拱元年(988)，僧可政于长安终南山紫阁寺得玄奘顶骨归葬金陵，名三藏塔院。元至顺年间(1330—1333)重建，明代并入大报恩寺，顾起元《客座赘语》云：“余尝至大报恩寺，登三藏殿，后阶有小塔，云是唐玄奘葬处。”即此。

新建初寺坐东朝西，四合院结构，前天王殿，后大雄宝殿，两侧厢房。天王殿为悬山顶仿古建筑，正脊中部用青砖垒砌，正面和背面铺贴二龙戏珠砖雕。砖雕两侧用三层小圆瓦垒砌为透空圆形和蝙蝠形，其外侧又用青砖铺砌，螭首鸱吻。垂脊末端立蹲狮砖雕。殿宇面阔五间，进深二进，西面中间开拱形殿门一扇，门额嵌“建初寺”石匾，蓝底金字，手体阳文，落款“传印”。殿门两旁开月窗各一扇，内嵌透空游龙祥云浮雕，外饰卷草、莲花一周。门前抱鼓石一对，面凿三狮戏球图案，周边刻如意祥云。门前阶基高约四十厘米，踏道水泥台阶三级。殿中石雕须弥座上置雕花木龛，供奉大肚弥勒佛游戏坐金身像，身后有顶圆光，光焰中镂金龙腾云图案。两庑山墙前分列彩绘四大天王坐像。天王殿东面中部开殿门三扇，两边开方格窗各一扇。门前有檐廊，平柱四楹，二角柱各一楹。

天王殿后为庭院，院中置六角一级铜宝鼎一座，攒尖顶，上竖金色宝珠刹，仰莲刹座。平檐短角，内作斗拱。各檐角作如意祥云一朵，角下悬挂风铃。圆柱体檐柱六根，等距离立于鼎口上截面，支撑斗拱。鼎口外立面回字纹一周。鼎腹上边伏莲一周，共三十瓣，内作如意图案。鼎腹正面横排手体阳文“建初寺”三字，背面分行竖排“住持大初　监院果愿　功德主般若学人　佛历二五五九年　公元二〇一五年”等字，左右侧面如意柄形鼎耳一对，表面回字纹。狮首形鼎脚三只。宝鼎下有底座，高约二十厘米，竖立面由三朵祥云造型围合而成。底座上平面正中位置铸半球体一枚，球径约十五厘米。半球体周围雕数十枚铜钱图案，每枚铜钱内又雕五瓣梅花一朵。庭院南边厢房一区，土建竣工，装修未启。面阔五间，进深二进，北面中间开门一扇，两边开窗各二扇。主梁下面题写“佛历二五六〇年岁次丙申桂月谷旦　住持大初率两序大众同建”等字。门外有檐廊，平柱五楹，二角柱各一楹。厢房西边接耳房，面阔一间，进深二进。耳房西山墙外挑短墙，与天王殿南山墙连接，墙面开便门一扇。厢房阶基高约六十厘米，北侧踏道石阶四级。庭院北边亦有新建厢房一区，形制与南厢房相同，位置对称，主梁下面题写“佛历二五六一年岁次丁酉蒲月谷旦住持大初率两序大众同建”等字。北厢房西边亦有耳房，面阔一间，

建初寺

进深二进，其西山墙外挑短墙，与天王殿北山墙相接，墙面开便门一扇。

建初寺释迦牟尼佛像

庭院东边大雄宝殿，悬山顶仿古建筑，正脊由六层小圆瓦垒砌二层透空蝙蝠形和圆形铺排而成，西面嵌“佛光普照”四块砖刻，正脊正中位置嵌云龙喷水圆形砖雕一块，螭首鸱吻。垂脊中部和两端为砖砌，表面有砖雕，其余部分由二层小圆瓦垒砌为透空蝙蝠形和圆形铺排而成。垂脊末端立砖雕法像。殿宇面阔五间，进深四进，西面中部开殿门三扇，两边开窗各一扇。中门上额悬挂“大雄宝殿”木匾，金底黑字，行体阴刻，落款“林森”，匾额四边饰斜体回字纹。门前有檐廊，平柱四楹，二角柱各一楹，回字格挂落。各檐柱之下有圆形柱础，高约十厘米，直径约四十厘米。阶基高约一米，踏道石阶七级。大殿东面开殿门一扇。殿中有影壁，壁前供奉释迦牟尼佛金身像，身着通肩袈裟，结跏趺坐于莲台上，身后有大背光，光焰由镂空金龙彩凤和如意祥云组成。释迦佛左手覆于左膝上面，五指并拢，指尖朝前；右臂上曲，竖掌胸前，掌心外翻，中指和无名指向下弯曲，作说法印。迦叶和阿难侍立两胁。影壁背面供奉水月观音像，顶戴阿弥陀佛，身着天衣，赤足坐于岩石上。左腿下垂，脚踏莲花，右膝曲起，右脚置于岩石上面。右手覆于右膝上，左手侧撑岩面。殿内东南角铜钟一座，高约一点二米，口径约六十厘米。蒲牢钟钮，八波形钟口，沿口饰海波纹，正面波谷上方一枚钟月。钟肩伏莲一周十瓣，内作如意纹。钟腹上边和下边一字纹各三匝，中圈五匝，分钟腹为上下两部分。钟腹正面上部竖排“建初寺”三字，下部分行竖排“公历二零一五年　佛历二五五九年荷月”，“住持大初　都监优泰　首座僧澈　监院果愿　敬募”。钟腹上部左右侧面、下部右侧面以及背面全部，皆刻经文，下部左侧面功德芳名。铜钟北侧供奉千手观音金身像，观音菩萨头戴宝冠，身着天衣，胸配璎珞，腕串钏镯，结跏趺坐于七层仰莲台上，主臂双手合十胸前，其余手臂各持法器，向体外展开。殿内东北角法鼓一架。大殿北山墙外，立石碑一方，分行阴刻“南京市文

物保护单位　三藏殿　南京市人民政府　二〇一二年三月公布　南京市人民政府立”等字。石碑之北有二层楼房一座，坐北朝南，南面开门窗，门窗前有檐廊。原为正学路小学教室，现为宗教活动场所。

雨花台区

高座寺

六朝古刹。在旧都城聚宝门南二里雨花台梅冈，今雨花台区雨花路二一五号雨花台风景名胜区内。西晋永嘉年间（307—313）创建，名永嘉寺。寺有水井，水质清纯甘甜，誉为甘露，故又称甘露寺。其时有西域师子国王子以国让弟，出家为沙门，游中土，止于大市寺，时人呼为高座法师，在石子冈常行头陀，卒于梅冈，晋元帝于冢边立塔。后有沙门来游，追旌往事，乃于冢处建寺，陈郡谢琨赞成其业，乃名高座寺，亦名尸梨蜜寺。或谓晋高僧竺道生尝居此，故名高座寺。梁天监二年（503），高僧宝志主持讲席。宋代改名永宁寺，后毁于兵。明洪武年间（1368—1398）僧瑄重建，又毁。成化年间（1465—1487）复建于梅冈之东，一分为二，南部曰高座寺，北部曰永宁寺。弘治年间（1488—1505）僧照堂再加恢拓，僧房环寺，香室窈径，竺树葱蒨，山光鸟语，并成禅悦。报恩寺所统中刹，山门三楹，天王殿三楹，钟楼一座，鼓楼一座，法堂五楹，罗汉廊四十六楹，药师殿五楹，僧院十四房。基址五十亩，东至官街，南至安隐寺，西至雨花台，北至永宁寺。禅院有禅堂三楹，华严楼三楹，厨库茶寮四楹。清顺治十五年（1658）更建大殿。民国时期废。1949年以后，其地先后作为雨花台烈士纪念馆、雨花台烈士陵园招待所、雨花

高座寺

石苑等单位。2002年修；2006年列为南京市文物保护单位；2009年再修；2010年12月恢复宗教活动；2011年9月29日举行山门重启洒净开光仪式，正式对外开放；2015年新修。

现今高座寺总建筑面积一千五百平方米，整体布局坐西朝东，由南北两座四合院毗连组成，主要建筑有照壁、天王殿、大雄宝殿、妙高庄严殿、玅法堂、祖堂、客堂、观音堂、斋堂等。照壁为背靠式庑殿顶四脚十方照壁，正脊之上摆放石雕吉祥小座椅四张，正中位置竖汉白玉如意手一双。照壁东面凿刻"西晋古刹"四字，蓝底金字，行体阴文。照壁前，置六角三级铜宝鼎一座，攒尖顶，上竖葫芦形宝瓶刹，上下球面各镂空二枚铜钱平列图案。平檐短角，龙形蹲兽。鼎口外立面上沿回字纹一周，其下莲花一周六朵。鼎颈表面回字纹一周，左右侧面如意柄形鼎耳一对，表面回字纹。鼎腹正立面横排"高座寺"三字，台湾佛光山长老星云大师题写；左右侧面和背面功德芳名。鼎腹下边一字纹二匝，其间嵌半球体一周，球径约二厘米。狮首形鼎脚三只。照壁西面嵌砖雕飞天造像，长约一米，宽约八十厘米。照壁之后，置矩形铜香炉一座，庑殿顶，正脊由五层透空菱形铺排而成，中部竖法轮一只，螭首鸱吻。平檐翘角，龙形蹲兽。檐下回字格挂落，檐柱八根，均分两行立于炉口前后两边上截面，支撑檐顶。炉颈外表面回字纹一周。炉腹正面和背面各横排"高座寺"三字，星云手书，左侧分行竖排上款"佛历二五五九年　公元二〇一五年"，右侧竖排下款"住持灵山敬立"。炉腹左右侧面上部如意柄形炉耳一对，表面回字纹；下部功德芳名。狮首形炉脚四只。炉腹正面和背面底边各缀如意二枚，八字形分布，与炉脚成三角形夹角。照壁北侧约五米，石雕蟠龙柱一根；又二米，石碑一块，分行凿刻"南京市文物保护单位　高座寺　南京市人民政府　二〇〇六年六月十日公布　南京市人民政府立"等字。照壁南侧约五米有法物流通处，卷棚顶平房，坐南朝北，面阔三间，进深一进。

山门在照壁西约十米，卷棚顶，穿堂式楼门，面阔一间，进深一进。西面开拱门一扇，高约五米，宽约四米。门额悬挂"高座寺"三块木匾，蓝底金字，隶体阳文，匾沿浅刻金边。门联云"高座见如来遍洒甘露皆道场，龙华开胜会天降花雨即灵山"。门前踏道石阶二级。山门之后天王殿，单檐硬山顶平房，面阔三间，进深二进，东面与山门连通，平面呈"凸"字形。殿中有背靠式四脚十方内影壁，石雕须弥座，砖身，庑殿顶。影壁前佛坛上，供奉汉白玉弥勒菩萨游戏坐龙座像一尊。殿内西南角供奉地藏菩萨烙画一幅，头戴宝冠，身披天衣，胸佩璎珞，结跏趺坐于莲台上，双掌叠加置于腹前，掌心向上托摩尼宝珠，身后有顶圆光和背光。西北角供奉漆金泥塑药师佛像

高座寺弥勒像

一尊，身着通肩袈裟，结跏趺坐于莲台上，左手托五级宝塔于腹前，右掌覆在右膝上面，五指向前，自然伸展，背后有顶圆光和背光，光焰中镂金龙祥云。天王殿西面中间开殿门一扇，殿门两侧方格扇各一扇。

天王殿后有跨院，院内南北两边各植银杏树一株，西边大雄宝殿。大殿硬山顶平房，面阔三间，进深三进。东面开殿门三扇，门前踏道石阶二级。中门上额悬挂“大雄宝殿”木匾，金底黑字，繁体阴刻，落款“启动敬题”，匾面饰山水祥云暗纹，边沿雕九条金龙。门联云：“灵鹫云深花影泉声俱□，山中竹翠松风鹤梦同清。”殿中置背靠式四脚十方内影壁，石雕须弥座，砖身，庑殿顶。影壁前佛坛上供奉释迦牟尼佛布施像，释迦佛身披右袒紫色袈裟，胸嵌万字符，结跏趺坐于莲台龙椅上。左掌置于右足上面，掌心朝上，指尖向前，作与愿印；右臂上曲，竖掌胸前，掌心外翻，指尖朝上，作无畏印。影壁背面供奉彩绘砖雕龙头观音像，观音菩萨顶戴金冠，身披绿色飘带，腰系棕色罗裙，胸佩璎珞，臂串金钏，赤足立于龙头上。左手拎净瓶于左胯外侧，瓶口朝上，右手捻绿柳枝横置腹前。身后影壁表面，铺贴善财童子、龙女和五十三位善知识尊者彩绘砖雕，楹联云：“慧光超三界圆通自在，神妙遍四方清净庄严。”大殿西北角供奉漆金泥塑观音菩萨莲台像，顶戴阿弥陀佛，身着天衣，胸配璎珞，腕串金钏，结跏趺坐于莲台上，右掌压左掌置于腹前，掌心向上，两拇指相触，结禅定印。西南角供奉漆金泥塑地藏菩萨莲台像，头戴毗卢冠，身着法衣，结跏趺坐于莲台上，双掌叠加放在腹前，掌心托摩尼珠。东北角悬挂铁钟一座，高约一点二米，口径约五十厘米。蒲牢钟钮，平圆钟口，钟口上方铸金莲花四朵分置钟体四面。钟腹正立面竖排“南无大悲观世音菩萨”九字，铸字上方嵌半球体二枚，横向并排，球径约二厘米，铸字下方钟月一枚。钟腹左右侧面和背面亦竖排菩萨名号，名号上方嵌半球体二枚，横向排列，球径约二厘米。钟腹正面和背面左右两侧上部，各嵌半球体五纵五排，球径约二厘米。正面右侧下部，分行竖铸“佛历二五五九年吉

月　高座寺　二〇一五年吉月　住持释灵山敬立”等字，正面左侧和背面左右两侧下部刻有铭文。殿内东南角法鼓一架，两庑壁面嵌十八罗汉彩绘砖雕。

大殿后门通后院，后院南边有过道，通往南侧四合院。南侧四合院布局坐西朝东，四面房屋皆为悬山顶，屋檐相连，形成回廊。南厢房祖堂，面阔三间，进深一进，北面中间开门一扇，左右边开窗各一扇。北厢房客堂，与祖堂形制相同，位置对称。庭院西边玅法堂，面阔三间，进深二进。东面开门三扇，中门上额悬挂“玅法堂”木匾，蓝底金字，行体阴刻，匾面有祥云底纹，沿边饰金色回字纹。门联云：“法雨宏开天花散彩，慈云永护贝叶成文。”门前檐廊平柱二楹，踏道石阶二级。堂内西墙面嵌华严三圣木雕壁画，释迦牟尼佛说法像居中，迦叶、阿难侍立两胁，文殊菩萨狮座像和普贤菩萨象座像分居左右。庭院东边高妙殿，面阔三间，进深三进。西面开门三扇，中门额悬挂“高妙庄严殿”木匾，红底金字，行体阴刻，匾面有祥云底纹，沿边饰金色回字纹。门联云：“开大般若台朗照宗镜，思妙庄严相深护法云。”门前檐廊平柱二楹，踏道石阶一级。殿中佛坛上供奉贴金描红毗卢遮那佛像，头戴毗卢冠，身着通肩袈裟，结跏趺坐于高座上，双手抱拳置于胸前，左拳覆于右拳上，拳心向下，拳眼向内，两食指上竖，指尖相触，身后大背光，光焰中雕金龙祥云。毗卢佛左侧为漆金填红普贤菩萨像，头戴宝冠，身披通肩袈裟，赤足立地，手捧如意；右侧为文殊菩萨，造型与普贤菩萨相同，手捧智慧剑。殿内南庑供奉贴金描红药师佛像，身着通肩袈裟，结跏趺坐于莲台上，身后有举身光。左手托九级宝塔于腹前，右手覆于右膝前面，五指并拢，指尖朝下，作降魔印。北庑供奉贴金描红阿弥陀佛像，身着通肩袈裟，结跏趺坐于莲台上，身后有举身光。左手托金莲台于腹前，右手置右膝前面，掌心外翻，指尖向下，作施愿印。高妙庄严殿背面为观音堂，面阔三间，进深一进。西面开门三扇，中门额悬挂“度一切苦厄”木匾，红底金字，行体阴刻，匾额四边饰金色回字纹。观音堂门前有跨院，院东有斋堂。

高座寺北有晋代甘露井，至今保存完好。1977年建八角亭覆于井上，名甘露井亭，亭内立乾隆御碑一块。甘露井东南有永宁泉，深六七尺，大旱不涸，水味清洌，沁人心脾，南宋诗人陆游名之为“江南第二泉”，明代赵谦书匾额曰“第二泉”，今存。

龙泉寺

在旧都城聚宝门西南二十里，今雨花台区铁心桥街道高家库村。有山泉自石窦间流出，汇聚于寺，故名龙泉寺。唐开元年间（713—741）创建，鹤林素禅师说法处。南宋建炎四年（1130）毁于金兵南侵，明正统八年（1443）镜中禅师重建，赐额通善寺，

龙泉禅寺山门

正统九年（1444）杨溥撰《通善寺碑》云：“南京都城西南二十里，旧有佛刹，曰龙泉禅寺，据山水之胜，左有盘陀岭，右有鹤林塔，东有牛首山，西南瞰扬子江，东南有祖堂，江山环抱，密迩京都，金城玉垒，天日下临。山之巅有泉，清甘香洌，下注山麓，汇而为池，渟潆澄澈，天光云影，裴徊往来，足以豁大观，涤世虑，而曹溪、竹林不是过也。肇自唐，鹤林素禅师说法于此，有泉出石窦间，因号曰龙泉，建丛林以奉香火，暨今五百余年，鞠为草莽之区。永乐中，镜中圆禅师募缘众信，自宣德癸丑春兴工，建正殿及天王殿，翼以廊庑，以至禅室，告成于正统癸亥秋，以其事上闻，赐额通善寺。”牛首山弘觉寺所领小刹，正佛殿三楹，僧院一房。基址一亩，东至章家民山，南至沈家民山，西至潘家民山，北至本寺山顶。田、地、山、塘共六十七亩一厘。清嘉庆六年（1801）重修，复名龙泉寺，居士李仕云捐祖遗山丘二亩余，作香灯之费，有碑文记之。宣统三年（1911）僧如海募资再修。“文化大革命”期间殿宇渐颓，终成废墟。1995年5月在旧址重建，1996年恢复宗教活动。2006年6月10日，南京市人民政府公布龙泉寺为文物保护单位。

龙泉寺弥勒殿

龙泉寺地处将军山与断臂崖合抱的山谷中，占地面积八千平方米，整体布局坐北朝南，主要建筑有山门、弥勒殿、大殿、客堂、斋堂、僧寮等。山门为跨街式四角亭，水泥砖瓦仿木结构，坐北朝南，庑殿顶，正脊南面铺贴二龙戏珠砖雕，北面铺贴如意祥云砖雕，螭首鸱吻，背负宝剑。南面檐下悬挂“古龙泉寺”木匾，黑底金字，手书阴刻，启功题写。题字两旁又各竖排四字，右边“秀甲天下”，左边“灵应四方”，未知何人所书。匾面四边浅刻金色卷草纹。北面檐下悬挂“方外胜境”四字木匾，黑底金字，手书阴刻，落款“白云”，匾面四边浅刻金色卷草纹。圆柱体亭柱四根，对角而立，支撑檐顶。回字格挂落，东西两边有美人靠。南面亭柱对联云“雾笼塔影烟笼寺，暮听钟声夜听泉”，落款“金山江天禅寺心澄敬书”。

入山门北行一里余至弥勒殿。途中有六角亭，匾曰“慧聚松涛”，心澄题写。次有青砖拱桥，横跨溪涧，窄容一人，曰“结缘梁”。次有灵狼洞，洞口上方凿刻“别有洞天”四字，相传鹤林素禅师弘法于此，一狼听法感化，守候洞口，日夜护持。次有龙泉寺开山第一祖鹤林素禅师舍利塔，高约一点三米，七层四面阁楼式石塔，上竖葫芦形宝瓶刹。塔身正面镌“大唐鹤林素禅师墓塔”九字。禅师名玄素，字道清，润州延陵人，唐如意年间（692）于金陵长寿寺出家，后入牛首山幽栖寺，师从牛头宗第五祖智威参究牛头禅法，得其心传，驻锡龙泉寺。晚至京口鹤林寺，故称鹤林素禅师。舍利塔旁又有小石塔一座，塔身正面刻“龙泉禅寺中兴住持上养下真老和尚灵塔　甲申年夏月吉日　嗣法门人传静敬立”诸字，又有砖砌圆茔二座，一碑云“民国让龄禅师之墓”，一碑云“龙泉寺主持印参之墓”。次有涤尘亭，俞律书匾。

弥勒殿坐北朝南，穿堂式楼门，庑殿顶，面阔一间，进深二进。正脊南面铺贴龙形图案砖雕，北面铺贴祥云砖雕，螭首鸱吻，背负宝剑。门额悬挂“唐代古刹”四字木匾，黑底金字，行体阴刻，落款“沙门达道题”。门前踏道石阶五级，抱鼓石一对，石狮子一对。门外西侧有小道通往后山，拱门一扇，额曰“无相门”。门外东侧有大理石雕制的万福塔，高约四米，塔后墙面书“空门”二字。殿内石坛上置琉璃龛，龛内供奉漆金填红弥勒菩萨游戏坐高座像，身后有顶圆光，光焰中镂二龙戏珠图，缀以祥云图案。龛联云“教化无量众生海，安住一切三昧门”，落款“佛历二五四七年于金陵世欣园　常志成书”。

弥勒殿后为过院，过院西边即断臂崖，高六米，底宽约十二米，进深四米，前宽后窄，上尖下敞，形似佛龛。相传岳飞战金兀术于牛首山，某部将被金兵砍断胳膊，入崖洞养伤，故名断臂崖。崖前有漆金泥塑送子观音像一尊，顶戴阿弥陀佛，身着天衣，胸配璎珞，立于莲台上。右臂上曲，竖掌胸前，掌心外翻，中指与拇指相触，作说法印；左臂横置，搂童子于胸前，童子双手合十，仰望观音菩萨。断臂崖下有观音洞，清宣统三年（1911）如海和尚截去断臂崖一角，依就天然崖洞开凿而成。石洞高两米，宽深皆三米，洞口上方覆单坡硬山顶檐，檐柱二根，立于洞口外两侧。拱形洞门，门额凿刻“洞天福地”四字，邹鲁题写，洞内供奉观音菩萨石雕坐像。洞口前，置圆形石香炉一座，高约一米，口径如之。沿口外立面雕回字纹一周，炉腹外立面雕莲花等图案。炉脚三只，表面刻卷草纹。

过院东边有填金描彩云纹海波九龙壁，高两米，长七米，厚四十厘米，由六块青石雕刻组成，重六十吨。壁底为须弥座，高一米。九龙壁下有龙池，山泉自石雕龙嘴中汩汩流出，汇聚而成。九龙壁旁嵌《重修龙泉禅寺碑记》云：“龙泉禅寺居金陵铁心桥南高家库村，韩府山、将军山合谷隐之，风水佳丽，景物殊异，四象具备，砂案玉成，《易》曰‘天地氤氲，万物化醇’，此之谓乎？山之巅有泉，清醇香冽，左行长溪，地居青龙，汇而为池，盖寺名因由矣。初，大唐鹤林玄素禅师在此说法讲经，宋金对峙，沦为战场，寺内古迹断臂崖，传为岳鹏举部将养伤处，证之寺后山脊之抗金故垒与出土古物，良可信也。明代初年，镜中祖师重建，敕改通善寺。清嘉庆辛酉年，居士李仕云捐祖遗山丘二亩余作香灯之费，碑文尚存。宣统三年，僧如海募资再修，凿观音洞，几复旧景，善莫大焉。壬戌年夏，民国元老邹鲁携眷来此隐居，留有《龙泉杂诗》五首并其他题刻，传为雅事。至‘十年动乱’，烟火断绝，殿宇渐颓，终成废墟。然地不私宝，和璧终显，戊己年（案：原碑如此，显误），雨花台区文史学者勘查识之，遂定文保单位，复兴有望也。甲戌岁末，得区文管会杨新华、东港石油公司李家宝两先生引荐指点，并由李君倡设龙泉寺，国际旅游开发区陈寿昌、王凡一伉俪偕香港万顺集团董事长李道邦先生，慧眼独具，慷慨斥资，高家库村委会欣然兴之，又得区政协汪遵镕主席、钱心槁，镇薛典铭、高家库村梅福来书记鼎力扶持，寺遂获款修复，此举功德无量，谓诸君下和再世，不为过耳。江苏佛教文化艺术研究所受任主持，自乙亥年五月始，首发掘，次设计，旋施工，重塑观音，再立金像，凿开山祖塔，修明清福地，迁印参灵骨，雕泉上石栏螭首，理断臂岩，栅旧井，增筑弥陀殿、望云台、三友阁、涤尘亭、放生池、天地轩、结缘梁及碑廊、无相山空诸门，石径千尺，斩畾勒铭，日夜兴作，八方襄助，贺云翱执笔，呈总体设计，朱光亚教授尽建筑构思，朱明德同道率百工戮力，更得赵朴老题赠门额，李东山敬造佛身，凡阅八月事毕，卉木嘉构，交错生辉，千年古刹，气象翻新，诚明时之盛举，惟百世之善业。金陵贺云翱　杨新华撰　虞山汪瑞章书　繁昌赤沙　周之良镌　乙亥年冬月十八日。”

过院北边登石阶十三级，其上复有庭院，平面呈长方形。庭院中部置六角二级铁宝鼎一座，攒尖顶，上竖葫芦形宝瓶刹，上下球面各镂二枚铜钱并列图案。平檐短角，金龙蹲兽，口衔风铃。鼎口外立面上沿回字纹一周，其下莲花一周六朵。鼎颈正面和背面各有如意轮三只，间以卷草。鼎颈左右侧面如意柄形鼎耳一对，表面回字纹。鼎腹上边伏莲一周,下边嵌半球体一周三十余枚,球径约二厘米。鼎腹正立面横排隶体“龙泉禅寺”四字,左侧面竖排上款“佛历二五四八年”,右侧面竖排下款“沙门传静敬铸”,背面二龙戏珠图。狮首形鼎脚三只。宝鼎之后矩形铁香炉一座,庑殿顶,正脊由三层透空菱形铺排而成,螭首鸱吻,金龙蹲兽,口衔风铃。炉腹外表面上边回字纹一周,正立面横排隶体“龙泉禅寺”四字,左侧竖排上款“佛历二五四八年”,右侧竖排下款“沙门传静敬铸”。鼎腹左右侧面如意柄形炉耳一对,表面回字纹。狮首形炉脚四只,炉腹正面和背面底边与炉脚之间各有三角形金属贴边。

庭院西边悬山顶平房一座,坐西朝东,青砖黛瓦,面阔四间,进深一进,僧舍所在。门前有檐廊,平柱三楹,二角柱各一楹,相邻檐柱之间有护栏连接。檐前古梅一株,相传素禅师手植,树龄一千三百余年,久枯,2000年重发新枝。庭院东边悬山顶房屋一座,与西厢房形制相同,位置对称,为客堂、斋堂所在。大殿在庭院北边,坐北朝南,单檐歇山顶,面阔三间,进深三进。南面中间开殿门一扇,两边窗户各一扇。门额悬挂“龙泉禅寺”木匾,黑底金字,行体阴刻,落款“赵朴初题”。门联二幅,其一云:“山水可人何妨浅小,云霞供佛最喜清虚。”落款“传静”;其二云:“德政宝光气贯天地,善心法雨造美人寰。”落款“贺云翱拟联　虞山言恭达书”。门前阶基高约三十厘米,踏道石阶二级。殿中红木雕花佛龛内供奉弥陀三尊汉白玉雕像,各高约一点六米,身后有大背光,蓝色光焰中雕金莲花和金色卷草。阿弥陀佛接引像居中,身着袈裟,赤足立于莲台上。左手横置胸前,掌心托莲台,右臂自然下垂,掌心外翻,指尖向地,作与愿印。观音菩萨居左侧,顶戴阿弥陀佛,身着天衣,腰系罗裙,赤足立于莲台上。左掌托净瓶于胸前,瓶口朝上,右臂上曲,竖掌胸前,掌心外翻,拇指与中指相触,其余三指上竖,作说法印。大势至菩萨居右侧,顶戴宝瓶,身着天衣,赤足立于莲台上,双手左上右下,捧莲花于胸前。殿内墙壁皆置书橱,储存佛教典籍。殿门外西侧圆柏一株,树根前小石碑云“祖师殿遗址”。门外东侧悬挂铜钟一座,高约一米,口径约六十厘米。蒲牢钟钮,八波形钟口,波谷上方各有卦爻图案。钟肩伏莲一周八瓣,钟腹上边和下边各作回字纹一周,中部一字纹四周。钟腹正立面下部,横排隶体“龙泉禅寺”四字。

大殿东侧十余米山坡上有高台,依山而筑。高台西侧水泥台阶十余级,最高处立杨柳观音塑像一尊,栖霞寺方丈馈赠。观音像面西而立,顶戴阿弥陀佛,身着天衣,胸配璎珞,腰系罗裙,立于莲台上。左手托净瓶于胸前,瓶口朝上,右臂上曲,竖掌胸前,掌心外翻,指尖向上,中指和食指略弯曲,轻捻柳枝。塑像下有砖砌四方体基座,像、座通高三米有余。塑像之前置六角一级铁宝鼎一座,攒尖顶,上竖葫芦形宝瓶刹，宝瓶上下球面各作二枚透空铜钱并列图案。平檐短角，各檐角立一金龙，口衔风铃。蟠龙檐柱六根，均匀立于鼎口上截面，支撑檐顶。龙头在柱体中部，凸出柱表，龙身沿柱面盘旋而上。鼎口外立面回字纹一周。鼎颈正面和背面各莲花三朵，左右侧面如意柄形鼎耳一对，表面回字纹。鼎腹上边伏莲一周，下边嵌半球体一周，球径约二厘米。鼎腹正面横排隶书繁体“龙泉禅寺”四字，左侧面竖排上款“佛历二五四八年”，右侧面竖排下款“沙门传静敬铸”，背面功德芳名。狮首形鼎脚三只。

龙泉寺观音塑像

天界寺

在旧都城朝天宫东，闪驾桥北，今秦淮区丰富路、明瓦廊一带。本为元代大龙翔集庆寺，明洪武元年（1368）改天界寺，洪武二年（1369）召修《元史》，开局于寺内，以王祎为总裁官，汪克宽、胡翰、宋僖、陶凯、陈基、赵增、曾鲁、高启、赵访、张文海、徐尊生、黄篪、傅恕、王锜、傅着、谢徵十六人为纂修官。

洪武二十一年（1388）寺灾，从住持宗泐请，徙建于聚宝门外善世桥南之凤山，亦名罐子山，今雨花台区能仁里内。榜寺门曰善世法门，扶宗法师奉敕书额。永乐年间（1403—1424）增置毗卢阁、栴檀林、三十六庵，并设僧录司于内，姚广孝撰记。永乐二十一年（1423）灾，仅存大殿。天顺年间（1457—1464），觉义道香募缘重建观音殿、轮藏殿、天王殿，其徒戒谦继之，尚书林瀚撰记。成化年间（1465—1487）益廊庑百余楹，规制宏敞，靓甲诸刹，僧庐幽邃，松竹深通。万历二十四年（1596）觉义定椿等修毗卢阁，三十年（1602）修僧录司，三十五年（1607）修金刚殿、左右画廊百间，兴复公塾、禅堂，增建华严阁。崇祯年间（1628—1644）博山舣禅师开法于此，觉浪盛禅师继之。明代南京三大刹之一，《金陵梵刹志》记载，有金刚殿五楹，天王殿五楹，正佛殿五楹，观音殿三楹，轮藏殿三楹，三圣殿五楹，伽蓝殿三楹，祖师殿三楹，回廊百楹，钟楼一座，毗卢阁七楹，半峰亭一座，僧官方丈十三楹，左住方丈十一楹，右住方丈十四楹，公塾佛殿三楹，东、西学十楹，库司十二楹，僧院一百一十房，食粮牒僧三百五十名，食粮学僧一百五十名。基址六百亩，东至凤台街，南至西宁侯坟，西至安德街，北至普德寺山。禅堂有韦驮殿三楹，大禅堂七楹，华严楼五楹，厢楼四楹，十方堂三楹，斋堂五楹，铁佛堂静室五楹，涅槃堂三楹，仓库厨茶等房十三楹。僧录司大门三楹，正堂五楹，方丈十二楹。公产则有湖塾庄田、地一千七百亩六分五厘，溧阳庄田三千九百九十五亩四分一厘，高淳庄田、地三千七百二十一亩九分九厘。禅堂公产有靖安庄田、地、荡九百二十五亩七分三厘，房地十二间，采石芦洲二千七百九十七亩六分，施舍田、地、山、塘一百五亩一分。清康熙六年(1667)，石潮重修禅堂，广其规制。咸丰年间(1851—1861)毁于战火，止存庑殿一座，古银杏二株。20世纪50年代初，有房屋三十二间，田地二千零五十亩，此后庑殿改作天界幼儿园。前数年幼儿园迁出，旧殿翻新，复为梵刹。

天界寺大殿

现今天界寺为庭院式布局，坐东朝西，平面呈长方形。西边二层楼房一座，悬山顶，楼下西面开拱门一扇，门额悬挂“天界古寺”木匾，蓝底金字，行体阴刻，落款“洪祎”。门前石阶十一级，踏道南侧石碑一块，正面分行阴刻“雨花台区文物保护单位　天界寺　雨花台区人民政府　一九八三年二月公布　雨花台区文化局立”，背面刻云：“天界寺，原名为龙翔集庆寺，始建元代，原址在朝天宫东侧。明洪武二十一(1388)年遭火灾，明太祖朱元璋出内帑在城南凤山重建寺宇，并赐额‘天界善世寺’，俗称‘天界寺’。天界寺、灵谷寺与大报恩寺被誉为明初‘金陵三大佛寺’。明洪武初年修纂，清乾隆钦定二十四史之《元史》，就在此产生。天界寺不仅是佛教圣地，也是中国传统史学文化的策源地之一。”楼宇东面有檐廊，上下层各平柱七楹，各角柱一楹；房屋面阔七间，进深一进，南头楼梯一间。楼上七间生活用房，楼下北头三间斋堂，匾曰“香积斋”，金底黑字，行体阳文，落款“乙未　喻慧”。南头三间客堂，高欢题匾，金底黑字，行体阳文。中间为天王殿，殿中木龛内供奉大肚弥勒菩萨金身像，左右手各持一元宝，举过头顶。

庭院东边大雄宝殿，坐东朝西，悬山顶，正脊由圆瓦铺砌为透空铜钱形状铺排而成，正脊西面嵌“风调雨顺”四块砖刻，螭首鸱吻。西面有檐廊，平柱四楹，二角柱各一楹，回字格挂落，檐下有美人靠。阶基高约五十厘米，西侧铺设踏道台阶四级。大殿面阔五间，进深四进，西面中部开殿门三扇，两边窗户各一扇。中门上额悬挂“天界梵音”木匾，金底黑字，行体阴刻，落款“栖霞隆相”，匾面饰金龙祥云水纹。门联云：“灵山胜会俨然未散，释迦能仁常演妙法。”落款“万年洪祎八十有二”。殿宇东面开一门四窗。殿中有影壁，壁前佛坛供奉棕色陶瓷释迦牟尼佛像，释迦佛身着通肩袈裟，结跏趺坐于五层仰莲台上，身后有大背光。右臂上曲，竖掌胸前，掌心外翻，拇指与食指呈环状，其余三指自然上竖，作说法印；左手置于左腿上面，掌心朝上，指尖向前，作与愿印。迦叶、阿难侍立两胁。影壁背面供奉彩绘泥塑送子观音像，观音菩萨顶戴阿弥陀佛，身着红色天衣，腰系橘色罗裙，胸配璎珞，腕串金镯，赤足立于莲台上，右擘托幼儿臀部，左手扶幼儿左臂，抱幼儿于右胸前。殿内东南角供奉漆金填红文殊菩萨左舒坐青狮座像，双手持如意于胸前。东北角供奉漆金填红普贤菩萨右舒坐白象座像，双手捧金莲花于胸前。西北角法鼓一面。西南角悬铜钟一座，高约一点四米，口径约六十厘米。蒲牢钟钮，八波形钟口，波谷上方各有一枚钟月。钟颈伏莲一周八瓣。钟腹上边回字纹一周；下边一字纹二周，内有二龙戏珠图四幅，分布于四面。钟腹正面中部竖排“天界古寺”四字，左侧上部竖排“钟声传三千界外”七字，下部竖排“佛历二五六一年　公元二〇一七年”；右侧上部竖排“佛法扬万亿国中”七字，下部竖排“住山　灵瑞”。钟体左右侧面和背面有中圈一字纹二匝，内铸如意祥云六朵。左侧面上部“风调雨顺”四字，右侧面上部“国泰民安”四字；左右侧面下部和背面，铸“大悲咒”全文。大殿南山墙外接二层房屋一座，悬山顶，坐东朝西，面阔二间，楼下进深二进；楼上进深一进，西面有露台。庭院西南角假山石一组，上有四角攒尖亭，飞檐翘角，檐柱四根，支撑檐顶，亭内有美人靠。假山中有空洞，洞口悬挂“天界泉”匾额。山石前有放生池，平面长方形，中卧三拱石桥，横跨东西，宽容二人。

天界寺旧藏佛牙，阔一寸，长二寸五分，得自天台山中。明万历年间（1573—1620），僧人真淳献给陆尚书，具金函檀龛盛之，迎供于毗卢阁。大殿右偏有铜铸大佛头，明初制造，高二丈有余，四面合掌，露其半体。禅堂有金刚经塔，以经名为塔门之额，接以全经，演为七级，委折回旋，盘曲而上，每层槛楯上，皆巧值佛字。钟惺题书并撰碑云：“万历庚申，惺病自七月至十有一月，几殆，梦若有人教持《金刚般若波罗蜜经》。天启辛酉六月，自书塔经，刻石于天界寺禅堂供养。”今皆不存。

江宁区

藏龙寺

在旧江宁县上峰镇插花村天宝山东麓庙山凹，今江宁区汤山街道孟墓社区插花村内。其地三面环山，四季竹海，旧有插花庙。相传西汉末年，刘秀与王莽战于天宝山，败绩。追兵甚急，路遇村姑，鬓插黄花，不知姓氏，匿刘秀于桥洞，化险为夷。刘秀既称帝，感其义举，封为插花娘娘，敕其村曰插花村，赐藏身石桥曰藏龙桥，建武三年(27)在遇险之地建插花庙，亦名插花寺。清末民初，插花庙占地十余亩，庙门前石狮一对，高一点五米，院落五进，房屋九十九间半。庙内供奉插花娘娘塑像、刘秀化身大王像、四大天王像等。"文化大革命"期间插花庙拆除，修建小学。此后小学迁徙，墙裂屋塌。1995年村民重建庙宇，谓之老庙。2000年无锡僧妙寿应江宁区委统战部聘请，在老庙附近之天宝山庙山凹新建插花庙，经江宁区人民政府批准更名藏龙寺。

藏龙寺天王殿

藏龙寺占地面积约五十亩，建筑面积三千八百平方米，整体布局坐西朝东，主要建筑有石牌坊、山门、天王殿、钟楼、鼓楼、千佛塔院、千圣观音殿、大雄宝殿、净土院等。石牌坊在山门东约半里，跨街式冲天柱牌坊，四柱三门，坐西朝东，2013年建造。硬山顶，内作斗拱，门柱上部为大理石圆柱，门额以下部分为大理石方柱，柱体表面雕如意祥云。柱脚有抱鼓石，鼓面雕卷草花卉。中门上额用三条横石垒叠而成，上条石东面凿龙一条，龙首居石面中部，龙身向两边铺开。中条石东面阴刻行体"天宝净域"四字，下条石东面刻二龙戏珠图。门联云："青山多姿留下万年画，溪水长流奏出微妙音。"上款"佛历癸巳岁二五五七年三月十九日"，下款"释妙寿书于二〇一三年春"。左右边门上额亦由三条横石垒叠而成，上条石和下条石东面刻卷草纹，中条石面无纹饰。

山门在石牌坊西约半里，山路南侧，坐南朝北，2007年冬完竣。单檐歇山顶穿堂式建筑，石雕万年青宝顶，螭首鸱吻，背负宝剑。面阔三间，进深一进，南面中间开门一扇，两旁开月窗各一扇，北面如之。南面门额悬挂“藏龙寺”木匾，蓝底白字，行体阴刻，落款“佛历二五四八年甲申岁四月初八日　妙寿”，匾面四边镂金色卷草纹。门联云：“藏经藏律妙法论正等正觉智慧海，天龙天象八部众护法功德非可伦。”落款“妙寿和尚书于戊子岁二月十九日”。

进山门十数米右转至天王殿，坐西朝东，2007年4月5日奠基，同年冬季竣工。殿宇由主殿和天亲、地母二座辅殿组成，单檐歇山顶，石雕万年青宝顶，螭首鸱吻，背负宝剑。垂脊有角兽，平檐翘角，内作斗拱，檐角无蹲兽。主殿面阔三间，进深三进，东面和西面各开拱门一扇，殿门两旁开月窗各一扇。东面门额悬挂“佛光普照”四字匾额，行体阴刻。门前抱鼓石一对，鼓面雕莲花。门联云：“本尊常安座座年座月不计座了几春秋，弥勒如是笑笑你笑他未知笑了多少人。”落款“妙寿和尚书于戊子岁二月十九日”。殿中红木龛一座，龛前供案上立告示牌云：“不准在殿堂内拍摄圣像。”主殿南侧为地母殿，面阔一间，进深二进，东面拱门一扇。门墙嵌石刻云：“地也，浩大宽容之量，孕育万物。母也，合地情，宽容世界，和谐家园，孕子育女。故孝母为地，尊称菩萨，而至亲至孝也。”主殿北侧为天亲殿，面阔一间，进深二进，东面拱门一扇。门墙嵌石刻云：“天也，宇宙太空之广，包容万象。父也，顺天意，支撑世界，主责人事，抚子养女。故敬父为天，尊称菩萨，而至亲至孝也。”天亲殿之北有净土院，坐西朝东，单檐歇山顶，门联云：“诚信行善永住福地，积德修阴常居净土。”

天王殿前有广场，场中置六角三级铁宝鼎一座，攒尖顶，上竖葫芦形宝瓶刹，宝瓶上下球面各作透空二枚铜钱并列图案。平檐短角，龙形蹲兽，口衔风铃。鼎口外立面上沿回字纹一周，其下莲花一周六朵。鼎颈正面和背面各有如意轮三只，每轮两边附卷草；左右侧面如意柄形鼎耳一对，表面回字纹。鼎腹上边伏莲一周，下边嵌半球体一周，二十六枚，球径约三厘米。鼎腹正面横排“藏龙寺”三字，隶书繁体，左侧分行竖排上款“佛历二五五一年九月十九日　公元二〇〇七年”，右侧竖排下款“住持释妙寿”。鼎腹右侧面功德芳名。狮首兽脚形鼎脚三只。

天王殿后有放生池，池中石桥，两畔小丘，丘顶各筑重檐六角攒尖亭一座。北亭为钟楼，2007年建，南面拱门一扇，其余五面拱形窗户各一扇。门额嵌“太平钟楼”四字石匾，篆体阴刻，门联云：“梵音佛号唤起苦海迷津人，晨钟暮鼓惊醒五浊沉沦者。”南亭为鼓楼，2009年建，北面拱门一扇，其余五面拱形窗户各一扇。拱门上额嵌“藏

藏龙寺普门铁塔

龙鼓楼”四字石匾，篆体阴刻，门联云：“寅时思过能除三世苦，三击暮鼓远彻九层云。”石桥西头有石坛，坛上立观音石雕像，高约一米。观音菩萨顶戴阿弥陀佛，身着天衣，赤足立于莲台上。左手持净瓶于腹前，瓶口向前下方倾斜，作洒水状，右手立掌胸前，掌心向左，中指向下弯曲与拇指轻触，作说法印。

观音雕像身后有石阶二十四级，石阶中部地面纵向铺设七块莲花石雕。石阶之上为三进三合院，前进千佛塔院，中进千圣观音殿，后进大雄宝殿，皆坐西朝东。千佛塔院2004年6月竣工，院门为四柱三门重檐歇山式门楼，正脊、垂脊和戗脊皆由小圆瓦作透空蝙蝠图案铺排而成。正脊螭首鸱吻，垂脊末端立宝瓶兰花砖雕，戗脊立法像砖雕。飞檐斗拱，无蹲兽。中门额悬挂“千佛塔院”匾，蓝底金字，行体阳文，匾面四边镂金色卷草纹。门联云：“抬首仰观天宝山却有龙腾之势，提步跨进藏龙寺即闻清净妙法。”落款“释妙寿题书于甲申岁六月十九日”。塔院中矗立六面九级铁宝塔一座，塔身高十一米，顶竖宝瓶刹，平檐短角，檐角龙形蹲兽，口衔风铃。塔身逐层收束，每层平座外挑，外立围栏。每层六立面皆塑佛跏趺坐莲台像，共一千零四十八尊。塔座六立面皆彩绘龙云图案，正立面上边横排隶体“藏龙寺”三字，左侧横排上款“佛历二五四九年乙酉岁四月初八日”，右侧横排下款“住持　释妙寿募造”。塔院南边斋堂，坐南朝北，悬山顶平房，面阔五间，进深一进；北面带檐廊，平柱四楹，两端为外伸山墙。塔院北边客堂，形制与斋堂相同，位置对称，中门对联云：“来到这里卸下千斤重担一身轻，朝进殿堂燃香礼佛福德不可量。”塔院西边登台阶九级至普门，门联云：“莫计较此山高低唯独这里气清宜人，勿比喻寺座大小只为道风庄严清净。”普门两边连接院墙，墙前有画廊，长三十四米，宽二米，高四点五米。画廊前有汉白玉护栏，上有琉璃釉彩瓦覆顶。

普门之后第二进院落。院中置六角三级铁宝鼎一座，攒尖顶，上竖葫芦形宝瓶刹，宝瓶上下球面各作透空二枚铜钱并列图案。平檐短角，龙形蹲兽，口衔风铃。鼎口外立面和鼎颈外表面各有回字纹一周，鼎颈左右侧面乙字形鼎耳一对，表面回字纹。鼎腹正面中部横排繁体隶书“藏龙寺”三字，左侧竖排“世界和平”四字，右侧竖排“祖国繁荣”四字。鼎腹左侧面分行竖排题款“佛历二五四四年　岁次庚辰年冬季”，右侧功德芳名，背面二龙戏珠图。鼎腹下边一字纹二周，中嵌半球体三十余枚，球径约二厘米。人面兽脚形鼎脚三只。院落南边和北边各有硬山顶二层楼房一座，南北朝向，形制相同，位置对称。南楼为住所，北楼为大悲殿、准提殿、圆通殿。院落西边台阶十级，其上千圣观音殿，坐西朝东，东面开拱形殿门一扇，殿门两边开月窗各一扇。门额悬挂“千圣观音殿”木匾，蓝底金字，行体阳文，边沿刻金色卷草纹。门联云：“国基巩固治道遐昌安定团结普天下共庆，佛日增辉法轮常转正法久住全民皆安乐。”上款“佛历二五四五年”，下款“妙寿题书于辛巳岁六月十九日”。

千圣观音殿后拾级而上，道分南北二路。北路中途月门一扇，额曰吉祥，南路中途月门一扇，额曰如意。穿过月门至第三进院落，院中六角五级铁宝鼎一座，攒尖顶，上竖葫芦形宝瓶刹，宝瓶上下球面各作透空二枚铜钱并列图案。翘檐短角，龙形蹲兽，口衔风铃。鼎口外立面上边回字纹一周，其下正面和背面各作莲花三朵。鼎颈正面和背面如意轮各三只，间以卷草；左右侧面如意柄形鼎耳一对，表面回字纹。鼎腹上边伏莲一周，下边嵌半球体一周，三十二枚，球径约二厘米。鼎腹正面横排隶书繁体“藏龙寺”三字，两侧有题款和功德芳名。狮首兽脚形鼎脚三只。院落南边悬山顶二层楼房一座，坐南朝北，上下层各面阔五间，进深二进；北面有檐廊，平柱四楹，二角柱各一楹。楼上三圣殿，楼下地藏殿。院落北边悬山顶二层楼房一座，坐北朝南，形制与南楼相同，位置对称。楼上药佛殿，楼下古佛殿。古佛殿之东复有悬山顶平房一座，坐北朝南，面阔三间，进深二进，南面开一门二窗，门额嵌“般若堂”石匾，魏体阴刻。

藏龙寺大雄宝殿

庭院西边大雄宝殿，2009年农历三月十九日奠基，2010年开工，2012年完竣，2014年10月2日举行落成暨佛像开光法会，暂无匾额。大殿为重檐歇山式，正脊由小圆瓦垒砌七层透空波浪形铺排而成，东面嵌

“国泰民安”四块砖刻。正脊中部竖宝珠顶，螭首鸱吻。戗脊和垂脊末端各立角兽，各檐角蹲兽四只、仙人一尊。大殿四面有檐廊，东面和西面平柱各六楹，南面和北面平柱各五楹，四角柱各一楹。南、西、北三面及东面两端檐柱，以石雕护栏连接。阶基高约一点二米，东侧踏道石阶九级，两边立石雕扶栏，与东面檐下护栏相连。殿宇面阔五间，进深四进，东面中部开殿门三扇，殿门两边开飘窗各一扇。中门对联云：“世尊说法阐明真谛度群蒙，九界众生仰止佛恩皈命礼。”上款“佛历二五五五年”，下款“释妙寿书”。大殿左侧有碑亭，立《缘建藏龙寺碑记》石刻一块，其云：“今日的藏龙寺，过去是插花庙，始建于公元早年。据传说，当时有东汉开朝皇帝刘秀为报插花姑娘救命大恩，下旨敕建了插花庙。后人把这事迹传说成佳话，流传至今。可惜插花庙也难免十年浩劫的厄运，早被破坏无存。待至新世年，有广大善众的请愿，更有已故先学茗山老和尚的慈悲关怀，把插花庙佛化，更名为藏龙寺，就此得江宁区政府依法落实了政策，随即召请释妙寿老和尚常住藏龙寺住持，恢复佛教活动和筹建藏龙寺工程。妙寿老和尚乘缘净心，安居天宝山。妙寿老和尚平生律己严然，善待人宽，乘念佛因缘增广无数善缘，老和尚携领护法善众，化十余年辛劳，终然不负众愿，把一座辉宏庄严的藏龙寺圆建成规模。现在的藏龙寺占山地五十亩，自集耗资二千五百余万元。妙寿老和尚因地规划，精心设计，善巧布局，整体建筑既继承了佛教传统风格，又适应现代庭园模式。殿堂辉宏庄严，圣像安供肃然威仪，寮房整洁有序。在妙寿老和尚的带领下，藏龙寺列为专修净土、一心念佛的道场。佛历二五五六年壬辰岁二月十九日　新世纪二零一二年二月十六日　释妙寿和尚撰书。”

方山定林寺

本在钟山顶峰应潮井后，宋元嘉十二年(435)禅僧昙摩密多开建，名上定林寺。《名僧传抄》云：“昙摩密多，罽宾国人，宋永初三年至江陵，住长沙寺，造立禅阁。元嘉十年还都，止钟山定林下寺。天性凝静，雅爱山水，为钟山镇岳，埒美嵩华，常叹下寺基构临涧低侧。于是乘高相地，揆卜山势，以元嘉十二年斩木刊石，营建上寺。”赵宋乾道七年(1171)，僧善鉴建梵刹于江宁县方山北坡，今江宁区秣陵街道定林寺路一号方山风景区内，请钟山上定林寺旧额，是为方山定林寺。朱舜庸撰《方山上定林寺记》云：“方山上定林寺，盖即山而居者也。当乾道末年，有秦高僧善鉴始来是山，结庐行道，未几远近信慕，施者踵至。于是率其徒疏泉莳松，徙石辟涂，土木之工，次第而举，无何有殿以奉佛，有堂以会法，有室以安众，以至门庑庖湢，莫不毕具。方其事之权舆也，即诣府，请移钟山梁朝废寺上定林寺额于此。”元至正年间(1341—

1368)修，虞集有《方山重修定林寺记》。明洪武五年(1372)重建，翟瑛作《重建方山定林寺记略》。灵谷寺所统中刹，金刚殿三楹，天王殿三楹，左钟楼，右禅堂，正佛殿三楹，观音殿三楹，轮藏殿三楹，毗卢殿五楹，僧院五房。基址五亩，东至许家山，南至方山，西至龙山，北至岳家山。田、山、塘，共八十一亩二分。清咸丰年间(1851—1861)毁于战火，光绪年间(1875—1908)重建，增其旧制，规模宏大。“文化大革命”时期再毁，仅存弥勒殿、寮房数间及斜塔。

2003年12月19日，方山定林寺举行复建奠基仪式，2004年5月开工建设。复建后的定林寺规划面积一万五千六百平方米，整体布局坐南朝北。目前建成山门、天王殿，钟楼、鼓楼、大雄宝殿、日殿、月殿、客堂、伽蓝殿、云水堂、光明堂、祖师堂、禅堂、藏经楼等。

定林寺山门

山门为穿堂式跨街牌楼，坐南朝北，高二十一米，宽三十米。重檐歇山顶，螭首鸱吻。垂脊和戗脊各立角兽，檐角无蹲兽。平檐短角，内作斗拱。北面上檐横梁中部悬挂“定林寺”木匾，红底金字，行体阳文，落款“心融”。匾面作回字底纹，四边雕如意祥云，蓝绿相间，云中隐现金龙九条。南面上檐横梁中部悬挂“回头是岸”木匾，金底黑字，行体阴刻，落款“传印”，匾面饰祥云、流水、花草暗纹。山门面阔五间，进深三进。圆柱体檐柱，横六纵四，总数二十四楹，柱下有鼓形石柱础。中门开阔，平路无碍，以便交通，北面门联云：“方山承雨露千年耸翠，名寺历沧桑百世生辉。”南面门联云：“山本一方印，门连两重天。”中门两侧各有一边门，边门北面铺设台阶九级，南面为平坡。边门外侧各有耳房一间。

山门南约二百五十米，有面对式石墀转背靠式石墀，再由面对式石墀转背靠式石墀，石阶一百余级。石墀西侧石刻两块，各高逾三米，一刻“梵宇重辉”四字，手体阴刻，落款“顾廷龙”；一刻“佛佑天印”四字，手体阴刻，落款“慈舟书”。石墀上面有月台，月台南边天王殿，坐南朝北，建筑面积四百平方米。重檐歇山顶，螭首鸱吻。垂脊和戗脊末端各立法像一尊，平檐短角，内作斗拱，各檐角蹲兽四只、仙人一尊。

北面上檐横梁中部悬挂“天王殿”木匾，黄底黑字，楷体阴刻，落款“宏理”，匾面饰飞龙腾云暗纹，四边雕九龙及彩云。殿宇面阔五间，进深四进，北面中部开殿门三扇，两边开窗各一扇。门前阶基高约三十厘米，踏道石阶三级。中门对联云：“翠竹黄花习佛性，清沁皓月照禅心。”殿中佛龛内供奉彩绘泥塑弥勒菩萨莲台像，头戴天冠，身着通肩袈裟，双脚赤足，前交叉，坐于三层仰莲台上。左手置于左膝上面，掌心朝上，手指平伸，指尖向前，作与愿印；右臂上曲，竖掌胸前，掌心外翻，指尖向上，拇指与中指相抵，作说法印。龛前供案上排列小琉璃龛八座，东首第一座供奉彩绘泥塑十一面千手观音像，身着天衣，结跏趺坐于莲台上。其余七座佛龛供奉彩绘泥塑过去七佛像，顶戴金冠，身着彩衣，胸配璎珞，结跏趺坐于莲台上。殿内两庑分列彩绘泥塑四大天王坐像。天王殿南面中间开殿门一扇，殿门两侧各开窗二扇，上檐横梁中部悬挂“慧日普照”木匾，黄底黑字，落款“沙门　演音弘一”。

天王殿东西两侧约十米，有偏殿各一座，形制相同，位置对称，坐南朝北，单檐歇山顶，螭首鸱吻。垂脊和戗脊各立角兽，各檐角蹲兽二只、仙人一尊。平檐短角，内作斗拱。面阔三间，进深二进，北面和南面各开拱形殿门一扇。东偏殿北门额曰“解脱”，南门额曰“般若”，西偏殿北门额曰“般若”，南门额曰“解脱”。西偏殿西侧有钟楼，坐西朝东，单檐歇山顶二层建筑，螭首鸱吻，垂脊和戗脊各有角兽，各檐角蹲兽四只、仙人一尊。平檐短角，内作斗拱。北面檐下悬挂“钟楼”木匾，南面檐下悬挂“景阳”木匾。钟楼面阔三间，进深三进，总面积一百五十平方米。楼下南面和北面各开拱门一扇，二楼平座外挑，四周有回廊，外立石雕护栏。楼下供奉彩绘泥塑地藏菩萨像，剃发圆顶，身着通臂袈裟，赤足立于莲台上。右手握锡杖，杖头上竖，左手置于左胸前，指尖向右，掌心朝上，托蓝色摩尼珠。楼上置铜钟一口，2009年依古钟复制，高约二米，口径约八十厘米。蒲牢钟钮，平圆钟顶和钟口。钟腹正立面上部横排魏体“方山”二字，其下竖排魏体“定林寺”三字；钟腹正面中部钟月一枚，月面饰六瓣莲花纹。钟腹背面上部竖排魏体“景阳古钟”四字；中部钟月一枚，月面作六瓣莲花纹。钟腹左右侧面上部各嵌半球体，球径约三厘米。每侧十四列，其中第四列和第十一列三枚，其余十二列各四枚，总计一百零八枚。东配殿东侧有鼓楼，与钟楼形制相同，位置对称。北面檐下悬挂“鼓楼”木匾，南面檐下悬挂“雷音”木匾。楼上法鼓一面，楼下用于储存备用香烛等物品。

天王殿后为广场，有日殿、月殿以及大雄宝殿。日殿位于广场西边，钟楼南门正前方，坐西朝东，正立面呈“凸”字形，平面呈长方形。单檐歇山顶楼房，螭首鸱吻，垂脊和戗脊有角兽，各檐角蹲兽四只、仙人一尊。中间单元楼高三层，一楼和二楼各面阔三间，进深三进；三楼面阔三间，进深一进。各层东面中间开门一扇，两边开窗各一扇。门前有檐廊，平柱二楹，二角柱各一楹。一楼门额曰“伽蓝殿”，门联云：“古刹重光赖国事兴隆为胜境，方山溢美因人文荟萃起宏图。”三楼檐下悬挂“日殿”匾额，蓝底金字，行体阳文。北边单元楼高二层，上下层各面阔三间，进深三进。每层东面中间开门一扇，两边开窗各一扇。门前有檐廊，平柱二楹，二角柱各一楹。一楼门额曰“客堂”，门联云：“胜地采风有缘足印留天印，盛时缮寺无限风光共佛光。”二楼檐下悬挂“圆融无碍”木匾，黄底黑字，行体阴刻，落款“俞德明敬书”。南边单元楼高二层，与北边单元形制相同，位置对称。一楼门额曰“云水堂”，门联云：“喧鸟春洲讯道观药铛云雾里，杂英芳甸寻佛祖崖壁山涧边。”二楼檐下悬挂“慈悲喜舍”木匾，黄底黑字，行体阴刻。

伽蓝殿后门通小院，定林寺古塔在焉。古塔建于宋乾道九年（1173），七级八面，仿木结构楼阁式砖塔，高十四点五米，塔底地宫供奉佛牙舍利。底层每面边长一点四六米，直径三点四五米，高约四米；南面开门，中央有石雕须弥座，东、西、北面各有佛龛，佛龛有窗，其余四面开假窗。塔内中空，底层和二层内部为方形，三层以上圆筒形。第二层壶门两侧各开方形壶窗，其余各层每面开一假壶门，壶门皆为火焰券。第五层设木架以承刹杆。塔身用砖砌成仿木结构柱枋和斗拱，西北角第五、六层有残存腰檐两处，其余仅剩石质挑角，挑角尽头有孔。塔顶及塔刹久毁，塔顶近年得以修复。塔内旧有古钟一〇八乳，扣之清越，相传即古景阳钟，今无存。此塔向北倾斜，最大倾斜度为七点五九五四度，2003年3月18日启动修缮工作，经过纠正现斜度为五点三五度，乃当今世界第一斜塔，1982年列为江苏省文物保护单位。2003年9月，在古塔西北三十米发现一千一百平方米古定林寺遗址，为清代大雄宝殿旧基叠压在宋代遗址之上，进深宽出一点五米，大殿坐南朝北，铺地砖和石块排列走向保存完整。

定林寺斜塔

月殿位于广场东边，鼓楼南门正前方。坐东朝西，与日殿规制相同，位置对称。中间单元一楼门额曰“祖师殿”，门联云：“经达摩善鉴道明佛地重光迎盛世，伴斜塔朱砂碧水宗风再振耀名城。”三楼檐下悬挂“月楼”木匾，蓝底金字，行体阳文。北边单元一楼门额曰“禅堂”，门联云：“古刹重新海内禅宗距上方，丛林更定江南名寺擎天印。”二楼檐下悬挂“琉璃世界”木匾，黄底黑字，行体阴刻。南边单元一楼门额曰“光明堂”，门联云：“缥缈流年问达祖摩崖面壁处，庄严宝像看如来佛殿拈香人。”堂中供奉鎏金四十八臂观音像。二楼檐下悬挂“生欢喜心”木匾，黄底黑字，隶体阴刻。

日殿和月殿前，各置圆形一级铜宝鼎一只，形制相同，位置对称。圆攒尖，上竖珠宝刹，船形光焰。八瓣仰莲形檐顶，蟠龙檐柱四根，呈对角立于炉口上截面，支撑檐顶。龙首在柱体上部，凸出柱表，龙身沿柱体表面盘旋而下，止于柱体底部。鼎颈左右侧面作狮首形鼎耳一对，颚下缀圆环一只。仰钵形鼎腹，上边伏莲一周三十六朵。鼎腹正面横排魏体“方山定林寺”五字，背面铸一圆形双“寿”图，五只蝙蝠环绕“寿”字。鼎腹左侧面分行竖排“佛历二五五一年端月十二日”“心融大和尚监制”等字，右侧面功德芳名。狮首形鼎脚三只。

广场南边有平台高出，平台北侧铺砌石墀一层台阶十一级，两边立石雕扶栏。石墀中部铺设长方形青石浮雕一块，八宝图案，中心雕法轮一枚，周边作莲花、宝瓶、宝伞、双鱼、法螺、白盖、盘长等。浮雕四边立石围栏。平台东侧和西侧各石墀一层台阶十三级，台阶两边有石雕扶栏。大雄宝殿在平台南边，2003年12月19日殿基，建筑面积七百五十六平方米，坐南朝北，重檐歇山式仿古建筑，正脊以小圆瓦垒砌七层透空圆形铺排而成，上竖三叠球体宝瓶顶，螭首鸱吻，背负宝剑。正脊北面嵌“国泰民安”四块釉瓷砖雕，南面嵌“风调雨顺”四块釉瓷砖雕。平檐翘角，内作斗拱。垂脊末端各立法像一尊，戗脊末端有角兽，各檐角蹲兽七只。北面上檐横梁中部悬挂“大雄宝殿”四块字匾，红底金字，行体阳文，落款“赵朴初题”。北侧阶基高约二米，踏道石阶十三级；南侧阶基高约五十厘米，踏道石阶三级。踏道两边各有石雕扶栏，与大殿

定林寺大雄宝殿

东边和西边石雕护栏相接。殿宇面阔七间，进深五进。北面开殿门五扇，殿门两边各开月窗一扇。门联二幅，其一云：“长养一颗菩提心，普供十方明镜佛。”其二云：“莲台佛宝万方归善心，香烛瑞气四海颂太平。”大殿南面开殿门三扇，殿门两边各开窗二扇，中门对联云：“定座传经心作悟，林风弄月水听音。”殿中供奉黄桧木雕东方三圣像，东方琉璃世界教主药师佛居中，身着通肩袈裟，结跏趺坐于三层仰莲和一层伏莲垒砌的莲台上。左手置于右足上面，掌心朝上，指尖向前，手心托药钵；右臂上曲，立掌胸前，掌心外翻，拇指与食指拈一粒药丸，其余三指向上舒展。药师佛身后有顶圆光和大背光，光焰中有释迦如来、宝胜如来、妙色身如来、广博身如来、离怖畏如来、甘露王如来、阿弥陀如来等七尊雕像，释迦佛居于光焰顶上，其余六佛两侧排列。莲台由四大力士托起，旁立四大天王守护。日光菩萨和月光菩萨侍立药师佛两胁。楹联二副，其一云：“一步一重天一瓣心香朝佛祖，三师三法印三乘金相护苍生。”其二云：“开山渡众广种福田兴废明时扬佛法，升座传经长修正果琉璃大愿鉴禅心。”药师佛背面供奉彩绘泥塑海岛观音像，观音身后岩崖上，列彩绘泥塑三十二应身，善财童子和龙女侍立左右，楹联云：“做人当学此山方方正正，遇事还如这佛定定心心。”殿内西南角供奉彩绘泥塑文殊菩萨左舒坐莲台像，莲台下有青狮坐骑。文殊菩萨右手握智慧剑柄于右膝，剑锋上指，左手置于左胸前，作说法印。东南角供奉彩绘泥塑观音菩萨右舒坐莲台像，莲台下有朝天吼坐骑。观音菩萨左掌托净瓶置于左膝上面，瓶口竖插柳枝，右手立于右胸前，作说法印。西北角悬挂铜钟一座，高约一点五米，口径约一米。蒲牢钟钮，钟顶和钟口皆为平圆形。钟腹上边和下边各饰莲花一周。钟腹正面上部嵌半球体二枚，球径约二厘米；中部竖排“方山定林寺”五字；下部钟月一枚，面作莲花图案。钟腹左右侧面上部嵌半球体，中部和下部铸经文。东北角法鼓一架。大殿两庑前供奉十二药叉及六尊菩萨鎏金立像，四壁墙面悬挂手绘绢表十六罗汉像。

出大雄宝殿后门为跨院，南边石阶三十级，上有平台。平台中部立滴水观音大理石雕像一尊，面北而立，顶戴阿弥陀佛，身着天衣，腰系罗裙，胸配璎珞，赤足立于莲台上。左手持净瓶置于腹前，瓶口向前下方倾斜，作洒水状；右臂上曲，竖掌胸前，掌心外翻，拇指与中指轻抵，其余三指向上伸展，作说法印；善财童子、龙女小石雕像分立两胁。莲台由三层仰莲与三层伏莲垒叠而成，束腰嵌半球体一周，球径约三厘米。莲台下面有九层仰莲座基。雕像、莲台、座基通高约五米。从观音雕像背后，登石阶七十余级至藏经楼。

藏经楼为仿宋风格三层建筑，坐南朝北，高三十六米，长六十米，宽四十六米，占地面积二千七百六十平方米，总建筑面积五千五百平方米。歇山顶，正脊中部嵌法轮一枚，螭首鸱吻。垂脊和戗脊各立法像，各檐角蹲兽六只、仙人一尊。每层面阔七间，中部五间进深四进，两边耳房进深三进，平面呈“凸”字形，体量逐层收束。每层北面中部开门三扇，两边开窗各二扇。一楼四面有檐廊，东面和西面各平柱五楹，北面和南面各平柱八楹，四角柱各一楹。二楼平座外挑，形成回廊，四边立护栏。三楼北面檐下悬挂“藏经楼”三块字匾，黄底黑字，行体阴刻，落款“赵朴初题”，匾面四边雕金色卷草纹。目前藏经楼土建基本完竣，装饰工程尚未开始。

佛顶寺

在今江宁区牛首山东峰东侧，牛首山文化旅游区内。2012年开建，2015年完竣，占地面积约二万三千七百平方米，建筑面积约一万零五百平方米。以牛首山有供奉释迦牟尼佛顶骨舍利地宫故，名佛顶寺。寺院整体按照禅宗伽蓝七堂规制修建，坐西朝东，宫殿式结构，仿唐风格建筑。中轴线依次为山门、天王殿、大雄宝殿、法堂，南翼依次为鼓楼、伽蓝殿、观音殿，北翼依次为钟楼、祖师殿、药师殿，殿宇之间以游廊贯通。僧寮、斋堂等生活设施在寺院南侧，另成范围。

山门前有广场，青石地面，东、南、北三边筑围墙，高约二米，米色瓷砖墙面，内嵌方柱，方柱表面铺贴棕色瓷砖。广场中置矩形铜香炉一座，长五米，宽六十厘米。炉口上截面光洁平滑，左右两边铸倒“凹”字形炉耳一对，炉耳侧立面饰回字纹。炉腹正面上边和下边各嵌半球体四十三枚，球径约三厘米。炉腹中部横向联排四片如意祥云，祥云表面有篆体阳文“佛顶圣境”各一字，正中位置嵌圆形，内作竖排篆体阳文“牛首山”三字，祥云左侧分行竖排隶体“佛历二五六一年　公元二〇一七年”等字。炉腹两边各雕飞禽二只，上下排列，相向飞翔，身后有如意祥云。炉腹背面上边和下边各嵌半球体四十五枚，球径约三厘米。炉腹中部横向联排四片如意祥云，祥云表面横排篆体阳文“南无阿弥陀佛”六字。象首形炉脚四只，以象鼻触地，支撑炉体，象鼻两边象牙一对，象耳表面饰回字纹。炉膛内有黛色细沙，供访客按捺手印之用。香炉旁立告示牌略云：“本香炉为神州名炉，五米长型，表法五常，天地君亲师；宽六十公分，代表六度；

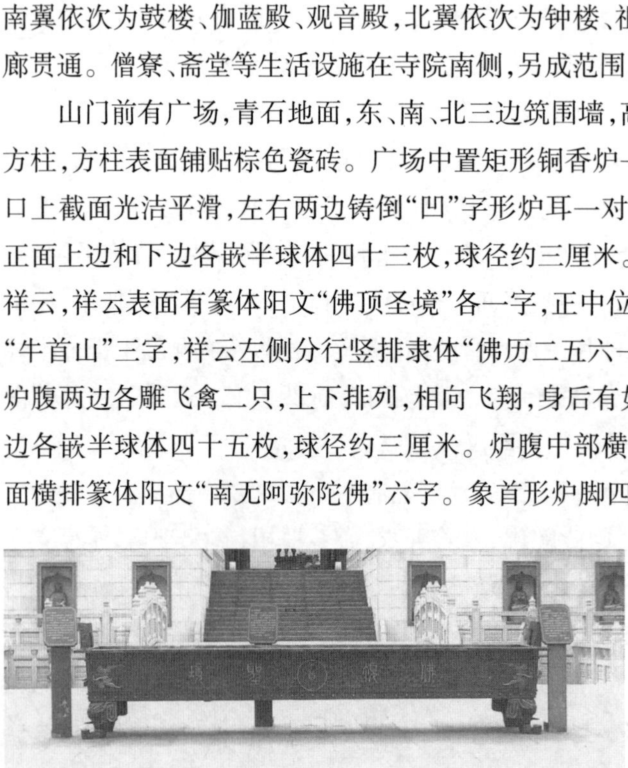

佛顶寺供炉

四象为鼎。此香炉为供炉，专为各界人士按手印之用。请正对佛顶寺，于香炉内按下手印，作为来过佛顶寺的印迹。”

广场西边临水，有跨水石桥，过桥登石阶二层十八级至山门。山门前置重檐一级铜宝鼎一座，圆攒尖，上竖宝珠刹。刹下有莲台，仰莲一周十二瓣，每瓣莲叶内嵌半球体一枚，形似莲子。刹座呈鼓形，前后立面各雕二龙，龙首相对。宝鼎上檐和下檐各内作斗拱，上檐斗拱下作龙形卷叶一周六束，龙首两两相对；下檐斗拱下作如意结形卷草一周六束。下檐与鼎口上截面之间设妙门六扇，每扇门沿门额至门边作二龙戏珠图一幅，龙尾下方缀海波纹。鼎口外表面上部铸卷叶一周六束，下部作回字纹一周，鼎口正立面嵌行体横排“佛顶寺”三字。鼎颈外表面作如意轮一周八枚，每轮两边缀卷草一束。鼎腹上边铸祥云一周，左右侧面如意柄形鼎耳一对，表面回字纹。鼎腹下边铸莲花一周三朵，每朵莲花两边缀卷草一束。鼎腹中部环铸法轮、法螺、宝伞、白盖、莲花、宝瓶、金鱼、盘长。狮首形鼎脚三只。宝鼎下有圆柱体须弥座，底边正面和背面各线刻如意一枚；下枋作如意边叠涩，有卷草四束；下枭伏莲一周，内作卷草纹；束腰以如意结及飘带环铸一周；上枭仰莲一周，内有卷草纹；上枋作莲花四朵，卷叶四束，相间分布，素平。

山门由三座横向联排的穿堂式门厅组成，平面呈“凸”字形。门前阶基高约六十厘米，踏道台阶四级。中门厅面阔三间，进深三进。东面中间开门一扇，两边开窗各一扇；门额悬挂“佛顶寺”木匾，黑底金字，繁体阴刻；门联云：“佛心朗现舍利重光一脉玄门开觉路，牛首立宗金陵仰圣千秋宝地启禅关。”尉天池题书。边门厅体量比中门厅略小，各面阔三间，进深二进；东面中间开门一扇，两边开窗各一扇。

山门之后为跨院，南北两边围墙，西边高台。高台东立面嵌释迦牟尼灵鹫山说法图石雕，石雕两边有面对式转背靠式石墀二层，石阶六十三级至于台上。高台北边钟楼，南边鼓楼，形制相同，位置对称。重檐四角攒尖式二层建筑，上竖宝

佛顶寺天王殿

珠顶，宝珠下置莲台底座。上下层各面阔三间，进深三进。二楼西面开一门二窗，其他三面各开窗三扇；平座外挑，四周回廊，外立护栏。楼下西面中间开门一扇，两边开窗各一扇，其余三面各开木窗三扇。钟楼门联云："谷应峰鸣天阙闻天籁，警人醒世佛门证佛心。"鼓楼门联云："雷门一击惊天阙，净土初观想日轮。"

高台西边天王殿，重檐歇山式大屋顶，内作斗拱。东面有檐廊，平柱四楹，二角柱各一楹。楹联云："将我笑容合牛首春光化作众生欢喜相，与君肚量还本初善性修来一世大悲心。"孙晓云题写。下檐横梁中部悬挂竖排"天王殿"木匾，金底黑字，行体阴刻。匾面四边作如意曲线，内绘金色吉祥图案。廊前阶基高约六十厘米，踏道台阶四级。殿宇面阔五间，进深四进，东面中间开殿门一扇，两旁开窗各一扇。殿中供奉弥勒菩萨说法像，头戴宝冠，身着通肩袈裟，胸配璎珞，舒坐于法台上面。两脚垂置于法台前立面，双足赤裸，左右脚各踏莲花一朵。双手置于胸前，右手立掌，掌心朝左，指尖向上，食指略向下弯曲，左手横置，掌心向内，指尖向右，左拇指与右拇指相触，作说法印。塑像通体栗色，身后有火焰形大背光，光焰中雕卷叶、花卉等图案。弥勒像背面供奉金身彩绘韦驮像，降魔杵指向地面。两庑山墙前分列彩绘泥塑四大天王坐像。殿宇西面开一门二窗，门联云："一杵威神汝有真修我护法，三洲感应人无邪念自降魔。"

天王殿之后有庭院，庭院北边祖师殿，坐北朝南。单檐悬山顶，面阔七间，进深三进。南面有檐廊，平柱六楹，二角柱各一楹，楹联云："初祖西来禅宗传一脉，牛头东震慧业三千秋。"檐下横梁悬挂"祖师殿"木匾，黑底金字，篆体阴刻，匾面四边雕金色回字纹。廊前阶基高约六十厘米，踏道石阶四级。殿中供奉牛头宗六位祖师以及牛头宗上位四祖师塑像，两庑供奉牛首山土地神和岳飞像。庭院南边伽蓝殿，坐南朝北，与祖师殿形制相同，位置对称。楹联云："菩提树下心香风是客，明镜台前忠义信为神。"檐下横梁悬挂"伽蓝殿"木匾，黑底金字，行体阴刻，匾面四边饰金色回字纹。廊前阶基高约六十厘米，踏道石阶四级。殿内供奉伽蓝菩萨关羽像。

庭院西边石墀二层台阶二十五级，上有月台。月台中部置矩形铜香炉一座，炉口外立面饰仰莲一周。炉颈正面和背面铸十六瓣莲花各五朵，每朵两侧缀十瓣小莲花一朵、卷草一束。炉颈左右侧面如意柄形鼎耳一对，表面回字纹。炉腹正面中部十六瓣莲花一朵，花下横排"佛顶寺"三字；莲花两侧龙各一条，龙首相对。狮首兽脚形炉脚四只，炉脚与炉腹正面及背面底边夹角处，嵌三角形如意各一枚，内有卷草图案。月台南边和北边立石雕护栏。

大雄宝殿在月台西边，重檐歇山式大屋顶，四周有檐廊，东面和西面各平柱八楹，南面和北面各平柱五楹，四角柱各一楹。东面下檐横梁悬挂三块木匾，楹联三幅。中间“万德庄严”匾，黑底金字，行体阴刻；楹联云：“功圆万德位证一乘是天中天上无二上，横遍十方竖穷三际成佛顶佛尊为独尊。”左侧“佛日增辉”匾，黑底金字，手体阴刻；楹联云：“佛门清净大法圆融明启禅心辉日月，国土庄严慈云舒卷遍施花雨济天人。”右侧“普渡众生”匾，黑底金字，魏体阴刻；楹联云：“古刹矗名山看虎踞龙蟠至圣宝光凝佛骨，灵台传妙谛听钟鸣鼓响大雄浩气壮禅林。”檐前阶基高约一点八米，踏道石阶十三级，两侧有石雕护栏。大殿面阔七间，进深四进，东面中部开殿门五扇，两边开窗各一扇。殿中有影壁，壁前佛坛上供奉华严三圣鎏金塑像。释迦牟尼布施像居中，身着通肩袈裟，胸嵌万字符，结跏趺坐于三层仰莲台上。左手覆于左膝前面，指尖向地，作降魔印；右臂上曲，竖掌胸前，掌心外翻，指尖向上，作无畏印。身后有顶圆光及大背光，船形光焰内雕七尊坐佛，顶部一尊，左右边各三尊，间以如意祥云；迦叶、阿难侍立两胁。释迦佛左侧为文殊菩萨像，发束五髻，头戴宝冠，身着天衣，胸配璎珞，腕串金镯，左舒坐于三层仰莲台上，莲台下有青狮坐骑。右腿单盘，左腿悬于莲台前立面，脚踏莲花。左臂上曲，握拳胸前，拳心向上，握智慧剑柄，剑锋上指，右手握笔于右膝上面，掌心朝上。身后有顶圆光及大背光，顶圆光内雕莲花一朵，大背光焰中雕如意祥云数朵。释迦佛右侧为普贤菩萨像，头戴五如来冠，身着天衣，胸配璎珞，腕串金镯，右舒坐于三层仰莲台上，莲台下有六牙白象坐骑。左腿单盘，右腿悬于莲台前立面，脚踏莲花。右手置于右腿上面，掌心朝上，托金如意底部，如意上部抵靠右肩胛，左臂上曲，竖掌胸前，掌心外翻，中指弯曲与拇指相触，作说法印。影壁背面供奉水月观音像，顶戴阿弥陀佛，身着天衣，胸配璎珞，腕串钏镯，赤足坐于岩石上。左腿悬垂于岩石前面，脚踏莲花；右膝曲起，脚掌置于岩石上面。右肘轻覆于右膝上，掌心向下，指尖朝前，中指及无名指略作弯曲；左掌撑于左腿外侧岩石表面，指尖向左。身后有顶圆光，善财童子、龙女侍立两胁。身后壁面塑三十二应身和如意祥云。大殿两庑山墙前分列

佛顶寺大雄宝殿

十八罗汉金身塑像。

大雄宝殿之后，登面对式石墀二层二十九级至高台。高台北边药师殿，坐北朝南，悬山顶平房，南面有檐廊，平柱四楹，二角柱各一楹。檐下横梁悬挂“药师殿”木匾，黑底金字，行体阴刻；楹联云：“烟岚早化琉璃界，草木犹怀般若心。”檐前阶基高约六十厘米，踏道石阶四级。殿宇面阔五间，进深二进，南面中间开殿门一扇，两边开窗各二扇，门额曰“忏悔堂”，乃男众忏悔之所。殿中佛坛上供奉药师佛金身像，身着右袒肩袈裟，胸前万字符，结跏趺坐于莲台上。左手托药壶置于腹前，壶口朝上，右手放在右膝前面，掌心外翻，指尖向下，中指与拇指拈草药一株。背后有举身光，光焰顶部丹炉一座，左右两侧自上而下飞天一双，乐伎、舞伎各一对。

高台南边观音殿，坐南朝北，与药师殿形制相同，位置对称。檐下横梁悬挂“观音殿”木匾，黑体金字，行体阴刻；楹联云：“春满江南净瓶施两众，慧圆天阙大士济慈悲。”檐前阶基高约六十厘米，踏道石阶四级。殿宇面阔五间，进深二进，北面中间开殿门一扇，两边开窗各二扇，门额曰“忏悔堂”，乃女众忏悔之所。殿中石台上供奉十一面三十六臂准提观音金身立像，手中各持法器，掌心各具慧眼。

佛顶寺法堂

高台西边法堂，坐西朝东，重檐歇山式大屋顶二层建筑。殿堂面阔七间，进深六进。一楼东面中间开门一扇，两边开窗各三扇。门额悬挂“法堂”木匾，金底黑字，竖排阴刻，匾额四边向前翘出，内饰吉祥图案。门联云：“牛吼一声醒聋发聩，龙骧九转继往开来。”门前阶基高约六十厘米，踏道石阶四级。南面和北面各开一门三窗。法堂二楼四边平座外挑，外立护栏，《大藏经》等内典经书深藏楼内。

海岳寺

在今江宁区祖堂山宏觉寺南山门东侧十余米。殿宇一座，坐北朝南，建筑面积二百二十四平方米，2000年5月开建，2001年12月竣工。殿宇前有院墙，与宏觉寺南山门墙相接。墙面开月门一扇，额曰“海岳寺”。殿宇单檐歇山顶仿古建筑，正脊上方雕塑二龙戏珠宝顶，螭首鸱吻，背负宝剑。垂脊末端和戗脊末端各有垂兽和角兽，各檐角蹲兽四只、仙人一尊。翘檐斗拱。阶基高约一点六米，南侧踏道石阶十级，两边立石雕扶栏。踏道中部置六角一级铁宝鼎一座，平圆顶，上竖葫芦形宝瓶刹，宝瓶上下球面各作一枚透空铜钱图案。平檐短角，各檐角立龙首一只。蟠龙檐柱四根，对角立于鼎口上面，支撑檐顶。鼎口外立面铸半球体一十六枚，球径约二厘米。鼎颈外表面饰回字纹一周，左右侧面乙字形鼎耳一对，表面回字纹。鼎腹正面中部横排“宏觉寺”三字，其下横排“海狱寺”三字(作者案：“狱”当为“嶽”)，左侧分行竖排上款“佛历二五四八年　公元二〇〇四年”，右侧竖排下款“住持宏成”。鼎腹侧面和背面功德芳名。狮首形鼎脚三只。

殿宇面阔三间，进深三进，南面开拱形殿门三扇。中门上额嵌“海岳寺”石匾，白底黑字，石匾两侧开各月窗一扇。左右边门上额各开一扇月窗。中间观音殿，殿中供奉彩绘泥塑海岛观音像，顶戴阿弥陀佛像，身披天衣，腰系罗裙，胸配璎珞，腕串玉镯，赤足立于鳌头。左手托净瓶于腹前，瓶口向前下方倾斜，甘露自瓶口流出，落入海面；右臂上曲，竖掌胸前，掌心外翻，手中持柳枝；善财童子、龙女分立两胁。两庑山前立彩绘泥塑三十二应身。观音殿左侧地藏殿，供奉彩绘泥塑地藏菩萨像，头戴毗卢冠，身着黄色通肩袈裟，右舒坐于谛听脊背上。左掌托摩尼珠于腹前，右手握锡杖，杖身直立，杖尾着地，闵公、道明和尚侍立左右。殿内两庑分列彩绘泥塑黑白无常、十王等像。观音殿右侧为神殿，殿内供奉彩绘泥塑神像。

海岳寺

宏觉寺

本在旧都城聚宝门外三十五里牛首山，1993年徙建于祖堂山。牛首山北连翠屏山，南接祖堂山，周回二十三点五千米，高四百二十米。山有东西双峰，形似牛首，故名牛首山，亦名牛头山，寺居于东西双峰之间。南朝宋大明年间(457—464)，执事者导从百余人游西峰石窟，见一僧趺坐，忽无所有，但遗锡杖、香炉、鉼盂而已，遂谓山之西峰有辟支佛窟。梁天监二年(503),司空徐度造寺,名佛窟寺,又名常乐寺。唐代改为长乐寺,亦名资善院,五代为福昌院。南唐后主改宏觉寺,宋太平兴国二年(977)改崇教寺。明洪武初年(1368)复旧名佛窟寺,正统年间(1436—1449)改名弘觉寺。大报恩寺所统次大刹,大山门一座,金刚殿五楹,碑亭二座,天王殿三楹,正佛殿七楹,观音殿三楹,轮藏殿三楹,后佛殿三楹,伽蓝殿三楹,祖师殿三楹,方丈十四楹,公学二大楹,斋堂五大楹,卧佛阁三楹,藏经殿五楹,舍利塔七级,文殊殿三楹,辟支殿三楹,方塔一座,弥勒殿三楹,僧院五十四房。食粮牒僧七十名,食粮学僧三十名。寺基周围二十一里三十步,东至本寺白石坑,南至赵库村,西至文殊岭顶,北至太子岭脚。田、地、山、塘共六百六十六亩一分五厘。禅堂有大门一座,禅堂五楹,十方堂六楹,接引阁三楹,华严楼五楹,楼下斋堂,弥勒阁三楹,阁下净业堂,藏经阁三楹,养老堂三楹,厨库茶寮共十二楹。田、地、山、塘共二百一十三亩八分六厘。清乾隆年间(1736—1795)避皇帝名讳,恢复宏觉寺旧名,乾隆巡游江南,御题"万法皆如"匾额。咸丰年间(1851—1861)毁于兵燹,乱后稍加修葺。民国前期仅存大雄宝殿,佛龛尘封,荆榛塞途,更名普觉寺。抗日战争期间遭日本侵略军焚掠,殿宇无存。民国后期两次修葺,"文化大革命"时期废毁。

宏觉寺山门前,左右两侧旧有壁画。既入山门,沿中道以上,左右列二碑亭,翼翼相向。左碑沙门道遐撰,程广平书,略云"刘司空既创寺,仍以余帑集录佛经道书、内外诸史、医方图箓,凡数千百卷,总以七藏奉之。唐代融禅师托迹幽栖时,尝从抄阅。"碑亭上为金刚殿,金刚殿后石级之上为天王殿,天王殿后为大雄宝殿。大雄宝殿前,左为观音殿,右为轮藏殿。大雄殿后为毗卢殿,左右两翼有小殿,曰伽蓝殿,曰祖师殿。山门左右亦各有路,左门麓下有文殊庵,文殊庵上为卧佛阁,阁上列像庄严,阁下塑临济二十二世南虚白像。卧佛阁右为天王殿。出卧佛阁,左前有东隐庵。由东隐庵回折而上,为退居方丈,内有百代高僧像。自方丈东下,经地涌泉、兜率崖,至藏经殿,藏经殿后有舍利塔。山椒有僧庐,曰巢松阁,其下旧有三际和尚草庵。自巢松阁入长廊,近辟支殿,自辟支洞三折而至禅堂。自禅堂出,至祠堂,明正德末年(1521)武宗南巡驻跸于此。由祠堂而下,有二三僧庐,皆近右门。此为牛首山宏觉寺殿宇方位之大略。

从山门至金刚殿石磴百级,两旁杉桧行列,称白云梯。金刚殿左有古银杏树,高可十仞,围余二丈。殿后有丹灶,投以薪火,无风自燃。天王殿左有白龟池,明成化七年(1471)修。白龟池左有虎跑泉,味极清洌,相传昔草衣文殊讲授时,有龙女送水,双虎爬而得之。虎跑泉前有金刚会碑,唐咸通五年(864)居士丁遵等造,樊文蕴撰文。东峰顶有锡杖泉，峰之阳有兜率岩，一名舍身台，垒石为浮屠，游人每绕之，云当得福。兜率岩下数百步有地涌泉，一名感应泉，俗称龙王泉。水自石坎中出，深二尺许，涓则常盈，注而靡竭，色味俱绝，壁上有“地涌泉”三大字，又有“元贞四年”等字。岩下有凭虚阁、太虚泉。兜率岩西有文殊洞，容可一二人，旧有屋覆其上，清代寺僧易为重楼，名文殊阁。文殊洞前有含虚阁，明罗洪先题额，清康熙年间（1662—1722）太守陈开虞重修。东峰之南为雪梅岭，雪梅岭北有大石如卧鼓，高九尺，中空，可坐数十人，吴时呼为石鼓。东西两峰间，有昭明太子饮马池，冬夏不涸，旧传梁昭明太子游山时，饮马于此。西峰前有辟支洞，相传为辟支佛出所，洞前有殿，殿内石佛形制甚古。辟支洞左有五层方塔，宋僧德铨同郡人高怀义造，长干寺圆照大师普照有文志之。辟支洞右有安初洞，再右有煤洞，深入窈窅，洞上耸巨壁，旁支一石，远望甚隆，近视则有如龛状，内可藏一人。此为牛首山宏觉寺周边之胜概。

牛首山东峰南坡有七级宝塔一座，海拔标高一百八十点五米，唐大历九年（774）代宗因感梦敕建，明宣德八年（1433）修。从底层地平到塔顶覆盆为三十六点六五米，加上原来培刹，高约四十五米。底层七点一米，二层以上各层高度递减，在四点三米至四点一三米之间。塔的外围为八角平面，底层边长为三点三五米，二层三点一七米，三层三米，四层二点八米，五层二点六四米，六层二点四六米，七层二点二二米。塔的内壁为方形空筒，底层内径三点八五米，二层三点六米，三层三点四四米，四层三点二九米，五层三点零四米，六层二点八七米，七层二点五八米。塔壁上有题记七十余条，年代从明正德五年（1510）到乾隆三十二年（1767），以明嘉靖、万历和清康熙年间最多。塔的底层有须弥座，高七十七厘米，边长三点八五米，由红色花岗岩加工拼制而成，有款圭角、束腰以及上下枭混曲线，为明初形制；四面各宽八十厘米的踏道上下，周围是宽二点一八米的回廊，四面开门。二至七层的平座挑出约六十厘米，由长六十八厘米、宽六十八厘米、厚九厘米的红色花岗岩石块铺成，一端嵌入墙体。在塔的外壁腰檐、平座的斗拱下，各有一层厚八至九厘米的与须弥座、平座相同质地的石枋，相当于塔身的圈梁。塔的外壁转角有倚柱，由特制的子母砖固定在转角墙体内。各层拱门，四实四虚，为壶门形式，用面砖嵌在拱门的表面，磨缝拼制。每层拱门两侧有灯龛，内有一龛室与券门相通，可以从内部上油；二至七层灯龛计九十六个。塔身用青砖砌筑，砖的规格有多种，长度有三十三点五厘米、三十四厘米、三十五厘米、三十五点五厘米数种，宽度有十六点五厘米、十七厘米、十七点五厘米，厚度七至八厘米。砌筑方法均为上下皮一顺一顶式，灰缝的粘结材料用白石灰，十分坚硬。塔的各层平座和下檐、内层楼板下均有斗拱，有转角和补间斗拱两种。斗口宽度约三厘米，斗拱总高度七十至八十厘米。各层内外檐斗口相同，出跳均为五踩。塔顶有砖砌复盆，内部为砖叠涩砌出，塔心木固定在六层的横梁上，上部穿出屋顶，形成塔刹。现塔心木已毁，塔顶洞眼仍在。顶部屋面瓦垄仍清楚。塔基位于岩石之上，数百年来，塔的主体未见倾斜，上部外壁砖已有部分风化、脱落，除木结构被毁外，砖石主体结构保存较好。1956年7月14日，在宝塔底层发现地宫，出土鎏金喇嘛塔一座，塔高三十五厘米，须弥座高十六厘米，塔底刻有“金陵牛首山弘觉禅寺永充供养”和“佛弟子御用监太监李福善奉施”题记。塔身有四个壶门。佛龛有释迦佛、韦陀像。塔刹上置相轮、宝盖、葫芦宝顶。塔内铜鎏金释迦涅槃像一尊，长十厘米，宽四厘米，像外有金棺银椁，现藏于南京博物院。同时出土的还有佛像、玉瓶等文物。2002年10月22日，牛首山宏觉寺塔被列为江苏省文物保护单位。

1993年5月经江宁县人民政府批准，在东善桥镇祖堂山原幽栖寺旧址重建宏觉寺，1993年8月5日举行重建洒净奠基仪式，1996年5月29日举行祖堂山宏觉寺佛像开光典礼。祖堂山宏觉寺位于祖堂山南坡，倚山构筑，地势北高南低，整体布局坐北朝南，殿宇建筑群呈二横一纵“亍”字形分布。

宏觉寺南山门

一、宏觉寺北部建筑群，自西向东依次为西寮，极乐殿，藏经楼，方丈室，鼓楼，大雄宝殿，钟楼，上客堂，药师殿，法堂，佛光塔，禅堂。

西寮为硬山顶三层楼房，坐北朝南，各层面阔七间，进深一进。每间南面开一门一窗，门前有檐廊，平柱六楹，二角柱嵌入外伸山墙。阶基高约一米，底层南侧铺设踏道水泥台阶七级。第二层、第三层檐廊外立护栏，檐廊西头设楼梯。西寮之右极乐殿，坐北朝南，2007年5月开建，2009年10月竣工，建筑面积五百三十一点九六平方米。重檐歇山式仿古建筑，正脊中部竖三叠宝瓶顶，南面嵌“同生极乐”四块砖刻，螭首鸱吻。垂脊末端立石雕法像一尊，戗脊末端有角兽。平檐翘角，各檐角蹲兽六只、仙人一尊。殿宇四面有檐廊，南面和北面各平柱六楹，东面和西面各平柱四楹，四角柱各一楹。檐廊东、西、北三边及南边两端立石雕护栏。阶基高约一点八米，南

宏觉寺极乐殿

侧踏道石阶十三级，两边有石雕扶栏，与檐廊护栏相接。极乐殿面阔五间，进深三进。南面中部开殿门三扇，两边开窗各一扇，上檐横梁中部悬挂“极乐殿”木匾，红底金字，行体阳文，落款“丙申刘纯海书　主持上宏下成”，匾额四边雕九条金龙。殿中供奉彩绘阿弥陀佛接引像，高约五米。身着红色填金通肩袈裟，胸嵌万字符，结跏趺坐于莲台上。左手托金莲台置于腹前，右臂上曲，指尖上竖，手掌外翻，掌心雕一枚“佛”字，作无畏印。极乐殿前，置六角一级铁宝鼎一座，攒尖顶，上竖葫芦形宝瓶刹，宝瓶上下球面各作一枚透空铜钱图案。平檐短角，龙形蹲兽，口衔风铃。蟠龙檐柱六根，等距离分布于鼎口上截面，支撑檐顶。鼎口和鼎颈外立面各饰回字纹一周，鼎颈左右侧面乙字形鼎耳一对，表面回字纹。鼎腹正面中部分行横排魏体“南京市祖堂山　宏觉寺”九字，左侧分行竖排上款“佛历贰伍伍零年　贰零零陆年农历肆月初捌”，右侧竖排下款“方丈和尚　上宏下成”。鼎腹左右侧面和背面功德芳名。狮首形鼎脚三只。

极乐殿之后藏经楼，暂未开放。极乐殿之右方丈室，四合院结构，坐北朝南，倒座房为硬山顶二层楼房，上下层各面阔十间。楼下第五间与第六间结合处开拱门一扇，重檐歇山顶单坡门头，螭首鸱吻，飞檐翘角，各檐角蹲兽四只、仙人一尊。上檐横梁中部悬挂“丈室”木匾，红底金字，草体阳文，边框雕九条金龙。门前立柱二楹，支撑下檐。东厢房和西厢房皆为二层楼房，硬山顶，上下层各七间。北正房亦为硬山顶二层楼房。

方丈室之右依次为鼓楼、大雄宝殿、钟楼。鼓楼坐西朝东，平面呈正方形。重檐四角亭攒尖顶，上竖椭圆形球体。飞檐翘角，各檐角蹲兽四只、仙人一尊。四角柱各三根。东面开门一扇，其余三面下砌半截砖墙，上加方格木窗。阶基高约一点五米，门前有背靠式踏道石阶。门额悬挂“鼓楼”木匾，蓝底白字，行书阴刻，落款“丁亥夏月中浣于金陵世欣园　常志成”。钟楼在鼓楼之东约三十五米，坐东朝西，形制与鼓楼相同，位置对称。门额悬挂“钟楼”木匾，蓝底白字，行书阴刻，落款亦为“丁亥夏月中浣于金陵世欣园　常志成”。

钟楼与鼓楼之间，铺砌石墀一层三十三级，南起地表，北接高台，东西两边石雕扶栏。高台上面大雄宝殿，2005年5月开建，2008年8月竣工，建筑面积九百六十二平方米。坐北朝南，重檐歇山式仿古建筑，正脊中部竖四叠宝瓶顶，南面嵌“佛光普照”四块砖刻，螭首鸱吻。垂脊末端立法像雕塑，戗脊末端有角兽。平檐翘角，内作斗拱。各檐角蹲兽八只、仙人一尊。大殿四面有檐廊，南面和北面各平柱六楹，东面和西面各平柱五楹，四角柱各一楹。南面上檐横梁中部悬挂“大雄宝殿”匾额，红底金字，行体阳文，上款“佛历二五五四年”，下款“主持上宏下成”，匾面四边雕九条金龙；下檐横梁中部悬挂“佛光普照”木匾，红底金字，手书阳文，上款“佛历二五五六年”，下款“一诚”，匾面四边雕金龙九条。殿宇面阔五间，进深四进。南面开殿门三扇，北面中间开门一扇，门两侧开窗各一扇。殿中佛坛上置三座佛龛，分别供奉释迦牟尼佛、药师佛及阿弥陀佛鎏金像。三宝佛身着右袒肩袈裟，胸嵌万字符，结跏趺坐于莲台上；身后各有举身光，船形光焰内嵌跏趺坐莲台小佛像，围绕佛身分布。释迦牟尼佛禅定像居中，右掌压左掌置于腹前，掌心向上，两手拇指相触，作禅定印。药师佛居于左侧，左掌托五级宝塔置于腹前，右掌覆于右膝前面，指尖向地，作降魔印。阿弥陀佛居于右侧，左手捧金莲花置于腹前，右臂上曲，掌心外翻，指尖上竖，作无畏印。佛龛两侧楹联三副，其一云：“佛殿宝柱虚空法界诸佛聚会万佛财神菩萨罗汉来，佛在西天古在东人种万物佛根基男孝女贤家道兴。”其二云：“佛来宝地天龙八部海岸共同父母兄弟姐妹仁义德，佛日增辉常转世界孝顺礼周良心道德忍让福禄高。”其三云：“一堂圣哲彼岸先登终成正觉，万世楷模法轮常转发大悲心。”佛龛背面供奉彩绘泥塑海岛观音像，观音菩萨顶戴阿弥陀佛，身着黄色天衣、灰色罗裙，胸配璎珞，赤足立于鳌头。右手握净瓶于腹前，掌心向上，瓶口朝前下方倾斜，有甘露自瓶口出，泻于海面；左手虚覆于净瓶上方，掌心向下，指尖向左。善财童子、龙女侍立两胁。塑像身后影壁嵌彩绘泥塑观音菩萨三十二应身及诸海神像。大殿东北角木龛内供奉漆金填红文殊菩萨左舒坐青狮座像，手捧金莲花；西北角

宏觉寺大雄宝殿

木龛内供奉漆金填红普贤菩萨右舒坐六牙白象座像，手捧青莲花。两庑山墙嵌琉璃龛，龛内分列彩绘泥塑十八罗汉立像。

大雄宝殿门前约四十米，有双面镂空九龙影壁一座，高约三米五，长约五米。庑殿顶，平檐斗拱，龙形蹲兽。正脊中部竖二龙戏珠雕塑，雕塑两侧又各塑龙一条，龙首向外。壁面正面和背面各作双面透空飞龙九条，间以如意祥云，壁面底部雕海波纹。长方体须弥座，圭角、上枋及下枋各一层，四立面无纹饰，上枭仰莲一周，下枭伏莲一周，束腰海波纹。九龙影壁两旁矗立六角十一级铁宝鼎一对，形制相同，位置对称。攒尖顶，上竖塔刹。葫芦形宝瓶刹座，刹杆环绕三层相轮，如意轮刹顶。宝鼎各层平檐短角，有龙形蹲兽，口衔风铃。鼎口、鼎颈外表面各作回字纹一周，鼎颈左右侧面乙字形鼎耳一对，表面回字纹。鼎腹正面分行横排魏体“南京市祖堂山　宏觉寺”九字，左侧分行竖排上款“佛历二伍伍零年　贰零零陆年　农历四月初捌”，右侧分行竖排下款“方丈和尚　上宏下成”。鼎腹侧面及背面功德芳名。鼎腹下边一字纹二匝，中间嵌半球体一周四十枚，球径约二厘米。龙首兽脚形鼎脚三只。二只铁宝鼎外侧，各有矩形铁香炉一座，形制相同，位置对称。重檐庑殿顶，正脊由二层透空菱形铺排而成，螭首鸱吻。正脊中部竖葫芦形宝瓶顶，宝瓶上下球面各作一枚透空铜钱图案。宝瓶两侧各雕龙一条，龙首相对。平檐短角，龙形蹲兽，口衔风铃。上檐与下檐之间有八根蟠龙短柱，均分两排立于前后两边上截面。下檐与炉口之间亦有八根蟠龙柱，均分两排立于炉口正面和背面上截面，支撑檐顶。龙首居于柱体上部，凸出柱表，龙身沿柱体盘旋而下。炉腹正面和背面上边各作如意祥云十八朵，下边各作海波纹十七束。炉腹正面分行横排魏体“南京祖堂山　宏觉寺”八字，左侧分行竖排上款“佛历二五五一年　公元二〇〇七年农历九月十九”，右侧分行竖排下款“方丈和尚上宏下成”。炉腹左右侧面乙字形鼎耳一对，表面回字纹；背面二龙戏珠图。伏龟形炉脚四只，支撑炉腹底部四角。

钟楼之右上客堂，坐北朝南，硬山顶三层楼房。每层面阔八间，进深二进，西头第二间为楼梯。每间房屋南面开一门一窗，门前有檐廊，平柱七楹，二角柱各一楹，嵌入外伸山墙。一楼西头第三间门额悬挂“客堂”木匾，红底金字，行体阳文。上客堂之右有高台，高度约三点五米，平面呈长方形，东、西、北三边及南边两端有石雕护栏。高台南侧铺砌背靠式石墀一层二十三级，两边有石扶栏。高台之上药师殿，2008年5月始建，2010年7月竣工，建筑面积五百三十一点九六平方米。坐北朝南，重檐歇山式仿古建筑，正脊中部竖三叠宝瓶顶，南面嵌“增福延寿”四块砖雕，螭首鸱吻。垂脊末端立石雕法像，戗脊末端有角兽。平檐翘角，各檐角蹲兽六只、仙人一尊。殿宇四面

宏觉寺药师殿

有檐廊,南面和北面各平柱六楹,东面和西面各平柱四楹,四角柱各一楹。南面上檐横梁中部悬挂“药师殿”木匾,红底金字,行体阳文,框边刻九条金龙。殿堂面阔五间,进深三进,南面开三扇殿门,北面开窗户二扇。殿中红木雕龙佛龛内,供奉白瓷填金药师佛像,身着通肩袈裟,胸嵌万字符,结跏趺坐于莲台上。右手托七级宝塔于腹前,左臂上曲,掌心外翻,指尖上竖,作无畏印。殿门外置六角一级铁宝鼎一座,攒尖顶,上竖葫芦形宝瓶刹,上下球面各作一枚透空铜线图案。平檐短角,龙头蹲兽,口衔风铃。蟠龙檐柱六根,均匀分布于鼎口上截面,支撑檐顶。龙头在蟠龙柱中部偏下位置,凸出柱表,龙身沿柱体盘旋而上,至于柱顶。鼎口外立面嵌半球体一周二十枚,球径约四厘米。鼎颈外表面回字纹一周,左右侧面乙字形鼎耳一对,表面回字纹。鼎腹正面横排魏体“宏觉寺”三字,左侧面分行竖排上款“佛历二五五四年　公历二〇一〇年”等字,右侧面分行竖排下款“江苏南京祖堂山　住持宏成”等字,鼎腹背面功德芳名。狮首形鼎脚三只。

药师殿之右法堂,坐北朝南,硬山顶平房。面阔五间,南面三门四窗,相间开列。拱形中门,门额悬挂“法堂”木匾,红底金字,行体阳刻,上款“佛历二五五五年”,下款“主持上宏下成”,边框雕五条金龙。匾额两侧开月窗各一扇。门前面有檐廊,四方体平柱四楹,檐廊两端为外伸山墙。阶基高约六十厘米,廊前铺设水泥台阶五级。法堂之右百余米有佛光塔,2010年6月开建,2012年9月竣工,建筑面积一千五百二十一平方米。仿木构架混凝土建筑,八面九级,攒尖顶,上竖五叠球体宝瓶刹。飞檐翘角,第九层各檐角蹲兽六只、仙人一尊,其余檐角蹲兽二只、仙人一尊。第一层南面和北面各开拱门一扇,第五层东面和西面各开拱门一扇,其余各层各面开方格门或窗一扇。二层以上平座外挑,围立石雕护栏。塔座高约五米,平面呈八边形。南立面中部辟拱门一扇,门两侧月窗各一扇,其余七立面各开月窗一扇。拱门

宏觉寺佛光塔

内有阶梯通往塔座上面。

佛光塔南有禅堂，2007年5月开建，2009年4月竣工，建筑面积五百三十一点九六平方米。坐北朝南，重檐歇山式仿古建筑，正脊中部竖三叠球体宝瓶顶，螭首鸱吻。垂脊立瓷雕法像，戗脊有角兽。平檐翘角，各檐角蹲兽六只、仙人一尊。南面上檐横梁中部悬挂“禅堂”木匾，红底金字，行体阳文，匾额四边雕九条金龙。禅堂四面有檐廊，南面和北面各平柱六楹，东面和西面各平柱四楹，四角柱各一楹。面阔五间，进深三进，南面中间开拱形殿门一扇，两边开月窗各一扇。阶基高约四十五厘米，南侧踏道石阶三级。法堂内部尚未装饰。

二、宏觉寺中部建筑群，自西向东依次为千手观音殿，文殊殿，千尊罗汉堂，古拜经台，送子观音殿，观音殿，三圣殿，极乐塔，玉佛殿，卧佛殿，地藏殿，下客堂，斋堂，天王殿，祖师殿，药师塔，佛母殿。

千手观音殿在二层小楼内，坐北朝南，1999年5月开建，2001年12月竣工，总建筑面积九百四十八平方米。楼下为千手观音殿，面阔七间，进深三进，南面中间开殿门一扇，两旁开窗各三扇。殿门上额嵌“千手观音殿”石匾，行体阳文，上款竖排“佛历二五五九年”，下款竖排“住持　开封”。殿中供奉鎏金四十八臂观音像，身后有顶圆光。殿门前六角一级铁宝鼎一座，攒尖顶，上竖葫芦形宝瓶刹，宝瓶上下球面各作一枚透空铜钱图案。平檐短角，龙形蹲兽，口衔风铃。蟠龙檐柱六根，均距离分布于鼎口上截面，支撑檐角。鼎口外立面嵌半球体一周四十枚，球径约二厘米。鼎颈外表面回字纹一周，左右侧面乙字形鼎耳一对，表面回字纹。鼎腹正面横排魏体“宏觉寺”三字，左边竖排“风调雨顺”四字，右边竖排“国泰民安”四字。鼎腹左侧面分行竖排上款“佛历二五五〇年　农历二〇〇六年二月十九日”，右侧面竖排下款“方丈释宏成”，背面功德芳名。狮首形鼎脚三只。

千手观音殿之后为文殊殿和千尊罗汉堂。文殊殿2011年6月开建,2012年12月竣工,建筑面积五百三十一平方米。坐北朝南,重檐歇山式仿古建筑,正脊中部竖葫芦宝瓶顶,下置仰莲座。正脊南面和北面各嵌"文殊大殿"四块砖刻,螭首鸱吻。垂脊末端立法像雕塑,戗脊末端有角兽。平檐翘角,各檐角蹲兽六只、仙人一尊。殿宇面阔五间,进深三进,南面殿门三扇,殿门两边月窗各一扇。中门上额悬挂木匾"千尊罗汉堂",红底金字,繁体阳文,落款"丙辰刘纯海书　主持上宏下成",金色九龙匾框。在堂匾正上方的上檐横梁中部悬挂"文殊殿"木匾,宽与堂匾等,长略损之,红底金字,行体阳文,上款"佛历二五五五年",下款"陆为　主持上宏下成",匾额四边雕九条金龙。文殊殿中供奉彩绘泥塑文殊菩萨左舒坐青狮座像,顶戴金佛,身着天衣,胸配璎珞,腕串钏镯,坐于狮背上。右腿单盘,左腿舒坐,脚踏一朵金莲花。左手置于腹前,掌心朝上,指尖向右,中指和无名指向上曲起;右臂上曲,掌心外翻,中指和无名指向下弯曲,其余三指上竖,作说法印。文殊菩萨发髻上伫立应身像一尊,赤足立于莲台,右臂上抬,高与腰齐,手握智慧剑,剑锋上指;左臂上曲,掌心外翻,指尖朝上,作无畏印。其上复有应身像一尊,双手捧青莲花。其上复立应身像一尊,右手托《般若经》,左手作说法印。其上又有应身像一尊,双手合十。两庑墙面嵌排架式木龛,列置彩绘泥塑罗汉小型立像约计千尊。文殊殿前有月台,东面和西面各有台阶上下,东、南、西三边立石雕护栏。月台中部矩形铁香炉一座,庑殿顶,正脊中部竖葫芦形宝瓶顶,宝瓶上下球面各作一枚透空铜钱图案。平檐短角,龙形蹲兽,口衔风铃。檐柱八根,均分两行立于炉口前后上截面,支撑檐顶。炉颈正面和背面各饰二龙戏珠图案,左右侧面乙字形炉耳一对,表面回字纹。炉腹正面横排魏体"宏觉寺"三字,左侧分行竖排上款"佛历二五五六年　公元二〇一二年",右侧分行竖排下款"方丈宏成　徒开豪　开封",题款外侧有卷草图案。狮首形炉脚四只。

宏觉寺文殊殿和古拜经台

文殊殿之右古拜经台,坐北朝南,重檐歇山式仿古建筑,正脊中部立葫芦形宝瓶顶,下置仰莲座,正脊两端螭首鸱吻。垂脊末端立石雕法像,戗脊末端立角兽。平檐挑角，各檐角蹲兽六只、仙人一尊。南面上檐横梁中部悬挂“古拜经台”木匾，红底金字，行体阳文，匾面四边雕金龙九条，面阔五间，进深三进。南面有罩墙高耸，中开拱门一扇。门额“古拜经台”四字，蓝底金字，繁体阳文，清光绪年间题写。门联云“古佛拜经在，今朝佛子闻”。有石碑云“江宁县重点文物保护单位　古拜经台　江宁县人民政府　一九八三年六月公布　江宁县人民政府立”。罩墙门前庑殿顶矩形铜香炉一座，炉腹正面横排魏体“宏觉寺”三字，左侧分行竖排上款“佛历二五六〇年　公元二〇一四年”，右侧分行竖排下款“方丈上宏下成　释开豪　释开封”，炉腹侧面及背面功德芳名。兽首形炉脚四只。

拜经台之后送子观音殿，亦称老观音殿，1996年7月开建，1997年12月竣工，建筑面积一百二十一点五平方米。坐北朝南，硬山顶，面阔三间，平面呈凹槽形，中间进深二进，左右两间进深三进。中间南面拱形殿门一扇，左右间窗户各一扇。殿中石坛上供奉漆金填红送子观音立像，顶戴阿弥陀佛，身着天衣，双手托坐姿幼儿于右胸前。送子观音殿之右观音殿，2012年8月开建，2013年12月竣工，建筑面积二百零三平方米。坐北朝南，重檐歇山式仿古建筑，正脊南面和北面各嵌“慈航普渡”四块砖刻，正脊中部竖葫芦宝瓶顶，螭首鸱吻。垂脊立法像雕塑，戗脊有角兽。平檐翘角，各檐角蹲兽六只、仙人一尊。南面上檐横梁中部悬挂“观音殿”木匾，红底金字，行体阳文，上款“佛历二五五七年”，下款“主持　上宏下成”，边框雕刻九条金龙。殿宇面阔三间，进深三进，南面中间开拱门一扇，两边月窗各一扇。殿内东、北、西三面墙腰以下皆置须弥座石坛，下枋表面回字纹，下枭伏莲一层，束腰游龙和如意祥云，上枭仰莲一层，上枋回字纹。北墙石坛正中位置供奉彩绘泥塑海岛观音像，顶戴阿弥陀佛，身着红色团花天衣，灰色罗裙，胸配金色璎珞，赤足立于鳌头。右手握净瓶于腹前，掌心向上，瓶口朝前向下方倾斜，作洒水状，左手覆于净瓶上面，掌心向下，指尖向左，善财童子、龙女侍立两胁。海岛观音两翼及两庑石坛，排列

宏觉寺观音殿

彩绘泥塑观音三十二应身。观音殿门前有月台,月台南边立石雕护栏,东侧和西侧各铺砌石墀一层二十一级,两边立石雕护栏。月台中部置庑殿顶铁香炉一座,炉腹正面中部横排魏体"宏觉寺"三字,左侧分行竖排"江苏南京祖堂山　住持宏成"等字,右侧分行竖排"佛历二五五四年　公元二〇一〇年"等字。

观音殿之右三圣殿,2010年5月开建,2012年7月竣工,建筑面积一百九十五点九二平方米。坐北朝南,重檐歇山式仿古建筑,正脊南面和北面各嵌"佛光普照"四块砖刻,正脊中部竖三叠球面宝瓶顶,螭首鸱吻。垂脊立法像雕塑,戗脊有角兽。平檐翘角,各檐角蹲兽六只、仙人一尊。南面上檐横梁中部悬挂"三圣殿"木匾,红底金字,行体阳刻,上款"佛历二五五五年",下款"陆为　主持上宏下成",匾框雕九条金龙。殿宇面阔三间,进深三进,南面中间拱门一扇,两边月窗各一扇。门前阶基高约一点三米,踏道石阶九级,两边石雕扶栏。殿中佛龛内供奉贴金弥陀三尊像,阿弥陀佛接引像居中,身着通肩袈裟,胸嵌万字符,赤足立于莲台上。左手置于腹前,指尖向右,掌心托金莲花;右臂下垂,掌心外翻,指尖向地,作施愿印。观音菩萨和大势至菩萨分立左侧和右侧,身着天衣,胸配璎珞,赤足立于莲台上,作说法印。佛龛背面供奉漆金填红杨柳观音像,观音菩萨顶戴阿弥陀佛,身着天衣,腰系罗裙,胸配璎珞,腕串钏镯,赤足立于莲台上。左手托净瓶于腹前左侧,指尖向右,瓶口朝上;右臂上曲,掌心外翻,中指、无名指和拇指持一枝杨柳。

三圣殿之右极乐塔,2008年5月开建,2010年5月竣工,建筑面积一千五百二十一平方米。仿木构架混凝土建筑,八面九级,攒尖顶,上竖五叠球面宝瓶刹。平檐翘角,顶层各檐角蹲兽六只、仙人一尊,其余檐角蹲兽四只、仙人一尊。二层以上每层平座外挑,外边围立石雕护栏。各层每面开设门或窗一扇。底层外围砌八面形围墙,高逾四米。围墙南面辟拱门一扇,两侧月窗各一扇,其余七面各开月窗二扇。

极乐塔之右玉佛殿,1996年3月开建,1997年10月竣工,建筑面积二百六十八点七五平方米。坐北朝南,悬山式仿古建筑,正脊中部竖葫芦形宝瓶顶,螭首鸱吻。殿基高出地表约二米,平面呈长方形,东、西、北三边及南边两端有石雕护栏。南侧中部踏道石阶十三级,两边石雕扶栏。殿宇面阔五间,进深三进,南面中部拱门三扇,两边拱形窗各一扇。中门上额嵌"玉佛殿"石匾,黑底金字,行体阴刻,落款"二零零零年六月十九日于金陵世欣园　常志成题"。其余二门二窗上方各开月窗一扇,与匾额等高。殿中佛坛上供奉玉雕三宝佛像,诸佛身着金色填红通肩袈裟,胸嵌万字符,结跏趺坐于莲台上。释迦牟尼佛居中,左手托一枚红宝珠置于腹前,右手在右腿前面,掌心朝外,指尖向地,作与愿印。药师佛居于左侧,右手托五级宝塔置于腹前,左臂上曲，竖掌胸前，掌心外翻，中指与拇指相触，其余三只自然舒展，作说法印。阿弥陀佛居于右侧，左手托莲台置于腹前，右臂上曲，竖掌胸前，掌心外翻，亦作说法印。释迦佛左后侧，又有漆金填红药师佛像一尊，体量略小。药师佛身着通肩袈裟，胸嵌万字符，结跏趺坐于莲台上。左手托药钵于腹前，右臂上曲，竖掌胸前，掌心外翻，食指与拇指捻药丸一粒。殿内东山墙前红木琉璃龛内，供奉玉雕填金勾红观音菩萨像一尊，顶戴阿弥陀佛，身着天衣，腰系罗裙，胸配璎珞，结跏趺坐于莲台上。左手托净瓶于腹前，指尖向右，瓶口朝上；右臂上曲，竖掌胸前，掌心外翻，食指与拇指相触，其余三指自然舒展，作说法印。观音像左侧红木琉璃龛内，供奉玉雕填金勾红文殊菩萨像一尊，顶戴宝冠，身着天衣，胸配璎珞，右舒坐于青狮脊背上。左腿单盘，右腿置于狮腰前面，脚踏一朵莲花。左手置于腹前，掌心向上，指尖朝右，托如意于肩胛前。右臂上曲，竖掌胸前，掌心外翻，中指与拇指相触，作说法印。红木琉璃龛前列小型漆金填红娑婆三圣像，释迦牟尼佛禅定像居中，身着通肩袈裟，胸嵌万字符，结跏趺坐于五层仰莲台上，双手置于腹前作禅定印，身后有大背光，光焰中雕金龙。观音菩萨居于左侧，高束发髻，身着天衣，胸配璎珞，结跏趺坐于五层仰莲台上，左手托金莲花置于腹前，右臂上曲，竖掌胸前，作说法印。地藏菩萨居于右侧，顶戴毗卢冠，身着通肩袈裟，结跏趺坐于五层仰莲台上，右掌压左掌置于腹前，掌心向上，托摩尼珠。殿内西山墙前红木琉璃龛内，供奉玉雕填金勾红弥勒菩萨像。声闻形，顶束发髻，额戴金冠，胸配金饰，身着天衣，赤足右舒坐于莲台上。左腿单盘，右腿上曲，右脚掌撑于莲台上面。左臂上曲，竖掌胸前，掌心外翻，指尖向上，拇指触于食指第一指节；右手置于右膝上面，掌心朝上，指尖向前，中指、无名指及拇指略有上抬，作说法印。身后有顶圆光和背光，光焰中雕红莲绿叶及蓝色卷草。弥勒像右侧红木琉璃龛内，供奉玉雕填金勾红普贤菩萨像，顶戴珠冠，身着天衣，胸配璎珞，腕串钏镯，左舒坐于六牙白象脊背上。右腿单盘，左腿置于象腰前面，脚踏一朵莲花。右手持宝盒于腹前，掌心朝上，指尖向左；左臂上

宏觉寺玉佛殿

曲，竖掌胸前，掌心外翻，五指曲为空拳状，作说法印。红木琉璃龛前列小型漆金填红西方三圣像，阿弥陀佛接引像居中，身着通肩袈裟，胸嵌万字符，赤足立于三层仰莲台上，左手托金莲台置于腹前，右臂下垂，掌心外翻，指尖向地，作与愿印。观音菩萨居于左侧，顶戴阿弥陀佛，身着天衣，胸配瓔珞，腰系罗裙，赤足立于三层仰莲台上，左手托净瓶于腹前，右臂上曲，竖掌胸前，掌心外翻，作说法印。大势至菩萨居于右侧，顶戴净瓶宝冠，身着通肩袈裟，胸配瓔珞，赤足立于三层仰莲台上，双手捧金莲花于胸前。

玉佛殿前矩形铁香炉一对，形制相同，坐北朝南，平行排列。庑殿顶，正脊由三层透空菱形垒叠而成，中部竖葫芦形宝瓶顶，宝瓶上下球面各作二枚铜钱并列图案，螭首鸱吻。平檐短角，檐下作回字格挂落。蟠龙檐柱八根，均分两行立于炉口前面和后面上截面，支撑檐顶。龙头居于柱体中部偏下位置，凸出柱表，龙身沿柱面盘旋而上。炉颈正面和背面各有莲花五朵，左右侧面如意柄形炉耳一对，表面回字纹。左炉正面横排隶体“万年香炉”四字，右炉正面横排隶体“有求必应”四字，炉腹背面皆作二龙戏珠图。狮首兽脚形炉脚四只，炉腹正面和背面底边与炉脚夹角处，各嵌三角形如意一枚，内作卷叶图案。

玉佛殿之右卧佛殿，1996年6月开建，1997年12月竣工，建筑面积九十八点七五平方米。坐北朝南，单檐歇山式仿古建筑，正脊中部竖三叠球体宝瓶顶，螭首鸱吻。垂脊有角兽。平檐翘角，各檐角蹲兽五只。殿宇面阔三间，进深三进，南面覆庑殿顶门楼，门楼中部拱门一扇，两边拱形窗各一扇。拱门上额嵌“卧佛寺”石匾，黑底金字，行体阴刻，上款刻“阿弥陀佛”四字，下款“辛巳夏月于世欣园　常志成”。经拱门入殿堂，殿中佛龛内供奉玉雕释迦牟尼佛吉祥卧像一尊，头西脚东，右侧卧，右臂上曲，肘撑榻面，手托右颐，双目微闭，神态安详，左手安放于左胯上面，掌心朝下，指尖向东，双腿并拢稍作弯曲，赤足。卧佛殿前有空场，场中置四角一级铁宝鼎一座。攒尖顶，上竖葫芦形宝瓶刹，宝瓶上下球面各作一枚透空铜钱图案。平檐翘角，龙头蹲兽。蟠龙檐柱四根，呈对角立于鼎口上截面，支撑檐顶。龙头居于檐柱上部，凸出柱面，龙身绕柱体盘旋而下。鼎口外立面嵌半球体一周十六枚，球径约三厘米。鼎颈外表面如意一周十六枚，左右侧面如意柄形鼎耳一对，表面回字纹。鼎腹正面中部分行横排魏体“宏觉寺　卧佛殿”六字，左侧分行竖排上款“佛历二五四五年　公历二〇〇一年”，右侧竖排下款“住持　宏成”。鼎腹左右侧面及背面功德芳名。狮首形鼎脚三只。卧佛殿之右寮房，坐北朝南，南门正对地藏殿后垣。

地藏殿2008年5月开建，2010年8月竣工，建筑面积五百三十一点九六平方米。

坐北朝南，重檐歇山式仿古建筑，正脊南面和北面各嵌“地藏宝殿”四块砖刻，正脊中部竖三叠球体宝瓶顶，螭首鸱吻。垂脊立法像雕塑，戗脊有角兽。平檐翘角，各檐角蹲兽四只、仙人一尊。南面上檐横梁中部悬挂“地藏殿”木匾，红底金字，行体阳文，匾面四边雕九条金龙。殿宇四面有檐廊，南面和北面各平柱六楹，东面和西面各平柱四楹，四角柱各一楹。东、西、北三面檐廊外边立石雕护栏。殿宇面阔五间，进深三进，南面中部殿门三扇，两边月窗各一扇；北面中部砖墙，两边各开一门一窗。殿中佛龛内供奉素瓷填金地藏菩萨像，头戴毗卢冠，身着天衣，结跏趺坐于莲台上；右掌压左掌置于腹前，掌心向上，两手拇指抵触，掌心托摩尼珠，闵公、道明和尚漆金泥塑像侍立两胁。

地藏殿南门前有月台，台中置矩形铜香炉一座，庑殿顶，正脊作二龙戏珠铜雕，螭首鸱吻。平檐翘角，回字格挂落，平圆檐柱四根，呈对角立于炉口上截面，支撑檐顶。炉口外立面回字纹一周。炉腹正面中部横排隶体“佛日增辉”四字，左侧分行竖排上款“佛历二五六〇年　公元二〇一六年”，右侧竖排下款“住持　开封监制”。题款外侧各有龙一条，龙首向上，龙尾在下。炉腹左右侧面龙首形炉耳一对，相背而立。狮首兽脚形炉脚四只。月台西边鼓楼，坐西朝东，四面二层。攒尖顶，飞檐翘角，各檐角蹲兽五只、仙人一尊。一层面阔三间，进深三进，各角柱三根。东面中间开门一扇，两边方格窗各一扇，其余三面开方格窗各三扇。门额悬挂“鼓楼”木匾，红底金字，行体阳文，上款“丙申年玉虎”，下款“上宏下成”，匾面四边雕五条金龙。楼内有梯连通上下。二层面阔三间，进深三进，各角柱三根，四面各方格窗三扇，平座外挑，围以石雕护栏。月台东边钟楼，与鼓楼形制相同，位置对称，坐东朝西。一层门额悬挂“钟楼”木匾，红底金字，行体阳文，上款“丙申年玉虎”，下款“上宏下成”，匾面四边雕五条金龙。楼内供奉漆金泥塑地藏菩萨像，头戴毗卢冠，身着通肩袈裟，结跏趺坐于莲台上，右手握锡杖，左手托摩尼珠于腹前。

宏觉寺地藏殿

月台南边铺砌下行石阶六十六级，沿石阶南下，抵达跨街，跨街对面即十王殿北门。石阶之右为下客堂，坐北朝南，硬山顶二层楼房。各层面阔五间，进深一进，南面中间开门一扇，两边开窗各二扇。一楼门额悬挂“客堂”木匾，棕底金字，行体阴刻，上款“佛历二五五八年”，下款“甲午年腊月立”，匾面边沿回字纹一周。堂中供奉漆金填红文殊菩萨像，顶戴宝冠，身着通肩袈裟，胸配璎珞，结跏趺坐于莲台上。右手握智慧剑柄置于腰侧，剑锋朝上，左手握青莲枝，枝头红莲一朵，拳心向内，拳眼朝上，悬于右足上方。下客堂之右斋堂，坐北朝南，硬山顶二层楼房，上下层各面阔九间，进深一进。一楼南面中间开门一扇，两边开窗各二扇。门额悬挂“斋堂”木匾，棕底金字，隶体阴刻，上款“佛历二五五八年”，下款“甲午年春立”，匾面四边雕金色卷叶。二楼每间南面开一门一窗。

宏觉寺天王殿

斋堂之右天王殿，2007年5月开建，2009年4月竣工，建筑面积四百三十平方米。坐北朝南，重檐歇山式仿古建筑，正脊南面和北面各嵌“接引贵宾”四块砖刻，正脊中部竖三叠球体宝瓶顶，螭首鸱吻。垂脊立法像雕塑，戗脊有角兽。飞檐翘角，内作斗拱，各檐角蹲兽六只、仙人一尊。南面上檐横梁中部悬挂“天王殿”木匾，红底金字，手体阳文，上款“佛历二五五四年”，下款“李文骏敬书　主持上宏下成”，匾面四边雕金龙九条。殿基高出地表约二米，平面呈长方形，东、西、北三边以及南边两端立石雕护栏，南侧中部铺砌台阶十五级，两边有石雕扶栏，与殿基南边石雕护栏相接。殿宇面阔五间，进深三进，南面中部殿门三扇，两边月窗各一扇。殿中木龛内供奉漆金大肚弥勒游戏坐莲台像。木龛背面立韦陀金身像，右手托金刚杵底部，扛右肩上。两庑山墙前分列彩绘泥塑四大天王像。天王殿之后登石阶八十余级，至大雄宝殿前九龙影壁。

天王殿之右祖师殿，2007年5月开建，2009年6月竣工，建筑面积四百三十平方米。坐北朝南，重檐歇山式仿古建筑，正脊南面和北面各嵌“祖师宝殿”四块砖刻，正脊中部竖三叠球体宝瓶顶，螭首鸱吻。垂脊立法像雕塑，戗脊有角兽。平檐翘角，内作斗拱，各檐角蹲兽六只、仙人一尊。南面上檐横梁中部悬挂“祖师殿”木匾，红底金字，行体阳刻，上款“佛历二五五四年”，下款“程景　主持上宏下成”。殿基高出地表约一点八米，平面呈长方形，东、西、北三边立石雕护栏，南侧台阶十三级，两边有石雕扶栏，与殿基东西两边石雕护栏相接。殿宇面阔五间，进深三进，南面中部开殿门三扇，两边月窗各一扇。殿中石坛上供奉彩绘泥塑高僧坐像六尊。祖师殿之右药师塔，2008年6月开建，2010年12月竣工，建筑面积一千五百二十一平方米。形制与极乐塔相同，仿木构架混凝土建筑，八面九级，攒尖顶，上竖五叠球体宝瓶刹，平檐翘角。顶层檐角蹲兽六只、仙人一尊，其余各层檐角蹲兽四只、仙人一尊。二层以上平座外挑，外围石雕护栏。各层每面开门或窗一扇。底层外围砌八面形围墙，高逾四米。围墙南面拱门一扇，拱门两侧月窗各一扇，其余七面各开月窗二扇。

药师塔东南百余米有山坡，坡顶有月台，平面呈长方形。从山坡南侧登石阶二十级，有云龙喷水浮雕影壁。影壁前筑面对式石墀一层、台阶十七级，转背靠式石墀一层、台阶十七级，达于月台上面。月台北边为宏成长老纪念堂，坐北朝南，重檐歇山式仿古建筑，正脊南面嵌“国泰民安”四块砖刻，北面嵌“风调雨顺”四块砖刻。正脊中部竖二龙戏珠雕塑，螭首鸱吻。垂脊末端立石雕法像，戗脊末端有角兽。飞檐翘角，内作斗拱，各檐角蹲兽六只、仙人一尊。阶基高约二米，南侧踏道石阶二十一级，踏道两边有石雕扶栏。纪念堂面阔五间，进深三进，南面中间开门一扇，左右两边开方格窗和月窗各一扇。门联云：“千秋百年功行圆满等正觉，冬夏一衲化迹灵异度群生。”落款“乙未初夏　栖霞隆相”。门前有檐廊，平柱四楹，二角柱各一楹。檐柱表面各雕蟠龙一条，中间二平柱龙头在柱体正面上部，龙身沿柱表盘旋而下，两边平柱和角柱龙头在柱体中部半侧面，颜颐相对，龙身沿柱表上下盘旋展开。下檐横梁中部悬挂“宏成长老纪念堂”木匾，棕底金字，行体阴刻，上款“乙未初夏”，下款“栖霞隆相”。匾面四边饰金色斜体回字纹，上边间以盘长、如意轮、莲花图案，下边间以双鱼、宝伞、白盖图案，左右两边间以宝瓶和法螺图案。月台中部置矩形铁香炉一座，单檐歇山式，正脊中部竖二龙戏珠顶，螭首鸱吻，四檐角各做龙头一只。回字格挂落，平圆檐柱四根，呈对角立于炉口上截面，支撑檐顶。炉口外立面回字纹一周。炉腹正面和背面中部各横排隶体“佛光普照”四字，两边龙各一条，龙头在上，龙尾在下。炉腹正面和背面底边各下缀二龙戏珠图，左侧面和右侧面底边各下缀卷叶图案。炉腹左右侧面龙首形炉耳一对，相背而立。左侧面又有分行竖排“佛历二五五九年　公元二〇一三年”“住持　释开封”等字；右侧面又有功德芳名。狮首兽脚形炉脚四只。铁香炉两旁有六角一级铁宝鼎一对,形制相同,位置对称。攒尖顶,上竖葫芦形宝瓶刹,各檐角龙首形蹲兽一只。平圆檐柱四根,呈对角立于鼎口上截面,支撑檐顶。鼎口外立面回字纹一周,鼎肩伏莲一周二十四瓣。鼎腹正面中部分行横排"佛历二五六〇年　住持开封监制"等字,左右侧面龙首形鼎耳一对,口衔圆环。狮首兽脚形鼎脚三只。月台东边有悬山顶平房,坐东朝西,正脊两端螭首鸱吻,背负宝剑。房屋面阔三间,进深一进,西面中间开门一扇,两边开窗各一扇。门前有檐廊,平柱二楹,二角柱各一楹。月台西边有悬山顶平房,坐西朝东,与东边平房形制相同,位置对称。

药师塔之右佛母殿,2007年3月开建,2009年8月竣工,建筑面积五百三十一点九六平方米。坐北朝南,重檐歇山式仿古建筑,正脊南面和北面各嵌"佛母普渡"四块砖刻,中部竖三叠球体宝瓶顶,螭首鸱吻。垂脊立法像瓷雕,戗脊有角兽。平檐翘角,内作斗拱,各檐角蹲兽六只、仙人一尊。南面上檐横梁中部悬挂"佛母殿"木匾,红底金字,行体阳文,落款"程景",匾面四边雕九条金龙。殿宇四面有檐廊,南面和北面各平柱六楹,东面和西面各平柱四楹,四角柱各一楹。殿基高出地表约一点六米,平面呈长方形,东、西、北三边及南边两端立石雕护栏。殿基南侧铺砌石阶九级,两侧有石雕扶栏,与殿基南边两端护栏相接。殿堂面阔五间,进深三进,南面中部殿门三扇,两边方格窗各一扇。殿内筑东西走向拱形石桥一座,拱顶刻"佛母桥"三字,桥面两侧立石雕栏杆。石桥之后有影壁,壁面中部雕母子图,边角雕龙形图。影壁背面彩绘佛教人物故事图画。

三、宏觉寺南部建筑群,自南而北依次为正山门,药王殿,华佗殿,财神殿,普贤殿,灵官殿,十王殿。

正山门坐北朝南,歇山式三滴水门楼,两边连接院墙。正脊两端螭首鸱吻,垂脊立角兽。平檐翘角,内作斗拱,各檐角蹲兽四只、仙人一尊。南面和北面上檐横梁中部各嵌石匾,分行横排"宏觉禅寺　正山门"七字,蓝底金字,行体阴刻,上款"佛历二五四八年",下款"常志成"。山门面阔五间,进深一进,中间为出入通道,南面和北面各开门一扇。左右两边各有门房二间,每边门房南面开窗二扇,北面开一门一窗。山门内,路径由南而北,半道向东略有迂回。路径西侧为山坡,东侧建有"二十四孝长廊",悬山顶。路径尽头有背靠式石墀一层、台阶七十余级,台阶两边石雕扶栏。石墀上有平台,平面呈长方形,四边立石雕护栏。平台北边药王殿,2008年5月开建,2010年8月竣工,建筑面积四百一十八平方米。坐北朝南,重檐歇山式仿古建筑,正脊南面和北面各嵌"药王宝殿"四块砖刻,中部竖三叠球体宝瓶顶,螭首鸱吻。垂脊立法像瓷雕，戗脊有角兽。平檐翘角，各檐角蹲兽六只、仙人一尊，南面上檐横梁中部悬挂“药王殿”木匾，红底金字，行体阳文，上款“佛历二五五五年”，下款“主持　上宏下成”，匾面边沿雕金龙九条；横梁左侧悬挂“华佗殿”木匾，右侧悬挂“财神殿”木匾，皆红底金字，行体阳文，匾面四边雕五条金龙，上款皆为“佛历二五五五年”，下款皆为“主持　上宏下成”。殿基高出地表约七十厘米，平面呈长方形，东、西、北三边及南边两端立石雕护栏。殿基南侧中部铺砌石阶五级，两边石雕扶栏，与殿基南边两端护栏相接。殿宇面阔五间，进深四进，南面中部开拱形殿门三扇，两边月窗各一扇。殿内神坛上供奉彩绘泥塑神像。

宏觉寺普贤殿

药王殿之东普贤殿，2013年4月开建，2014年12月竣工，建筑面积二百七十一点五平方米。坐东朝西，重檐歇山式仿古建筑，正脊西面和东面各嵌“普贤大殿”四块砖刻，正脊中部竖三叠球体宝瓶顶，螭首鸱吻。垂脊立法像瓷雕，戗脊有角兽。平檐翘角，各檐角蹲兽六只、仙人一尊。西面上檐横梁中部悬挂“普贤殿”木匾，红底金字，隶体阳文，上款“佛历二五五七年”，下款“李文骏敬书　主持宏成”，匾面四边雕金龙九条。殿宇面阔三间，进深三进，西面中间拱形殿门一扇，两边月窗各一扇。殿中佛龛内供奉漆金普贤菩萨左舒坐六牙白象座像，顶戴五如来宝冠，身着通肩袈裟，右腿单盘，左腿垂置，脚踏莲花，坐于六牙白象脊背。右手置于腹前，掌心托金如意；左臂上曲，竖掌胸前，掌心外翻，中指及无名指略有弯曲，作说法印。

药王殿之后为灵官殿，坐北朝南，庑殿式三滴水门楼，正脊两端螭首鸱吻，背负宝剑。飞檐翘角，内作斗拱，各檐角蹲兽四只、仙人一尊。南面上檐横梁中部嵌“灵官殿”三字砖刻，北面嵌“佛日增辉”四字砖刻。门楼面阔五间，进深一进，南面中部开三门。中门宽阔，内有影壁。影壁正面彩绘如意祥云，壁前琉璃龛内供奉彩绘神像一尊。影壁背面隶书一“佛”字。左右边门为穿堂式过道，边门外侧各作一扇砖面虚门。灵官殿之后十王殿，坐北朝南，由前殿和后殿组成。前殿为硬山顶平房，面阔五间，进深三进，南面中部拱门三扇，两边月窗各一扇。中门上额悬挂"十王殿"木匾，红底金字，草体阳文，落款"陆为"，匾面四边雕九条金龙。后殿硬山顶二层楼房，楼下面阔五间，进深四进，楼上面阔五间，进深三进。楼下南面中部开殿门三扇，两边开窗各一扇；北面拱形殿门三扇，门外为跨街，跨街对面即地藏殿石墀。

宏觉寺西南角有南山门，庑殿顶，正脊两端螭首鸱吻，背负宝剑。门额南面和北面各题写"南山门"三字，红底黄字，落款处标"宏觉禅寺"四字。山门内西侧伽蓝殿，东侧韦驮殿。伽蓝殿坐西朝东，平面呈正方形，攒尖顶，飞檐翘角，内作斗拱。各檐角蹲兽四只、仙人一尊。面阔一间，进深一进，东面开拱门一扇，门额书"伽蓝殿"三字。韦驮殿坐东朝西，与伽蓝殿形制相同，位置对称，门额书"韦驮殿"三字。伽蓝殿和韦驮殿之北有牌楼一座，重檐歇山顶，正脊中部竖葫芦形宝瓶，螭首鸱吻，背负宝剑。垂脊有角兽。飞檐翘角，内作斗拱，各檐角蹲兽四只、仙人一尊。牌楼面阔五间，进深一进。中间开门一扇，为进出寺院之通道，门额横排"宏觉寺"三字，红底金字，隶体阴刻。左右两边各有耳房二间，每间南面和北面各开八边形窗户一扇。内侧耳房各开门一扇，东西相对。

牛头禅院

在旧都城聚宝门南三十五里牛首山东峰南坡，今江宁区牛首山文化旅游区内。其地为牛首山宏觉寺遗址，有宏觉寺古塔。禅院整体布局坐北朝南，南边开辟山门，东西两边筑游廊，北依山崖，宏觉寺古塔矗立崖前。塔东有新建禅堂。

禅院南面山坡下有石碑一块，分行凿刻"江苏省文物保护单位　牛首山宏觉寺塔及摩崖石刻　江苏省人民政府　二〇〇二年十月二十二日公布　南京市人民政府立"字样。石碑西数步，有巨形卧石，高约二点五米，宽约九米，石面镌刻篆体《牛首山碑记》云："牛首山位于金陵城南十里许，以其双峰对峙宛若牛角故名，晋时王导状之天阙，又称天阙山。古人云山不在高，有仙则名，释典所载江表牛头曾与西北之清凉、西南之峨嵋并称圣道场，相传文殊曾领一万菩萨冬居于此，唐大历九年，代宗

牛首禅院

曾梦牛首山辟支佛来见，敕令于兹建七级浮图，今山中之石窟，多是辟支佛宴坐之所，故史志云牛首乃文殊领众之化区，辟支证果之初地。又唐贞观十八年，融禅师托迹幽栖，承达摩遗风，继道信法脉，于四祖之外别立牛头一宗，此后代有硕德闻人，遂成丛林，法水流长。夫理示真诠，相标权设，昔如来慈航普度，既以圆理而说法，复以显相而示教，此塔寺之建所有自也。况乎精蓝所在，近市则易嚣，僻处则苦穷，惟牛首介乎二者之间，匪嚣匪穷，地兼双美，故自东吴之后，晋元建宫，梁武造寺，唐宋明清，佛窟、幽栖、弘觉、普觉代有兴废，山中文物遍布，现存遗迹当以宏觉寺塔、摩崖石刻、郑和古墓、南唐二陵冢名彰于世。垒丘移易，时序递进，牛首胜景，轶古开新，巍峨雄壮之佛顶宫，高耸入云之佛顶塔，静谧藏幽之佛顶寺，禅意盎然之牛头禅文化园，连袂呈现，佛顶重光，昌明中外。牛头一脉，融贯古今之佛顶圣境，供奉于地宫之佛顶骨舍利，时时护佑国运昌隆，默默加持民族复兴。金陵春归处，牛首山水间，初春郊游多选牛首，盖因其山草木灵秀，仙窟深幽，泉石清奇，林树葱郁，每于江南草长、群莺乱飞时节，三五同道，踏青漫游，或结坐林阴，论道品茗，或调琴石室，见性明心，庶可放浪形骸，回归天真，此境此情，虽未必割兹尘网，亦足以慰此旷怀。是以有偈：盛世重光，佛顶舍利，福下天阙，甘霖普被。圣境再造，春风化雨，山水禅意，心灵之旅。岁次丙申春月仁山赖永海撰文　海虞言恭达谨书。”

石碑与石刻之间有上山小路，沿小路登石阶五十六级至禅院山门。山门为穿堂式门厅，单檐歇山顶，面阔三间，进深一进，中间开门一扇，两边窗户各一扇。院门南面有檐廊，平柱二楹，二角柱各一楹，楹联云：“灵峰圣境翠竹黄花皆佛性，天阙烟岚流水白云是禅心。”檐下悬挂“牛头禅院”木匾，黑底金字，繁体阴刻。

院门北面亦有檐廊，平柱二楹，二角柱各一楹，楹联云：“天阙烟岚几许疏钟无尽意，禅关圣境十方甘雨有真如。”檐廊西边连接游廊五楹，廊内楹联两幅，其一云：“梵声自远心铭悟，塔影长圆意树空。”其二云：“道本灵空禅净土，心无挂碍法灯明。”从游廊西头北转，又有南北走向游廊十楹，廊内楹联三副，其一云：“一切皆空尘境外，本来无事佛心中。”其二云：“心即佛随心自在，法为宗弘法超然。”其三云：“空明山水涵佛性，苍翠烟岚壮梵天。”游廊北头接重檐攒尖顶六角亭一座，复接游廊三楹，再接单檐攒尖顶四角亭一座，抵于山崖。山门北面檐廊之东约十米，有南北走向游廊直抵山崖，其中有亭，额曰“浮翠流丹”，对联三副，其一云：“千峰竞秀看十里烟霞织成画卷，双塔凌空邀八方信众共拜名蓝。”其二云：“来结善缘放眼观双峰云雾，去除俗虑置身听万壑松风。”其三云：“寺中烟缭参三径，山外云生护法心。”

宏觉寺古塔立于山崖前，八面七级，海拔标高一百八十点五米。唐大历九年

(774)代宗因感梦敕建,明宣德八年(1433)重修。据专家测绘研究,从底层地平到塔顶复盆为三十六点六五米,加上原来培刹,总高约四十五米。底层七点一米,二层以上各层高度递减,在四点三米至四点一三米之间。塔的外围为八角平面,底层边长为三点三五米,二层三点一七米,三层三米,四层二点八米,五层二点六四米,六层二点四六米,七层二点二二米。塔的内壁为方形空筒,底层内径三点八五米,二层三点六米,三层三点四四米,四层三点二九米,五层三点零四米,六层二点八七米,七层二点五八米。塔壁上有题记七十余条,年代从明正德五年(1510)到乾隆三十二年(1767),以明嘉靖、万历与清康熙年间最多。塔的底层有须弥座,高七十七厘米,边长三点八五米,由红色花岗岩加工拼制而成,有款圭角、束腰以及上下枭混曲线,为明初型制;四面各宽八十厘米的踏道上下,周围是宽二点一八米的回廊,四面开门。二至七层的平座挑出约六十厘米,由长六十八厘米、宽六十八厘米、厚九厘米的红色花岗岩石块铺成,一端嵌入墙体。在塔的外壁腰檐、平座的斗拱下,各有一层厚八至九厘米的与须弥座、平座相同质地的石枋,相当于塔身的圈梁。塔的外壁转角有倚柱,由特制的子母砖固定在转角墙体内。各层拱门,四实四虚,为壶门形式,用面砖嵌在拱门的表面,磨缝拼制。每层拱门两侧有灯龛,内有一龛室与券门相通,可以从内部上油;二至七层灯龛计九十六个。塔身用青砖砌筑,砖的规格有多种,长度有三十三点五、三十四、三十五、三十五点五厘米数种,宽度有十六点五、十七、十七点五厘米,厚度七至八厘米。砌筑方法均为上下皮一顺一顶式,灰缝的粘结材料用白石灰,十分坚硬。塔的各层平座和下檐、内层楼板下均有斗拱,有转角和补间斗拱两种。斗口宽度约三厘米,斗拱总高度七十至八十厘米。各层内外檐斗口相同,出跳均为五踩。塔顶有砖砌复盆,内部为砖叠涩砌出,塔心木固定在六层的横梁上,上

宏觉寺古塔

部穿出屋顶，形成塔刹。现塔心木已毁，塔顶洞眼仍在。顶部屋面瓦垄清楚。塔基位于岩石之上，数百年来，塔的主体未见倾斜，上部外壁砖已有部分风化、脱落，除木结构被毁外，砖石主体结构保存较好。1956年7月14日，在宝塔底层发现地宫，出土鎏金喇嘛塔一座，塔高三十五厘米，须弥座高十六厘米，塔底刻有“金陵牛首山弘觉禅寺永充供养”和“佛弟子御用监太监李福善奉施”题记，塔身有四个壸门，佛龛有释迦、韦陀佛像，塔刹上置相轮、宝盖、葫芦宝顶，塔内铜鎏金释迦涅槃像一尊，长十厘米，宽四厘米，像外有金棺银椁，现藏于南京博物院。同时出土的还有佛像、玉瓶等文物。

牛首禅院香炉

古塔西南侧立牛头宗初祖法融禅师大理石雕像，旁卧碑刻一块，云：“法融（五九四—六五七）唐代高僧，润州延陵人，俗姓韦，十九岁时从茅山灵法师剃度。六三六年，在牛头山幽栖寺北岩下构茅茨禅房，潜心修行，后于佛窟寺藏经殿（今弘觉寺塔西二十米处）研修《七藏经书》八年。贞观年间，受四祖道信亲印，法融自立一宗，法系称牛头宗，亦称‘江表牛头’。法融禅教并重，通晓经论，著有《绝观论》《心铭》等传世之作，弘扬‘虚空为道本’‘无心合道’‘诸法如梦’的牛头宗风。牛头宗的建立成为印度禅真正蜕变为中华禅的重要标志，法融为牛头宗开祖，中华禅的建立者。宋《高僧传》载：‘融醇懿瑰雄，东夏之达摩欤。’六五七年，法融祖师在建初寺入寂，由弟子智岩承其衣钵，后牛头宗绵延六代，盛极一时。公元二〇〇八年三月九日立。”碑刻前矩形铜香炉一座，炉口外立面回字纹一周，炉颈正面和背面各铸莲花三朵，左右侧面如意柄形炉耳一对，表面回字纹。炉腹正面，中部横排隶体“牛头禅寺”四字，左侧分行竖排上款“佛历二五五三年　公元二〇〇九年”，右侧分行竖排下款“三宝弟子　料子敬献”。狮首兽脚形炉脚四只，炉腹正面和背面底边与炉脚夹角处，嵌如意边三角形夹角，内有卷叶纹。

古塔东侧平房一座，坐北朝南，卷棚顶，面阔三间，进深一进。南面开一门二窗，阶基高约四十厘米，门前踏道三级，无匾额。其东有新建禅堂，悬山顶，坐北朝南。

佛顶宫

南面有檐廊，平柱九楹，二角柱各一楹。禅堂面阔十间，进深一进，堂内无塑像。

牛头禅院之西约百米有佛顶宫，2012年开建，2015年竣工。深坑建筑，长二百二十米，宽一百六十米，总体高度八十九点三米，单体建筑面积约十三点六万平方米。其外空间分为大穹顶和小穹顶两个部分，内空间分为九层，地上三层，地下六层。自上而下依次为禅境大观、舍利大殿和舍利藏宫三大部分。地表以上为禅意大观，建筑整体外观呈半圆状，造型为巨型莲花托起佛顶发髻的摩尼穹顶，直径二百余米。建筑体内部中心为释迦牟尼佛卧像，长七点五米，表面仿以汉白玉材质，能三百六十度缓慢旋转和升降。地下层由舍利大殿和舍利藏宫组成。舍利大殿距离地面三十三米，涵括了地宫的一、二、三层，平面布局内为千佛殿，外为万佛廊。千佛殿依照金刚界曼荼罗第四供养会设计，大殿共有佛、菩萨一千三百四十三尊，殿中有象征大日如来的舍利大塔，大塔四方为四方佛，即东方阿閦佛，南方宝生佛，西方阿弥陀佛，北方不空成就佛，大殿墙壁上为慧门十六尊、八内外供养等菩萨。舍利藏宫在地宫四、五、六层，藏宫大殿是佛顶骨舍利永久供奉之所，为五百平米圆形空间，殿中有舍利宝幢和舍利小塔，又有德化白瓷烧制的四大菩萨，以及运用石材天然纹理制作的佛陀八相成道画。

牛头禅院南约六十米有佛顶塔，2012年开建，2015年竣工。四面九级，仿唐代风格建筑，占地面积四千六百七十七平方米，通高八十八米。第八层塔安放铜铸佛顶金刚钟一座，钟面刻《金刚经》全文，隆相书写。第九层塔为如来殿，供奉毗卢遮那佛坐像一尊。

上国安寺

在旧江宁县上官村，今江宁区横溪街道红星村甘泉湖社区。其地旧有上官寺，清初建造，有田地二十余亩，僧房百余间，后毁于战乱。村因寺名，曰上官村。2002年10月，经南京市人民政府同意暨江宁区人民政府批准，在上官寺旧址新建上国安寺。“国安”二字，当为“官”之解读。

上国安寺

上国安寺依山而筑，整体布局坐西朝东，中轴线上依次为山门、天王殿、大悲殿、大雄宝殿。旧构岁久剥蚀，2015年3月全面修葺，年底竣工。山门为四柱三门牌楼，重檐庑殿顶，平檐挑角，内作斗拱。正脊用小圆瓦垒砌四层透空圆形铺排而成，螭首鸱吻。垂脊由小圆瓦垒砌二层透空圆形铺排而成，无垂兽。拱门三扇，中门高阔，左右边门略小。门前踏道水泥台阶三级，门边石狮一对。中门上额悬挂“上国安寺”木匾，红底金字，行书阳文，落款“赵朴初”，匾面四边雕金色水波纹。左边门额悬挂“不二法门”木匾，紫底金字，手体阴刻，释法耀题写。右边门额悬挂“华藏玄门”木匾，紫底金字，隶体阴刻，清尘题写。门联二副，其一云：“龙山律丛现庄严，门内三宝度众生。”其二云：“山中藏古寺，净地何须扫。”

山门内石墀二层七十二级，两边青石护栏。第一层石墀中部铺设汉白玉莲荷浮雕，第二层石墀中部铺设汉白玉云龙浮雕，浮雕边沿皆刻回字纹。石墀之上有月台，台中置矩形铜香炉一座，庑殿顶，正脊中部竖宝镜一枚，螭首鸱吻。平檐短角，龙形蹲兽，口衔风铃。回字格挂落。蟠龙檐柱四根，呈对角立于炉口上截面，支撑檐顶。炉腹正立面上边饰回字纹，下边缀八字形卷草纹；中部分行横排“南京　上国安寺”六字，左侧分行竖排上款“佛历二五六〇年　公元二〇一六年四月初八日铸”，右侧分行竖排下款“承办人　释耀法主持法师”。炉腹左右侧面如意柄形炉耳一对，表面回字纹。狮首形炉脚四只。

月台西边天王殿，坐西朝东，单檐歇山顶，正脊由圆瓦垒叠为五层透空波浪铺形排而成，西面嵌“国泰民安”四块砖刻，东面嵌“风调雨顺”四块砖刻，螭首鸱吻。垂脊和戗脊各用小瓦垒砌为二层透空波浪形，末端各有角兽，各檐角蹲兽四只、仙人一尊。殿宇面阔五间，进深三进。东面开拱形殿门三扇，中门上额悬挂“天王殿”木匾，紫底金字，行体阳文，一诚题写。左边门上额悬挂“众妙之门”木匾，右边门上额悬挂“法乳长流”木匾，皆红底金色，行体阴刻，佛源题书。门前阶基高约一米，踏道水泥台阶八级。殿宇西面开方格雕花木门一扇，窗二扇，门额悬挂“三洲感应”木匾，松纯书写。殿中红木座椅上供奉漆金泥塑弥勒菩萨游戏坐莲台像，身后有火焰形顶圆光。

天王殿后登水泥台阶三十余级至大悲殿,台阶中部铺设矩形石面,刻写《般若波罗蜜多心经》全文,边沿凿回字纹。大悲殿坐西朝东,重檐歇山顶,正脊中部由小圆瓦垒作透空蝙蝠形,两侧为透空波浪形,两边为透空圆形。正脊东立面嵌“佛光普照”四块砖刻,西立面嵌“佛日增辉”四块砖刻,上竖宝镜一枚,螭首鸱吻。垂脊末端立石雕护法造像,戗脊立盆栽兰花石雕及角兽,各檐角蹲兽三只。殿宇面阔五间,进深四进,东面开雕花方格木门三扇,中门上额悬挂“慈航普渡”木匾,棕底金字,行草阴刻。上檐横梁中部悬挂“大悲殿”木匾,棕底金字,行体阴刻,佛缘题写。殿中供奉千手千眼观音跏趺坐莲台金身像,身后有顶圆光。殿门前矩形铁香炉一座,炉腹正面铸二龙戏珠,左右侧面如意柄形炉耳一对,表面饰莲花和卷草。狮首形炉脚四只。大悲殿北有古银杏一株,高二十三米,直径一百三十厘米,相传牛首山弘觉寺法融禅师之徒孙出任住持时所植。原本六株,“文化大革命”期间五株遭毁,仅此一株遗存。银杏树旁有石碑,刻“江宁县重点文物保护单位　银杏村　江宁县人民政府一九八三年六月公布　江宁县人民政府立”字样(案:“村”或为“树”之讹)。

大悲殿之后有广场,南北边长约五十米,东西边长约四十米。广场中部置六角三级铜宝鼎一座,攒尖顶,葫芦形宝瓶刹,宝瓶上下球面各作透空二枚铜钱并列图案。平檐短角,龙形蹲兽,口衔风铃。鼎口和鼎颈外立面各饰莲花一周六朵,鼎颈左右侧面如意柄形鼎耳一对,表面回字纹。鼎腹上边如意祥云一周,下边嵌半球体一周十八枚,球径约三厘米。鼎腹正面分行横排“南京　上国安寺”六字,左侧面分行竖排上款“佛历二五六〇年　公元二〇一六年四月初八日铸”,右侧面分行竖排下款“承办人　释耀法主持法师”,背面二龙戏珠。狮首形鼎脚三只。宝鼎两旁有矩形铁香炉各一座,形制相同,位置对称。重檐庑殿顶,正脊由三层透空菱形铺排而成,中部嵌葫芦形宝瓶顶,宝瓶上下球面各作透空二枚铜钱并列图案,螭首鸱吻。平檐短角,龙形蹲兽,口衔风铃。上檐与下檐之间,正面和背面各作拱门九扇,五大四小,相间排列;左右侧面各作拱门三扇,一大二小,相间排列。平座外挑,四边围以护栏。蟠龙立柱八根,均分两排立于炉口正面和背面上截面,支撑下檐,檐内有回字格挂落。炉颈正面饰莲花五朵,左右侧面乙字形炉耳一对,表面回字纹。炉腹正面分行横排“南京　上国安寺”六字,左侧分行竖排上款“佛历二五六〇年　公元二〇一六年　农历六月十九日”,右侧分行竖排下款“承办人　释耀法主持法师”。狮首形炉脚四只,炉腹正面下边缀卷草二束,八字形分布,与炉脚形成三角形夹角。

广场西边大雄宝殿,坐西朝东,重檐歇山顶,正脊由小圆瓦垒叠为八层透空波浪铺排而成,东面嵌“佛光普照”四块砖刻。正脊中部竖瓷雕亭阁式宝顶,内嵌宝珠,宝

上国安寺大雄宝殿

顶两旁游龙各一条，龙首相对，组成二龙戏珠造型，螭首鸱吻。垂脊和戗脊各由圆瓦砌为一层透空蝙蝠形铺排而成，脊末各有角兽。平檐翘角，各檐角蹲兽四只、仙人一尊。大殿四面有檐廊，东面和西面各平柱六楹，南面和北面各平柱四楹，四角柱各一楹。殿基高出地表约一点三米，平面呈长方形，南、西、北三边立石雕护栏，东侧铺砌石阶九级，两边立石雕扶栏，与殿基上面护栏相接。大殿面阔五间，进深三进，东面开殿门三扇，殿门左右月窗各一扇。上檐横梁中部悬挂正方形木匾四块，分别书写“大雄宝殿”四字，红底金字，行体阳文，边沿饰金色回字纹。中门上额匾曰“觉王宝筏”，棕底红字，行体阴刻，四边刻金色卷草纹。左边门匾曰“佛日增辉”，右边门匾曰“法轮长转”，皆红底金字，行体阴刻，佛源题写，匾额边沿雕波形纹。殿中佛坛上供奉漆金填红泥塑释迦牟尼佛像，身着通肩袈裟，结跏趺坐于莲台上。左掌横置于腹前，掌心向上，五指平伸，指尖向右；右臂上曲，竖掌胸前，掌心外翻，食指向下弯曲，与拇指相触，其余三只向上伸展，作说法印。身后有大背光，光焰中镂九条金龙和如意祥云。大殿东北角悬挂铁钟一口，高约一点二米，口径约八十厘米。蒲牢钟纽，八波形钟口，波谷上方各有钟月一枚。钟颈伏莲一周十六瓣，内有如意纹。钟腹上边饰回字纹，中圈卷草纹，下边海波纹。钟腹正面上部竖排隶体“上国安寺”四字，左侧分行竖排上款“公元二〇〇三年六月”，右侧下款模糊难辨；正面下部二龙戏珠图。殿内东南角法鼓一面。大雄宝殿南数十米有居士楼，硬山顶二层楼房。

小丹阳观音寺

在今江宁区横溪街道大福村。相传建于南宋时期，清乾隆年间（1736—1795）两次修葺，“文化大革命”期间毁，2011年经南京市宗教局批准重建，2012年2月12日举行大殿上梁法会。寺院北依大鼓山，南临仙女湖，整体布局坐北朝南，占地面积约三百亩。主要建筑有山门、圆通宝殿、藏经楼、观音阁及厢房等。

小丹阳观音寺山门

山门为四柱三门跨街式牌楼，坐北朝南，高约八米，宽约十六米。重檐庑殿顶，正脊两端螭首鸱吻。平檐翘角，内作斗拱。垂脊有角兽，各檐角蹲兽二只、仙人一尊。中门上额南面横排“小丹阳观音寺”六字，蓝底金字，手体阴刻，落款“心融”，门额四边彩绘二龙戏珠、祥云、如意、花草等图案。左右边门上额彩绘二龙戏珠、祥云、如意、花草等图案。水泥预制方柱体门柱四根，柱脚正面和背面各有抱鼓石，鼓面雕莲花、卷草。柱底置须弥座，平面呈长方形，下枭伏莲一周，上枭仰莲一周。须弥座四立面各雕倒三角形一枚，起于上枋，止于下枋，位于各立面中部。

从山门至圆通宝殿约二里，沿途青石板路面，每隔数步铺砌莲花砖雕一块，花式总计九种，寓意“心中向佛一生安，脚踏莲花步步高”，谐音“长长久久”。石板路尽头有三层面对式转背靠式石墀，通高约十二米。其上有广场。广场东边悬山顶二层楼房一座，坐东朝西，上下层各面阔五间，进深一进。每间西面中部开门一扇，两边开窗各一扇。门前有檐廊，平柱四楹，两端接外伸山墙，二楼檐廊外边立木质护栏。阶基高约四十厘米，一楼西侧踏道水泥台阶三级。广场西边二层楼房一座，与东边楼房规制相同，位置对称，一楼为客堂和香烛供应处。

广场北边铺设直通式转背靠式石墀一层，台阶三十余级，其上有月台。圆通宝殿在月台北边，坐北朝南，重檐歇山顶，螭首鸱吻。正脊南立面中部作二龙戏珠浮雕，两边各嵌卷叶图砖雕二块，上下排列。浮雕与砖雕之间嵌“佛日增辉”四块砖刻。正脊北立面横排五幅砖雕，中间砖雕为圆形，内雕云龙喷水图，其余四幅方形，面雕二束卷叶。五幅砖雕之间嵌“国泰民安”四块砖刻。垂脊末端立瓷雕法像，戗脊末端有角兽。飞檐翘角，内作斗拱，各檐角蹲兽四只、仙人一尊。上檐南面横梁中部悬挂“圆通宝殿”四块字匾，红底金字，行书阳文，落款“赵朴初题”。殿宇面阔五间，进深四进。南面中部开殿门三扇，两边开月窗各一扇，门联云：“一步一重天一瓣心香朝佛祖，三师三法印三乘金相护苍生。”北面开殿门一扇。殿中供奉彩绘泥塑观音菩萨像，善财童子和龙女彩绘泥塑像侍立两侧。观音菩萨头戴宝冠，身着天衣，胸配璎珞，腕串金钏，双手合十，结跏趺坐于八层仰莲台上，每叶莲瓣内雕正观音金身小坐像一尊。宝冠顶上有十一面相，正面阿弥陀佛接引像，左三面嗔相，右三面慈相，背后三面白牙上出相，顶上佛说法像。大殿两庑分列彩绘泥塑观音菩萨三十二应身。殿宇四面有檐廊，南面和北面各平柱六楹，东面和西面各平柱五楹，四角柱各一楹。檐柱下面有鼓形石柱础，高约十五厘米，腹径约三十五厘米。

小丹阳观音寺圆通宝殿

出圆通宝殿后门，登台阶三十五级至藏经楼。藏经楼悬山顶二层楼房，坐北朝南，上下层各面阔七间，进深二进。南面有檐廊，上下层各平柱六楹，二角柱各一楹，嵌入山墙外伸墙体内，二楼檐廊外边立回字格木质扶栏。藏经楼一楼南面中部开门三扇，门两侧开方格窗各一扇，方格窗外侧又各开门一扇。中间屋内供奉千手千眼十一面大悲观音立像，高约二米，通体呈淡黄色，温润剔透。楼上中间开门一扇，门两边开方格窗各一扇；左边方格窗外侧复开门一扇、方格窗一扇，右边方格窗外侧复开门二扇。中门上额悬挂“藏经楼”木匾，金底黑字，行体阴刻，落款“赵朴初题”，匾面饰金色麒麟、祥云底纹。

藏经楼北十余米有观音阁，砖木结构，八面三层，下有基座，通高约十五米。攒尖顶，上竖葫芦形宝瓶刹。飞檐翘角，檐角悬挂风铃。体量自下而上逐层收减，二层平座外挑，外立石雕护

小丹阳观音寺观音阁

栏。第一层、第二层正南面各开木门一扇，其余各面为半截砖墙，上嵌方格木窗。第三层八面皆为半截砖墙上嵌方格木窗，正南面檐下悬挂"观音阁"木匾，金底黑字，隶体阴刻，匾面饰卷草底纹。阁内有环形阶梯，连通上下。基座平面八边形，高约一点六米，混凝土浇筑，各立面铺贴大理石片，东南西北四侧各铺设踏道一条、石阶九级，踏道两边有石扶栏，与基座上边石护栏相接。观音阁内供奉彩绘泥塑龙头观音像一尊，观音菩萨顶戴阿弥陀佛，身着紫色填金天衣，腰束翠绿罗裙，胸佩白色璎珞，腕带金色钏镯，赤足立于龙背上。左手托白色净瓶置于腹前，指尖向右，瓶口朝上；右臂上曲，竖掌胸前，掌心向左，食指、中指与拇指轻捻绿色柳枝。观音足下盘曲三条金龙，中间龙体较大，左右边龙体较小，三龙背负观音，口喷水柱，直泻而下。龙腹之下有五彩祥云。塑像下面有六棱形大理石须弥座，上枋和下枋各刻回字纹，下枭伏莲一周，上枭仰莲一周。束腰六立面各雕如意结一枚，如意结两侧缀飘带，飘带外侧刻如意一只。

幽栖寺

南朝古刹。在旧都城聚宝门南三十五里，牛首山南五里祖堂山南麓，今江宁区谷里街道祖堂村寺脚自然村。刘宋大明三年(459)建造，名幽栖寺。山因寺名，曰幽栖山。唐贞观中期，法融禅师入寺修行，虎鹿驯伏，百鸟献花。达摩禅四祖道信访之，授以心法，付顿教法门，自此法席大盛，开创牛头宗，改幽栖寺为祖堂寺，山曰祖堂山。光启年间(885—888)寺废，杨吴大和年间(929—932)改名延寿院，宋治平年间(1064—1067)复名幽栖寺。明代改用祖堂寺旧名，屡次修建，焦竑、顾起元、余大成、沈匡各有记。报恩寺所统中刹，金刚殿五楹，天王殿五楹，佛殿五楹，千佛殿五楹，观音殿三楹，华严楼五楹，水陆殿五楹。基址二百四十三亩二分，东至寺天盘岭，西至寺西峰岭，南至寺宝盖山顶，北至寺蜈峰岭。禅院有禅堂三层十五楹，斋堂二层十楹，厨库茶寮五楹。田、地、山、塘共五百八亩四分三厘。清康熙六年(1667)重修，中丞林公勒石为记。乾隆二十二年(1757)皇帝南巡，赐匾额，御制《祖堂山》《献花岩》诗，二十七年(1762)御制《祖堂诗》《戏题献花岩》诗，三十年(1765)御制《祖堂诗》。民国时期复名幽栖寺。1949年以后渐废，殿宇改为南京精神病院，后尽拆毁。遗址内今存祖师洞，融禅师宴坐处，又有朝阳洞、虎跑泉、金龟池，山顶有香水海，冬夏不竭。1993年5月经江宁县人民政府批准，牛首山宏觉寺徙建于祖堂山幽栖寺旧址。在重建宏觉寺过程中，1996年3月新建了幽栖寺玉佛殿，1997年10月竣工。

新幽栖寺玉佛殿位于祖堂山宏觉寺正山门东三百余米，宏觉寺达摩禅院禅堂西侧，坐北朝南，建筑面积二百六十八点七五平方米。单檐歇山顶，正脊中部竖三叠球体宝瓶顶，仰钵形底座。正脊正面和背面各嵌“幽栖宝殿”四块砖刻，螭首鸱吻。垂脊末端立法像雕塑，戗脊末端有角兽，各檐角蹲兽六只、仙人一尊。殿基高出地表约一点二米，平面呈长方形，东、西、北三边及南边两端立石雕护栏；南侧中部踏道石阶九级，两边扶栏与南边护栏相接。踏道前置六角一级铁宝鼎一座，平圆顶，上竖葫芦形宝瓶刹，宝瓶上下球面各作一枚透空铜钱图案。平檐短角，各檐角立龙首一只。蟠龙檐柱四根，呈对角立于鼎口上截面。鼎口外立面缀半球体一周十六枚，球径约二厘米。鼎颈外表面回字纹一周，左右侧面乙字形鼎耳一对，表面回字纹。鼎腹正面分行横排“幽栖寺　玉佛殿”六字，左侧分行竖排上款“佛历二五四六年　公历二〇〇二年”，右侧竖排下款“住持宏成”。鼎腹左右侧面和背面功德芳名。狮首形鼎脚三只。

幽栖寺玉佛殿

玉佛殿面阔三间，进深三进，南面中间开殿门一扇，两边开月窗各一扇。殿门上额悬挂“幽栖寺　玉佛殿”木匾，黑底金字，行体阴刻，上款“常志超　常志坚　王树明刻制”，下款“佛历二五四七年于金陵世欣园　常志成”。殿中石雕须弥座上红木雕龙佛龛内，供奉三宝佛玉雕像。释迦牟尼佛成道像居中，顶戴金冠，金冠正面散嵌红宝石，额前悬金丝吊坠，身着金色右袒肩袈裟，结跏趺坐。左手托金莲花置于腹前，右手覆于右膝上面，手指向前，指尖触地，作降魔印。药师佛居左侧，身着金色通肩袈裟，结跏趺坐，双手托七级宝塔于腹前。阿弥陀佛居右侧，身着金色通肩袈裟，结跏趺坐，双手捧金莲台于腹前。佛坛前有供案，供奉彩瓷弥勒佛游戏坐小像一尊。

溧水区

宝鼎禅寺

在今溧水区白马镇石头寨村傅家塘水库旁。始建于清代，抗日战争时期毁。1995年重建，主体建筑为一座四合院及二幢楼房。

四合院坐北朝南，倒座房为天王殿，硬山顶，面阔五间，进深三进。南面中间开拱形殿门一扇，殿门两侧有拱形虚门各一扇，以合三门之数。中门上额嵌“宝鼎禅寺”水泥横匾，楷书繁体，黑字阴刻，无题款。殿门前铺砌踏道水泥台阶二级，台阶两边立石狮子一对。殿中琉璃龛内供奉漆金泥塑大肚弥勒游戏坐莲台像，光头隆额，双耳垂肩，袒腹露胸，体态胖圆，身后有顶圆光。左腿单盘，左手覆于左膝上面，右腿向上弯曲，脚掌置莲台上，右手覆于右膝上面，手握念珠。龛联云“满脸笑容迎香客，量大福大永康宁”。琉璃龛背面供漆金泥塑韦陀像。两庑山墙前分列彩绘泥塑四大天王立像。天王殿北面开三门二窗，间隔排列。门外有檐廊，平柱四楹，两端为外伸山墙。楹联二副，其一云：“存好心说好话，行好事做好人。”其二云：“万籁无声参佛心，一尘不染证禅性。”

西厢房为地藏殿，硬山顶平房，东面有檐廊，平柱二楹，两端为外伸山墙，楹联云：“地狱未空誓不成佛，众生度尽方证菩提。”殿宇面阔三间，进深二进，东面中间开殿门一扇，两边开窗各一扇。东厢房为硬山顶二层楼房，上下层各五间，楼下斋堂，楼上寮舍。

北正房为悬山顶平房，西首五间主殿，东边一间辅殿，总面阔六间，进深三进。正脊中部竖二龙戏珠瓷雕，螭首鸱吻。南面有檐廊，平柱五楹，两端为殿宇外伸山墙。阶基高约五十厘米，南侧踏道水泥台阶四级。主殿中间开拱门一扇，门额题“弘法利生”四字，殿门两边开拱形窗各二扇，分别书额“国泰”“民安”“风调”“雨顺”八字。殿中佛龛内供奉漆金填红泥塑弥陀三尊像，阿弥陀佛接引像居中，身着通肩袈裟，赤足立于莲台之上，左手托金莲台置于腹前，右臂自然下垂，掌心外翻，指尖向地，作施愿印。观音菩萨居左侧，顶戴阿弥陀佛，身披天衣，胸配璎珞，腰系罗裙，赤足立于莲台上，右手持净瓶于腰侧，瓶口向右上方倾斜，左手持杨柳于胸前。大势至

宝鼎禅寺

菩萨居右侧，顶戴净瓶，服饰、站姿同于观音菩萨，双手捧一枝莲花斜置胸前。殿内东南角悬挂铜钟一座，高约一点五米，口径约八十厘米。蒲牢钟钮，八波形钟口，各波谷上方铸钟月一枚。钟肩伏莲一周，内有如意纹。钟腹上边和下边各作回字纹一周，钟腹中部一字纹二匝，其间铸“南无阿弥陀佛”六字。钟腹正面上部铸“溧水宝鼎禅寺”等字，下部二龙戏珠图。钟腹背面上部铸字未详，下部作二龙戏珠图。钟腹左右侧面上部各作法轮一枚，法轮两边缀卷草，下部功德芳名。殿内东北角琉璃龛内供奉漆金填红泥塑观音菩萨跏趺莲台像一尊，左手持净瓶置于右脚踝上，瓶口向左下方倾斜，右臂上曲，手持杨柳枝于胸前。主殿东边辅殿一间，门联云“修学戒定慧，熄灭贪嗔痴”。殿内供奉漆金泥塑童子文殊坐像，双手斜抱白如意于胸前，背后墙面书“福慧双增”四字，两庑墙壁书对联云“智慧宏开考运亨通，文昌扶持金榜题名”。

四合院中部置六角三级铁宝鼎一座，葫芦形宝瓶刹，上下球面各作镂空并列二枚铜钱图案。平檐短角，龙形蹲兽，口衔风铃。鼎颈左右侧面如意柄形鼎耳一对，表面回字纹。鼎颈正面和背面各铸法轮三枚，法轮两边有卷草。鼎腹上边伏莲一周，下边嵌半球体一周三十余枚，球径约二厘米。鼎腹正面横排“宝鼎寺”三字，隶体阳文，左侧分行竖排上款“佛历二五四四年　公元二〇〇〇年”，右侧竖排下款“主持人释净智”。鼎腹左右侧面和背面功德芳名。狮首形鼎脚三只。

四合院东约五十米，有单檐歇山顶三层楼房一座，坐东朝西。各层西面有檐廊，平柱八楹，二角柱各一楹。每层面阔九间，进深三进。一楼南边和北边各有楼梯通道一间，中部七间为观音殿，西面开殿门三扇，门额悬挂“观音殿”木匾，红底金字，行体阴刻，匾沿饰金色回字纹。殿中石坛上供奉漆金填红十一面千手千眼观音左单盘莲台像，身后有背光，光焰中作手掌数百。观音像左侧为彩绘泥塑文殊菩萨左舒坐青狮座像，左手托如意于左胸前，右臂上曲，掌心外翻，无名指向下弯曲，其余四指上竖，作说法印。文殊像左侧为漆金填红泥塑药师佛像，身着通肩袈裟，胸嵌万字符，结跏趺坐于三层莲台上，右手托九级宝塔于腹前，左臂上曲，竖掌胸前，掌心外翻，作说法印。观音像右侧为彩绘泥塑普贤菩萨右舒坐白象座像，双手持莲花斜置胸前。普贤像右侧为漆金彩绘泥塑地藏菩萨像，头戴法冠，身着天衣，结跏趺坐于三层莲台上。左掌托摩尼珠于腹前，右手握锡杖，杖尾着地。观音殿楼上为客房。

四合院北二十余米，有庑殿顶二层楼房一座，坐北朝南，正脊中部竖二龙戏珠瓷雕。南面有檐廊，上下层各平柱四楹，各角柱一楹；每层面阔五间，进深二进。楼下南面中间开门一扇，东边开窗一扇，西边开窗二扇。门额悬挂“斋堂”木匾，红色金字，行体阴刻，匾沿饰金色回字纹。阶基高约十五厘米，门前踏道一级。

崇庆寺

在旧溧水县东南八里上原乡，今溧水区永阳镇中山村崇庆寺自然村。梁大通二年(528)鸿鹤禅师开建，唐大中二年(848)名曰大觉寺，宋太平兴国五年(980)改崇庆寺，俗称戴国寺。南宋建炎四年(1130)毁于金兵南侵，惟余银杏二株，浮屠一座。战后重建，略复旧观。清咸丰年间(1851—1861)再毁于太平天国战火，乱后复建殿宇三楹。民国时期有僧三人，田地二十余亩，房屋十二间。1953年有僧一人，僧房数间，佛像三尊，观音像一尊，十八罗汉像和四大金刚像各一组。“文化大革命”期间改为乡村小学及生产队牛棚，2007年释合永重建。

寺东旧有浮屠，四方形楼阁式五级砖塔，高约三丈六尺，塔身向西南方倾敧，俗称歪宝塔。塔顶立圆木一根，圆木顶端有铁覆钵、仰钵各一只，圆木下端垫正方形古砖一块，砖上刻“吴德法”三字。1949年8月9日，古塔倒塌。又有古银杏，元明时期久枯，清乾隆年间(1736—1795)复生，20世纪60年代中期被砍伐。

崇庆寺

现今崇庆寺为三合院结构，坐北朝南，主要建筑有山门、佛殿、配殿及僧寮、斋堂等。山门前青花瓷宝鼎一座，高约一点五米，口径约一点三米，腹径约一点四米。鼎口上截面壁厚约十厘米，外表面海波纹，颐下仰莲一周、如意一周。鼎颈高约十厘米，外表面饰卷叶一周，又嵌半球体八只，均匀环绕分布,球体表面作白莲如意图,球径与鼎颈等高。鼎腹上边伏莲纹,下边波浪纹。鼎腹中部为云龙图,飞龙五条,祥云飘荡。狮首形鼎脚三只。鼎腹两侧原有如意柄鼎耳一对,现仅存单耳,表面作卷叶图。青花瓷宝鼎东侧有精铸铁钟一座,高约二米,口径约一点二米。双首蒲牢钟钮,钟肩伏莲一周,莲瓣内有如意图案。八波形钟口,波谷上方钟月四枚,间隔分布于四面。钟腹上边一字纹二周,下边亦一字纹二周。钟腹中部一字纹一周,分钟腹为上下两部分。每部分又有纵向一字纹七条,把钟腹上下部分各划为八面。钟腹正面上部竖排“古崇庆寺”四字,释合永题书,下部分行竖排魏体“闻钟声　烦恼轻　智慧长　菩提增　离地狱　出火坑　愿成佛　度众生　唵　伽啰帝耶　娑婆诃”三十二字。背面上部分行竖排“监制　住持释合永　佛历二五六零年　公元二零一六年”等字,下部分行竖排“钟声传三千界内　佛法扬万亿国中　功勋祈世界和平　利益报檀那厚德”二十八字。左侧面上部竖排“法论常转”四字,下部竖排“国泰民安”四字。右侧面上部竖排“佛日增辉”四字,下部竖排“风调雨顺”四字。钟腹其余八面,刻《金刚波罗蜜经》全文。

山门为单檐歇山顶门楼,正脊两端有螭首鸱吻,垂脊和戗脊无角兽,檐角无蹲兽。南面檐下角柱二楹,楹联云:“此心自在清风徐徐有客来,拈花一笑禅门悠悠无相开。”山门一扇,两边连接院墙。门额悬挂“崇庆寺”木匾,蓝底金字,行体阴文,匾额四边饰金色回字纹。门前阶基高约五十厘米,南侧石阶踏道四级。石阶两旁立哼哈二将青石雕像,下有砖砌立方体基座,基座外立面浅雕山水、祥云、嘉树、瑞禽等图案,雕像、基座通高约二点五米。

山门内有小庭院,院中立滴水观音石雕像一尊。观音菩萨顶戴阿弥陀佛,身着天衣,腰系罗裙,胸配璎珞,腕戴钏镯,赤足立于三层仰莲台上,头后有顶圆光。石观音双臂上曲,置于身体两侧,高与胸齐。双手掌心向上,指尖向前,左手持净瓶底部,瓶口朝上,右手托柳枝。石像之下莲台仰莲三层,第三层仰莲表面阴刻“崇庆寺住持释合永”诸字,第二层仰莲表面阴刻“佛历二五五五年五月一号”等字。莲台之下有三层六边形砖砌基座,体量逐层收束,外表铺贴汉白玉石面。塑像、莲台、基座,通高九点九米,二〇一一年十一月二十七日上午九时开光。观音石雕像之后有三级圆攒尖镀铜铁宝鼎一座,鼎腹正面和背面环铸法轮、法螺、宝伞、莲花、宝瓶、金鱼、盘长、白盖等八吉祥图案,以及卷草、如意、蝙蝠等图案,钟腹底部横排“崇庆寺”三字。鼎腹左侧面分行竖排上款“佛历二五五五年　公元二〇一一年”,右侧面分行竖排下款“住持释合永”及功德芳名。狮首形鼎脚三只。宝鼎之下有圆形镀铜铁底座,上枋外表面散铸如意祥云十余朵,上枭仰莲一周,束腰如意结六枚,下枭伏莲一周,下枋以四枚透空如意作为基座四脚。

庭院西边二层小楼一座，坐西朝东，硬山顶带风火墙。东面有檐廊，上下层各平柱三楹，各角柱一楹。每层面阔五间，进深一进，另有楼梯过道一间。楼下南首为斋堂，中部三间客堂，北屋供奉漆金填红泥塑观音菩萨莲台像，结跏趺坐，身披天衣，胸配瓔珞，左手托净瓶于腹前，瓶口朝上，右臂上曲，手持柳枝，作洒水状，善财童子、龙女侍立两胁。庭院东边有二层结构房屋，坐东朝西，尚未完竣。

庭院北边有月台，平面呈长方形，台基高约一米，南侧踏道石阶五级。石阶中间铺砌飞龙图案方形青石浮雕一块，龙首在上，龙体盘曲而下，两边如意祥云，底部海波。月台中部置矩形铁香炉一座，炉口左右两侧上截面，铸倒“凹”字形炉耳一对。炉颈嵌半球体一周六十二枚，球径约二厘米。炉腹正面和背面之中部，各横排隶体“崇庆寺”三字，左侧分行竖排上款“佛历二五五五年　公元二〇一一年”，右侧竖排下款“住持释合永”。题款外侧各作莲荷图一幅，画面中心一朵盛开莲花，两边有含苞欲放莲花二朵、莲叶二片，花、叶之下三节莲藕一条。狮首形炉脚四只。

佛殿在月台北边，庑殿顶，正脊由小圆瓦垒砌三层透空圆形铺排而成，螭首鸱吻，背负宝剑。垂脊有角兽，各檐角蹲兽四只、仙人一尊。殿宇面阔五间，进深三进。南面中间开殿门一扇，殿门左右开方窗各一扇。门额悬挂“佛殿”木匾，金底黑字，行体阴刻，无题款，匾面浅雕金色游龙及如意祥云。殿中佛坛上供奉释迦牟尼佛木雕像，释迦佛身着通肩袈裟，结跏趺坐于莲台上，右掌压左掌置于腹前，掌心托宝珠一颗。身后有举身光，迦叶、阿难侍立两胁。释迦佛左边有文殊菩萨青狮座木雕像，手捧一枝莲花，左舒坐于三层仰莲台上，莲台置于青狮脊背之上。文殊菩萨左边为漆金填红药师佛像，身着通肩袈裟，胸嵌万字符，结跏趺坐于莲台上。右手托宝塔于腹前，左手置于右脚踝上面，掌心向上，指尖向前，中指上卷，与拇指呈环形，作说法印。释迦佛右边有普贤菩萨白象座木雕像，手捧一只如意，右舒坐于三层仰莲台上，莲台置于六牙白象脊背之上。普贤菩萨右边为漆金填红阿弥陀佛像，身着通肩袈裟，胸嵌万字符，结跏趺坐于莲台上，双手相叠，托金莲台置于腹前。

佛殿两旁各连接配殿一间，西配殿供奉漆金填红泥塑释迦牟尼佛像一尊，造型同于佛殿木雕释迦佛像，体量略小，迦叶、阿难侍立左右。东配殿供漆金填红泥塑地藏菩萨像一尊，头戴毗卢冠，身披袈裟，结跏趺坐，右掌压左掌置于腹前，掌心向上，托摩尼珠一枚，闵公、道明和尚分立左右。

经溧水区人民政府批准，崇庆寺即将重建，奠基仪式已于2015年10月20日举行。依据崇庆寺重建总建筑规划设计方案，工程资金概算约两亿元人民币，占地面积十二亩。工程分两期完成，第一期建天王殿、钟楼、鼓楼、大雄宝殿、观音殿、地藏殿；第二期建文殊殿、普贤殿、藏经楼、僧寮、塔院。

东庐山观音寺

在旧溧水县东二十里白鹿乡东庐山西麓，今溧水区永阳镇东庐山村。元代始建永寿寺，后更名东庐山观音庵。明洪武七年(1374)古拙和尚居此，与金陵士大夫以诗相闻，有“泉鸣知宿雨，木落见秋山”佳句。清咸丰年间(1851—1861)毁于太平天国战火，光绪八年(1882)重建，有庵堂三间及两侧厢房，20世纪60年代毁。1999年溧水县城分龙岗观音庵拆迁，徙建于东庐山观音庵旧址，更名东庐山观音寺。2000年成为南京鸡鸣寺下院，江苏省和南京市人民政府批准列为重点建设寺院。现占地面积一万多平方米，总建筑面积六千平方米。

东庐山观音寺背倚东庐山，面临中山湖，整体布局坐东朝西，四合院结构。殿宇依山坡而筑，地势自西向东逐渐升高，中轴线有东庐观音广场、山门、天王殿、圆通宝殿，两翼有封闭式走廊、钟楼、鼓楼、厢房、斋堂，殿堂楼宇之间以游廊连通。

东庐观音广场平面呈圆形，直径一百余米，目前建设尚未竣工。广场自西边进入，入口两边重檐四角攒尖亭各一座。广场东边有大照壁，高十五点八米，长八十米。广场南北两翼为弧形通廊，西起入口，东连照壁，使整个广场形成闭环。广场中部圆形喷泉池一座，直径三十二米，池边环绕二十六座童子像，像高三米，形态各异。池中立滴水观音像一尊，由底座、莲台、塑像三部分组成，通高九点九米。底座为圆柱体，分为上下部分。上部立面镶八片褐石如意祥云浮雕，祥云在上，如意居下，底边浅雕花卉。底座下部为圆形石座基，高约十五厘米，外立面雕仰莲一周。莲台亦由上下部分组成，下部伏莲一周十六瓣，各莲瓣内浮雕一只龙头。束腰嵌半圆球体一周六十枚，球径约五厘米。莲台上部由三层仰莲垒叠而成，莲瓣内浮雕宝珠、卷叶和如意，宝珠居中，卷叶环之，如意复环之。观音菩萨西面而立，高束发髻，顶戴金圈，金圈前

东庐山观音寺

面嵌阿弥陀佛像，肩披天衣，腰系罗裙，身配瓔珞，腕串宝镯，赤足立于莲台之上。右臂上曲，手托净瓶于右肩外侧，瓶口朝上；左臂下垂，掌心朝下，拇指与食指拈柳枝，置于左胯外侧。莲台、塑像皆为金色。根据施工设计，底座可以升降和旋转，净瓶中能涌出净水。

观音寺山门在东庐观音广场之后，坐东朝西，穿堂式重檐歇山顶单坡门楼，左右两边接客舍楼房。正脊上下左右四边，由小圆瓦作一层透空蝙蝠形铺排环绕。中部由方砖铺砌而成，东西两面贴釉瓷砖雕。西面嵌"风调雨顺"四字砖刻，正中位置嵌圆形云龙喷水砖雕一块，螭首鸱吻。垂脊由小圆瓦垒砌二层透空圆形铺排而成，末端立法像雕塑，手持法器。戗脊有角兽，檐角无蹲兽。飞檐翘角，内作斗拱。山门无匾额，门前有檐廊，圆柱体平柱二楹，二角柱各一楹。入山门登台阶五十余级，达于广场。广场南边和北边以及西边两端有石雕护栏，东边置矩形铁香炉一座，炉颈正面铸九朵莲花，左右侧面如意柄形炉耳一对，表面回字纹。炉腹正面中部横排隶书繁体"东庐观音寺"五字，左侧分行竖排落款"佛历贰伍伍肆年　公元贰零壹零年"。狮首兽脚形炉脚四只，炉脚与炉腹正面和背面底边夹角处嵌三角形如意，内作卷草纹。

铁香炉之后有直通式石墀一层台阶十级，转面对式石墀一层台阶八级，再转靠背式石墀一层台阶八级，抵达天王殿月台。月台西边有石雕护栏。月台中部置六角二级铁宝鼎一座，攒尖顶，上竖葫芦形宝刹，宝瓶上球面铸一枚铜钱图案，下球面铸二枚铜钱并列图案。平檐短角，各檐角龙头一尊，口衔风铃。鼎口正面和背面外表中部，各作万字符一枚，万字符两侧缀卷草一束。鼎颈外表面回字纹一周，左右侧面如意柄形鼎耳一对，表面回字纹。鼎腹正面横排行体"观音禅寺"四字，左侧分行竖排上款"公元二〇〇〇　佛历二五四四年"，右侧竖排下款"赵朴初"三字。鼎腹背面功德芳名，狮首形鼎脚三只。

月台东边天王殿，坐东朝西，重檐歇山顶仿古建筑，正脊上下左右四边由小圆瓦作一层透空蝙蝠形铺排环绕。中部由实体方砖铺砌而成，东、西两面贴釉瓷砖雕，西面嵌"国泰民安"四字砖刻，螭首鸱吻。垂脊和戗脊由小圆瓦垒砌二层透空蝙蝠形铺排而成，垂脊末端立瓷雕法像，戗脊末端立角兽。飞檐翘角，内作斗拱。天王殿东面和西面有檐廊，各平柱四楹，各角柱一楹。殿宇面阔五间，进深三进，西面开殿门五扇，门前阶基高约三十厘米，踏道石阶二级。东面殿门一扇。殿中佛龛内供奉贴金弥勒菩萨游戏坐莲台像。天王殿南北山墙外面连接卷棚顶耳房，各面阔三间，进深一进。耳房外侧连接寺院两翼走廊。

月台南边卷棚顶平房一座，坐南朝北，面阔二间，进深一进，北面开窗二扇，西面开窗一扇，东接封闭走廊，此为寺院南翼走廊西头终端。月台北边卷棚顶平房一座，坐北朝南，与南边房屋形制相同，位置对称，东接封闭走廊，为寺院北翼走廊西头终端。

出天王殿后门，有直通式石墀转面对式石墀再转靠背式石墀共三十余级，抵达圆通宝殿月台。圆通宝殿位于月台东边，2010年12月26日落成。坐东朝西，重檐歇山顶，正脊上下左右四边，由小圆瓦作一层透空蝙蝠形状铺排环绕，中部由实体方砖铺砌而成，东、西两面贴釉瓷砖雕，西面嵌“圆融无碍”四块砖刻，正中位置嵌圆形云龙喷水浮雕一块，螭首鸱吻。垂脊和戗脊由小圆瓦作一层透空蝙蝠形状铺排而成，垂脊末端立瓷雕法像，戗脊末端立瓷雕角兽。飞檐翘角，内作斗拱，各檐角蹲兽五只、仙人一尊。西面上檐横梁中部悬挂“圆通宝殿”木匾，蓝底金字，繁体阳文，落款“向守志题”。匾面有线勾祥云底纹，边框浅雕金龙九条，间缀如意祥云。宝殿西面有檐廊，平柱六楹，二角柱各一楹。檐前阶基高约二点五米，踏道石阶十七级，两边有石扶栏，与阶基上边护柱相接。殿宇面阔七间，进深三进，西面中部开殿门三扇，殿门两边开窗各二扇。门联云：“南海梵音不二法门唤回大梦成大觉，东庐翠色无双宝地参澈非有亦非空。”上款“刘大白先生撰联”，下款“虎寅年冬月　三宝弟子洪岚敬书”。殿中供奉贴金填红不二观音莲台像，高约一点五米。观音菩萨顶戴宝冠，身着天衣，胸配璎珞，结跏趺坐于三层仰莲台上，右掌压左掌置于腹前，掌心向上，两拇指相触，作禅定印。像下有底座，由两层六立面柱体垒叠而成，高约一米。每立面上边和下边各铸卷叶一周，中部作一幅佛教事迹浮雕。底座之下有六边形底基，高约二十厘米。楹联云“甘露洒娑婆福缘广布，慈云显宇内善果常昭”，上款“佛历二五五四年岁次庚寅孟冬”，下款“金山江天禅寺心澄敬书”。不二观音像背后有影壁，壁面遍凿小佛龛，殿内东、南、北墙面亦凿小佛龛，总数以千计，每龛内供奉观音小型像一尊。

东庐山观音寺圆通宝殿

圆通宝殿两庑山墙外各接耳房一间，分别与南厢房和北厢房相连。南厢房坐南朝北，悬山顶，面阔五间，进深三进；北面开一门三窗，门前踏道石阶三级。北厢房与南厢房形制相同，位置对称。月台西南角有钟楼，坐东朝西，重檐歇山顶仿古建筑。正脊由小圆瓦垒砌二层透空蝙蝠形状铺排而成，螭首鸱吻。垂脊和戗脊由小圆瓦作一层蝙蝠形状和一层透空圆形垒叠铺排而成，垂脊末端立瓷雕法像，戗脊末端立角兽。飞檐翘角，内作斗拱。面阔三间，进深三进，平面呈正方形。西面开一门二窗，其余三面各开三窗。钟楼之西有卷棚顶房屋一间，坐南朝北，西接走廊，乃为寺院南翼走廊之东端。月台西北角有鼓楼，坐东朝西，与钟楼规制相同，位置对称。鼓楼之西有卷棚顶房屋一间，坐北朝南，西接走廊，为寺院北翼走廊之东端。斋堂位于圆通宝殿正下方，入口处在北翼走廊内。

马占寺

在旧溧水县东三十里东庐山南端，今溧水区白马镇马占山东侧马占坳。相传本六朝佛寺旧基，四周群山环抱，古木幽深，修竹苍翠，婆娑多姿。尝有马尚书读书于此，故名马占寺。宋开宝五年(972)修，绍兴八年(1138)重建，咸淳十年(1274)再建，明永乐年间(1403—1424)重修。清咸丰年间(1851—1861)毁于兵燹，寺僧正清、甲莲、果然俱殉难，同治六年(1867)新建。20世纪50年代渐圮，后由国营林场接管，改为护林用房。2009年2月复建，2012年11月落成。《马占寺复建碑》云："据史料记载，元至正《金陵新志》卷三十一：'马占寺在溧水州东二十五里。本六朝古寺基，开宝五年修。相传马尚书于此读书，故名。绍兴八年重建。'马占寺青瓦黄墙，香烟缭绕，蔚然佛家之一方福地也。然世事沧桑，马占寺历经磨难，屡遭颓变。至上世纪五十年代初，和尚所剩无几，后由国营林场接管。二零零零年，仅存之和尚正海病故，至此马占寺图余空名，几至匿迹矣。公元二零零九年，比丘尼常定、慧华因缘发心，复建马占寺，恢复古道场，续佛慧命，度一切苦厄。此举虽荆棘载途，艰辛莫测，然常定、慧华矢志不渝，知难而进，坚定信念和

马占寺天王殿

愿力，十方化缘，经历了常人所难以忍受的磨难与痛苦。所幸适逢盛世，因缘具足，团结一心，十方信众鼎力相助，欣喜马占寺以崭新之面貌，于二零一二年农历十月十一日落成开光。由是千年古刹得以佛光重现，再呈辉煌。此次复建，仿明清宫殿式重檐歇山建筑，复建马占寺总造价约计人民币七百万元。大雄宝殿长二十四米，宽十八米，建筑面积五百六十二点二平方米，五间。天王殿长十七米，宽十米，建筑面积二百二十九平方米，小五间。南北寮房长三十米，宽八点八米，建筑面积二百六十四平方米，各两层十六间。厨房长十八点三米，宽三点八米，建筑面积六十九点五平方米，五间。寺内各殿中塑佛像、菩萨像、十八罗汉、四天王像、伽蓝达摩祖师像、弥勒、韦陀等像共四十尊，合计人民币五十二万四千元整。寺内塑铜钟一口，香炉一座，宝鼎一座，合计人民币一十三万元整。噫，此乃千秋之无量功德也，故刻石以记之。高梦云谨识　住持僧常定敬立　佛历二五五七年六月　公元二零一三年六月吉时。”

新马占寺整体布局坐西朝东，四合院结构，主要建筑有天王殿、大雄宝殿及二座寮房。寺院门前有空场，面积约四百平方米，青条石地面。场中置矩形铁香炉一座，庑殿顶，正脊由透空菱形铺排而成，上竖黄铜葫芦宝瓶顶，宝瓶下球面作一枚透空铜钱图案。宝瓶两侧立黄龙各一条，龙首相对。平檐翘角，檐柱八根，均分四组，呈对角立于炉口上截面，支撑檐顶。炉颈左右侧面乙字形炉耳一对，表面回字纹。炉腹正面中部嵌长方形铜牌，内刻“马占寺”三字，隶体横排。圆柱体炉脚四只。

天王殿在空场西边，坐西朝东，歇山式仿古建筑。正脊中部竖三叠球体宝瓶顶，螭首鸱吻，背负宝剑。平檐翘角，内作斗拱，垂脊和戗脊各立角兽，各檐角蹲兽四只、仙人一尊。东面横梁中部斗拱前悬挂“天王殿”木匾，绿底金字，行体阳文，上款“壬辰冬月”，下款“庆缘捐赠”，匾框四边雕金龙九条。阶基高约二点五米，东侧中部铺砌踏道石阶十四级，两边有石雕扶栏。殿宇面阔五间，进深一进，东面中间开殿门一扇，殿门两侧开方格窗各二扇，门联云：“慈悲广大度有缘人，功德圆满成无上道。”门前有檐廊，平柱四楹，二角柱各一楹，廊外立石雕护栏，与踏道扶栏相接。殿中石坛上供奉大肚弥勒游戏坐莲台像。殿宇西面中间开殿门一扇，殿门两侧开方格窗各二扇。天王殿南北两侧连接院墙，约三米处墙面各开边门一扇通入寺内。

天王殿之后，登石阶六级至庭院。庭院中置矩形铁香炉一座，庑殿顶，正脊由三层透空菱形铺排而成，上竖葫芦形宝瓶顶，宝瓶上下球面各作透空二枚铜钱并列图案，螭首鸱吻。平檐短角，龙形蹲兽。檐下回字格挂落，蟠龙檐柱八根，均分两行立于炉口正面和背面上截面，支撑檐顶。龙首居于柱体中部偏下位置，凸出柱表，龙身沿柱面上下盘旋展开。炉颈正面莲花九朵，左右侧面乙字形炉耳一对，表面回字纹。炉腹正面中部横排繁体隶书“马占寺”三字，左侧分行竖排上款“佛历二五五七年　公元二〇一三年”，右侧分行竖排下款“住持释常定　释慧华”，题款外侧铸如意祥云。狮首形炉脚四只，炉脚与炉腹正面及背面底边夹角处嵌三角形如意，内作卷叶图案。铁香炉之后有六角五级铁宝鼎一座，攒尖顶，上竖葫芦形宝瓶刹。平檐短角，龙形蹲兽。炉口外立面铸莲花一周六朵。炉颈正面和背面各作如意轮三只，如意轮两边缀卷草。炉颈左右侧面乙字形鼎耳一对，表面回字纹。鼎肩伏莲一周。鼎腹中部横排繁体隶书“马占寺”三字，题款与铁香炉相同，为同时铸造之物。兽足形鼎脚三只。

庭院南边歇山顶二层楼房一座，坐南朝北，上下层房屋各七间，进深一进，东头另置楼梯一间。楼宇北面有檐廊，每层檐廊平柱七楹，各角柱一楹。楼上为七间净修之所，房号自东向西曰精进，曰禅定，曰智慧，曰自在，曰般若，曰解脱，曰彼岸。楼下七间为辅助用房。楼房东头山墙与院墙之间有月门，额曰“解脱门”，门内过道通往大雄宝殿南侧。庭院北边歇山顶二层楼房一座，坐北朝南，与南边楼房规制相同，位置对称。楼下有客堂、五观堂，楼上为尼住所。楼房东头山墙与院墙之间有月门，额曰“入三摩地”，门内平房二间，北倚院墙，南向开门，门前阶基高约五十厘米，踏道石阶四级。

马占寺大雄宝殿

庭院西边大雄宝殿，坐西朝东，重檐歇山式仿明清风格建筑。正脊东面嵌“佛光普照”四块砖刻；中部竖瓷雕法轮一枚，下有如意祥云底座；两端螭首鸱吻，背负宝剑。垂脊和戗脊末端各立角兽，各檐角蹲兽六只、仙人一尊。平檐翘角，内作斗拱。殿宇东、南、北三面有通廊，廊外立汉白玉护栏。东面檐廊平柱六楹，南面和北面檐廊各平柱三楹，四角柱各一楹。东面下檐横梁中部斗拱前悬挂“大雄宝殿”木匾，蓝底金字，行体阳文，匾额四边雕金龙九条，间以金色卷草。阶基高约二点五米，东侧铺砌踏道石阶十六级，两侧有汉白玉扶栏，与大殿东面檐前护栏相接。踏道南侧立清嘉庆十八年(1813)残碑，北侧立高梦云撰《马占寺复建碑》。

大殿面阔五间，进深三进，东面中间开殿门三扇，两边开方格窗各一扇。门联云：“诸恶莫作众善奉行已了如来真实意，四大本空五蕴非有是为波罗蜜多心。”殿中佛坛上供奉漆金填红三宝佛像，三宝佛身着通肩袈裟，胸嵌万字符，结跏趺坐于三层仰莲台上。娑婆世界教主释迦牟尼佛居中，右掌压左掌置于腹前，两手拇指相触，掌心向上，托红色宝珠一枚。东方琉璃世界教主药师佛居左侧，右手托五级宝塔于腹前，左臂上曲，立掌胸前，掌心外翻，指尖上竖，作无畏印。西方极乐世界教主阿弥陀佛居右侧，左手持金莲台于腹前，右手亦作无畏印。殿内西北角供奉文殊菩萨左舒坐青狮座像，身着通肩袈裟，手捧如意。西南角供奉普贤菩萨右舒坐白象座像，身着通肩袈裟，手持莲花。东南角法鼓一架。东北角悬挂铜钟一座，高约一点五米，口径约七十厘米。蒲牢钟钮，八波形钟口，波谷上方各铸钟月一枚。钟肩伏莲一周八瓣，内有如意图案。钟腹上边一字纹二周，下边波浪纹一周。钟腹正立面上沿横排隶体“南京溧水”四字，其下竖排隶体“马占寺”三字，左侧上方分行竖排上款“佛历二五五六年　公元二〇一二年”，其外侧竖排隶体“风调雨顺”四字，右侧上方竖排下款“住持释常定”，其外侧竖排隶体“国泰民安”四字。钟腹背面和左右侧面中部铸一字纹二匝，其间如意祥云数朵，将钟腹以及左右侧面划分为上下部分。上部刻《大悲咒》全文，下部功德芳名。殿内两庑分列十八罗汉金身坐像。

乌龙禅寺

在旧溧水县东庐山南侧龙山脚下，今溧水区白马镇革新村。本为龙王庙，相传西汉元狩年间（前122—117）始建，清乾隆皇帝南巡，尝至此游览，拴马石、龙井、龙臼、回龙桥等旧迹尚存。民国时期改为乌龙禅寺，后毁。20世纪90年代复建，2006年当地政府批准为佛道合一宗教场所。

乌龙禅寺

新乌龙禅寺占地面积约二十亩，整体布局坐北朝南，中轴线依次为龙王殿、三圣殿、大雄宝殿，两翼各有房舍一区。龙王殿为悬山顶平房，正脊下层以小圆瓦垒砌三层透空波浪，上层以铺排青砖，正脊中部竖二龙戏珠瓷塑。殿宇面阔三间，进深二进，南面中间开殿门一扇，两边开方格木窗各一扇。殿门西侧外墙面嵌“重建乌龙寺庙功德碑”，落款云“建于公元一九九五年七月卅一日”。殿门上额悬挂“乌龙禅寺”木匾，红底金字，魏体阴刻，上款“丙申年十月”，下款敬助人姓名，匾额四边雕九条金龙。门前有檐廊，平柱二楹，两端为殿宇外伸山墙。各平柱表面彩绘蟠龙一条，龙头在上，龙体盘旋而下，间以祥云数朵。阶基高约五十厘米，南侧踏道水泥台阶五级。殿中神台上供奉彩绘泥塑神仙坐像二尊，男东女西。墙壁嵌新凿元人许愉《乌龙庙记》石刻，碑文云：“神姓张氏，以其名庙庐山阳，距州东二十五里。汉元狩中，以功德食于土，以其变化不可测，故名乌龙。初欲立庙他所，一日失其材，明日得诸六七里外，今庙所也。于是乡人益惊异，树立益显敞，合数郡望。雨者必祷焉，祷必得岁，载在祀典，列著州乘，凡所以泽民者甚厚。至元甲戌，温阳李侯知州事，岁适旱，侯祷于庙，雨如注，明年春夏秋又旱，侯再祷，辄雨。侯之精诚通于神明，而神爱侯之民与侯心甚相似也。神于民厚矣，而庙且坏。又明年，侯慨然谓愉曰：‘若之先世致力于庙旧矣，其无念神功，坠先绩。’愉义不得辞，乃经始于八月辛卯，又明年冬十二月辛未而庙以成。为屋百楹，一袭其旧，不为损增。凡用钱一万三千余缗，谷八百余斛。嗟夫，世以祸福奔走愚蚩而且美其祠宇者皆是矣，若神之福人以享其报，而其庙顾旧而圮者，何与以其能福而不能祸也，非侯之爱民敬神，斯庙何由而新耶？乃□之石，使后之事神者知神与侯爱民之心如此，其亦庶几乎有所感发也。”

龙王殿前有空场，场中置矩形铁香炉一座，炉颈正面和背面各有莲花七朵，左右侧面如意柄形炉耳一对，表面回字纹。炉腹正面横排隶书繁体“乌龙禅寺”四字，左边分行竖排落款“佛历二五五九年　公元二〇一五年”。兽脚形炉脚四只，炉脚与炉腹正面和背面底边夹角处，嵌三角形如意，内有卷草叶图案。龙王殿东山墙连接斋堂，悬山顶平房，面阔三间，进深二进，南面开一门二窗。斋堂门前有檐廊，方柱体平柱二楹，二角柱各一楹，水泥台阶五级。

出龙王殿后门有跨院，院中置矩形铁香炉一座，庑殿顶，正脊由三层透空菱形铺排而成，上竖葫芦形宝瓶顶，宝瓶上下球面各作二枚铜钱并列图案，螭首鸱吻。平檐短角，龙形蹲兽，口衔风铃。檐下回字格挂落，蟠龙檐柱八根，均分两行立于炉口正面和背面上截面，支撑檐顶。龙头位于檐柱中部，凸出柱体表面，龙身沿柱体上下盘旋展开，间以如意祥云。炉颈正面莲花三朵，左右侧面如意柄形炉耳一对，表面回字纹。炉腹正面横排行书繁体“乌龙寺”三字，左边分行竖排“住持　释慧立　释妙琴”八字，右边分行竖排“公元二〇〇八年　佛历二五五二年”等字。狮首兽脚形炉脚四只，炉脚与炉腹正面和背面底边夹角处嵌三角形如意，内有卷叶图案。

跨院东边为斋堂，庑殿顶平房，坐东朝西，面阔五间，进深一进，每间西面开一门一窗。门前有檐廊，平柱四楹，二角柱各一楹。斋堂东北十余米山坡上，闲置旧铁钟一口。钟高约八十厘米，口径约五十厘米。蒲牢钟钮，平圆钟顶。八波形钟口，波谷上方各有钟月一枚。钟腹上边回字纹一周，下边海波纹一周。钟腹正面竖排行体“乌龙禅寺”四字，左侧上方竖排上款“住持　释慧一”五字，其外侧竖排“佛日增辉”四字，之下竖排“风调雨顺”四字；右侧上方分行竖排下款“佛历贰伍伍肆年　公元贰零壹零年”等字，其外侧竖排“法轮常转”四字，之下竖排“国泰民安”四字。钟腹背面和左右侧面，中部嵌一字纹二匝，其上部和下部皆刻功德芳名。跨院西边为僧寮、办公室、客堂及档案室，庑殿顶平房，与东边房屋形制相同，位置对称。

跨院北边三圣殿，单檐庑殿顶仿古建筑，坐北朝南，南北两面有檐廊，平柱各四楹，各角柱一楹。阶基高约二米，南侧铺砌水泥台阶十一级。殿宇面阔五间，进深三进，南面中间开门一扇，殿门两边各开拱形窗二扇，窗棂上方墙面横书“南无阿弥陀佛”六个大字。殿中佛坛上供奉漆金填红泥塑西方三圣像，阿弥陀佛接引像居中，身着通肩袈裟，胸嵌万字符，赤足立于三层莲台上。左掌托金莲台于胸前，右臂下垂，掌心外翻，指尖向地，作与愿印。观音菩萨居左侧，头戴宝冠，中嵌阿弥陀佛像，身着天衣，胸配瓔珞，腰系罗裙，双手持金莲花，赤足立于三层莲台上。大势至菩萨居右侧，顶戴宝冠，中嵌净瓶，服饰与观音菩萨相同，双手捧金莲花，赤足立于三层莲台上。

三圣殿之后有石墀一层五十四级，从第二十八级开始，分东西两路抵达月台。两路之间立滴水观音石雕塑像一尊，由底座、莲台、雕像组成，通高约三点五米。底座用石材雕为八瓣仰莲造型，周围作砖砌圆池，池壁上截面环置石雕十二属相动物蹲像。莲台由石材雕制一层十瓣伏莲和一层十瓣仰莲垒叠而成，束腰细窄，无纹饰。观音菩萨顶戴阿弥陀佛，身着天衣，胸配瓔珞，腕串钏镯，赤足立于莲台上。左手握净瓶置于腹前，掌心向上，瓶口向外，瓶体下倾，作洒水状；右臂上曲，立掌胸前，掌心外翻，中指弯曲向下，其余四指上竖，作说法印。

石墀之上有月台，中置六角七级铁宝鼎一座。攒尖顶，上竖葫芦形宝瓶刹。平檐短角，龙形蹲兽，口衔风铃。鼎口外立面上边回字纹一周，鼎口正面和背面各作金色莲花三朵。鼎颈正面和背面亦各作金色莲花三朵，左右侧面如意柄形鼎耳一对，表面回字纹。鼎腹上边伏莲一周，下边嵌半球体一周二十余枚，球径约二厘米。鼎腹正面横排隶体“乌龙禅寺”四字，左侧分行竖排上款“佛历二五六〇年　公元二〇一六年”等字，右侧竖排下款“住持　释慧一”五字。鼎腹侧面和背面功德芳名。狮首形鼎脚三只。

月台北边大雄宝殿，2011年12月奠基，2016年11月5日落成。重檐歇山顶仿古建筑，正脊由小圆瓦垒砌六层透空圆形铺排而成，南面嵌“国泰民安”四块砖刻，螭首鸱吻，背负宝剑。垂脊和戗脊各立角兽，各檐角蹲兽四只、仙人一尊。平檐翘角，檐内作斗拱。南面上檐横梁中部悬挂“大雄宝殿”木匾，黑底金字，行书阳文，上款“公元二〇一六年　佛历二五六〇年”，下款“住持　释慧一”，匾额四边雕金龙九条。大殿面阔五间，进深三进，南面中部开殿门三扇。门前有檐廊，平柱四楹，二角柱各一楹。阶基高约六十厘米，南侧踏道石阶五级。殿中佛坛上供奉贴金释迦牟尼佛说法像，身着通肩袈裟，胸嵌万字符，结跏趺坐于莲台上，身后有大背光，光焰里雕金龙九条。释迦佛左掌覆于右脚上面，指尖向前，右臂上曲，立掌胸前，掌心外翻，中指和无名指向下弯曲，中指与拇指成环形，食指及小指上竖，作说法印，迦叶、阿难侍立两胁。佛坛背面供奉漆金填红海岛观音像，顶戴阿弥陀佛，身着天衣，胸配璎珞，腰系罗裙，赤足立于鳌头上。左手持净瓶于胸前，掌心向上，瓶口向前，瓶体向前下方倾斜，净水自瓶口流出，直落海面；右臂上曲，立掌胸前，掌心外翻，中指与拇指轻捻绿柳枝，善财童子和龙女分立两胁。塑像身后壁面嵌海岛观音应身像。大殿东北角供奉漆金填红文殊菩萨右舒坐青狮座像，右手扣金刚剑上端，左手握剑下端，斜抱胸前。西北角供奉漆金填红普贤菩萨左舒坐白象座像，右手置右膝上，左手在左胸前，双手斜抱莲花。两庑山墙前石台上，分列漆金填红十八罗汉立像。

无想禅寺

在溧水无想山西侧，今溧水区洪蓝镇无想寺景区内，1996年经南京市人民政府批准建造。整体布局坐东朝西，主要建筑有天王殿、大雄宝殿、三圣殿及寮舍等。天王殿坐东朝西，重檐歇山式仿古建筑，正脊中部竖葫芦形宝瓶顶，螭首鸱吻，背负宝剑。垂脊和戗脊各立角兽，各檐角蹲兽四

无想禅寺大雄宝殿

只、仙人一尊。西面上檐横梁中部悬挂“天王殿”木匾，灰底金字，行体阴刻，落款“金陵世欣园　常志成”。殿宇西面、北面和南面有檐廊，西面檐廊平柱四楹，楹联云：“具一切功德，得无上菩提。”落款“八十二叟　刘仁通书”。南面和北面檐廊各平柱二楹。四角柱各一楹。阶基高约四十厘米，西侧和东侧踏道水泥台阶各三级。殿宇面阔三间，进深二进，西面中间开殿门一扇，两边方格窗各一扇；东面中间开门一扇。殿中佛龛内供奉漆金泥塑弥勒菩萨游戏坐莲台像，龛联云：“便便包容天地量，呵呵笑破古今愁。”两庑塑四大天王金身坐像。

天王殿后门外有空场，中置矩形铁香炉一座。庑殿顶，正脊由三层透空祥云形状铺排而成，中部竖葫芦形宝瓶，宝瓶上下球面各作一枚透空铜钱图案，螭首鸱吻。正脊上方卧龙二条，分列于宝瓶两侧，龙首相对。平檐翘角，龙形蹲兽，口衔风铃。檐下回字格挂落，蟠龙檐柱八根，均分两行立于炉口正面和背面上截面，支撑檐顶。龙头在柱体中部偏上位置，凸出柱体表面，龙身沿柱盘旋而下。炉颈左右侧面乙字形炉耳一对，表面回字纹。炉腹正面中部分行横排隶体“溧水　无想禅寺”六字，右侧竖排落款“释道平”。炉腹正面底边下缀卷草二束，其间嵌万年青一株。兽首形炉脚四只。铁香炉之后置六角五级铁宝鼎一座，攒尖顶，上竖葫芦形宝瓶刹，宝瓶上下球面各作一枚透空铜钱图案。平檐短角，一二层檐角龙首蹲兽，三四五层檐角龙形蹲兽，皆口衔风铃。鼎口和鼎颈外表面各回字纹一周，鼎颈左右侧面乙字形鼎耳一对，表面回字纹。鼎腹正面中部横排隶体“无想禅寺”四字，左侧竖排“风调雨顺”四字，右侧竖排“国泰民安”四字。鼎腹左侧面竖排上款“戊寅年季春”，右侧面竖排下款“住持万善立”，背面横排行体“万年宝鼎”四字。鼎腹下边嵌半球体一周四十余枚，球径约二点五厘米。兽首形鼎脚三只。五级宝鼎南北两侧，各有六角三级铁宝鼎一座，形制相同，位置对称。攒尖顶，上竖葫芦形宝瓶刹，宝瓶上下球面各作一枚透空铜钱图案。飞檐翘角，各檐角龙形蹲兽一只，口衔风铃。蟠龙檐柱六根，等距离立于鼎口上截面，支撑檐顶。龙头在柱体上端，龙尾在下端，皆凸出柱表，龙身沿柱面盘旋而下。鼎口外表面回字纹一周，鼎腹左右侧面乙字形鼎耳一对，表面回字纹。鼎腹正面横排隶体“无想禅寺”四字，左侧竖排上款“戊寅年季春”，右侧竖排下款“住持万善立”。鼎腹背面功德芳名。兽首形鼎脚三只。

大雄宝殿在宝鼎之后，1997年建造，2017年修。重檐歇山式仿古建筑，坐东朝西，正脊中部竖葫芦形宝瓶顶，螭首鸱吻。垂脊和戗脊各有角兽，各檐角蹲兽四只、仙人一尊。西面上檐横梁中部悬挂“大雄宝殿”木匾，棕底金字，行体阳文，落款“赵朴初题”。大殿西面、南面和北面有檐廊，西面檐廊平柱六楹，楹联二副，其一云：“无想才知无想乐，禅思方悟禅思苦。”栖霞寺吉慧八十五岁题写；其二云：“万法本空有，世事终无想。”南面和北面檐廊平柱各四楹，四角柱各一楹。殿基高约一点五米，西侧踏道水泥台阶十级。殿宇面阔五间，进深四进，西面中部开殿门三扇，中门上额悬挂“无想禅寺”木匾，蓝底金字，行体阴刻，落款“佛历二五四七年于金陵世欣园　常志成书”。殿内有影壁，壁前佛坛供奉木雕漆金填红释迦牟尼佛成道像，释迦佛身着通肩袈裟，胸嵌万字符，结跏趺坐于九层仰莲台上。左手横置腹前，掌心向上，指尖向右，作结定印；右手覆于右膝上面，五指平伸，指尖向前，作降魔印。身后有大背光，光焰中镂二龙戏珠图，迦叶、阿难侍立左右。坛联云：“种上善根人道更无他想，成等正觉佛云如是我闻。”影壁背面供奉漆金填红海岛观音像，身着天衣，腰系罗裙，赤足立于鳌头上。右手置于腹前，掌心朝上，指尖向左，拇指、中指和无名指向上弯曲；左手虚覆于右手上方约五厘米处，掌心向下，指尖向右，中指向下弯曲，与拇指几成环形，作说法印。海岛观音对面东墙前，置木龛，供奉漆金填红圣观音像一尊，坐东朝西。圣观音顶戴金冠，身着天衣，腰系罗裙，结跏趺坐于莲台上，双手合十胸前。殿内东南角雕龙红木龛内，供奉漆金文殊菩萨左舒坐青狮座像，手捧智慧剑。红木龛北侧有砖龛，供奉漆金填红净瓶观音像，顶戴宝冠，身着天衣，胸配璎珞，腰系罗裙，结跏趺坐于莲台上，右掌压左掌置于腹前，掌心托净瓶，瓶口朝上。殿内东北角雕龙红木龛内，供奉漆金普贤菩萨右舒坐六牙白象座像，手捧莲花。普贤菩萨南侧有砖龛，供奉漆金填红地藏菩萨像，顶戴毗卢冠，身着天衣，结跏趺坐于莲台上，右掌压左掌置于腹前，掌心托摩尼珠。殿内西北角法鼓一架，西南角铁钟一座。殿内两庑山墙前分列漆金填红十八罗汉立像。

天王殿南侧有硬山顶二层楼房一座，坐南朝北。上下层北面有檐廊，平柱各五楹，角柱各一楹；房屋面阔六间，进深二进，楼体东西两边各有楼梯。楼上居士住所，楼下三圣殿。三圣殿北面开殿门一扇，殿门两侧各开窗二扇。门额悬挂“三圣殿”木匾，绿底金字，行体阴刻，落款“佛历二五五三年九月于金陵世欣园　常志成书”，匾额四边作金色一字纹一周。门前阶基高约一米，踏道水泥台阶七级。殿中佛坛上供奉漆金填红弥陀三尊像，阿弥陀佛接引像居中，身着右袒肩袈裟，胸嵌万字符，赤足脚立于莲台上。左手托金莲台于胸前，右臂下垂，掌心外翻，指尖向地，作与愿印。观音菩萨居左侧，顶戴阿弥陀佛小坐像，身着天衣，胸配璎珞，腰系罗裙，扎白底蓝花飘带，赤足立于莲台上。左臂上曲，手托净瓶于胸前，瓶口朝上；右手上曲，手持柳枝于右肩胛前。大势至菩萨居右侧，顶戴净瓶，身着天衣，胸配璎珞，腰系罗裙，绿色腰带，腹前扎如意结，赤足立于莲台上，双手抱青莲花于胸前。佛坛东侧几案上，供奉漆金填红弥勒游戏坐莲台像，身后有顶圆光。佛坛西侧几案上，供漆金填红地藏菩萨像，头戴毗卢冠，身着天衣，结跏趺坐于莲台上，右掌压左掌置于腹前，掌心托摩尼珠，闵公、道明和尚侍立左右。殿内西南角佛坛一座，供奉漆金填红药师佛莲台像，身着通肩袈裟，胸嵌万字符，结跏趺坐于莲台上。左手托五级宝塔于腹前，右臂上曲，立掌胸前，掌心外翻，拇指抵中指，其余三指上竖，作说法印。

三圣殿北约五十米，有硬山式二层楼房与硬山式平房连体建筑一区，坐北朝南。平房为办公场所，面阔六间，进深一进，南面开门窗。门前有檐廊，平柱五楹，两端为外伸山墙。楼房为厨房、斋堂及僧寮，上下层各面阔六间，进深一进，南面开门窗。门前有檐廊，平柱五楹，檐廊两端为外伸山墙。

无想寺

在旧溧水县南十五里无想山东南侧山腰，今溧水区洪蓝镇无想寺景区内。始建于六朝，唐武德年间(618—626)重建，名无想禅院。五代时期废，宋治平年间(1064—1067)重建，更名禅寂寺，咸淳年间(1265—1274)僧道甄扩建，邑人赵参政请于朝，赐名禅寂禅寺。寺有石观音像，宋时掘土所得，明万历年间(1573—1620)县令徐必达造石观音阁供之。明清时期有大殿五间以及山门、僧舍等建筑，易名无想寺，清末民初毁于战乱。1996年经南京市人民政府批准，在无想寺旧址东南四里新建梵刹，名无想禅寺。2011年在旧址重建无想寺，乡人呼为新无想寺，实为旧基所在。

无想寺

昔时无想寺山门前有唐代种植古柏二株，寺西有南唐时期所建韩熙载读书台，寺后山梁有僧宏定所凿百步石梯，又有元代所造招云亭，明嘉靖年间(1522—1566)县令王从善所建凤泉亭，清顺治十年(1653)僧崇全所凿白莲池，以及宋高僧甄公藏骨塔和环翠阁等名胜，今皆消失。惟观音岩凿“凤泉”二字及摩崖石刻尚存，崖前碑刻一方，分行刻写“南京市文物保护单位　无想寺摩崖石刻　南京市人民政府　二〇〇六年六月十日公布　南京市人民政府立"等字。碑刻前数米，星散柱础数只，最大者直径约八十厘米，高约二十厘米，又有圆形石井栏一只，皆旧迹之遗。

新建无想寺为钢筋混凝土圆柱体建筑，北面开门一扇，门前石阶十三级；东面和西面开方窗各三扇；南面开拱形窗二扇，窗外三米处，筑靠背式石墀通往建筑顶部。圆柱体内部空间呈半球形，直径三十六米，高十二米，土建完竣，装修未启。球心位置有佛案一张，供奉彩瓷阿弥陀佛像一尊，坐北朝南，身着通肩袈裟，结跏趺坐于莲台上，左手托金莲台横置腹前，右手作单手礼。阿弥陀佛左侧供奉木雕彩绘地藏菩萨像一尊，头戴毗卢冠，身着天衣，结跏趺坐于莲台之上，右掌压左掌置于腹前，掌心托摩尼珠，身后有顶圆光。阿弥陀佛右侧供奉漆金彩绘泥塑弥勒游戏坐莲台像一尊。佛案右旁有神案一张，供奉财神、土地神等塑像。

圆柱体外表面环绕回廊三层，外立护栏。回廊起于圆柱体建筑南面窗前的靠背式石墀，从石墀底部登台阶二十余级，抵达第一层回廊，其上复有台阶依次连接第二层和第三层回廊，达于圆柱体顶上。圆柱体顶上呈圆形平面，环立石雕护栏，中有殿宇一座，坐北朝南，重檐歇山式仿古建筑，螭首鸱吻。垂脊和戗脊各有角兽，飞檐翘角，内作斗拱，各檐角蹲兽四只、仙人一尊。南面下檐横梁中部悬挂"毗卢宝殿"木匾，黑底金字，行体阴刻，落款"佛历二五五零年题于金陵世欣园　常志成题"。殿宇面阔五间，进深四进，南面开殿门三门，殿门两侧开窗各一扇。门前有檐廊，平柱六楹，二角柱各一楹。阶基高约四十厘米，南侧踏道石阶三级，两边有石雕扶栏。殿中影壁前有佛坛，供奉漆金填红华严三圣像。毗卢遮那佛居中，头戴毗卢冠，身着通肩袈裟，结跏趺坐于莲台上，双手置于胸前，作大金刚轮印。身后有大背光，光焰中雕九条金龙，文殊菩萨、普贤菩萨像立侍两胁。影壁背面供奉漆金填红海岛观音像，顶戴阿弥陀佛，身着天衣，腰系罗裙，赤足立于鳌头上。左手握净瓶于腹前，掌心向上，瓶口向

无想寺香炉

左下方倾斜，作洒水状，右臂上曲，竖掌胸前，掌心外翻，拇指与中指拈一枝白莲花，善财童子和龙女分立两胁。背后壁面彩绘泥塑观音应身、童子及海神像。殿内东北角和西北角分列四大天王金身立像，西南角法鼓一架，东南角铜钟一座。铜钟高约一米，口径约六十厘米。蒲牢钟钮，钟肩一字纹二周。平圆钟口，钟口上方卷草纹一周。钟腹正面上部铸释迦佛禅定像一尊，中部竖排魏体“无想禅寺”四字，下部钟月一枚，内作莲花图案。钟腹左右侧面及背面，上部嵌半球体四排，球径约三厘米；中部龙凤祥云等图案四幅；下部两侧面及背面钟月各一枚，内作莲花图案。殿内两庑分列十八罗汉金身塑像。

毗卢宝殿门前有月台，台中置圆形铁香炉一座，炉口外立面回字纹一周，左右侧面象鼻形炉耳一对，鼻尖朝下，紧贴炉腹，中串铁环各一只。象鼻左右作象牙一对。炉腹上边伏莲一周，炉腹正面和背面各横排魏体“无想禅寺”四字，左右侧面铸灵山、瑞兽及人物图画四幅。象脚形炉脚四只。

圆柱体建筑南约二十米有矩形铁香炉一座，庑殿顶，正脊由三层透空菱形铺排而成，中部竖葫芦形宝瓶刹，宝瓶上下球面各作二枚铜钱并列图案，螭首鸱吻。平檐翘角，各檐角龙形蹲兽一只。蟠龙檐柱八根，均分两行立于炉口前后两边上截面，支撑檐顶。龙首在檐柱中部偏下位置，凸出柱体表面，龙身沿柱体盘旋而上，檐柱下部铸如意祥云图案。炉颈正面莲花四朵，左右侧面如意柄形炉耳一对，表面回字纹。炉腹正面中部横排魏碑体“无想寺”三字，左边竖排“佛历二五五〇年”七字，右边竖排“公元二〇〇六年”七字。狮首兽脚形炉脚四只，炉腹正面底边与炉脚夹角处嵌三角形如意，内作卷草纹。

象教禅寺

在旧溧水县仪凤乡凤栖山，今溧水区和凤镇张家村境内。明代始建，名凤栖山庵。清康熙四十二年（1703）增建石湖书屋，咸丰年间（1851—1861）毁，同治九年（1870）僧应祥重建。20世纪50年代以后圮废，21世纪初始有修复。2014年在第三次全国文物普查中，被确定为溧水区不可移动文物，现名象教禅寺。

寺院位于凤栖山顶，二进三合院结构，整体布局坐南朝北。主要建筑有山门、地藏殿、大雄宝殿、观音堂、取经僧堂、十王殿、斋堂等，属于释道并存宗教场所。山门为水泥预制牌楼，重檐庑殿顶，四柱三门，两边连接院墙。正脊中部竖瓷雕万年青宝顶，鸱尾由三块绿色正方体釉瓷垒砌而成，两块在下，一块在上，形成直角，釉瓷正面和背面作回字纹。平檐挑角，无角兽和蹲兽。四面体门柱四根，高度相等，形成三门。中间开门一扇，两边用方砖砌为虚门各一扇。中门上额嵌“象教禅寺”木匾，黑底金字，行体阴刻，匾额四边金色回字纹一周。门联云：“执杖持珠开觉路，司冥救世度迷津。”门柱正面和背面各有抱鼓石，门前石狮子一对。

象教禅寺

山门内为庭院，东边悬山顶平房一区六间，进深一进，坐东朝西。北首为观音堂，西面开拱门一扇。堂中水泥石台上供奉彩绘泥塑观音菩萨像，顶戴阿弥陀佛，身着淡青色天衣，结跏趺坐于莲台上，身后有紫色大背光，光焰由里而外雕金如意一周，金珠一周，金莲花一周。观音菩萨左手托青瓷净瓶于腹前，瓶口朝上，右臂上曲，竖掌胸前，掌心向左，食指向下弯曲，与拇指呈环形，其余三指上竖，作说法印。观音左右两胁立彩绘泥塑善财童子、龙女像，其外侧两旁立彩绘泥塑神像各二尊。观音堂南毗平房五间，为十王殿之半，西面开拱门二扇，殿内供奉都市、转轮等五王彩绘泥塑像。

庭院西边悬山顶平房一区六间，进深一进，坐西朝东。北首房间东面拱门一扇，额曰“取经僧堂”。堂中供奉彩绘泥塑唐僧师徒像，唐僧头戴毗卢冠，身着通肩袈裟，立于莲台上。左手置胸前作单手礼，右手握锡杖，杖头朝上，杖尾着地。孙悟空、猪八戒、沙和尚、白龙马分立唐僧两侧。取经僧堂南连平房五间，为十王殿另一半，东面开拱门二扇，殿内供奉五王。

庭院南边铺砌水泥台阶十四级，台阶中部筑小平台，平面呈长方形。平台上面置六角一级铁宝鼎一座，攒尖顶，上竖葫芦形宝瓶刹，宝瓶上下面球各作透空二枚铜钱并列图案。平檐短角，龙形蹲兽，口衔风铃。蟠龙檐柱四根，呈对角立于鼎口上截面。龙头在檐柱上端，龙尾在下端，皆凸出柱体表面，龙身沿柱体盘旋而下。檐柱之下有鼓形柱础，高约八厘米，径约九厘米。鼎口和鼎颈外表面各饰回字纹一周，鼎颈左右侧面龙形鼎耳一对，龙首在上，龙颜相对。鼎腹正面横排隶体“象教禅寺”四字，左侧竖排隶体“四季平安”四字，右侧竖排隶体“一帆风顺”四字。鼎腹左侧面分行竖排题款“佛历二五四六年　岁次壬午年孟秋”，右侧面功德芳名，背面作二龙戏珠图。鼎腹下边嵌半球体一周四十枚，球径约二厘米。人面狮脚形鼎脚三只。

地藏殿在台阶之上，坐南朝北，单檐歇山式，正脊中部竖葫芦形宝瓶顶，螭首鸱吻。平檐翘角，各檐蹲兽二只、仙人一尊。殿宇面阔三间，进深三进。北面和南面各开殿门一扇，北面门额悬挂“地藏大殿”木匾，黑底金字，行体阴刻，匾框刻金色回字纹一周。门联云：“悲愿宏深度尽众生除热恼，恩威昭示化施地狱现清凉。”殿中有影壁，影壁前供奉彩绘地藏菩萨像，头戴红色法冠，中嵌阿弥陀佛像，身着红面绿边金丝回字纹通肩袈裟，结跏趺坐于莲台上，双手叠加置于腹前，掌心朝上，托摩尼珠。闵公左手持念珠、右手握空拳立于右胁，道明和尚左手托钵、右手持锡杖立于左胁。楹联云：“地狱未空誓不成佛，众生度尽方证菩提。”影壁背面供奉彩绘泥塑韦陀像，右手握降魔杵，杵头着地。殿内两庑分列彩绘泥塑四大天王立像。地藏殿西侧有悬山顶平房一座，坐西朝东，面阔二间，进深一进，东面开一门一窗，门额曰“地藏大殿食堂”，白底金字，行体阴刻。

地藏殿后为天井，天井东边砖砌矮墙，墙外僧舍。天井西边悬山顶平房一座，坐西朝东，面阔四间，进深一进，东面开门一扇，两旁开窗各一扇。门额曰“香客食堂”，红底金字，行体阴刻。门前有檐廊，水泥四面体平柱三楹，二角柱各一楹。

天井南边大雄宝殿，坐南朝北，硬山顶带马头墙，正脊中部竖棕色釉瓷球形宝顶，下有平圆底座。大殿面阔三间，进深三进，北面中间开殿门一扇，门额悬挂“大雄宝殿”木匾，红底金字，行体阳文。门联云：“听唱速登九品天，闻经立入三摩地。”门前阶基高约二十五厘米，水泥台阶二级。殿中佛坛上供奉漆金彩绘木雕三宝佛像，三宝佛身着通肩袈裟，胸嵌万字符，结跏趺坐于莲台上，身后有船形大背光。释迦牟尼佛居中，左掌压右掌置于腹前，掌心朝上，掌心托钵。药师佛居左侧，右掌托三级宝塔于腹前，左臂上曲，竖掌胸前，掌心外翻，食指向下弯曲，与拇指相触，作说法印。阿弥陀佛居右侧，左掌托白莲花于腹前，右臂上曲，竖掌胸前，掌心外翻，亦作说法印。殿内西南角供奉漆金泥塑大肚弥勒游戏坐莲台像，东南角供奉关羽像。两庑山墙前分列彩绘泥塑十八罗汉立像。

延安寺

在旧溧水县东北三十里丰庆乡。唐大中元年(847)创建，名延安寺。宋太平兴国五年(980)改名丰安寺，淳熙六年(1179)请为禅院。明洪武年间(1368—1398)修，景泰年间(1450—1457)更名兴化寺，万历四十二年(1614)再修。清同治十二年(1873)重建，后毁。2010年徙建于今溧水区东屏镇金山路九十九号大金山风景区内，2011年7月竣工，复名延安寺。《重修延安寺记》云：“溧水延安寺，始建于唐代大中初年，即公元八四七年，距今已有一千一百六十四年历史。邑人夏鉴有诗曰：十年不

延安寺

到延安寺，今日重来感旧游。门锁白云千古意，窗含红叶万山秋。庖厨冷淡家风别，楼阁清明宿雨收。吟罢夕阳归路远，据鞍慵上紫骅骝。延安寺建寺以来，历经兴废，数度毁圮。庚寅年（公元二零一零年），大金山风景区张勇先生立志重修，于辛卯年荷月（公元二零一一年七月）落成，并恢复延安寺古称。古寺重现，意在承接传统，弘扬佛法，广结佛缘。登临延安寺，远眺东庐山，近览东屏湖，但见群山环抱，峰峦迭嶂，水村山郭，尽收眼底。重修之延安寺，正殿三间，坐北朝南，为明代歇山顶式建筑。整座庙宇飞檐翘角，雕梁画栋，金碧辉煌，气势恢弘。正门高悬'延安寺'匾额，系集唐鲁国公颜真卿楷书，其字丰腴雄浑，骨力遒劲，气象森然。主殿供奉大慈大悲、普渡众生之观世音菩萨。观世音菩萨于金刚宝石座上，结跏趺坐，宝相庄严，具备无量智慧与佛法。大殿右侧立有钟楼，左侧安置鼓楼。暮鼓晨钟，松涛竹吟，令人消除尘世俗虑，洗涤心灵积垢，顿生世外之想。延安宝寺穿越千年，接续古今，终于重现昔日之辉煌。今日大金山颠，佛光普照，梵音清越，佑我众生，平安吉祥！辛卯年荷月十九。"笔者尝于2015年8月18日、2017年1月22日两次实地考查，现状与《寺记》所载略有不同。

新延安寺位于大金山西南坡，垒石为台，台上筑寺。平台高约三点五米，北抵山体，南临山道，南面石墀一层，台阶十九级。平台中部置六角二级铁宝鼎一座，攒尖顶，上竖葫芦形宝瓶刹，宝瓶上下球面各作透空二枚铜钱并列图案。平檐短角，龙形蹲兽，口衔风铃。鼎口外立面上沿回字纹一周，沿下莲花一周六朵。鼎颈正面及背面各作如意轮三只，如意轮两边缀卷草。鼎颈左右侧面如意柄形鼎耳一对，表面回字纹。鼎腹上边伏莲一周，下边嵌半球体一周三十枚，球径约三厘米。鼎腹正面中部横排隶体"永善寺"三字，左侧分行竖排上款"佛历二五五四年　公元二〇一〇年"，右侧竖排下款"东方公司敬献"。鼎腹背面横排隶体"有求必应"四字。狮首形鼎脚三只。宝鼎北数米有矩形铁香炉一座，重檐庑殿顶，正脊中部竖宝珠一枚，宝珠周边有光焰，下有仰钵形底座，螭首吻兽。平檐翘角，垂脊末端有角兽，各檐角蹲兽四只、仙人一尊。上下檐之间作透空回字格。下檐内作回字格挂落，蟠龙立柱八根，均分两行立于炉口正面和背面上截面，支撑檐顶。龙头在檐柱上端，龙体沿柱面盘旋而下，间有如意祥云。炉颈正面和背面各有如意祥云五朵，左右侧面如意柄形炉耳一对，表面回字纹。炉腹正面中部横排隶体“永善寺”三字，左侧竖排上款“佛历二五五四年”，右侧竖排下款“公元二〇一〇年”，间有如意祥云八朵。炉腹正面左右两边各有龙一条，头上尾下，龙颜相对。狮首兽脚炉脚四只。

平台北边有正殿，坐北朝南，单檐歇山顶仿古建筑，正脊两端螭首鸱吻，背负宝剑。垂脊和戗脊各有角兽，各檐角蹲兽四只、仙人一尊。平檐翘角，内作斗拱。殿宇面阔五间，进深四进，南面中间开殿门一扇，两边开八边形窗户各一扇。殿门上额悬挂“延安寺”木匾，黑底金字，颜体阴刻。门联云：“佛相庄严广布慈悲德泽，梵音清越长延福祉平安。”上款“辛卯年荷月”，下款“邑人许可沐手敬书”。门前阶基高约五十厘米，踏道石阶四级。殿中佛坛上供奉漆金填红释迦牟尼佛像，身着通肩袈裟，胸嵌万字符，结跏趺坐于三层莲台上。双手置于腹前，右掌压左掌，掌心向上，两拇指尖相触，掌心宝珠一颗。迦叶抱拳，阿难合十，分立于两胁莲台上。佛坛两侧千佛塔一对。殿内西北角供奉大肚弥勒游戏坐金身像，身后有顶圆光。弥勒像左侧滴水观音青铜像一尊，高约一点六米，身着天衣，立于莲台。左手握净瓶于腹前，手心向上，瓶口向前下方倾斜，作洒水状；右臂上曲，竖掌胸前，掌心外翻，以大拇指顶中指，作说法印。滴水观音左侧有彩绘持莲观音像一尊，高约一米，身着天衣，胸配璎珞，腰系罗裙，赤足立于莲台之上。左手托一枝莲花于腹前，右臂上曲，掌心向左，指尖上竖，作单手礼。持莲观音像左侧有彩绘六臂观音金毛吼座像一尊，观音菩萨右舒坐于金毛吼脊背上，正左手托净瓶于腹前，瓶口向上；正右手立于右胸前，掌心向左，中指和无名指向下弯曲，作说法印；其余四手各持法器向外伸展，寓意以大悲心解除六道众生各种苦恼。殿内东北角供奉漆金填红韦陀像一尊，手持伏魔杵，杵尾着地。韦陀像右侧彩绘滴水观音立像一尊，高约一点五米，左手平端净瓶于左胸前，瓶口朝上，右手立掌胸前，掌心向左，五指上竖，作单手礼。滴水观音之右彩绘普贤菩萨立像一尊，高约一米，左手托如意于左胸前，右臂上曲，右手作单手礼。普贤菩萨右侧有彩绘药师佛跏趺莲台像一尊，左手托宝塔于腹前，右手作法印。大殿两庑山墙前分列十八罗汉金身塑像。殿宇北面开八边形窗户二扇。

平台西边配殿一座，坐西朝东，悬山顶，螭首吻兽。殿无匾额，面阔三间，进深一进，东面中间开殿门一扇，殿门两侧各开窗一扇。门前有檐廊，平柱二楹，二角柱各一楹。阶基高约三十厘米，东侧踏道石阶二级。殿中供奉释迦牟尼成道像，身着通肩袈裟，结跏趺坐于莲台上，左手横置腹前，掌心朝上，指尖向右，作结定印，右手覆于右膝前面，五指并拢，尖指触地，作降魔印。释迦佛像左侧有小琉璃龛一座，龛内供奉地藏菩萨云游像一尊，光头大耳，耳垂及肩，身穿通肩袈裟，赤足立于莲台上。左手托摩尼珠于腹前，右手握锡杖，杖尾触于莲台上面。殿内两庑设神龛，供奉道教神仙塑像。平台东边亦有配殿一座，坐东朝西，与西配殿形制相同，位置对称，为法物流通处和访客接待之所。

东配殿南十数米有杨柳观音汉白玉雕像一尊，由底座、像座及雕像组成，通高十二米。底座高约一点八米，平面呈四方形，每边长约八米，四边围以汉白玉护栏。底座南立面嵌石刻二方，左右排列。右石刻云："观世音菩萨，又称光世音、观自在、观世自在等，意思是观照世间众生痛苦中称念观音名号的悲苦之声。全称尊号是大慈大悲救苦救难观世音菩萨。观音是观世音的简称，又称观音菩萨。凡有众生，若在苦恼之时，只要听说有一位观世音菩萨，而专心虔诚地称念观世音圣号，观音菩萨便会立即听到每一位众生的声音而同时予以救济，所以叫作观世音。"左石刻云："净瓶观音亦名杨柳观音，因菩萨手上净瓶是插有杨柳而得名。杨柳取其柔顺，象征观音慈悲救苦普渡众生之意，所谓金刚怒目，菩萨低眉。净瓶又称云瓶，常储水，随身用以净手。又杨柳枝，在印度叫作齿木，常用以刷牙以表清洁。在中国，佛徒常念观音大悲咒，求咒水治病或洒净道场，故请佛菩萨亦用杨枝净水。"圆柱体像座，高约四十厘米，直径约一百五十厘米。外立面浮雕两层，下层雕伏莲，上层雕仰莲。观音菩萨面南而立，顶戴阿弥陀佛，身着天衣，胸配璎珞，腰系罗裙，内嵌珠玑，赤足立于莲台上，身后有顶圆光及船形光焰。左手托净瓶横置腹前，瓶口朝上，右手竖立胸前，掌心外翻，食指和拇指持柳枝，置于净瓶右上方。

延安寺观音雕像

石观音雕像前矩形铁香炉一座，庑殿顶，正脊由三层透空菱形铺排而成，中部竖葫芦形宝瓶，螭首鸱吻。平檐翘角，各檐角立龙形蹲兽一只，口衔风铃。檐下回字格挂落，蟠龙立柱八根，均分两行立于炉口正面和背面上截面，支撑檐顶。龙头居于柱体中部偏下，凸出柱体表面，龙身沿柱面上下盘旋展开。炉颈正面莲花五朵，左右侧面如意柄形炉耳一对，表面回字纹。炉腹正面中部横排隶体“有求必应”四字，左侧分行竖排题款，字迹模糊，莫可辨识。狮首兽脚形炉脚四只，炉脚与炉腹正面和背面底边夹角处，嵌三角形如意，内有卷草纹。

石观音雕像西十数米有青铜大钟一座，高约一点五米，口径约九十厘米，重约二点五吨。蒲牢钟钮，八波形钟口，波谷上方各铸钟月一枚。钟肩伏莲一周十六瓣，内有如意纹。钟腹上边回字纹一周，下边一字纹二周，内作莲花、飞龙、祥云等图案。钟腹正面隶体竖排“永善寺”三字，左侧上方竖排上款“佛历二五五五年”七字，其外侧竖排隶体“风调雨顺”四字；右侧上方竖排下款“公元二〇一一年”七字，其外侧竖排隶体“国泰民安”四字。钟腹背面及左右侧面中间有一字纹二匝，内作卷叶、莲花、如意等图案，将腹面分为上下部分。上部分作法论、莲花、卷草图案，左侧竖排“佛日增辉”四字，右侧竖排“法论常转”四字。下部分作二龙戏珠图。检阅史籍，溧水未有永善寺记载，惟《光绪溧水县志》卷二〇云，溧水县西二十里思鹤乡有陈墙庵，一名永善庵，清咸丰年间毁。寺院复建之初，或尝拟名永善寺，后改延安寺旧称。

云鹤禅寺

在旧溧水县东南五十里云鹤山旁，今溧水区晶桥镇云鹤山村。相传始建于南朝，唐武德年间(618—626)重建，名来凤禅寺，后更名云水禅寺、云鹤禅寺。《光绪溧水县志》卷二〇云，该寺创建于元大德年间(1297—1307)，名云鹤庵。明崇祯七年(1634)重建，清光绪元年(1875)复建。世事变迁，岁月磨洗，云鹤庵完全毁废，基址在一片平畴荒野间。近年有道平法师发心重建，善男信女乐助，日积月累，初具规模。

云鹤禅寺

云鹤禅寺现有天王殿、大雄宝殿及香厨、寮舍等。天王殿坐北朝南，悬山顶，面阔三间，进深二进，南面中间开殿门一扇，两边开窗各一扇。门额嵌“云鹤禅寺”石匾，黑底金字，行体阴刻，落款“壬辰春月中浣于金陵世欣园　常志成”。门前有檐廊，平柱二楹，二角柱各一楹。阶基高约十五厘米，水泥平坡踏道。殿中砖木佛龛内供奉漆金泥塑三宝佛像，三宝佛身着通肩袈裟，结跏趺坐于莲台上。释迦牟尼佛居中，药师佛居左，阿弥陀佛居右。释迦佛前有弥勒游戏坐莲台像，药师佛前有韦陀立像，阿弥陀佛前置一神像，皆漆金泥塑。佛龛两旁各有砖砌神坛，左侧神坛供神像一尊，右侧神坛奉神像三尊。

天王殿东山墙外接斋堂，坐北朝南，硬山顶平房，面阔三间，进深一进，南面开一门二窗。斋堂东数米有寮舍，悬山顶平房，坐北朝南，面阔四间，进深一进，南面开二门二窗。门前有檐廊，平柱三楹，二角柱各一楹。天王殿西山墙外接厨房，坐北朝南，硬山顶，面阔一间，进深一进，南面开门一扇。

大雄宝殿在天王殿后，坐北朝南，建筑面积三百四十平方米。重檐歇山顶，正脊中部竖如意轮一枚，螭首鸱吻，背负宝剑。垂脊和戗脊各有角兽，平檐短角，各檐角蹲兽四只、仙人一尊。东、南、西三面有檐廊，南面檐廊平柱四楹，东面和西面檐廊各平柱二楹，四角柱各一楹，东西两面檐下立石雕护栏。南面上檐横梁中部悬挂“大雄宝殿”木匾，红底金字，行体阴刻，匾额四边雕九条金龙。大殿面阔三间，进深二进，南面中间开殿门一扇，两边开窗各一扇。殿宇土建新近竣工，殿中拟供奉彩塑大佛坐像一尊，高二点八米；彩塑菩萨坐像二尊，各高二点八米；彩塑海岛观音立像一尊，高三点八米；彩塑诸天立像二十尊，各高一点八米。大殿西十数米有居士楼，坐北朝南，硬山顶三层楼房。

正觉寺

在今溧水区和凤镇吴村桥村。北宋熙宁年间(1068—1077)创建，名毗卢寺，又名东岳庙，有天齐宫、云霄宫、大雄宝殿、观音殿等四座殿宇，佛道二教合一。南宋绍定年间(1228—1232)修，元明时期屡倾屡修，清乾隆、嘉庆年间重修，有山门、天王殿、大雄宝殿、观音殿、地藏殿、斋堂、寮房、客房等，占地面积七千

正觉寺

多平方米，建筑面积三千多平方米。1949年以后改为国家粮食仓库，“文化大革命”期间殿宇拆毁。1982年在原址东侧重建，2007年溧水县和凤镇人民政府批复毗卢寺更名为正觉寺。

正觉寺整体布局坐北朝南，主要建筑有天齐宫、大雄宝殿、往生堂、新大雄宝殿、天王殿。山门为穿堂式门楼，高三米余，宽如之，进深约二米。门联云：“礼仁圣省察身者真实恭敬，行贤良忏悔咎人正是鸿运。”山门内水泥路十余米至齐天宫，途中置矩形铁香炉一座，庑殿顶，正脊由三层透空菱形铺排而成，上竖葫芦形宝瓶顶，宝瓶上下球面各作一枚铜钱透空图案。平檐翘角，各檐角龙形蹲兽一只，龙首朝外。檐下作回字格挂落，蟠龙檐柱八根，均分两行立于炉口正面和背面上截面，支撑檐顶。龙首在柱体中部偏上位置，凸出柱体表面，龙身沿柱面盘旋而下。炉颈左右侧面乙字形炉耳一对，表面回字纹。炉腹正面中部横排魏体“正觉寺”三字，左侧分行竖排上款“公元二〇一〇年　佛历二五五四年”，右侧分行竖排下款“住持　释仁道　监院　释果雪”。炉腹正面底边下缀透空卷草二束，介于二炉脚之间。虎首形炉脚四只。

齐天宫一九八二年建，坐北朝南，庑殿顶仿古建筑。正脊螭首鸱吻，背负宝剑。平檐翘角，各檐角龙形蹲兽一只。殿宇面阔三间，进深二进，南面开殿门三扇，中门上额悬挂“天齐宫”木匾，门联云：“督察天地，司镇法道。”门前有檐廊，红色圆柱体平柱二楹，表面绘金龙各一条，缘柱而上。檐廊两端接连外伸山墙，墙面对联云：“愿放三宝慈光转法轮，誓度六道群生为菩提。”宫内供奉彩绘泥塑东岳大帝像。2017年宫殿维修，匾额更换为“正觉禅寺”，墙面对联亦被涂料覆盖。

齐天宫后约十米至大雄宝殿，中途置六角一级铁宝鼎一座，攒尖顶，上竖葫芦形宝瓶刹，宝瓶上下球面各作一枚透空铜钱图案。飞檐翘角，各檐角龙形蹲兽一只，口衔风铃。蟠龙檐柱四根，呈对角而立，支撑檐顶。龙头在柱体上端，凸出表面，龙身沿柱体盘旋而下，檐柱底部有鼓形柱础，高约六厘米，鼓径约七厘米。鼎口外立面万字符一周，鼎颈表面回字纹一周，左右侧面乙字形鼎耳一对，表面回字纹。鼎腹正面中部分行横排隶体“南京市溧水县　正觉寺”九字；左侧面分行竖排上款“佛历二五五七年　公元二〇一三年”；右侧面分行竖排下款“住持释仁道　监院果雪”以及“九华山佛都”等字。狮首兽脚形鼎脚三只。

大雄宝殿1997年秋建造，坐北朝南，硬山顶马头墙仿古建筑。南面有檐廊，平柱四楹，檐廊两端为外伸山墙。楹联云：“观尘世解因缘识真如，礼妙相断烦恼证般若。”檐前阶基高约一点二米，踏道水泥台阶七级。檐廊东头悬挂铜钟一口，高约一点八米，口径约一点六米。蒲牢钟钮，八波形钟口，波谷上方间隔作钟月四枚，分布于四面。钟腹上边和下边各有回字纹一周，钟腹正面竖排魏体“正觉寺”三字，左侧竖排上款“公元二〇一〇年　佛历二五五四年”，右侧竖排下款“住持　释仁道　监院　释果雪”。钟腹背面和左右侧面铸功德芳名。

大殿面阔五间，进深三进，南面中间开殿门一扇，殿门两侧各开窗一扇。门额悬挂“大雄宝殿”木匾，青底金字，楷体阳文，落款“大九华山万年禅寺百岁宫住持释慧庆敬书”。殿门西侧窗下外墙面，嵌1998年12月所立《重建东岳毗卢寺护法功德碑》，略云：“该寺庙建于北宋神宗年间，为溧水县南面重镇十方丛林，被历代大德众僧及官府所重视。经各乡村名流居士信士财力坚护，终于完成了历代祖师利乐有情的弘法大愿。它经历了历史上的多种社会形态并延续下来，继承佛道合流、感化人心向善的优良传统。浩劫之中受到左的影响，面目全非。党的宗教政策落成后，地方信教群众发心自力相助，满足了信众的宗教感情，并受到有关宗教部门及大九华山百岁宫的关心和爱护，终于将饱经沧桑的庙文化发扬光大，使十方信众逐渐走上正确的信仰道路。为了庄严庙宇文化，提倡人间净土，特将对寺庙的发展具有特殊贡献人员刻碑记名，以资勉励。”殿门东侧窗下外墙面，嵌1999年农历四月谷旦立《毗卢寺大殿重建碑》，碑文云：“毗卢寺又名东岳庙，始建于北宋神宗年间。据史料记载，庙宇建筑辉煌壮观，有大殿四座，天齐宫、云霄宫、大雄宝殿、观音殿，殿宇错落有致，经像法物耀眼生辉，香客游人熙熙攘攘，晨钟暮鼓，木鱼声声，香烟袅袅，佛道二教合一，是中山群一带有名寺庙，还孕育不少大德高僧。该寺不但有悠久的历史，灿烂的文化，而且是饱经沧桑，几起几落，殿宇倾而修，修而复修，特别是十年浩劫后，面目全非，然而具有数百年佛道根子，以东岳庙为中心的乡民不懈努力，乐助财物，于一九八二年在原庙东首重建殿宇，供奉诸圣法像，传教四方，服务社会，因香客游人日渐增多而房屋低矮狭窄，佛像座落表法不明，经各村名流志士集思广益，加上十年物资积累，仿古式重建大殿于一九九八年农历九月二十六日施工，同年腊月十二日竣工，时值寒冬腊月，却是日丽风和，祥光瑞气，四九春雷阵阵，天也为之祝贺，一九九九年四月十六日，九华山佛教协会副会长释慧庆和尚赐墨‘大雄宝殿’，以之庆贺。”

大殿内佛坛上供奉漆金填红三宝佛像，诸佛身着通肩袈裟，胸嵌万字符，结跏趺坐于五层仰莲台上。释迦牟尼佛禅定像居中，右掌压左掌置于腹前，掌心向上，双手拇指尖相触，作禅定印。释迦佛像前有大肚弥勒游戏坐莲台像，左胁有文殊菩萨左舒坐青狮座小像，右胁有普贤菩萨右舒坐六牙白象座小像。坛联云：“慧炬高擎照破人天长夜，慈航普渡导离生死迷津。”药师佛居于释迦佛左侧，右手托七级宝塔于腹前，左臂上曲，手掌竖立，掌心外翻，中指及无名指向下弯曲，其余三指向上，作说法印。阿弥陀佛居于释迦佛右侧，左掌托金莲台于腹前，右臂上曲，立掌胸前，掌心外翻，拇指与中指相捻，其余三指向上，作说法印。大殿东北角供奉泥塑漆金填红观音菩萨跏趺坐莲台像，左掌托净瓶于腹前，瓶口朝上，右手持杨柳枝于右胸前，善财童子、龙女侍立两胁。大殿西北角有空位，空位上方悬挂“南无大愿地藏王菩萨”黄幡二条，乃为供奉地藏菩萨之位。殿内两庑排列十八罗汉樟木雕像。

往生堂在大雄宝殿西侧，硬山顶平房，坐西朝东。额曰“往生堂”，门联云：“入室归净莲，登堂随佛行。”堂中供奉漆金地藏菩萨像，头戴毗卢冠，身披天衣，结跏趺坐于莲台上。右掌压左掌置于腹前，掌心托摩尼珠，闵公、道明和尚侍立左右。

新大雄宝殿在大雄宝殿东侧数米，坐北朝南，重檐歇山式建筑，2013年5月7日落成。正脊由小圆瓦垒砌四层透空铜钱形状铺排而成，南面嵌以“佛光普照”四块砖刻，上竖二龙戏珠宝顶，螭首鸱吻。垂脊由小圆瓦垒砌三层透空铜钱形状铺排而成，末端有角兽。戗脊由圆瓦垒砌二层透空圆形铺排而成，末端有角兽。飞檐翘角，内作斗拱，各檐角蹲兽四只、仙人一尊。殿宇面阔五间，进深四进，南面中部开殿门三扇，门额无题匾。门前有檐廊，平柱四楹，檐廊两端接大殿外伸山墙。殿基高出地表约一点六米，南侧踏道水泥台阶九级。殿中佛坛上供奉漆金填红三宝佛莲台像，诸佛身着通肩袈裟，胸嵌万字符，结跏趺坐于莲台上。释迦牟尼佛居中，左掌覆于左膝上面，指尖向前，右臂上曲，竖掌胸前，掌心外翻，中指向下弯曲，其余四指向上舒展，作说法印。药师佛居于左侧，右手托五级宝塔于腹前，左手作说法印。阿弥陀佛居于右侧，左掌托金莲台于胸前，右手覆于右膝上面，指尖向前。佛坛两旁千佛塔一对，坛联云：“大雄力大慈悲度化芸芸众生归净土，觉宇宙觉法界示引代代恒人转法轮。”殿内东北角红木龛内供奉漆金文殊菩萨右舒坐青狮座像，西北角红木龛内供奉漆金普贤菩萨左舒坐白象座像。两庑分列十八罗汉金身坐像。楹联二副，其一云：“知苦断集识本我，磨灭修道见真谛。”其二云：“是法本空四大幻，诸行无常五蕴虚。”

正觉寺新殿

大雄宝殿殿门西侧外墙面，嵌2012年孟春凿立《复建大雄宝殿功德缘起碑》云："正觉寺在四乡八镇的信众心中，以东岳大帝闻名。大帝是佛教的仁圣大护法神，主宰四乡八镇之平安，赏善罚恶，故说东岳庙是十方寺庙，闻名遐迩，神威显赫。远至故乡迁于南京、上海、苏州、无锡、常州等地的崇拜者，近围东到方山、芝山，南至双排石骆山，西临石臼湖陈下，北纳晶桥臼湖山，在此近围百八村庄，皆是东岳庙的信奉者。东岳大帝有监察人间祸福之责，惩恶扬善，赏罚分明，故东岳大帝在华夏神州大地上道场千万，流支天下，号称五岳之首，东岳泰山天齐仁圣大帝。谓之吴村桥、广西村、南史村、高家、王家庄八祥五村是替代十方献人力、土地资助寺庙复建之善为，功不可没，同时也得到近围中各村庄和外地居士的大力支持，东岳庙方有今日现相，但远不如昔往日光，故启碑文希十方大力护法，还故乡古刹昔日盛况。"殿门东侧外墙面嵌2012年孟春凿立《正觉寺复建大雄宝殿史简碑》云："正觉寺原名毗卢寺，又名东岳庙。此宗教场所是佛道合流的十方古刹，历史悠久，濒临南京城南边，景中洞壁寻音、芝山石燕、石臼湖风景等地，几经兴衰，有南京、无锡、常州、上海、苏州及地方四乡八镇之一的文明福地之说。始建于宋熙宁年间，至今已有上千年历史。经历代僧众大德倾心筹建和布置，经像法具齐全，塑像栩栩如生，形象逼真生动，殿宇建造辉煌壮观，雕梁画栋，铭刻奇兽精细，堪称苏南民间稀有建筑。殿宇房屋建筑面积三千多平方米，寺庙占地面积七千多平方米。解放后僧众把殿宇庙房献于国家作粮库，'文革'中寺院受到空前的严重拆毁，寺内古迹具有收藏和观赏的庙文化遗产几乎荡然无存。二零零七年经南京市溧水县和凤镇吴村桥村历届政府关心，给予合法手续批复毗卢寺，更名为正觉寺。为满足一切信众宗教活动需要，利于佛教文化和谐文化和社会交融，利于广大信众思想道德文化素质的提高，利于和谐、平安溧水县城镇的构建，应当地老百姓和广大信众的强烈愿望和要求，本寺僧众发心率领八祥群众及社会各界人士扩建大雄宝殿，给予信众提供一个优质的宗教文化资源，故撰碑文仰祈大众襄此盛誉，再现往日盛况，促使因缘成就，无量给功德，国强民富，风调雨顺，十方清太，万众悦怡。"此碑东侧又有2012年秋月凿立《大雄宝殿公颂壹志碑》云："口闻窃碑正觉寺昔未有二层雪山大屋顶殿宇，今遇盛世国运祥瑞，应百姓之呼，得民富后盾，住持释仁道、当家释果雪两位法师和八祥护法居士，同心戮力引领南京、上海、常州、无锡、浙江等地居士，以及十方企业人士和一切信众自力筹建，同时得到市县镇村各级人民政府的关心和指导，正觉寺耀县一代信众之诚心，亦有庄严一方净土宏图，增景民间风貌雅俗之览，地方上有此稀有辉煌壮丽之殿，不乏高家严景新、史新春，吴村桥吴克玉等数位匠师的倾心之作，在此壮工所作间，亦不无佛陀、东岳大帝之护佑，直至竣工无恙。此座佛殿仿唐宋风格设计建造，采纳古今多元而作，算于民间，预算需要人民币二百多万元，由于该寺僧俗合力精心细验建筑，实用金额一百二十多万元。阿弥陀佛，我寺诚感一切好善乐施者大力支持，历代僧众唯有精进修持，累积功德，定慧双运回向于万民平安，言传身教净化人心报答四重恩德。”

大雄宝殿门前有六角一级铁宝鼎一座，攒尖顶，上竖葫芦形宝瓶刹，上下球面各作一枚透空铜钱图案。平檐翘角，各檐角立金龙一条，龙头向外，口衔风铃。蟠龙檐柱四根，呈对角立于鼎口上截面，支撑檐顶。龙头在柱体上端，龙身沿柱面盘旋而下，檐柱底部有鼓形柱础，高约七厘米，鼓径约八厘米。鼎口外立面前半球体一周三十六枚，球径约二厘米。鼎颈外表面回字纹一周，左右侧面乙字形鼎耳一对，表面回字纹。鼎腹正面分行横排魏体“南京市溧水　正觉禅寺”字样，左侧分行竖排上款“佛历二五五〇年　公元二〇〇六年吉日”，右侧竖排下款“住持释果雪”。狮首形鼎脚三只。

天王殿在新大雄宝殿之南，天齐宫东侧，二〇一五年建造。坐北朝南，单檐歇山顶，正脊由棕色釉瓷小方砖垒砌四层透空菱形铺排而成，上竖宝镜一面，宝镜上半部分边缘有五束光焰，螭首鸱吻。垂脊和戗脊由棕色釉瓷小方砖垒砌三层透空菱形铺排而成，各有角兽。平檐翘角，内作斗拱，各檐角蹲兽四只、仙人一尊。殿宇面阔三间，进深三进，南面和北面各开殿门一扇。殿中供奉漆金泥塑弥勒游戏坐莲台像，楹联云“大肚能容容世上难容之事，开口大笑笑天下可笑之人”。两庑分立四大天王彩绘塑像。

高淳区

保圣寺

在旧高淳县东五里，今高淳区淳溪街道宝塔路二三二号保圣寺塔园旁。吴赤乌二年（239），孙权在此建宝塔一座，为其母延寿祝福。唐贞元十七年（801），僧贯休即塔建寺，名龙城寺。乾宁五年（898）扩建，有山门、大殿、客堂、厢房、斋房等。南唐保大十一年（953）造观音菩萨、文殊菩萨、普贤菩萨、护法神、罗汉等塑像五十一尊。北宋大中祥符年六年(1013)重建,改名保圣寺,后毁。嘉祐三年(1058),甘文政在原址东侧重建,方志云"寺之西林即其旧址"。南宋绍兴四年(1134)刘川修,淳祐五年(1245)再修。明成化二十三年(1487)拓建,天启七年(1627)重修,乡人谷再吉诗云:"低回遗迹说龙城,古刹凄凉暮霭横。柏老苍皮经雨润,塔高金铎借风鸣。相迎僧貌多疏朴,莫问人寰几战争。犹有南唐碑字在,摩挲识得贯休名。"清咸丰年间(1851—1861)寺毁于兵燹,仅存宝塔。

1949年以后,保圣寺旧址析分南北两部分,北部为保圣寺塔园,南部为宝塔小学。保圣寺塔园占地面积四千七百余平方米,园门为单檐歇山顶穿堂式门楼,坐东朝西,西面有檐廊,平柱四楹,二角柱各一楹,木质方柱,下有立方体石柱础。园门面阔五间,中部开拱门一扇,门额悬挂"塔园"木匾,棕底金字,隶体阴刻。门联云:"歌声百里涣,日色三沙暖。"拱门左右圆形抱鼓石一对,直径约一米,青石材质,鼓面雕凤凰、牡丹、如意等图案。园中宝塔一座,吴赤乌二年(239)孙权始建,唐代建龙城寺,塔曰龙城寺塔。宋代改保圣寺,更名保圣寺塔。绍兴三年(1133)邑人刘川重建,明崇祯十年(1637)邑人徐一范、葛奇祚等修,清道光十一年(1831)知县许心源再修,同治十年(1871)知县杨福鼎新修。宝塔为七级四面方塔,木檐楼阁式砖身,通高三十三点五米。塔体用长三十二厘米、宽十五厘米、厚六厘米的青砖平列交错叠砌而成,石灰和泥土粘合。塔外壁斗拱砖雕,共二百五十六垛。斗拱有护壁拱,鸳鸯交手拱和华拱,砖雕为钱纹图案,百分之七十为南宋原件,百分之三十为明清仿制。塔身无座,台基每边长十一点八米,四面置台阶三级。据民国十五年(1926)编修《中山刘氏宗谱》载,建塔时"用金二十镒熔菩萨像一座,银七十镒熔侍者像二座,造金棺银椁供奉佛牙舍利,深埋塔底"。底层塔屋每边长约五点三米,外围设檐廊,整个底屋占地五十平方米。木柱为棱形,地面铺方砖,壁厚一百三十厘米,内面四壁共有砖雕佛像十二尊。塔内逐级置木梯折上,底层和七层四向设壶门,其余二至六层门位隔层相间开洞。塔檐由下而上

保圣寺塔

逐级递收，屋面翼角缓缓起戗。每层塔壁腰檐、砖制斗拱、出二挑华拱承挑平座于塔身之外，其上四周竖立木制栏杆，形成回廊周匝。塔顶部之宝顶，由覆钵、露盘、七重相轮组成，构件均以生铁铸造，重约三点五吨，高六点三六米。1982年3月，保圣寺塔被列为江苏省文物保护单位，1986年新修。

保圣寺塔园

1949年以后，保圣寺南部旧址建为宝塔小学。2006年5月，高淳县人民政府批准宝塔小学搬迁，以其地重建保圣寺。因经费短缺，重建工作甚为艰难。现有殿宇一间，为原宝塔小学教室，坐北朝南，面积约六十平方米。殿内西山墙前置佛坛，正中供奉漆金填红释迦牟尼佛禅定像，身着通肩袈裟，结跏趺坐于莲台上，右掌压左掌置腹前，掌心向上，左右手拇指相触，作禅定印，迦叶、阿难分侍两胁。释迦佛左侧为观音菩萨像，身着天衣，腰系罗裙，胸配瓔珞，结跏趺坐于莲台上，右掌压左掌置于腹前，掌心托净瓶，瓶口朝上，善财童子、龙女侍立左右。释迦佛右侧为地藏菩萨像，头戴毗卢冠，身穿法衣，结跏趺坐于莲台上，右掌压左掌置于腹前，掌心托摩尼珠，闵公、道明和尚分立两旁。地藏菩萨之右有大肚弥勒佛像。殿内东山墙前红木供案上，供奉漆金填红弥陀三尊像。阿弥陀佛接引像居中，身着通肩袈裟，赤足立于莲台上，左掌托金莲台平端胸前，右臂下垂，掌心外翻，指尖向地，作施愿印。观音菩萨居左侧，赤足立于莲台上，左手持净瓶于腹前，瓶口前向下方倾斜，作洒水状，右手持柳枝于右胸前。大势至菩萨居右侧，赤足立于莲台上，双手抱莲花于胸前。弥陀三尊像之左供奉药师佛金身像，身穿通肩袈裟，结跏趺坐于三层仰莲台上，右手托十三层宝塔于腹前，左臂上曲，掌心外翻，指尖向上，作无畏印。药师佛之左韦驮像。

佛殿西山墙外有空场，场中置矩形二级铁香炉一座。庑殿顶，正脊中部竖法轮一枚，螭首鸱吻，短檐翘角。两檐之间，正面和背面各开拱门九扇，平座外挑，外立护栏。下檐内作回字格挂落一周，四方体檐柱四根，呈对角立于炉口上截面。炉口左右侧面如意柄形炉耳一对，表面回字纹。炉腹正面中部横排隶体阳文“保圣寺”三字，左侧分行竖排上款“佛历二五五六年　公元二〇一二年”，右侧竖排下款“住持　释愿慈”。炉腹背面功德芳名。圆柱体炉脚四只。佛殿北墙东端外接简易遮雨棚一座，约十平方米。棚内悬挂铜钟一口，高约二米，口径约一点五米。蒲牢钟钮，平圆顶，钟肩饰如意一周。钟腹上边祥云纹一周，下边卷草纹一周、波浪纹一周。钟腹正面上部铸佛像一尊，头戴宝冠，结跏趺坐于莲台上。佛像之下竖排“保圣寺”三字，繁体隶书，左侧分行竖排落款“住持释愿慈　公元二〇一二年　佛历二五五六年”。钟腹正面下部钟月一枚，内有十六瓣莲花一朵。钟腹左右侧面和背面，上部嵌半球体五行，球径约三厘米，下部功德芳名。平圆形钟口。

大山寺

在今高淳区桠溪镇蓝溪行政村大山自然村。本为大山庙，废而复建，更名大山寺。《大山头庙群简介》碑刻云：“大山头庙群始建何时已无从考证，原坐落于戏楼西南百余米处，明末清初迁至现址并加以重建，至光绪年间告一段落。原有房屋八十一间，分三殿：祠山大殿、十殿、三官殿；四堂：观音堂、监生堂、泗池堂、华池堂；还有大小厢房、用膳房、接待室、僧人卧室、杂屋若干间。各殿各堂拱门相通，台阶连接，大殿门前有十九级青石板台阶，过山门到十殿四通八达，甬路皆以石板铺就，雨天不滴水，地上不沾泥，天井四座，植以奇花异木。庙群以祠山大帝、观音、关公为主佛像，庙内共有大小佛像二百余尊，其状严肃，栩栩如生，令人肃然起敬。鼎盛时期香客云集，晨钟暮鼓，诵经念佛之声不绝于耳，大山头顶峰文峰塔挠角铃声悠然于四乡八邻，是众生敬佛了愿之地。战乱时期庙群命运乖舛，毁于一旦。方今国运昌盛，民生康乐，重建大山头庙群乃民心所向。芮承集、芮先智、芮先渭、张彦忠赤心萌发，捷足先登，动员原十三村有识老人于二〇〇三年仲月十二日，在芮先声家商讨重建大山头庙群一事，并组建庙会成员，分工明细各项负责，立即筹建，做工不计酬，吃喝掏腰包，风雨无阻，非常时期不停工，求捐不停顿。赖香客之功，依信士之义，借百匠之艺，一年初具

大山寺

规模，以现昔日高庙之盛况，酬乡民燃香拜佛之心愿。公元二〇〇五年三月。”

现今大山寺延续昔日大山头庙群传统，不筑围墙，不置山门，殿堂无门无锁，佛道融合。有大雄宝殿、观音堂、祠山大殿、三官殿等建筑，皆坐北朝南。大雄宝殿前置六角二级铁宝鼎一座，攒尖顶，上竖葫芦形宝瓶刹，宝瓶上下球面各作一枚透空铜钱图案。平檐短角，檐角立龙形蹲兽，口衔风铃。盘龙柱四根，呈对角立于鼎口上截面，支撑檐角。龙首居于柱体上部，龙尾居于柱体下部，皆凸出柱表，龙身沿柱体盘旋而下。鼎口外立面嵌半球体一周三十枚，球径约二厘米。鼎颈外表面回字纹一周，左右侧面乙字形鼎耳一对，表面回字纹。鼎腹正面分行横排“高淳　大山寺”五字，左侧面竖排上款“农历二〇一一年三月十八日”，右侧面分行竖排下款“南京市高淳县桥李村贺大山寺定为国家级寺庙以此特赠”二十四字，背面“有求必应”四字。狮首形鼎脚三只。

宝鼎之后台阶二十九级至大雄宝殿。大殿重檐歇山式仿古建筑，正脊中部竖宝瓶顶，螭首鸱吻。平檐翘角，内作斗拱。殿宇四面有回廊，南北两面各平柱四楹，东西两面各平柱二楹，四角柱各一楹。大殿面阔五间，进深三进，南面中间开殿门一扇，门额悬挂“大雄宝殿”木匾，蓝底金字，篆书阴刻，殿门左右各开月窗一扇。大殿北面开拱门一扇。殿中佛坛上供奉彩绘泥塑三宝佛像，释迦牟尼佛居中，药师佛居左，阿弥陀佛居右，皆身披金色通肩袈裟，结跏趺坐于三层仰莲台上，双手叠合，右掌压左掌，置于腹前。释迦佛掌心托宝珠，药师佛掌心托五级宝塔，阿弥陀佛掌心托莲花。坛联云：“秀山青雨青山秀，香柏古风古柏香。”为回文联。殿内东北角供奉漆金填红文殊菩萨青狮座像，左舒坐于青狮脊背上，双手捧一只如意。西北角供奉漆金填红普贤菩萨白象座像，右舒坐于白象脊背上，双手捧一枝莲花。两庑山墙前分列彩绘泥塑十八罗汉像，造型简洁，工艺淳朴。大殿外东西两翼有庑廊，南北走向，廊内立彩绘泥塑鬼神造像二十余座。

大雄宝殿之后为祠山大殿，悬山顶建筑。祠山大殿西边接平房一间，额曰“三官殿”，门联云：“太极还是无极始，三元本是一元生。”祠山大殿东边接平房两间，住寺者生活起居之所。

大雄宝殿东侧山坡上有观音堂，悬山顶，面阔三间，进深三进。四面无窗，南面拱门一扇，门联两副，其一云：“南海驾慈航普渡众生超苦海，西天悬慧日光昭万姓庇钧天。”其二云：“空门有锁不用关，净地无尘何须扫。”门前有檐廊，平柱二楹，二角柱各一楹。阶基高约三十厘米，南侧踏道石阶二级。堂中供奉漆金填红杨柳观音像，结跏趺坐于莲台上，左手托白色净瓶置于腹前，瓶口向上，右臂上曲，手拈杨柳绿枝举于右胸前，善财童子、龙女侍立两胁。

大雄宝殿西侧山椒有文峰塔，始建于明初，抗日战争时期毁，2012年10月在原址复建。新文峰塔八面七级楼阁式仿唐风格，通高约三十七米，塔身逐层递收，腰绕外檐，缀以斗拱，飞檐高翘，龙凤走兽，风铃挂角。塔刹用黄铜铸造，高七点六米，由须弥宝座、七层相轮、葫芦宝顶、日月宝刹、刹杆组成，重一万零四百斤。

大雄宝殿南百余米有戏楼，戏楼西南百余米即大山头庙群旧址。

都府寺

在今高淳区桠溪镇桥李村。寺内有张巡纪念馆，祀唐代名将张巡，故名都府寺。主要建筑有山门、张巡纪念馆、观音堂、观音殿、地藏殿、斋堂等，皆坐北朝南。

山门为四柱三门跨街式牌坊，高约十米，宽如之。重檐庑殿顶，螭首鸱吻，平檐斗拱。水泥预制四方体门柱，中门柱脚前面和后面各立石狮一只，边门柱脚前面和后面各有抱鼓石，鼓面雕莲花。门柱下有须弥座。中门高约六米，宽约四米，门额南面浮雕二龙戏珠，浮雕上方“都府寺”三字匾额，行体阴刻，无题款。门联云：“都战济时艰功存社稷，府藏法无边德融乾坤。”落款“果海大和尚撰联并书”。匾额上方为上檐斗拱，匾额左右两边连接牌坊下檐。边门高约五米，宽约二米，门额南面浮雕游龙祥云，门额上方接下檐斗拱。门联云：“极目云天知法界，万家灯火供忠魂。”落款“辛卯年二月十九日”。

都府寺

张巡纪念馆在山门北约百米，硬山顶，面阔三间，进深二进。南面开门一扇，门前有单坡重檐庑殿顶门头，正脊由小圆瓦垒砌为五层透空圆形铺排而成，上竖宝瓶顶，螭首鸱吻。上檐横梁中部嵌“张巡纪念馆”五字砖刻。檐柱二根，支撑下檐横梁。

张巡纪念馆东侧为斋堂，悬山顶平房，面阔五间，进深一进。南面中间开门一扇，两边开窗各二扇，门联云：“粒米皆从辛苦得，寸薪不是等闲来。”门前有檐廊，砖砌四方体平柱四楹，两端接外伸山墙。斋堂之南观音殿，重檐歇山式，正脊由小圆瓦垒砌五层透空圆形铺排而成，其间嵌入三截实体方砖。正脊中部竖宝瓶顶，两端螭首鸱吻，垂脊有角兽。殿宇面阔五间，进深三进。四面有檐廊，每面平柱四楹，四角柱各一楹。南面中间开殿门一扇，殿门两侧月窗各一扇。阶基高约八十厘米，南侧踏道台阶五级。殿中供奉贴金描红送子观音像，顶戴阿弥陀佛，身着天衣，胸配璎珞，结游戏坐于三层仰莲台上，手捧幼儿。背后有船形紫色大背光，光焰中环以七尊佛像和如意祥云，善财童子、龙女侍立两胁。殿内东北角供奉彩绘泥塑滴水观音像一尊，身披漆金填红天衣，赤足立于岩石上。左手托灰色净瓶于胸前，瓶口朝上，右臂上曲，立掌胸前，掌心向左，中指和无名指略弯曲，作说法印。善财童子和龙女彩绘泥塑像侍立左右。

张巡纪念馆西侧为观音堂，硬山顶平房，面阔三间，进深一进。南面中间开拱门一扇，两边拱形窗各一扇。门额曰"都府寺观音堂"，落款"新建于公元二〇十三年二月十六日"。门联云："南海驾慈航普渡众生超苦海，西天悬慧日光昭万姓庇钧天。"堂中供奉漆金杨柳观音像。观音堂之南地藏殿，与观音殿形制相同，位置对称。重檐歇山式，小圆瓦垒砌五层透空圆形铺排正脊，其间嵌入三截实体方砖。正脊中部竖宝瓶顶，螭首鸱吻。垂脊有角兽，檐角无蹲兽。殿宇面阔五间，进深三进，四面有檐廊，每面平柱四楹，四角柱各一楹。南面中间开殿门一扇，两侧月窗各一扇。阶基高约八十厘米，南侧踏道五级。殿中石坛上供奉漆金填红地藏菩萨像，头戴毗卢冠，身着通肩袈裟，佩以璎珞，结跏趺坐于三层仰莲台上。右掌压左掌置于腹前，掌心托摩尼珠，背后有船形背光。闵公和道明和尚侍立两胁。

懒云寺

在旧高淳县东三十五里游子山北侧。本名懒云庵，清顺治十二年(1655)僧懒云创建，雍正年间(1723—1735)修，咸丰年间(1851—1861)毁于战火。民国六年(1917)重建，赎庵田地三十余亩，后毁。2006年新建于游子山西侧，徐家村东南，今高淳区东坝镇游子山风景区内，更名懒云寺。《懒云寺碑记》云："懒云寺原名懒云庵，又叫茅庵，该寺属于徐家、砚瓦宕、曹村、油榨村、界墟、嘶马村、走马埂、

懒云寺

圩角落八村共有。寺院前后两进六间,附屋三间,依山朝北,座落于游子山后侧徐家对面的半山之中。前进供有关王、韦陀、黄莲观等神像。后进供有三尊大佛、观音菩萨、泗州菩萨、白莲菩萨等圣像。该寺历史悠久,据高淳县志(民国七年编撰)记载,懒云寺在县东三十五里游子山之北侧。清顺治十二年(公元一六五五年)僧人陈梅森号懒云和尚始建。雍正年间,孔传孔继辉、孔继煌等重修。咸丰年间焚于战火,民国六年重建,并赎庵田地三十余亩以为庙产。懒云寺与游子山顶真武庙,前半山伴云庙联成一体,形成高淳镇县之山游山佛教圣地。每年各地民众到此祈求免灾赐福,风调雨顺。故寺内香烟缭绕,人来人往络绎不绝,晨钟暮鼓不绝于耳。20世纪以来,由于抗日战争和国内社会动荡等原因,该寺沦为一片废墟。近年来随着党的改革开放政策深入人心,人民生活逐步提高,传统文化得到应有的尊重,继往开来,百废俱兴。基于全民共建和谐社会的新形势下,八村老人审时度势,决定再修懒云寺,大家齐心协力募捐筹款,为时八个多月,一座两进六间附属三间砖木结构,古色古香的新寺院已建成。寺内所有佛神圣身,俱已恢复和超过以往。真是冥界复增新奠场,人间又添新景点。今特勒石以记。二零零七年(丁亥)四月。”

懒云寺坐南朝北,四合院结构。前殿硬山顶建筑,正脊两端有龙首脊兽,螭首鸱吻。北面门墙高出屋檐,与正脊等高,形似屏风。墙头中部竖万年青雕塑一座,绿叶红花,螭首鸱吻。墙面左上角和右上角各写一个“福”字,下部中间开拱形殿门一扇,门额嵌“懒云寺”石匾,黑底金字,隶体阴刻,石匾四角饰蝙蝠浮雕。门联云:“鸟语翠林闹春山,香焚古寺绕经语。”门前水泥台阶六级。殿宇面阔三间,进深三进,殿中石坛上供奉黄莲观金身神像一尊,头戴缨冠,身披雕花战袍,胸前护心镜,脚蹬虎头靴,右手持钢鞭斜举过顶,左手托法器于身体左侧。黄莲观像背后为韦陀菩萨金身立像,右手叉腰,左手持降魔杵,杵头着地。韦陀像对面有内影壁,壁前石坛上供奉彩绘泥塑关羽神像。

前殿之后有庭院,西边院墙高约二点五米,墙前六角一级铜宝鼎一座,攒尖顶,上竖葫芦形宝瓶刹,宝瓶上下球面各铸透空平行二枚铜钱图案。平檐短角,各檐角立龙形蹲兽一只。檐下云龙挂落,蟠龙柱六根,等距离立于鼎口上截面,支撑檐顶。龙头居于立柱中部,上下摆尾。鼎口外立面回字纹一周。鼎颈正面和背面各铸莲花三朵,左右侧面如意柄形鼎耳一对,表面回字纹。鼎肩伏莲一周,共二十四瓣。鼎腹正面隶体横排“懒云古寺”四字,左侧竖排上款“佛历二五五八年腊月初八日”,右侧竖排下款“住持释广山立”。鼎腹下边嵌半球体一周十八枚,球径约二厘米。狮首形鼎脚三只。庭院东边硬山顶平房一区,坐东朝西,面阔三间,进深一进,西面开门,为生活用房。

庭院南边为后殿，坐南朝北，硬山顶平房带马头墙。正脊中部竖二龙戏珠釉瓷雕塑，螭首鸥吻。北面有檐廊，平柱二楹，两端接外伸山墙。楹联云："暮鼓晨钟惊醒世间名利客，经声佛号唤回苦海梦迷人。"殿宇面阔三间，进深三进，北面中间开殿门一扇，两边开拱形窗各一扇。门额书"四季平安"四字，门联云："劝众生诸恶莫作，教弟子从善奉行。"殿中佛坛上供奉三宝佛金身像，诸佛身着袈裟，结跏趺坐于莲台上。释迦牟尼佛禅定像居中，右掌压左掌置于腹前，掌心向上，两手拇指尖相触，作禅定印。药师佛居右侧，右手托宝塔置于腹前，左臂上抬，高与腰齐，手掌向前伸出，掌心朝上，指尖向前，作说法印。阿弥陀佛居右侧，左手托金莲台于腹前，右臂上抬，高与腰齐，手掌向前伸出，掌心朝上，指尖向前，作说法印。殿内西南角石坛上供奉漆金观音菩萨莲台像，善财童子和龙女侍立两胁；东南角石坛上供奉泗州菩萨、白莲菩萨金身坐像。

玉泉寺

在旧高淳县东南三十里花山南麓，今高淳区固城镇石山村。宋代创建，南宋范成大《花山村舍》诗有"庵庐少来往"之句，清末邑人《花山玉泉寺怀古》诗有"创从宋代称传古""此寺在宋高僧创"之句。寺后峻岭盘旋，飞泉清洌，剧旱不枯，昔日寺僧剖竹承之，直达厨下，故名玉泉寺。明崇祯年间（1628—1644）住持单饧卓锡募捐，建造殿堂两进。清康熙三十四年（1695）寺僧恒益增扩，有山田四百余亩，寮房二十余间。咸丰年间（1851—1861）毁于兵火，光绪七年（1881）重建，民国八年（1919）修。20世纪50年代佛像被毁，天王殿、大雄宝殿、东厢房完整无损，保存至今。1995年高淳县文化局组织民间集资修复殿宇，并重建西厢房，新建三圣殿、观音殿等。

玉泉寺天王殿

玉泉寺坐北朝南，四合院结构。主要建筑有天王殿、大雄宝殿、地藏殿、观音殿、三圣殿、客堂、寮房、牡丹亭等。天王殿前石墀一层，石阶四十九级，石阶西边平地立石碑一块，碑文云：“玉泉寺，坐落在固城花山南麓，因庵后流泉不竭，故寺名玉泉。寺始建于宋代，至清末时留下‘此寺在宋高僧创，口餐松柏依云烟’的诗句。清康熙三十四年，高淳僧人恒益继承前辈之志，增置田产，扩建寺楼。在他的主持下，玉泉古寺远近闻名，其中所种植牡丹花更是壮观，非寻常僧俗所植能比。清咸丰年间，玉泉寺因兵乱被焚，光绪七年重建。现存的玉泉寺，院内古木森森，花草遍地，中间为大雄宝殿，东西有配殿。整个建筑古朴典雅，四周景色如画。高淳县人民政府　二〇一二年十二月。”石阶东边平地立石碑二块，一碑分行凿刻“南京市文物保护单位　玉泉寺　南京市人民政府二〇〇六年六月十日公布　南京市人民政府立”等字，一碑分行凿刻“高淳县文物保护单位　花山玉泉寺　高淳县人民政府一九八四年十一月公布　一九九六年六月立”等字。碑刻之南有圆形放生池，直径约五米，半池清水，游鱼匍龟清晰可见。池心有小土墩，墩上山石一组，秀木二株。

石墀之上有月台，月台北边天王殿，重檐庑殿顶，正脊由四层小圆瓦垒砌为透空圆形铺排而成，南面正中嵌浅色正方形砖雕一块，螭首鸱吻。垂脊有角兽，口衔宝珠。殿宇面阔三间，进深二进，四面有檐廊，南面和北面各平柱二楹，东面和西面各平柱一楹，四角柱各一楹。南面中间开拱形殿门一扇，门额嵌“玉泉古寺”石匾，行书阴刻。石匾上方悬挂“天王殿”木匾，棕底金字，手体阴刻，匾面四边阳刻金色回字纹一周。门联云：“玉磬金钟敲佛地，泉声松韵锁禅门。”殿门两边各开拱形窗户一扇，拱窗外侧又有方格窗户各一扇。殿宇北面开一门二窗。殿中供奉漆金填红泥塑弥勒菩萨游戏坐莲台像，左右山墙前分立彩绘泥塑四大天王坐像。

天王殿之后登石阶数级有小庭院。院中六角三级铁宝鼎一座，攒尖顶，上竖葫芦形宝瓶刹，宝瓶上下球面各铸透空并列二枚铜钱图案，如意轮刹顶。平檐翘角，龙形蹲兽，龙首向外，口衔铜铃。鼎口外立面饰半球体一周，共四十枚，球径约一点五厘米。鼎颈外表面阴刻回字纹一周，左右侧面如意柄形鼎耳一对，表面回字纹。鼎腹正面中部分行横排“高淳县　玉泉寺”六字，隶体阳文，左侧竖排“风调雨顺”四字，右侧竖排“国泰民安”四字。鼎腹左侧面分行竖排题款“佛历二五四四年　岁次庚辰年仲秋”，右侧面功德芳名，背面二龙戏珠图。鼎腹下边嵌半球体一周四十八枚，球径约一点五厘米。狮首形鼎脚三只。三级铁宝鼎两侧各置宝鼎一座，形制相同。无顶檐，鼎口外立面“寿”字一周，十六个。鼎颈外表面回字纹一周，左右侧面如意柄形鼎耳一对，表面回字纹。鼎腹正面分行横排“高淳县　玉泉寺”六字，左侧面分行竖排题款“佛历二五四四年　岁次庚辰年仲秋”。兽脚形鼎脚三只。

庭院东厢房为地藏殿，坐东朝西，重檐悬山顶带风火墙，小瓦覆顶，雕梁画栋。正脊由小圆瓦垒砌三层透空铜钱形状铺排而成，上竖二龙戏珠石雕宝顶，螭首鸥吻；西面中部嵌正方形砖雕一块，砖面雕坐佛一尊。垂脊由二层小圆瓦垒砌为透空蝙蝠形铺排而成，有角兽，口含宝珠。殿宇面阔三间，进深三进，西面有檐廊，水泥四方体平柱二楹，二角柱各一楹，檐柱下有伏莲柱脚，高约十厘米，平面正方形。廊前阶基高约五十厘米，踏道台阶四级。檐廊南头悬挂镀铜铁钟一座，高约一米，口径约六十厘米，蒲牢钟钮，八波形钟口，正面波谷上方铸钟月一枚。钟肩伏莲一周六瓣。钟腹上边和下边各饰回字纹一周，正立面上部横排隶体“幽冥古钟”四字，下部二龙戏珠图。殿宇西面开木门三扇，中门上额悬挂“地藏殿”木匾，棕底金字，手体阴刻，匾沿雕金色回字纹一周。殿中琉璃龛内供奉漆金填红地藏菩萨像，头戴毗卢冠，身着通肩袈裟，结跏趺坐于三层仰莲台上。右掌压左掌置于腹前，掌心向上，托摩尼宝珠，闵公、道明和尚分立两胁。

玉泉寺大雄宝殿

庭院西厢房1995年以后重建，坐西朝东，重檐悬山顶二层楼房，楼下客堂，楼上寮房。每层面阔五间，中间楼梯，两边房屋各二间。楼下每间房屋东面开一门一窗。门前有檐廊，水泥圆柱体平柱四楹，两端为伸出山墙。廊前阶基高约三十厘米，踏道台阶二级。楼上东面开窗五扇。

庭院北边大雄宝殿，坐北朝南，重檐悬山顶，正脊由五层小圆瓦垒砌为透空一层蝙蝠和一层圆形铺排而成，南面中部嵌正方形砖雕一块，砖面坐佛一尊，螭首鸥吻。垂脊由二层小圆瓦作透空圆形铺排而成，龙首形垂兽，口含宝珠。大殿面阔五间，进深四进，南面中部开殿门三扇，两边窗户各一扇。中门上额悬挂“大雄宝殿”木匾，棕底金字，手体阴刻，匾沿饰金色回字纹。门前有檐廊，圆柱体平柱四楹，二角柱各一楹，檐柱下有立方体石柱础，高约二十厘米。阶基高约五十厘米，南侧踏道石阶四级。殿中佛坛上供奉漆金填红三宝佛像，诸佛身着通肩袈裟，结跏趺坐于五层仰莲台上，身后各有顶圆光和船形大背光，光焰中镂透空金龙腾云图。释迦牟尼佛居中，右掌压左掌置于腹前，掌心托如意宝珠。药师佛居左侧，右手托七级宝塔于右膝上面，左臂上曲，手掌竖立，掌心外翻，中指向下弯曲，与拇指相触，作说法印。阿弥陀佛居右侧，左手持金莲台于腹前，右手作说法印。殿内东北角供奉漆金填红文殊菩萨青狮座像，手持莲花一株，右舒坐于青狮脊背上；西北角供奉漆金填红普贤菩萨白象座像，手置如意一柄，左舒坐于六牙白象脊背上；两庑山墙前分列十八罗汉金身坐像。

大殿两翼各有配殿一座。东配殿为观音殿，坐北朝南，殿门正对地藏殿北山墙。重檐悬山顶带风火墙，面阔三间，进深一进，南面中间开拱形殿门一扇，两边窗户各一扇。门额悬挂“观音殿”木匾，棕底金字，手体阴刻，匾额四边饰金丝回字纹一周。门前有檐廊，平柱二楹，两端接外伸山墙。殿中供奉圣观音像，顶戴阿弥陀佛坐像，身披天衣，胸佩瓔珞，腰束罗裙，结跏趺坐于莲台上，善财童子和龙女左右侍立。西配殿坐北朝南，殿门正对西厢房北山墙，重檐悬山顶带风火墙。门前有檐廊，平柱三楹，两端接外伸山墙。殿宇面阔四间，进深一进，西头三间为神殿，南面开一门二窗。东头一间三圣殿，南面殿门一扇，门额悬挂“三圣殿”木匾，蓝底金字，手体阴刻，匾沿饰金色卷草纹。殿内供奉西方三圣金身像，像高各逾两米，背后有举身光。阿弥陀佛接引像居中，身着通肩袈裟，赤足立于莲台上。左手托金莲台置于胸前，右臂下垂，掌心外翻，指尖向地，作与愿印。观音菩萨居于左侧，顶戴宝冠，中有阿弥陀佛坐像，身披天衣，胸配瓔珞，赤足立于莲台上。右臂上抬，高与腰齐，手掌前伸，持握净瓶，瓶口朝上；左臂上曲，掌心外翻，手拈柳枝，作洒水状。大势至菩萨居于右侧，顶戴宝冠，中有净瓶，身披天衣，胸配瓔珞，赤足立于莲台上，双手奉金莲花于胸前。

玉泉寺三圣殿

玉泉寺西北角有小丘，丘顶建六角翘檐攒尖亭一座，额曰“牡丹亭”，楹联云：“静听玉泉花山下，醉赏牡丹玉泉边。”小丘南麓有四柱三门石牌坊一座，悬山顶，水泥四方体立柱，柱脚前面和后面各有抱鼓石，中门额曰“麒麟门”。牌坊西侧有2007年立《花山玉泉寺两株奇特树》碑刻，其略云：“高淳花山玉泉寺院内的天然泉水旁，有两株古椿树，至今有百余年树龄。两树高约六米，相隔约一米有余。树的基础部位呈椭圆形，横长四十厘米，体宽三十二厘米。两树似形影不离的动物，南北卧地相觑。南边的树长有二枝，似为头部二角，北向树仅一枝直上，似头长独角，二树首相望，生动地体现出麒与麟的形象，故被人们称为恩爱麒麟树。树成对，人成双，奇树名声远扬，古刹人气旺。每逢好时日，常有新婚夫妇借两树为背，与游客争相留下象征天长地久的美好合影。”

圆通禅寺

在今高淳区古柏镇江张村古江路南侧，江张村文化艺术中心东，整体布局坐南朝北。山门为四柱三门牌楼，庑殿顶，正脊螭首鸱吻，背负宝剑。飞檐翘角，无垂兽和蹲兽。四方体门柱，表面铺贴青色瓷砖。中门高阔，上额悬挂“圆通禅寺”木匾，红底金字，行体阳文，匾面四边雕卷草纹，题款“丙戌年（二〇〇六）秋”。门联云：“濑渚名刹留万世，世纪胜境照千秋。”金底黑字，行体阴刻，上款“江小来撰联”，下款“丙戌年秋　张新建敬献”。左右边门略小，边门外侧接八字护墙，左侧墙面书“名寺宝殿”四字，右侧墙面书“净土圣地”四字。

圆通禅寺天王殿

山门内铺砌南北走向青石板路五十余米，路东侧太湖石一块，高二米余，凿刻行书“莲花园”三字。沿路林木繁茂，秀色苍翠，路尽头有小石桥，渡桥抵达天王殿。天王殿单檐歇山顶仿古建筑，坐南朝北，正脊螭首鸱吻，背负宝剑。垂脊和戗脊各有角兽，平檐翘角，各檐角蹲兽五只、仙人一尊。殿宇面阔三间，进深一进，南面和北面中间各开殿门一扇。北面门联云：“笑口相逢到此都忘恩怨，肚皮若大个中尽收乾坤。”殿门两侧墙面各大书一“佛”字。殿中供奉弥勒佛游戏坐金身像，两庑分立四大天王像。

天王殿之后观音殿，坐南朝北，重檐歇山式，正脊中部竖亭阁式宝顶，内嵌宝珠一枚，螭首鸱吻。飞檐翘角，垂脊和戗脊各有角兽，各檐角蹲兽五只、仙人一尊。殿宇四面有檐廊，四方体水泥檐柱，每面平柱四楹，四角柱各一楹。阶基高约八十厘米，北侧踏道台阶五级，南侧踏道台阶七级。殿宇面阔三间，进深三进，北面和南面各开殿门一扇。北面门联云："大悲广度显神威，救难万世感圆通。"南面门联云："平地分占双湖水，圆通留栖南海云。"殿中供奉千手千眼观音四面金身像，通高约五米，楹联云："慈眼视众生观卅贰应身大千世界寻声救苦，弘誓持智炬呈捌拾妙相运同体悲垂迹化迷。"两庑山墙及四边屋角环列漆金填红僧侣、神仙塑像，造型各异，栩栩如生。南面殿门外，六角一级铁宝鼎一座，攒尖顶，葫芦形宝瓶刹，宝瓶上下球面各铸一枚透空铜钱图案。平檐短角，龙形蹲兽，口衔风铃。蟠龙立柱四根，对角立于鼎口上截面，支撑檐顶。鼎口外立面嵌半球体一周三十二枚，球径约二厘米。鼎颈外表面回字纹一周，左右侧面如意柄形鼎耳一对，表面回字纹。鼎腹正面横排"圆通禅寺"四字，魏碑繁体，右侧竖排落款"农历二〇〇六年九月"。鼎腹下边一字纹二周，其间嵌半球体一周，球径约二厘米。狮首形鼎脚三只。天王殿与观音殿之间，左右两翼有檐廊，廊内置彩绘泥塑诸鬼神像。

观音殿之东有竹林，林内六角攒尖亭一座，北面开门一扇，门联云："竹林示现试问何处求踪，显迹灵地皆赖国振家兴。"其余五面为方格木窗下接砖墙。亭中供奉汉白玉送子观音像，顶戴阿弥陀佛，身着天衣，赤足立于莲台上，双手抱童子于右胸前。童子侧身坐于观音右臂上，面朝左侧，仰望观音菩萨，双手合十于胸前。六角亭前置六角二级铁宝鼎一座，攒尖顶，上竖葫芦形宝瓶刹，宝瓶上下球面各镂空一枚铜钱图案。翘檐短角，龙形蹲兽，前爪紧扣风铃。鼎口外表立饰寿字一周，共十六枚。鼎颈外表面回字纹一周，左右侧面如意柄形鼎耳一对，表面回字纹。鼎腹正面横排魏碑繁体"圆通禅寺"四字，左侧竖排题款"农历二〇〇六年九月"，右侧功德芳名。兽脚形鼎脚三只。

六角亭南二十余米有三宝佛殿，坐南朝北，重檐歇山顶，平檐翘角，内作斗拱。正脊上边和下边各由小圆瓦垒砌一层透空圆形与一层蝙蝠形铺排而成，中间为实体砖脊。正脊北面嵌"圆通禅寺"四块砖刻，中部竖亭阁式宝顶，内镶金属球体一枚，螭首鸱吻。垂脊和戗脊各由圆瓦垒砌一层透空圆形与一层蝙蝠形铺排而成，各有角兽。各檐角蹲兽六只、仙人一尊。殿宇东、西、北三面有檐廊，外立石雕护栏。北面檐廊平柱六楹，东面和西面各平柱四楹，四角柱各一楹。阶基高约一点六米，北侧踏

圆通禅寺三宝佛殿

道石阶九级，两边有石扶栏，与北檐廊下石雕护栏相接。踏道中部铺砌九龙石壁。殿宇面阔五间，进深四进，北面开殿门五扇。殿中佛坛上供奉三宝佛金身像，诸佛身着通肩袈裟，结跏趺坐于莲台上，身后各有大背光，光晕雕作五彩祥云和金龙仙鹤图案。释迦牟尼佛禅定像居中，双掌相叠置于腹前，右掌压左掌，掌心向上，两手拇指尖相触，作禅定印。药师佛居左侧，右手托五级宝塔置于右膝上面，左手仰于右脚踝上面，手指前伸，中指上抬弯曲，作说法印。阿弥陀佛居右侧，左手托金莲台置于左腿上面，右手作说法印。楹联云："神龙腾法海欣看高淳东门瑞气祥云披圆通，光辉照人间从此善男信女诚心礼佛拜牟尼。"三宝佛背面供奉漆金填红海岛观音像，善财童子和龙女侍立左右，身后壁面彩绘泥塑观音菩萨三十二应身。殿内西南角供奉文殊菩萨左舒坐青狮座金身像，东南角供奉普贤菩萨右舒坐白象座金身像，两庑分列漆金填红十八罗汉像。三宝佛殿门前，置矩形铁香炉一座，庑殿顶，正脊由三层镂空菱形垒叠铺排而成，中竖葫芦形宝瓶顶，宝瓶上下球面各镂一枚透空铜钱图案，螭首鸱吻。平檐短角，龙形蹲兽，口衔风铃。檐下回字格挂落，蟠龙立柱八根，均分两排立于炉口前面和各面上截面，支撑檐顶。炉颈左右侧面乙字形炉耳一对，表面回字纹。炉腹正面分行横排"高淳　圆通禅寺"六字。狮首形炉脚四只。

三宝殿西侧有广场，南北长约三十米，东西长约五十米。广场中部矗立滴水观音石雕像一尊，由台基、像座、莲台、雕像组成，通高逾十米。砖砌台基三层，平面呈正方形，每层四边立石护栏。台基之上为砖砌八立面像座。莲台由一层伏莲和二层仰莲垒叠而成。石观音塑像面北而立，顶戴阿弥陀佛，身着天衣，胸饰璎珞，赤足立于莲台上。右手握净瓶置于腹前，瓶口朝前下方倾斜，作洒水状，左掌轻覆于右掌上面。广场东北角悬挂铁钟一座，高约一点五米，口径约一米。蒲牢钟钮，八波形钟口，波谷上方各有一枚钟月。钟肩饰伏莲一周十二瓣，内作如意图形。钟腹上边回字纹一周，下边卷草纹一周，正立面分行横排隶体阳文"高淳　圆通禅寺"六字，左侧分行竖排上款"佛历二五五〇年　公元二〇〇六年秋月立"，右侧竖排下款"住持释果海”。钟腹左右侧面及背面中部有一束彩带纹，分钟体为上下两部分，上部分左侧面铸“风调雨顺”四字和麒麟祥云图案，右侧面“国泰民安”四字和仙鹤展翅图案，背面“佛日增辉”四字；下部分右侧面功德芳名，背面飞龙腾云图。

彰教寺

在旧高淳县北二十五里凤凰山，今高淳区古柏镇凤山韩村，二〇四县道西侧。唐大中七年(853)创建，名报恩寺。宋政和年间(1111—1118)修，改名彰教寺。明洪武年间(1368—1398)重修。嘉靖二十一年(1542)湖广按察使、邑人韩叔阳重建，庠生夏应凤等助之，有《重建山门记》。崇祯年间(1628—1644)寺僧释如是，精明禅理，尊为国师，代天子祷礼五岳名山。清顺治二年(1645)寺毁于兵火，邑人黄揆诗云：“今日何萧瑟，来过古寺旁。有僧悲断梵，无碍问残唐。衰草埋遗像，黄花傍战场。青磷犹未起，鸦点逐斜阳。”顺治十二年(1655)知县纪圣训修葺如新，乾隆八年(1743)重修大殿、弥勒殿、藏经楼、斋房等，殿堂屋舍计百余间，饮用水井七口。咸丰年间(1851—1861)毁于兵燹，光绪二十三年(1897)重建。民国十一年至十九年(1922—1930)改为高淳县韩村小学。抗日战争时期大殿遭毁，1958年弥勒殿、藏经楼等拆除殆尽。旧有明嘉靖年间(1522—1566)所铸千斤铜钟一座，系与苏州寒山寺大钟同一模具制作，亦在1958年大炼钢铁中熔销。

1993年彰教寺开始重建，大雄宝殿东山墙外面嵌《韩东五队捐献队屋的简介》《彰教寺大雄宝殿施工简介》《彰教寺历史简介》碑刻三方，记载重建过程。《韩东五队捐献队屋的简介》云：“彰教寺是我地一座古老的佛教圣地。自兵毁以后，当地的乡老难以忘怀雄伟、高大的寺院。一九九三年，由本地的老人发起并捐资了经济，在彰教寺的原址上建一座简易三间房屋给人们拜佛敬香。由于形势的需要，未成。至一九九五年，由五

彰教寺大雄宝殿

队村民韩体宽、韩人本、韩长禄、魏瑶英、韩人如等倡导，及五队村民把四间队屋捐献给寺庙，逐步发展，在苏州请地藏王、三尊大佛、观音菩萨、文殊、普贤、伟罗菩萨，并添置了住房及一批佛用品，直至二〇〇五年由修复协会拆毁，建造雄伟高大的大雄宝殿。”《彰教寺大雄宝殿施工简介》云：“为了弘扬民族文化精神，恢复千年古刹——彰教寺大雄宝殿，韩村老年会倡议及广大民众和各界人士的大力支持，公元二〇〇五年成立凤凰山彰教寺古迹修复协会，至二〇〇六年十二月底止，历时一年零六个月的艰苦义务工作，筹集资金人民币一百五十余万元，建成大雄宝殿五间，木质结构，琉璃瓦屋面。殿高十六米，长十九点六米，进深十五点六米，附加配套建筑五百平方米，实际完成建筑面积八百平方米。大殿内设三尊大佛、十八罗汉、海岛观音、文殊、普贤菩萨等。大殿外设钟亭、鼓亭、香亭等。整体建筑雄伟壮观，气势恢宏，独具风格。”《彰教寺历史简介》碑刻云：“彰教寺始建于唐大中七年，公元854年，距今已有一千一百五十多年的悠久历史，原名报恩寺，宋政和年间更名至今。彰教寺历史上多次遭毁，多次重建。明嘉靖二十一年佛堂毁，韩叔阳重建。清顺治二年，毁于兵火，十二年知县纪圣训倡修。乾隆八年，石臼里公修大殿，清咸丰年间遭毁，光绪二十三年重建，抗日战争再次焚于兵火。彰教寺原建筑有大雄宝殿、弥勒殿、山门、藏经楼、厢房、寮房等，面积达一万平方之多。彰教寺历代高僧辈出，文化底蕴深厚，文物佛宝颇多。彰教寺坐落于凤凰山，北有石臼湖、蛇山、军山，依山傍水，风光旖旎，水木明瑟。古诗云‘曲径通幽处，禅房花木深’，千年古迹，佛缘圣地。”

彰教寺宝鼎

新彰教寺占地面积八百余平方米，主要建筑有大雄宝殿和平房五间。大雄宝殿坐北朝南，重檐歇山式，正脊由小圆瓦垒砌八层透空圆形铺排而成，南面嵌“彰教寺”三块砖刻，葫芦形宝瓶顶，螭首鸱吻。垂脊和戗脊由小圆瓦垒砌五层透空圆形铺排而成，垂脊末端立石雕法像，戗脊末端有角兽。飞檐翘角，各上檐角蹲兽四只、仙人一尊，下檐角蹲兽六只、仙人一尊。阶基高约一点五米，南侧踏道石阶十一级。大殿面阔五间，进深五进，南面中部开殿门三扇，两边月窗各一扇。南面上檐横梁中部悬挂“大雄宝殿”木匾，黑底金字，行体阳文，上款“乙酉年冬月”，下款“赵朴初题”。门联云:“天道运行佛缘福地千秋画鉴,时和序顺圣迹名山万古留芳。”殿门东边月窗下,嵌大殿奠基碑,分行凿刻“凤凰山彰教寺重建　殿基　佛历二五四九年　农历二〇〇五年六月二十四日”等字。殿中佛坛上供奉贴金描红三宝佛像,诸佛身着通肩袈裟,结跏趺坐于莲台上,身后各有大背光,光晕镂为九龙图案。释迦牟尼佛禅定像居中,右掌压左掌置于腹前,掌心向上,两拇指指尖相触,作禅定印。药师佛居于左侧,右手托九级宝塔于腹前,左臂上曲,手掌竖立,掌心外翻,中指弯曲与拇指相触,作说法印。阿弥陀佛居于右侧,左手托金莲花于腹前,右手亦作说法印。坛联云:“彰善瘅恶莫非为导民向义,教忠行仁也只要任职无私。”佛坛背面供奉漆金海岛观音像,顶戴阿弥陀佛,身着天衣,赤足立于鳌头,手持净瓶洒向海面,善财童子和龙女侍立左右。塑像背后壁面作彩绘泥塑海岛岩壁浮雕,岩壁上置漆金泥塑观音三十二应身,对联云:“凤凰花信传世间,观音悲怀悯众生。”殿内东北角供奉文殊菩萨左舒坐青狮座像,西北角供奉普贤菩萨右舒坐白象座像,两庑排列十八罗汉像。

大雄宝殿门前有月台,台中置六角五级铁宝鼎一座,攒尖顶,上竖三叠球体宝瓶刹,第二叠和第三叠球面各铸一枚透空铜钱,覆钵刹座。平檐翘角,各檐角立龙形蹲兽一只,口衔风铃。宝鼎自下而上逐层收束,各层平座外挑,周边围立护栏。第一级和第二级檐下各铸二龙戏珠图,第三级如意祥云图,第四级莲花六朵,第五级刻六枚“佛”字。每级正面和背面各开拱门一扇,其余四面各有制作,第一级为“国泰民安”四字,第二级万字符四枚,第三级铜钱四枚,第四级寿字四枚,第五级双菱形四枚。鼎口外立面嵌半球体一周,三十六枚,球径约二厘米。鼎颈外表面回字纹一周,左右侧面乙字形鼎耳一对,表面回字纹。鼎腹正面分行横排“南京高淳凤凰山　彰教寺”十字,左侧面分行竖排题款“佛历二五五一年　公元二〇〇七年”,右侧面和背面功德芳名。鼎腹下边卷草纹一周。狮首形鼎脚三只。

宝鼎东侧和西侧各有水泥预制六角亭一座,形制相同,位置对称。攒尖顶,上竖宝瓶刹,飞檐翘角,各檐角作龙首造型,檐脊作龙身造型。蟠龙立柱六根,支撑檐顶,各柱龙头居上,龙尾在下,底部海浪纹。蟠龙柱下有鼓形石柱础,高约二十五厘米,腹径约三十五厘米,其下复有四方体基座,每边长约四十厘米,高约十厘米。东亭额曰钟亭,亭内悬挂镀铜铁钟一座,高约一点八米,口径约一点三米。蒲牢钟钮,八波形钟口,四枚钟月分布在四方波谷之上。钟腹上边和下边各有回字纹一周,正立面分行横排“南京高淳凤凰山　彰教寺”十字,左侧面分行竖排题款“佛历二五五一年　公元二〇〇七年”,右侧面功德芳名。西亭额曰鼓亭,未见法鼓。

月台北边平房五间，坐南朝北，硬山顶带马头墙。东首三间平房，中间开拱门一扇，正对大殿南门。房内坐南朝北供奉漆金填红阿弥陀佛接引像，身着通肩袈裟，赤足立于莲台上，左手托金莲台于腹前，右臂下垂，掌心外翻，指尖向地，作与愿印。其左侧为漆金填红海岛观音像，身着天衣，赤足立于鳌头，左手握净瓶，瓶口向前下方倾斜，作洒水状，右手轻覆于左手上面。阿弥陀佛像右侧为地藏菩萨像，头戴毗卢冠，身着法衣，结跏趺坐于莲台上，双手叠加置于腹前，右掌压左掌，掌心托摩尼珠。屋内东南角供奉文殊菩萨青狮座金身像，双手捧如意于胸前，左舒坐于青狮脊背上。西南角供奉普贤菩萨白象座金身像，两手抱一枝莲花于胸前，右舒坐于六牙白象脊背上。西首平房二间为寺僧生活用房。

彰教寺今存清代木雕佛像一尊，高约三十厘米，通体饰金，形态端庄。又有铁磬一只，重七十余斤，腹部铸“彰教禅寺”四字，沿口下饰有回字纹，底部铸莲瓣一周。又有僧人坐化陶缸一只，20世纪60年代出土。寺西南古井一口，直径逾一米，深约五十米，五花石井圈，井壁用灰砖交叉叠成，井水清澈，为旧彰教寺七井之遗存。

真如禅寺

在旧高淳县东三十里游子山，今高淳区东坝镇游子山风景区内。本名真武庙，亦名真如寺，明万历十八年（1590）创建，有三进二厢，殿堂二十余间，供奉观音菩萨、地藏菩萨、十八罗汉、真武大帝、十大元帅等像，为佛道共处宗教场所。崇祯八年（1635），僧德明募置祀田。清咸丰年间（1851—1861）毁于战火，光绪末年（1908）住持觉朗重修大殿。抗日战争时期再毁，民国三十五年（1946）住持悟真募化重建。1949年有僧房六间，后废。1997年江苏省人民政府和南京市人民政府批准择址重建，高淳县人民政府聘请安徽省青阳县九华山慧深法师主持，更名真如禅寺。

真如禅寺天王殿

真如禅寺位于游子山东南侧山谷内，整体布局坐北朝南，主要建筑呈平面“干”字形分布。中轴线有山门、天王殿、财神殿、大雄宝殿，天王殿两翼有阿弥陀佛塑像广场和玉佛殿，大雄宝殿两翼有大悲宝殿和大悲宝殿大殿。此外还有放生池、念佛堂、僧舍、斋堂、客堂等设施。各殿堂依山势而建，有山道相连，占地面积约一百亩。

山门为四柱三门牌楼，重檐庑殿顶，中门高阔，左右边门略低小。正脊中部竖二龙戏珠雕塑，龙尾之后各有三只小狮子，面向宝珠。螭首鸱吻，背负宝剑。垂脊末端向上翻卷，各檐角蹲兽一只、仙人一尊。四方体门柱，四立面面铺贴灰色瓷砖，柱顶南面和北面瓷砖各刻十六瓣莲花一朵，柱底四面瓷砖各刻宝瓶花卉。中门对联云："真心真愿真解脱当其时谁能从真，如来如佛如圣哲今之日哪个犹如。"落款"戊寅仲秋　孙长松撰联并书"。中门上额横卧石匾，南面刻"真如禅寺"四字，灰底金字，手体阴刻，落款"赵朴初"。石匾上面接牌楼上檐。左右边门上额横卧长条形砖刻，砖面中部雕刻山石花草盆景，两边雕刻卷草。砖刻上面接牌楼下檐。

入山门百余米，山道分为东西两路，两路之间为三角形谷地。山谷中，从南向北依次有天王殿、财神殿、大雄宝殿。天王殿坐北朝南，重檐歇山式仿古建筑，正脊中部竖葫芦形宝顶，螭首鸱吻。垂脊有角兽，戗脊蹲兽四只、仙人一尊。殿宇四面有檐廊，每面平柱四楹，四角柱各一楹。南面上檐横梁中部悬挂"天王殿"木匾，棕底金字，魏体阴刻，上款"佛历二五五八年"，下款"公元二零一四年"。阶基高约八十厘米，南侧踏道石阶六级。殿宇面阔三间，进深三间，南面中间开殿门一扇，两边开方格落地窗各一扇，北面开殿门三扇。殿中石坛上供奉漆金填红弥勒菩萨游戏坐莲台像，身后有顶圆光。

天王殿东侧山椒有玉佛殿，坐东朝西，重檐悬山顶带马头墙。正脊由圆瓦垒砌十层透空圆形铺排而成，间以五块砖雕。中间砖雕为圆形，面刻云龙喷水；两侧方形砖雕各二块，面刻宝瓶花卉。螭首鸱吻，垂脊有角兽。殿宇西面上檐横梁悬挂"玉佛殿"木匾，金底黑字，行书阳刻，上款"佛历二五四七年署"，下款"稀翁题"。匾面饰祥云纹，沿边雕金色九龙。西面有檐廊，平柱四楹，两端为外伸山墙。中间二平柱为蟠龙柱，仰莲柱顶，伏莲柱底。柱体雕蟠龙二条，一龙首在柱体上部，一龙首在柱体下部，底部雕祥云，柱体中部龙身盘绕。伏莲形柱

真如禅寺玉佛殿

础，下有平面六边形底座，六立面各雕卷草花卉。殿宇面阔五间，进深三进，西面开殿门一扇，殿门两侧方窗各一扇。门联云："参悟无生法忍无法忍二障破中道显逆境转机，跟依圆通父等觉缘应妄想灭愚恶离吉祥如意。"殿中佛坛上供奉汉白玉三宝佛坐像，每尊高逾二米，缅甸居士赠献。释迦牟尼成道像居中，身着右袒肩袈裟，结跏趺坐于莲台上。左手横置于腹前，掌心朝上，托白莲花，右掌覆于右膝前面，指尖向地，作降魔印。药师佛居左侧，身着通肩袈裟，右掌压左掌置于腹前，掌心向上，两拇指尖相触，作禅定印，掌心托七级宝塔。阿弥陀佛居右侧，身着通肩袈裟，亦作禅定印，掌心托金莲台。坛联云："佛地开元汉立道场潘崇居首，伽蓝问世寺铭净行彰教乃冠。"落款"公元二千零三年夏　邢光鉴"。玉佛殿阶基高约二米，西侧踏道石阶十五级，两边石雕扶栏。踏道前有月台，台中置六角五级铁宝鼎一座，攒尖顶，上竖平圆刹座，葫芦形刹身，如意轮刹顶。平檐短角，各檐角龙形蹲兽一只，口衔风铃。鼎口外立面半球体一周，三十枚，球径约一点五厘米。鼎颈前面和后面外表皆有回字纹，左右侧面乙字形鼎耳一对，表面回字纹。鼎腹正面分行横排隶体"高淳游山　玉佛殿"七字，左侧分行竖排题款"佛历二五四七年　岁次癸未年孟夏"。鼎腹下边饰一字纹二周，其中嵌半球体一周，四十枚，球径约一点五厘米。狮首形鼎脚三只。铁宝鼎左右两侧置矩形铁香炉一对形制相同，位置对称。庑殿顶，正脊由二层透空菱形铺排而成，葫芦形宝瓶顶，宝瓶上下球面各作一枚透空铜钱图案，螭首鸱吻。各檐角龙形蹲兽一只，口衔风铃。蟠龙檐柱四根，对角分布于炉口上截面四角，支撑檐顶。龙头从檐柱上部伸出，龙体沿柱面盘曲而下。炉口上截面四边立透空镂花围栏，正面间以"风调雨顺"四字，背面间以"国泰民安"四字。炉颈外表面饰回字纹一周，左右侧面铸如意柄形炉耳一对，表面回字纹。炉腹正面分行横排隶体"高淳游山　玉佛殿"字样，左侧竖排题款"佛历二五四七年　岁次癸未年季夏"；背面"佛光普照"四字。炉腹正面和背面下边各缀透空卷草二束，一字形分布。兽首形炉脚四只。月台西侧铺设下行石阶二层六十三级，抵于山脚路边。玉佛殿北有歇山顶三层楼房一座，一楼为念佛堂、斋堂，楼上僧舍，有碑刻云"高淳县佛教协会念佛堂　奠基　公元二〇〇四年四月八日"。

天王殿西侧为阿弥陀佛塑像广场，平面正方形，长条石地面，广场四角分立四大天王花岗岩塑像。广场南边因循地势，铺设石阶十七级。广场中央矗立贴金石雕阿弥陀佛接引像，由台基、像座、塑像组成，通高二十一米。台基水泥预制，平面呈正方形，边长约四点五米，高约八十厘米，南侧水泥台阶四级。花岗石八立面像座，每立面下部勾线二股，上部勾线四股，正立面中部雕云龙图，龙首朝正前方，其余七立面中部雕花卉、如意、祥云等。阿弥陀佛身着右袒肩袈裟，赤足立于二层仰莲台上，面南而立。左掌托金莲台置于胸前，右臂下垂，掌心外翻，五指伸直，指尖向地，作与愿印。整座塑像由一百三十五件花岗石构件雕刻组合而成，重三百余吨。阿弥陀佛像前，摆放庑殿顶兽首脚矩形铁香炉一座，炉腹正面铸刻“政法世教”四字。

天王殿之后财神殿，形制同于天王殿。财神殿之后有正方形放生池，过放生池，登石阶七十五级有平台。平台东边和西边各置石雕麒麟一只，北边铺砌石墀一层二十七级，石墀中部地面铺设九凤石质浮雕。石墀之上有月台，台中置矩形铁香炉一对，形制相同，位置对称。庑殿顶，正脊由二层透空菱形铺排而成，上竖葫芦形宝瓶顶，宝瓶上下球面各作一枚透空铜钱图案。宝瓶两侧各立一条金龙，龙首相对。正脊两端用卷草图案制成螭首形状，以为鸱吻。各檐角龙形蹲兽一只，口衔风铃。檐下蟠龙柱四根，对角分布，立于炉口上截面四角，支撑檐顶。龙头从檐柱上部伸出，龙体沿柱面盘曲而下。炉口上截面四边立透空镂花围栏，正面间以“风调雨顺”四字，背面间以“国泰民安”四字。炉颈外表面回字纹一周，左右侧面如意柄形炉耳，表面回字纹。炉腹正面横排繁体隶书“大雄宝殿”四字，左侧分行竖排题款“佛历二五四四年　岁次庚辰年仲秋”。炉腹正面和背面下边缀透空卷草二束，呈一字形分布，狮首形炉脚四只。

大雄宝殿在月台北边，坐北朝南，占地面积八百五十平方米，1997年农历九月十九日奠基。重檐歇山式仿古建筑，正脊中部竖瓷雕二龙戏珠宝顶，螭首鸱吻。垂脊有角兽，戗脊蹲兽五只、仙人一尊。大殿四面有檐廊，南北两面檐廊各平柱六楹，东西两面各平柱四楹，四角柱各一楹。南面檐廊平柱为仰莲形柱顶伏莲形柱脚，柱体中部雕蟠龙二条，上下排列；八立面柱础，八面分别浮雕佛教八宝。大殿面阔五间，进深三进，南面开殿门三扇，门联云：“山重水复悟出因缘通佛途，地久天长修来真谛铸慧业。”上檐横梁中部悬挂“大雄宝殿”木匾，金底黑字，行书阳文，落款“赵朴初题”。匾面饰莲花、卷草等底纹，四边雕金龙九条。阶基高约四米，南侧踏道石阶二十七级，中部地面铺九龙石雕。殿中佛坛上供奉漆

真如禅寺大雄宝殿

金木雕三宝佛像，身着通肩袈裟，结跏趺坐于莲台上，背后各有举身光。释迦牟尼佛居中，双掌叠加置于腹前，右掌压左掌，掌心向上，两拇指相抵，掌心托钵。药师佛居左侧，右手托七级宝塔置于腹前，左臂上曲，掌心向外，拇指与食指相触，其余三指向上伸直，作说法印。阿弥陀佛居右侧，左手托金莲台于腹前，右臂上曲，立掌胸前，掌心外翻，亦作说法印。佛坛两侧楹联二副，其一云："深山参佛海纳百川量大福大左聪右慧集妙谛，幽寺悟禅惠播五洲功高德高外圆内方显神通。"其二云："宝殿空胥太清湍汇海融红袋金港美闻千秋颂，苍山望楚吴紫气腾云系童寺银林圣恩万世扬。"佛坛背面供奉漆金填红海岛观音像，观音菩萨顶戴阿弥陀佛坐像，身着天衣，腰系罗裙，赤足立于鳌头。左手握净瓶于腹前，手心向上，瓶口向前，略微下倾，作洒水状，右手轻覆于净瓶上面，善财童子和龙女分侍两胁。塑像背后为海岛全景图，有一百一十二尊彩绘塑像。大殿东北角供奉文殊菩萨左舒坐狮座像，手持如意；西北角供奉普贤菩萨右舒坐象座像，手持莲花；两庑山墙前分列漆金石雕十八罗汉立像。大殿西山墙外，悬挂原九华山大悲宝殿铜钟一口，高二点三米，口径一点三米，重二千五百公斤，1994年造。蒲牢钟钮，八波形钟口，正面波谷上方钟月一枚，钟月两侧龙各一条，龙首相对，与钟月形成二龙戏珠构图。钟肩铸"唵嘛呢叭咪吽"六字真言。钟腹正面竖排"幽冥大钟"四字，左侧竖排"若人欲了知三世一切佛"十字，右侧竖排"应观法界性一切唯心造"十字。钟腹右侧面、背面和左侧面的上部及中部铸《楞严经》全文，左侧面下部功德芳名，落款"公元一九九四　佛历二五三八甲戌年谷旦"。大雄宝殿西侧十余米，有四角攒尖顶二层小楼一座，为高淳区佛教协会所在。其西复有重檐歇山顶二层楼房一座，上下层各面阔十三间，进深一进。楼下南面有檐廊，平柱十二楹，二角柱各一楹，中间开门一扇，额曰客堂，2016年住持释果海题写。

大雄宝殿西百余米有大悲宝殿，坐北朝南，建筑面积九百多平方米。重檐歇山式，正脊由十层小圆瓦垒砌为透空波浪形铺排而成，南面嵌"佛日增辉"四块砖雕。正脊中部竖砖雕亭阁式宝顶，内嵌宝镜一枚。垂脊和戗脊皆用五层小圆瓦垒砌为透空波浪形铺排而成，垂脊间以花卉、瑞草、如意、祥云等四块砖雕，戗脊

真如禅寺大悲宝殿

间以二块砖雕。正脊螭首鸱吻，垂脊末端立法像雕塑，戗脊末端有角兽，各檐角蹲兽七只、仙人一尊。殿宇四面有檐廊，每面平柱六楹，四角柱各一楹，外围石护栏。南面中间二根平柱，三层仰莲形柱顶石，柱体表面雕蟠龙各二条，上下排列；柱体下部饰波浪。柱础上部仰莲二层，下部伏莲二层。阶基高约三点五米，南侧铺砌踏道石阶二层二十四级，两边有汉白玉护栏。每层石阶中部地面，铺设汉白玉石面九龙石雕一块。殿宇面阔五间，进深五进，南面开殿门三扇，上檐横梁中部悬挂“大悲宝殿”木匾，蓝底金字，颜体阳文，落款“公元二〇〇一年八月八日　农历二〇〇一年六月十九日”。殿宇东西山墙外面各书写“南无观世音菩萨”七个大字。殿中石坛上供奉十一面千手千眼准提观音金身立像，背面供奉中华六祖圣像；两庑木龛内，排列八十四大悲像和三十二应身像。楹联云“四面观音观自紫罗龙城际无碍无挂无争座爰游山承古泽，千手准提准旨正开蔚楚天大慈大悲大度平分南海贯长流”。殿前有月台，台中置二层矩形铁香炉一座，庑殿式，正脊由三层透空菱形铺排而成，葫芦形宝瓶顶，宝瓶上下球面各铸一枚透空铜钱图案，宝瓶两侧游龙各一条，龙首相对。香炉上层正面和背面各开拱门五扇，左右侧面拱门各一扇。平座外挑，四边有护栏。下层檐内蟠龙立柱四根，对角分布，立于炉口上截面，支撑檐顶。各檐角龙形蹲兽一只，口衔风铃。炉颈外表面回字纹一周，左右侧面铸如意柄形炉耳一对，表面回字纹。炉腹正面横排魏体“大悲宝殿”四字，左侧竖排“江南游山”四字，右侧分行竖排落款“二〇〇一年八月八日　农历六月十九日开工”。狮首形炉脚四只。铁香炉前有六角七级铁宝鼎一座，攒尖顶，上竖覆钵形刹座，三叠宝瓶刹身，如意轮刹顶。宝鼎平檐短角，各檐角龙形蹲兽，口衔风铃。鼎口和鼎颈外表面各饰回字纹一周，鼎颈左右侧面如意柄形鼎耳一对，表面回字纹。鼎腹正面分行横排魏体“江南游山　大悲宝殿”八字，右侧落款“二〇〇一年八月八日　农历六月十九日开工”；背面横排“佛光普照”四字。狮面兽脚形鼎脚三只。月台南侧铺砌下行台阶一层十二级，复东转下行台阶二层四十八级，抵于山脚路边。

大雄宝殿东百余米有大愿宝殿，坐北朝南，重檐歇山顶仿古建筑，正脊南面铺贴十四块四瓣莲花砖雕，间以“佛光普照”四块砖刻，正脊中部竖亭阁式砖雕宝顶，螭首鸱吻。垂脊由小圆瓦垒砌六层透空波浪铺排而成，间以花卉砖雕三块，末端立法像雕塑。戗脊亦由小圆瓦垒砌六层透空波浪铺排而成，间以花卉砖雕一块，末端有角兽。平檐挑角，各檐角蹲兽五只、仙人一尊。殿宇四面有檐廊，每面平柱六楹，四角柱各一楹，外围石雕护栏。南面中间二根平柱，仰莲形柱顶石，柱体表面雕蟠龙各二条，上下排列，柱体下部饰二层波浪。六立面柱础，立面各雕花卉、卷草。阶基高约

真如禅寺大愿宝殿

三米，南侧踏道石阶二十级，两边汉白玉护栏。石阶中部地面铺设九龙浮雕，围以石栏。殿宇面阔五间，进深五进，南面开殿门三扇，上檐横梁中部悬挂“大愿宝殿”木匾，灰底金字，行书阳文，匾面饰莲花、祥云等金色底纹，边沿雕九条金龙，2013年制作。殿宇北面开门一扇。殿中供奉漆金填红四面地藏菩萨云游像，身着通肩袈裟，赤足立于地面。左手横置胸前，掌心向上，托摩尼珠，右臂向上曲起，手与胸齐，紧握锡杖，杖尾着地。楹联二副，其一云：“地藏袈裟环盖九华圣境，菩萨灵感光降大愿宝殿。”其二云：“天人问佛是何因佛言地藏菩萨至，至心归依大士身寿命转增除罪障。”两庑山墙前分列诸神金身塑像。殿宇南门前有月台，台中铜宝鼎一座，无檐顶，鼎口外立面回字纹一周，左右侧面如意柄形鼎耳一对，表面回字纹。鼎腹正面横排繁体隶书“大愿宝殿”四字，左侧面分行竖排题款“佛历二五五八年　公元二〇一四年”，右侧面功德芳名，背面“真如禅寺”四字，皆繁体隶书。狮首形鼎脚三只。月台南侧铺设石墀二层三十三级，沿阶下行抵于山脚路旁。

2016年7月，游子山遭遇连续强降雨，出现重大山体滑坡。真如禅寺大雄宝殿、大愿宝殿以及天王殿、财神殿破损严重，目前正在重修。

主要参考书目

《弘明集》[梁]僧祐撰 《大正新修大藏经》本 新文丰出版公司 1983
《高僧传》[梁]慧皎撰 汤用彤校注 中华书局 1992
《比丘尼传》[梁]宝唱撰 王孺童校注 中华书局 2006
《名僧传抄》[梁]宝唱撰 《大正新修大藏经》本 新文丰出版公司 1983
《历代三宝纪》[隋]费长房撰 《大正新修大藏经》本 新文丰出版公司 1983
《法苑珠林》[唐]道世撰 周叔迦 苏晋仁校注 中华书局 2003
《广弘明集》[唐]道宣撰 《大正新修大藏经》本 新文丰出版公司 1983
《续高僧传》[唐]道宣撰 《大正新修大藏经》本 新文丰出版公司 1983
《大唐内典录》[唐]道宣撰 《大正新修大藏经》本 新文丰出版有限公司 1983
《释迦方志》[唐]道宣撰 《大正新修大藏经》本 新文丰出版公司 1983
《集神州三宝感通录》[唐]道宣撰 《大正新修大藏经》本 新文丰出版公司 1983
《道宣律师感通录》[唐]道宣撰 《大正新修大藏经》本 新文丰出版公司 1983
《弘赞法华传》[唐]惠详撰 《大正新修大藏经》本 新文丰出版公司 1983
《华严经传记》[唐]法藏撰 《大正新修大藏经》本 新文丰出版公司 1983
《释门自镜录》[唐]怀信撰 《大正新修大藏经》本 新文丰出版公司 1983
《大宋僧史略》[宋]赞宁撰 《大正新修大藏经》本 新文丰出版公司 1983
《宋高僧传》[宋]赞宁等撰 范祥雍点校 中华书局 1987
《禅林僧宝传》[宋]慧洪撰 《大正新修大藏经》本 新文丰出版公司 1983
《僧宝正续传》[宋]释祖琇撰 《大正新修大藏经》本 新文丰出版公司 1983
《净土往生传》[宋]戒珠撰 《大正新修大藏经》本 新文丰出版公司 1983
《天台九祖传》[宋]士衡撰 《大正新修大藏经》本 新文丰出版公司 1983
《三宝感应要略录》[宋]非浊撰 《大正新修大藏经》本 新文丰出版公司 1983
《五灯会元》[宋]普济撰 《大正新修大藏经》本 新文丰出版公司 1983
《景德传灯录》[宋]道原撰 《大正新修大藏经》本 新文丰出版公司 1983
《建中靖国续灯录》[宋]惟白撰 《大正新修大藏经》本 新文丰出版公司 1983

《天圣广灯录》[宋]李遵勖撰 《大正新修大藏经》本 新文丰出版公司 1983
《联灯会要》[宋]悟明撰 《大正新修大藏经》本 新文丰出版公司 1983
《佛祖统纪》[宋]志磐撰 《大正新修大藏经》本 新文丰出版公司 1983
《续佛祖统纪》[宋]佚名撰 《大正新修大藏经》本 新文丰出版公司 1983
《隆兴佛教编年通论》[宋]祖琇撰 《大正新修大藏经》本 新文丰出版公司 1983
《释门正统》[宋]宗鉴撰 《大正新修大藏经》本 新文丰出版公司 1983
《新修科分六学僧传》[元]昙噩撰 《大正新修大藏经》本 新文丰出版公司 1983
《佛祖历代通载》[元]念常撰 《大正新修大藏经》本 新文丰出版公司 1983
《历朝释氏资鉴》[元]熙仲撰 《大正新修大藏经》本 新文丰出版公司 1983
《释氏稽古略》[元]觉岸撰 《大正新修大藏经》本 新文丰出版公司 1983
《补续高僧传》[明]明河撰 《大正新修大藏经》本 新文丰出版公司 1983
《大明高僧传》[明]如惺撰 《大正新修大藏经》本 新文丰出版公司 1983
《神僧传》[明]朱棣撰 《大正新修大藏经》本 新文丰出版公司 1983
《续传灯录》[明]居顶撰 《大正新修大藏经》本 新文丰出版公司 1983
《五灯会元续略》[明]净柱撰 《大正新修大藏经》本 新文丰出版公司 1983
《指月录》[明]瞿汝稷撰 《大正新修大藏经》本 新文丰出版公司 1983
《释鉴稽古略续集》[明]幻轮撰 《大正新修大藏经》本 新文丰出版公司 1983
《佛祖纲目》[明]朱时恩撰 《大正新修大藏经》本 新文丰出版公司 1983
《南宋元明禅林僧宝传》[清]自融撰 《大正新修大藏经》本 新文丰出版公司 1983
《续指月录》[清]聂先撰 《大正新修大藏经》本 新文丰出版公司 1983
《宗统编年》[清]纪荫撰 《大正新修大藏经》本 新文丰出版公司 1983
《晋书》[唐]房玄龄等撰 中华书局 1974
《宋书》[梁]沈约撰 中华书局 1974
《南齐书》[梁]萧子显撰 中华书局 1974
《梁书》[唐]姚思廉撰 中华书局 1983
《陈书》[唐]姚思廉撰 中华书局 1982
《南史》[唐]李延寿撰 中华书局 1975
《隋书》[唐]魏征等撰 中华书局 1973
《旧唐书》[后晋]刘昫等撰 中华书局 1975
《新唐书》[宋]欧阳修 宋祁撰 中华书局 1975
《南唐书》[宋]马令撰 南京出版社 2010

《十国春秋》[清]吴任臣撰　中华书局1983
《宋史》[元]脱脱　阿鲁图等撰　中华书局　1977
《景定建康志》[宋]马光祖修　周应合纂　《宋元方志丛刊》本　中华书局　1990
《至正金陵新志》[元]张铉撰　《宋元方志丛刊》本　中华书局　1990
《洪武京城图志》[明]阙名撰　《永乐大典方志辑佚》本　中华书局　2004
《明一统志》[明]李贤等撰　《文渊阁四库全书》本　上海古籍出版社　1987
《南畿志》[明]闻人诠等撰　《北京图书馆古籍珍本丛刊》本　书目文献出版社　1980
《嘉靖六合县志》[明]董邦政等撰　《天一阁藏明代方志选刊续编》本　上海书店　1990
《万历江浦县志》[明]沈孟化等撰　《天一阁藏明代方志选刊续编》本　上海书店　1990
《万历应天府志》[明]汪宗伊等撰　《稀见中国地方志汇刊》本　中国书店　1992
《嘉庆重修一统志》[清]穆彰阿等撰　中华书局　1986
《江南通志》[清]黄之隽等撰　《文渊阁四库全书》本　上海古籍出版社　1987
《雍正江浦县志》[清]项维正撰　《故宫珍本丛刊》本　海南出版社　2001
《乾隆六合县志》[清]廖抡升等撰　《故宫珍本丛刊》本　海南出版社　2001
《乾隆溧水县志》[清]凌世御等撰　《故宫珍本丛刊》本　海南出版社　2001
《乾隆高淳县志》[清]朱绍文撰　《故宫珍本丛刊》本　海南出版社　2001
《嘉庆新修江宁府志》[清]吕燕昭撰　《中国地方志集成》本　凤凰出版社　2008
《道光上元县志》[清]武念祖等撰　《中国地方志集成》本　凤凰出版社　2008
《同治续纂江宁府志》[清]蒋启勋等撰　《中国地方志集成》本　凤凰出版社　2008
《同治上江两县志》[清]莫祥芝等撰　《中国地方志集成》本　凤凰出版社　2008
《光绪江浦埤乘》[清]侯宗海等撰　《中国地方志集成》本　凤凰出版社　2008
《光绪六合县志》[清]谢延庚等撰　《中国地方志集成》本　凤凰出版社　2008
《光绪溧水县志》[清]丁维诚撰　《中国地方志集成》本　凤凰出版社　2008
《江宁县志》[清]佟世燕等撰　《稀见中国地方志汇刊》本　中国书店　1992
《江宁新志》[清]袁枚撰　《稀见中国地方志汇刊》本　中国书店　1992
《上元县志》[清]唐开陶撰　《稀见中国地方志汇刊》本　中国书店　1992
《高淳县志》[清]李斯佺等撰　《稀见中国地方志汇刊》本　中国书店　1992
《竹镇纪略》[清]李敬撰　《中国地方志集成》本　上海书店　1992
《首都志》[民国]柳诒徵　叶楚伧等撰　正中书局　1966
《民国高淳县志》[民国]刘春堂等撰　《中国地方志集成》本　凤凰出版社　2008
《民国六合县续志稿》[民国]郑耀烈等撰　《中国地方志集成》本　凤凰出版社　2008

《栖霞小志》[明]盛时泰撰 《中国佛寺志丛刊》本 江苏广陵古籍刻印社 1996
《牛首山志》[明]盛时泰撰 《中国佛寺志丛刊》本 江苏广陵古籍刻印社 1996
《献花岩志》[明]陈沂撰 《中国佛寺志丛刊》本 江苏广陵古籍刻印社 1996
《摄山志》[清]陈毅等撰 《中国佛寺志丛刊》本 江苏广陵古籍刻印社 1996
《盋山志》[清]顾云撰 南京出版社 2009
《石城山志》[清]陈诒绂撰 南京出版社 2012
《莫愁湖志》[清]马士图撰 南京出版社 2013
《莫愁湖志》[清]醉吟馆主人续撰 南京出版社 2013
《添修莫愁湖志》[清]三山二水吟客续撰 南京出版社 2013
《凤麓小志》[清]陈作霖撰 《中国方志丛书》本 成文出版社 1966
《东城志略》[清]陈作霖撰 《中国方志丛书》本 成文出版社 1966
《钟南淮北区域志》[清]陈诒绂撰 《中国方志丛书》本 成文出版社 1966
《玄武湖志》[民国]夏文虎撰 南京出版社 2013
《秦淮志》[民国]夏文虎撰 南京出版社 2006
《浦口汤泉小志》[民国]龚心铭撰 南京出版社 2013
《南汤山志》[民国]严伟撰 南京出版社 2012
《覆舟山志》[民国]汪闓撰 南京出版社 2012
《栖霞新志》[民国]陈邦贤撰 南京出版社 2012
《全上古三代秦汉三国六朝文》[清]严可均辑 中华书局 1958
《先秦汉魏晋南北朝诗》[当代]逯钦立辑校 中华书局 1983
《古今图书集成》[清]陈梦雷编 鼎文书局 1977
《裴子语林》[晋]裴启撰 鲁迅《古小说钩沉》本 光华书局 1984
《世说新语笺疏》[南朝宋]刘义庆撰 余嘉锡笺疏 上海古籍出版社 1993
《异苑》[南朝宋]刘敬叔撰 《文渊阁四库全书》本 上海古籍出版社 1987
《述异记》[梁]任昉撰 《文渊阁四库全书》本 上海古籍出版社 1987
《建康实录》[唐]许嵩撰 张忱石点校 中华书局 1986
《酉阳杂俎》[唐]段成式撰 《文渊阁四库全书》本 上海古籍出版社 1987
《六朝事迹编类》[宋]张敦颐撰 《文渊阁四库全书》本 上海古籍出版社 1987
《金陵琐事》[明]周晖撰 张增泰点校 南京出版社 2007
《续金陵琐事》[明]周晖撰 张增泰点校 南京出版社 2007
《二续金陵琐事》[明]周晖撰 张增泰点校 南京出版社 2007

《金陵世纪》[明]陈沂撰　成林点校　南京出版社　2009
《金陵选胜》[明]孙应岳撰　成林点校　南京出版社　2009
《留都见闻录》[明]吴应箕撰　吴小铁点校　南京出版社　2009
《板桥杂记》[明]徐怀撰　薛冰点校　南京出版社　2006
《续板桥杂记》[清]珠泉居士撰　薛冰点校　南京出版社　2006
《白下琐言》[清]甘熙撰　邓振明点校　南京出版社　2007
《金陵览古》[清]余宾硕撰　成林点校　南京出版社　2009
《金陵待征录》[清]金鳌撰　朱兰霞等点校　南京出版社　2009
《岁华忆语》[民国]夏仁虎撰　卢海鸣点校　南京出版社　2006
《金陵岁时记》[民国]潘宗鼎撰　卢海鸣点校　南京出版社　2006
《板桥杂记补》[民国]金嗣芬撰　薛冰点校　南京出版社　2006
《灵谷禅寺志》[清]谢元福撰　《中国佛寺志丛刊》本　江苏广陵古籍刻印社　1996
《金陵大报恩寺塔志》[民国]张惠衣撰　《中国佛寺志丛刊》本　江苏广陵古籍刻印社　1996
《梁京寺记》阙名撰　《大正新修大藏经》本　新文丰出版有限公司　1983
《南朝佛寺志》[清]孙文川撰　《中国佛寺志丛刊》本　江苏广陵古籍刻印社　1996
《南朝寺考》[清]刘世珩撰　《中国佛寺志丛刊》本　江苏广陵古籍刻印社　1996
《金陵梵刹志》[明]葛寅亮撰　《中国佛寺志丛刊》本　江苏广陵古籍刻印社　1996
《南京民族宗教志》[当代]杨荣良　朱淮宁主编　南京出版社　2009
《汉魏晋南北朝佛寺辑考》[当代]封野著　凤凰出版社　2013

作者介绍

封野，男，江苏灌云人，1962年7月生于南京。南京师范大学中文系毕业，博士研究生学历，文学博士学位。教授职称。江苏警官学院副院长、民国警察史文献研究中心主任。主持国家社科基金项目《南京国民政府警政建设研究（1927—1937）》等课题研究。主要著作有《杜甫夔州诗疏论》《汉魏晋南北朝佛寺辑考》《民国时期警察文献书目提要》（合作）等。

图书在版编目（CIP）数据

南京佛寺叙录 / 封野著. -- 南京 : 凤凰出版社, 2019.3
ISBN 978-7-5506-2932-5

Ⅰ. ①南… Ⅱ. ①封… Ⅲ. ①佛教－寺庙－介绍－南京 Ⅳ. ①K928.75

中国版本图书馆CIP数据核字(2019)第050721号

书　　名	南京佛寺叙录
著　　者	封　野
责任编辑	常宁文
装帧设计	姜　嵩
出版发行	凤凰出版社(原江苏古籍出版社) 发行部电话025-83223462
出版社地址	南京市中央路165号,邮编:210009
出版社网址	http://www.fhcbs.com
照　　排	南京凯建图文制作有限公司
印　　刷	苏州市越洋印刷有限公司 苏州市吴中区南官渡路20号,邮编:215104
开　　本	718×1005毫米　1/16
印　　张	37.5
字　　数	651千字
版　　次	2019年3月第1版　2019年3月第1次印刷
标准书号	ISBN 978-7-5506-2932-5
定　　价	118.00元

(本书凡印装错误可向承印厂调换,电话:0512-68180638)